要説 不動産鑑定評価基準と価格等調査ガイドライン

公益社団法人 日本不動産鑑定士協会連合会 監修
鑑定評価基準委員会 編著

住宅新報社

はしがき

　平成26年5月1日付国土交通事務次官通知として「不動産鑑定評価基準等の一部改正について」並びに「不動産鑑定士が不動産に関する価格等調査を行う場合の業務の目的と範囲等の確定及び成果報告書の記載事項に関するガイドライン等の一部改正について」が発出されました。
　「不動産鑑定評価基準」及び「不動産鑑定評価基準運用上の留意事項」（以下「不動産鑑定評価基準」という。）は、不動産鑑定士が行う不動産の鑑定評価の適正化を図るため、その拠り所とすべき基準として不動産鑑定評価の理論に関し統一的な指針を与え、不動産の価格の評価に携わる者において一般的な行為指針として活用されるべきものです。併せて、社会一般の不動産鑑定評価制度への理解を深めることにより、不動産の適正な価格の形成に寄与するものです。

　「不動産鑑定士が不動産に関する価格等調査を行う場合の業務の目的と範囲等の確定及び成果報告書の記載事項に関するガイドライン」及び「不動産鑑定士が不動産に関する価格等調査を行う場合の業務の目的と範囲等の確定及び成果報告書の記載事項に関するガイドライン運用上の留意事項」（以下「ガイドライン」という。）は、不動産鑑定士が行う価格等調査について、不動産の鑑定評価に関する法律第3条第1項に規定する不動産の鑑定評価であるか、同条第2項に規定するいわゆる隣接・周辺業務であるかを問わず、不動産鑑定士が、その所属する不動産鑑定業者が業として価格等調査を行う場合に、当該価格等調査の目的と範囲等に関して依頼者との間で確定すべき事項及び成果報告書の記載事項等について定めたものです。
　不動産鑑定評価基準及びガイドラインの改正規定等は、平成26年11月1日以後に契約を締結する鑑定評価を含む価格等調査業務から適用されています。
　上記の改正に係る検討においては、国土審議会土地政策分科会不動産鑑定評価部会事務局の実務家によるワーキングチームとして、公益社団法人日本不動産鑑定士協会連合会の鑑定評価基準委員会（奥田かつ枝委員長）が参加し、国土交通省との連携により改正内容の検討を行いました。
　また、公益社団法人日本不動産鑑定士協会連合会においては、上記規定

の改正をうけ、「不動産鑑定評価基準に関する実務指針―平成26年不動産鑑定評価基準改正部分について―」（以下「不動産鑑定評価基準の実務指針」という。）及び「「価格等調査ガイドライン」の取扱いに関する実務指針」（以下「ガイドラインの実務指針」という。）並びに「証券化対象不動産の鑑定評価に関する実務指針」及び「財務諸表のための価格調査に関する実務指針」の作成を行い、不動産鑑定評価基準やガイドラインの改正内容と併せ、会員や鑑定評価の利用者への周知を行っています。

　本書は、改正前の不動産鑑定評価基準にかかる解説書（「新・要説不動産鑑定評価基準【改訂版】」（以下「旧要説」という。）を基盤として、平成26年の改正事項について、新たに作成された実務指針を参考に加筆修正を行ったものです。
　また、ガイドラインについては、旧要説では掲載されていませんでしたが、その重要性をかんがみ、本書では新たにガイドライン及びその解説を掲載しています。

　不動産鑑定評価基準は、昭和39年以降順次整備された「不動産の鑑定評価基準」、「宅地見込地の鑑定評価基準」及び「賃料の鑑定評価基準」が、昭和44年に「不動産鑑定評価基準」として一本化され、その後、不動産鑑定評価の理論と実務の両面にわたり相当の進歩、充実があるとともに、不動産を取り巻く社会経済情勢にも多様な変化が生じたことに対して、平成２年に新しい「不動産鑑定評価基準」として設定されました。
　その後、バブル崩壊後の地価の長期下落傾向の中で、わが国の不動産をめぐる状況は大きく変化し、不動産の取引においては資産性の重視から収益性や利便性を重視した実需中心のものへと移行し、不動産の鑑定評価に対するニーズも多様化・高度化してきたことを背景に、平成14年に「不動産鑑定評価基準」が全部改正として発出されました。
　平成14年の改正以降、不動産を活用した証券化市場は急速に進展し、不動産取引市場全体に占める証券化取引の割合も増加するとともに対象不動産の種類は多様化し、対象地域も広がってきました。さらに、当初の市場参加者は機関投資家に限定されていましたが、J-REITの上場を期に個人投資家にも浸透し、不動産証券化市場の成熟と拡大はめざましく進みました。

一方、平成18年9月には、米国におけるサブプライムローン問題の顕在化及び平成19年9月の米国大手証券会社の破たん等により日本の不動産市場も大きな影響を受けました。また、企業会計基準のグローバル化の進展により、財務諸表における不動産の扱いや企業結合の際の会計処理について、日本の企業会計基準も時価会計に移行しつつあります。
　その後、平成21年にガイドラインが制定され、当該改正を踏まえた不動産鑑定評価基準の改正が行われました。

　昨今の市場の動きとしては、不動産市場の国際化の進展、ストック型社会の進展、証券化対象不動産の多様化があげられます。
　今回の改正はこのような不動産市場をめぐる環境の変化、鑑定評価業務のあり方を踏まえ、関連する論点について検討を行い、不動産鑑定評価基準に必要な改正を行い、当該改正に関連しガイドラインに所要の改正を行ったものです。
　主な改正点としては、不動産市場の国際化の進展への対応として、鑑定評価の条件に調査範囲等条件を新設し、対象確定条件に未竣工建物等鑑定評価を加えたこと、特定価格の定義の見直しを行ったこと等があげられます。また、ストック型社会の進展への対応として、建物に係る価格形成要因への加筆や原価法に係る規程の見直しを行い、証券化対象不動産の多様化への対応として、事業用不動産にかかる収益還元法適用上の留意点を加筆する等を行っています。

　本書の執筆は、旧要説をベースとし、不動産鑑定評価基準の実務指針及びガイドラインの実務指針等を参考に、公益社団法人日本不動産鑑定士協会連合会鑑定評価基準委員会が担当いたしました。
　本書が、すでに鑑定評価に携わっている不動産鑑定士、官民を問わず不動産鑑定評価に関係される方、その他広く不動産鑑定評価に関心を持たれる方々に活用されることにより、不動産鑑定評価への理解を深め、もってわが国不動産の適正な価格の形成に微力ながら貢献できることを望んでおります。

　なお、本書はきわめて短時間にまとめ上げなければならなかったために、解説書として不備な点も多々見受けられることと思います。これらについては、広くご批判を仰いで、必要に応じて逐次改訂したいと考えてい

ます。また、本書における意見に当たる部分は、あくまで、執筆者の私見にとどまるものであることをお断りしておきます。

　最後に、本書の刊行については住宅新報社の皆様のご尽力に、深く感謝する次第です。

　平成27年3月
　　　　　　　　　　公益社団法人日本不動産鑑定士協会連合会
　　　　　　　　　　　　　　　鑑定評価基準委員会

鑑定評価基準委員会執筆者

（鑑定評価基準の実務指針及びガイドラインの実務指針担当）

浅野　美穂	大和不動産鑑定㈱・不動産鑑定士
阿部　隆志	東京建物㈱・不動産鑑定士
井野　好伸	一般財団法人日本不動産研究所・不動産鑑定士
岩田　祝子	東急不動産㈱・不動産鑑定士
上治　昭人	一般財団法人日本不動産研究所・不動産鑑定士
梅田　　真	㈱梅田不動産鑑定事務所・不動産鑑定士
奥田　かつ枝	㈱緒方不動産鑑定事務所・不動産鑑定士
門脇　英穂	一般財団法人日本不動産研究所・不動産鑑定士
小坂　雄一郎	小坂評価システム・不動産鑑定士
近藤　克哉	㈱谷澤総合鑑定所・不動産鑑定士
島田　博文	一般財団法人日本不動産研究所・不動産鑑定士
竹下　俊彦	山陽鑑定コンサルタント㈱・不動産鑑定士
田中　　博	菱永鑑定調査㈱・不動産鑑定士
筒井　大輔	㈱筒井不動産鑑定・不動産鑑定士
戸澤　一喜	戸澤不動産鑑定事務所・不動産鑑定士
宮原　一繁	一般財団法人日本不動産研究所・不動産鑑定士
吉川　輝樹	吉川理論不動産鑑定事務所・不動産鑑定士
若崎　　周	㈱立地評価研究所・不動産鑑定士
和田　伸也	公益社団法人日本不動産鑑定士協会連合会主任研究員・不動産鑑定士

※五十音順

目　次

はしがき ……………………………………………………………………………… 1
まえがき ……………………………………………………………………………… 12
　1．基準設定の経緯 ……………………………………………………………… 12
　2．平成19年の不動産鑑定評価基準等の一部改正点の概要 ………………… 27
　3．平成21年の不動産鑑定評価基準等の一部改正点の概要 ………………… 29
　4．平成26年の不動産鑑定評価基準等の一部改正点の概要 ………………… 29

第1部　不動産鑑定評価基準

【総　論】

第1章　不動産の鑑定評価に関する基本的考察　　34
　第1節　不動産とその価格 ……………………………………………………… 35
　第2節　不動産とその価格の特徴 ……………………………………………… 38
　第3節　不動産の鑑定評価 ……………………………………………………… 43
　第4節　不動産鑑定士の責務 …………………………………………………… 45

第2章　不動産の種別及び類型　　47
　第1節　不動産の種別 …………………………………………………………… 48
　　Ⅰ　地域の種別 ………………………………………………………………… 48
　　Ⅱ　土地の種別 ………………………………………………………………… 52
　第2節　不動産の類型 …………………………………………………………… 54
　　Ⅰ　宅地 ………………………………………………………………………… 54
　　Ⅱ　建物及びその敷地 ………………………………………………………… 56

第3章　不動産の価格を形成する要因　　57
　第1節　一般的要因 ……………………………………………………………… 58
　　Ⅰ　自然的要因 ………………………………………………………………… 59
　　Ⅱ　社会的要因 ………………………………………………………………… 60

	Ⅲ	経済的要因 ··· 60
	Ⅳ	行政的要因 ··· 61
第2節	地域要因 ·· 62
	Ⅰ	宅地地域 ··· 63
	Ⅱ	農地地域 ··· 65
	Ⅲ	林地地域 ··· 66
第3節	個別的要因 ·· 67
	Ⅰ	土地に関する個別的要因 ··· 67
	Ⅱ	建物に関する個別的要因 ··· 72
	Ⅲ	建物及びその敷地に関する個別的要因 ····················· 79

第4章　不動産の価格に関する諸原則　　81

	Ⅰ	需要と供給の原則 ·· 82
	Ⅱ	変動の原則 ·· 83
	Ⅲ	代替の原則 ·· 83
	Ⅳ	最有効使用の原則 ·· 84
	Ⅴ	均衡の原則 ·· 86
	Ⅵ	収益逓増及び逓減の原則 ··· 87
	Ⅶ	収益配分の原則 ··· 88
	Ⅷ	寄与の原則 ·· 89
	Ⅸ	適合の原則 ·· 90
	Ⅹ	競争の原則 ·· 91
	Ⅺ	予測の原則 ·· 92

第5章　鑑定評価の基本的事項　　93

第1節	対象不動産の確定 ··· 93
Ⅰ	対象確定条件 ·· 95
Ⅱ	地域要因又は個別的要因についての想定上の条件 ································ 101
Ⅲ	調査範囲等条件 ··· 103
Ⅳ	鑑定評価が鑑定評価書の利用者の利益に重大な影響を及ぼす場合における条件設定の制限 ··· 108
Ⅴ	条件設定に関する依頼者との合意等 ································ 109

第2節	価格時点の確定	110
第3節	鑑定評価によって求める価格又は賃料の種類の確定	112
Ⅰ	価格	112
Ⅱ	賃料	127

第6章 地域分析及び個別分析　129

第1節	地域分析	130
Ⅰ	地域分析の意義	130
Ⅱ	地域分析の適用	131
第2節	個別分析	142
Ⅰ	個別分析の意義	142
Ⅱ	個別分析の適用	142

第7章 鑑定評価の方式　149

第1節	価格を求める鑑定評価の手法	151
Ⅰ	試算価格を求める場合の一般的留意事項	151
Ⅱ	原価法	158
Ⅲ	取引事例比較法	180
Ⅳ	収益還元法	187
第2節	賃料を求める鑑定評価の手法	238
Ⅰ	賃料を求める場合の一般的留意事項	238
Ⅱ	新規賃料を求める鑑定評価の手法	245
Ⅲ	継続賃料を求める鑑定評価の手法	254

第8章 鑑定評価の手順　261

第1節	鑑定評価の基本的事項の確定	262
第2節	依頼者、提出先及び利害関係等の確認	264
Ⅰ	依頼者並びに鑑定評価書が依頼者以外の者へ提出される場合における当該提出先及び鑑定評価額が依頼者以外の者へ開示される場合における当該開示の相手方	265
Ⅱ	関与不動産鑑定士及び関与不動産鑑定業者に係る利害関係等	266
Ⅲ	鑑定評価額の公表の有無	271
第3節	処理計画の策定	272

第4節	対象不動産の確認	274
Ⅰ	対象不動産の物的確認	274
Ⅱ	権利の態様の確認	277
第5節	資料の収集及び整理	279
Ⅰ	確認資料	279
Ⅱ	要因資料	280
Ⅲ	事例資料	281
第6節	資料の検討及び価格形成要因の分析	282
第7節	鑑定評価の手法の適用	289
第8節	試算価格又は試算賃料の調整	292
Ⅰ	各試算価格又は試算賃料の再吟味	292
Ⅱ	各試算価格又は試算賃料が有する説得力に係る判断	293
第9節	鑑定評価額の決定	296
第10節	鑑定評価報告書の作成	297

第9章 鑑定評価報告書　298

第1節	鑑定評価報告書の作成指針	299
第2節	記載事項	301
第3節	附属資料	314

【各　論】

第1章 価格に関する鑑定評価　315

第1節	土地	315
Ⅰ	宅地	315
Ⅱ	農地	355
Ⅲ	林地	357
Ⅳ	宅地見込地	359
第2節	建物及びその敷地	362
Ⅰ	自用の建物及びその敷地	362
Ⅱ	貸家及びその敷地	363
Ⅲ	借地権付建物	368
Ⅳ	区分所有建物及びその敷地	369

第 3 節　建物 377
　Ⅰ　建物及びその敷地が一体として市場性を有する場合における建物のみの鑑定評価 377
　Ⅱ　建物及びその敷地が一体として市場性を有しない場合における建物のみの鑑定評価 380
　Ⅲ　借家権 380

第 2 章　賃料に関する鑑定評価　385

第 1 節　宅地 385
　Ⅰ　新規賃料を求める場合 385
　Ⅱ　継続賃料を求める場合 389
第 2 節　建物及びその敷地 396
　Ⅰ　新規賃料を求める場合 396
　Ⅱ　継続賃料を求める場合 397

第 3 章　証券化対象不動産の価格に関する鑑定評価　398

第 1 節　証券化対象不動産の鑑定評価の基本的姿勢 399
　Ⅰ　証券化対象不動産の範囲 399
　Ⅱ　不動産鑑定士の責務 403
第 2 節　証券化対象不動産について未竣工建物等鑑定評価を行う場合の要件 406
第 3 節　処理計画の策定 407
　Ⅰ　処理計画の策定に当たっての確認事項 407
　Ⅱ　確認事項の記録 411
　Ⅲ　鑑定評価の依頼目的及び依頼者の証券化関係者との関係 413
第 4 節　証券化対象不動産の個別的要因の調査等 417
　Ⅰ　対象不動産の個別的要因の調査等 417
　Ⅱ　実地調査 418
　Ⅲ　エンジニアリング・レポートの取扱いと不動産鑑定士が行う調査 422
第 5 節　DCF 法の適用等 434
　Ⅰ　DCF 法の適用過程等の明確化 434
　Ⅱ　DCF 法の収益費用項目の統一等 439

第2部　価格等調査ガイドライン

- Ⅰ．総論 ………………………………………………………………………… 464
- Ⅱ．業務の目的と範囲等の確定 ……………………………………………… 479
- Ⅲ．業務の目的と範囲等に関する成果報告書への記載事項 ……………… 495
- Ⅳ．不動産鑑定士が直接不動産の鑑定評価に関する法律第3条第2項の業務を行う場合についての準用 ……………………………………………… 507

資料編　509

- 不動産鑑定評価基準等の改正について（平成14年通知）………………… 510
- 不動産鑑定評価基準等の一部改正について（平成19年通知）…………… 511
- 不動産鑑定評価基準の一部改正について（平成21年通知）……………… 513
- 不動産鑑定評価基準運用上の留意事項の一部改正について（平成21年通知） ……………………………………………………………………………… 514
- 不動産鑑定評価基準運用上の留意事項の一部改正について（平成22年通知） ……………………………………………………………………………… 515
- 不動産鑑定評価基準等の一部改正について（平成26年通知）…………… 516
- 不動産鑑定評価基準 …………………………………………………………… 517
- 不動産鑑定評価基準運用上の留意事項 ……………………………………… 591
- 不動産鑑定士が不動産に関する価格等調査を行う場合の業務の目的と範囲等の確定及び成果報告書の記載事項に関するガイドラインについて（平成21年通知）…………………………………………………………… 630
- 不動産鑑定士が不動産に関する価格等調査を行う場合の業務の目的と範囲等の確定及び成果報告書の記載事項に関するガイドライン運用上の留意事項について（平成21年通知）………………………………………… 631
- 不動産鑑定士が不動産に関する価格等調査を行う場合の業務の目的と範囲等の確定及び成果報告書の記載事項に関するガイドライン等の一部改正について（平成26年通知）…………………………………………… 632
- 不動産鑑定士が不動産に関する価格等調査を行う場合の業務の目的と範囲等の確定及び成果報告書の記載事項に関するガイドライン ………… 633
- 不動産鑑定士が不動産に関する価格等調査を行う場合の業務の目的と範囲等の確定及び成果報告書の記載事項に関するガイドライン運用上の留意事項 ………………………………………………………………………… 647
- 収益還元法（新手法）について ……………………………………………… 658

まえがき

1　基準設定の経緯

(1)　不動産鑑定評価制度

　昭和30年以降の著しい地価の高騰は、公共用地の取得費の増大、宅地の入手難とこれに起因する劣悪な住宅地の形成、投機的な土地取引等の問題を引き起こし、国民経済の健全な発展と国民生活の安定に重大な影響を与えることとなった。

　この問題に対処するため、政府においては、はやくから、宅地需給の不均衡を解消するため種々の施策を講ずるとともに、昭和37年には、宅地問題を解決するための制度上の諸施策について広く各界の学識経験者の意見を徴することを目的として、建設省に宅地制度審議会を設置した。

　建設大臣は、同審議会に対し、昭和37年6月8日付けで、宅地価格の安定、宅地の流通の円滑化、宅地の確保及び宅地の利用の合理化を図るための制度上の措置について諮問を行い、同審議会は、昭和38年1月30日に第1次答申として、「住宅地開発事業に必要な用地の確保を図るための制度上の措置に関する答申について」を、同年3月6日には第2次答申として、「不動産の鑑定評価に関する制度の確立に関する答申について」をあいついで提出した。

　この第2次答申においては、地価高騰の基本的な原因として、わが国の急速な経済発展、生活水準の向上、産業、人口等の都市集中等による宅地需給の不均衡をあげるとともに、このような地価高騰をもたらしている重要な要因として、合理的な地価形成のための制度が欠如していること、宅地流通機構が整備されていないこと及び一般に土地に対する適切な知識に欠けていること等の理由により、地価が付近地の呼び値、つけ値等によって、安易にしかも不合理に決定されるというような地価形成における混乱が考えられるとした。そして、宅地難に対処するための諸施策の推進を図り、宅地の流通の円滑化及び宅地価格の安定に資するためには、不動産鑑定評価に関する制度を整備してその発達を図り、合理的な土地価格の形成を可能にする必要があるとし、不動産鑑定評価制度の確立を提案した。

まえがき

　建設省においては、この答申を受けると、直ちに立法化の作業に着手し、答申を尊重して法案を作成し、「不動産の鑑定評価に関する法律案」として昭和38年第43国会に提出した。同法案は、同年7月6日に成立し、同7月16日に、不動産の鑑定評価に関する法律（昭和38年法律第152号。以下「法」という。）として公布された。

（注）　宅地制度審議会は、建設省設置法の一部を改正する法律（昭和37年法律第37号）に基づいて、宅地制度に関する重要事項を調査審議するため、建設省の附属機関として設置されたものである。

(2)　基準設定の必要性

　法は、不動産の鑑定評価について、その者の鑑定評価が適正なものとして社会的な信用を得ることができるような権威ある鑑定人を確保するとともに、不動産の鑑定評価に関する業務の適正化を図ることによって、土地等の適正な価格の形成に資することをもってその目的とし、このような権威ある鑑定人として不動産鑑定士及び不動産鑑定士補（以下「不動産鑑定士等」という。）を定め、高度の国家試験に合格し、建設大臣の登録を受けることをその資格要件として規定するとともに、鑑定評価を業として営もうとする者は、大臣又は知事の登録を受け、その事務所には専任の不動産鑑定士1人以上を置くこと等の義務を課して、適正な鑑定評価が行われるよう、鑑定評価制度の確立を図ったものである。

　しかし、不動産鑑定士等の資格を定め、不動産鑑定評価に関する業務の規制を行うだけで、直ちに法の目的が十分に達せられるとは考えられない。すなわち、わが国の鑑定評価活動は、はやくから国及び地方公共団体における課税評価や公共用地の取得等に関連して、また金融機関における担保評価等に関連して、あるいは土地建物の取引に関連して行われ、法制定時には、不動産の鑑定評価の手法及びその基礎となる理論はすでに相当高度の発達を遂げていたが、それが標準的に統一されているとはいい難い状態にあった。例えば、同一の不動産について複数の鑑定人に鑑定評価を依頼すると、その鑑定評価額はかなりの相違を生じ、どの鑑定評価額が適正なものであるかを判断することができないような場合がしばしば見られたのである。不動産の価格は、一般経済社会における不動産のあり方や価格の水準に影響を与える要因から、個々の不動産の価格を個別具体的に形成する要因に至るまで、多数の要因の相互作用によって形成されているものであり、その作用の判断は、専ら鑑定人に委ねられているのであるが、

まえがき

その判断の相違があまりに大きくては、信頼性に欠け、実用性も疑わしいものになると考えられた。したがって、不動産鑑定士等が、その専門家としての能力を向上し、また専門家として社会の信用をかち得て法の目的を達成するためには、まず不動産の鑑定評価を行うに当たってその拠り所となる基準を設定することが必要と認められたのである。

そこで、法は、附則第18項において建設省設置法の一部を改正し、宅地制度審議会の調査審議事項として新たに「不動産の鑑定評価の基準…を調査審議すること」を加え、この問題についての検討を行うこととした。

なお、不動産の鑑定評価基準を設定することの必要性は、国会においても強く認識され、不動産の鑑定評価に関する法律案の審議の過程で、衆議院建設委員会においては、不動産の鑑定評価の基準を確立すべき旨の附帯決議がなされている。

(3) 宅地制度審議会における審議経過

昭和38年8月2日に建設大臣から「不動産の鑑定評価の基準をいかに定むべきであるか」について諮問を受けた宅地制度審議会は、鑑定評価基準小委員会（小委員長櫛田光男氏）を設置して答申案を作成することを決定し、同小委員会は、さらに起草委員会（起草委員長嶋田久吉氏）を設置して慎重な検討を行った結果、昭和39年3月25日の総会において、「不動産の鑑定評価基準の設定に関する答申」（宅地制度審議会第4次答申）として決定され、同日、建設大臣に提出されたものである。

基準は上記のような経過をたどって作成されたが、日程からも明らかなように非常に短期間で作成されたものであったため、鑑定評価の対象となる不動産について網羅的な規定をすることができなかった。しかしこの点については、基準の前文においても、その性格が中間的なものであって、事実の進展に応じて、今後その充実と改善を期すべきものであることが述べられていた。

そこで、このような方針に沿って、建設大臣は、昭和39年8月4日付けで「不動産の鑑定評価基準をいかに定めるべきであるか」について宅地審議会に諮問を行った。宅地審議会は、諮問事項の検討のため、不動産鑑定評価基準部会（部会長櫛田光男氏）を設けたのであるが、同部会は、まず、宅地見込地の鑑定評価基準について調査審議することとし、起草委員会（起草委員長嶋田久吉氏）を設置して調査審議した結果、昭和40年3月30日の宅地審議会において、「宅地見込地の鑑定評価基準の設定に関する

答申」として決定され、同日、建設大臣に提出された。

　また、不動産鑑定評価基準部会は、賃料の鑑定評価基準についても答申することとし、調査審議を行った結果、昭和41年4月21日に「賃料の鑑定評価基準の設定に関する答申」として、建設大臣に提出された。

　これによって、不動産の鑑定評価基準は、「不動産の鑑定評価基準」、「宅地見込地の鑑定評価基準」及び「賃料の鑑定評価基準」の3本立てとなったが、追加答申されたものは、いずれもその「まえがき」において、実質的には「不動産鑑定評価基準」と一体となって運用されるべきものであるとしており、3本の基準を一体として活用することが期待されたのである。

(注)　宅地制度審議会は、設置期限を昭和39年3月31日に限定されて設けられたものであるが、宅地問題の複雑性から、定められた期限では十分な調査審議を行うことはできないので、宅地問題の重要性に鑑み、法附則第18項の規定により、宅地制度審議会の設置期間（昭和39年3月31日）満了後は、これに替えて設けられた宅地審議会に宅地制度に関する重要事項及び不動産の鑑定評価に関する重要事項を調査審議させることとした。

(4)　三つの基準の一本化による不動産鑑定評価基準の設定

　「不動産の鑑定評価基準」、「宅地見込地の鑑定評価基準」及び「賃料の鑑定評価基準」の3本が設定されたことによって、不動産の鑑定評価のほとんど大部分は、これらの基準に従って行うことができることとなった。

　しかし、鑑定評価理論には、これらの基準の設定後に、不動産鑑定士等の実践活動を通じて著しい進歩向上があり、その成果を採り入れて基準の内容を充実させることが必要と考えられた。そこで、昭和42年2月15日に開催された宅地審議会不動産鑑定評価基準部会においては、これらを改正する方向で検討を進めるべきことが決定され、起草小委員会（小委員長嶋田久吉氏）が設置された。

　同小委員会は、ほとんど毎週1回の割合で会合を開き、昭和43年3月には第1次案をとりまとめた。引き続いてこの第1次案についての検討を行い、同年6月中旬には第2次案を作成した。

　しかし、行政機構の改革に伴って、同年6月15日、従来の宅地審議会は、住宅審議会と合体して住宅宅地審議会に発展的に解消することとなり、基準の改訂は、最終総会において、不動産鑑定評価基準部会長から経過報告が行われただけで、宅地審議会では答申に至らなかった。したがっ

まえがき

て、基準の改定作業は、新しい審議会に引き継がれることとなり、昭和43年7月31日の住宅宅地審議会の第1回総会において、建設大臣から「不動産の鑑定評価基準をいかにすべきか」について諮問がなされた。

同審議会では、この件を宅地部会（部会長櫛田光男氏）に付託するとともに、宅地部会の議決をもって総会の議決とみなす決定を行った。ついで、同年8月13日には、同審議会に臨時委員、専門委員が置かれることとなり、鑑定評価の実務家、鑑定評価に関連する分野の権威者、関係行政機関の職員等が任命された。

さらに同年8月19日の第1回の宅地部会においては、草案作成のため起草小委員会（小委員長嶋田久吉氏）を設置することとした。同小委員会においては、同年9月9日に初会合を開いて草案の作成に着手し、その後11回に及ぶ審議を行って、昭和44年9月22日に答申案文をまとめあげた。

この答申案は、同年9月29日の第10回宅地部会に提出され、慎重な審議を行った上で原案どおり議決されたので、同日引き続いて行われた第8回住宅宅地審議会に宅地部会長より報告を行い、その了承を得て、直ちに建設大臣に答申されたものである。

なお、従来の基準との相違点については、そのまえがきにおいて、「従来の基準における説明的、啓蒙的な叙述については、すでにその目的を達したものも多いことに鑑み、これらを省略し、又は簡略化し、また、説明が十分でなかった部分については、これを充実したものである。さらにその後における鑑定評価理論の進展に対応して、特に不動産の地域性に関する記述、具体的には一般的要因の地域性、地域分析等の規定を新たに追加したほか、従来の基準が、既に述べたように、三つの基準から成り立っていたものを一本化して再編成を行ったものである」と述べられている。

(5) 平成2年の不動産鑑定評価基準の改定

昭和44年9月29日付け住宅宅地審議会答申に係る不動産鑑定評価基準（以下「旧基準」という。）は、不動産鑑定士等が不動産の鑑定評価を行うに当たっての拠り所となる統一的基準として、不動産鑑定評価制度が目的とする不動産の適正な価格の形成に大きく貢献してきた。

しかしながら、昭和58年頃に始まる東京都心の商業地に端を発した地価高騰が国民生活、国民経済等に大きな影響を及ぼしつつある状況の下で、不動産の適正な価格形成に対する国民の要請がますます高まってきている中にあって、不動産の鑑定評価と不動産鑑定士等の果たすべき社会的な責

務に対する期待は極めて大きくなりつつあった。

　旧基準は、昭和44年に設定されて以来、約20年が経過しており、その間、鑑定評価の理論及び実務面における進歩・充実は著しく、また不動産を取り巻く社会経済の変化も大きいものがあった。したがって、これらの状況を踏まえ、国民の期待・要請に的確に対応するため、旧基準に替えて新たな不動産鑑定評価基準（以下「平成2年基準」という。）を作成することにより、不動産鑑定士等が行う不動産鑑定評価の充実強化を図ることとした。

　このため、昭和63年11月7日に国土庁長官より土地鑑定委員会（委員長小林忠雄氏）に対して「不動産の鑑定評価の基準をいかにすべきか」について諮問がなされた。

　これを受けて、土地鑑定委員会（以下「委員会」という。）は、内部に不動産鑑定評価基準検討小委員会（小委員長大神三千雄氏）（以下「小委員会」という。）を設け、基準改訂案（答申草案）を作成することとした。さらに国土庁内にも不動産鑑定評価基準検討会（通称ワーキンググループ）が設けられ、小委員会で審議する改訂草案の作成を行うこととした。小委員会のメンバーは、委員会の指名委員4人と長官任命の専門委員12人（学者、専門家及び関係各省庁の職員）であり、一方ワーキンググループは、14人の専門家で構成されていた。

　昭和63年11月18日からワーキンググループの作業が開始され、同年12月20日には小委員会で主要検討項目が審議された。その際、改訂基準の体系として、本則としての基準とその運用上の留意事項としての運用方針の二部構成とすることが原則的に決定され、さらに文章をできるだけ平易にするよう努めることとなった。

　その後、ワーキンググループによる基準改訂草案作成作業の進捗状況に応じて、随時小委員会で審議検討が進められた。このようにして、平成元年から2年春にかけて鋭意改訂の作業が行われ、その結果、平成2年4月25日及び同年5月9日の両日、小委員会において「不動産鑑定評価基準の見直しについて」の委員会への報告案が審議されるに至った。

　本報告案は、上記2回の小委員会での審議結果を踏まえて、当初の予定では当時の委員会委員の任期（平成2年7月4日まで）中に答申が行われることとなっていたが、改訂内容が多岐にわたり、また20有余年ぶりに行われるものであって、関係各方面の意見を聴くべきであるとの判断の下に、とりあえず小委員会において委員会への中間報告を行うこととし、同

まえがき

年6月15日に報告案を決定し、同年7月2日に委員会に小委員会委員長から報告がなされ、かつ、公表された。

その後、同年7月から8月にかけて全国14カ所の会場で、不動産鑑定士等に対する説明が行われ、これと並行して関係諸団体等に対する資料の配布、説明等も行われた。

こうして寄せられた意見等を参考にしつつ、中間報告にみられた基準と留意事項との間の重複の整理等が行われて、同年10月11日の小委員会（同年7月5日以降小委員長久保田誠三氏）で委員会への報告案を決定し、同年10月16日に委員会に報告、これに基づき委員会の答申案が決定された。

そして、同年10月26日に国土庁長官に対し、土地鑑定委員会委員長から新基準とともにこれと一体のものとして当面必要と認められる運用上の留意事項を付して答申が行われ、公表された。

この後、同年11月1日付けで国土事務次官通知「不動産鑑定評価基準の設定について」が発出され、平成3年4月1日より全面的にこの基準によることとされた。

さらに、平成3年2月6日付け国土庁土地局長通知「不動産鑑定評価基準の運用に当たって実務上留意すべき事項について」により、基準の要点及びその趣旨並びに実務上留意すべき事項が通知された。なお、上記事務次官通知に従い、この局長通知の日から、この「新基準を踏まえた不動産の鑑定評価に努める」こととされた。

（注） 土地鑑定委員会は、地価公示法（昭和44年法律第49号）第12条の規定に基づき同法及び不動産の鑑定評価に関する法律に基づく権限を行うため建設省に設置された国家行政組織法第8条に基づく機関であるが、国土庁の創設時に国土庁に移されるとともに、新たに国土庁設置法（昭和49年法律第98号）附則第32条の規定により従来建設省の住宅宅地審議会の所掌事務であった「不動産の鑑定評価に関する重要事項を調査審議すること」をその所掌事務に加えられた。

(6) 平成14年の不動産鑑定評価基準等の改正

いわゆるバブルの崩壊後の地価の長期下落傾向等を背景に、わが国の不動産をめぐる状況は大きく変化し、不動産の取引における人々の価値観は、資産性の重視から収益性・利便性を重視した実需中心のものへと移行してきた。特に、近年は、不動産の証券化が進展し、企業会計において本格的に不動産の時価評価が導入されようとしていること等にみられるよう

に、不動産、特に土地・建物一体の複合不動産が生み出す収益（キャッシュ・フロー）を詳細に把握し、その収益力を価格に的確に反映させる鑑定評価に対する新たなニーズが高まってきた。

このような不動産をめぐる状況の変化に対しては、平成11年1月に土地政策審議会が取りまとめた「ポスト『右肩上がり』時代の土地関連諸制度のあり方」において、「収益を重視する方向での不動産鑑定評価制度の確立」がうたわれた。

平成2年基準においても、不動産の有する収益性に基づく鑑定評価の考え方や手法等は位置付けられてはいたが、わが国の不動産鑑定評価は土地（特に更地）の評価を主体として実施されてきた経緯もあり、収益性を重視した複合不動産の精緻な評価といった新たなニーズに対応する「価格概念」の考え方や鑑定評価手法等が必ずしも十分な内容とはいえない面があった。

こうした新たな評価ニーズのうち、不良債権担保不動産やＳＰＣに係る鑑定評価など、特に緊急の取り組みが要請された課題については、平成2年基準の枠内で個別に評価上の実務指針が作成され対応されてきた。しかし、収益性を重視した精緻な評価に対するニーズは、もはや個別分野にとどまるものではなく、市場一般で顕著になってきており、今後、ますます多様化・高度化する鑑定評価ニーズの増大が予想される中で、これらに対応した基本的な事項について統一を図り、不動産鑑定評価基準に明確に位置付けることが必要と考えられた。

このような観点から、平成13年6月1日開催の第1回国土審議会土地政策分科会（根本二郎分科会長）において、「不動産鑑定評価基準のあり方」について調査審議するため不動産鑑定評価部会（緒方瑞穂部会長）の設置が決定され、同月14日から同部会における調査審議が開始された。また、事務局（国土交通省土地・水資源局地価調査課）には不動産鑑定士をメンバーとする不動産鑑定評価基準検討ワーキンググループが設置され、検討原案の作成をサポートする態勢が取られた。

部会の審議は、第7回部会（11月7日）までの各回、5つの検討テーマ（①新たな評価ニーズに対応した価格概念のあり方、②収益還元法の体系的整理、③対象不動産の属する市場や市場参加者の特性等に関する市場分析の重視、④三方式を等しく尊重して試算価格又は試算賃料を調整するという考え方の再検討、⑤経済的・法的・物理的な物件精査（デューデリジェンス））に沿って検討が行われた。続いて、第8回（11月22日）、第9

まえがき

回部会（11月29日）にて精力的に各論点の審議がなされ、「不動産鑑定評価基準の改定骨子案」がまとめられた。これを踏まえ、12月6日開催の第2回土地政策分科会において不動産鑑定評価基準の見直しに係る中間報告がなされ、改定骨子案についてのパブリック・コメントを実施しつつ、平成13年度末をめどに最終的な取りまとめを行い、平成14年度中の新基準の運用開始に向け、引き続き検討することとされた。

平成13年12月11日から翌平成14年1月11日までパブリック・コメントが実施され、その結果は、第10回部会（1月31日）で検討され、第11回部会（3月8日）での積み残し事項の総整理を経て、第12回部会（3月25日）では「不動産鑑定評価基準の改定方針」がまとめられた。これをもとに新たな基準の文章化の作業が事務局・ワーキンググループにより行われ、最終的に第13回部会（6月7日）にて「不動産鑑定評価基準の改定案」等が取りまとめられた。その後、6月14日開催の第4回土地政策分科会に報告され、審議の結果原案どおり決定され、6月19日付で国土審議会会長より国土交通大臣に対し「不動産鑑定評価基準の改定案について」として提出された。

これを踏まえ、平成14年7月3日付で国土交通事務次官通知「不動産鑑定評価基準等の改正について」が発出され、平成15年1月1日に新しい「不動産鑑定評価基準」及び「不動産鑑定評価基準運用上の留意事項」が施行された。

（注1）　国土審議会は、平成13年1月6日の国土交通省創設の際に国土交通省設置法（平成11年法律第100号）第6条第1項に基づき設置された国家行政組織法第8条に基づく機関で、旧国土庁関係の基本的な政策の審議を行う審議会等の機能を引き継いだもので、旧土地政策審議会の機能及び旧土地鑑定委員会の一部の機能を引き継いでいる。この下に置かれた土地政策分科会は国土審議会令（平成12年政令第298号）に基づき、国土利用計画法、土地基本法、地価公示法（第26条の2参照）、国土調査法及び国土調査促進特別措置法の規定により国土審議会の権限に属させられた事項を処理するものである。

（注2）　不動産鑑定評価部会の委員は、次のとおりである。
　　　　特別委員　緒方瑞穂（部会長）　前川俊一　吉野直行
　　　　専門委員　秋葉賢一　浅井裕史　大川陸治　大久保晃　中島康典
　　　　　　　　　長場信夫　森島義博

(注3) 不動産鑑定評価基準検討ワーキンググループのメンバーは次のとおりである。
奥田かつ枝　勝木雅治　叶 誠一　新藤延昭（主査）　田中 博　山下誠之

(7) 平成19年の不動産鑑定評価基準等の一部改正

　平成14年の「不動産鑑定評価基準」及び「不動産鑑定評価基準運用上の留意事項」の改正により、不動産証券化に対応したDCF法など基本的な考え方を盛り込んで以降、不動産証券化市場はめざましく拡大した。不動産取引市場全体に占める証券化取引の割合も増加し、それとともに対象不動産の種類は多様化し、対象地域も広がった。さらに、当初の市場参加者は機関投資家に限定されていたが、J-REITの上場を期に個人投資家にも浸透し、不動産証券化市場の成熟と拡大がみられるようになった。

　このような社会経済状況の変化により、不動産鑑定評価は、不動産証券化取引の中で、そのスキーム組成の基礎的条件の一つとして、他の専門家によるサービスとともに、不動産投資市場を支えるものとして位置づけられた。不動産鑑定評価は、取引価格面での公正性を第三者として客観的に評価することにより、利益相反を回避し、不動産取引市場全体の信頼性を確保する上で、極めて重要な役割を担うものとなった。同時に、不動産鑑定評価制度に対する社会的信頼も、今まで以上に高度に要求されるようになった。

　このような状況の変化に対して、不動産証券化市場のインフラともいえる不動産鑑定評価とデュー・ディリジェンスの現状と問題点を把握し、投資家保護の観点から、専門家責任についての考え方を整理するとともに、証券化にかかわる不動産鑑定評価の一層の適正化を検討するべく、平成18年4月、国土交通省土地・水資源局地価調査課に「不動産の証券化に係る鑑定評価とデュー・ディリジェンスのあり方に関する検討委員会」（緒方瑞穂座長、以下「鑑定評価とDD委員会」という。）が設置された。

　不動産鑑定士、エンジニアリング・レポート作成者等をメンバーとする「鑑定評価とDD委員会」では、平成18年5月16日の第1回以降、平成19年3月14日の第5回まで、①不動産鑑定業者のコンプライアンスの向上、②不動産鑑定士におけるエンジニアリング・レポートの評価、③土壌汚染、アスベスト等に関する対応を審議した。

　さらに、これと並行して平成18年8月1日開催の第21回国土審議会土地

まえがき

　政策分科会不動産鑑定評価部会（緒方瑞穂部会長）においても、証券化対象不動産に関する特別な基準の必要性が提唱され、「投資不動産鑑定評価基準等検討小委員会」（村木信爾委員長、以下「小委員会」という。）が設置されることとなり、投資不動産に関する鑑定評価について、実務等の現状と課題を検証するとともに、不動産証券化の進展等に伴う投資家保護の必要性の高まり等を踏まえ、不動産鑑定評価基準の運用等のあり方について、今後進めるべき方向性について検討を行うこととなった。

　「小委員会」では、①証券化対象不動産の範囲、②収益還元法等の適用過程の鑑定評価報告書記載の標準化、③DCF法の収支項目等の統一及び不動産鑑定士の情報共有方策を主たる検討項目として、平成18年9月28日の第1回開催以降、第2回10月25日、第3回12月5日までに不動産証券化対象不動産の鑑定評価基準素案ベースの検討を行った。

　平成18年12月18日の第4回「鑑定評価とDD委員会」の審議も経たのち、12月21日第4回「小委員会」で素案ベースの了承を得て、1カ月間のパブリック・コメント期間を置いた。

　その後、平成19年3月14日、第5回「鑑定評価とDD委員会」の最終審議を受けて、「小委員会」で成案をとりまとめ、3月27日、不動産鑑定評価部会の了承を得た。

　これによって、「不動産鑑定評価基準等の一部改正について」が平成19年4月2日付け国土交通事務次官通知として発出され、平成19年7月1日より「不動産鑑定評価基準各論第3章」及び「鑑定評価基準運用上の留意事項」が施行された。

　以上の経過に伴い、社団法人日本不動産鑑定協会では、これまで作成・発表してきたSPE法、資産流動化法、投信法に係る留意事項等を踏まえた上で、評価手法の向上やスキルの開発、データの共有化などに関する実務の一層の深化が必要であるという認識に至り、平成18年10月、法務鑑定委員会に証券化関連不動産専門委員会（熊倉隆治委員長）を設置し、対応することとした。

　そこで、エンジニアリング・レポートの読み方や活用の仕方のノウハウ等の蓄積に取り組む一方、情報開示や品質確保の上から重要と思われる鑑定評価の十分な説明責任と比較性の向上、記述の一定部分についての標準化等も構築することとした。

　これによって、証券化対象不動産の鑑定評価についての共通理解を不動

まえがき

産鑑定士と証券化関係者で共有し、ともに問題解決に当たるための共通基盤として、平成19年3月、「証券化不動産の価格に関する鑑定評価の実務指針」及び「証券化対象不動産の価格に関する鑑定評価手法上の留意事項」を作成し、発表した。これら実務指針及び留意事項は、不動産証券化鑑定評価の進歩充実を図るため、証券化市場の成長、社会経済環境の変化等に対応して、適宜充実させていくことが重要であり、以降も随時改定が加えられている。

(注1) 不動産鑑定評価部会の委員は次のとおりである。
　　　特別委員　緒方瑞穂（部会長）　前川俊一（部会長代理）
　　　専門委員　石橋 博　井出多加子　熊倉隆治　杉本 茂　野村修也
　　　　　　　　巻島一郎　町山公孝　村木信爾　村山利栄　柳澤 裕
　　　　　　　　山下誠之

(注2) 不動産の証券化に係る鑑定評価とデュー・ディリジェンスのあり方に関する検討委員会の委員は次のとおりである。
　　　座長　　緒方瑞穂
　　　委員　　磯尾隆光　北山 慶　楠 浩一　角南基亮　野口咲也
　　　　　　　野村修也　町山公孝　松村 徹　山下誠之　廣田裕二（専門委員）

(注3) 投資不動産鑑定評価基準等検討小委員会の委員は次のとおりである。
　　　委員長　村木信爾
　　　委員　　赤城威志　磯尾隆光＊　大森達弥＊　奥田かつ枝
　　　　　　　神作裕之　楠 浩一＊　清水千弘　杉本 茂　野口咲也＊
　　　　　　　廣田裕二＊　巻島一郎　山下誠之　横田雅之
　　　　　　　＊は第3回小委員会からの委員であることを表す。
　　　オブザーバー　氷見野良三

(注4) 法務鑑定委員会証券化関連不動産専門委員会の委員は次のとおりである。
　　　委員長　　熊倉隆治
　　　小委員長　村木信爾
　　　委員　　　阿部隆志　磯尾隆光　奥田かつ枝　片山 望
　　　　　　　　木嶋洋子　小林信夫　薩美俊太郎　田中 博
　　　　　　　　中島和人　廣田裕二　山下誠之　横田雅之
　　　主任研究員　澁井和夫

まえがき

(8) 平成21年の不動産鑑定評価基準等の一部改正

　平成19年前半頃まで順調に成長を続けた日本の不動産投資市場は、マンション分譲などの市況の悪化に加え、いわゆるサブプライムローン問題に端を発した世界的な金融市場の混乱により、不動産投資市場の資金調達環境が大幅に変化し、不動産市場は再び低迷期へと入った。このような金融環境の変化が不動産投資市場を大きく低迷させた理由には、不動産証券化商品の資金調達が短期資金に過度に依存していたことや、海外からの資金流入により急激に市場の規模が拡大したため、その後の急速な海外資金の流出の影響が大きかったことにあるといわれている。このため、今後の不動産投資市場の安定的な成長のためには、国内の長期的な資金である個人や年金等の資金の取り込みが必要であり、そのためにも証券化商品の信頼性・透明性のさらなる向上が不可欠とされる。

　また、企業会計基準のグローバル化の進展により、財務諸表における不動産の扱い等について、日本の企業会計基準も時価会計に移行しつつある。このような企業会計における不動産の時価評価の流れは、財務諸表作成のための不動産の鑑定評価や関連するサービスのニーズの増加を生み出すものでもある。また、企業会計における動きは、企業の保有する不動産の効率的な効用を促すこととなり、企業のCRE（企業不動産）戦略を促進させ、企業のCRE戦略のための鑑定評価や関連するサービスのニーズの増加も見込まれる。

　このような不動産市場をめぐる変化の中で、公正・中立な立場から不動産の価値を客観的・合理的に評価し、さらに社会のニーズに的確に対応するためには、鑑定評価業務のあり方や不動産鑑定評価基準に則らない価格等調査のあり方などを含めた総合的な視点から鑑定評価制度を見直すことが必要とされた。このため、国土審議会土地政策分科会不動産鑑定評価部会（緒方瑞穂部会長）では、平成20年7月から平成21年3月にかけて2回の部会を開催し、検討を重ねるとともに、専門的事項について検討させるために不動産鑑定評価制度見直し検討小委員会（熊倉隆治小委員長）を設置し、同委員会で4回の検討を重ねた。そして、平成21年3月31日に国土審議会土地政策分科会不動産鑑定評価部会にて報告書「社会の変化に対応したよりよい鑑定評価に向けて」が取りまとめられ、同年4月に国土交通省ホームページにて公表された。

　同報告書は、上述した環境の変化を踏まえ、「不動産の鑑定評価の質の

向上に向けた取り組み」、「依頼者・利用者の拡大・多様化に対応した鑑定評価業務の信頼性の向上」、「不動産鑑定評価基準によらない価格等調査業務の適正な実施について」を取り上げている。そして、これらを踏まえた具体的なガイドラインとして、同年8月に国土交通省から「不動産鑑定士が不動産に関する価格等調査を行う場合の業務の目的と範囲等の確定及び成果報告書の記載事項に関するガイドライン」が公表された。

　同ガイドラインは、上記報告書を受け、不動産鑑定士が価格等調査を行う場合に、当該価格等調査の目的と範囲等に関して依頼者との間で確定すべき事項及び成果報告書の記載事項等について定めたものとなっている。同ガイドラインの適用範囲は、不動産の鑑定評価に関する法律第3条第1項に規定する不動産の鑑定評価であるか、同条第2項に規定するいわゆる隣接・周辺業務であるかを問わず、不動産鑑定士が行う価格等調査となっているが、不動産鑑定評価基準に則らない価格等調査は、則らない旨についての合理的理由等やそれらの報告書等への記載が求められる。したがって、同ガイドラインは主としてこれらを対象としたものとなっており、今回行われた「不動産鑑定評価基準」及び「不動産鑑定評価基準運用上の留意事項」の改正は、同ガイドラインを踏まえ、特に鑑定評価基準に則った鑑定評価業務について、所要の規定の整理を行ったものである。

(注1)　不動産鑑定評価部会の委員は次のとおりである。
　　　　特別委員　緒方瑞穂（部会長）　前川俊一（部会長代理）
　　　　専門委員　赤井厚雄　石橋博　井出多加子　尾崎昌利　熊倉隆治
　　　　　　　　　小林信夫　白田佳子　杉本茂　中川雅之　野村修也
　　　　　　　　　巻島一郎　村木信爾

(注2)　不動産鑑定評価制度見直し検討小委員会及び価格等調査に係るガイドライン検討小委員会の委員は次のとおりである。
　　　　委員長　　熊倉隆治
　　　　専門委員　今井真祐＊　奥田かつ枝　木嶋洋子　中山善夫
　　　　　　　　　原田昌平　廣田祐二　村木信爾　横田雅之　※50音順
　　　　　　　　　　＊価格等調査に係るガイドライン検討小委員会より参加

(9)　平成26年の不動産鑑定評価基準等の一部改正

　不動産鑑定評価をとりまく社会的ニーズにおいて、官需から民需への流れがより鮮明に認識される中で、特に不動産の証券化のための鑑定評価は一つの大きな柱にまで成長してきている。証券化対象不動産の種類の多様

まえがき

化や、過去10年余に及ぶ実務の蓄積等を踏まえて、引き続き評価の適正性を維持していくため、基準等に定める内容の拡充を含めた再整理を図るべき時期を迎えている。

　また、不動産市場の国際化が進展する中で、国際的な資産評価の基準との整合性を高めていくことが必要である。具体的には、日本企業の海外進出・海外不動産投資の活発化や海外からの国内不動産投資の拡大という不動産市場の国際化が進み、IVS（国際評価基準）が資産評価の国際的な基準として浸透してきている中で、海外投資家からIVSに準拠した鑑定評価を求められる等の動きも出てきている。こうした状況を踏まえ、海外投資家を含む依頼者にとってもより分かりやすい評価となるよう、多様な評価ニーズに対応した条件設定や価格の表示方法等の面で、IVSとの整合性を向上させつつ国際的な不動産投資環境の整備を行っていくことが喫緊の課題となっている。

　加えて、民需への対応として、時価会計に対応した財務諸表のための評価ニーズが高まりを示しているほか、ストック時代を迎える中で、環境や防災に関する意識の高まりや省エネルギー対応の動き等も反映した質の高い不動産ストックの維持・形成が求められている。具体的には、平成25年に不動産特定共同事業法が改正され、建物の耐震化や老朽不動産の再生に際する民間資金の導入促進の環境整備が行われたほか、事業者間の連携による中古住宅の流通促進・活性化に向けた取り組みも進められており、既存建物の性能や維持管理の状況等を踏まえた的確な評価が求められている。

　こうした不動産市場の国際化やストック型社会の進展・証券化対象不動産の発展を踏まえ多様な評価ニーズに対応していく観点から、基準等について必要な見直しを行ったものである。

　検討にあたっては、平成24年３月から平成26年３月にかけて５回の国土審議会土地政策分科会不動産鑑定評価部会（前川俊一部会長）を開催し、検討を重ねるとともに、専門的及び実務的事項について検討をさせるために実務家を中心とした検討グループ及び公益社団法人日本不動産鑑定士協会連合会の鑑定評価基準委員会委員による事務局ワーキングチームを設置し、検討を重ねた。

（注１）　不動産鑑定評価部会の委員は次のとおりである。
　　　特別委員　　前川俊一（部会長）　熊倉隆治（部会長代理）
　　　専門委員　　赤井厚雄　石橋博　井出多加子　小林信夫　白田佳子　杉本茂

谷澤淳一　中川雅之　中城康彦　野村修也　巻島一郎　村木信爾

（注２）　実務家を中心とした検討グループの委員は次のとおりである。
　　　熊倉隆治　小林信夫　杉本茂　中城康彦　村木信爾
　　　前川俊一（オブザーバー）

（注３）　事務局ワーキングチームの委員は次のとおりである。
　　　・平成24年7月～平成25年3月
　　　座長　　熊倉隆治
　　　委員　　石渡明徳　奥田かつ枝　田中博　村木信爾　山下誠之　和田伸也
　　　オブザーバー　新藤延昭
　　　・平成25年8月～平成26年3月（不動産鑑定評価基準等及びガイドライン等検討を担当）
　　　座長　　奥田かつ枝
　　　委員　　阿部隆志　井野好伸　岩田祝子　門脇英穂　島田博文　田中博　和田伸也
　　　オブザーバー　熊倉隆治
　　　なお、財務諸表の価格調査に関する基本的考え方の検討にあたり、岩指良和氏、吉井崇氏が参加した。
　　　※50音順

2　平成19年の不動産鑑定評価基準等の一部改正点の概要

(1)　改正の基本的観点

① 証券化対象不動産の鑑定評価が鑑定評価依頼当事者だけでなく、広く社会一般の投資家等に重大な影響を及ぼすことを十分に理解し、不動産鑑定評価制度に対する社会的信頼を一層確保すること。

② 証券化対象不動産の価格は、将来キャッシュフローの現在価値として把握される収益価格を重視して判断されることから、とりわけ建物を中心に、そのキャッシュフローに影響を与えるリスク要因のチェックが必要となってきた。そのため、価格形成要因の分析に当たり、他の専門家との連携や他の専門家の調査結果を十分吟味して活用していくことが求められる。

まえがき

(2) 主な改正事項

① 具体的な適用範囲は、
 ・「資産流動化法」に規定する資産流動化に係る不動産
 ・「投資信託及び投資法人に関する法律」に規定する投資信託及び投資法人に係る不動産
 ・「金融商品取引法」に規定する有価証券（受益証券発行信託の受益証券、抵当証券）及びみなし有価証券（信託受益権、合同会社等の社員権、民法上の組合、商法上の匿名組合等）の権利の債務の履行等を主たる目的として収益又は利益を生じる不動産
 ・「不動産特定共同事業法」に規定する不動産特定共同事業契約に係る不動産

であるが、上記以外の不動産の鑑定評価を行う場合にあっても、必要と認められる場合には、この基準に準じて鑑定評価を行うよう努めなければならない。

② 証券化対象不動産の確認

権利関係、公法上の規制、遵法性等のほかにアスベスト等の有害物質、土壌汚染、耐震性等についても十分な確認を行うべきである。確認が不十分の場合は、キャッシュフローの把握があいまいとなり、適切でない鑑定評価額に基づいた不動産証券化商品が市場に流布し、投資家等に甚大な影響を及ぼすことになる。

そのためにも、実地調査は必須のものとして位置づけ、依頼者の立ち会い、内覧、施設管理者へのヒアリングを原則とした。

③ エンジニアリング・レポートの取扱いなどの明確化

証券化対象不動産の鑑定評価に当たっては、エンジニアリング・レポート（以下「ER」という。）は原則として取得すべきである。

鑑定評価報告書において、ERの入手・判断・活用の経緯の記載を標準化した。

すなわち、ERの依頼者、作成者、作成年月日、入手年月日、ER作成者の説明の有無、ERの内容（法令遵守事項、修繕計画、耐震性調査、地震リスク分析、環境リスク調査等）、ERの内容を採用・不採用の根拠等を鑑定評価報告書の必須項目とした。

④ DCF法の収益費用項目の統一と適用過程の明確化

DCF法は、将来キャッシュフローの予測に基づく現在価値を求める

手法であるが、想定条件が多く、適用過程が不明確になるおそれがある。また、DCF法の収益費用項目が異なると、複数の鑑定評価報告書の比較が困難である。そのために、適用過程を鑑定評価報告書に明記するとともに、収益費用項目の定義を明確化し、統一された収益費用項目を用いることにより比較性を向上させることとした。これにより、DCF法のさらなる精緻化が図られ、情報開示にも役立つものとなる。

3　平成21年の不動産鑑定評価基準等の一部改正点の概要

改正点は以下の項目となっている。
① 「総論第8章　鑑定評価の手順」に「第2節　依頼者、提出先及び利害関係等の確認」が加わった。これにより、鑑定評価の依頼に当たり、依頼者に次の事項についての意思の確認を行うことが必要である。
　Ⅰ　依頼者及び鑑定評価書が依頼者以外に提出される場合における当該提出先
　Ⅱ　関与不動産鑑定士又は関与不動産鑑定業者に係る利害関係等
② 「総論第9章　鑑定評価報告書」の「第2節　記載事項」に次の事項が加わった。
　Ⅷ　関与不動産鑑定士又は関与不動産鑑定業者に係る利害関係等
　Ⅸ　関与不動産鑑定士の氏名
　Ⅹ　依頼者及び鑑定評価書が依頼者以外に提出される場合における当該提出先の氏名又は名称

4　平成26年の不動産鑑定評価基準等の一部改正点の概要

(1)　不動産市場の国際化への対応

① 不動産鑑定評価基準へのスコープ・オブ・ワークの概念の導入等
　・IVSで導入されているスコープ・オブ・ワークの考え方をもとに、土壌汚染等の特定の価格形成要因について、一定の要件の下で依頼者と合意することにより、不動産鑑定士が実施する調査を合理的な範囲内に限定すること等を可能とする「調査範囲等条件」を新たに導入
　・鑑定評価手法に関し、原則として「3方式」を併用することを求めている改正前規定について、市場分析により把握した市場の特性を適切に反映した「複数の手法」を適用することを求める規定に変更
　・対象確定条件に、宅地造成や建物建築に係る工事完了前であっても、

一定の要件を満たす場合には鑑定評価を可能とする「未竣工建物等鑑定評価」を導入

② 価格概念に関するIVSとの整合性の向上
- 「特定価格」と表示することになっている証券化対象不動産の評価について、国内外の投資家に対する分かりやすさを向上させる観点から、対象不動産が最有効使用にあり、結果として正常価格と相違がない場合には、「正常価格」と表示するよう取扱いを変更
- 社会情勢の変化に迅速に対応できるよう、特定価格を求める場面の例示を追加

(2) ストック型社会の進展への対応

① 建物に係る価格形成要因の充実
- 昨今における建物評価ニーズの多様化に加え、建物の耐震性等の防災意識の高まりや省エネルギーに対応した機能・設備等を重視する動きを踏まえ、建物の各用途に共通して留意すべき価格形成要因を見直し
- 建物の用途に応じて留意すべき価格形成要因に係る規定を整備（典型的な建物用途として住宅、事務所ビル、商業施設、物流施設に係る各価格形成要因について例示）

② 原価法に係る規定の見直し
- 建物の増改築や修繕等の状況を適切に反映した評価が実施されるよう、原価法に係る建物の再調達原価を求める方法や減価修正の方法について留意点等を整備

③ 対象確定条件の拡充
- 建物の耐震化や老朽不動産の更新・再生、中古住宅のリフォーム等の既存建物の増改築・修繕等の工事が完了する前に、当該工事の完了を前提とした評価を可能にするため、対象確定条件に「未竣工建物等鑑定評価」を導入

④ その他
- 財務会計上の要請等を踏まえ、土地・建物一体の複合不動産の評価に際し土地・建物の内訳価格を求める方法についての規定を充実

(3) 証券化対象不動産の多様化への対応

① 事業用不動産に係る規定の充実
- 物件ごとに収益性のばらつきが大きく、賃貸市場も成熟していないと

いう特性を有する事業用不動産について、収益性を適正に把握して評価する方法や留意点等の規定を追加

  (4) その他

① 定期借地権に係る規定の充実
　・定期借地権固有の特性を踏まえ、価格形成要因や評価手法等に係る規定を整備
② 継続賃料の評価に係る規定の見直し
　・継続賃料の評価について、昨今の賃料改定に係る判例の動向や、法曹実務家等から指摘されている課題等を踏まえ、評価の信頼性を高める観点から、評価において重視すべき内容（評価の基準時点や賃料に係る価格形成要因等）に係る規定を見直し

第1部　不動産鑑定評価基準

【総　論】

第1章　不動産の鑑定評価に関する基本的考察

不動産鑑定評価基準

　不動産の鑑定評価とはどのようなことであるか、それは何故に必要であるか、われわれの社会においてそれはどのような役割を果たすものであるか、そしてこの役割の具体的な担当者である不動産鑑定士及び不動産鑑定士補（以下「不動産鑑定士」という。）に対して要請されるものは何であるか、不動産鑑定士は、まず、これらについて十分に理解し、体得するところがなければならない。

解説

　不動産鑑定評価基準（以下「基準」という。）は、不動産の鑑定評価の専門家である不動産鑑定士に対し、不動産の鑑定評価を行うに当たってその拠り所となる合理的かつ実行可能な基準を設定し、提供することを目的とするものである。基準の冒頭に置かれているこの「不動産の鑑定評価に関する基本的考察」は、不動産とその価格及びそれらが有する特徴についての理論的考察に加えて、不動産の鑑定評価の社会的公共的意義の究明、不動産鑑定士の責務等のいわば不動産鑑定士の基本的認識に関する訓示的な規定を述べている。

　「不動産の鑑定評価に関する法律」（昭和38年法律第152号）は、不動産の鑑定評価についての高度の知識と技能を有する不動産鑑定士による鑑定評価活動を通じて、土地等の適正な価格の形成を図ることを目的としており、同法で不動産の鑑定評価に関する唯一の専門家としての地位を付与された不動産鑑定士が行う鑑定評価が客観的に公正妥当で信頼性の高いものとして一般社会に受け容れられ、それがあらゆる機会において利用されるようになることが必要であると考えられる。そのためには不動産鑑定士自身が常にこのような鑑定評価の意義を念頭において鑑定評価を行うとともに、評価技術の向上に努め、公正で的確な鑑定評価を行い得るよう努めることが必要である。

第1章 不動産の鑑定評価に関する基本的考察

　不動産の鑑定評価の作業は、経済社会における財貨やサービスの一連の価格秩序の中における不動産の価格の占める適正なあり所を指摘することであるが、不動産の価格は重要な選択指標の一つとして経済社会における不動産のあり方（所有及び利用の形態等）を規定しているものである。さらに、不動産、特に土地は、すべての国民の生活と活動に欠くことのできない基盤であり、国民全体の限りある資産であり、土地に価格が生ずるのは、有限の資産として活用されることによる経済価値に基づくものである。

　本章において記述されていることは、そのすべてが不動産の鑑定評価の本質的な理念に関する事項であって、不動産鑑定士は鑑定評価の理論及び実務の習得に先立って、その前提としてこれらの事項を十分に理解するのみならず、これをすべての鑑定評価の基礎として活用するために、十分に体得することが必要とされているのである。

第1節　不動産とその価格

不動産鑑定評価基準

　不動産は、通常、土地とその定着物をいう。土地はその持つ有用性の故にすべての国民の生活と活動とに欠くことのできない基盤である。そして、この土地を我々人間が各般の目的のためにどのように利用しているかという土地と人間との関係は、不動産のあり方、すなわち、不動産がどのように構成され、どのように貢献しているかということに具体的に現れる。

［解　説］

　不動産は動産と対立する概念であり、民法第86条第1項においては「土地及びその定着物は、不動産とする。」と定義されている。民法以外の法律によって不動産とみなされるものには工場財団、鉱業財団等があり、このほかにも不動産に関する規定が準用されるものとして漁業権、鉱業権等がある。

　基準では最も一般的に用いられている民法の規定に従い不動産を土地とその定着物としている。なお、不動産の鑑定評価に関する法律第2条第1項に規定されている「不動産の鑑定評価」の定義から、不動産とは「土地

若しくは建物又はこれらに関する所有権以外の権利」の客体として理解することもできよう。建物が不動産として定義されるのは、土地の定着物であるがゆえであるが、土地はそれ自身が不動産であるとともに、不動産の構成要素として必要不可欠のものである。

　土地は固有の有用性、すなわち、物を積載する働き、植物を生育する働き等を持っているために、われわれの生活と活動にとって欠くことのできない一般的な基盤となっている。われわれは、その生活等の目的に供するために土地を種々の形態と用途に分別して利用しており、その利用を通じて土地と様々なかかわり合いを持つことになる。われわれと土地との関係は、具体的には、不動産のあり方、すなわち不動産がどのように構成され、どのように貢献しているのかということに現れている。われわれは、土地を任意の大きさに区画し、居住、商業活動、工業生産活動、農業生産活動等の用途に供するため、場合によっては建物その他の工作物を建設して、土地を利用しているわけであるが、このような不動産の構成及びそれがわれわれの生活等に貢献する度合い、態様等によって、その時代及びその地域における土地と人間（あるいはその活動）との関係をうかがい知ることができるのである。

不動産鑑定評価基準

　この不動産のあり方は、自然的、社会的、経済的及び行政的な要因の相互作用によって決定されるとともに経済価値の本質を決定づけている。一方、この不動産のあり方は、その不動産の経済価値を具体的に表している価格を選択の主要な指標として決定されている。

　不動産の価格は、一般に、
(1)　その不動産に対してわれわれが認める効用
(2)　その不動産の相対的稀少性
(3)　その不動産に対する有効需要

の三者の相関結合によって生ずる不動産の経済価値を、貨幣額をもって表示したものである。そして、この不動産の経済価値は、基本的にはこれら三者を動かす自然的、社会的、経済的及び行政的な要因の相互作用によって決定される。不動産の価格とこれらの要因との関係は、不動産の価格が、これらの要因の影響の下にあると同時に選択指標としてこれらの要因に影響を与えるという二面性を持つものである。

解説

　不動産に経済価値が認められるには、
- その不動産がわれわれの欲求を充足し得る能力（有用性）を持っていて、その不動産にわれわれが働きかけることによって日常生活や経済活動に役立てること、すなわち、その不動産に何らかの効用が認められること
- その不動産の存在量がわれわれの欲求との相対的関係において有限であり、その不動産を手に入れるためには何らかの経済的犠牲（対価等）を払わなければならないと認められること
- その不動産に対する有効需要、すなわち購買力の裏付けを持った買手が市場に存在すること

が必要である。

　このように、不動産に対してわれわれが認める効用、不動産の相対的稀少性、不動産に対する有効需要という三者の相関結合によって生ずる不動産の経済価値は、基本的にはこれら三者を動かす自然的、社会的、経済的及び行政的な要因の相互作用によって決定される。不動産のあり方そのものがこれらの要因によって決定されるものであり、言い換えれば、不動産のあり方（不動産がどのように構成され、どのように貢献しているか）によりその不動産の経済的価値は決まってくるということである。

　不動産の価格とこれらの要因との関係は、不動産の価格が、これらの要因の影響の下で形成されるという関係であると同時に、その価格が不動産の選択指標となって逆にこれらの要因に影響を与えるという二面性を有しているものである。これが、後述するように、不動産の価格を形成する要因のうち、一般的要因の説明として、自然的、社会的、経済的及び行政的要因の作用がその内容をなすものであると規定する論拠となっている。

総論

第2節　不動産とその価格の特徴

不動産鑑定評価基準

　不動産が国民の生活と活動に組み込まれどのように貢献しているかは具体的な価格として現れるものであるが、土地は他の一般の諸財と異なって次のような特性を持っている。
(1)　自然的特性として、地理的位置の固定性、不動性（非移動性）、永続性（不変性）、不増性、個別性（非同質性、非代替性）等を有し、固定的であって硬直的である。
(2)　人文的特性として、用途の多様性（用途の競合、転換及び併存の可能性）、併合及び分割の可能性、社会的及び経済的位置の可変性等を有し、可変的であって伸縮的である。
　不動産は、この土地の持つ諸特性に照応する特定の自然的条件及び人文的条件を与件として利用され、その社会的及び経済的な有用性を発揮するものである。そして、これらの諸条件の変化に伴って、その利用形態並びにその社会的及び経済的な有用性は変化する。

解説

　不動産の特性を理解するには、土地の特性を理解する必要がある。なぜなら、土地は不動産を構成する基本的な要素であり、すべての不動産は土地と不可分の関係にあって、土地を離れては機能し得ないものであるからである。ここでは、土地の特性として、自然的特性及び人文的特性について述べられている。
　土地の自然的特性は、土地それ自体に内在する固有の特性であるといってよいであろう。なお、ここで述べられている固定的・硬直的という特性は、理論的・物理的な意味における土地の属性であって、現実に土地が取引される場合、通常、土地の属性のうち、用途、位置、地積、環境等の条件がおおむね類似している土地の相互間では代替性が認められているものである。
　土地の人文的特性は、土地に対してわれわれが種々の働きかけをする場合において、われわれと土地との関係として生じてくる特性である。例えば、土地は、細かく分割されて使用されたり、大きくまとめて使用された

りする。また、同じ土地が商業地としても使用し得るし、住宅地としても使用し得る。そういう意味では、土地は変化し得るもので、柔軟で伸縮性のあるものである。土地は、われわれの生活様式や価値観の変化等に即応して再構築されて今日に至っている。

　不動産は、この土地の持つ諸特性に照応する特定の自然的条件及び人文的条件を前提として利用され、その社会的及び経済的な有用性を発揮するものである。そして、これらの諸条件の変化に伴って、土地そのものだけではなく、それを基盤とする不動産の利用形態並びにその社会的及び経済的な有用性は変化する。すなわち、個々の不動産のあり方は、その基本的要素である個々の土地の影響を大きく受けるということである。

不動産鑑定評価基準

　不動産は、また、その自然的条件及び人文的条件の全部又は一部を共通にすることによって、他の不動産とともにある地域を構成し、その地域の構成分子としてその地域との間に、依存、補完等の関係に及びその地域内の他の構成分子である不動産との間に協働、代替、競争等の関係にたち、これらの関係を通じてその社会的及び経済的な有用性を発揮するものである（不動産の地域性）。

解　説

　不動産の地域性とは、不動産は、他の不動産と隔絶されてそれらと無関係に、個々の不動産が独立して存在するというものではなくて、通常は、自然的条件（地質、地盤、地勢、気象等）及び人文的条件（都心との距離、交通施設の状態、住宅、生垣、街路修景等の街並みの状態、行政区域等）の全部又は一部を共通にすることによって、他の不動産とともにある地域を構成して、これに属するものであるということである。個々の不動産は、その属する地域の構成分子として、その「地域」との間に依存、補完等の関係及びその地域内の他の構成分子との間に協働、代替、競争等の相互関係を持ち、これらの関係を通じて、その社会的及び経済的な有用性を発揮するという特性を有している。

総　論

不動産鑑定評価基準

　このような地域には、その規模、構成の内容、機能等に従って各種のものが認められるが、そのいずれもが、不動産の集合という意味において、個別の不動産の場合と同様に、特定の自然的条件及び人文的条件との関係を前提とする利用のあり方の同一性を基準として理解されるものであって、他の地域と区別されるべき特性をそれぞれ有するとともに、他の地域との間に相互関係にたち、この相互関係を通じて、その社会的及び経済的位置を占めるものである（地域の特性）。

解　説

　不動産が属する地域には、その規模、構成の内容、機能等に従って各種のものが認められる。すなわち、「地域」はすべて自然的条件及び人文的条件の全部又は一部を共通にして成り立っているものであり、関東平野、甲府盆地、利根川流域等のように自然的条件の共通性を基盤として構成される地域や首都圏、都道府県、都市計画区域、市町村等のように行政区画等に基づき構成される「地域」、あるいは駅前商店街、○○通り商店街等の集客機能を有する施設を中心として構成される地域等、種々の形態のものが考えられる。

　このように、地域を分別して認識する場合には、これをとらえる観点の如何によって各種各様のものが考えられるのであり、それらの地域はそれぞれその地理的範囲を有しているものであるから、ある不動産が属している地域は必ずしもただ一つに限定されるものではなく、不動産はある地域に属していると同時に他の異なった観点からとらえられた一又は二以上の地域に重畳的に属しているということが通常である。

　これらの地域は、不動産の集合という意味において、個別の不動産の場合と同様に、特定の自然的条件及び人文的条件との関係を前提とする利用のあり方の同一性を基準として理解されるものであり、鑑定評価上最も重視される用途に関して区分される「用途的地域」もその一つであって、他の地域と区別されるべき地域の特性を有するとともに、他の地域との相互関係を通じて、その社会的及び経済的位置を占めるものである。

第1章 不動産の鑑定評価に関する基本的考察

不動産鑑定評価基準

　このような不動産の特徴により、不動産の価格についても、他の一般の諸財の価格と異なって、およそ次のような特徴を指摘することができる。
(1)　不動産の経済価値は、一般に、交換の対価である価格として表示されるとともに、その用益の対価である賃料として表示される。そして、この価格と賃料との間には、いわゆる元本と果実との間に認められる相関関係を認めることができる。
(2)　不動産の価格（又は賃料）は、その不動産に関する所有権、賃借権等の権利の対価又は経済的利益の対価であり、また、二つ以上の権利利益が同一の不動産の上に存する場合には、それぞれの権利利益について、その価格（又は賃料）が形成され得る。
(3)　不動産の属する地域は固定的なものではなくて、常に拡大縮小、集中拡散、発展衰退等の変化の過程にあるものであるから、不動産の利用形態が最適なものであるかどうか、仮に現在最適なものであっても、時の経過に伴ってこれを持続できるかどうか、これらは常に検討されなければならない。したがって、不動産の価格（又は賃料）は、通常、過去と将来とにわたる長期的な考慮の下に形成される。今日の価格（又は賃料）は、昨日の展開であり、明日を反映するものであって常に変化の過程にあるものである。
(4)　不動産の現実の取引価格等は、取引等の必要に応じて個別的に形成されるのが通常であり、しかもそれは個別的な事情に左右されがちのものであって、このような取引価格等から不動産の適正な価格を見出すことは一般の人には非常に困難である。したがって、不動産の適正な価格については専門家としての不動産鑑定士の鑑定評価活動が必要となるものである。

解説

　ここまで述べられてきた不動産の特徴を前提に、他の諸財との差異を意識しつつ、不動産の価格（又は賃料）の特徴を述べている。
①　不動産の価格は、一般的には交換の対価としての市場価値を貨幣額で表示したものであるとともに、不動産が物理的、機能的又は経済的に消滅するまでの全期間にわたって、不動産を使用又は収益することができ

ることを基礎として生ずる経済価値を貨幣額をもって表示したものであるとも言える。なお、必ずしも市場での成立を前提としない特殊価格等に対応する経済価値を貨幣額で表示する場合もある。

これに対して、その用益の対価である不動産の賃料は、上記期間のうちの一部の期間について、不動産の賃貸借契約又は地上権若しくは地役権の設定契約に基づき、不動産を使用し、又は収益することができることを基礎として生ずる経済価値を貨幣額で表示したもの（純賃料）を主体とするものである。

② 不動産には、所有権のほか、地上権、地役権、賃借権等各種の権利利益が存立することが可能であり、それらの権利利益のそれぞれについて価格（又は賃料）が形成されるとともに、各々の価格（又は賃料）は相互に影響を及ぼしあって定まるものである。したがって、鑑定評価の対象となる不動産の経済価値は、不動産に関する権利利益について、価格（又は賃料）として表示されると言える。

③ 社会経済情勢は常に変動するものであるから、不動産の属する地域は、それらの影響の下に、その地域自体及びその社会的、経済的位置は常に変化の過程にあり、したがって、不動産の利用形態や貢献の度合いが、不動産が属する地域との相関関係において最適かつ最高のもの（通常人の合理的な行動によって決定される普遍的な不動産のあり方）であるか、また、現在是認されている利用形態等であっても、時の経過に伴ってこれを持続できるか否かは常に吟味されなければならない。したがって、不動産の価格（又は賃料）は、現時点における不動産の利用形態等のみを基礎として形成されるのではなく、過去と将来とにわたる長期的な考慮の下に形成されるものである。今日の価格は昨日の展開であり、明日を反映するものであるということは、過去からの生成過程の投影としての現在の価格は、また、将来の変化を内在したものとしての現在の価格であることを意味しているものである。

④ 不動産の現実の取引価格等は、取引等の必要に応じて成立するものであるが、その不動産に係る不動産市場の特性、取引等における当事者双方の能力の多様性と特別の動機により、売り急ぎ、買い進み等の個別的な事情が存在することが多く、そこで形成される価格は、必ずしもその不動産の適正な価格を形成するものとは言い得ないものである。したがって、一般の人々にとっては、不動産の適正な価格はいくらかということを取引価格等を通じて判断することは著しく困難であり、高度の専

門的知識と豊富な経験とそれに基づく的確な判断力とを有する不動産鑑定士による適正な鑑定評価活動が必要となるものである。

第3節　不動産の鑑定評価

不動産鑑定評価基準

　このように一般の諸財と異なる不動産についてその適正な価格を求めるためには、鑑定評価の活動に依存せざるを得ないこととなる。
　不動産の鑑定評価は、その対象である不動産の経済価値を判定し、これを貨幣額をもって表示することである。それは、この社会における一連の価格秩序の中で、その不動産の価格及び賃料がどのような所に位するかを指摘することであって、
(1)　鑑定評価の対象となる不動産の的確な認識の上に、
(2)　必要とする関連資料を十分に収集して、これを整理し、
(3)　不動産の価格を形成する要因及び不動産の価格に関する諸原則についての十分な理解のもとに、
(4)　鑑定評価の手法を駆使して、その間に、
(5)　既に収集し、整理されている関連諸資料を具体的に分析して、対象不動産に及ぼす自然的、社会的、経済的及び行政的な要因の影響を判断し、
(6)　対象不動産の経済価値に関する最終判断に到達し、これを貨幣額をもって表示するものである。
　この判断の当否は、これら各段階のそれぞれについての不動産鑑定士の能力の如何及びその能力の行使の誠実さの如何に係るものであり、また、必要な関連諸資料の収集整理の適否及びこれらの諸資料の分析解釈の練達の程度に依存するものである。したがって、鑑定評価は、高度な知識と豊富な経験及び的確な判断力を持ち、さらに、これらが有機的かつ総合的に発揮できる練達堪能な専門家によってなされるとき、初めて合理的であって、客観的に論証できるものとなるのである。
　不動産の鑑定評価とは、現実の社会経済情勢の下で合理的と考えられる市場で形成されるであろう市場価値を表示する適正な価格を、不動産鑑定士が的確に把握する作業に代表されるように、練達堪能な専門家に

総　論

> よって初めて可能な仕事であるから、このような意味において、不動産の鑑定評価とは、不動産の価格に関する専門家の判断であり、意見であるといってよいであろう。
> 　それはまた、この社会における一連の価格秩序のなかで、対象不動産の価格の占める適正なあり所を指摘することであるから、その社会的公共的意義は極めて大きいといわなければならない。

解　説

　ここでは、不動産の鑑定評価の意義について概観的に述べられており、(1)から(6)の各段階の作業を的確に実施することにより、現実の社会経済情勢の下で合理的と考えられる市場で形成されるであろう市場価値を表示する適正な価格を指摘し、表示することができる。

　改めて言うまでもなく、このような段階的な作業行程を踏まずに、直観的、達観的な判断を基礎とするいわゆる世評価格は、不動産の価格形成の混乱を招くことはあっても適正な価格形成に寄与するとは考えられないものである。

第4節　不動産鑑定士の責務

> **不動産鑑定評価基準**
>
> 　土地は、土地基本法に定める土地についての基本理念に即して利用及び取引が行われるべきであり、特に投機的取引の対象とされてはならないものである。不動産鑑定士は、このような土地についての基本的な認識に立って不動産の鑑定評価を行わなければならない。
> 　不動産鑑定士は、不動産の鑑定評価を担当する者として、十分に能力のある専門家としての地位を不動産の鑑定評価に関する法律によって認められ、付与されるものである。したがって、不動産鑑定士は、不動産の鑑定評価の社会的公共的意義を理解し、その責務を自覚し、的確かつ誠実な鑑定評価活動の実践をもって、社会一般の信頼と期待に報いなければならない。
> 　そのためには、まず、不動産鑑定士は、同法に規定されているとおり、良心に従い、誠実に不動産の鑑定評価を行い、専門職業家としての社会的信用を傷つけるような行為をしてはならないとともに、正当な理由がなくて、その職務上取り扱ったことについて知り得た秘密を他に漏らしてはならないことはいうまでもなく、さらに次に述べる事項を遵守して資質の向上に努めなければならない。
> (1)　高度な知識と豊富な経験と的確な判断力とが有機的に統一されて、初めて的確な鑑定評価が可能となるのであるから、不断の勉強と研鑽とによってこれを体得し、鑑定評価の進歩改善に努力すること。
> (2)　依頼者に対して鑑定評価の結果を分かり易く誠実に説明を行い得るようにするとともに、社会一般に対して、実践活動をもって、不動産の鑑定評価及びその制度に関する理解を深めることにより、不動産の鑑定評価に対する信頼を高めるよう努めること。
> (3)　不動産の鑑定評価に当たっては、自己又は関係人の利害の有無その他いかなる理由にかかわらず、公平妥当な態度を保持すること。
> (4)　不動産の鑑定評価に当たっては、専門職業家としての注意を払わなければならないこと。
> (5)　自己の能力の限度を超えていると思われる不動産の鑑定評価を引き受け、又は縁故若しくは特別の利害関係を有する場合等、公平な鑑定

総　論

> 評価を害する恐れのあるときは、原則として不動産の鑑定評価を引き受けてはならないこと。

解　説

　土地基本法（平成元年法律第84号）においては、土地は公共の利害に関係する特性を有していることにかんがみ、公共の福祉を優先させるものとすることや投機の対象とされないこと等の土地についての基本理念が規定されている。この基本理念の尊重はすべての国民の責務であるが、特に不動産鑑定士については、その責務の重大性にかんがみ、基準では、「土地は、土地基本法に定める土地についての基本理念に即して利用及び取引が行われるべきであり、特に投機的取引の対象とされてはならないものである。不動産鑑定士は、このような土地についての基本的な認識に立って不動産の鑑定評価を行わなければならない」と明確に規定されているものである。

　不動産の鑑定評価は練達堪能な専門家によって初めて可能となるものであり、理知的判断を主体とする作業である。不動産鑑定士は、この不動産の鑑定評価を担当する者として、十分に能力のある専門家たる地位を法律によって認められ、付与されたものであり、さらに、不動産の鑑定評価業務に関して独占的地位を与えられ、保護されているところである。これは、不動産の鑑定評価の社会的公共的意義の重大さにかんがみ、公正・公平で的確な鑑定評価に対する社会的要請が強いことにかんがみ、不動産鑑定評価制度を通じて、土地等の適正な価格の形成に資することが、公共の福祉に重大な関係を持っていることによるものである。

　不動産鑑定士は、不動産の鑑定評価に関する法律第5条（不動産鑑定士の責務）、第38条（秘密を守る義務）等に従うことを、基準では、改めて強調している。また、不動産鑑定士は、常にその資質の向上に努めることが求められている。不動産鑑定士は、常に勉強・研鑽に励み、「説明責任」の観点からわかりやすい誠実な鑑定結果の説明を行う能力を養い、公平妥当な態度を保ち、常に専門職業家として注意を払い、能力の限りを尽くして鑑定評価の実践活動を行うことにより、初めて社会の負託に応えてその責務を達成することができるとともに、それを通じて不動産の鑑定評価に対する社会一般の信用を高め、ひいてはその地位の向上を図ることが可能となってくるのである。

第2章　不動産の種別及び類型

不動産鑑定評価基準

　不動産の鑑定評価においては、不動産の地域性並びに有形的利用及び権利関係の態様に応じた分析を行う必要があり、その地域の特性等に基づく不動産の種類ごとに検討することが重要である。

　不動産の種類とは、不動産の種別及び類型の二面から成る複合的な不動産の概念を示すものであり、この不動産の種別及び類型が不動産の経済価値を本質的に決定づけるものであるから、この両面の分析をまって初めて精度の高い不動産の鑑定評価が可能となるものである。

　不動産の種別とは、不動産の用途に関して区分される不動産の分類をいい、不動産の類型とは、その有形的利用及び権利関係の態様に応じて区分される不動産の分類をいう。

解説

　不動産の鑑定評価に当たり特に重要な地域は、用途的観点から区分される地域（用途的地域）であり、不動産は、他の不動産とともに、この用途的地域すなわち用途的に同質性を有する一定の地域を構成してこれに属することにより、その有用性を発揮しているものである。不動産の種別は、この用途的地域を前提として判定されるものである。

　これに対して不動産の類型は、不動産の利用形態及び権利形態に着目した区分であって、どのような形態で不動産の有用性をわれわれが享受しているかを前提として判定されるものである。

　不動産の鑑定評価に当たっては、対象不動産がその種別と類型においてどこに分類されるべきかを見定め、種別と類型の両面から不動産の種類を見極め、それに基づき分析を行うことが必要であり、これによって精密さが一段と高められるものである。

総論

第1節 不動産の種別

I　地域の種別

不動産鑑定評価基準

　地域の種別は、宅地地域、農地地域、林地地域等に分けられる。
　宅地地域とは、居住、商業活動、工業生産活動等の用に供される建物、構築物等の敷地の用に供されることが、自然的、社会的、経済的及び行政的観点からみて合理的と判断される地域をいい、住宅地域、商業地域、工業地域等に細分される。さらに住宅地域、商業地域、工業地域等については、その規模、構成の内容、機能等に応じた細分化が考えられる。
　農地地域とは、農業生産活動のうち耕作の用に供されることが、自然的、社会的、経済的及び行政的観点からみて合理的と判断される地域をいう。
　林地地域とは、林業生産活動のうち木竹又は特用林産物の生育の用に供されることが、自然的、社会的、経済的及び行政的観点からみて合理的と判断される地域をいう。
　なお、宅地地域、農地地域、林地地域等の相互間において、ある種別の地域から他の種別の地域へと転換しつつある地域及び宅地地域、農地地域等のうちにあって、細分されたある種別の地域から、その地域の他の細分された地域へと移行しつつある地域があることに留意すべきである。

運用上の留意事項

I　「総論第2章　不動産の種別及び類型」について

　　不動産の種別の分類は、不動産の鑑定評価における地域分析、個別分析、鑑定評価の手法の適用等の各手順を通じて重要な事項となっており、これらを的確に分類、整理することは鑑定評価の精密さを一段と高めることとなるものである。鑑定評価において代表的な宅地地域

である住宅地域及び商業地域について、さらに細分化すると次のような分類が考えられる。
(1) 住宅地域
　① 敷地が広く、街区及び画地が整然とし、植生と眺望、景観等が優れ、建築の施工の質の高い建物が連たんし、良好な近隣環境を形成する等居住環境の極めて良好な地域であり、従来から名声の高い住宅地域
　② 敷地の規模及び建築の施工の質が標準的な住宅を中心として形成される居住環境の良好な住宅地域
　③ 比較的狭小な戸建住宅及び共同住宅が密集する住宅地域又は住宅を主として店舗、事務所、小工場等が混在する住宅地域
　④ 都市の通勤圏の内外にかかわらず、在来の農家住宅等を主とする集落地域及び市街地的形態を形成するに至らない住宅地域
(2) 商業地域
　① 高度商業地域
　　　高度商業地域は、例えば、大都市（東京23区、政令指定都市等）の都心又は副都心にあって、広域的商圏を有し、比較的大規模な中高層の店舗、事務所等が高密度に集積している地域であり、高度商業地域の性格に応じて、さらに、次のような細分類が考えられる。
　　ア　一般高度商業地域
　　　　主として繁華性、収益性等が極めて高い店舗が高度に集積している地域
　　イ　業務高度商業地域
　　　　主として行政機関、企業、金融機関等の事務所が高度に集積している地域
　　ウ　複合高度商業地域
　　　　店舗と事務所が複合して高度に集積している地域
　② 準高度商業地域
　　　高度商業地域に次ぐ商業地域であって、広域的な商圏を有し、店舗、事務所等が連たんし、商業地としての集積の程度が高い地域
　③ 普通商業地域
　　　高度商業地域、準高度商業地域、近隣商業地域及び郊外路線

> 商業地域以外の商業地域であって、都市の中心商業地域及びこれに準ずる商業地域で、店舗、事務所等が連たんし、多様な用途に供されている地域
> ④ 近隣商業地域
> 　主として近隣の居住者に対する日用品等の販売を行う店舗等が連たんしている地域
> ⑤ 郊外路線商業地域
> 　都市の郊外の幹線道路（国道、都道府県道等）沿いにおいて、店舗、営業所等が連たんしている地域

解　説

　不動産は、土地の本源的な機能すなわち積載力、生産力等に即応した用途に供されるものであり、ある一定の用途を中心とし、まとまりのある地域（用途的地域）を構成している。この用途的地域は、自然的、社会的、経済的及び行政的観点から合理的に判断して、宅地地域、農地地域、林地地域等に大別されるが、これらのほかに、これらの地域の相互間において、ある種別の地域から他の種別の地域へと転換しつつある地域もある。
　宅地地域は、住宅地域、商業地域、工業地域等に細分化される。
　住宅地域としての一般的条件は、生活する上で、安全であること、衛生的であること、利便性に優れていること、快適性が高いこと等である。これらの条件の充足度が住宅地域を細分化する基本的な尺度となっているものであり、さらに、対外的にはステイタスシンボル（威信財）としての機能及び対内的には共同体意識に立脚した近隣との調和が地域の特性を形成すると考えられる。なお、居住環境の極めて良好な地域には、開発業者の知名度や優良な開発によるものもあり、また、マンション等の中高層の共同住宅を中心とする地域もある。
　商業地域とは、商業活動の用に供される建物、構築物等の敷地の用に供されることが、自然的、社会的、経済的及び行政的観点からみて合理的と判断される地域である。不動産鑑定評価基準運用上の留意事項（以下「基準留意事項」という。）では、商業地域を次のとおり細分類している。

・高度商業地域
　　高度商業地域は、一般高度商業地域、業務高度商業地域、複合高度商業地域に分類される。特に、業務高度商業地域は、当該地域の所在

する都市機能を最高度に機能させ、広域的な都市圏及び商圏を統御する等の中枢管理機能（中央官庁、企業の本社等）、教育文化機能（国際会議場、多目的ホール等）、商業サービス機能（銀行、新聞社、放送局等）等の高次の機能が集積する地域として位置づけられている。
・準高度商業地域
　　県庁所在都市又はこれに準ずる都市に所在することが多く、その商圏は県内全般にわたる範囲又はこれに準ずる規模の背後地を対象とした範囲となるものと考えられる。
・普通商業地域
　　普通商業地域は、地方中小都市の中心商業地域又はこれに準ずる規模の商業地域で、日々又は月々の購買頻度の傾向を持つ日用品、最寄品等を取り扱う店舗等が連たんしている地域である。
・近隣商業地域
　　近隣商業地域は、都市計画で定められている近隣商業地域と必ずしも符合しているとは限らないので、地域の実情を十分に考慮して判定する必要がある。
・郊外路線商業地域
　　ファミリーレストラン、自動車、書籍等の販売店等の沿道サービス施設等が都市郊外の幹線道路沿いに連たんし、路線商業地域を形成している地域である。

　農地地域は、農作物の栽培を目的とする耕地を中心として地域的なまとまりを持つ地域であり、これはさらに田地域、畑地域等に分かれる。なお、畑地地域には、果樹、桑、茶等の木本性作物の栽培を目的とする樹園地地域が含まれている。

　林地地域は、その立地条件や地域の特性により、次のような細分化が考えられる。
・都市近郊林地地域
　　都市の近郊にある林地地域で、宅地化の影響を受けている地域
・農村林地地域
　　農家集落の周辺にある林地地域で、いわゆる「さとやま」とよばれ、当該地域にあっては、一般に農業を主に林業を兼業としている農家の多い地域である。
・林業本場林地地域
　　林業経営を主とする林家の多い地域又は地方の有名林業地で、有名

林業地としての銘柄の用材又はこれに準ずる用材を生産している林地地域
・山村奥地林地地域
　農家集落への距離等の交通接近条件の劣る地域で、林家は少なく、かつ、散在している林地地域

なお、特用林産物とは、林野副産物ともいい、木材、薪炭以外で林野から生産又は採取するもので、くり、くるみ等の樹実類、すぎ、しゅろ等の樹皮類、その他まつたけ、しいたけ、わさび、うるし等がある。

ある種別の地域から他の種別の地域へと転換しつつある地域、細分化されたある種別の地域からその地域の他の細分化された地域へと移行しつつある地域は、用途の転換又は移行の途上にあることが特徴であり、社会的、経済的環境の変化に伴う地域の拡大、縮小という過渡的な地域として位置づけられており、土地の種別における見込地及び移行地と関連する。

Ⅱ　土地の種別

> **不動産鑑定評価基準**
>
> 　土地の種別は、地域の種別に応じて分類される土地の区分であり、宅地、農地、林地、見込地、移行地等に分けられ、さらに地域の種別の細分に応じて細分される。
> 　宅地とは、宅地地域のうちにある土地をいい、住宅地、商業地、工業地等に細分される。この場合において、住宅地とは住宅地域のうちにある土地をいい、商業地とは商業地域のうちにある土地をいい、工業地とは工業地域のうちにある土地をいう。
> 　農地とは、農地地域のうちにある土地をいう。
> 　林地とは、林地地域のうちにある土地（立木竹を除く。）をいう。
> 　見込地とは、宅地地域、農地地域、林地地域等の相互間において、ある種別の地域から他の種別の地域へと転換しつつある地域のうちにある土地をいい、宅地見込地、農地見込地等に分けられる。
> 　移行地とは、宅地地域、農地地域等のうちにあって、細分されたある種別の地域から他の種別の地域へと移行しつつある地域のうちにある土地をいう。

> **解　説**

　土地の種別は、その属する「地域」（用途的地域）の種別に応じて決まる。

　宅地は、住宅地、商業地、工業地等に細分される。さらに、住宅地及び商業地については、地域の種別の細分化に応じて、次のように細分類される。

・住宅地：優良住宅地、標準住宅地、農家住宅地　等
・商業地：高度商業地（一般高度商業地、業務高度商業地及び複合高度商業地）、準高度商業地、普通商業地、近隣商業地及び郊外路線商業地　等

　農地については、田地、畑地等に分けられる。林地については、都市近郊林地、農村林地、林業本場林地、山村奥地林地等に分けられる。

　見込地は、農地地域、林地地域等から宅地地域へ転換しつつある地域に存する土地である宅地見込地、林地地域から農地地域へ転換しつつある地域に存する土地である農地見込地等に分けられる。

　移行地は、工業地域等から住宅地域へ移行しつつある地域に存する土地である住宅移行地、住宅地域等から商業地域へ移行しつつある地域に存する土地である商業移行地等に分けられる。

　このような土地の種別は、先に述べたように、その土地の属する用途的地域の種別に基づいて判定されるものであり、必ずしもその土地の現実の利用方法と一致するものではないことに注意しなければならない。例えば、現に耕作の用に供されている土地（いわゆる現況耕地）であっても、その土地の属する用途的地域の種別が「宅地地域」である場合は、鑑定評価上その土地は「宅地」と判定され、宅地としての標準的使用を基礎として価格形成要因の分析が行われることとなる。

> 総　論

第2節　不動産の類型

> **不動産鑑定評価基準**
>
> 　宅地並びに建物及びその敷地の類型を例示すれば、次のとおりである。

〔解　説〕

　不動産の「類型」とは、不動産がわれわれの日常生活や生産活動にどのように組み込まれ、どのような形でその有用性を発揮しているかについて、有形的利用と権利関係の態様の二面から分析するために設けられた分類概念である。大きく「宅地」と「建物及びその敷地」に分類し、各々以下のような類型が考えられる。

I　宅　地

> **不動産鑑定評価基準**
>
> 　宅地の類型は、その有形的利用及び権利関係の態様に応じて、更地、建付地、借地権、底地、区分地上権等に分けられる。
> 　更地とは、建物等の定着物がなく、かつ、使用収益を制約する権利の付着していない宅地をいう。
> 　建付地とは、建物等の用に供されている敷地で建物等及びその敷地が同一の所有者に属している宅地をいう。
> 　借地権とは、借地借家法（廃止前の借地法を含む。）に基づく借地権（建物の所有を目的とする地上権又は土地の賃借権）をいう。
> 　底地とは、宅地について借地権の付着している場合における当該宅地の所有権をいう。
> 　区分地上権とは、工作物を所有するため、地下又は空間に上下の範囲を定めて設定された地上権をいう。

第2章 不動産の種別及び類型

解　説

　宅地の類型として、更地、建付地、借地権、底地、区分地上権が例示されている。

　更地とは、未利用の状態にある土地であるので、当該更地の属する用途的地域の一般的な標準的使用との関連において、最有効使用が可能な土地ではあるが、鑑定評価に当たっては、地域の衰退等の変化に伴う新規の住宅需要等の減少により空閑地のまま放置され遊休地、低未利用地となる危険性を有することに注意する必要がある。

　建付地とは、現に建物等の用に供されている敷地であり、建物等及びその敷地が同一の所有者に属することを要件とする。ただし、建物等及びその敷地が所有者により使用されていることは要件ではない。したがって、建付地は、自己所有建物等に係る敷地の利用権原が付着している土地であり、権利の種類は所有権である。なお、敷地には、地役権や建物所有目的以外の賃借権、地上権等の使用収益を制約する権利が付着している場合がある。

　建付地は、建物等と結合して有機的にその効用を発揮しているものであり、建物等との関連において最有効使用の状態にあるか否かが左右されるものである。土地は、法律上独立の不動産として規定されており、建物も同様である。しかし、機能的にはこの両者が結合した状態を所与として価格が形成されているので、鑑定評価上は、土地と建物の一体としての価格を土地と建物とに振り分けることとしている。これが後述するような土地又は建物について有機的一体物の部分としての評価、すなわち部分鑑定評価の存立の根拠となっているものである。

　借地権とは、借地借家法（平成3年法律第90号）（廃止前の借地法（以下「旧借地法」という。）を含む。借地借家法附則第4条等参照）に基づく借地権（建物の所有を目的とする地上権又は土地の賃借権（定期借地権を含む。））のことである。

　底地とは、借地権が設定されている宅地の「所有権」である。借地権と底地とは、相互に密接に関連しており、いわば表裏の関係にあるといえる。

　区分地上権とは、民法第269条の2に基づく地下又は空間を目的とする地上権である。土地利用の高度化に伴い区分地上権が設定される場合が多くなっていることに対応したものである。

Ⅱ　建物及びその敷地

> **不動産鑑定評価基準**
>
> 　建物及びその敷地の類型は、その有形的利用及び権利関係の態様に応じて、自用の建物及びその敷地、貸家及びその敷地、借地権付建物、区分所有建物及びその敷地等に分けられる。
> 　自用の建物及びその敷地とは、建物所有者とその敷地の所有者とが同一人であり、その所有者による使用収益を制約する権利の付着していない場合における当該建物及びその敷地をいう。
> 　貸家及びその敷地とは、建物所有者とその敷地の所有者とが同一人であるが、建物が賃貸借に供されている場合における当該建物及びその敷地をいう。
> 　借地権付建物とは、借地権を権原とする建物が存する場合における当該建物及び借地権をいう。
> 　区分所有建物及びその敷地とは、建物の区分所有等に関する法律第2条第3項に規定する専有部分並びに当該専有部分に係る同条第4項に規定する共用部分の共有持分及び同条第6項に規定する敷地利用権をいう。

解　説

　建物及びその敷地の類型として、自用の建物及びその敷地、貸家及びその敷地、借地権付建物（借地権を権原とする建物及びその借地権）、区分所有建物及びその敷地（マンション等の専有部分・共用部分の持分及び敷地利用権）が例示されている。
　不動産が土地及び建物の結合により構成されている場合には、その状態を所与として鑑定評価の対象となるのが通常である。しかし、敷地上に当該敷地の最有効使用に合致しない建物が存するため、その敷地の最有効使用がその建物によって制約されている場合に建物の用途を転換し、又は建物の構造等を改造して使用することが最有効使用の観点からみて妥当と認められる場合があることに留意する必要がある。さらに最有効使用の観点から建物を取り壊すことが妥当と認められる場合もある。これらの場合においても、対象不動産の類型は、建物及びその敷地の類型となることに注意しなければならない。

第3章　不動産の価格を形成する要因

> **不動産鑑定評価基準**
>
> 　不動産の価格を形成する要因（以下「価格形成要因」という。）とは、不動産の効用及び相対的稀少性並びに不動産に対する有効需要の三者に影響を与える要因をいう。不動産の価格は、多数の要因の相互作用の結果として形成されるものであるが、要因それ自体も常に変動する傾向を持っている。したがって、不動産の鑑定評価を行うに当たっては、価格形成要因を市場参加者の観点から明確に把握し、かつ、その推移及び動向並びに諸要因間の相互関係を十分に分析して、前記三者に及ぼすその影響を判定することが必要である。
> 　価格形成要因は、一般的要因、地域要因及び個別的要因に分けられる。

解説

　不動産は国民の生活と活動にとって欠くことのできない基盤となり、利用されているものであるから、価格形成要因は、国民の生活と活動の場において広範囲に見出されるものであるとともに、社会、経済の進展に応じて新しい要因が現れる等変化を伴っているものである。したがって、不動産の鑑定評価に当たって着目すべき要因としては、基準に掲げられている事項は単なる例示にすぎないものであって、これで十分というわけではなく、常に社会、経済の変化に着目して、価格形成要因を的確に把握するように留意すべきであり、そのためには、不動産鑑定士は、日常から政治、経済、社会、文化その他の各方面にわたる広範な知識と教養を体得し、活用することが要求される。

　これらの価格形成要因は、各々ばらばらに独立して存在し、作用しているものではなく、すべての要因が有機的に関連し、結合し合うことによって、不動産の価格を形成しているものであるが、不動産の価格は、その不動産の用途、規模等に応じて買い手の種類が異なり、これに対応したそれぞれの市場が形成される。このため、価格形成要因の分析に当たっては、単に面的に価格形成要因を捉えるだけではなく、特に、どのような買い手

総論

が対象不動産を購入するのかという市場参加者の観点から、価格形成要因を明確に把握し、分析することが必要であり、これらの各要因の分析と市場参加者からの区分である市場分析の両者を十分に考慮することが必要である。

　不動産の価格は、いずれもこの社会における一般の諸財の一連の価格秩序のなかで、さらには不動産の価格秩序のなかで、個々の不動産の価格としての位置を占めているものであり、これらの個別的な価格の基礎に不動産の一般的な価格水準が存在していることを銘記しなければならない。

第1節　一般的要因

不動産鑑定評価基準

　一般的要因とは、一般経済社会における不動産のあり方及びその価格の水準に影響を与える要因をいう。それは、自然的要因、社会的要因、経済的要因及び行政的要因に大別される。
　一般的要因の主なものを例示すれば、次のとおりである。

解説

　われわれがその生活と活動に役立てるために不動産をどのように構成し、利用しているかということ、すなわち不動産のあり方がその経済価値の発現となるものであるから、不動産の価格形成要因を考察する場合に、一般経済社会における不動産のあり方と不動産の価格の一般的な水準とに影響を与える要因をとりあげることが必要となってくるのである。

　一般的要因は、不動産のあり方及び不動産の価格の水準に対して影響を与える自然的、社会的、経済的及び行政的要因に大別されるが、これらの要因の作用のしかたは必ずしも全国的に一律ではなく、また、あらゆる種類の不動産に対して同質、均等に作用するものでもない。不動産は、種々の地域を構成し、これに属することを通常とするものであるが、一般的要因はこのような不動産が構成する地域（都市や農村という単位であったり、住宅地域や商業地域というような種々の観点から分別される地域）ごとにそれぞれ異なった影響を与えるとともに、同種の地域に対しては同質的な影響を与えるという地域的な指向性又は偏向性を有しているものであ

る。

　一般的要因の取扱いは、とかく抽象的、形式的になり、軽視される傾向が強いが、地域分析における地域に属する不動産の標準的使用の現状とその将来の動向の分析、判定、あるいは個別分析における対象不動産の最有効使用の判定に際して、その基礎としての一般的要因の把握及び分析を抜きにしては適正な判断を期待できない。また、鑑定評価の手法の適用においても、例えば、取引事例比較法における時点修正率の決定や収益還元法における還元利回りや割引率の決定に際して、一般的要因に関する考察が必要とされているところである。さらに、最終的に鑑定評価額を決定するための作業である試算価格又は試算賃料の調整に当たって、これまでの作業の各段階に応じて適切に分析されているか否か、その分析内容の適否が吟味されることとなっているが、この場合にも一般的要因の分析の面からも考慮すべきこととなっている。このように、一般的要因の分析は鑑定評価にとって重要な意義を有するものであることを理解すべきである。

　一般的要因の主なものを例示すれば、次に掲げるとおりであるが、社会的、経済的及び行政的要因は不動産に働きかける外部的要因として理解されるものであり、これらの働きかけを受ける客体としての不動産（土地）そのものについて、自然的要因が考えられるものである。

Ⅰ　自然的要因

不動産鑑定評価基準

1．地質、地盤等の状態
2．土壌及び土層の状態
3．地勢の状態
4．地理的位置関係
5．気象の状態

解説

　自然的要因は、土地の有する本源的な機能すなわち建物等を積載する働き及び農産物、林産物を生育する働きに係る要因であり、さらに、土地の価格に影響を与える自然的環境に係る要因である。

> 総　論

Ⅱ　社会的要因

不動産鑑定評価基準

1．人口の状態
2．家族構成及び世帯分離の状態
3．都市形成及び公共施設の整備の状態
4．教育及び社会福祉の状態
5．不動産の取引及び使用収益の慣行
6．建築様式等の状態
7．情報化の進展の状態
8．生活様式等の状態

【解説】

　われわれの社会生活の場において生起する社会的事象は、それぞれ直接又は間接に不動産の価格を左右する社会的要因としてとらえることができる。

　上記7については、現代の情報化の進展の程度、国、企業及び家庭における高度情報通信ネットワーク等活用の程度をふまえ、情報関連産業を中心とする業務用地への需要の状況、さらには業務用建物の設備水準の質的変化（いわゆるインテリジェント化）があること、また、上記8については、例えば高層共同住宅の普及がマンション用地の需要増大を招来していること等に対応する項目である。

Ⅲ　経済的要因

不動産鑑定評価基準

1．貯蓄、消費、投資及び国際収支の状態
2．財政及び金融の状態
3．物価、賃金、雇用及び企業活動の状態
4．税負担の状態
5．企業会計制度の状態
6．技術革新及び産業構造の状態

> 7．交通体系の状態
> 8．国際化の状態

解説

　不動産は他の一般の諸財と同様、有機的な関連をもって経済構造に組み込まれているので、経済構造や経済情勢の変化は、直接又は間接に不動産の価格に影響を及ぼしているものである。

　上記5については、国際的な時価会計制度採用の流れに沿って、わが国の企業会計においても不動産価額のあり方が、従来の原価主義から回収可能価額を反映させる方向に変更される中で、これら会計制度の変更に伴う不動産市場への影響も今後大きな要素となることが考えられるためである。

　また、上記8については、金融、資本市場等の成熟化に伴う国際化の進展を背景に、外国為替、証券、商品等の国際取引等へのニーズに応えるため、24時間出入館が可能なオフィスビルや、昼夜営業の小売店舗等の用地需要が増大していることに対応する項目である。

Ⅳ　行政的要因

> **不動産鑑定評価基準**
> 1．土地利用に関する計画及び規制の状態
> 2．土地及び建築物の構造、防災等に関する規制の状態
> 3．宅地及び住宅に関する施策の状態
> 4．不動産に関する税制の状態
> 5．不動産の取引に関する規制の状態

解説

　土地の利用が他の土地の利用と密接な関係を有するものであること等、土地が公共の利益に関係する特性を有していること等から、公共の福祉を実現するべく行政は法的規制等を行っており、これらが不動産の価格に影響を及ぼしている。

総論

第2節 地域要因

> **不動産鑑定評価基準**
> 　地域要因とは、一般的要因の相関結合によって規模、構成の内容、機能等にわたる各地域の特性を形成し、その地域に属する不動産の価格の形成に全般的な影響を与える要因をいう。

解説

　地域要因の定義を換言すれば、不動産の用途が同質と認められるまとまりのある地域の不動産の価格の水準に作用する要因ということができる。なお、地域については、市町村等の行政的観点から分類される地域や山岳、河川、海浜等の自然的観点から分類される地域もあるが、不動産の鑑定評価上は用途的観点から分類される地域が最も適切であることは、既に述べたとおりである。

　基準では地域要因を、宅地地域、農地地域及び林地地域に大別し、さらに、宅地地域については、住宅地域、商業地域及び工業地域に細分し、着目すべき要因項目のうち、主なものを例示している。

　この地域要因を考察する場合、住宅地域では快適性及び利便性に、商業地域では収益性に、工業地域では費用の経済性及び生産の効率性に着眼点がおかれているものであり、また、農地地域及び林地地域では生産性及び収益性が中心となると考えられる。

　また、ある種別の地域から他の種別の地域へと転換し、又は移行しつつある地域については、転換し、又は移行すると見込まれる転換後又は移行後の種別の地域の地域要因をより重視すべきであるが、転換又は移行の程度の低い場合においては、転換前又は移行前の種別の地域の地域要因をより重視すべきである。

第3章 不動産の価格を形成する要因

I　宅地地域

不動産鑑定評価基準

1．住宅地域
　　住宅地域の地域要因の主なものを例示すれば、次のとおりである。
　(1)　日照、温度、湿度、風向等の気象の状態
　(2)　街路の幅員、構造等の状態
　(3)　都心との距離及び交通施設の状態
　(4)　商業施設の配置の状態
　(5)　上下水道、ガス等の供給・処理施設の状態
　(6)　情報通信基盤の整備の状態
　(7)　公共施設、公益的施設等の配置の状態
　(8)　汚水処理場等の嫌悪施設等の有無
　(9)　洪水、地すべり等の災害の発生の危険性
　(10)　騒音、大気の汚染、土壌汚染等の公害の発生の程度
　(11)　各画地の面積、配置及び利用の状態
　(12)　住宅、生垣、街路修景等の街並みの状態
　(13)　眺望、景観等の自然的環境の良否
　(14)　土地利用に関する計画及び規制の状態

解　説

　住宅地域の細分化に関し、一般に、居住環境の極めて良好な住宅地域については、上記(12)、(13)等の居住環境を左右する項目、その他の住宅地域については、(3)、(4)等の居住者の通勤及び生活の利便性に係る項目が重要視されるものと考えられる。(6)については、前記の一般的要因にも示されたように、情報通信技術の発達により、これらが一般の居住者の生活にも密接に関係してくるようになっており、住宅地域においても情報通信基盤の整備の有無及び状態が生活利便性に影響を与えるようになってきている。また、(10)のうち、特に土壌汚染については、近年、工場跡地の大規模開発地等において人の健康に悪影響を与えるおそれのある土壌の汚染が発見される場合があるなど、居住の安全性ひいては土地の価格の形成に影響を及ぼす要因となっている。

不動産鑑定評価基準

2．商業地域
　前記1．に掲げる地域要因のほか、商業地域特有の地域要因の主なものを例示すれば、次のとおりである。
　(1)　商業施設又は業務施設の種類、規模、集積度等の状態
　(2)　商業背後地及び顧客の質と量
　(3)　顧客及び従業員の交通手段の状態
　(4)　商品の搬入及び搬出の利便性
　(5)　街路の回遊性、アーケード等の状態
　(6)　営業の種別及び競争の状態
　(7)　当該地域の経営者の創意と資力
　(8)　繁華性の程度及び盛衰の動向
　(9)　駐車施設の整備の状態
　(10)　行政上の助成及び規制の程度

【解　説】

　商業地域の細分化に関し、高度商業地域及び準高度商業地域については、上記(1)、(2)等の項目、普通商業地域については、(1)、(2)、(3)等の項目が、近隣商業地域については、(4)、(5)等の項目が、郊外路線商業地域については、(8)、(9)、(10)等の項目が重要視されるものと考えられる。(10)については、特に、都市の再開発促進や中心市街地の活性化のために、行政による種々の助成措置や規制緩和が実施されるようになってきており、これらの有無により、商業地域における土地の利用可能性の範囲が大きく広がりつつあるため、注視すべき項目であると考えられる。

不動産鑑定評価基準

3．工業地域
　前記1．に掲げる地域要因のほか、工業地域特有の地域要因の主なものを例示すれば、次のとおりである。
　(1)　幹線道路、鉄道、港湾、空港等の輸送施設の整備の状況
　(2)　労働力確保の難易
　(3)　製品販売市場及び原材料仕入市場との位置関係

(4) 動力資源及び用排水に関する費用
(5) 関連産業との位置関係
(6) 水質の汚濁、大気の汚染等の公害の発生の危険性
(7) 行政上の助成及び規制の程度

II 農地地域

不動産鑑定評価基準

　農地地域の地域要因の主なものを例示すれば、次のとおりである。
1. 日照、温度、湿度、風雨等の気象の状態
2. 起伏、高低等の地勢の状態
3. 土壌及び土層の状態
4. 水利及び水質の状態
5. 洪水、地すべり等の災害の発生の危険性
6. 道路等の整備の状態
7. 集落との位置関係
8. 集荷地又は産地市場との位置関係
9. 消費地との距離及び輸送施設の状態
10. 行政上の助成及び規制の程度

解説

　農地地域の地域要因は、農業生産性に係る要因であり、農作物の収穫高に影響を与える要因と農業生産活動に要する費用に影響を与える要因である。
　これらの要因項目は、総じて自然的要因に係るものの比重が大きく、特に田地地域については、上記3、4等の項目が、畑地地域については、3等の項目が重要視されるものと考えられる。

総論

Ⅲ 林地地域

> **不動産鑑定評価基準**
>
> 　林地地域の地域要因の主なものを例示すれば、次のとおりである。
> 1．日照、温度、湿度、風雨等の気象の状態
> 2．標高、地勢等の状態
> 3．土壌及び土層の状態
> 4．林道等の整備の状態
> 5．労働力確保の難易
> 6．行政上の助成及び規制の程度

解説

　林地地域の地域要因は、林業生産性に係る要因であり上記の1、2及び3は木竹の生育状態に影響を与える要因であり、4及び5は生産物搬出、生産活動等に要する費用に影響を与える要因である。また、ここに掲げられたほか、農地地域において掲げられた要因等についても留意することが必要であろう。都市近郊林地地域等については、宅地化、観光地化等に影響する要因に十分留意しなければならない。

> **不動産鑑定評価基準**
>
> 　なお、ある種別の地域から他の種別の地域へと転換し、又は移行しつつある地域については、転換し、又は移行すると見込まれる転換後又は移行後の種別の地域の地域要因をより重視すべきであるが、転換又は移行の程度の低い場合においては、転換前又は移行前の種別の地域の地域要因をより重視すべきである。

第3節 個別的要因

不動産鑑定評価基準

個別的要因とは、不動産に個別性を生じさせ、その価格を個別的に形成する要因をいう。個別的要因は、土地、建物等の区分に応じて次のように分けられる。

I 土地に関する個別的要因

不動産鑑定評価基準

1. 宅地
 (1) 住宅地
　　住宅地の個別的要因の主なものを例示すれば、次のとおりである。
　① 地勢、地質、地盤等
　② 日照、通風及び乾湿
　③ 間口、奥行、地積、形状等
　④ 高低、角地その他の接面街路との関係
　⑤ 接面街路の幅員、構造等の状態
　⑥ 接面街路の系統及び連続性
　⑦ 交通施設との距離
　⑧ 商業施設との接近の程度
　⑨ 公共施設、公益的施設等との接近の程度
　⑩ 汚水処理場等の嫌悪施設等との接近の程度
　⑪ 隣接不動産等周囲の状態
　⑫ 上下水道、ガス等の供給・処理施設の有無及びその利用の難易
　⑬ 情報通信基盤の利用の難易
　⑭ 埋蔵文化財及び地下埋設物の有無並びにその状態
　⑮ 土壌汚染の有無及びその状態
　⑯ 公法上及び私法上の規制、制約等

総　論

解　説

　住宅地の個別的要因の項目は、地域要因において掲げられている項目がかなりある。これらの要因は、土地の地域的な価格形成に作用するとともに、個別の土地の価格形成に作用することとなる場合が少なくないからである。したがって、このような要因については、多面的に分析する必要がある。

不動産鑑定評価基準

(2)　商業地
　　商業地の個別的要因の主なものを例示すれば、次のとおりである。
　① 地勢、地質、地盤等
　② 間口、奥行、地積、形状等
　③ 高低、角地その他の接面街路との関係
　④ 接面街路の幅員、構造等の状態
　⑤ 接面街路の系統及び連続性
　⑥ 商業地域の中心への接近性
　⑦ 主要交通機関との接近性
　⑧ 顧客の流動の状態との適合性
　⑨ 隣接不動産等周囲の状態
　⑩ 上下水道、ガス等の供給・処理施設の有無及びその利用の難易
　⑪ 情報通信基盤の利用の難易
　⑫ 埋蔵文化財及び地下埋設物の有無並びにその状態
　⑬ 土壌汚染の有無及びその状態
　⑭ 公法上及び私法上の規制、制約等

解　説

　商業地の要因のうち、②、③等は顧客の出入りの便、商品宣伝効果等売上収益に直接影響を与えるものであり、⑥、⑦、⑧等は、商業・業務機能の集積度、繁華性の程度に影響を与えて商業地としての個別差に極めて強い影響を与えるものである。

第3章 不動産の価格を形成する要因

不動産鑑定評価基準

(3) 工業地
　　工業地の個別的要因の主なものを例示すれば、次のとおりである。
① 地勢、地質、地盤等
② 間口、奥行、地積、形状等
③ 高低、角地その他の接面街路との関係
④ 接面街路の幅員、構造等の状態
⑤ 接面街路の系統及び連続性
⑥ 従業員の通勤等のための主要交通機関との接近性
⑦ 幹線道路、鉄道、港湾、空港等の輸送施設との位置関係
⑧ 電力等の動力資源の状態及び引込の難易
⑨ 用排水等の供給・処理施設の整備の必要性
⑩ 上下水道、ガス等の供給・処理施設の有無及びその利用の難易
⑪ 情報通信基盤の利用の難易
⑫ 埋蔵文化財及び地下埋設物の有無並びにその状態
⑬ 土壌汚染の有無及びその状態
⑭ 公法上及び私法上の規制、制約等

解 説

　工業地の要因のうち、産業基盤指向型工業地等の大工場地については、⑦、⑧等の項目が、消費地指向型工業地等の中小工場地については、⑥、⑨等の項目が重要視されるものである。

運用上の留意事項

Ⅱ 「総論第3章　不動産の価格を形成する要因」について

　総論第3章で例示された土地、建物並びに建物及びその敷地に係る個別的要因に関しては、特に次のような観点に留意すべきである。
1．土地に関する個別的要因について
　(1) 埋蔵文化財の有無及びその状態について
　　　文化財保護法で規定された埋蔵文化財については、同法に基づく発掘調査、現状を変更することとなるような行為の停止又は禁止、

設計変更に伴う費用負担、土地利用上の制約等により、価格形成に重大な影響を与える場合がある。

　埋蔵文化財の有無及びその状態に関しては、対象不動産の状況と文化財保護法に基づく手続きに応じて次に掲げる事項に特に留意する必要がある。
① 対象不動産が文化財保護法に規定する周知の埋蔵文化財包蔵地に含まれるか否か。
② 埋蔵文化財の記録作成のための発掘調査、試掘調査等の措置が指示されているか否か。
③ 埋蔵文化財が現に存することが既に判明しているか否か（過去に発掘調査等が行われている場合にはその履歴及び措置の状況）。
④ 重要な遺跡が発見され、保護のための調査が行われる場合には、土木工事等の停止又は禁止の期間、設計変更の要否等。

(2) 土壌汚染の有無及びその状態について

　土壌汚染が存する場合には、当該汚染の除去、当該汚染の拡散の防止その他の措置（以下「汚染の除去等の措置」という。）に要する費用の発生や土地利用上の制約により、価格形成に重大な影響を与えることがある。

　土壌汚染対策法に規定する土壌の特定有害物質による汚染に関して、同法に基づく手続に応じて次に掲げる事項に特に留意する必要がある。
① 対象不動産が、土壌汚染対策法に規定する有害物質使用特定施設に係る工場若しくは事業場の敷地又はこれらの敷地であった履歴を有する土地を含むか否か。

　なお、これらの土地に該当しないものであっても、土壌汚染対策法に規定する土壌の特定有害物質による汚染が存する可能性があることに留意する必要がある。
② 対象不動産について、土壌汚染対策法の規定による土壌汚染状況調査を行う義務が発生している土地を含むか否か。
③ 対象不動産について、土壌汚染対策法の規定による要措置区域の指定若しくは形質変更時要届出区域の指定がなされている土地を含むか否か（要措置区域の指定がなされている土地を含む場合にあっては、講ずべき汚染の除去等の措置の内容を含む。）、又は

> 過去においてこれらの指定若しくは土壌汚染対策法の一部を改正する法律（平成21年法律第23号）による改正前の土壌汚染対策法の規定による指定区域の指定の解除がなされた履歴がある土地を含むか否か。

解説

情報通信基盤の整備は急速に進み、情報通信システムを利用することは容易になっている。その反面、情報通信ネットワークにアクセス困難な場合には、土地の利用価値に与える影響の程度を考慮すべきである。

埋蔵文化財の有無及びその状態については、文化財保護法との関係において、土地の価格に影響を与えるものであることに留意し、発掘調査等の必要の有無及び調査に要する費用や期間については所管の行政庁に確認すべきである。

土壌汚染の有無及びその状態については、土壌汚染に関する代表的な対応として土壌汚染対策法に規定された有害物質や調査義務の範囲を述べたものであり、土壌汚染対策法以外の法令等により規定されている有害物質や調査義務等について、さらにそれ以外にも明らかに存在が判明している土壌汚染について、価格形成に重大な影響があると認められる場合は、当該土壌汚染の影響を当然考慮すべきである。

不動産鑑定評価基準

2．農地
　　農地の個別的要因の主なものを例示すれば、次のとおりである。
(1)　日照、乾湿、雨量等の状態
(2)　土壌及び土層の状態
(3)　農道の状態
(4)　灌漑排水の状態
(5)　耕うんの難易
(6)　集落との接近の程度
(7)　集荷地との接近の程度
(8)　災害の危険性の程度
(9)　公法上及び私法上の規制、制約等

> 3．林地
>   林地の個別的要因の主なものを例示すれば、次のとおりである。
> (1) 日照、乾湿、雨量等の状態
> (2) 標高、地勢等の状態
> (3) 土壌及び土層の状態
> (4) 木材の搬出、運搬等の難易
> (5) 管理の難易
> (6) 公法上及び私法上の規制、制約等
> 4．見込地及び移行地
>   見込地及び移行地については、転換し、又は移行すると見込まれる転換後又は移行後の種別の地域内の土地の個別的要因をより重視すべきであるが、転換又は移行の程度の低い場合においては、転換前又は移行前の種別の地域内の土地の個別的要因をより重視すべきである。

【解説】
　一般的には農地から転換しつつある宅地見込地においては、宅地地域の土地の価格形成要因を重視し、住宅地から移行しつつある商業地においては商業地の個別的要因を重視すべきものである。なお、近年においては、既存商業地へのマンション建設が明らかに進んでいる地域等においては逆に商業地から住宅地への移行地も考えられるため、注意が必要である。

Ⅱ　建物に関する個別的要因

> **不動産鑑定評価基準**
>
>   建物の各用途に共通する個別的要因の主なものを例示すれば、次のとおりである。
> 1．建築（新築、増改築等又は移転）の年次
> 2．面積、高さ、構造、材質等
> 3．設計、設備等の機能性
> 4．施工の質と量
> 5．耐震性、耐火性等建物の性能
> 6．維持管理の状態

> 7．有害な物質の使用の有無及びその状態
> 8．建物とその環境との適合の状態
> 9．公法上及び私法上の規制、制約等
> 　なお、市場参加者が取引等に際して着目するであろう個別的要因が、建物の用途毎に異なることに留意する必要がある。

運用上の留意事項

2．建物に関する個別的要因について
 (1) 建物の各用途に共通する個別的要因
　① 設計、設備等の機能性
　　各階の床面積、天井高、床荷重、情報通信対応設備の状況、空調設備の状況、エレベーターの状況、電気容量、自家発電設備・警備用機器の有無、省エネルギー対策の状況、建物利用における汎用性等に特に留意する必要がある。
　② 建物の性能
　　建物の耐震性については、建築基準法に基づく耐震基準との関係及び建築物の耐震改修の促進に関する法律に基づく耐震診断の結果について特に留意する必要がある。
　③ 維持管理の状態
　　屋根、外壁、床、内装、電気設備、給排水設備、衛生設備、防災設備等に関する破損・老朽化等の状況及び保全の状態について特に留意する必要がある。
　④ 有害な物質の使用の有無及びその状態
　　建築資材としてのアスベストの使用の有無及び飛散防止等の措置の実施状況並びにポリ塩化ビフェニル（PCB）の使用状況及び保管状況に特に留意する必要がある。
　⑤ 公法上及び私法上の規制、制約等
　　増改築等、用途変更等が行われている場合には、法令の遵守の状況に特に留意する必要がある。

総　論

解　説

　建物に関しては、まず新築後の年数によって経年減価の度合いを推し量るとともに、その年次により適用された法令（建築基準法等）の基準が異なるため、構造や設備等の内容が異なっている可能性に注意する。また、当該要因が建物の機能性や耐震性等の性能及び有害物質等の使用の有無の判断材料になる場合もある。さらに、増改築、修繕・模様替等や移転の年次により、単に数量や材質が新築時と異なるだけでなく、例えば設備等の多くが更新され機能性や経年劣化が回復している場合もあり、建物の老朽化の程度や修繕の必要性の検討に役立てることができると考えられる。

① 設計、設備等の機能性

　設計、設備等の機能性については、業務系の建物を中心として、各階の床面積、天井高、床荷重等の躯体に関わるもののほか、情報通信対応設備の状況、空調設備の状況、エレベーターの状況、電気容量、自家発電設備・警備用機器の有無等があり、これらについては建物利用における汎用性等にも影響を与える。

　東日本大震災以降、防災対策、省エネルギー対策に関する設備の状況についても着目されている。防災対策としては、エレベーターの耐震性能向上や自動診断仮復旧システムのほかに、非常用電源や自家発電設備の有無とその稼働持続時間、非常用井戸の設置、帰宅困難者のための飲料水、食料、毛布等の備蓄の状況等がある。

　省エネルギー対策の設備としては、LED照明、自然採光システム、空調負荷や自然換気・自然採光システム等の設備が挙げられる。また、省エネルギー・省CO_2等の環境性能を示す指標や格付けとして、一般財団法人　建築環境・省エネルギー機構が所管しているCASBEE（Comprehensive Assessment System for Built Environment Efficiency：建物環境総合評価システム）、米国グリーンビルディング協会（U.S. Green Building Council）が所管しているLEED（Leadership in Energy and Environmental Design）、DBJ（Development Bank of Japan Inc.：株式会社日本政策投資銀行）が所管している「DBJ Green Building認証」等がある。

　なお、設計、設備等の機能性は、原価法において建物の再調達原価を求める際の工事費の算定時に必要とされる項目であるとともに、取引事例比較法及び賃貸事例比較法において建物の品等格差による修正率や収益還元法において還元利回りや割引率を求める際に勘案すべき項目とな

る。
② 建物の性能

建物の性能に係る耐震性については、昭和56年の建築基準法施行令改正以降のいわゆる新耐震基準に基づくものか、それ以前の基準に基づくものかによって、設計、設備等の機能性と同様に還元利回りや割引率の査定上、差が生じてきている。また、平成12年の改正では、一般構造に関する基準の性能規定化や構造強度に係る基準の整備、防火に関する基準の性能規定化等が行われ、特に木造住宅については耐震性に係る基準が強化された。

平成25年11月25日に施行された、「建築物の耐震改修の促進に関する法律の一部を改正する法律」では、旧耐震基準建築物のうち、多数の不特定者が利用する大規模な建物（病院・店舗・旅館等）等について、耐震診断の実施及び報告を義務づけ、その結果が公表されることとなっている。また、耐震性に係る表示制度を創設し、耐震性が確保されている旨の認定を受けた建築物について、その旨を表示できることになった。このため、建物の耐震診断の結果を示す各種情報提供により、耐震性能の表示が建物の価格形成に影響を与える可能性があることに留意すべきである。

③ 維持管理の状態

維持管理の状態の良否は、建物の減価の度合い及び将来見込まれる修繕費用の多寡に影響を与えるものであり、対象不動産の価格形成に大きな影響を及ぼす可能性がある。

④ 有害な物質の使用の有無及びその状態

有害な物質の使用の有無及びその状態は、対策工事費等の要否及びその多寡に影響を及ぼすものであり、対象不動産の価格形成に大きな影響を及ぼす可能性があるものである。

⑤ 建物とその環境との適合の状態

建物とその環境との適合の状態は、建物がその効用を十分に発揮するためには、所在する地域の特性に適合することが必要であり、適合の状態が悪い場合には、対象不動産の鑑定評価額は、その物理的な価値（建築工事費等の投資額）を下回ることになると考えられる。

⑥ 公法上及び私法上の規制、制約等

公法上及び私法上の規制、制約等については、新築時の遵法性を建築確認済証、検査済証等で確認できたとしても、増改築、用途変更、修繕

総論

が施されたことによって、現状の建築基準法等の法令に不適合な建物となっている場合があるので、特に古い建物の評価において注意しなければならない。なお、建築基準法（昭和25年法律第201号）第3条第2項に該当する建築物（いわゆる既存不適格建築物）に留意する。

運用上の留意事項

(2) 建物の用途毎に特に留意すべき個別的要因
　建物の用途毎に特に留意すべき個別的要因を例示すれば、次のとおりである。
① 住宅
　屋根、外壁、基礎、床、内装、間取り、台所・浴室・便所等の給排水設備・衛生設備の状況等に留意する必要がある。また、区分所有建物の場合は、このほか各論第1章第2節Ⅳ．1．及び本留意事項Ⅷ．2．(2)に掲げる事項についても留意する必要がある。
　また、住宅の品質確保の促進等に関する法律に基づく日本住宅性能表示基準による性能表示、長期優良住宅の普及の促進に関する法律に基づき認定を受けた長期優良住宅建築等計画等にも留意する必要がある。
② 事務所ビル
　基準階床面積、天井高、床荷重、情報通信対応設備・空調設備・電気設備等の状況及び共用施設の状態等に留意する必要がある。特に、大規模な高層事務所ビルの場合は、エレベーターの台数・配置、建物内に店舗等の区画が存する場合における面積・配置等にも留意する必要がある。
③ 商業施設
　各階の床面積、天井高等に留意する必要がある。特に、多数のテナントが入居するショッピングセンター等の大規模な商業施設については、多数の顧客等が利用することを前提とした集客施設としての安全性を確保しつつ収益性の向上を図ることが重要であるとの観点から、売場面積、客動線、商品の搬入動線、防災設備の状況、バリアフリー化の状況、施設立地・規模等に関する法令等に留意する必要がある。
④ 物流施設

> 階数、各階の床面積、天井高、柱間隔、床荷重、空調設備、エレベーター等に留意する必要がある。特に、大規模で機能性が高い物流施設の場合は、保管機能のほか、梱包、仕分け、流通加工、配送等の機能を担うことから、これらの機能に応じた設備や、各階への乗入を可能とする自走式車路の有無等に留意する必要がある。

【解説】

ここでは、不動産の用途について例をあげ、用途毎に特に留意すべき価格形成要因を例示している。耐震性、安心・安全及び省エネルギーに係る対応の有無は、東日本大震災以降、特に重視されるようになった項目である。

a　住宅

住宅については、その耐久性に影響を与える屋根、外壁、基礎の状態のほか、床、内装の仕上げ、間取りの状態、台所及び浴室・便所等の給排水設備・衛生設備等の状態について留意する必要がある。内装や設備等のリフォームによる機能回復・向上や、これらに関するインスペクション等による個別の住宅の状態の精緻な把握、修繕履歴等の把握が、現実の不動産市場の形成に影響を及ぼす可能性がある。

さらに、住宅の品質確保の促進等に関する法律に基づく日本住宅性能表示基準による住宅性能評価を受けているか、長期優良住宅の普及の促進に関する法律に基づき長期優良住宅建築等計画の認定を受けているかという観点も重要である。

住宅性能評価は、耐震や耐火の程度や、劣化、建物の維持管理、省エネルギー対策、空気・光・視・音環境対策、高齢者等への配慮、防犯対策の程度等について国に登録した第三者機関が一定の基準により評価を行うものである。住宅性能表示がある住宅は、民間金融機関による性能表示住宅の住宅ローン優遇、地震保険料の割引を受けられる場合がある。長期にわたり良好な状態で使用するための措置が講じられた優良な住宅（長期優良住宅）についてその建築及び維持保全に関する計画（長期優良住宅建築等計画）を認定する制度については、平成21年6月より運用が開始されている。この認定を受けた住宅は、住宅ローン減税等の税制上の優遇を受けることができる場合がある。したがって、鑑定評価に当たっては、これらの評価又は認定が住宅価格に及ぼす影響を考慮す

b　事務所ビル

　事務所ビルについては、執務スペースの快適性、業務効率性につながる専用部分の基本的性能、すなわち基準階の床面積、天井高、床荷重、情報通信対応設備、空調設備及び電気設備等のほか、執務スペース以外の共用施設（例えば、リフレッシュコーナー、喫煙スペース、トイレ、パウダールーム等）の状態にも留意することが必要である。また、大規模な高層事務所ビルの場合には就労人口が多くなるため、エレベーターの台数及び配置、並びに建物内の店舗等の区画及び面積、配置等にも留意する必要がある。

　また、東日本大震災以降、地震、火災等で被害を受けても重要な業務が中断しないようなBCP対策（Business Continuity Plan、耐震化、自家発電機能、エレベーターの自動最寄階停止機能、電源や回線等の設備の二重化、仮設トイレと敷地内井戸及び防災資機材と非常食等を備えた防災備蓄倉庫等）が大型事務所ビルに備え付けられ、これらへのテナントニーズも高まってきている。

c　商業施設

　商業施設については、各階の床面積、天井高等のほか、特に多数のテナントが入居するショッピングセンター等の大規模な商業施設については、多数の顧客等が利用することを前提とした集客施設としての安全性を特に確保した上で収益性の向上を図ることが重要であるとの観点から、売場面積、客動線、商品の搬入動線、消防・防災対応設備の状況、バリアフリー化の状況、施設立地・規模等に関する法令等に留意する必要がある。

　施設立地・規模等に関する法令等に関しては、大規模小売店舗の出店に当たり地元中小小売業者との商業調整を行ってきた「大規模小売店舗における小売業の事業活動の調整に関する法律」（大店法）が規制緩和の一環として平成12年に廃止され、平成10年～平成12年にいわゆる「まちづくり三法」が制定され、従来の商業調整に替わる新たな枠組みへと転換している。また、今後の少子高齢化社会に対応し、都市の拡大成長から、既存ストックの有効活用と都市機能の集約促進等を目指した「コンパクトな街づくり」の一層の促進を図ることを目的として、平成18年5月に都市計画法、同6月に「中心市街地活性化法」の見直しが行われている。

d 物流施設

　階数、各階の床面積、天井高、柱間隔、床荷重、空調設備、エレベーター等に留意する必要がある。特に、大規模で機能性が高い物流施設の場合は、保管機能のほか、梱包、仕分け、流通加工、配送等の機能を担うことから、これらの機能に応じた設備や、各階への乗入を可能とする自走式車路の有無等に留意する必要がある。なお、物流機能の高度化に伴い、物流施設における労働者への快適な労働環境や利便性に資する共用施設の充実度についても、重要性が高まりつつあることに留意する必要がある。

Ⅲ 建物及びその敷地に関する個別的要因

不動産鑑定評価基準

　前記Ⅰ及びⅡに例示したもののほか、建物及びその敷地に関する個別的要因の主なものを例示すれば、敷地内における建物、駐車場、通路、庭等の配置、建物と敷地の規模の対応関係等建物等と敷地との適応の状態、修繕計画・管理計画の良否とその実施の状態がある。
　さらに、賃貸用不動産に関する個別的要因には、賃貸経営管理の良否があり、その主なものを例示すれば、次のとおりである。
1．賃借人の状況及び賃貸借契約の内容
2．貸室の稼働状況
3．躯体・設備・内装等の資産区分及び修繕費用等の負担区分

運用上の留意事項

3．建物及びその敷地に関する個別的要因について
　(1) 修繕計画及び管理計画の良否並びにその実施の状態
　　　大規模修繕に係る修繕計画の有無及び修繕履歴の内容、管理規則の有無、管理委託先、管理サービスの内容等に特に留意する必要がある。
　(2) 賃借人の状況及び賃貸借契約の内容
　　　賃料の滞納の有無及びその他契約内容の履行状況、賃借人の属性（業種、企業規模等）、総賃貸可能床面積に占める主たる賃借人の賃貸面積の割合及び賃貸借契約の形態等に特に留意する必要がある。

総論

解説

　建物及びその敷地の効用は、建物等がその敷地の状況に応じて最もふさわしく建てられているときに最高度に発揮されるので、その建物等と敷地の均衡を保っているかどうかの組合せの状態は、対象不動産の価格形成に大きな影響を与える。建物と敷地とが均衡を保っており、敷地が最有効使用の状態にある場合には、当該建物の用途等を継続することが最有効使用となるが、建物と敷地とが均衡を欠いていると判断される場合は、現実の建物の取壊しや用途変更等を行う場合のそれらに要する費用等を適切に勘案した経済価値を十分比較考量する必要がある。

　修繕計画及び管理計画の良否並びにその実施の状況は、原価法における減価修正や収益還元法における将来の総費用に影響を及ぼす。したがって、大規模修繕に係る修繕計画の有無及び修繕履歴の内容、管理規則の有無、管理委託先、管理サービスの内容等に特に留意する必要がある。

　また、賃貸経営管理の良否は賃貸不動産の価格に大きな影響を与えるものであるが、売買等を契機として現況と同様の賃貸経営管理が継続されない可能性もあるため、これを踏まえて価格を求めることに留意しなければならない。

　賃借人の状況及び賃貸借契約の内容は、賃料の滞納の有無及びその他契約内容の履行状況、賃借人の属性（業種、企業規模等）、総賃貸可能床面積に占める主たる賃借人の賃貸面積の割合といった賃借人の信用力、対象不動産の価格への影響度のほか、賃貸借契約の形態（定期借家であるか普通借家であるか）、賃料改定に関する特約の有無や解約予告期間、解約時の違約金に関する特約及び退去時の原状回復義務の範囲等並びに賃貸借契約で定められた賃貸条件とその確実性も考慮しなければならない。

　貸室の稼働状況を示す価格時点現在の空室率やその過去からの推移は、賃貸用不動産の将来の収益を予測する上で必要不可欠なものである。さらにこれに加えて、地域要因としての近隣地域全体としての同一用途に係る貸室空室率の動向も把握する必要がある。

　躯体・設備・内装等の資産区分及び修繕費用等の負担区分は、市場における賃料水準との乖離や更新費用、修繕費用に影響を及ぼすとともに、賃借人による解約権を留保している賃貸借契約において契約の継続性に影響を与える場合がある。したがって、これらの資産区分及び修繕費用等の負担区分を明確に区分し、対象不動産の範囲を明確にするとともに、これらが対象不動産の価格形成に与える影響について分析する必要がある。

第4章 不動産の価格に関する諸原則

不動産鑑定評価基準

　不動産の価格は、不動産の効用及び相対的稀少性並びに不動産に対する有効需要に影響を与える諸要因の相互作用によって形成されるが、その形成の過程を考察するとき、そこに基本的な法則性を認めることができる。不動産の鑑定評価は、その不動産の価格の形成過程を追究し、分析することを本質とするものであるから、不動産の経済価値に関する適切な最終判断に到達するためには、鑑定評価に必要な指針としてこれらの法則性を認識し、かつ、これらを具体的に現した以下の諸原則を活用すべきである。
　これらの原則は、一般の経済法則に基礎を置くものであるが、鑑定評価の立場からこれを認識し、表現したものである。
　なお、これらの原則は、孤立しているものではなく、直接的又は間接的に相互に関連しているものであることに留意しなければならない。

解説

　不動産の価格に関する諸原則は、一般の経済法則に基礎を置くものであるが、このうち、予測の原則及び変動の原則は不動産の価格の動向分析の基礎となっているものである。また、最有効使用の原則、均衡の原則及び適合の原則は、不動産の鑑定評価に固有の原則である。最有効使用の原則は不動産の価格の形成に関する最も基本的な法則性を示すとともに、不動産の鑑定評価によって求める価格の前提となる不動産の使用方法に関する原則であり、均衡の原則は構成要素の組合せの均衡により、適合の原則は不動産の属する地域との関係における均衡により、敷地の最有効使用の状態等を判定するための相互に関係の深い原則といえる。
　不動産鑑定士は、鑑定評価を行うに当たってこれらの法則性を基礎とした価格に関する諸原則を十分に理解するとともに、これらを常に行為指針として、鑑定評価の手順の各段階、特に、価格形成要因の作用の分析、検討を中心とする地域分析及び個別分析において、これを判断の拠り所とすることが必要である。これによって、初めて不動産鑑定士が単なる事象に

総論

基づく推量によるのではなく、理論を踏まえた客観的な判断に基づき鑑定評価額を決定することが可能となるのである。

I　需要と供給の原則

不動産鑑定評価基準

　一般に財の価格は、その財の需要と供給との相互関係によって定まるとともに、その価格は、また、その財の需要と供給とに影響を及ぼす。
　不動産の価格もまたその需要と供給との相互関係によって定まるのであるが、不動産は他の財と異なる自然的特性及び人文的特性を有するために、その需要と供給及び価格の形成には、これらの特性の反映が認められる。

解説

　一般に財の価格は、完全競争市場において次のように決定される。価格は、需要と供給とが一致する均衡状態において成立するものであり、この価格は均衡価格とよばれているが、この均衡価格は、価格が均衡値より高くなった場合には、供給が需要を超過して価格を引き下げ、均衡値より低くなった場合には、需要が供給を超過して価格を引き上げるという競争の作用によって維持される。不動産の価格も基本的には不動産に対する需要と供給の相互関係によって定まることとなるが、他の財と全く同じように行われるわけではない。例えば、不動産、特に土地は他の財と比べて相対的に供給が限定され、価格の変動に対して弾力性が小さく、一方、需要の方は、不動産の人文的特性である用途の多様性（用途の転換、併存の可能性等）により、価格が低下すれば多種の用途を前提とする需要を喚起し、需要は増大し、価格が上昇すれば低次の用途を前提とする需要は撤退することとなり、需要全体としては減少する。また、価格の上昇に伴い、投機的需要等が増大する傾向を有する。さらに、不動産の取引は限定された当事者間において行われる場合が多く、その価格は個人的な事情や動機に作用されやすいものである。

　このような事情から、不動産については、他の財とはかなり異なった価格の形成が行われていることに留意する必要があろう。

Ⅱ 変動の原則

> **不動産鑑定評価基準**
>
> 　一般に財の価格は、その価格を形成する要因の変化に伴って変動する。不動産の価格も多数の価格形成要因の相互因果関係の組合せの流れである変動の過程において形成されるものである。したがって、不動産の鑑定評価に当たっては、価格形成要因が常に変動の過程にあることを認識して、各要因間の相互因果関係を動的に把握すべきである。特に、不動産の最有効使用（Ⅳ参照）を判定するためには、この変動の過程を分析することが必要である。

解　説

　すべての物象は、静止しているものではなく、常に流動し変化するものである。一般の財の価格も同様であり、その価格を形成している要因の変化に伴って変動する。

　不動産についても、その価格は多数の価格形成要因の相互作用によって形成されるが、その価格形成要因自体、常に変動する傾向を有しているので、価格も常に変動の過程にあるということができる。したがって、不動産についてその価格が幾らであるかを示す場合には、その価格がいつ現在のものであるかを示すことが必要不可欠であり、基準においても、鑑定評価の基本的事項として、求める価格がいつ現在のものであるか、すなわち価格時点を明らかにすべきことを規定している。

Ⅲ 代替の原則

> **不動産鑑定評価基準**
>
> 　代替性を有する二以上の財が存在する場合には、これらの財の価格は、相互に影響を及ぼして定まる。
> 　不動産の価格も代替可能な他の不動産又は財の価格と相互に関連して形成される。

総論

解説

　不動産については、その自然的特性として非代替性が指摘されているにもかかわらず、それについて代替の原則が成立し得るのは、不動産の効用を総合的に比較することにより（例えば、都心から所要時間1時間の150㎡の住宅地と1時間半の200㎡の住宅地との効用は等しいとして代替関係を認めるような場合がある。）、広く、この代替性を認めることができるからである。さらに、その効用の考え方如何によって、不動産について代替関係の成立する範囲はより拡大されることとなる。例えば、基準においては、不動産と他の財との間にも代替関係が成立するとしているが、これは、不動産を収益獲得の手段として、又は資産保全の手段等として考えることにより、不動産以外の財、例えば、有価証券、貴金属等が不動産の代替財となるからである。ただし、学校、病院というような特殊な用途に供されている不動産については、効用についての代替性の及ぶ範囲が極めて狭いこと、隣接不動産との代替の余地がないこと等のために代替性が不十分である点に留意する必要がある。

Ⅳ　最有効使用の原則

> **不動産鑑定評価基準**
>
> 　不動産の価格は、その不動産の効用が最高度に発揮される可能性に最も富む使用（以下「最有効使用」という。）を前提として把握される価格を標準として形成される。この場合の最有効使用は、現実の社会経済情勢の下で客観的にみて、良識と通常の使用能力を持つ人による合理的かつ合法的な最高最善の使用方法に基づくものである。
> 　なお、ある不動産についての現実の使用方法は、必ずしも最有効使用に基づいているものではなく、不合理な又は個人的な事情による使用方法のために、当該不動産が十分な効用を発揮していない場合があることに留意すべきである。

解説

　不動産は他の財と異なり、用途の多様性という特性を有しているので、同一の不動産について、異なった使用方法を前提とする需要が競合することとなる。この場合の需要者の付け値は、需要者の意図する使用方法に

よって異なるため、需要者の間に競争が働くことになり、結局はその不動産に対して最も高い価格を提示することができる需要者がその不動産を取得することとなる。不動産に対して最も高い価格を提示することが可能となるのは、その不動産を利用することによる利潤が最大となるような使用方法、すなわちその不動産の最有効使用を前提とした場合だけである。したがって、その不動産の価格は最有効使用を前提として形成されることになる。

このような不動産の価格形成の前提となっている最有効使用とは、その不動産の効用（収益性又は快適性）が最大となるような可能性に最も富んだ使用に基づくものであるが、仮に非常に大きな収益を上げる可能性がある使用であっても、それが、特別の能力を持つ人による使用、実現の可能性が少ない使用、非合法な使用等である場合には、最有効使用ということはできない。

このような不動産の最有効使用を判定する場合には、用途及び有形的な利用形態（例えば、建物を建築して利用するか否か、建物の構造、規模等をどのようにするか）等を考察することが必要である。この場合において、その不動産の属する近隣地域の一般的な標準的使用が重要な参考となるが、すべての不動産の最有効使用が必ずしもその不動産の属する近隣地域の一般的な標準的使用に一致するというものではなく、最有効使用の判定はその不動産の規模、位置、環境等を考慮するとともに、その市場における需給動向をも洞察した上で行うことが必要である。

また、第6章の個別分析の項において、この最有効使用の判定に当たっての留意事項として、七つの事項をあげている。

> 総　論

V　均衡の原則

> **不動産鑑定評価基準**
>
> 　不動産の収益性又は快適性が最高度に発揮されるためには、その構成要素の組合せが均衡を得ていることが必要である。したがって、不動産の最有効使用を判定するためには、この均衡を得ているかどうかを分析することが必要である。

解　説

　不動産には、その効用（収益性又は快適性）が最大となるような構成要素の組合せが存在するものであり、均衡とは、このような最適の組合せが実現されている状態をいう。不動産が建物及びその敷地を構成要素とする複合不動産である場合、その効用は、建物がその敷地の状況に応じて最もふさわしく（敷地の効用を最高度に発揮することが可能となるように）建てられているとき、すなわち建物と敷地とが均衡を保っている場合に最高度に発揮される。

　建物と敷地とが均衡を保っており、敷地が最有効使用の状態にある場合には、当該建物の用途等を継続することが最有効使用となるが、建物と敷地とが均衡を欠いていると判断される場合には、現実の建物の取壊しや用途変更等を行う場合のそれらに要する費用等を適切に勘案した経済価値を十分比較考量する必要がある（第6章第2節Ⅱ-2-(7)）。最有効使用を判定する上で、均衡を得ているかどうかについて分析する必要があるゆえんである。

　また、均衡の原則は、建物及びその敷地において、敷地と建物との均衡に限らず、さらに細分化された不動産の構成要素についても観念することができる。すなわち、土地についていえば擁壁、庭、駐車場など、建物についていえば柱、壁、屋根、外装、内装などが均衡しているときに、それらの構成要素としての効用は最高度に発揮されることになる。

　一般に、建物及びその敷地の最有効使用の判断において、現行用途を継続することが最有効使用と判断される場合以外には、建物と敷地とが均衡を得ていないと判断される場合もあるものと思われる。

VI 収益逓増及び逓減の原則

> **不動産鑑定評価基準**
>
> ある単位投資額を継続的に増加させると、これに伴って総収益は増加する。しかし、増加させる単位投資額に対応する収益は、ある点までは増加するが、その後は減少する。
> この原則は、不動産に対する追加投資の場合についても同様である。

解 説

生産は土地、資本、労働及び経営（組織）の生産要素の結合によって行われるものであるが、ある生産の用に供されている生産要素のうち、一部の生産要素に対する投資額を継続的に増加させ、その他の要素に対する投資額は一定とした場合に、その増加させた単位投資額に対応する収益（限界収益）が次第に増加するときには収益逓増の原則が、その収益が次第に減少するときには収益逓減の原則が作用している。

この原則が作用する場合には、追加投資の効率は、追加した単位投資額に対する収益が逓増から逓減に転換する局面において最大となるものである。

不動産の価格は、不動産に帰属する収益を還元したものであるので、価格は収益が最大となる点において最高となるものである。また、この収益が最大となる点は、その不動産が最有効使用の状態にあることを示すものと考えられる。

したがって、不動産鑑定士は、鑑定評価の対象である不動産の最有効使用を判定するに当たっては、この原則を十分に活用して、対象不動産について種々の使用方法を想定し、それぞれの使用方法を実現するために必要な費用、その使用方法によって得られる収入、これに伴う必要諸経費等を試算することによって、不動産に帰属する収益が最大となる使用方法を把握することが必要である。

総　論

Ⅶ　収益配分の原則

> **不動産鑑定評価基準**
>
> 　土地、資本、労働及び経営（組織）の各要素の結合によって生ずる総収益は、これらの各要素に配分される。したがって、このような総収益のうち、資本、労働及び経営（組織）に配分される部分以外の部分は、それぞれの配分が正しく行われる限り、土地に帰属するものである。

解　説

　収益の配分は、各生産要素の収益獲得の貢献度に応じて配分することが必要であり、資本に対しては利子として、労働に対しては賃金として、経営に対しては報酬として、土地に対しては地代としてなされるものであるが、土地に対する配分は、総収益を他の生産要素に適切に配分した場合における残余の収益（地代）として土地に最終的に帰属するものである。

　現実の総収益の配分に当たっては、一般に土地が最後に配分を受けるのが通常と考える理由は、土地に対する投資が長期にわたり固定的であるためその移動が困難であるのに対し、土地以外の生産要素に対する投資は流動的であり、平均的な資本収益（利子）等が支払われない場合には容易にその生産部門から引き上げることができるので、少なくともこれらに平均的な分配分を支払うことが必要だからである。

　しかし、土地以外の生産要素に対しては、それぞれの生産要素が現実に総収益の獲得にどの程度貢献したかにかかわらず常に平均的な割合で収益を配分し、その残余だけを土地に帰属させるという配分の方法では、経営能力や労働生産性の低さによる収益の減少がある場合にも、その収益の減少分は土地に帰属する収益の減少として取り扱われることとなり、このような総収益の形式的な配分は、正しく配分が行われたものとはいえない。

　したがって、総収益のうち正しく土地に配分されるべき部分を判定するに当たっては、その土地が最有効使用の状態にあるかどうか、土地以外の生産要素がその生産活動にとって適切なものであるかどうか、生産要素の組合せの均衡がとれているかどうか等について十分検討することが必要である。

　この原則は、不動産に帰属する収益を基礎として価格（又は賃料）を求める収益方式と深い関連を有するものである。

第4章 不動産の価格に関する諸原則

Ⅷ　寄与の原則

> **不動産鑑定評価基準**
>
> 　不動産のある部分がその不動産全体の収益獲得に寄与する度合いは、その不動産全体の価格に影響を及ぼす。
> 　この原則は、不動産の最有効使用の判定に当たっての不動産の追加投資の適否の判定等に有用である。

解 説

　不動産のある部分に対する投資が、不動産全体の収益をどの程度増加させるかを的確に把握することによってその不動産の価格もまた、どの程度上昇するかを知ることができるのである。例えば、不整形な土地に隣接する土地を買収して整形な土地にする場合、建物を増改築する場合等には、この原則を活用して、その追加された部分の全体に対する寄与の程度を判定することにより、その追加投資の適否を決定するとともにこれらが付加された後の土地又は建物の価格及び付加部分の土地又は建物の価格を算定することが可能となるものである。

　これはまた、ある不動産の最有効使用と当該不動産に追加投資を行った後の不動産の最有効使用を明らかにすることであり、最有効使用の原則と密接に関連しているものである。

　このように、寄与の原則は、不動産のある部分に対する投資とその不動産の全体の収益との関連に関するもので、「収益逓増及び逓減の原則」を不動産のある部分（単位投資額に対応する部分とは異なる。）に適用したものということができる。

　また、この原則によって、不動産の収益が最大となるような各部分に対する投資の割合を把握することができるので、各部分の組合せが均衡の状態に接近することとなり、この原則は「均衡の原則」とも関連を有しているものであるといえる。均衡の原則において述べたとおり、複合不動産の最有効使用の判定に当たっては、現実の建物の用途等を継続する場合の経済価値と建物の取壊しや用途変更等を行う場合のそれらに要する費用等を適切に勘案した経済価値を十分比較考量することが必要になるが、これは寄与の原則の適用場面であるということができる。

IX 適合の原則

不動産鑑定評価基準

　不動産の収益性又は快適性が最高度に発揮されるためには、当該不動産がその環境に適合していることが必要である。したがって、不動産の最有効使用を判定するためには、当該不動産が環境に適合しているかどうかを分析することが必要である。

解説

　不動産は、その不動産の属する地域の特性に適合することが必要であり、これによってその不動産の効用（収益性又は快適性）は十全に発揮される。この場合に、不動産に属する地域として最も重要なものは用途の観点から区分される地域である。不動産は、通常、これらの地域において一般的かつ標準的と認められる使用方法との整合性を保って利用されることによって、その効用を最もよく発揮するものである。例えば、日々の生活に必要な日用品を主に取り扱う小売店舗の集中している近隣商業地域では、日用品を取り扱う小売店舗用の不動産が最大の収益をあげ得るのに対し、都心に立地することがふさわしいような百貨店、高級専門店等はそのような地域では投資額に比較してより少ない収益しか獲得できないのである。

　この不動産と環境との適合性の判断に当たっては、その不動産の属する用途的地域の一般的な標準的使用を明確にする必要があり、これを中心的な作業とする地域分析を適正に行わなければならない。なお、適合性については、用途的地域の標準的使用と完全に一致しなくても、合理的な類似性・協働性の範囲内であればよいことは当然である。

　この原則は、不動産とその外部条件との間の均衡を問題とするものであり、不動産の内部構成要素間の均衡を問題とする均衡の原則とともに、最有効使用の判定の重大な指針となるものであることに留意すべきである。

X 競争の原則

> **不動産鑑定評価基準**
>
> 一般に、超過利潤は競争を惹起し、競争は超過利潤を減少させ、終局的にはこれを消滅させる傾向を持つ。不動産についても、その利用による超過利潤を求めて、不動産相互間及び他の財との間において競争関係が認められ、したがって、不動産の価格は、このような競争の過程において形成される。

解説

　経済活動は、より大きな利潤を求めて行われるものであるから、平均的な利潤率を超えるような超過利潤を生む企業活動がある場合には、多数の企業経営者がその経済活動部門に集中することとなり、これらの企業経営者の間に競争が惹起される。その結果、その超過利潤は次第に減少し、終局的には消滅して平均利潤に帰一することとなる。これは、ある商品を購入することによって著しい消費者利潤を得ることができる場合にも同様であって、多数の需要者が市場において競争する結果その利潤は終局的に消滅する。

　不動産についても、ある不動産を利用することによる利潤が、他の不動産又は財を利用することによって、一般的に得られる平均利潤を上回る場合には、超過利潤が生ずる。この超過利潤は市場における競争の結果消滅することとなる。この過程においては、ある種の不動産に対する需要は増加するのが通常であり、これに伴ってその価格も上昇するが、この価格上昇は、投資額を増大させ超過利潤を消滅させる一つの要因となるものである。

　したがって、不動産の価格は、代替可能な他の不動産又は財との競争によって決定されるものである。この原則は「代替の原則」と深い関連を有している。また、競争は経済活動のあらゆる段階において認められる最も基礎的な現象であり、需要と供給の原則が成立する根拠となるものである。

総論

XI　予測の原則

> **不動産鑑定評価基準**
>
> 　財の価格は、その財の将来の収益性等についての予測を反映して定まる。
> 　不動産の価格も、価格形成要因の変動についての市場参加者による予測によって左右される。

解　説

　財の価格は、その財に対する需要と供給とによって決定されるが、その需要と供給は、将来のその財の収益性や快適性等に関する市場参加者の予測によって大きな影響を受けるものであるので、その価格はこれらの予測を反映して定まることとなる。例えば、ある財の収益性や快適性が将来上昇する（又は下落する）であろうと予測される場合には、需要が増大（又は減少）することとなり、価格は上昇（又は下落）することとなる。

　この原則は不動産についても当てはまるものであり、不動産の価格は、その価格を形成する要因（一般的要因、地域要因及び個別的要因）の変化についての予測によって左右されるものである。したがって、不動産の鑑定評価に当たっては、不動産の価格を形成する要因がどのように変化するかについて的確に予測しなければならない。このためには、不動産鑑定士は、常にこの要因の変動に注意を払う必要があり、その推移及び動向を分析しなければならない。

　また、この予測は、市場参加者がとるであろう合理的な行動を不動産鑑定士が代わって行うものであるので、十分に合理的かつ客観的であることが必要であり、その予測にはおのずと限界があることを銘記しなければならないものである。

　この原則は、地域分析を始め、比較方式における取引事例価格等の検討、収益方式における純収益や還元利回りの決定等鑑定評価の三手法の適用に当たって重要な指針となるものであり、価格に関する諸原則の中でも動態的な分析についての最も基本的なものということができる。

第5章　鑑定評価の基本的事項

不動産鑑定評価基準

　不動産の鑑定評価に当たっては、基本的事項として、対象不動産、価格時点及び価格又は賃料の種類を確定しなければならない。

解　説

　的確な不動産の鑑定評価を行うに当たっては、対象となる不動産はどのようなものであるか、いつの時点を基準とするのか、どのような性格の価格又は賃料を求めるのか、という不動産の鑑定評価の基本的な事項を確定しなければならない。そこで基準総論第5章において、これらの概念を整理し、その内容についての要件等を定めることにより、前提条件を明確にした信頼性のある鑑定評価を行い得るようにしたものである。

第1節　対象不動産の確定

不動産鑑定評価基準

　不動産の鑑定評価を行うに当たっては、まず、鑑定評価の対象となる土地又は建物等を物的に確定することのみならず、鑑定評価の対象となる所有権及び所有権以外の権利を確定する必要がある。
　対象不動産の確定は、鑑定評価の対象を明確に他の不動産と区別し、特定することであり、それは不動産鑑定士が鑑定評価の依頼目的及び条件に照応する対象不動産と当該不動産の現実の利用状況とを照合して確認するという実践行為を経て最終的に確定されるべきものである。

運用上の留意事項

Ⅲ「総論第5章　鑑定評価の基本的事項」について

1．対象不動産の確定について

(1) 鑑定評価の条件設定の意義

鑑定評価に際しては、現実の用途及び権利の態様並びに地域要因及び個別的要因を所与として不動産の価格を求めることのみでは多様な不動産取引の実態に即応することができず、社会的な需要に応ずることができない場合があるので、条件設定の必要性が生じてくる。

条件の設定は、依頼目的に応じて対象不動産の内容を確定し（対象確定条件）、設定する地域要因若しくは個別的要因についての想定上の条件を明確にし、又は不動産鑑定士の通常の調査では事実の確認が困難な特定の価格形成要因について調査の範囲を明確にするもの（調査範囲等条件）である。したがって、条件設定は、鑑定評価の妥当する範囲及び鑑定評価を行った不動産鑑定士の責任の範囲を示すという意義を持つものである。

(2) 鑑定評価の条件設定の手順

鑑定評価の条件は、依頼内容に応じて設定するもので、不動産鑑定士は不動産鑑定業者の受付という行為を通じてこれを間接的に確認することとなる。しかし、同一不動産であっても設定された条件の如何によっては鑑定評価額に差異が生ずるものであるから、不動産鑑定士は直接、依頼内容の確認を行うべきである。

【解説】

対象不動産の確定に際しては、鑑定評価の対象とする不動産の現実の利用状況を所与とする場合のほか、現実の利用状況と異なる対象確定条件や、地域要因及び個別的要因についての想定上の条件又は調査の範囲等に係る条件を設定する場合がある。これは現実の用途及び権利の態様並びに地域要因及び個別的要因を所与として不動産の価格を求めること等の対応のみでは多様な不動産取引の実態に即応することができず、社会的な需要に応ずることができない場合があることから、条件設定の必要性を認めたものである。

ただし、これらの条件を設定した場合は、鑑定評価の対象とする不動産の現実の状況と異なる、又は異なる可能性がある状況を前提に鑑定評価を行うこととなるので、その結果は、鑑定評価書の利用者の利益を害するおそれがあることから、不動産鑑定士が直接依頼内容の確認を行い、当該鑑定評価書の利用者の範囲を的確に把握した上で、条件設定の妥当性の検討を行う必要がある。

I 対象確定条件

不動産鑑定評価基準

1. 対象不動産の確定に当たって必要となる鑑定評価の条件を対象確定条件という。
   　対象確定条件は、鑑定評価の対象とする不動産の所在、範囲等の物的事項及び所有権、賃借権等の対象不動産の権利の態様に関する事項を確定するために必要な条件であり、依頼目的に応じて次のような条件がある。
   (1) 不動産が土地のみの場合又は土地及び建物等の結合により構成されている場合において、その状態を所与として鑑定評価の対象とすること。
   (2) 不動産が土地及び建物等の結合により構成されている場合において、その土地のみを建物等が存しない独立のもの（更地）として鑑定評価の対象とすること（この場合の鑑定評価を独立鑑定評価という。）。
   (3) 不動産が土地及び建物等の結合により構成されている場合において、その状態を所与として、その不動産の構成部分を鑑定評価の対象とすること（この場合の鑑定評価を部分鑑定評価という。）。
   (4) 不動産の併合又は分割を前提として、併合後又は分割後の不動産を単独のものとして鑑定評価の対象とすること（この場合の鑑定評価を併合鑑定評価又は分割鑑定評価という。）。
   (5) 造成に関する工事が完了していない土地又は建築に係る工事（建物を新築するもののほか、増改築等を含む。）が完了していない建物について、当該工事の完了を前提として鑑定評価の対象とすること（この場合の鑑定評価を未竣工建物等鑑定評価という。）。
   　なお、上記に掲げるもののほか、対象不動産の権利の態様に関するものとして、価格時点と異なる権利関係を前提として鑑定評価の対象とすることがある。
2. 対象確定条件を設定するに当たっては、対象不動産に係る諸事項についての調査及び確認を行った上で、依頼目的に照らして、鑑定評価書の利用者の利益を害するおそれがないかどうかの観点から当該条件設定の妥当性を確認しなければならない。

総　論

> なお、未竣工建物等鑑定評価を行う場合は、上記妥当性の検討に加え、価格時点において想定される竣工後の不動産に係る物的確認を行うために必要な設計図書等及び権利の態様の確認を行うための請負契約書等を収集しなければならず、さらに、当該未竣工建物等に係る法令上必要な許認可等が取得され、発注者の資金調達能力等の観点から工事完了の実現性が高いと判断されなければならない。

運用上の留意事項

① 対象確定条件について
　ア　未竣工建物等鑑定評価は、価格時点において、当該建物等の工事が完了し、その使用収益が可能な状態であることを前提として鑑定評価を行うものであることに留意する。
　イ　「鑑定評価書の利用者」とは、依頼者及び提出先等（総論第8章第2節で規定されるものをいう。）のほか、法令等に基づく不動産鑑定士による鑑定評価を踏まえ販売される金融商品の購入者等をいう。
　ウ　対象確定条件を設定する場合において、鑑定評価書の利用者の利益を害するおそれがある場合とは、鑑定評価の対象とする不動産の現実の利用状況と異なる対象確定条件を設定した場合に、現実の利用状況との相違が対象不動産の価格に与える影響の程度等について、鑑定評価書の利用者が自ら判断することが困難であると判断される場合をいう。

解　説

a．対象確定条件の種類

　　不動産の鑑定評価を行う場合、対象となる不動産を確定した上で行わなければならないが、不動産は、その範囲等が可変的であり、また、権利の態様については所有権、地上権等の物権のみならず、外見上からは不分明な賃借権等の債権も対象となり、これらが複合的又は重畳的に存

する等、その対象が複雑な様相を呈するため、対象とする不動産を確定することが重要となる。

対象不動産の所在、範囲等の物的事項とは、土地にあっては、所在、地番、地目、地積等であり、建物等にあっては、所在、家屋番号、面積（建築面積及び延面積）、構造（木造、鉄骨造、鉄筋コンクリート造、かわらぶき、陸屋根等、平家建、二階建等）、用途（居宅、店舗等）、附属建物及び対象土地上に存し土地建物と一体として鑑定評価の対象となる構築物（塀、門扉、舗装、擁壁等）等である。

所有権、賃借権等の対象不動産の権利の態様に関する事項とは、土地にあっては、所有権、地上権、区分地上権、地役権、賃借権（借地借家法上の借地権か旧借地法に基づく借地権か、また、普通借地権か定期借地権か）等であり、建物等にあっては、所有権、賃借権（借地借家法上の借家権か廃止前の借家法（以下「旧借家法」という。）に基づく借家権か、また、普通借家権か定期借家権か）等である。ただし、鑑定評価においては不動産の権利の態様と有形的利用との組合せである「不動産の類型」に応じた区分により分類している場合が多く、基準の各論では更地、建付地、借地権、底地、区分地上権、自用の建物及びその敷地、貸家及びその敷地、借地権付建物、区分所有建物及びその敷地、借家権等に分類している。

対象確定条件は、対象不動産の内容を確定するための必要不可欠な条件として把握されるので、依頼内容に応じて設定された現実の利用状況と異なる条件だけではなく、現実の利用状況を所与とすることも対象確定条件の一つとなる。

なお、借地権付建物をその状態を所与として鑑定評価の対象とする場合も、土地の所有権以外の権利及び建物等が結合されたものを、その状態を所与として鑑定評価を行うものであり、対象確定条件に該当する。

現実には建物等の敷地となっている土地を、建物等が存しない土地、すなわち更地であると想定して鑑定評価を行うとする条件の鑑定評価を「独立鑑定評価」という。また、貸家及びその敷地を自用の建物及びその敷地と想定する場合等、対象不動産についてその使用収益を制約する権利が付着している場合において、その権利がないものと想定して鑑定評価を行う場合も対象確定条件に該当する。

なお、特定の政策目的から、制度上独立鑑定評価として価格を求めるべきとしているものに、地価公示法（昭和44年法律第49号）第2条第2

項の標準地の価格、国土利用計画法施行令（昭和49年政令第387号）第９条第２項の基準地の標準価格、土地収用法（昭和26年法律第219号）第88条の２の細目等を定める政令（平成14年政令第248号）第１条第３項及び公共用地の取得に伴う損失補償基準要綱（昭和37年閣議決定）第７条第２項の損失補償の対価としての土地価格等がある。

　土地及び建物等の結合により構成されている不動産について、建物等の存在を前提として土地のみを鑑定評価の対象とする場合（建付地の鑑定評価）又はその土地に存在することを前提として建物のみを鑑定評価の対象とする場合の条件の鑑定評価を「部分鑑定評価」という。

　隣地を買収して隣地と一体となった後の土地、あるいは土地の一部を売却した後の残地を想定し、これらの併合又は分割を行う以前に鑑定評価を行う場合の条件の鑑定評価を「併合鑑定評価」又は「分割鑑定評価」という。

　造成中又は造成予定の土地や、建築（増改築や大修繕工事を含む。）中又は建築予定の建物について、価格時点（評価を行う現在の時点）において工事が完了していることを前提として行う条件の鑑定評価を「未竣工建物等鑑定評価」という。

　工事が完了していることを前提とするとは、価格時点において、当該建物等の工事が完了し、その使用収益が可能な状態であることを前提として鑑定評価を行うことである。対象不動産を完成後賃貸に供する予定である場合では、建物が使用可能なものであれば足り、必ずしも賃貸用不動産として安定稼働している状態を想定するものではない。

ｂ．対象確定条件設定の要件

　鑑定評価書の利用者とは、依頼者及び基準総論第８章第２節に規定する提出先等（鑑定評価書が依頼者以外の者へ提出される場合における当該提出先又は鑑定評価額が依頼者以外の者へ開示される場合における当該開示の相手方）並びにJ-REITや抵当証券等の法令等に基づく不動産鑑定士による鑑定評価を踏まえ販売される金融商品の購入者や不動産の現物出資による第三者割当増資を行った法人の株主等、公表された評価内容に基づき鑑定評価の対象とする不動産の価格等の判断を行う者を指す。すなわち、「鑑定評価書の利用者の利益を害するおそれがないかどうか」とは、鑑定評価の結果である鑑定評価額をもとに何らかの判断を行う者に対して、その判断を誤らせる可能性があるかどうかということを意味している。

鑑定評価の対象とする不動産の現実の利用状況と異なる対象確定条件（併合鑑定評価や分割鑑定評価を含む。）を設定することは、一般に鑑定評価書の利用者の利益を害するおそれがあるので、このような対象確定条件を設定する場合には、現実の利用状況との相違が対象不動産の価格に与える影響の程度等について、鑑定評価書の利用者が依頼目的や鑑定評価書の利用目的に対応して自ら判断することができることが必要である（証券化対象不動産について未竣工建物等鑑定評価を行う場合で基準各論第３章第２節の要件を満たす場合を除く。）。

未竣工建物等鑑定評価以外の対象確定条件については、必ずしも前提とする状況が実現することを前提として鑑定評価を行う場合のみに設定されるものではないと考えられる。したがって、地域要因又は個別的要因に係る想定上の条件と異なり、実現性、合法性を有することは要件となっていない。なお、基準には明記されていないが、実務的に、担保評価等の原則として現実の利用状況を前提に評価を行う依頼目的の鑑定評価において、建物取壊し等前提とする状況が実現することを前提として鑑定評価を行う場合には、鑑定評価書の利用者の利益を害するおそれがあるかどうかの判断に当たり、鑑定評価書の利用者の範囲や属性と合わせ、実現性又は合法性の考慮が必要な場合があることに注意が必要である。

併合鑑定評価や分割鑑定評価は、一般的には、併合及び分割がなされた場合における価格を知るために条件が設定されるものであるが、鑑定評価書の利用者の範囲や利用目的によっては、鑑定評価書の利用者の利益を害するおそれがあるので、依頼の背景の確認等に注意が必要である。

未竣工建物等鑑定評価の場合は、工事が完了しておらず物的に存していない対象を想定して評価対象とするので、鑑定評価書の利用者の利益を害するおそれがないかどうかの観点に加え、設計図書等の物的確認のための詳細な資料や請負契約書等の権利の態様の確認のための資料があること並びに実現性及び合法性の観点から妥当なものでなければならない。

実現性とは、発注者の資金調達能力や請負業者の施工能力等の観点から工事完成の確実性が認められることをいう。

合法性とは、建築確認や開発許可等を取得していること（修繕工事等で法令上許認可が必要でない場合は除く。）など公法上及び私法上の諸

規制に反しないことをいう。

実現性の確認に当たっては、経済状況等も勘案して、工事発注者の工事完成の意思と資金調達能力を確認するとともに、当該工事を行う請負業者の施工能力についても施工実績等を調査する等により確認する必要がある。

未竣工建物等鑑定評価の条件設定については、現実の利用状況は未竣工の状態であることを鑑定評価書に明記した上で、鑑定評価書の利用者の範囲、判断能力等に注意して条件設定を行う必要がある。工事完了を想定した価格を知ることは担保評価としても有用であるが、現実の利用状況と異なることやリスクを十分認識した関係者のみで活用されるものであるので、鑑定評価書の利用者の利益に重大な影響を及ぼす可能性がある証券化対象不動産(基準各論第3章第1節において規定するものをいう。)の鑑定評価の場合には、基準各論第3章第2節に定める要件を満たす必要がある。

c．個別的要因に係る想定上の条件との相違

鑑定評価の対象とする不動産の現実の利用状況と異なる状態を前提とする条件として、地域要因又は個別的要因に係る想定上の条件がある。

不動産の現実の利用状況と異なる状態を前提とする条件のうち、独立鑑定評価や貸家及びその敷地を自用の建物及びその敷地として鑑定評価を行う等の鑑定評価の類型や種別の相違に係る条件は、対象確定条件となる。

また、土地又は建物の工事完了にかかる条件のうち、建物の新築工事のほか、用途、面積等の変更を伴う建物増改築工事や修繕工事及び面積、形状等の変更を伴う土地造成工事は、未竣工建物等鑑定評価として対象確定条件となる。

一方、有害物質の除去工事や供給処理施設に係る工事、内装工事等で上記工事に該当しない工事の完了に係る条件は、対象確定条件ではなく、個別的要因に係る想定上の条件として取り扱われる。

Ⅱ　地域要因又は個別的要因についての想定上の条件

不動産鑑定評価基準

　対象不動産について、依頼目的に応じ対象不動産に係る価格形成要因のうち地域要因又は個別的要因について想定上の条件を設定する場合がある。この場合には、設定する想定上の条件が鑑定評価書の利用者の利益を害するおそれがないかどうかの観点に加え、特に実現性及び合法性の観点から妥当なものでなければならない。
　一般に、地域要因について想定上の条件を設定することが妥当と認められる場合は、計画及び諸規制の変更、改廃に権能を持つ公的機関の設定する事項に主として限られる。

運用上の留意事項

　②　地域要因又は個別的要因についての想定上の条件の設定について
　　ア　想定上の条件を設定する場合において、鑑定評価書の利用者の利益を害するおそれがある場合とは、地域要因又は個別的要因についての想定上の条件を設定した価格形成要因が対象不動産の価格に与える影響の程度等について、鑑定評価書の利用者が自ら判断をすることが困難であると判断される場合をいう。
　　イ　実現性とは、設定された想定上の条件を実現するための行為を行う者の事業遂行能力等を勘案した上で当該条件が実現する確実性が認められることをいう。なお、地域要因についての想定上の条件を設定する場合には、その実現に係る権能を持つ公的機関の担当部局から当該条件が実現する確実性について直接確認すべきことに留意すべきである。
　　ウ　合法性とは、公法上及び私法上の諸規制に反しないことをいう。

総論

解説

　地域要因又は個別的要因について設定される想定上の条件としては、用途地域が第一種住居地域から商業地域へ変更されたものとして、汚水処理施設等の嫌悪施設が移転したものとして、というような地域要因に係る条件と、土壌汚染が存する土地であるが汚染が除去されたものとしてというような個別的要因に係る条件がある。すなわち、対象不動産について現実の価格形成要因と異なる状態を前提として鑑定評価を行う場合に、この想定上の条件を設定することが考えられる。

　地域要因又は個別的要因に係る想定上の条件を設定することは、鑑定評価の対象となる不動産の現実の価格形成要因と異なる状態を前提とすることとなり、一般に鑑定評価書の利用者の利益を害するおそれがあるので、このような想定上の条件を設定する場合には、現実の価格形成要因との相違が対象不動産の価格に与える影響の程度等について、鑑定評価書の利用者が依頼目的や鑑定評価書の利用目的に対応して自ら判断することができることが必要である。

　さらに、地域要因又は個別的要因に係る想定上の条件は、対象確定条件等と異なり常に想定した内容が実現することを前提として鑑定評価を行う場合に設定されるものと考えられるので、上記の観点に加え、実現性及び合法性の観点からも妥当である必要がある。

　実現性の確認に当たっては、所有者や購入予定者等の対象不動産に係る価格形成要因を変更する権限を持つ者に、想定する変更を行う意思や着手の確認を行い、依頼者と取り交わす文書にその旨の記載をするものとする。併せてその変更を行う資力があるのかどうかを勘案しなければならない。

　地域要因又は個別的要因に係る想定上の条件を設定する必要性は、現実の地域要因及び個別的要因を所与として不動産の価格を求めることのみでは多様な不動産取引の実態に即応することができず、社会的な需要に応ずることができないことに起因するものであり、一方で、安易な条件設定は鑑定評価書の利用者の利益を害するおそれがあることから、条件を設定する場合の要件を定めているものである。鑑定評価書の利用者の利益を害するおそれがないこと、及び実現性、合法性を満たすことという三つの要件については、他の事情を含めて総合的に勘案した上で条件設定の是非を検討する必要がある。

Ⅲ 調査範囲等条件

不動産鑑定評価基準

　不動産鑑定士の通常の調査の範囲では、対象不動産の価格への影響の程度を判断するための事実の確認が困難な特定の価格形成要因が存する場合、当該価格形成要因について調査の範囲に係る条件（以下「調査範囲等条件」という。）を設定することができる。ただし、調査範囲等条件を設定することができるのは、調査範囲等条件を設定しても鑑定評価書の利用者の利益を害するおそれがないと判断される場合に限る。

運用上の留意事項

　③　調査範囲等条件の設定について
　　ア　不動産鑑定士の通常の調査の範囲では、対象不動産の価格への影響の程度を判断するための事実の確認が困難な特定の価格形成要因を例示すれば、次のとおりである。
　　　(ア)　土壌汚染の有無及びその状態
　　　(イ)　建物に関する有害な物質の使用の有無及びその状態
　　　(ウ)　埋蔵文化財及び地下埋設物の有無並びにその状態
　　　(エ)　隣接不動産との境界が不分明な部分が存する場合における対象不動産の範囲
　　イ　特定の価格形成要因について調査範囲等条件を設定しても鑑定評価書の利用者の利益を害するおそれがないと判断される場合を例示すれば、次のとおりである。
　　　(ア)　依頼者等による当該価格形成要因に係る調査、査定又は考慮した結果に基づき、鑑定評価書の利用者が不動産の価格形成に係る影響の判断を自ら行う場合
　　　(イ)　不動産の売買契約等において、当該価格形成要因に係る契約当事者間での取扱いが約定される場合
　　　(ウ)　担保権者が当該価格形成要因が存する場合における取扱いについての指針を有し、その判断に資するための調査が実施される場合
　　　(エ)　当該価格形成要因が存する場合における損失等が保険等で

> 　　　担保される場合
> 　(オ) 財務諸表の作成のための鑑定評価において、当該価格形成要因が存する場合における引当金が計上される場合、財務諸表に当該要因の存否や財務会計上の取扱いに係る注記がなされる場合その他財務会計上、当該価格形成要因に係る影響の程度について別途考慮される場合
> ウ　調査範囲等条件を設定する価格形成要因については、当該価格形成要因の取扱いを明確にする必要がある。

解　説

　対象不動産の価格形成要因には、不動産鑑定士に通常期待される調査の範囲では対象不動産の価格への影響の程度を判断するための事実の確認が困難で、他の専門家による調査が必要なものがある。

　このような価格形成要因について事実の確認が困難な場合は、不明事項として他の専門家による調査結果を踏まえて鑑定評価を行う等の対応をとる必要があるが、依頼者の事情等により鑑定評価を行う時点ではこのような調査が行われなかったり、条件設定等の要件を満たさなかったりする場合も少なくない。しかし、このような場合においても、鑑定評価の依頼とは別に当該価格形成要因に係る調査を後日行う等の対応がとられることにより、鑑定評価において当該価格形成要因に係る調査範囲を限定したり価格形成要因から除外したりしても、鑑定評価書の利用者の利益を害しないと判断される場合もある。

　こうした対応がとられる場合に、依頼者との合意に基づいて設定されるのが調査範囲等条件である。

a．対象となる価格形成要因

　調査範囲等条件が設定できる価格形成要因は、不動産鑑定士の通常の調査の範囲では、対象不動産の価格への影響の程度を判断するための事実の確認が困難な価格形成要因であり、具体的には下記のものが例示されている。

　ア　土壌汚染の有無及びその状態
　イ　建物に関する有害な物質（アスベスト等）の使用の有無及びその状態
　ウ　埋蔵文化財及び地下埋設物の有無並びにその状態

エ 隣接不動産との境界が不分明な部分が存する場合における対象不動産の範囲

　対象不動産の範囲については、隣接不動産との境界を明確にした上で確定実測図等により、面積や形状を確認する必要があるが、境界確定を含む測量等の実施が困難な場合もあるので、土壌汚染等と並んで調査範囲等条件の対象とされている。

　また、対象不動産上の権利の有無や詳細な法的な内容の確認が不動産鑑定士の通常の調査の範囲では困難と判断される場合も、調査範囲等条件の設定の対象となるものと考えられる。

　なお、基準各論第3章第4節Ⅲ(3)に規定されている「専門性の高い個別的要因」のうち、再調達価格、修繕計画や公法上及び私法上の規制（他の専門家の調査、判断を要する法令遵守状況を除く。）は、一般の鑑定評価においては不動産鑑定士の通常の調査の範囲内と考えられるので、調査範囲等条件の設定の対象とはならない。

b．調査範囲等条件の設定の要件（鑑定評価書の利用者の利益を害するおそれがないと判断される場合）

　「鑑定評価書の利用者の利益を害するおそれがないと判断される場合」とは、鑑定評価の結果である鑑定評価額をもとに何らかの判断を行う者に対して、その判断を誤らせる可能性がない、ということである。調査範囲等条件を設定する場合には、対象となる価格形成要因についての調査が限定され、価格への影響の判断も対象不動産について詳細に調査を行った場合と異なる可能性が高い。したがって、鑑定評価書の利用者の利益を害するおそれがないと判断されるための一定の対応がとられることを確認する必要がある。

　特定の価格形成要因について調査範囲等条件を設定しても鑑定評価書の利用者の利益を害するおそれがないと判断される場合として、下記の対応がとられる場合が例示されている。

ア 依頼者等による当該価格形成要因に係る調査、査定又は考慮した結果に基づき、鑑定評価書の利用者が不動産の価格形成に係る影響の判断を自ら行う場合

　依頼者や対象不動産の利害関係者（鑑定評価書の利用者に限らない。）により当該価格形成要因に係る調査や査定等が別途実施され、その結果が鑑定評価の結果と合わせて鑑定評価書の利用者に開示されることにより、鑑定評価書の利用者が不動産の価格形成に係る影響の

判断を自ら行うことができると判断される場合には、調査範囲等条件を設定することができる。
イ　不動産の売買契約等において、当該価格形成要因に係る契約当事者間での取扱いが約定される場合
　　売買等を依頼目的とする鑑定評価において、当該売買等の契約に当たり条件設定の対象となる価格形成要因についての契約当事者間での取扱いが約定される場合が多い。契約当事者は当該事項についてのリスクを理解した上で契約するものと考えられるので、鑑定評価書の利用者が売買当事者に限定される場合には調査範囲等条件を設定することができる。なお、この約定は一般的な瑕疵担保条項ではなく、土壌汚染等の条件設定の対象となる価格形成要因についての具体的な約定である必要がある。また、具体的な契約条項が固まっていない場合でも、不動産取引慣行としてこのような約定がなされるものと判断され、かつ売買当事者（予定を含む。）が当該約定にかかるリスクを判断できると判断される場合は、調査範囲等条件の設定は可能と考えられる。
ウ　担保権者が当該価格形成要因が存する場合における取扱いについての指針を有し、その判断に資するための調査が実施される場合
　　担保不動産の評価のための鑑定評価において、金融機関等の担保権者が土壌汚染等の条件設定の対象となる価格形成要因に係る担保査定上の指針を有し、かつそのために必要な調査が別途実施される場合には、担保権者において当該価格形成要因にかかる価格への影響の判断が可能となるので、調査範囲等条件の設定は可能と考えられる。
エ　当該価格形成要因が存する場合における損失等が保険等で担保される場合
　　条件設定の対象となる価格形成要因が存した場合の損失等について保険等で担保されている場合は、鑑定評価書の利用者による価格への影響の判断の可否は不明であるが、それによる損失が生じないと考えられるので、調査範囲等条件の設定は可能と考えられる。
オ　財務諸表の作成のための鑑定評価において、当該価格形成要因が存する場合における引当金が計上される場合、財務諸表に当該要因の存否や財務会計上の取扱いに係る注記がなされる場合その他財務会計上、当該価格形成要因に係る影響の程度について別途考慮される場合
　　財務諸表の作成のための鑑定評価において、調査範囲等条件の設定

の対象となる価格形成要因の有無や状態についての注記等がなされる場合には、調査範囲等条件の設定は可能と考えられる。
　なお、証券化対象不動産について基準各論第3章を適用して鑑定評価を行う場合には調査範囲等条件の設定はできない。
c．対象とした価格形成要因に係る調査
　公益社団法人日本不動産鑑定士協会連合会策定の「不動産鑑定評価基準に関する実務指針」においては、依頼者との合意により調査範囲等条件を設定し、当該価格形成要因に係る調査の範囲を限定した場合であっても、鑑定評価として行う以上、鑑定評価書の利用者に当該価格形成要因に係る基礎的な情報を提供するため、少なくとも縦覧等が可能な法令上の規制の有無及びその内容の調査は行う必要がある、とされている。
d．評価上の取扱い
　調査範囲等条件を設定する価格形成要因については、条件設定に基づき限定して行った調査結果を踏まえ、当該価格形成要因を価格形成要因から除外するかどうか等の評価上の取扱いを明確にする必要がある。
　詳細は基準総論第8章第6節参照。
e．個別的要因に係る想定上の条件との相違
　調査範囲等条件と地域要因又は個別的要因に係る想定上の条件との主な相違は下記の点である。
- 調査範囲等条件は条件を設定できる価格形成要因が、不動産鑑定士に通常期待される調査の範囲では対象不動産の価格への影響の程度を判断するための事実の確認が困難なものに限定されている。
- 調査範囲等条件を設定し価格形成要因から除外して評価を行う場合は、当該価格形成要因は存しないものとして評価することとなるが、調査範囲等条件は、鑑定評価書の利用者によりリスク回避又はリスク判断が行えることが要件となるので、個別的要因の想定上の条件とは異なり、土壌汚染の除去等のリスク要因の除去等の実現性の確認は必要ない（この実現性がある場合は想定上の条件としても設定可能）。なお、リスク回避の具体的内容やリスク判断のための別途調査の有無、契約条項等の実現性は確認が必要である。

総論

Ⅳ 鑑定評価が鑑定評価書の利用者の利益に重大な影響を及ぼす場合における条件設定の制限

不動産鑑定評価基準

　証券化対象不動産（各論第3章第1節において規定するものをいう。）の鑑定評価及び会社法上の現物出資の目的となる不動産の鑑定評価等、鑑定評価が鑑定評価書の利用者の利益に重大な影響を及ぼす可能性がある場合には、原則として、鑑定評価の対象とする不動産の現実の利用状況と異なる対象確定条件、地域要因又は個別的要因についての想定上の条件及び調査範囲等条件の設定をしてはならない。ただし、証券化対象不動産の鑑定評価で、各論第3章第2節に定める要件を満たす場合には未竣工建物等鑑定評価を行うことができるものとする。

解　説

　証券化対象不動産（基準各論第3章第1節において規定するものをいう。）の鑑定評価及び会社法上の現物出資の目的となる不動産の鑑定評価等における鑑定評価書の利用者は、対象不動産の現実の状況と異なる、又は異なる可能性のある条件を設定した場合の条件設定による価格への影響を判断することが困難であり、さらに当該鑑定評価の結果がその投資判断等に大きな影響を与えるものと考えられる。したがって、このように鑑定評価が鑑定評価書の利用者の利益に重大な影響を及ぼす場合には、原則として、鑑定評価の対象とする不動産の現実の利用状況と異なる対象確定条件、地域要因又は個別的要因についての想定上の条件及び調査範囲等条件の設定をすることはできない。

　基準各論第3章が適用される場合は、そもそも対象不動産に係る詳細な調査が求められているので、この観点からも調査範囲等条件の設定はできない。

　財務諸表における価格開示は、証券化の場合等と異なり、個々の不動産の時価開示がされることは多くなく、また個別の不動産の鑑定評価の結果による投資家が当該会社等への投資を行う場合の判断に与える直接的な影響については、監査法人等により会計上の判断が行われると考えられる。したがって、財務諸表のための鑑定評価は、鑑定評価が鑑定評価書の利用者の利益に重大な影響を及ぼす場合の例示に含まれていないが、重要な資

産について減損処理が行われる場合等影響が大きいと判断される場合はこれに該当する場合があるので、会計上の影響について注意が必要と考えられる。

なお、証券化対象不動産の鑑定評価で、基準各論第3章第2節に定める要件を満たす未竣工建物等鑑定評価の条件設定は、厳格な要件の下で投資家のリスク回避策がとられているものと考えられるため、例外的に条件設定が認められている。ただし、これは取引等における鑑定評価の必要性も勘案して許容されているものと考えられるので、原則として地域要因又は個別的要因に係る想定上の条件等の他の条件設定については同様の要件を満たしたとしても行うことはできない。

V 条件設定に関する依頼者との合意等

> **不動産鑑定評価基準**
>
> 1．条件設定をする場合、依頼者との間で当該条件設定に係る鑑定評価依頼契約上の合意がなくてはならない。
> 2．条件設定が妥当ではないと認められる場合には、依頼者に説明の上、妥当な条件に改定しなければならない。

解 説

基準総論第5章で規定する条件は、鑑定評価の対象とする不動産が物的及び権利の態様としてどのような不動産かを確定するため、又は対象不動産の価格形成要因はどのようなものであるかを設定するための条件であるので、条件設定をする場合には、鑑定評価の対象とする不動産の現実の利用状況を所与とする場合を含め、依頼者との間で当該条件設定に係る鑑定評価依頼契約上の合意が必要となる。

鑑定評価依頼契約は不動産鑑定業者が行うものであるが、条件設定については、不動産鑑定士が直接依頼内容の確認を行い、当該鑑定評価書の利用者の範囲を的確に把握した上で、条件設定の妥当性の検討を行う必要がある。

依頼者が要請する条件設定の内容が鑑定評価書の利用者の利益を害するおそれがある場合等、妥当ではないと判断される場合には、依頼者に説明の上、妥当な条件に改定し、合意を得た上で鑑定評価を行う必要がある。

総論

第2節 価格時点の確定

不動産鑑定評価基準

　価格形成要因は、時の経過により変動するものであるから、不動産の価格はその判定の基準となった日においてのみ妥当するものである。したがって、不動産の鑑定評価を行うに当たっては、不動産の価格の判定の基準日を確定する必要があり、この日を価格時点という。また、賃料の価格時点は、賃料の算定の期間の収益性を反映するものとしてその期間の期首となる。

　価格時点は、鑑定評価を行った年月日を基準として現在の場合（現在時点）、過去の場合（過去時点）及び将来の場合（将来時点）に分けられる。

運用上の留意事項

2．価格時点の確定について
（1）継続賃料の価格時点について
　借地借家法第11条第1項又は第32条第1項に基づき賃料の増減が請求される場合における価格時点は、賃料増減請求に係る賃料改定の基準日となることに留意する必要がある。

解　説

　継続賃料の鑑定評価は、原則として賃料増減請求権を行使しうる場合に行うものである。

　賃料増減請求権は、契約当事者の一方的な意思表示が到達した時点から将来に向かって、客観的に妥当な相当額に改定されるという効果が生じる。この相当額とは、直近合意時点から価格時点までの事情変更のほか、契約内容、契約締結の経緯等の賃料額を決定した諸般の事情を考慮して求められた適正な賃料をいい、継続賃料と同義である。

　このため、賃料増減請求権が行使されたか否か、あるいは、その効力については裁判によって確定するものであるが、継続賃料の鑑定評価の価格時点等にも影響を与えるため、賃料増減請求権が行使されている場合に

は、賃料増減請求が適切に行われているか、請求されている内容は何かについて、適切に確認をすることが必要である。

> **運用上の留意事項**
>
> (2) 過去時点の鑑定評価について
>   過去時点の鑑定評価は、対象不動産の確認等が可能であり、かつ、鑑定評価に必要な要因資料及び事例資料の収集が可能な場合に限り行うことができる。また、時の経過により対象不動産及びその近隣地域等が価格時点から鑑定評価を行う時点までの間に変化している場合もあるので、このような事情変更のある場合の価格時点における対象不動産の確認等については、価格時点に近い時点の確認資料等をできる限り収集し、それを基礎に判断すべきである。
> (3) 将来時点の鑑定評価について
>   将来時点の鑑定評価は、対象不動産の確定、価格形成要因の把握、分析及び最有効使用の判定についてすべて想定し、又は予測することとなり、また、収集する資料についても鑑定評価を行う時点までのものに限られ、不確実にならざるを得ないので、原則として、このような鑑定評価は行うべきではない。ただし、特に必要がある場合において、鑑定評価上妥当性を欠くことがないと認められるときは将来の価格時点を設定することができるものとする。

> 総 論

第3節　鑑定評価によって求める価格又は資料の種類の確定

I　価格

不動産鑑定評価基準

　不動産鑑定士による不動産の鑑定評価は、不動産の適正な価格を求め、その適正な価格の形成に資するものでなければならない。
　不動産の鑑定評価によって求める価格は、基本的には正常価格であるが、鑑定評価の依頼目的に対応した条件により限定価格、特定価格又は特殊価格を求める場合があるので、依頼目的に対応した条件を踏まえて価格の種類を適切に判断し、明確にすべきである。なお、評価目的に応じ、特定価格として求めなければならない場合があることに留意しなければならない。

解　説

　不動産の鑑定評価とは、「現実の社会経済情勢の下で合理的と考えられる条件を満たす市場で形成されるであろう市場価値を表示する適正な価格を、不動産鑑定士が的確に把握する作業に代表される」ものである。したがって、鑑定評価によって求める価格は、基本的には、現実の社会経済情勢の下で合理的と考えられる条件を満たす市場で形成されるであろう市場価値を表示する適正な価格、すなわち「正常価格」である。

　しかし、複雑な社会的需要に的確に対応するためには、正常価格の前提となる諸条件を満たさない場合における市場価値又は経済価値を合理的な根拠をもって求めることが必要となる場合がある。

　したがって、基準では、そのような社会的需要に基づく依頼目的に対応して設定する条件及びその市場価値等の求め方並びに価格の種類を規定し、鑑定評価の作業において、その内容を明確にすることを求めている。

1．正常価格

不動産鑑定評価基準

　正常価格とは、市場性を有する不動産について、現実の社会経済情勢の下で合理的と考えられる条件を満たす市場で形成されるであろう市場価値を表示する適正な価格をいう。この場合において、現実の社会経済情勢の下で合理的と考えられる条件を満たす市場とは、以下の条件を満たす市場をいう。
(1)　市場参加者が自由意思に基づいて市場に参加し、参入、退出が自由であること。
　　なお、ここでいう市場参加者は、自己の利益を最大化するため次のような要件を満たすとともに、慎重かつ賢明に予測し、行動するものとする。
　①　売り急ぎ、買い進み等をもたらす特別な動機のないこと。
　②　対象不動産及び対象不動産が属する市場について取引を成立させるために必要となる通常の知識や情報を得ていること。
　③　取引を成立させるために通常必要と認められる労力、費用を費やしていること。
　④　対象不動産の最有効使用を前提とした価値判断を行うこと。
　⑤　買主が通常の資金調達能力を有していること。
(2)　取引形態が、市場参加者が制約されたり、売り急ぎ、買い進み等を誘引したりするような特別なものではないこと。
(3)　対象不動産が相当の期間市場に公開されていること。

運用上の留意事項

3．鑑定評価によって求める価格の確定について
　(1)　正常価格について
　　　現実の社会経済情勢の下で合理的と考えられる条件について
　　　①　買主が通常の資金調達能力を有していることについて
　　　　通常の資金調達能力とは、買主が対象不動産の取得に当たって、市場における標準的な借入条件（借入比率、金利、借入期間

> 等）の下での借り入れと自己資金とによって資金調達を行うことができる能力をいう。
> ② 対象不動産が相当の期間市場に公開されていることについて
> 相当の期間とは、対象不動産の取得に際し必要となる情報が公開され、需要者層に十分浸透するまでの期間をいう。なお、相当の期間とは、価格時点における不動産市場の需給動向、対象不動産の種類、性格等によって異なることに留意すべきである。
> また、公開されていることとは、価格時点において既に市場で公開されていた状況を想定することをいう（価格時点以降売買成立時まで公開されることではないことに留意すべきである。）。

解　説

「現実の社会経済情勢」とは、マクロ経済・地域経済の動向、不動産の需給動向、不動産に関する法制度や税制、不動産に関する取引慣行、市場参加者の価値観等を指す。「現実の社会経済情勢の下で」とは、こうした社会経済情勢を与件として扱い、社会経済情勢の一部を捨象したり理想的な条件に置換したりしないことを要請しているのである。すなわち、不動産鑑定評価で求めるべき正常価格は、現実の社会経済情勢を所与とした上での市場及び市場参加者の合理性を前提とした市場で成立する価格である。

合理的と考えられる条件を満たす市場の条件として掲げられている(1)、(2)、(3)の三つの条件の実質的な内容は、重複する部分があるが、それぞれ市場参加者、取引形態、公開期間の三つの観点から整理したものである。

市場参加者の要件として掲げられている要件のうち、「取引を成立させるために通常必要と認められる労力、費用を費やしていること」とは、対象不動産及び対象不動産が属する市場についての取引成立に必要かつ十分な知識情報に基づいて、取引成立に必要な行動、費用をかけた、ということである。なお、これらの労力や費用は市場における標準的なものとなる。

「買主が通常の資金調達能力を有していること」とは、対象不動産の属する市場における標準的な借入条件（借入比率、金利、期間等）の下で資金調達ができることを前提とするという趣旨である。実際の取引においては、市場における標準的な条件と比べて有利な資金調達条件を得ることが

できる買い手による取引もあり、有利な資金調達は、買い進みを誘引するので、取引事例の事情補正内容の判断基準の一つとなる。また、ここで判断される借入条件は、収益還元法の適用に際して自己資金と借入金に係る利回りから割引率や還元利回り等を査定する場合や、開発法等において投下資本収益率を査定する場合にも反映される。

なお、複合不動産の最有効使用は、現実の建物の用途を継続する場合の経済価値と建物の取壊しや用途変更等を行う場合のそれらに要する費用等を適切に勘案した経済価値を比較考量した上で、最も高い経済価値を示す使用方法として判定されるので、市場参加者は、このような複合不動産としての最有効使用に基づき価値判断を行っていると考えられる。したがって、現実の建物の用途等がその敷地の更地としての最有効使用に一致しているかどうかにかかわらず、複合不動産としての最有効使用を前提に正常価格を求めることになる。

正常価格は、価格時点において形成されるであろう価格であり、この時点が成約時点であると考えられるので、公開期間は価格時点の前に既に経過していることを前提とすることとなる。

2．限定価格

不動産鑑定評価基準

限定価格とは、市場性を有する不動産について、不動産と取得する他の不動産との併合又は不動産の一部を取得する際の分割等に基づき正常価格と同一の市場概念の下において形成されるであろう市場価値と乖離することにより、市場が相対的に限定される場合における取得部分の当該市場限定に基づく市場価値を適正に表示する価格をいう。

限定価格を求める場合を例示すれば、次のとおりである。
(1) 借地権者が底地の併合を目的とする売買に関連する場合
(2) 隣接不動産の併合を目的とする売買に関連する場合
(3) 経済合理性に反する不動産の分割を前提とする売買に関連する場合

> 総論

解説

　限定価格は、不動産と取得する他の不動産との併合又は不動産の一部を取得する際の分割等の限定された市場における特定の当事者間においてのみ経済合理性が認められる価格である。

　したがって、併合を目的とする売買に関連する場合においても、併合による増分価値が発生しない場合においては、第三者間取引の場合とその取引価格に差異が見られないので、限定価格とはならない。併合の場合において、限定価格は、正常価格と同一の市場概念の下において形成されるであろう市場価値を乖離しても当事者にとって経済合理性が認められる価格であり、併合により生じる増分価値は併合される両者が寄与して生じさせたものであるので、両者に適正に配分すべきであろう。

(1) 借地権者が底地の併合を目的とする売買に関連する場合

　借地権者が底地を併合する場合には、これにより借地権の存する土地が完全所有権に復帰することとなり、従来の借地契約上の制限がなくなることから当該土地に増分価値が生ずることとなる。買い手である借地権者にとっては、底地を正常価格と同一の市場概念の下において形成されるであろう市場価値より高い価格で買っても経済合理性がある。したがって、第三者が介入する余地がなくなり、市場が相対的に限定されるため求める価格は原則として限定価格となる。

　同様に、底地の所有者が借地権の併合を目的とする売買に関連する場合においても、借地権の存する土地が完全所有権に復帰することとなり、当該土地に増分価値が生ずることとなるので、第三者が介入する余地がなくなり市場が相対的に限定されることから求める価格は限定価格となる場合も考えられる。しかし、借地権取引の態様は都市によって異なり、同一都市内においても地域によって異なることもある。底地の所有者が借地権の併合を目的として売買する場合においても、完全所有権に復帰することによる増分価値を考慮して取り引きされず、第三者間取引の場合とその取引価格に差異が見られないような場合には、限定価格とはならない。

　また、借家権のうち、賃貸人から建物の明渡しの要求を受け、借家人が不随意の立退きに伴い事実上喪失することとなる経済的利益等、賃貸人との関係において個別的な形をとって具体的に現れる価格は、賃貸人による貸家及びその敷地等と借家権との併合に基づき、相対的に限定された市場における価格と捉えることができるので、借家権の取引慣行が

ある場合、ない場合にかかわらず原則として限定価格と考えることができる。

(2) 隣接不動産の併合を目的とする売買に関連する場合

　　ある土地を隣接土地と併合した場合、併合後の土地の価額が併合前のそれぞれの土地の価額の合計額より高い価格となることがある。これは、隣接土地を併合し画地の規模が拡大したこと等により、寄与の原則が働き併合前の土地より併合後の土地の方が最有効使用の程度が上昇したために生ずるものである。

　　そこで、ある土地の所有者が隣接土地を併合しようとする場合、これにより併合後の土地の価格が併合前の個々の土地の価格を合算した価格より高くなるときは、当該土地所有者にとっては、その隣接土地を併合することで増分価値が生ずることとなり、正常価格と同一の市場概念の下において形成されるであろう市場価値を乖離するため市場が相対的に限定されることとなる。

　　例えば、A地（200㎡）の価格が1,400万円（1㎡当たり7万円）、B地（50㎡）の価格が250万円（1㎡当たり5万円）として、併合後のC地（250㎡）の価格が2,000万円となる場合には、増分価値が2,000万円－（1,400万円＋250万円）＝350万円となり、A地の土地所有者は、B地を1㎡当たり12万円（350万円÷50㎡＋5万円）まで支払って取得しても採算が取れることとなる。

　　この場合でも、第三者は、B地に対しては1㎡当たり5万円でしか採算が取れないため、A地の土地所有者の示す価格は市場価値を乖離することとなり、B地の市場はA地の土地所有者とB地の土地所有者に限定される。この場合の限定価格は、併合後の土地に対する両者の寄与の程度を考慮することで求めるものであり、下限価格として1㎡当たり5万円から上限価格として1㎡当たり12万円の間で限定価格が決定される。

(3) 経済合理性に反する不動産の分割を前提とする売買に関連する場合

　　ある土地の一部を分割して取得しようとする場合には、残地の利用効率が低下し、減価が生ずることがある。このような場合には、当該土地の所有者は、残地の減価分の補償を受けない限りその土地の一部を分割して譲渡しようとはしない。そこで当該土地を分割して取得しようとする者は、残地の減価分の補てん相当を上乗せした価格で取得せざるを得ないこととなり、当該分割された土地の価格は、市場価値を乖離して、残地の減価分を補てんできる者に市場が相対的に限定されることとな

総論

る。この減価分の補てん相当を上乗せした価格が経済合理性に反する不動産の分割を前提とした売買における価格となる。

なお、当該土地を分割して取得しようとする者が、隣接土地の所有者である場合は、同時に(2)の隣接不動産の併合を目的とする売買に関連する場合に該当することとなり、併合の場合の価値の増加額と分割の場合の価値の減価額とを勘案して限定価格を求めることとなる。

また、区分地上権を新たに設定する場合の鑑定評価においても、不動産の分割及び併合が生じるので、同様に、求める価格は限定価格となるが、公共事業として高速道路や鉄軌道の敷設のために区分地上権を設定する場合には、依頼目的が補償であることから、設定地の土地の正常価格の内訳価格として、区分地上権部分の価格を示すことが必要となるので、正常価格としての鑑定評価となる。

3．特定価格

> **不動産鑑定評価基準**
>
> 特定価格とは、市場性を有する不動産について、法令等による社会的要請を背景とする鑑定評価目的の下で、正常価格の前提となる諸条件を満たさないことにより正常価格と同一の市場概念の下において形成されるであろう市場価値と乖離することとなる場合における不動産の経済価値を適正に表示する価格をいう。
>
> 特定価格を求める場合を例示すれば、次のとおりである。
> (1) 各論第3章第1節に規定する証券化対象不動産に係る鑑定評価目的の下で、投資家に示すための投資採算価値を表す価格を求める場合
> (2) 民事再生法に基づく鑑定評価目的の下で、早期売却を前提とした価格を求める場合
> (3) 会社更生法又は民事再生法に基づく鑑定評価目的の下で、事業の継続を前提とした価格を求める場合

運用上の留意事項

(2) 特定価格について
　① 法令等について
　　法令等とは、法律、政令、内閣府令、省令、その他国の行政機関の規則、告示、訓令、通達等のほか、最高裁判所規則、条例、地方公共団体の規則、不動産鑑定士等の団体が定める指針（不動産の鑑定評価に関する法律第48条の規定により国土交通大臣に届出をした社団又は財団が定める指針であって国土交通省との協議を経て当該団体において合意形成がなされたものをいう。以下同じ。）、企業会計の基準、監査基準をいう。
　② 特定価格を求める場合の例について
　　特定価格を求める場合の例として掲げられているものについて、それぞれの場合ごとに特定価格を求める理由は次のとおりである。
　　ア　各論第3章第1節に規定する証券化対象不動産に係る鑑定評価目的の下で、投資家に示すための投資採算価値を表す価格を求める場合
　　　この場合は、投資法人、投資信託又は特定目的会社等（以下「投資法人等」という。）の投資対象となる資産（以下「投資対象資産」という。）としての不動産の取得時又は保有期間中の価格として投資家に開示されることを目的に、投資家保護の観点から対象不動産の収益力を適切に反映する収益価格に基づいた投資採算価値を求める必要がある。
　　　投資対象資産としての不動産の取得時又は保有期間中の価格を求める鑑定評価については、上記鑑定評価目的の下で、資産流動化計画等により投資家に開示される対象不動産の運用方法を所与とするが、その運用方法による使用が対象不動産の最有効使用と異なることとなる場合には特定価格として求めなければならない。なお、投資法人等が投資対象資産を譲渡するときに依頼される鑑定評価で求める価格は正常価格として求めることに留意する必要がある。
　　イ　民事再生法に基づく鑑定評価目的の下で、早期売却を前提とした価格を求める場合

>   この場合は、民事再生法に基づく鑑定評価目的の下で、財産を処分するものとしての価格を求めるものであり、対象不動産の種類、性格、所在地域の実情に応じ、早期の処分可能性を考慮した適正な処分価格として求める必要がある。
>   鑑定評価に際しては、通常の市場公開期間より短い期間で売却されることを前提とするものであるため、早期売却による減価が生じないと判断される特段の事情がない限り特定価格として求めなければならない。
>   ウ　会社更生法又は民事再生法に基づく鑑定評価目的の下で、事業の継続を前提とした価格を求める場合
>   この場合は、会社更生法又は民事再生法に基づく鑑定評価目的の下で、現状の事業が継続されるものとして当該事業の拘束下にあることを前提とする価格を求めるものである。
>   鑑定評価に際しては、上記鑑定評価目的の下で対象不動産の利用現況を所与とすることにより、前提とする使用が対象不動産の最有効使用と異なることとなる場合には特定価格として求めなければならない。

解説

a．特定価格の性格

　特定価格の定義のうち、「正常価格の前提となる諸条件を満たさないことにより正常価格と同一の市場概念の下において形成されるであろう市場価値と乖離することとなる場合における不動産の経済価値を適正に表示する価格」とは、正常価格の前提となる市場の「合理的と考えられる条件」のいずれかを欠く市場で成立する価格と、必ずしも何らかの市場で成立するものではないが、対象不動産の特定の経済価値を表示する価格を指す。

　特定価格は、法令等による社会的要請を背景とする鑑定評価目的の観点から正常価格の前提となる合理的と考えられる市場の条件の一部を満たさないことにより、正常価格と異なる価格となる可能性があるものである。

　しかし、当該特定価格を求める前提となる条件が対象不動産の属する市場の特性等と一致していると判断される場合には、前提となる市場に

相違がないため、求められる価格は正常価格と同一の市場概念の下において形成されるであろう市場価値と乖離しない。このような場合の価格の種類は正常価格となる。

b．特定価格を求める場面

　　特定価格は、正常価格の前提となる合理的と考えられる市場の条件の一部を満たさない価格であり、例外的に求めるものである。無秩序に許容すると鑑定評価書の利用者等の利益を害するおそれがある。

　　このため、基準では特定価格を求められる場合を「法令等による社会的要請を背景とする鑑定評価目的」がある場合としている。すなわち、法令等に基づいて投資家や利害関係者等に対象不動産の価格の開示等を行う場合において、法令等の目的から正常価格の前提となる諸条件を満たさない条件を設定することが必要とされている場合である（法令等に価格を求める条件の規定がない場合も含む。）。

　　なお、法令等のうち、「省令」とは、各省大臣が、主任の行政事務について、法律若しくは政令を施行するため、法律又は法令の特別の委任に基づいて発する命令をいい（国家行政組織法第12条第1項）、「内閣府令」とは、内閣府の長たる内閣総理大臣が発する命令（内閣府設置法第7条第3項）をいう。「その他国の行政機関の規則」とは、会計検査院規則、府・省の外局である委員会の規則などが該当する。「告示」とは、公の機関が必要な事項を公示する行為をいい、官報に掲載する方法で行われるものをいう。「訓令」とは、上級官庁が下級官庁の権限行使を指揮するために発する命令で、行政組織内部における規律をいう。

c．特定価格の例示について

(a)　各論第3章第1節に規定する証券化対象不動産の鑑定評価目的の下で投資家に示すための投資採算価値を表す価格を求める場合

　　この場合の鑑定評価目的は、投資対象資産の投資採算価値を適切に開示することにあるので、投資法人等が計画している運用方法に基づいて、標準的な投資期間に得られる収益に基づく投資採算価値を求める必要がある。

　　投資法人等が計画している運用方法は、必ずしも対象不動産の最有効使用と一致するものではないので、正常価格の前提となる市場の合理的と考えられる条件のうち、「対象不動産の最有効使用を前提とした価値判断を行うこと（基準総論第5章第3節1④）」を満たさない可能性がある。また基準各論第1章第4節Iに規定している投資採算

価値を表す価格を求める鑑定評価の手法は、標準的な投資期間に得られる収益に基づいて価格判断を行うためのものであり、必ずしも対象不動産の正常価格を求める場合の考え方と一致するものではない。

　したがって、上記鑑定評価目的の下で、投資法人等が開示する運用方法を所与とすることにより、正常価格を求める場合の条件の内容と異なることとなる場合には特定価格として求めなければならない。

　流動化型の証券化の場合には、対象不動産が必ずしも一般投資家の投資対象として適格な不動産とは限らないため、正常価格と投資採算価値を表す特定価格に乖離が生じる場合も多いが、REIT等による運用型の証券化の場合は、標準的な投資期間に得られる収益に基づいて市場が形成されている場合が多いので、結果として正常価格を求める場面が大半を占めることが想定される。

　一方、対象不動産の最有効使用と異なる運用方法を前提とする場合や市場価値と収益価格が乖離しているような不動産については、正常価格との相違を示すことにより投資家への注意喚起を行うことが必要である。

　なお、証券化対象不動産のうち、抵当証券のように対象不動産の投資採算価値ではなく売却可能価格としての担保価値が重視される場合は、正常価格を求めれば足りる。

　また、投資法人等が投資対象資産を譲渡する場合には、購入者は利用方法について証券化対象不動産であることによる制約は受けず、また投資法人等への投資家に対しても市場での適正な売却価格（市場価格）が開示されれば足りるので、求める価格は正常価格となる。

(b)　民事再生法に基づく鑑定評価目的の下で、早期売却を前提とした価格を求める場合

　この場合の鑑定評価目的は、対象不動産を処分するものとして、競売手続も念頭に売却した場合の市場価値を適切に関係者に開示することにあるので、通常より短期間で売却した場合の適正な処分価格として求める必要がある。

　対象不動産に対する需要が高く、標準的な市場公開期間を経て成立する価格と当該期間より短期間で成立しうる価格との間に特段の差異が認められない場合を除いて、適切に早期売却による減価を反映した価格を求める必要がある。

(c)　会社更生法又は民事再生法に基づく鑑定評価目的の下で、事業の継

続を前提とした価格を求める場合

　この場合の鑑定評価目的は、会社更生法又は民事再生法を適用して現在の事業を継続した場合に得られる収益に基づく価格と処分した場合の価格とを比較することにあるので、現在の事業から将来得られる収益に基づく価値を求める必要がある。

　また基準各論第1章第4節Ⅲに規定している事業の継続を前提とした価格を求める鑑定評価の手法は、現在の事業を継続した場合に得られる収益に基づく価格を求めるものであり、必ずしも対象不動産の正常価格を求める場合に適用する鑑定評価の手法と一致するものではない。

　したがって、上記鑑定評価目的の下で、現在の事業の継続を所与とすることにより、正常価格を求める場合の条件の内容と異なることとなる場合には特定価格として求めなければならない。

総論

> **不動産鑑定評価基準**
>
> 各論　第1章　価格に関する鑑定評価
> 第4節　特定価格を求める場合に適用する鑑定評価の手法
> Ⅰ　各論第3章第1節に規定する証券化対象不動産に係る鑑定評価目的の下で、投資家に示すための投資採算価値を表す価格を求める場合
> 　この場合は、基本的に収益還元法のうちDCF法により求めた試算価格を標準とし、直接還元法による検証を行って求めた収益価格に基づき、比準価格及び積算価格による検証を行い鑑定評価額を決定する。
> Ⅱ　民事再生法に基づく鑑定評価目的の下で、早期売却を前提とした価格を求める場合
> 　この場合は、通常の市場公開期間より短い期間で売却されるという前提で、原則として比準価格と収益価格を関連づけ、積算価格による検証を行って鑑定評価額を決定する。なお、比較可能な事例資料が少ない場合は、通常の方法で正常価格を求めた上で、早期売却に伴う減価を行って鑑定評価額を求めることもできる。
> Ⅲ　会社更生法又は民事再生法に基づく鑑定評価目的の下で、事業の継続を前提とした価格を求める場合
> 　この場合は、原則として事業経営に基づく純収益のうち不動産に帰属する純収益に基づく収益価格を標準とし、比準価格を比較考量の上、積算価格による検証を行って鑑定評価額を決定する。

解　説

a．各論第3章第1節に規定する証券化対象不動産に係る鑑定評価目的の下で、投資家に示すための投資採算価値を表す価格を求める場合

　対象不動産の収益力を適切に反映する収益価格に基づいた投資採算価値を表す価格を求めるためには、標準的な投資家の価格判断の考え方をもとに鑑定評価の手法を適用する必要がある。

　標準的な投資家は、開示される資産流動化計画等の対象不動産の運用計画に基づく一定期間の保有による収益と転売による収益を投資採算価値の判断の基準としていると考えられる。また、基準各論第3章の適用対象となる証券化対象不動産の鑑定評価においては、より詳細な調査と判断過程の明示が必要とされている。

したがって、この考え方に沿ったDCF法により求めた試算価格を標準として鑑定評価額を求めることが適切である。

直接還元法による検証に当たっては、単に求められた試算価格を比較するのみでなく、その過程における収益、費用、利回り等についての妥当性についても相互に確認を行う必要がある。

b．民事再生法に基づく鑑定評価目的の下で、早期売却を前提とした価格を求める場合

早期売却を前提とした価格を求める方法として二通りあげられている。

一つは、正常価格の前提となる市場の要件のうち、市場公開期間を短期とした市場を前提として、各手法を適用して試算価格を求める方法である。原価法は、取引事例比較法や収益還元法に比べ、市場公開期間が短いことによる影響の反映の精度が一般的に劣ると考えられるため、検証の位置づけにとどまっている。

一方、比較可能な早期売却事情のある取引事例等が得られない場合には、取引事例比較法や収益還元法の適用が困難であるので、正常価格を求めた上で、別途早期売却に伴う減価を査定して鑑定評価額を求めることもできる。なお、対象不動産の最有効使用が建物等を取り壊すことと判断される場合の建物等の取壊し費用は、早期売却による減価の対象とならないことに留意する必要がある。

また、早期売却に伴う減価の査定に当たっては、転売目的の市場参加者を想定した取得採算価格（転売予測価格（正常価格）から転売までの期間に対応した費用と利潤を控除して求める価格）も有効な検証手段として考えられる。

c．会社更生法又は民事再生法に基づく鑑定評価目的の下で、事業の継続を前提とした価格を求める場合

事業の継続を前提とした価格を求める場合は、前提となる現在の事業を継続した場合に得られる収益に基づく価値はいかほどか、という観点を中心に鑑定評価額を求める必要がある。したがって、現在の事業から得られる事業収益に基づく収益価格を標準として求める。同業種の事業の用に供されている不動産に係る取引事例等が把握できる場合には取引事例比較法の適用も可能であるが、収益価格に比べその精度が一般に劣る。原価法の適用に当たっては、現在の事業を継続することが対象不動産の最有効使用ではないこともあるので、敷地については土地としての最有効使用との格差、建物については有効活用の程度等に留意する必要

がある。また、当該事業に係る業界の動向等についても十分考慮する必要がある。

4．特殊価格

> **不動産鑑定評価基準**
>
> 　特殊価格とは、文化財等の一般的に市場性を有しない不動産について、その利用現況等を前提とした不動産の経済価値を適正に表示する価格をいう。
> 　特殊価格を求める場合を例示すれば、文化財の指定を受けた建造物、宗教建築物又は現況による管理を継続する公共公益施設の用に供されている不動産について、その保存等に主眼をおいた鑑定評価を行う場合である。

【解　説】
　「一般的に市場性を有しない」とは、文化財や公共施設等の特殊な利用現況等を前提とした場合には、正常価格の前提となる市場において取引が成立することを想定することが困難であるので、このような不動産には一般的には市場性はない（あるいは極めて少ない）ことが多いという意味である。
　特殊価格は、その利用現況の継続を前提とした場合には一般的に市場性を有しない文化財や公共施設等について、特にそれらの費用性等から価格を求めることが妥当と判断される場合に鑑定評価として求めるものである。特殊価格として求める経済価値は、不動産としての費用面からの価値であり、文化財的な価値を求めるものではない。現況による管理を継続する公共公益施設の用に供される不動産とは、道路、公園、鉄道、焼却場、刑務所、老人福祉センター等をいう。
　なお、文化財や公共公益施設等についても、その利用現況を前提としない経済価値を求める場合は、正常価格として求め得る場合がある。この場合には、用途の変更や建物等の取壊しをも考慮にいれて鑑定評価を行うこととなる。

Ⅱ 賃　料

> **不動産鑑定評価基準**
>
> 　不動産の鑑定評価によって求める賃料は、一般的には正常賃料又は継続賃料であるが、鑑定評価の依頼目的に対応した条件により限定賃料を求めることができる場合があるので、依頼目的に対応した条件を踏まえてこれを適切に判断し、明確にすべきである。

【解　説】

　賃料の種類としては、新規の賃貸借等によるものか賃料改定によるものかにより、新規賃料と継続賃料とに区分され、さらに新規賃料は、正常賃料と限定賃料とに区分される。一般的に新規の賃貸借等の契約の場合は正常賃料を求めることとなるが、依頼目的及び条件によっては、限定賃料を求めることとなる。

　なお、特定価格や特殊価格を求める場合のような評価目的又は前提条件による賃料も理論的には考えられるが、鑑定評価として求める実務上の要請が認められないので賃料の種類として規定されていない。

1．正常賃料

> **不動産鑑定評価基準**
>
> 　正常賃料とは、正常価格と同一の市場概念の下において新たな賃貸借等（賃借権若しくは地上権又は地役権に基づき、不動産を使用し、又は収益することをいう。）の契約において成立するであろう経済価値を表示する適正な賃料（新規賃料）をいう。

【解　説】

　「正常価格と同一の市場概念」とは、現実の社会経済情勢の下で合理的と考えられる条件を満たす市場であり、新規賃料の鑑定評価においては、原則として、この市場概念に基づく正常賃料を求めることとなる。

2．限定賃料

不動産鑑定評価基準

　限定賃料とは、限定価格と同一の市場概念の下において新たな賃貸借等の契約において成立するであろう経済価値を適正に表示する賃料（新規賃料）をいう。
　限定賃料を求めることができる場合を例示すれば、次のとおりである。
(1)　隣接不動産の併合使用を前提とする賃貸借等に関連する場合
(2)　経済合理性に反する不動産の分割使用を前提とする賃貸借等に関連する場合

解　説

　限定価格を求める場合と同じ市場限定に基づき、正常賃料と乖離する場合の適正な新規賃料である。限定賃料を新規賃料に限定しているのは、継続賃料という区分が独立しているからである。

3．継続賃料

不動産鑑定評価基準

　継続賃料とは、不動産の賃貸借等の継続に係る特定の当事者間において成立するであろう経済価値を適正に表示する賃料をいう。

解　説

　継続賃料は賃貸借等の契約に係る賃料を改定する場合のものであり、特定の賃貸借等の契約を前提に特定の当事者の間で成立するであろう経済価値を適正に表示する賃料である。市場参加者が特定されている点で、正常賃料とは異なる。

第6章　地域分析及び個別分析

不動産鑑定評価基準

　対象不動産の地域分析及び個別分析を行うに当たっては、まず、それらの基礎となる一般的要因がどのような具体的な影響力を持っているかを的確に把握しておくことが必要である。

解　説

　不動産の鑑定評価においては、対象不動産に係る価格形成要因の作用を把握し、分析することにより、対象不動産の最有効使用を判定した上で、価格を求めることが重要である。

　価格形成要因の分析は、基本的には地域分析と個別分析に大別されるが、対象不動産の地域分析及び個別分析を行うに当たっては、まず、それらの基礎となる一般的要因が不動産市場に対してどのような影響力を持っているかを的確に把握しておくことが必要である。

　その上で、地域分析及び個別分析では、対象不動産に係る地域要因及び個別的要因が当該不動産の利用形態と価格形成にどのように作用しているかを分析することを通じて、当該不動産の効用を最大限に発揮する可能性に最も富む使用方法である最有効使用がどのようなものであるか、また、当該不動産と代替、競争等の関係にある不動産の価格形成とどのような関連性を有するかを的確に把握しなければならない。

　また、地域分析及び個別分析に当たっては、対象不動産がどのような市場に属しており、その市場における不動産の需給動向や市場参加者の属性及び行動等の市場特性がどのようなものかを明らかにするとともに、代替、競争等の関係にある不動産と比較した当該不動産の優劣及び市場競争力の程度を把握すべきである。このような検討を通じて、対象不動産の利用形態や価格形成に関する分析を、ある時点のみの状況を反映する静態的なものから将来動向をも見通した動態的なものとし、市場の実態に裏付けられた実証性の高いものとすることができる。

　なお、地域分析及び個別分析において行った分析の結果は、鑑定評価の手法の適用、試算価格又は試算賃料の調整等における各種の判断においても適切に反映しなければならない。

> 総 論

第1節 地域分析

I 地域分析の意義

> **不動産鑑定評価基準**
>
> 　地域分析とは、その対象不動産がどのような地域に存するか、その地域はどのような特性を有するか、また、対象不動産に係る市場はどのような特性を有するか、及びそれらの特性はその地域内の不動産の利用形態と価格形成について全般的にどのような影響力を持っているかを分析し、判定することをいう。

解 説

　地域分析においては、その地域の特性が当該地域に存する不動産の利用形態に影響を与え、それがひいては個別の不動産の価格形成を左右するというメカニズムを十分に検討するとともに、市場の特性が、不動産の利用形態と価格形成にどのように反映されているかを分析する必要がある。

【現行基準における地域分析】

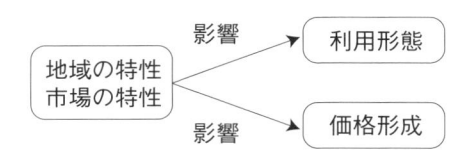

```
                    影響
                  ┌──────→ 利用形態
     地域の特性  ─┤
     市場の特性   │
                  └──────→ 価格形成
                    影響
```

　※市場の特性の把握の観点
　　　同一需給圏における市場参加者の属性及び行動
　　　同一需給圏における市場の需給動向

Ⅱ 地域分析の適用

> **不動産鑑定評価基準**
>
> 1．地域及びその特性
>
> 　地域分析に当たって特に重要な地域は、用途的観点から区分される地域（以下「用途的地域」という。）、すなわち近隣地域及びその類似地域と、近隣地域及びこれと相関関係にある類似地域を含むより広域的な地域、すなわち同一需給圏である。
>
> 　また、近隣地域の特性は、通常、その地域に属する不動産の一般的な標準的使用に具体的に現れるが、この標準的使用は、利用形態からみた地域相互間の相対的位置関係及び価格形成を明らかにする手掛りとなるとともに、その地域に属する不動産のそれぞれについての最有効使用を判定する有力な標準となるものである。
>
> 　なお、不動産の属する地域は固定的なものではなく、地域の特性を形成する地域要因も常に変動するものであることから、地域分析に当たっては、対象不動産に係る市場の特性の把握の結果を踏まえて地域要因及び標準的使用の現状と将来の動向とをあわせて分析し、標準的使用を判定しなければならない。

【解　説】

　地域分析における標準的使用については、これを静態的にとらえるべきものではなく、常に変化する可能性を有しているものとして認識することが必要であり、その現状だけでなく、将来の動向をも併せて分析し、現在の使用が将来もなお維持されるものかどうか、変化するとすればどのような方向へと変化するものであるかを慎重に判定しなければならない。

> **不動産鑑定評価基準**
>
> (1) 用途的地域
> 　① 近隣地域
> 　　　近隣地域とは、対象不動産の属する用途的地域であって、より大きな規模と内容とを持つ地域である都市あるいは農村等の内部にあって、居住、商業活動、工業生産活動等人の生活と活動とに

総　論

> 関して、ある特定の用途に供されることを中心として地域的にまとまりを示している地域をいい、対象不動産の価格の形成に関して直接に影響を与えるような特性を持つものである。
>
> 　近隣地域は、その地域の特性を形成する地域要因の推移、動向の如何によって、変化していくものである。

運用上の留意事項

Ⅳ　「総論第6章　地域分析及び個別分析」について

1．地域分析の適用について
　(1)　近隣地域の地域分析について
　　①　近隣地域の地域分析は、まず対象不動産の存する近隣地域を明確化し、次いでその近隣地域がどのような特性を有するかを把握することである。
　　　この対象不動産の存する近隣地域の明確化及びその近隣地域の特性の把握に当たっては、対象不動産を中心に外延的に広がる地域について、対象不動産に係る市場の特性を踏まえて地域要因をくり返し調査分析し、その異同を明らかにしなければならない。
　　　これはまた、地域の構成分子である不動産について、最終的に地域要因を共通にする地域を抽出することとなるため、近隣地域となる地域及びその周辺の他の地域を併せて広域的に分析することが必要である。
　　②　近隣地域の相対的位置の把握に当たっては、対象不動産に係る市場の特性を踏まえて同一需給圏内の類似地域の地域要因と近隣地域の地域要因を比較して相対的な地域要因の格差の判定を行うものとする。さらに、近隣地域の地域要因とその周辺の他の地域の地域要因との比較検討も有用である。
　　③　近隣地域の地域分析においては、対象不動産の存する近隣地域に係る要因資料についての分析を行うこととなるが、この分析の前提として、対象不動産に係る市場の特性や近隣地域を含むより広域的な地域に係る地域要因を把握し、分析しなければならない。このためには、日常から広域的な地域に係る要因資料の収

④　近隣地域の地域分析における地域要因の分析に当たっては、近隣地域の地域要因についてその変化の過程における推移、動向を時系列的に分析するとともに、近隣地域の周辺の他の地域の地域要因の推移、動向及びそれらの近隣地域への波及の程度等について分析することが必要である。この場合において、対象不動産に係る市場の特性が近隣地域内の土地の利用形態及び価格形成に与える影響の程度を的確に把握することが必要である。

　　なお、見込地及び移行地については、特に周辺地域の地域要因の変化の推移、動向がそれらの土地の変化の動向予測に当たって有効な資料となるものである。
(2)　近隣地域の範囲の判定について
　　近隣地域の範囲の判定に当たっては、基本的な土地利用形態や土地利用上の利便性等に影響を及ぼす次に掲げるような事項に留意することが必要である。
①　自然的状態に係るもの
　ア　河川
　　　川幅が広い河川等は、土地、建物等の連たん性及び地域の一体性を分断する場合があること。
　イ　山岳及び丘陵
　　　山岳及び丘陵は、河川と同様、土地、建物等の連たん性及び地域の一体性を分断するほか、日照、通風、乾湿等に影響を及ぼす場合があること。
　ウ　地勢、地質、地盤等
　　　地勢、地質、地盤等は、日照、通風、乾湿等に影響を及ぼすとともに、居住、商業活動等の土地利用形態に影響を及ぼすこと。
②　人文的状態に係るもの
　ア　行政区域
　　　行政区域の違いによる道路、水道その他の公共施設及び学校その他の公益的施設の整備水準並びに公租公課等の負担の差異が土地利用上の利便性等に影響を及ぼすこと。
　イ　公法上の規制等

総　論

　　　都市計画法等による土地利用の規制内容が土地利用形態に影響を及ぼすこと。
　ウ　鉄道、公園等
　　　鉄道、公園等は、土地、建物等の連たん性及び地域の一体性を分断する場合があること。
　エ　道路
　　　広幅員の道路等は、土地、建物等の連たん性及び地域の一体性を分断する場合があること。

解　説

　不動産が他の不動産とともに一定の地域を構成するのは、自然的条件及び人文的条件の全部又は一部を共通にする結果、その地域内に存する不動産に用途的な共通性が見られるからである。この用途的地域は、都市あるいは農村というような、それ自体である程度完結した生活圏を構成している地域社会より小さい規模の地域であり、居住、商業活動、工業生産活動等人の生活と活動とに関して、ある特定の用途に供されるという面で用途的な共通性を持ち、機能的にも同質性を持つものであり、その地域の中の不動産は相互に代替、競争等の関係に立ち、相互の価格間に緊密な牽連性を生ずることとなる。

　その結果当該地域内に存する不動産について、一定の価格水準が形成されることとなるため、近隣地域に存する不動産に係る取引事例等は、鑑定評価の手法の適用上において、最も価格牽連性の高い信頼性のある事例資料となる。

　近隣地域は、客観的な地域区分として独立して存在するものではなく、対象不動産とその価格形成要因の分析の仕方によってその範囲が相対的に定まるものであるが、この近隣地域の把握に当たっては、地域の種別（基準総論第2章第1節参照）を細分化して近隣地域の用途を純化するほど鑑定評価の精度を高めることとなる。

　用途的地域は、その地域の特性を形成する地域要因により影響される地域であるから、地域要因の推移、動向の如何によって、用途的地域の価格水準も、その特性も、その範囲も大きな影響を受けることとなる。したがって、近隣地域の分析に当たっては対象不動産に係る市場の特性を踏まえて動態的な考察を行うことが必要である。

第6章 地域分析及び個別分析

不動産鑑定評価基準

② 類似地域
類似地域とは、近隣地域の地域の特性と類似する特性を有する地域であり、その地域に属する不動産は、特定の用途に供されることを中心として地域的にまとまりを持つものである。この地域のまとまりは、近隣地域の特性との類似性を前提として判定されるものである。

解　説

類似地域は、無数に存在する用途的地域のうち、鑑定評価の対象となる不動産が存在する用途的地域である近隣地域と地域の特性が類似する用途的地域をいうものであり、それは、その地域に存する不動産についてみれば、当該不動産の近隣地域に当たるものである。
したがって、この類似地域のまとまりは、近隣地域の特性との類似性を前提として判定されるものである。

不動産鑑定評価基準

(2) 同一需給圏
同一需給圏とは、一般に対象不動産と代替関係が成立して、その価格の形成について相互に影響を及ぼすような関係にある他の不動産の存する圏域をいう。それは、近隣地域を含んでより広域的であり、近隣地域と相関関係にある類似地域等の存する範囲を規定するものである。
一般に、近隣地域と同一需給圏内に存する類似地域とは、隣接すると否とにかかわらず、その地域要因の類似性に基づいて、それぞれの地域の構成分子である不動産相互の間に代替、競争等の関係が成立し、その結果、両地域は相互に影響を及ぼすものである。
また、近隣地域の外かつ同一需給圏内の類似地域の外に存する不動産であっても、同一需給圏内に存し対象不動産とその用途、規模、品等等の類似性に基づいて、これら相互の間に代替、競争等の関係が成立する場合がある。
同一需給圏は、不動産の種類、性格及び規模に応じた需要者の選

好性によってその地域的範囲を異にするものであるから、その種類、性格及び規模に応じて需要者の選好性を的確に把握した上で適切に判定する必要がある。

同一需給圏の判定に当たって特に留意すべき基本的な事項は、次のとおりである。

① 宅地

　ア　住宅地

　　同一需給圏は、一般に都心への通勤可能な地域の範囲に一致する傾向がある。ただし、地縁的選好性により地域的範囲が狭められる傾向がある。

　　なお、地域の名声、品位等による選好性の強さが同一需給圏の地域的範囲に特に影響を与える場合があることに留意すべきである。

　イ　商業地

　　同一需給圏は、高度商業地については、一般に広域的な商業背後地を基礎に成り立つ商業収益に関して代替性の及ぶ地域の範囲に一致する傾向があり、したがって、その範囲は高度商業地の性格に応じて広域的に形成される傾向がある。

　　また、普通商業地については、一般に狭い商業背後地を基礎に成り立つ商業収益に関して代替性の及ぶ地域の範囲に一致する傾向がある。ただし、地縁的選好性により地域的範囲が狭められる傾向がある。

　ウ　工業地

　　同一需給圏は、港湾、高速交通網等の利便性を指向する産業基盤指向型工業地等の大工場地については、一般に原材料、製品等の大規模な移動を可能にする高度の輸送機関に関して代替性を有する地域の範囲に一致する傾向があり、したがって、その地域的範囲は、全国的な規模となる傾向がある。

　　また、製品の消費地への距離、消費規模等の市場接近性を指向する消費地指向型工業地等の中小工場地については、一般に製品の生産及び販売に関する費用の経済性に関して代替性を有する地域の範囲に一致する傾向がある。

エ　移行地
　　　同一需給圏は、一般に当該土地が移行すると見込まれる土地の種別の同一需給圏と一致する傾向がある。ただし、熟成度の低い場合には、移行前の土地の種別の同一需給圏と同一のものとなる傾向がある。
② 農地
　　同一需給圏は、一般に当該農地を中心とする通常の農業生産活動の可能な地域の範囲内に立地する農業経営主体を中心とするそれぞれの農業生産活動の可能な地域の範囲に一致する傾向がある。
③ 林地
　　同一需給圏は、一般に当該林地を中心とする通常の林業生産活動の可能な地域の範囲内に立地する林業経営主体を中心とするそれぞれの林業生産活動の可能な地域の範囲に一致する傾向がある。
④ 見込地
　　同一需給圏は、一般に当該土地が転換すると見込まれる土地の種別の同一需給圏と一致する傾向がある。ただし、熟成度の低い場合には、転換前の土地の種別の同一需給圏と同一のものとなる傾向がある。
⑤ 建物及びその敷地
　　同一需給圏は、一般に当該敷地の用途に応じた同一需給圏と一致する傾向があるが、当該建物及びその敷地一体としての用途、規模、品等等によっては代替関係にある不動産の存する範囲が異なるために当該敷地の用途に応じた同一需給圏の範囲と一致しない場合がある。

総論

解　説

【通常の場合】

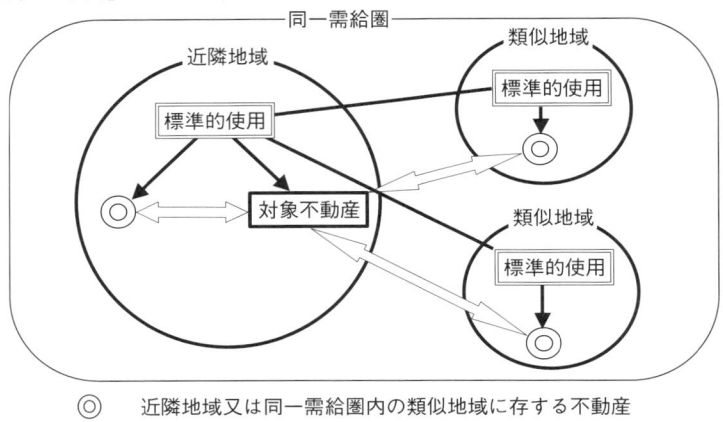

【対象不動産の最有効使用が標準的使用と異なる場合等】

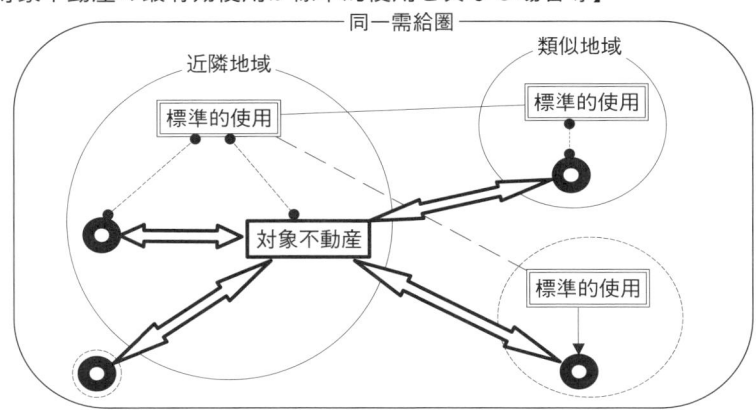

◎　近隣地域又は同一需給圏内の類似地域に存する不動産
→　制約下
―　地域の特性が類似
⇔　（地域要因の類似性に基づき）代替、競争等の関係

●　同一需給圏内の代替競争不動産
→　制約下
●‥‥●　制約の程度が著しく小さい
―　地域の特性が類似
― ―　地域の特性が類似しない
⇔　（個々の不動産の用途、規模、品等等の類似性に基づき）代替、競争等の関係

同一需給圏は、地理的な概念として捉えることができる一方で、対象不動産と代替、競争等の関係にある不動産の集合体、すなわち対象不動産が属する市場と位置付けることができる。つまり、同一需給圏は、地域分析において対象不動産に係る市場の特性を把握、分析する対象となる市場でもある。

　また、近隣地域又は同一需給圏内の類似地域において適切な事例がなく必要やむを得ない場合には、事例の収集の範囲として近隣地域の周辺地域を加えることができることとしているが、この場合における近隣地域の周辺地域は同一需給圏に含まれることとなる。

　なお、対象不動産の最有効使用が標準的使用と異なる場合等においては、対象不動産の最有効使用について近隣地域の制約の程度が著しく小さいと認められることが多いことから、同一需給圏の判定に当たっては、不動産の存する地域の特性の類似性よりも、むしろ個々の不動産の用途、規模、品等等の類似性に着目することが有用となる場合が多いものと考えられる。したがって、このような場合には、近隣地域の外かつ同一需給圏内の類似地域の外に存する不動産であっても、同一需給圏内に存し対象不動産とその用途、規模、品等等の類似性に基づいて、対象不動産との間に代替、競争等の関係が成立する場合があることに留意すべきである。

総論

不動産鑑定評価基準

2．対象不動産に係る市場の特性

　地域分析における対象不動産に係る市場の特性の把握に当たっては、同一需給圏における市場参加者がどのような属性を有しており、どのような観点から不動産の利用形態を選択し、価格形成要因についての判断を行っているかを的確に把握することが重要である。あわせて同一需給圏における市場の需給動向を的確に把握する必要がある。

　また、把握した市場の特性については、近隣地域における標準的使用の判定に反映させるとともに鑑定評価の手法の適用、試算価格又は試算賃料の調整等における各種の判断においても反映すべきである。

運用上の留意事項

(3)　対象不動産に係る市場の特性について
　①　把握の観点
　　ア　同一需給圏における市場参加者の属性及び行動
　　　同一需給圏における市場参加者の属性及び行動を把握するに当たっては、特に次の事項に留意すべきである。
　　(ｱ)　市場参加者の属性については、業務用不動産の場合、主たる需要者層及び供給者層の業種、業態、法人か個人かの別並びに需要者の存する地域的な範囲。
　　　また、居住用不動産の場合、主たる需要者層及び供給者層の年齢、家族構成、所得水準並びに需要者の存する地域的な範囲
　　(ｲ)　(ｱ)で把握した属性を持つ市場参加者が取引の可否、取引価格、取引条件等について意思決定する際に重視する価格形成要因の内容
　　イ　同一需給圏における市場の需給動向
　　　同一需給圏における市場の需給動向を把握するに当たっては、特に次に掲げる事項に留意すべきである。
　　(ｱ)　同一需給圏内に存し、用途、規模、品等等が対象不動産と類似する不動産に係る需給の推移及び動向
　　(ｲ)　(ｱ)で把握した需給の推移及び動向が対象不動産の価格形成

② 把握のための資料
　　対象不動産に係る市場の特性の把握に当たっては、平素から、不動産業者、建設業者及び金融機関等からの聴聞等によって取引等の情報（取引件数、取引価格、売り希望価格、買い希望価格等）を収集しておく必要がある。あわせて公的機関、不動産業者、金融機関、商工団体等による地域経済や不動産市場の推移及び動向に関する公表資料を幅広く収集し、分析することが重要である。

【解　説】
　一般に、市場参加者は、市場の需給動向に関する見通しを前提として、取引の可否、取引価格、取引条件等について意思決定をするものであり、その判断の基準は当該市場参加者の属性によって一定の傾向を見出すことができる場合が多い。したがって、対象不動産に係る市場の特性は、当該市場における不動産の利用形態や価格形成において主導的な役割を果たす典型的な市場参加者の属性及び価格等に関する意思決定の基準、当該市場における需給動向によって基本的に規定されるものであり、これらの事項を的確に把握することが重要である。
　また、把握した市場の特性については、近隣地域における標準的使用の判定に反映させるとともに鑑定評価の手法の適用、試算価格又は試算賃料の調整等における各種の判断においても適切に反映しなければならない。

総論

第2節 個別分析

I 個別分析の意義

> **不動産鑑定評価基準**
>
> 　不動産の価格は、その不動産の最有効使用を前提として把握される価格を標準として形成されるものであるから、不動産の鑑定評価に当たっては、対象不動産の最有効使用を判定する必要がある。個別分析とは、対象不動産の個別的要因が対象不動産の利用形態と価格形成についてどのような影響力を持っているかを分析してその最有効使用を判定することをいう。

解　説

　個別的要因の分析に当たっては、対象不動産に作用する各々の個別的要因について、それが対象不動産の価格の形成に働きかける程度を判断しなければならない。この場合において、各々の個別的要因の作用の程度は、用途的地域ごとに異なるものであり、地域分析により用途的地域ごとの地域の特性を捉えた上で対象不動産の最有効使用を判定する必要がある。

　また、不動産の価格は、当該不動産と代替、競争等の関係にある不動産との個別的要因の違いを反映して形成されるものであるので、個別的要因が当該不動産の価格形成に与える影響の程度を分析する場合には、当該不動産に係る市場競争力に着目することが有効である。

　なお、個々の不動産の最有効使用は、一般に近隣地域の地域の特性の制約下にあるので、個別分析に当たっては、特に近隣地域に存する不動産の標準的使用との相互関係を明らかにすることが必要である。

II 個別分析の適用

> **不動産鑑定評価基準**
>
> 1．個別的要因の分析上の留意点
> 　　個別的要因は、対象不動産の市場価値を個別的に形成しているものであるため、個別的要因の分析においては、対象不動産に係る典型的

> な需要者がどのような個別的要因に着目して行動し、対象不動産と代替、競争等の関係にある不動産と比べた優劣及び競争力の程度をどのように評価しているかを的確に把握することが重要である。
> また、個別的要因の分析結果は、鑑定評価の手法の適用、試算価格又は試算賃料の調整等における各種の判断においても反映すべきである。

運用上の留意事項

2. 個別分析の適用について
 (1) 個別的要因の分析上の留意点について
    対象不動産と代替、競争等の関係にある不動産と比べた優劣及び競争力の程度を把握するに当たっては、次の点に留意すべきである。
    ① 同一用途の不動産の需要の中心となっている価格帯及び主たる需要者の属性
    ② 対象不動産の立地、規模、機能、周辺環境等に係る需要者の選好
    ③ 対象不動産に係る引き合いの多寡

【解説】

不動産の価格は、一般に、当該不動産が属する市場における他の不動産との相対的な市場競争力に応じて形成されるものである。対象不動産の市場競争力の把握に当たっては、まず当該不動産に対する典型的な需要者を明らかにし、当該需要者がどのような個別的要因に着目して不動産を選別し、価格等に関する判断を行うかを分析した上で、需要者の視点からみた当該不動産と代替、競争等の関係にある不動産との比較における優劣を判定する必要がある。

また、個別的要因の分析結果は、鑑定評価の手法の適用、試算価格又は試算賃料の調整等においても的確に反映しなければならない。例えば、収益還元法において純収益の将来動向等を検討する場合には、対象不動産と代替、競争等の関係にある不動産の需給動向や対象不動産に係る市場の特性をいかに把握し、分析するかが重要で、その分析の結果が収益還元法の

適用における各種判断の基礎となるものであり、また、試算価格又は試算賃料の調整においては、市場に着目した分析を適切に行うことを通じて、求められた試算価格及び試算賃料が市場の実態からみてどの程度の説得力を有するかを判断することとなる。

> **不動産鑑定評価基準**
>
> ２．最有効使用の判定上の留意点
> 　　不動産の最有効使用の判定に当たっては、次の事項に留意すべきである。
> （1）　良識と通常の使用能力を持つ人が採用するであろうと考えられる使用方法であること。
> （2）　使用収益が将来相当の期間にわたって持続し得る使用方法であること。
> （3）　効用を十分に発揮し得る時点が予測し得ない将来でないこと。

【解説】

　特に、地域の変化が著しい地域において移行地又は見込地の最有効使用を判定する場合においては、その移行又は転換に至る期間の予測について、周辺地域を含む広域的な地域の動向を分析するとともに、公共事業等の事業計画の実現性、着工時期及び事業の完成時期等について、適切に調査し予測を行った上で慎重に判断しなければならない。

> **不動産鑑定評価基準**
>
> （4）　個々の不動産の最有効使用は、一般に近隣地域の地域の特性の制約下にあるので、個別分析に当たっては、特に近隣地域に存する不動産の標準的使用との相互関係を明らかにし判定することが必要であるが、対象不動産の位置、規模、環境等によっては、標準的使用の用途と異なる用途の可能性が考えられるので、こうした場合には、それぞれの用途に対応した個別的要因の分析を行った上で最有効使用を判定すること。

> **解 説**
>
> 例えば、商業地域内にある土地は、その土地の位置、規模、環境等によって、店舗、事務所のほか、共同住宅やホテルなど多様な用途が想定できる場合があるので、それぞれの用途に関する需給の現状及び動向を勘案のうえ、当該土地の効用を最大限に発揮できる可能性がある代替的な使用方法のうち実現の蓋然性が高いと認められるものを最有効使用として判定すべきである。

不動産鑑定評価基準

(5) 価格形成要因は常に変動の過程にあることを踏まえ、特に価格形成に影響を与える地域要因の変動が客観的に予測される場合には、当該変動に伴い対象不動産の使用方法が変化する可能性があることを勘案して最有効使用を判定すること。

運用上の留意事項

(2) 最有効使用の判定上の留意点について
① 地域要因が変動する予測を前提とした最有効使用の判定に当たっての留意点
地域要因の変動の予測に当たっては、予測の限界を踏まえ、鑑定評価を行う時点で一般的に収集可能かつ信頼できる情報に基づき、当該変動の時期及び具体的内容についての実現の蓋然性が高いことが認められなければならない。

> **解 説**
>
> 地域経済や都市構造等の変化に伴って地域要因の変動が客観的に予測され、これが対象不動産の需給動向に影響を与えていると認められる場合には、対象不動産の使用方法が変化する可能性がある。したがって、最有効使用の判定に当たっては、地域要因の変動の予測も踏まえた動態的な観点からの分析が必要である。この場合において、地域要因の変動の予測を前提とした使用方法を最有効使用として判定するためには、当該変動の時期及び具体的内容についての実現の蓋然性が高いことが認められなければならない。

■総　論

【地域要因が変動する予測を前提とした最有効使用の判定】

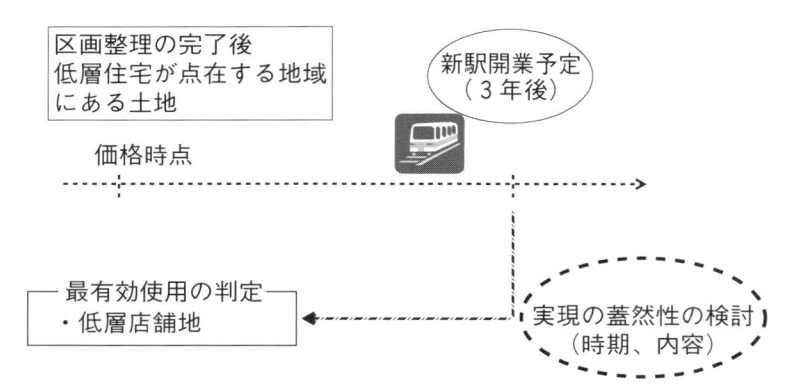

```
┌─────────────────┐           ┌─────────┐
│ 区画整理の完了後      │           │ 新駅開業予定 │
│ 低層住宅が点在する地域 │           │ （３年後） │
│ にある土地         │           └─────────┘
└─────────────────┘
         価格時点
─────────────┼───────────────────┼──────────→
             ┊                   ┊
   ┌─最有効使用の判定─┐              ┌─ ─ ─ ─ ─ ─ ─ ─ ─┐
   │・低層店舗地    │ ←─────────  │ 実現の蓋然性の検討 │
   └──────────┘              │ （時期、内容）   │
                              └─ ─ ─ ─ ─ ─ ─ ─ ─┘
```

※３年間は駐車場として使用し、その後低層店舗地とすることが最大限の効用を発揮すると判断できるときは、これが最有効使用となる場合もあり得る。

不動産鑑定評価基準

　　特に、建物及びその敷地の最有効使用の判定に当たっては、次の事項に留意すべきである。
(6)　現実の建物の用途等が更地としての最有効使用に一致していない場合には、更地としての最有効使用を実現するために要する費用等を勘案する必要があるため、建物及びその敷地と更地の最有効使用の内容が必ずしも一致するものではないこと。
(7)　現実の建物の用途等を継続する場合の経済価値と建物の取壊しや用途変更等を行う場合のそれらに要する費用等を適切に勘案した経済価値を十分比較考量すること。

運用上の留意事項

②　建物及びその敷地の最有効使用の判定に当たっての留意点
　　最有効使用の観点から現実の建物の取壊しや用途変更等を想定する場合において、それらに要する費用等を勘案した経済価値と当該建物の用途等を継続する場合の経済価値とを比較考量するに

当たっては、特に下記の内容に留意すべきである。
ア　物理的、法的にみた当該建物の取壊し、用途変更等の実現可能性
イ　建物の取壊し、用途変更等を行った後における対象不動産の競争力の程度等を踏まえた収益の変動予測の不確実性及び取壊し、用途変更に要する期間中の逸失利益の程度

解　説

　建物及びその敷地は、既に建物等が存することにより特定の用途に供されており、その制約下にあるため、当該不動産の最有効使用の判定に当たっては、用途の多様性を前提として分析可能な土地の場合と異なり、現実の建物の用途等が経済的にみて合理的であるか否かに主として着目して、用途の変更等の要否を検討する必要がある。すなわち、追加投資を行って建物の取壊しや用途変更等を行うことが物理的、法的に実現可能であり、かつ、費用対効果の観点からみて合理的であると認められる場合（この場合、追加投資を行って変更した使用方法が最有効使用となる。）があることを踏まえ、現実の建物の用途等を継続する場合の経済価値と当該建物の取壊しや用途変更等を行う場合のそれらに要する費用等を適切に勘案した経済価値を十分に比較考量し、最も高い経済価値を実現できる使用方法が最有効使用となる。

　この場合、物理的、法的にみた建物の取壊し、用途変更等の実現可能性を検討することのほか、建物の取壊しや用途変更等を行った後における対象不動産について、地域要因及び個別的要因の分析の結果として把握された市場競争力の程度等を踏まえて収益予測を適切に行うとともに、単に建物の取壊しや用途変更等に係る工事費のみならず、例えば、工事期間中の当該不動産を使用できないことによる逸失利益の程度、賃貸用不動産の場合における賃借人の立ち退きや新たな賃借人を募集するための費用の程度などにも留意すべきである。その結果、これらの費用や将来における市場変動の危険性などに応じた十分な効果があると認められる場合には、追加投資を行って変更した使用方法が最有効使用となる。

　次の図は、建物及びその敷地の最有効使用の判定の例を記載したものである。この例のように、対象不動産が事務所ビルでその敷地の更地としての最有効使用がマンションの敷地と判定できるような場合、当該不動産の

▎ 総　論

最有効使用は、マンションに用途変更、取壊し（マンションに建替え）、現行用途等（事務所）の継続などから最も高い経済価値を実現できる使用方法となるが、この例における現行用途等（事務所）の継続が最有効使用と判定される場合のように、現実の建物の用途等が更地としての最有効使用に一致していない場合には、建物及びその敷地と更地の最有効使用の内容が必ずしも一致するものではないことに留意する必要がある。

【建物及びその敷地の最有効使用の判定】

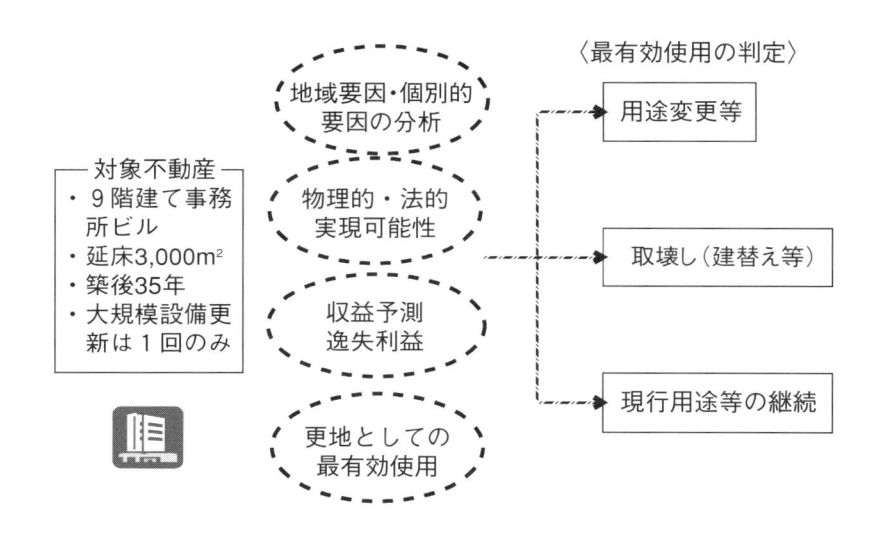

〈最有効使用の判定〉

対象不動産
・9階建て事務所ビル
・延床3,000m²
・築後35年
・大規模設備更新は1回のみ

地域要因・個別的要因の分析 → 用途変更等

物理的・法的実現可能性 → 取壊し（建替え等）

収益予測逸失利益

更地としての最有効使用 → 現行用途等の継続

第7章 鑑定評価の方式

> **不動産鑑定評価基準**
>
> 　不動産の鑑定評価の方式には、原価方式、比較方式及び収益方式の三方式がある。
> 　原価方式は不動産の再調達（建築、造成等による新規の調達をいう。）に要する原価に着目して、比較方式は不動産の取引事例又は賃貸借等の事例に着目して、収益方式は不動産から生み出される収益に着目して、それぞれ不動産の価格又は賃料を求めようとするものである。
> 　不動産の鑑定評価の方式は、価格を求める手法と賃料を求める手法に分類される。それぞれの鑑定評価の手法の適用により求められた価格又は賃料を試算価格又は試算賃料という。

解説

　一般に、人が物の価値を判定する場合には、
　a．それにどれほどの費用が投じられたものであるか
　b．それがどれほどの値段で市場で取引されているものであるか
　c．それを利用することによってどれほどの収益（便益）が得られるものであるか

という三つの点を考慮しているのが通例であろう。これが通常、価格の三面性といわれるものである。

　不動産の場合もこれと同様であって、これが鑑定評価の方式の考え方の基本となっている。a．の考え方に基づき、不動産の再調達に要する費用に着目して求めようとするものが原価方式、b．の考え方に基づき、不動産の取引事例に着目して求めようとするものが比較方式、c．の考え方に基づき、不動産から生み出される収益に着目して求めようとするものが収益方式といわれるものである。また、前述したように不動産の経済価値は、その交換の対価である価格として表示される場合と、その用益の対価である賃料として表示される場合とがあるが、賃料の求め方についてもこのような考え方が基本となっている。

　不動産の鑑定評価は、対象不動産が属する市場の特性を把握、分析し、

総　論

　そこから合理的であると認められる部分を抽出することによって、鑑定評価の主体が合理的な市場になり代わって不動産の正常な市場価値を示す価格を指摘することを中心とする作業であるから、この価格の三面性についての斟酌が十分になされるべきである。鑑定評価の三方式は、一つの価格をそれぞれ別の側面から接近するものであり、相互に補完しあい同一の価格を指向するものであって、対象不動産の属する市場の特性等に応じて説得力には軽重が生じる場合があるものの、基本的には併用すべきものであり、理論的には一致すべきものである。

　鑑定評価の方式は、価格を求める手法と賃料を求める手法に分類され、三方式それぞれの考え方を中心とした鑑定評価の三手法が規定されているが、これら各方式と各手法とは必ずしも一対一の関係にあるのではなく、一つの手法の中にそれぞれ三方式の考え方が輻輳して取り入れられて適用されるものであることに留意する必要がある。そのほかに、鑑定評価の三手法の考え方を活用した手法が、価格を求める手法と賃料を求める手法のそれぞれに固有の手法として規定されている。

　このように、鑑定評価の各手法を適用して求められた価格又は賃料は、それぞれの手法に共通する要因を反映したものであり、いずれもそれぞれ最終的に求めようとする価格又は賃料を指向するのであるから、これら共通する要因に係る判断の整合性について再吟味することによって適正な鑑定評価額を最終的に導き出すことができる。したがって、これらの価格又は賃料は鑑定評価額に至る中間の段階にあって、試算的な意義を持つことにかんがみ、それぞれ試算価格又は試算賃料と総称されている。

第1節　価格を求める鑑定評価の手法

> **不動産鑑定評価基準**
>
> 　不動産の価格を求める鑑定評価の基本的な手法は、原価法、取引事例比較法及び収益還元法に大別され、このほかこれら三手法の考え方を活用した開発法等の手法がある。

解　説

　前述のように原価方式、比較方式及び収益方式の三方式は、価格の三面性が考え方の基本となっているが、これら三面性のそれぞれの考え方を中心とした手法が原価法、取引事例比較法及び収益還元法であり、これらの三手法は、価格判定の基本となる手法である。

　基準総論では原価法、取引事例比較法及び収益還元法についてそれぞれ規定されており、このほか、三手法の考え方を活用した手法として、更地の価格を求める場合の開発法等の各類型に応じた固有の手法が、それぞれ基準各論において規定されている。

I　試算価格を求める場合の一般的留意事項

> **不動産鑑定評価基準**
>
> 1．一般的要因と鑑定評価の各手法の適用との関連
> 　　価格形成要因のうち一般的要因は、不動産の価格形成全般に影響を与えるものであり、鑑定評価手法の適用における各手順において常に考慮されるべきものであり、価格判定の妥当性を検討するために活用しなければならない。

解　説

　一般的要因は、一般経済社会における不動産のあり方及び不動産の価格水準に影響を与える要因であり、価格形成要因の分析に当たりまず考慮されるものであるとともに、一般的要因の地域偏向性に基づき地域要因を形成することから地域分析においても考慮すべきものである。また、鑑定評

総論

価の手法の適用に当たっては、取引事例等の収集、選択から試算価格の判定に至る間の手順において、現に生起している事象にのみとらわれることなく、その背景となった一般的要因との関連を十分に把握、分析して試算価格の判定の妥当性を検討するために活用しなければならない。

不動産鑑定評価基準

2．事例の収集及び選択

　鑑定評価の各手法の適用に当たって必要とされる事例には、原価法の適用に当たって必要な建設事例、取引事例比較法の適用に当たって必要な取引事例及び収益還元法の適用に当たって必要な収益事例（以下「取引事例等」という。）がある。取引事例等は、鑑定評価の各手法に即応し、適切にして合理的な計画に基づき、豊富に秩序正しく収集し、選択すべきであり、投機的取引であると認められる事例等適正さを欠くものであってはならない。

解説

　取引事例等は、地域分析及び個別分析の結果に基づき、鑑定評価の作業に十分活用できるように収集されなければならず、意識的、偏向的な意図によって公正妥当を欠くものであってはならない。

　事例の選択においては、このようにして収集された取引事例等の中から価格の指標となり得る適切な取引事例等を選択すべきであり、特に、投機的取引と認められる事例は、鑑定評価において事例資料としてはならない。

　投機的要素を含むと認められる取引事例等を事例の選択の時点で排除すべきとしたのは、投機的取引の中から、その投機的要素だけを排除することは著しく困難であること等から、適切な事例として選択すべきではないとしたものである。

　投機的取引とは、一般に、将来、他に転売することにより差益を得ることを目的とした取引といえるが、取引事例等が投機的なものであるか否かの判断に当たっては、当該事例に係る取引事情を始め取引当事者の属性等各事例に係る個別の分析を行うことのみならず、日常の鑑定評価業務を通じて収集される多数の事例の分析、検討を通じて把握された価格水準及びその将来動向等を踏まえて総合的に分析することが必要である。

不動産鑑定評価基準

取引事例等は、次の要件の全部を備えるもののうちから選択するものとする。
(1) 次の不動産に係るものであること
① 近隣地域又は同一需給圏内の類似地域若しくは必要やむを得ない場合には近隣地域の周辺の地域（以下「同一需給圏内の類似地域等」という。）に存する不動産
② 対象不動産の最有効使用が標準的使用と異なる場合等において同一需給圏内に存し対象不動産と代替、競争等の関係が成立していると認められる不動産（以下「同一需給圏内の代替競争不動産」という。）。

運用上の留意事項

V 「総論第7章　鑑定評価の方式」について

1．価格を求める鑑定評価の手法について
(1) 試算価格を求める場合の一般的留意事項について
① 取引事例等の選択について
ア　必要やむを得ない場合に近隣地域の周辺地域に存する不動産に係るものを選択する場合について
　　　この場合における必要やむを得ない場合とは、近隣地域又は同一需給圏内の類似地域に存する不動産について収集した取引事例等の大部分が特殊な事情による影響を著しく受けていることその他の特別な事情により当該取引事例等のみによっては鑑定評価を適切に行うことができないと認められる場合をいう。
イ　対象不動産の最有効使用が標準的使用と異なる場合等において同一需給圏内の代替競争不動産に係るものを選択する場合について
　　　この場合における対象不動産の最有効使用が標準的使用と異なる場合等とは、次のような場合として例示される対象不動産の個別性のために近隣地域の制約の程度が著しく小さいと認め

られるものをいう。
　　(ア)　戸建住宅地域において、近辺で大規模なマンションの開発がみられるとともに、立地に優れ高度利用が可能なことから、マンション適地と認められる大規模な画地が存する場合
　　(イ)　中高層事務所として用途が純化された地域において、交通利便性に優れ広域的な集客力を有するホテルが存する場合
　　(ウ)　住宅地域において、幹線道路に近接して、広域的な商圏を持つ郊外型の大規模小売店舗が存する場合
　　(エ)　中小規模の事務所ビルが集積する地域において、敷地の集約化により完成した卓越した競争力を有する大規模事務所ビルが存する場合
　ウ　代替、競争等の関係を判定する際の留意点について
　　イの場合において選択する同一需給圏内の代替競争不動産に係る取引事例等は、次に掲げる要件に該当するものでなければならない。
　　(ア)　対象不動産との間に用途、規模、品等等からみた類似性が明確に認められること。
　　(イ)　対象不動産の価格形成に関して直接に影響を与えていることが明確に認められること。

解説

　不動産はそれぞれの地域の特性の制約の下で、相互に代替、競争等の関係にたち、その相互関係を通じて個別にその価格が形成されるものである。このような密接な価格牽連性を有する近隣地域及び同一需給圏内の類似地域の取引事例等は、対象不動産の価格を求めるに当たって指標となり得るものである。

　事例の収集に当たっては、近隣地域という狭い範囲に存する不動産に係る事例資料にとらわれることなく、広く同一需給圏内の類似地域にまでその範囲を拡大するよう努め、精度の高い鑑定評価を行うよう心がけることが必要である。しかしながら、用途的地域の判定をより細かく、厳密に区分することによって、地域的な事情により取引事例等が極度に少ない場合においては、近隣地域又は同一需給圏内の類似地域において取引事例等を全く収集できない場合、若しくは適切な取引事例等を選択できない場合が

考えられる。このような場合には、近隣地域の周辺地域に存する取引事例等が有効な事例資料となり得るときもあるので、これを選択、活用することができる。

また、対象不動産の最有効使用が標準的使用と異なる場合等においては、対象不動産の最有効使用について近隣地域の制約の程度が著しく小さく、対象不動産の典型的な市場参加者が近隣地域の典型的な市場参加者と異なると認められることが多いことから、事例の選択に当たっては、不動産の存する地域の特性の類似性よりも、むしろ個々の不動産の用途、規模、品等等の類似性に着目することが有用となる場合が多いものと考えられる。したがって、このような場合には必ずしも地域概念にとらわれず、同一需給圏において対象不動産と代替、競争等の関係が成立していると認められる不動産（近隣地域の外かつ同一需給圏内の類似地域の外に存する場合もあり得る。）に係る取引事例等を選択すべきである。

不動産鑑定評価基準
(2) 取引事例等に係る取引等の事情が正常なものと認められるものであること又は正常なものに補正することができるものであること。

解　説
正常な事情の下で成立した取引事例等は、鑑定評価に当たって指標となり得るものである。また、取引事例等が特殊な事情を含むものであっても、投機的なものでなく、適切に、かつ客観的に事情補正を行うことができれば、事例としての規範性を持ち得るものである。

不動産鑑定評価基準
(3) 時点修正をすることが可能なものであること。

解　説
不動産の価格は、多数の価格形成要因の相互因果関係とその変動の過程を反映して形成されるものであるから、価格時点においてのみ妥当するものである。したがって、不動産の価格を求めるに当たっては、その指標と

総論

なり得る取引事例等は価格時点と同一時点のもの又は同一時点に修正可能なものであることが必要である。

不動産鑑定評価基準

(4) 地域要因の比較及び個別的要因の比較が可能なものであること。

解説

鑑定評価に当たっては、取引事例等に係る不動産と対象不動産とのそれぞれの地域要因及び個別的要因について、同一の価値尺度で比較が可能なものでなければならない。

不動産鑑定評価基準

3．事情補正
　取引事例等に係る取引等が特殊な事情を含み、これが当該取引事例等に係る価格等に影響を及ぼしているときは適切に補正しなければならない。
(1) 現実に成立した取引事例等には、不動産市場の特性、取引等における当事者双方の能力の多様性と特別の動機により売り急ぎ、買い進み等の特殊な事情が存在する場合もあるので、取引事例等がどのような条件の下で成立したものであるかを資料の分析に当たり十分に調査しなければならない。
(2) 特殊な事情とは、正常価格を求める場合には、正常価格の前提となる現実の社会経済情勢の下で合理的と考えられる諸条件を欠くに至らしめる事情のことである。
4．時点修正
　取引事例等に係る取引等の時点が価格時点と異なることにより、その間に価格水準に変動があると認められる場合には、当該取引事例等の価格等を価格時点の価格等に修正しなければならない。

解説

　現実に成立した取引事例等に係る取引等には、特殊な事情を包含する場合もあるので、取引事例等がどのような条件の下で成立したものであるかを資料の分析に当たり十分に調査し、事情補正の要否を適切に、かつ客観的に判定しなければならない。
　時点修正は、取引事例、収益事例、建設事例等について、それぞれ豊富に収集した取引事例等を時系列的に分析し、さらに価格形成要因の推移、動向等を総合的に勘案して行うことが必要である。

不動産鑑定評価基準

5．地域要因の比較及び個別的要因の比較
　取引事例等の価格等は、その不動産の存する用途的地域に係る地域要因及び当該不動産の個別的要因を反映しているものであるから、取引事例等に係る不動産が同一需給圏内の類似地域等に存するもの又は同一需給圏内の代替競争不動産である場合においては、近隣地域と当該事例に係る不動産の存する地域との地域要因の比較及び対象不動産と当該事例に係る不動産との個別的要因の比較を、取引事例等に係る不動産が近隣地域に存するものである場合においては、対象不動産と当該事例に係る不動産の個別的要因の比較をそれぞれ行う必要がある。

運用上の留意事項

②　地域要因の比較及び個別的要因の比較について
　取引事例等として同一需給圏内の代替競争不動産に係るものを選択する場合において、価格形成要因に係る対象不動産との比較を行う際には、個別的要因の比較だけでなく市場の特性に影響を与えている地域要因の比較もあわせて行うべきことに留意すべきである。

総論

解説

　鑑定評価の各手法の手続として、適切な事例の選択を行い、これらに係る事例に必要に応じて事情補正及び時点修正を行ったならば、次に対象不動産と当該事例に係る不動産との価格形成要因の比較を行わなければならない。

　不動産の価格は、地域要因及び個別的要因の作用によって形成されるものであり、事例に係る不動産と対象不動産との間において、地域要因の異同に基づく価値に関する地域格差と個別的要因の異同に基づく価値に関する個別格差とを判定し、地域要因及び個別的要因の比較を行う必要がある。

　なお、対象不動産の最有効使用が標準的使用と異なる場合等においても、当該不動産は地域と独立して存在するものではなく近隣地域の特性の影響を少なからず受けるので、取引事例等として同一需給圏内の代替競争不動産に係るものを選択する場合において、価格形成要因に係る対象不動産との比較を行う際においても、個別的要因の比較だけでなく対象不動産に係る市場の特性に影響を与えている地域要因の比較もあわせて行うべきことに留意すべきである。

II　原価法

不動産鑑定評価基準

1．意義
　　原価法は、価格時点における対象不動産の再調達原価を求め、この再調達原価について減価修正を行って対象不動産の試算価格を求める手法である（この手法による試算価格を積算価格という。）。
　　原価法は、対象不動産が建物又は建物及びその敷地である場合において、再調達原価の把握及び減価修正を適切に行うことができるときに有効であり、対象不動産が土地のみである場合においても、再調達原価を適切に求めることができるときはこの手法を適用することができる。

解説

　原価法は、対象不動産が建物又は建物及びその敷地である場合において、再調達原価の把握及び減価修正を適切に行うことができるときに有効であり、対象不動産が土地のみである場合においても、当該不動産が最近において造成された造成地、埋立地等で再調達原価を適切に求めることができるときはこの手法を適用することができる。

不動産鑑定評価基準

２．適用方法
(1) 再調達原価の意義
　　再調達原価とは、対象不動産を価格時点において再調達することを想定した場合において必要とされる適正な原価の総額をいう。
　　なお、建築資材、工法等の変遷により、対象不動産の再調達原価を求めることが困難な場合には、対象不動産と同等の有用性を持つものに置き換えて求めた原価（置換原価）を再調達原価とみなすものとする。

解説

　置換原価は、対象不動産が住宅のような一般性のある建築物について有用である。ただし、神社、仏閣等のような特殊建築物等については、特殊な工法や資材がそれ自体として存在意義を有する場合もあり、こうした場合には安易に置換原価を求めることは適切ではないことに留意すべきである。

不動産鑑定評価基準

(2) 再調達原価を求める方法
　　再調達原価は、建設請負により、請負者が発注者に対して直ちに使用可能な状態で引き渡す通常の場合を想定し、発注者が請負者に対して支払う標準的な建設費に発注者が直接負担すべき通常の付帯費用を加算して求めるものとする。
　　なお、置換原価は、対象不動産と同等の有用性を持つ不動産を新たに調達することを想定した場合に必要とされる原価の総額であり、

総論

> 発注者が請負者に対して支払う標準的な建設費に発注者が直接負担すべき通常の付帯費用を加算して求める。

解説

この場合の建設費には、一般に、対象不動産の建設又は造成に要した直接工事費、間接工事費及び一般管理費等が含まれる。一般管理費等は、工事施工に当たる企業の継続経営に必要な費用をいい、一般管理費と請負者の適正な利益とに分類される。

置換原価については、対象不動産と同等の有用性を有するとしても、建築技術等の進展や変化により再調達原価が高位又は低位に見積もられることがあるので、不動産の用途や利用状況に応じて、減価修正で考慮する等を含め適切に求めることが必要である。

運用上の留意事項

(2) 原価法について
　① 再調達原価を求める方法について
　　ア　建物の増改築・修繕・模様替等は、その内容を踏まえ、再調達原価の査定に適切に反映させなければならない。

解説

増改築・修繕・模様替等（以下「増改築等」という。）を施した建物、若しくは増改築等を前提とした未竣工建物等の再調達原価の把握においては、市場参加者の観点から建物価値への影響を適切に反映させた、より精緻な査定を行う必要がある。増改築等の工事内容を分析し、再調達原価に影響を及ぼす部分についてその金額を適切に査定し、原価法の適用において反映しなければならない。なお、この基本的考え方は、建物及びその敷地の最有効使用を「現状の建物の用途変更等を行うこと」と判定した場合や、直ちに取替え又は維持補修が必要な場合等において、鑑定評価の手法適用の過程の中で「現に存しない、用途変更後の建物の再調達原価」等を求める場合も同様である。

a．増改築等が施されている建物若しくは、増改築等を前提とした未竣工建物等の再調達原価の求め方について

増改築等が施された場合又は対象確定条件により未竣工建物等鑑定評価として確定された場合における建物の再調達原価は、増改築等が実施された後の構造、仕様の建物を新たに再調達する場合を前提に把握される。

　増改築等実施後の建物の再調達原価は、直接的に求める方法のほかに、新築当初の建築費等増改築等実施前の再調達原価から、増改築等を前提とした再調達原価を求めていく方法もある。その場合、単に原状回復・現状維持に留まる工事であれば再調達原価は増改築等実施前の再調達原価と同水準と考えられるが、それ以外の工事については再調達原価に増減価が生じている可能性が高いので、当該増減価部分について適正に判断の上、再調達原価に反映させなければならない。

b．「増改築等」工事について

　「増改築等」に該当する工事を列挙すると、下記のような工事があげられる。

種類	建築行政における定義	工事の具体的なイメージ
増築	既存建築物に建て増しをする、又は既存建築物のある敷地に新たに建築すること	建増工事
改築	建築物の全部又は一部を除却した場合、又は災害等により失った場合に、これらの建築物又は建築物の部分を、従前と同様の用途・構造・規模のものに建て替えること	大規模なリフォーム工事
（大規模な）修繕	経年劣化した建築物の部分を、既存のものとおおむね同じ材料、形状、寸法のものを用いて原状回復を図ること 大規模な修繕：主要構造部の一種以上を、過半にわたり修繕すること	耐震工事（壁・柱・梁等の補強）
（大規模な）模様替え	建築物の構造・規模・機能の同一性を損なわない範囲で改造すること。一般的に原状回復を目的とせず性能の向上を図ることをいう おおむね同様の形状、寸法によるが、材料、構造・種別等は異なるような部分工事 大規模な模様替え：主要構造部の一種以上	バリアフリー化工事（移動等円滑化のための工事） ex. 廊下、階段の幅拡大、レイアウト変更による壁や

		を、過半にわたり模様替えすること	柱の移動
	築造・設置	築造：工作物の新設、増設 設置：（昇降機等の）建築設備の新設、増設	高架水槽・車庫の新設、増設 昇降機等の新設、増設

> **不動産鑑定評価基準**
>
> 　　これらの場合における通常の付帯費用には、建物引渡しまでに発注者が負担する通常の資金調達費用や標準的な開発リスク相当額等が含まれる場合があることに留意する必要がある。

> **運用上の留意事項**
>
> 　イ　資金調達費用とは、建築費及び発注者が負担すべき費用に相当する資金について、建物引渡しまでの期間に対応する調達費用をいう。
> 　ウ　開発リスク相当額とは、開発を伴う不動産について、当該開発に係る工事が終了し、不動産の効用が十分に発揮されるに至るまでの不確実性に関し、事業者（発注者）が通常負担する危険負担率を金額で表示したものである。

解　説

　発注者が直接負担すべき通常の付帯費用としては、土地に関しては公共公益施設負担金や開発申請諸経費等が、建築に関しては設計監理料、建築確認申請費用、登記費用等があげられる。
　さらに、建物が竣工し、開発・販売業者若しくは建築業者から建物の引渡しを受け、使用収益が可能な状態になるまでの期間に対応するコストとして、下記に例示する費用についても、適切に計上しなければならない。
　　ⅰ　建物引渡しまでの資金調達費用（借入金利及び自己資本に対する配当率）
　　ⅱ　発注者の開発リスク相当額
　　ⅲ　発注者利益（開発者利益・機会費用）

iv　分譲住宅・マンション等の販売費、広告宣伝費
　　v　土地の公租公課、地代（開発期間中の固定資産税・都市計画税（借地の場合は地代）相当額）
　　vi　貸家及びその敷地の評価において賃貸中の不動産としての再調達原価を求める場合のテナント募集費用

　上記 i 資金調達費用及び ii 開発リスク相当額は、分譲マンションや投資用不動産等の開発事業者によって開発されることが一般的な不動産の再調達原価を求める場合だけでなく、自己建設、自己使用が一般的な不動産であっても、開発にかかる機会費用と捉えることにより同様に発生するものと捉えることができる。

　資金調達費用は、建築費及び発注者が負担すべき費用に相当する資金について、土地建物を再調達する価格時点すなわち建物引渡しまでの期間に対応する金利等である。一方、収益還元法の項における「資金調達コスト」（基準留意事項Ⅴ.1.(4)）は、価格時点以降の期間に対応する金利等なのでその違いに留意しなければならない。

　「開発リスク」とは、建物引渡しまでの期間における開発計画において予測しなかった事態（遅延・変更・中止等）により、損失が発生するリスク（可能性）をいう。開発リスクは、このような不確実な損失に関して、通常想定される危険負担率を金額、すなわち費用として表示するものである。

　上記 iii 発注者利益は、通常、開発事業者が介在する場合に認識され、自己建設では発生しない費用と考えられる。一方で、最終需要者が工事を直接発注する場合は、開発事業者に比し建築工事費等は高くなりがちである。最終的には代替の原則及び競争の原則が働くことから、発注者の再調達原価額は、開発事業者から購入する場合と直接発注する場合で、大きな開差は生じないものと考えられる。

　上記「損失が発生するリスク」を例示すると下記のとおりである。

原因（想定外の事態）		損失発生リスク
計画遅延に関するリスク	許認可取得の遅延 日影等補償問題解決、近隣説明会における同意取得の遅延等	渉外委託料・補償費用の増 開発計画の変更に係る利益の減 有効面積の減（想定収入の減、追加工事費発生） 遅延に伴う金利負担増

総論

	境界確定同意の取得の遅延	渉外委託料・同意料増 開発計画の変更に係る費用等の増 有効面積の減（想定収入の減、追加工事費発生） 遅延に伴う金利負担増
	天災等による工事の遅延	遅延に伴う金利負担増
計画変更等に関するリスク	建築計画の変更 工事やり直し	開発計画の変更に係る費用等の増 有効面積の減（想定収入の減、追加工事費発生） 遅延に伴う金利負担増
	計画の中止	違約金の発生、想定収入の減
収支計画上のリスク	資材の高騰、人件費の高騰 不動産売買・賃貸市場の減退	工事費の増 最終需要者への想定売却価格の下落、想定開発者利潤の減

不動産鑑定評価基準

① 土地の再調達原価は、その素材となる土地の標準的な取得原価に当該土地の標準的な造成費と発注者が直接負担すべき通常の付帯費用とを加算して求めるものとする。

なお、土地についての原価法の適用において、宅地造成直後の対象地の地域要因と価格時点における対象地の地域要因とを比較し、公共施設、利便施設等の整備及び住宅等の建設等により、社会的、経済的環境の変化が価格水準に影響を与えていると客観的に認められる場合には、地域要因の変化の程度に応じた増加額を熟成度として加算することができる。

解説

土地の再調達原価は、その素材となる土地について近隣地域の周辺等に類似の取引事例があるときに有効なものを求めることができる。したがって、造成完成後長い期間を経ている既成市街地内の土地評価では、一般的

に再調達原価を適切に把握できないため、原価法を適用することが困難である。

　土地の標準的な造成費は、一般的に直接工事費と間接工事費に一般管理費等を加えた額（工事価格）によって構成される。このうち、直接工事費は、工事箇所又は種類により各工事部門を工種、種別、細別等に区分されるので、それぞれの区分ごとに材料費、労務費及び直接経費を把握する。また、間接工事費は、直接工事費以外の工事費及び経費とし、共通仮設費及び現場管理費として把握する。

　発注者が直接負担すべき通常の付帯費用とは、造成を完了させるために発注者が負担すべき造成工事費以外の費用すべてを指し、土地の開発にかかる公共公益施設負担金、開発申請諸経費等の他、資金調達費用や標準的な開発リスク相当額及び開発者利益等が該当する。また、開発業者が介在する場合は、販売費及び広告宣伝費等も含まれる。なお、宅地造成工事と併せて施工する開発区域内の公共公益施設等の建設費については、一団の開発土地の造成工事原価に含めて計上してもさしつかえないものと考えられる。

不動産鑑定評価基準

②　建物及びその敷地の再調達原価は、まず、土地の再調達原価（再調達原価が把握できない既成市街地における土地にあっては取引事例比較法及び収益還元法によって求めた更地の価格に発注者が直接負担すべき通常の付帯費用を加算した額）又は借地権の価格に発注者が直接負担すべき通常の付帯費用を加算した額を求め、この価格に建物の再調達原価を加算して求めるものとする。

【解説】

　建物及びその敷地の再調達原価は、土地又は借地権の価格に発注者が直接負担すべき通常の付帯費用を加算した額に建物の再調達原価を加算して求める。

　建物及びその敷地の評価において土地の価格とは建物が存することを所与とした土地の価格を指すが、原価法を適用するに当たっては、実務上、敷地が所有権である場合の建付地であることの増減価は減価修正で考慮するものとし、再調達原価は、あくまで建付増減価を考慮する前の土地の価

格を求めることになると考えられる。

　土地の再調達原価は、基準の①で示されている方法で求めることが原則であるが、既成市街地に存する場合等で、①の方法により土地の再調達原価を求めることができない場合は、取引事例比較法及び収益還元法等を適用して求めた更地の価格に付帯費用を加算したものをもって、建物及びその敷地における土地の再調達原価とするものとされる。

　また、敷地が借地権の場合は、基準各論第1章規定の手法を適用して借地権価格を求める。契約減価については借地権価格を求める過程で考慮し、建付減価相当分は減価修正で考慮する。なお、借地権単独では取引の対象とされず、価格が観察されない場合にも、建物の取引に随伴して取引の対象となり、借地上の建物と一体となった場合に借地権の価格が顕在化する場合があるので、借地権付建物の原価法の適用においては、この顕在化する借地権の価格を適切に査定する必要がある。

　更地の価格又は借地権の価格に加算すべき通常の付帯費用とは、建物引渡しまでの期間に対応するコストのうち土地又は借地権の原価に含めることが妥当と判断される費用相当額をいう。また、建物の再調達原価には、建築費及び設計監理料等の建築に付帯する費用のほか、建物引渡しまでの期間に対応するコストのうち建物の原価に含めることが妥当と判断される費用相当額が含まれる。

　なお、建物は、その材の性質及び耐用年数、補修・修繕・更新の頻度等により減価修正率が異なるため、再調達原価もまた構成部位ごとの特性を踏まえて把握していくことが重要となる。

不動産鑑定評価基準

　③　再調達原価を求める方法には、直接法及び間接法があるが、収集した建設事例等の資料としての信頼度に応じていずれかを適用するものとし、また、必要に応じて併用するものとする。
　　　ア　直接法は、対象不動産について直接的に再調達原価を求める方法である。
　　　　直接法は、対象不動産について、使用資材の種別、品等及び数量並びに所要労働の種別、時間等を調査し、対象不動産の存する地域の価格時点における単価を基礎とした直接工事費を積算し、これに間接工事費及び請負者の適正な利益を含

む一般管理費等を加えて標準的な建設費を求め、さらに発注者が直接負担すべき通常の付帯費用を加算して再調達原価を求めるものとする。

また、対象不動産の素材となった土地（素地）の価格並びに実際の造成又は建設に要する直接工事費、間接工事費、請負者の適正な利益を含む一般管理費等及び発注者が直接負担した付帯費用の額並びにこれらの明細（種別、品等、数量、時間、単価等）が判明している場合には、これらの明細を分析して適切に補正し、かつ、必要に応じて時点修正を行って再調達原価を求めることができる。

イ　間接法は、近隣地域若しくは同一需給圏内の類似地域等に存する対象不動産と類似の不動産又は同一需給圏内の代替競争不動産から間接的に対象不動産の再調達原価を求める方法である。

間接法は、当該類似の不動産等について、素地の価格やその実際の造成又は建設に要した直接工事費、間接工事費、請負者の適正な利益を含む一般管理費等及び発注者が直接負担した付帯費用の額並びにこれらの明細（種別、品等、数量、時間、単価等）を明確に把握できる場合に、これらの明細を分析して適切に補正し、必要に応じて時点修正を行い、かつ、地域要因の比較及び個別的要因の比較を行って、対象不動産の再調達原価を求めるものとする。

解説

直接法又は間接法を適用するに当たっては、造成工事費、建築工事費等の資料の収集に努めるとともに、建築工事原価に関する資料を分析し、建設物価の動向に留意して実証的に検討を加える必要がある。造成工事費、建築工事費等は需給動向により大きく変動するので、時点修正を行う際には留意が必要である。

総 論

> **不動産鑑定評価基準**
>
> 3．減価修正
>
> 　減価修正の目的は、減価の要因に基づき発生した減価額を対象不動産の再調達原価から控除して価格時点における対象不動産の適正な積算価格を求めることである。
>
> 　減価修正を行うに当たっては、減価の要因に着目して対象不動産を部分的かつ総合的に分析検討し、減価額を求めなければならない。

【解 説】

　減価とは、当該不動産を新規に調達したときの価値すなわち価格時点において当該不動産を新築したことを想定した場合において実現される上限値としての原価からの価値の減少を意味するものであり、端的には対象不動産の再調達原価と積算価格との差額といえる。減価は、単に建物の状態・機能の劣化等の物理的変化の程度だけではなく、そこに市場の価値判断が加わったものとして捉えなければならない。特に経過年数と残存価値（市場価値）との関係では、建物の用途によってもその判断は異なるため、留意が必要である。

　実務においては、不動産を構成する部位ごとにその特性を踏まえた適切な減価修正の方法を選択適用して部位別の減価額を把握し、その後に対象不動産全体の減価額を求めていくこととなる。

　なお、減価修正は、期間的な損益計算を正確に行うために取得価額を適正に費用配分することを主要な狙いとしている企業会計上の減価償却とは本質的にその目的を異にしている。企業会計上で適用している数値を安易に採用することがあってはならない。

> **不動産鑑定評価基準**
>
> (1)　減価の要因
>
> 　減価の要因は、物理的要因、機能的要因及び経済的要因に分けられる。
>
> 　これらの要因は、それぞれ独立しているものではなく、相互に関連し、影響を与え合いながら作用していることに留意しなければならない。

> ① 物理的要因
> 　物理的要因としては、不動産を使用することによって生ずる摩滅及び破損、時の経過又は自然的作用によって生ずる老朽化並びに偶発的な損傷があげられる。
> ② 機能的要因
> 　機能的要因としては、不動産の機能的陳腐化、すなわち、建物と敷地との不適応、設計の不良、型式の旧式化、設備の不足及びその能率の低下等があげられる。
> ③ 経済的要因
> 　経済的要因としては、不動産の経済的不適応、すなわち、近隣地域の衰退、不動産とその付近の環境との不適合、不動産と代替、競争等の関係にある不動産又は付近の不動産との比較における市場性の減退等があげられる。

【解説】

　基準では、実際に発生する減価という一つの現象を三つの観点から分類整理しているが、減価という現象は、例えば物理的な破損が重大な機能上の欠陥を惹き起こすというように物理的減価が機能的減価を惹き起こしたり、あるいは型式が旧式化し時代遅れのものとなることによって生ずる市場性の減退（需要減）のように、機能的減価が経済的減価に反映したりする等、互いにこれらが因となり果となって現れる複合的なものでもある。したがって、これらの要因はそれぞれ独立しているものではなく、相互に関連し、影響を与え合いながら作用しているものであることを十分理解する必要がある。

　また、これらの減価の要因の作用によって生じた減価には、欠陥部分の取替えや修理によって回復し得る場合とその回復が不可能な場合とがあり、また回復可能な場合にあってもそれに要する費用との関連において経済的でない場合等があるので、これらの諸点を十分比較検討した上で適正な減価額を求めるべきである。

a．物理的要因

　物理的要因を検討する場合には、特に下記の諸点に注意すべきである。

　　i　通常の使用方法に伴う物理的な摩滅及び破損については、一般的には耐用年数に基づく方法で減価額を把握することが有効と考えら

れるが、その際にはそれぞれの材の一般的な経済的耐用年数が参考になる。
ⅱ　増改築等が施されている場合には、増改築後の再調達原価に対する減価を把握することになる。増改築等が施されている部位の物理的減価の判断を行うに当たっては、増改築等を行った時点からの経過年数に留意する必要がある。
ⅲ　破損部分等について、直ちに取替え又は維持補修を行う必要がある場合、再調達原価については原則として現状（取替え前）のものを再調達するものとし、取替え等に要する費用（未収入期間の考慮等、工事終了までの期間に対応する費用を含む。）が、通常当該破損部分等に対応する減価額となる。緊急性の有無にかかわらず、維持補修等の必要性に対する減価を補修等の費用を基に査定する場合は、経済的残存耐用年数を延ばす機能等の回復等について適切に反映する必要がある。
ⅳ　建物は未使用のまま放置しても老朽化は進む。特に設備については、通常の維持管理がなされないことによって、経過年数以上の大きな劣化が認められる場合がある。
ⅴ　老朽部分等を直ちに取り替える必要がない場合にあっても、建物等の対象不動産の経済的残存耐用年数が満了するまでの間にその取替えを必要とする材がある場合は、その材に対応する部位の経済的残存耐用年数に留意して、対象不動産の経済的残存耐用年数を判断しなければならない。

b．機能的要因

機能的要因を検討する場合には、特に下記の諸点に注意すべきである。
ⅰ　機能上の欠陥を是正することが可能か否か。さらに、是正に要する費用とそれによって回復される価値とを考えた場合に欠陥を是正することに合理性があるか否かの検討が必要となる。直ちに是正すべきと判断される場合には、是正に要する費用（未収入期間の考慮等、工事終了までの期間に対応する費用を含む。）がすなわち当該機能的減価に対応する減価額となる。
ⅱ　近隣地域の変化等価格形成要因の変化に順応し得るか否か、その機能的な適応性についての検討が必要となる。
ⅲ　機能的要因には、不動産の機能的陳腐化として、建物と敷地との不適応、設計の不良、型式の旧式化並びに設備の不足及びその能率

の低下等がある。建物と敷地との不適応とは、当該機能が対象敷地上の建物の機能として順応していない、その機能的な適応性についての減価である。まさに市場性からの判断であり、経済的要因とも深く関連する。

c．経済的要因

経済的要因の中には、土地又は建物のみに関する減価要因のほか、土地と建物とが相互に影響を及ぼし合って生ずることとなる減価要因がある。

経済的要因は、対象不動産の外部環境的な要因にかかわるものであり、経済的要因にかかる減価とは、外部的要因による不動産の経済的不適応と考えることもできる。経済的要因としては、不動産の経済的不適応、すなわち建築当初の当該地域との比較における近隣地域の衰退（例えば、衰退した商店街にある店舗ビルの場合等が考えられる。）、不動産とその付近の環境との不適合（当初からのものとその後の事情の変化に基づくものがあるが、例えば、地域が変化し高層化されたビル街の中に取り残された低層の住宅の場合等が考えられる。）、不動産と付近の他の不動産との比較における市場性の減退（例えば、付近の超高層の大規模マンションに需要が集中するときの小規模な低中層マンションの場合等が考えられる。）等があげられる。

なお、経済的要因を検討する場合には、特に対象不動産と代替、競争等の関係にある不動産の市場における需給動向について注意すべきである。

不動産鑑定評価基準

(2) 減価修正の方法

減価額を求めるには、次の二つの方法があり、これらを併用するものとする。

解　説

減価額を求める方法には、「耐用年数に基づく方法」と「観察減価法」があり、二つの方法は各々長短があるので、両方法を併用し相互に欠点を補完することが求められている。

具体的に「併用する」方法としては、各々の方法を適用して求めた減価額を相互に勘案して決定する、一つの方法を選択適用する過程において他

の方法の考え方により補完する、及びその両方による等の方法が考えられる。併用することの趣旨にかんがみ過不足なく減価がなされることが重要である。なお、古いことに価値が生ずるような不動産等においては、観察減価法を主として適用すべき場合もある。

> **不動産鑑定評価基準**
>
> ① 耐用年数に基づく方法
>   耐用年数に基づく方法は、対象不動産の価格時点における経過年数及び経済的残存耐用年数の和として把握される耐用年数を基礎として減価額を把握する方法である。
>   経済的残存耐用年数とは、価格時点において、対象不動産の用途や利用状況に即し、物理的要因及び機能的要因に照らした劣化の程度並びに経済的要因に照らした市場競争力の程度に応じてその効用が十分に持続すると考えられる期間をいい、この方法の適用に当たり特に重視されるべきものである。
>   耐用年数に基づく方法には、定額法、定率法等があるが、これらのうちいずれの方法を用いるかは、対象不動産の用途や利用状況に即して決定すべきである。

解 説

　ここでは、「耐用年数に基づく方法」並びに「耐用年数」及び「経済的残存耐用年数」の定義づけがなされている。
a．耐用年数に基づく方法について
　　耐用年数に基づく方法は、耐用年数を基礎として減価額を把握する方法であり、減価額を把握する方法には、定額法、定率法等がある。
　　不動産の減価の程度は必ずしも一定ではないため、緊急修繕を行う必要がある場合や、土地と建物とが相互に影響を及ぼし合って経済的減価が生じている場合等では、これらの方法だけでは減価の反映が難しいことがある。したがって、耐用年数に基づく方法を適用する際にも、観察減価法を併用し、必要に応じて補修正を行うことが重要である。
b．耐用年数について
　　耐用年数は、経過年数と経済的残存耐用年数の和として把握される。耐用年数は、対象不動産の構成部位ごとにそれぞれ経過年数と経済的残

存耐用年数を判断した後に初めて求められるものである。税法上の耐用年数等を参考に、安易かつ機械的に耐用年数を設定するようなことがあってはならない。

c．経済的残存耐用年数について

　経済的残存耐用年数の判定は、対象不動産の用途や利用状況から、物理的要因及び機能的要因に照らした劣化の程度、経済的要因に照らした市場競争力の程度を十分に分析することによって行われなければならない。

　不動産の経済価値は、当該不動産から将来にわたってどれほどの効用を得られるかという観点をその形成要因の一つとするものであり、経済的残存耐用年数の判断が耐用年数に基づく方法の適用に当たって最も重要視されるのは言うまでもない。

d．定額法、定率法について

　耐用年数に基づく方法には、定額法、定率法等がある。実務では、定額法又は定率法が適用されることが多いものの、建物の立地条件に基づく高い市場性が認められる場合や建物の収益力が極めて高い場合など建築当初から中期にかけてあまり減価が発生しない不動産では、償還基金率を用いる方法が適合するケースもあり得る。対象不動産の用途や利用状況、及び分別した構成部位の特性にかんがみて、それぞれ最も適切な方法を選択することが重要である。

　(a)　定額法

　　定額法は、耐用年数の全期間にわたって発生する減価額が毎年一定額であるという前提に基づき減価額を求める方法である。この方法は、減価累計額が経過年数に正比例して増加するが、不動産は必ずしも規則正しく一定額ずつ減価するとは限らず、不動産の実際の減価額とは一致しない場合があるので、観察減価法を併用して、その適正を期するよう努めるべきである。

　　定額法に基づく減価修正額は、基本的に次の式によって求められる。

$$D_n = C \left\{ (1-R) \frac{n}{n+n'} \right\}$$

　　D_n：減価修正額
　　C　：再調達原価

R ：経済的残存耐用年数満了時における残価率
n ：価格時点までの経過年数
n′：価格時点における経済的残存耐用年数

(b) 定率法

　定率法は、毎年の減価額が年当初の積算価格に対して毎年一定の割合であるという前提に基づき減価額を求める方法である。この方法は、不動産が新しいほど減価額が大きく発生し、経過期間が長くなるにつれて毎年の減価額が小さくなるので、築年が浅い時ほど大きな減価が発生する構成部位（例えば、早期に汚れが生じやすいクロス等の仕上げ材や、使用の有無及び頻度が市場価値に影響を与えるような衛生等設備）の減価額を査定する場合に有効な方法である。定額法と同様、観察減価法を併用して、その適正を期するよう努めるべきである。

　定率法に基づく減価修正額は、基本的に次の式によって求められる。

$$D_n = C(1 - r^n)$$

D_n：減価修正額
C ：再調達原価
R ：経済的残存耐用年数満了時における残価率
n ：価格時点までの経過年数
n′：価格時点における経済的残存耐用年数
r ：$n+n'$年における残価額の前年の積算価格に対する割合で、次の式によって求められる。

$$r = \sqrt[n+n']{R}$$

不動産鑑定評価基準

　なお、対象不動産が二以上の分別可能な組成部分により構成されていて、それぞれの経過年数又は経済的残存耐用年数が異なる場合に、これらをいかに判断して用いるか、また、耐用年数満了時における残材価額をいかにみるかについても、対象不動産の用途や利用状況に即して決定すべきである。

解　説

a．建物について

　建物について、木造部分と非木造部分がある場合や、増築部分と既存部分からなっている場合等、外形的に分別できる場合はもちろんのこと、一体となって存している場合においても、できる限り構成部分を分別し、それぞれの特性に応じた減価修正を行う必要がある。特に、建物の躯体と仕上げ、設備では、材としての性質や減価のスピードが異なるため留意が必要である。その際には、構成部位ごとの劣化状態が建物全体に及ぼす影響度合、あるいは修繕や更新を行っている場合には建物全体へどれほど寄与しているか等の観点からの検討も重要である。

(a)　躯体

　基礎を含む躯体には、土台、壁、柱、床、梁、小屋組等が含まれる。躯体は、建物としての効用が維持される期間において、部分的な補修はありえるものの全体的な交換までは原則として不要な部位と考えられる。

(b)　仕上げ、設備

　仕上げには、外部仕上げ（屋根材、外壁材、外部建具）と内部仕上げ（内部建具、内装仕上げ）があり、設備には、電気設備（電力、通信情報設備等）と機械設備（空調、給排水衛生設備等）が含まれる。

　いずれも躯体に比べ短期間で経年劣化・陳腐化するので、建物としての効用が維持される期間において、交換や全体的な補修が行われている可能性も高い。そのため、対象不動産の用途や利用状況、特に増改築等の実施状況に即し、細分化した部位ごとに耐用年数及び減価額を把握していくことが望ましい。仕上げ、設備の減価額は、その細分化された部位ごとの減価の程度に留意し捉えていくことになる。

　なお、特に賃貸に供されている不動産の場合は、設備、仕上げが賃借人に属し、対象不動産の範囲外となっていたり、事業の用に供されている不動産では、通常建物に必要不可欠とされる設備以外に当該建物の使用目的により特殊な設備が付加されている場合があるので、その場合は、対象不動産の確定において評価の対象範囲を明確にしておくことが必要となる。

b．残材価額について

　経済的残存耐用年数が適正に査定されていれば、経済的残存耐用年数が経過した時点で建物としての市場価値はなくなり、残材価値だけが残

総論

ることになる。ただし、昨今の廃材の取引市場では、価値が認められる廃材は非常に限定的であり、解体除去費用が廃材価値を上回っているケースが多いことに留意が必要である。

なお、会計上の残存価額は、「耐用年数到来時において予想される当該資産の売却価格又は利用価格から解体、撤去、処分等の費用を控除した金額」（監査・保証実務委員会実務指針第81号）として、会計上の耐用年数到来時点の市場価値を基礎として見積もられるものである。鑑定評価において求める「経済的残存耐用年数が経過した時点の残材価額」とは異なることに留意が必要である。

c．その他の構成部分の減価修正について

(a) 土地

土地については通常は再調達原価に当たる更地等価格の査定において個別的要因として考慮するため、減価はないと考えられるが、液状化や地盤沈下等の発生、擁壁の経年劣化等、造成のやり直しや補修等リスクに係る減価が考えられ、その場合は、観察減価法を中心に減価修正額を把握することとなる。

(b) 土地に帰属する付帯費用

土地に直接帰属する付帯費用については、土地と同様の考え方により減価はないと判断される場合もあるが、例えば造成時のインフラ整備費用、開発者利潤等で、価格時点において損耗、消滅していると判断される場合には、減価修正を行う。

土地に帰属する付帯費用のうち、建物との関係で発生し、一体として把握される費用（資金調達費用や開発リスク相当額等）のうち土地に配分された費用については、対応する建物等の減価修正の考え方に準ずる。

(c) 建物に帰属する付帯費用

建物に直接帰属する付帯費用、及び土地との関係で発生し、一体として把握される費用（資金調達費用や開発リスク相当額等）のうち建物に配分された費用は、建物に準じて減価修正を行うことが適当である。

(d) その他の付帯費用

建物引渡しまでの期間に対応する費用のうち、一体として把握される費用（資金調達費用や開発リスク等）の減価修正については、下記のような考え方がある。

i　建物等の維持される期間において配分すべき費用として、建物等と同様の考え方で減価修正する。
　　ii　建物等とは別途に減価額若しくは修正率を査定する。
　　　特に、住宅等では、新築物件かどうかで大きな価格差となることが多いが、その原因の一端を開発・分譲に伴う広告宣伝費、開発利潤等付帯費用の差として把握する場合は、これらに対応する再調達原価の内訳のうち多くの部分が新築後間もない時期に減価修正されると考えられる。その場合は、建物等とは別途に減価額若しくは修正率を査定することが相当である。

不動産鑑定評価基準

　② 観察減価法
　　観察減価法は、対象不動産について、設計、設備等の機能性、維持管理の状態、補修の状況、付近の環境との適合の状態等各減価の要因の実態を調査することにより、減価額を直接求める方法である。
　　観察減価法の適用においては、対象不動産に係る個別分析の結果を踏まえた代替、競争等の関係にある不動産と比べた優劣及び競争力の程度等を適切に反映すべきである。

解説

　観察減価法は、対象不動産の有形的な状態の観察を基礎とし、再調達原価から減価額を直接控除する方法である。
　対象不動産について、例えば、屋根瓦の破損の状態、土台の沈下の状態、壁の亀裂の状態等や設計の良否、有害な物質の使用の有無、付近の環境との適合の状態等を調査するとともに、これらが減価の要因すなわち物理的要因、機能的要因及び経済的要因としてどの程度対象不動産の価格に影響を及ぼしているかを直接判断することとなる。減価額（率）は、劣化度合い等類似の取引事例から判断することとなるため、特に代替、競争等の関係にある不動産と比べた優劣、競争力の程度等の市場分析の結果を重視し、それを適切に反映しなければならない。なお、減価を定量的に把握する方法として、緊急修繕や取替えを要する場合に限らず、再調達の状態まで回復させるための修繕、補修費相当額を査定し、その結果を踏まえア

総 論

プローチしていくことも有用である。
　なお、観察減価法は、時の経過に伴う材質の変化等、外部からの観察のみでは発見しづらい減価要因を見落としやすい手法でもあるので、適用に当たっては、耐用年数に基づく方法の考え方を併用するよう努めるべきである。

運用上の留意事項

　② 減価修正の方法について
　ア　対象不動産が建物及びその敷地である場合において、土地及び建物の再調達原価についてそれぞれ減価修正を行った上で、さらにそれらを加算した額について減価修正を行う場合があるが、それらの減価修正の過程を通じて同一の減価の要因について重複して考慮することのないよう留意するべきである。

解　説

　ここでは、建物及びその敷地の評価における減価修正の方法について説明している。
a．一体減価について
　　機能的及び経済的要因に基づく減価の中には、建物と敷地がそれぞれ影響を及ぼし合って生じる減価があり、この減価の扱いについては、基準の原則に則って土地・建物各々の減価修正の中で捉えるべきとする考え方のほか、土地と建物に区分することなく、建物及びその敷地一体にかかる減価として土地建物全体で減価する考え方もある。
　　いずれの手順によっても、適切に適用すれば論理的には同額となることから、平成26年度の改正にて、一体としての減価を行うという方法が基準上でも明確に示されたものであり、どちらの方法を適用することもできる。ただし、一体としての減価を行う方法は、一体減価前の建物の積算価格を求める段階と二段階で減価するため、適用に当たっては、同一の要因による二重の減価が行われないように留意する必要がある。
b．原価法における市場性の反映について
　　原価法においては、再調達原価や経済的残存耐用年数等に基づく減価修正（一体減価を含む。）において、市場性を適切に反映する必要があるが、対象不動産の種類や特性等により、積算価格と比準価格や収益価

格等との間に大きな乖離が生ずる場合があるので留意が必要である。例えば、建物が古いにもかかわらず収益性が非常に高い賃貸ビルや、逆に、投資額に対して極めて低い収益性に留まるゴルフ場や保養所等の評価にあっては、その点を十分認識した上で、試算価格の調整の段階においてその差異について検討を加え、鑑定評価額を決定しなければならない。

運用上の留意事項

イ　耐用年数に基づく方法及び観察減価法を適用する場合においては、対象不動産が有する市場性を踏まえ、特に、建物の増改築・修繕・模様替等の実施が耐用年数及び減価の要因に与える影響の程度について留意しなければならない。

解　説

建物に増改築等が施されている場合は、それを再調達原価の査定に反映させるほか、減価修正においても適切に反映させる必要がある。

耐用年数に基づく方法を適用する際には、増改築等の実施による影響を、建物の経過年数及び経済的残存耐用年数の査定に適切に反映しなければならない。

観察減価法では、増改築等の実施による価値の回復を、直接的に減価額の査定に反映することとなるが、その際には、特に増改築等がもたらす市場性への影響の程度に留意しなければならない。

総論

Ⅲ 取引事例比較法

不動産鑑定評価基準

1. 意義
　取引事例比較法は、まず多数の取引事例を収集して適切な事例の選択を行い、これらに係る取引価格に必要に応じて事情補正及び時点修正を行い、かつ、地域要因の比較及び個別的要因の比較を行って求められた価格を比較考量し、これによって対象不動産の試算価格を求める手法である（この手法による試算価格を比準価格という。）。
　取引事例比較法は、近隣地域若しくは同一需給圏内の類似地域等において対象不動産と類似の不動産の取引が行われている場合又は同一需給圏内の代替競争不動産の取引が行われている場合に有効である。

運用上の留意事項

(3)　取引事例比較法について
　この手法の適用に当たっては、多数の取引事例を収集し、価格の指標となり得る事例の選択を行わなければならないが、その有効性を高めるため、取引事例はもとより、売り希望価格、買い希望価格、精通者意見等の資料を幅広く収集するよう努めるものとする。
　なお、これらの資料は、近隣地域等の価格水準及び地価の動向を知る上で十分活用し得るものである。

解　説

　取引事例比較法は、市場において現実に発生した取引の経済事象を価格判定の基礎とするものであるから、その事例を豊富に収集し、それを詳細に分析、検討することにより、それぞれの事例に内在する個別的な事情が捨象され、正常な事情による取引において成立するであろう適正な価格を求めることが可能となるものである。

　この場合において、収集された多数の取引事例に係る取引価格のうちから単なる統計的な意義を有するにすぎない中位数的な取引価格を求めるものではなく、それらの取引価格の背後に存する価格形成のメカニズムを的確に読みとり、それを対象不動産に投影しなければならない。この分析を

多数の事例に行い比較することで適正な価格水準を顕現させることが可能となる。

> **不動産鑑定評価基準**
>
> 2．適用方法
> (1) 事例の収集及び選択
> 　　取引事例比較法は、市場において発生した取引事例を価格判定の基礎とするものであるので、多数の取引事例を収集することが必要である。
> 　　取引事例は、原則として近隣地域又は同一需給圏内の類似地域に存する不動産に係るもののうちから選択するものとし、必要やむを得ない場合には近隣地域の周辺の地域に存する不動産に係るもののうちから、対象不動産の最有効使用が標準的使用と異なる場合等には、同一需給圏内の代替競争不動産に係るもののうちから選択するものとするほか、次の要件の全部を備えなければならない。
> ① 取引事情が正常なものと認められるものであること又は正常なものに補正することができるものであること。
> ② 時点修正をすることが可能なものであること。
> ③ 地域要因の比較及び個別的要因の比較が可能なものであること。

> **運用上の留意事項**
>
> ① 事例の収集について
> 　　豊富に収集された取引事例の分析検討は、個別の取引に内在する特殊な事情を排除し、時点修正率を把握し、及び価格形成要因の対象不動産の価格への影響の程度を知る上で欠くことのできないものである。特に、選択された取引事例は、取引事例比較法を適用して比準価格を求める場合の基礎資料となるものであり、収集された取引事例の信頼度は比準価格の精度を左右するものである。
> 　　取引事例は、不動産の利用目的、不動産に関する価値観の多様性、取引の動機による売主及び買主の取引事情等により各々の取

総 論

引について考慮されるべき視点が異なってくる。したがって、取引事例に係る取引事情を始め取引当事者の属性（本留意事項の「Ⅳ「総論第６章　地域分析及び個別分析」について」に掲げる市場参加者の属性に同じ。）及び取引価格の水準の変動の推移を慎重に分析しなければならない。

解　説

　取引事例比較法の適用に当たっては、豊富に収集された取引事例のうちから比較の対象として用いるのにふさわしい適切な取引事例を選択することが重要である。この手法によって求められる比準価格は、選択された取引事例に係る取引価格を指標として導き出されるものであるから、多数の事例の収集と事例の選択の適否が比準価格の精度を左右するものである。

　また、取引当事者の属性の分析は、当該取引事例が最終需要者に係るものであるか、中間段階の取引に係るものであるか等、取引の内容について取引当事者の性格を分析することによって実需要を反映した事例を選択することも目的として行うものであり、投機的取引の要素を含むか否かの判断を行う方法としても有効な分析となるものである。

　なお、取引事例の収集及び選択に当たっては、対象不動産の存する近隣地域又は同一需給圏内の類似地域等に存する不動産に係るもののうちから、対象不動産の最有効使用が標準的使用と異なる場合等には同一需給圏内の代替競争不動産に係るもののうちから、価格時点に近い取引事例を可能な限り収集し、分析するとともに、時系列的な価格水準の推移を把握し、概観的な価格水準をも判断する必要がある。この価格水準の一定の推移動向から著しく上下に乖離した事例を採用する場合には、特に慎重を期するべきである。また、近隣地域内のみならず多数の同一需給圏内の類似地域等に係る事例との要因比較を行うことにより、近隣地域における地域要因の特性及び価格水準の相対比較が可能になることに留意すべきである。

第7章 鑑定評価の方式

不動産鑑定評価基準

(2) 事情補正及び時点修正

　取引事例が特殊な事情を含み、これが当該事例に係る取引価格に影響していると認められるときは、適切な補正を行い、取引事例に係る取引の時点が価格時点と異なることにより、その間に価格水準の変動があると認められるときは、当該事例の価格を価格時点の価格に修正しなければならない。

　時点修正に当たっては、事例に係る不動産の存する用途的地域又は当該地域と相似の価格変動過程を経たと認められる類似の地域における土地又は建物の価格の変動率を求め、これにより取引価格を修正すべきである。

運用上の留意事項

② 事情補正について

　事情補正の必要性の有無及び程度の判定に当たっては、多数の取引事例等を総合的に比較対照の上、検討されるべきものであり、事情補正を要すると判定したときは、取引が行われた市場における客観的な価格水準等を考慮して適切に補正を行わなければならない。

　事情補正を要する特殊な事情を例示すれば、次のとおりである。

ア　補正に当たり減額すべき特殊な事情

　(ア) 営業上の場所的限定等特殊な使用方法を前提として取引が行われたとき。

　(イ) 極端な供給不足、先行きに対する過度に楽観的な見通し等特異な市場条件の下に取引が行われたとき。

　(ウ) 業者又は系列会社間における中間利益の取得を目的として取引が行われたとき。

　(エ) 買手が不動産に関し明らかに知識や情報が不足している状態において過大な額で取引が行われたとき。

　(オ) 取引価格に売買代金の割賦払いによる金利相当額、立退料、離作料等の土地の対価以外のものが含まれて取引が行わ

イ　補正に当たり増額すべき特殊な事情
　　　㈰　売主が不動産に関し明らかに知識や情報が不足している状態において、過少な額で取引が行われたとき。
　　　㈪　相続、転勤等により売り急いで取引が行われたとき。
　　ウ　補正に当たり減額又は増額すべき特殊な事情
　　　㈰　金融逼迫、倒産時における法人間の恩恵的な取引又は知人、親族間等人間関係による恩恵的な取引が行われたとき。
　　　㈪　不相応な造成費、修繕費等を考慮して取引が行われたとき。
　　　㈫　調停、清算、競売、公売等において価格が成立したとき。
　③　時点修正について
　　ア　時点修正率は、価格時点以前に発生した多数の取引事例について時系列的な分析を行い、さらに国民所得の動向、財政事情及び金融情勢、公共投資の動向、建築着工の動向、不動産取引の推移等の社会的及び経済的要因の変化、土地利用の規制、税制等の行政的要因の変化等の一般要因の動向を総合的に勘案して求めるべきである。
　　イ　時点修正率は原則として前記アにより求めるが、地価公示、都道府県地価調査等の資料を活用するとともに、適切な取引事例が乏しい場合には、売り希望価格、買い希望価格等の動向及び市場の需給の動向等に関する諸資料を参考として用いることができるものとする。

【解説】

　現実の市場において成立した不動産の価格は、個別的な事情を包含するのが通常であるので、収集した取引事例について市場の実態を客観的に反映するよう事情補正の要否を適切に判定しなければならない。
　また、時点修正は、収集した取引事例を時系列的に分析し、さらに価格形成要因の推移動向等を総合的に勘案して行うことが必要である。

第7章 鑑定評価の方式

不動産鑑定評価基準

(3) 地域要因の比較及び個別的要因の比較

取引価格は、取引事例に係る不動産の存する用途的地域の地域要因及び当該不動産の個別的要因を反映しているものであるから、取引事例に係る不動産が同一需給圏内の類似地域等に存するもの又は同一需給圏内の代替競争不動産である場合においては、近隣地域と当該事例に係る不動産の存する地域との地域要因の比較及び対象不動産と当該事例に係る不動産との個別的要因の比較を、取引事例に係る不動産が近隣地域に存するものである場合においては、対象不動産と当該事例に係る不動産との個別的要因の比較をそれぞれ行うものとする。

また、このほか地域要因及び個別的要因の比較については、それぞれの地域における個別的要因が標準的な土地を設定して行う方法がある。

解　説

それぞれの地域における個別的要因が標準的な土地を設定して行う方法は、取引事例に係る不動産が近隣地域又は同一需給圏内の類似地域等に存するものである場合に行うことができる方法であり、次のように行う。

a．取引事例に係る不動産が同一需給圏内の類似地域等に存する場合においては、当該地域における標準的な土地を設定し、個別的要因の標準化補正を行って、まず、取引事例に係る不動産を当該地域の標準的な土地に合致したものに補正する。次に当該地域における標準的な土地と対象不動産の存する近隣地域における標準的な土地とに係る地域要因の比較を行い、さらに当該近隣地域における標準的な土地と対象不動産との個別的要因の比較を行う。

b．取引事例に係る不動産が近隣地域に存する場合においては、近隣地域における標準的な土地を設定し、個別的要因の標準化補正を行って、まず、取引事例に係る不動産を標準的な土地に合致したものに補正する。次に当該標準的な土地と対象不動産の個別的要因の比較を行う。

この場合において、個別的要因の標準化補正は、取引価格が当該不動産の個別的要因を反映し、しかも個々の不動産の最有効使用が当該

総論

近隣地域の特性の制約下にあるので、その個別的要因をその属する地域内において土地の利用状況、環境、地積、形状等が中庸のものである標準的使用の土地に合致したものに補正するために行うものである。また、地域要因の比較に当たっては、対象不動産及び取引事例に係る不動産の存する地域それぞれの標準的使用のあり方とそれによって代表される地域の価格水準とが十分に認識され、関連づけられなければならない。

> **不動産鑑定評価基準**
>
> (4) 配分法
>   取引事例が対象不動産と同類型の不動産の部分を内包して複合的に構成されている異類型の不動産に係る場合においては、当該取引事例の取引価格から対象不動産と同類型の不動産以外の部分の価格が取引価格等により判明しているときは、その価格を控除し、又は当該取引事例について各構成部分の価格の割合が取引価格、新規投資等により判明しているときは、当該事例の取引価格に対象不動産と同類型の不動産の部分に係る構成割合を乗じて、対象不動産の類型に係る事例資料を求めるものとする(この方法を配分法という。)。

解 説

取引事例比較法の適用に当たっては適切な事例であるためには、個別的要因の比較が可能なものでなければならない。したがって、対象不動産と同類型の不動産を内包して、複合的に構成される異類型の不動産に係る取引事例については、対象不動産の類型に係る事例資料を求めることが必要である。この方法を配分法という。

配分法は、複合不動産の取引価格(総額)が適正に把握でき、土地(又は建物等)以外の構成要素の価格又は割合が適切に把握できる場合に有効な方法である。

複合不動産の部分として求められる土地価格は、建付地としての価格となるので、配分法を適用して取引事例から更地価格を把握する場合は、さらに補正が必要となる場合があることに留意が必要である。

IV 収益還元法

不動産鑑定評価基準

1．意義

　収益還元法は、対象不動産が将来生み出すであろうと期待される純収益の現在価値の総和を求めることにより対象不動産の試算価格を求める手法である（この手法による試算価格を収益価格という。）。

　収益還元法は、賃貸用不動産又は賃貸以外の事業の用に供する不動産の価格を求める場合に特に有効である。

　また、不動産の価格は、一般に当該不動産の収益性を反映して形成されるものであり、収益は、不動産の経済価値の本質を形成するものである。したがって、この手法は、文化財の指定を受けた建造物等の一般的に市場性を有しない不動産以外のものには基本的にすべて適用すべきものであり、自用の不動産といえども賃貸を想定することにより適用されるものである。

　なお、市場における不動産の取引価格の上昇が著しいときは、取引価格と収益価格との乖離が増大するものであるので、先走りがちな取引価格に対する有力な検証手段として、この手法が活用されるべきである。

解　説

　不動産の経済価値（市場価値を含む。）を収益性に着目して求める場合には、価格時点以降に得られると期待される純収益を合計することにより求めることとなる。将来得られると期待される純収益は、それぞれ得られる時点が異なるので、それぞれを現在価値に割り引いた上で合計する必要がある。

　賃貸事業を含む事業の用に供されている不動産は、その属する市場における市場参加者の価格判断において収益性が重視されることが多いので、特に収益還元法は有効な手法となる。

　収益は不動産の経済価値の本質を形成するものであるので、収益還元法は基本的にすべての不動産に適用すべきものであるが、地域分析及び個別分析により把握した対象不動産に係る市場の特性等から典型的な市場参加者の価格等の判断に与える影響が著しく僅少であると判断される場合に

は、必ずしも適用を求められるものではない。

また、取引価格の上昇が著しいときには、収益性からの価格判断は市場で成立している価格の有力な験証手段となるが、その際には、純収益の予測が経済動向と乖離していないか、利回りは金融資産等の利回りとの比較において適切か、等を慎重に検討する必要がある。

不動産鑑定評価基準

2．収益価格を求める方法

収益価格を求める方法には、一期間の純収益を還元利回りによって還元する方法（以下「直接還元法」という。）と、連続する複数の期間に発生する純収益及び復帰価格を、その発生時期に応じて現在価値に割り引き、それぞれを合計する方法（Discounted Cash Flow 法（以下「DCF 法」という。））がある。

これらの方法は、基本的には次の式により表される。

(1) 直接還元法

$$P = \frac{a}{R}$$

P：求める不動産の収益価格
a：一期間の純収益
R：還元利回り

解説

直接還元法は、還元対象となる一期間の純収益を求め、この純収益に対応した還元利回りによって当該純収益を還元することにより対象不動産の収益価格を求める方法である。

収益還元法は、対象不動産が将来生み出すであろうと期待される純収益の現在価値の総和とされており、次の式で表すことができる。

$$収益価格 = \frac{a_1}{(1+Y)^1} + \frac{a_2}{(1+Y)^2} + \frac{a_3}{(1+Y)^3} + \cdots + \frac{a_n}{(1+Y)^n}$$

ここで、$a_1 \cdots a_n$：毎期の純収益、Y：割引率

期間 n については、有期の場合と無期の場合がある。

この式について、純収益（a_k）を一定値 a とした場合は、次式となる。

$$収益価格 = a \times \frac{(1+Y)^n - 1}{Y(1+Y)^n}$$

このとき、nを無期とする場合、次式となる。

$$収益価格 = \frac{a}{Y}$$

この式は、割引率（Y）を還元利回り（R）とした直接還元法の式と一致する。

上記以外の方法により将来の純収益の変動を予測し、純収益に反映させる場合であっても、収益価格の算定に直接還元法の式を適用し、最終的に一期間の純収益と還元利回りから算定する方法であれば、直接還元法に分類される。

> **運用上の留意事項**
>
> (4) 収益還元法について
> ① 直接還元法の適用について
> ア 一期間の純収益の算定について
> （本項目の解説については、199頁～201頁を参照のこと。）
> イ 土地残余法
> ウ 建物残余法
> （イ及びウの解説については、212頁～214頁を参照のこと。）
> エ 有期還元法
> 不動産が敷地と建物等との結合により構成されている場合において、その収益価格を、不動産賃貸又は賃貸以外の事業の用に供する不動産経営に基づく償却前の純収益に割引率と有限の収益期間とを基礎とした複利年金現価率を乗じて求める方法があり、基本的に次の式により表される。
>
> $$P = a \times \frac{(1+Y)^N - 1}{Y(1+Y)^N}$$
>
> P：建物等及びその敷地の収益価格
> a：建物等及びその敷地の償却前の純収益
> Y：割引率
> N：収益期間（収益が得られると予測する期間であり、ここ

では建物等の経済的残存耐用年数と一致する場合を指す。)

$\dfrac{(1+Y)^N-1}{Y(1+Y)^N}$: 複利年金現価率

なお、複利年金現価率を用い、収益期間満了時における土地の価格、及び建物等の残存価格又は建物等の撤去費をそれぞれ現在価値に換算した額を加減する方法（インウッド式）がある。この方法の考え方に基づき、割引率を用いた式を示すと次のようになる。

$$P = a \times \dfrac{(1+Y)^n-1}{Y(1+Y)^n} + \dfrac{P_{Ln}+P_{Bn}}{(1+Y)^n} \quad 又は$$

$$P = a \times \dfrac{(1+Y)^N-1}{Y(1+Y)^N} + \dfrac{P_{LN}-E}{(1+Y)^N}$$

P：建物等及びその敷地の収益価格
a：建物等及びその敷地の償却前の純収益
Y：割引率
N,n：収益期間（収益が得られると予測する期間であり、ここでは建物等の経済的残存耐用年数と一致する場合にはN、建物等の経済的残存耐用年数より短い期間である場合はnとする。）
P_{Ln}：n年後の土地価格
P_{Bn}：n年後の建物等の価格
P_{LN}：N年後の土地価格
E ：建物等の撤去費

また、上記複利年金現価率の代わりに蓄積利回り等を基礎とした償還基金率と割引率とを用いる方法（ホスコルド式）がある。
この方法の考え方に基づき、割引率を用いた式を示すと次のようになる。

$$P = a \times \dfrac{1}{Y+\dfrac{i}{(1+i)^n-1}} + \dfrac{P_{Ln}+P_{Bn}}{(1+Y)^n} \quad 又は$$

$$P = a \times \cfrac{1}{Y + \cfrac{i}{(1+i)^N - 1}} + \cfrac{P_{LN} - E}{(1+Y)^N}$$

P：建物等及びその敷地の収益価格
a：建物等及びその敷地の償却前の純収益
Y：割引率
i：蓄積利回り
N,n：収益期間（収益が得られると予測する期間であり、ここでは建物等の経済的残存耐用年数と一致する場合にはN、建物等の経済的残存耐用年数より短い期間である場合はnとする。）

$\cfrac{i}{(1+i)^n - 1}$：償還基金率

P_{Ln}：n年後の土地価格
P_{Bn}：n年後の建物等の価格
P_{LN}：N年後の土地価格
E ：建物等の撤去費

解 説

収益期間又は純収益の予測期間を有期とする有期還元法については、一期間の純収益に着目して収益価格を求めるものである点を重視し、直接還元法に分類している。

なお、インウッド式及びホスコルド式においては収益期間満了時点における土地価格等を加算しているが、この場合であっても有期還元法の一類型として便宜上直接還元法に含めている。

運用上の留意事項

オ　還元利回りの求め方
（本項目の解説については、220頁を参照のこと。）

総論

> **不動産鑑定評価基準**
>
> (2) DCF法
>
> $$P = \sum_{k=1}^{n} \frac{a_k}{(1+Y)^k} + \frac{P_R}{(1+Y)^n}$$
>
> P：求める不動産の収益価格
> a_k：毎期の純収益
> Y：割引率
> n：保有期間（売却を想定しない場合には分析期間。以下同じ。）
> P_R：復帰価格
>   復帰価格とは、保有期間の満了時点における対象不動産の価格をいい、基本的には次の式により表される。
>
> $$P_R = \frac{a_{n+1}}{R_n}$$
>
> a_{n+1}：n＋1期の純収益
> R_n：保有期間の満了時点における還元利回り（最終還元利回り）

解 説

DCF法とは、対象不動産から得られると予測される純収益のうち、収益見通しにおいて明示された毎期に予測された純収益の現在価値の合計と復帰価格の現在価値を足し合わせることによって収益価格を求める方法となる。

　DCF法による収益価格
　　＝毎期の純収益の現在価値の合計　＋　復帰価格の現在価値

一般に、不動産の購入者は、不動産購入に当たり、購入のために投資した金額の回収と、投資したことに対する利益の確保の両方を期待する。対象不動産の収益価格は、これらを反映したものとして求められるものである。将来得られる純収益（割引前）は、その中に投資元本の回収部分、すなわち収益価格と同額の部分と、投資利益から構成されることになり、この投資利益は、割引率を適用した結果として得られるものである。

```
┌─────────────────────────────────────────────────────────┐
│ 合  将       │ 投 資 利 益  = 割引率（収益率）による運用       │ 収
│ 計  来前純   │                                              │ 益
│    の純収   ├─────────────────────────────────────────┤ = 価
│    割収益   │ 投資元本    = 割引による純収益の現在価値         │ 格
│    引益の   │ の回収部分       の総和                        │
└─────────────────────────────────────────────────────────┘
```

　割引率は、次の式により複利現価率を求めるために使われる。割引率は一般に一年を単位とした年利回りとして求められ、一年未満の単位に発生する純収益を割り引く際には、乗数（n）を調整することによって求められる。例えば5年であれば、5乗するが、5カ月であれば、5／12乗する。（借入金利の計算において、年間金利を12％とする場合に、月利を12％÷12カ月＝1％と計算する方法もあるが、不動産の評価においては、一般に複利計算を行う。）

> 割引率：Y
> 複利現価率：$\dfrac{1}{(1+Y)^k}$

　また、将来の純収益を現在価値に割り引く意義については、以下の時間概念と不動産にかかる将来の純収益の不確実性について理解することが必要である。

　一般に、人は将来財より現在財を重視するものである。すなわち、将来において獲得される純収益は、それが実現するまでの時間との関連において割り引いて評価されている。しかし、このような時間の差による選好度のみによって現在財と将来財との評価の差が生ずるのであれば、収益性を有する財から生み出される純収益は、財の種類とは無関係にいかなる場合でも、それが実現するのに必要とされる時間との関連において一定のものとなるはずである。しかし、現実に割引率は、上記のような時間概念によるもののほか、純収益実現の可能性の不確実性等によって左右されているものである。このように、金融市場における各種の金融資産の利回りがそれぞれ異なるのは、各資産によって投資対象としての危険性、非流動性等がそれぞれ異なるからにほかならない。不動産の利回りも、理論的には不動産が将来生み出すであろうと期待される純収益についての時間的な選好

> 総論

度に基礎をおく割引率（いわゆる純粋利子率）を基本とし、これに当該不動産の有する投資対象としての危険性、非流動性等からくる将来の純収益の不確実性が加味されて成立しているものである。
　以上のように、割引率は、資金をいくらで運用することができるかという収益率としての意義を有しており、その中に時間概念（選好度）及び純収益の将来の不確実性を含んだ概念である。

運用上の留意事項

　② DCF法の適用について
　　DCF法は、連続する複数の期間に発生する純収益及び復帰価格を予測しそれらを明示することから、収益価格を求める過程について説明性に優れたものである。
　　なお、対象不動産が更地である場合においても、当該土地に最有効使用の賃貸用建物等の建築を想定することによりこの方法を適用することができる。

解説

　DCF法においては、純収益の額及びそれらの発生時期を明示することから、予測の精度を高めるため、純収益の見通し等についての十分な調査を行うことが必要である。また、将来の賃貸収入の推移や空室率、対象不動産の復帰価格の予測等のためには、各種用途に応じた不動産の市場動向に係る資料を日頃から収集しておくことが必要である。
　DCF法は一般的には貸家及びその敷地等の複合不動産に適用される場合が多いが、対象不動産が更地の場合でも、当該土地に最有効使用の賃貸用建物等の建築を想定することによりこの方法を適用することができる。この場合には、想定建物の竣工までの期間と竣工後の期間とにおける収益費用の内容や収益予測の精度等に違いがあることに留意する必要がある。

運用上の留意事項

　ア　毎期の純収益の算定について
　　（本項目の解説については、202頁を参照のこと。）
　イ　割引率の求め方について

> （本項目の解説については、230頁〜231頁を参照のこと。）
> ウ　保有期間（売却を想定しない場合には分析期間）について
> 　　保有期間は、毎期の純収益及び復帰価格について精度の高い予測が可能な期間として決定する必要があり、不動産投資における典型的な投資家が保有する期間を標準とし、典型的な投資家が一般に想定しないような長期にわたる期間を設定してはならない。

解　説

　保有期間は、DCF法において予測された毎期の純収益及び復帰価格を明示する期間となり、査定された割引率が適用される期間となる。

　不動産投資においては、対象不動産の属する市場の特性に応じ、精度の高い予測が行える期間内で売却することが一般的な場合と、その期間を超えて長期に保有することが一般的な場合とがある。DCF法の適用においては、これを反映して、前者の場合には保有期間満了時点における売却を前提にし、後者の場合には売却の想定は行わない。なお、基準各論第3章の証券化不動産の鑑定評価におけるDCF法の適用においては、売却の想定を行うことが求められている。

　保有期間の設定に当たっては、次の点に留意することが必要である。

a．純収益の変動について、精度の高い予測ができる期間であること

　　保有期間は、毎期の純収益及び復帰価格について精度の高い予測が可能な期間として決定することが必要であり、不動産投資における典型的な投資家が分析する期間が把握できる場合においては、この期間を標準として決定すべきものとなる。典型的な投資家が一般に想定しないような長期にわたる期間を設定するべきではなく、また、将来の収益予測が困難な不動産について、安易に長期にわたる保有期間を設定することは避けなければならない。

　　これは、DCF法の適用においては、毎期の純収益を予測し、収益価格及び復帰価格が導かれる過程について明示する点が重要となるために、依頼者等に対してこのような過程について説明ができる期間として保有期間を設定することが必要であることによる。例えば、建物賃貸借契約の内容が、一定期間の定期借家契約になっている場合や、過去の推移から、賃借人の長期入居が見込まれ、賃料変動についても予測できる

場合には、ある程度の長期予測（例えば10年）が可能となる場合があるが、一方で、賃料変動や空室率の変動が激しい地域に所在している不動産や、賃借人の入替えが頻繁に起こるような不動産等については、長期の保有期間を設定して、毎期の純収益を予測し、明示していくことは、一般に困難となるためである。

b．不動産投資における保有期間を参考にすること

また、不動産を購入後一定期間の後に売却することを想定する場合においては、精度の高い予測期間であることに加えて、不動産投資における典型的な投資家が保有する期間を標準に保有期間を判断することが有用な場合がある。

例えば、不動産の証券化において、資産流動化法に基づくSPC、信託、組合等に資産（特定資産）を譲渡後、計画期間後に特定資産を売却するような場合においては、当該計画期間を保有期間としてDCF法を適用することが、有用な場合がある。このような証券化の場合では、計画期間中に特定資産が生み出す収益が投資家等への利子・配当の支払い及び償還原資となるために、計画期間を保有期間とし将来の純収益について予測し明示するDCF法が有用となるためである。

c．一般には年間とし、必要に応じて月間等で把握すること

保有期間は、一般に年間単位で把握するが、保有期間の初期等において一期間内における純収益の変動が大きい場合は、月間単位で純収益を把握した方が望ましい場合がある。

これは、保有期間の初期においては、複利現価率の値が大きくなるために、一期間内の異なる時期に発生する純収益をすべて一年間の複利現価率で現在価値に計算した場合と、それぞれの発生時期に応じて月次の複利現価率を計算し収益価格を求めた場合では求められる結果に若干の差が生じる場合があるためである。保有期間初期における月間把握が望ましい例としては、新築建物により、貸家及びその敷地としての稼働率が安定していない場合などがあげられる。

その他に依頼目的等により四半期毎の把握等が必要となる場合もある。

第7章 鑑定評価の方式

> **運用上の留意事項**
>
> エ　復帰価格の求め方について
> 　保有期間満了時点において売却を想定する場合には、売却に要する費用を控除することが必要である。
> 　復帰価格を求める際に、n＋1期の純収益を最終還元利回りで還元して求める場合においては、n＋1期以降の純収益の変動予測及び予測に伴う不確実性をn＋1期の純収益及び最終還元利回りに的確に反映させることが必要である。
> 　なお、保有期間満了時点以降において、建物の取壊しや用途変更が既に計画されている場合又は建物が老朽化していること等により取壊し等が見込まれる場合においては、それらに要する費用を考慮して復帰価格を求めることが必要である。

解説

　復帰価格は、基本的にn＋1期の純収益を最終還元利回りで還元して求める。これは復帰価格は保有期間満了時点における対象不動産の価格（収益価格）であり、収益価格を求める収益還元法の考え方からは、復帰価格も保有期間満了時点以降に発生する純収益の当該時点における現在価値の総和として求めることが理論的であるためである。

　売却を想定する場合において、基本的にn＋1期の純収益を最終還元利回りで還元して求められた価格は売却予測価格となり、当該価格から売却に要する費用を控除したものが復帰価格となる。この場合において、復帰価格を求める際に売却に要する費用を控除するのは、復帰価格も対象不動産の純収益を構成するために、当該純収益を得るために必要な費用があればこれを控除することによって対象不動産に帰属する純収益を求めることによる。

　また、対象不動産の状態によって、保有期間満了時点において建物の取壊しを想定する場合における復帰価格は、対象不動産の更地価格から建物の取壊し費用を控除して求める方法や、建物の建替えを想定し建替え後の価格から当該建替えに要する費用を控除して求める方法を採用して求める。

　保有期間満了時点以降において、建物の取壊しや用途変更が既に計画されている場合又は建物が老朽化していること等により取壊し等が見込まれ

る場合に見込まれる収益や費用から保有期間満了時点における復帰価格を求める場合に、当該収益及び費用をその発生時期に応じて復帰時点まで割り引くことにより復帰価格を計算することができる。

また、売却を想定する場合には、売却予測価格を、対象不動産の現在の価格に変動率を考慮して求めることができる場合もある。

復帰価格をどのように求めるかは、鑑定評価において求める価格の種類や、対象不動産にかかる市場分析に基づき、適切に選択することが必要である。

運用上の留意事項

オ 最終還元利回りの求め方について
最終還元利回りは、価格時点の還元利回りをもとに、保有期間満了時点における市場動向並びにそれ以降の収益の変動予測及び予測に伴う不確実性を反映させて求めることが必要である。

解説

復帰価格を求める際に、n＋1期の純収益を最終還元利回りで還元して求める場合においては、n＋1期以降の純収益の変動予測や予測に伴う不確実性をn＋1期の純収益及び最終還元利回りに的確に反映させることが必要となる。還元利回りは、将来の収益に影響を与える要因の変動予測を含むものであるため、例えば、市場分析の結果から将来の純収益が変動すると予測される場合においては当該予測を還元利回りに反映させることが求められるため、最終還元利回りも同様に考えることが必要である。

予測の不確実性とは、予測された純収益の変動予測から乖離する可能性のことであり、保有期間満了時点以降については、将来時点における予測であるために、価格時点における予測の不確実性以上に高い不確実性が伴う傾向がある。

不動産鑑定評価基準

3．適用方法
(1) 純収益
① 純収益の意義

純収益とは、不動産に帰属する適正な収益をいい、収益目的のために用いられている不動産とこれに関与する資本（不動産に化体されているものを除く。）、労働及び経営（組織）の諸要素の結合によって生ずる総収益から、資本（不動産に化体されているものを除く。）、労働及び経営（組織）の総収益に対する貢献度に応じた分配分を控除した残余の部分をいう。

② 純収益の算定

　対象不動産の純収益は、一般に１年を単位として総収益から総費用を控除して求めるものとする。また、純収益は、永続的なものと非永続的なもの、償却前のものと償却後のもの等、総収益及び総費用の把握の仕方により異なるものであり、それぞれ収益価格を求める方法及び還元利回り又は割引率を求める方法とも密接な関連があることに留意する必要がある。

　なお、直接還元法における純収益は、対象不動産の初年度の純収益を採用する場合と標準化された純収益を採用する場合があることに留意しなければならない。

運用上の留意事項

① 直接還元法の適用について

　ア　一期間の純収益の算定について

　　直接還元法の適用において還元対象となる一期間の純収益と、それに対応して採用される還元利回りは、その把握の仕方において整合がとれたものでなければならない。

　　すなわち、還元対象となる一期間の純収益として、ある一定期間の標準化されたものを採用する場合には、還元利回りもそれに対応したものを採用することが必要である。また、建物その他の償却資産（以下「建物等」という。）を含む不動産の純収益の算定においては、基本的に減価償却費を控除しない償却前の純収益を用いるべきであり、それに対応した還元利回りで還元する必要がある。

$$P = \frac{a}{R}$$

総論

　　P：建物等の収益価格
　　a：建物等の償却前の純収益
　　R：償却前の純収益に対応する還元利回り

　一方、減価償却費を控除した償却後の純収益を用いる場合には、還元利回りも償却後の純収益に対応するものを用いなければならない。
　減価償却費の算定方法には定額法、償還基金率を用いる方法等があり、適切に用いることが必要である。

$$P = \frac{a'}{R'}$$

　　P ：建物等の収益価格
　　a'：建物等の償却後の純収益
　　R'：償却後の純収益に対応する還元利回り

　なお、減価償却費と償却前の純収益に対応する還元利回りを用いて償却後の純収益に対応する還元利回りを求める式は以下のとおりである。

$$R' = \frac{a'}{(a'+d)} \times R$$

　　R'：償却後の純収益に対応する還元利回り
　　R ：償却前の純収益に対応する還元利回り
　　a'：償却後の純収益
　　d ：減価償却費

解説

　収益目的のために供される不動産には、賃貸用不動産と賃貸以外の事業の用に供する不動産とがあるので、実際の純収益を求めるためには、賃貸用不動産にあっては、その賃貸収入等対象不動産から得られるすべての収益から減価償却費（償却前の純収益を求める場合には、計上しない。）、維持管理費（維持費、管理費、修繕費等）、公租公課（固定資産税、都市計画税等）、損害保険料等の諸経費等（基準各論第3章における証券化対象不動産の価格に関する鑑定評価においては、費用項目が別に定義されてい

ることに注意する。）を控除し、賃貸以外の事業の用に供する不動産にあっては、売上高から売上原価、販売費及び一般管理費並びに正常運転資金の利息相当額その他純収益を求めるために控除することを必要とする額を控除して求める。また、還元利回りは一般に年間の利回りとして求められるため、純収益は一般に年間を単位とする。DCF法においても一般に年間が単位とされるが、前述のとおり、月間等で把握することが望ましい場合があることに留意することが必要である。

　鑑定評価における減価償却は、企業会計上の期間的な損益計算を正確に行うために取得価額を適正に費用配分することを主要な狙いとしている減価償却と異なり、経済的耐用年数に基づく一定期間内における償却資産の価格の減少を期間配分するものである。また、建物等の再建築費等の積立てとして用いられる場合もある。

　建物等を含む不動産の純収益の算定において、基本的に減価償却費を控除しない償却前の純収益を用いるべきとされているのは、近年の不動産投資市場において、償却前収益と償却前収益に対応した利回りによる投資判断が一般的であることによる。

不動産鑑定評価基準

　純収益の算定に当たっては、対象不動産からの総収益及びこれに係る総費用を直接的に把握し、それぞれの項目の細部について過去の推移及び将来の動向を慎重に分析して、対象不動産の純収益を適切に求めるべきである。この場合において収益増加の見通しについては、特に予測の限界を見極めなければならない。

　特にDCF法の適用に当たっては、毎期の純収益及び復帰価格並びにその発生時期が明示されることから、純収益の見通しについて十分な調査を行うことが必要である。

　なお、直接還元法の適用に当たって、対象不動産の純収益を近隣地域若しくは同一需給圏内の類似地域等に存する対象不動産と類似の不動産又は同一需給圏内の代替競争不動産の純収益によって間接的に求める場合には、それぞれの地域要因の比較及び個別的要因の比較を行い、当該純収益について適切に補正することが必要である。

総論

運用上の留意事項

② DCF法の適用について
ア 毎期の純収益の算定について
建物等の純収益の算定においては、基本的には減価償却費を控除しない償却前の純収益を用いるものとし、建物等の償却については復帰価格において考慮される。

解説

　純収益の予測は、地域分析や個別分析の結果を踏まえて行うことが必要である。

　これらの把握に当たっては、平素から、不動産業者、建設業者及び金融機関等からの聴聞等によって市場の動向を収集し、併せて公的機関、不動産業者、金融機関、市場リサーチ機関等発行の市場動向にかかる資料を幅広く収集し、分析することが求められる。

　収益費用の予測は、対象不動産の価格形成要因の変動の予測とともに、市場参加者の合理的な行動の予測が必要であり、自ずと予測可能な期間と精度には限界がある。

　また、それらの予測には不確実性が伴うために、予測主体によって判断が大きく分かれることも少なくない。したがって、予測時点において入手可能な情報を有効に活用し、客観性と合理性を有する予測を行うことが重要であり、予測に関する判断が典型的な市場参加者が合理的な判断の下で行うであろうところと整合するものとなるように、市場参加者の動向を常に注視しながら鑑定評価を行う必要がある。

　なお、「収益増加の見通しについては、特に予測の限界を見極めなければならない」とは、必ずしも無限に収益が上昇するという予測を否定するものではなく、安易に一時的な上昇が長期間続くと判断すべきではないということである。

　収益還元法の適用においては、将来得られると予測される収益によって求められる収益価格が大きく左右されるため、十分な資料に基づかない安易な予測は行うべきではない。

　このような市場分析とそれに基づく将来の純収益の予測は、本来、DCF法のみに限らず、直接還元法の適用においても必要となるものである。直接還元法の適用においては、一期間の純収益の予測のみが明示され

るために、ややもすると将来の収益予測がおろそかになりがちであるが、二つの手法は、同じ収益価格を指向するものであり、直接還元法においても現在及び将来の市場分析を行うことが当然に求められる。

収益還元法を適用する場合に採用する純収益は、対象不動産について得られる純収益について直接的に求めることが望ましい。

近隣地域若しくは同一需給圏内の類似地域等に存する対象不動産と類似の不動産又は同一需給圏内の代替競争不動産の純収益から間接的に対象不動産の純収益を求める場合には、まず、価格時点における当該類似の不動産の純収益を求め、さらに、当該類似の不動産が近隣地域に存するものである場合においては、対象不動産と当該類似の不動産との個別的要因の比較を、当該類似の不動産が同一需給圏内の類似地域等に存するものである場合においては、近隣地域と当該類似の不動産の存する同一需給圏内の類似地域等との地域要因の比較及び個別的要因の比較を、同一需給圏内の代替競争不動産である場合においては、近隣地域と代替競争不動産の地域要因の比較及び個別的要因の比較をそれぞれ行い、当該純収益について適正に補正して純収益を求めなければならない。

税務上定額又は定率的に費用計上が認められている減価償却は、時価の変化とはかかわりなく、実勢を反映した市場価格を求める鑑定評価上の減価修正とは異質のものであり、減損会計等の時価評価の流れ、債権評価における簿価と時価の差額の認識の流れ及び市場取引における収益アプローチの実体から償却前の純収益が用いられることが一般的である。

なお、減価償却費又は償却率の査定に当たっては、収益を継続的に得ていくための設備の更新等の大規模修繕費の査定や積算価格を求める場合の減価修正との整合性も考慮する必要がある。

不動産鑑定評価基準

　ア　総収益の算定及び留意点
　(ア)　対象不動産が賃貸用不動産又は賃貸以外の事業の用に供する不動産である場合
　　　　賃貸用不動産の総収益は、一般に、支払賃料に預り金的性格を有する保証金等の運用益、賃料の前払的性格を有する権利金等の運用益及び償却額並びに駐車場使用料等のその他収入を加えた額（以下「支払賃料等」という。）とする。

総論

> 　賃貸用不動産についてのDCF法の適用に当たっては、特に賃貸借契約の内容並びに賃料及び貸室の稼動率の毎期の変動に留意しなければならない。
> 　賃貸以外の事業の用に供する不動産の総収益は、一般に、売上高とする。ただし、賃貸以外の事業の用に供する不動産であっても、売上高のうち不動産に帰属する部分をもとに求めた支払賃料等相当額、又は、賃貸に供することを想定することができる場合における支払賃料等をもって総収益とすることができる。
> 　なお、賃貸用不動産のうち賃借人により賃貸以外の事業に供されている不動産の総収益の算定及び賃貸以外の事業の用に供する不動産の総収益の算定に当たっては、当該不動産が供されている事業について、その現状と動向に十分留意しなければならない。

運用上の留意事項

　(ア)　総収益の算定
　　　一時金のうち預り金的性格を有する保証金等については、全額を返還準備金として預託することを想定しその運用益を発生時に計上する方法と全額を受渡時の収入又は支出として計上する方法とがある。

解説

　対象不動産が現に稼動している賃貸用不動産又は賃貸以外の事業の用に供する不動産である場合において、賃貸用不動産の総収益は、一般に、当該不動産の賃貸収入等から、賃貸以外の事業の用に供する不動産の総収益は、一般に、当該企業の売上高又は役務収入からそれぞれ求めなければならない。この場合における賃貸収入等は、各支払時期に実際に支払われる賃料等のほか、付加使用料、共益費等の名目で賃貸人に支払われるもののうち実質的に賃料に相当する額が含まれる。また、契約に当たって権利金、敷金、保証金等の一時金が授受されている場合には、これらの一時金の償却額及び運用益をも加算して求めなければならない。　売上高は、企

業の経営活動の成果としての総収益を計上すべきであり、製品又は商品の売上高、半製品、副産物その他棚卸品の評価額のほか、加工料収入及び役務提供による営業収入がある場合にはその額をも加算して求めなければならない。ただし、受取利息、有価証券売却益等の営業外収益は計上してはならない。

なお、賃貸以外の事業の用に供する不動産であっても、売上高のうち不動産に帰属する部分をもとに求めた支払賃料等相当額、又は同種の事業において賃貸借の規範性のある事例を把握している等賃貸に供することを想定することができる場合における支払賃料等をもって総収益とすることができる。

a．支払賃料

支払賃料の算定に当たっては、一般に年間を単位として求めるものとする。

また、賃料の変動予測及び貸室の稼動率の毎期の変動予測は地域分析及び個別分析の結果を踏まえて行うことが必要である。賃料の変動予測に当たって、新規賃料と継続賃料の変動率が異なる場合においてはそれらを反映させることが望ましい。

b．預り金的性格を有する保証金等の運用益

(a) 全額を返還準備金として預託することを想定しその運用益を発生時に計上する方法

全額を返還準備金として預託することを想定しその運用益を発生時に計上する方法を採用する場合、直接還元法の適用において総収益に計上する運用益は当該期に発生すると予測される運用益か、長期にわたる運用益を標準化した運用益となる。DCF法の適用においては、各期に発生すると予測される運用益を当該発生期に計上する。

また、保証金のうち、一定期間据置きの上、その後一定期間に返済利子付きで償還する性格のものは、保証金に平均運用利回りを乗じて求めることができる。

(平均運用利回りを求める計算式の例)

保証金の残額がある場合、すなわち、「m＋n年間」の平均運用利回り（年利率）をRとすれば、次の式により表される。

$$R = \left[1 - \frac{1}{r} \times \left\{\frac{i}{(1+r)^m} + \frac{r-i}{n \times r} \times \left(\frac{1}{(1+r)^m} - \frac{1}{(1+r)^{m+n}}\right)\right\}\right] \times \frac{r(1+r)^{m+n}}{(1+r)^{m+n}-1}$$

r：運用利回り（年利率）
i：保証金の返済期間中に付す利子（年利率）
m：保証金の据置年数
n：保証金の返済年数

(b) 全額を受渡時の収入又は支出として計上する方法

　　全額を受渡時の収入又は支出として計上する方法を採用する場合は、直接還元法の適用においては、運用利回りを割引率として計算された運用益を計上する。DCF法の適用においては、保証金等が入金される時期に、当該入金額を総収益に計上し、支払われる時期に、支払額を総費用に計上する。したがって、当該保証金等の運用益は総収益には計上されないが、敷金・保証金等の入出金額が、それぞれの入出金時期に応じて現在価値に割り引かれることになるために、敷金・保証金等が割引率で運用されたのと同じ結果になる。この方法は、例えば商業施設等において多額の保証金等が授受され、それらが賃貸人の調達資金となり銀行等に預金されることなく直ちに事業資金として使用される場合等に有効である。

　　上記二つの方法については、異なる運用利回りが適用されることになるために、いずれの方法を採用するかにより運用益の差が生じ、収益価格が異なることになるので、いずれの方法を採用するかの判断は、対象不動産にかかる個別事情（一時金に係る契約条項、一時金が事業資金に充当されるものであるか否かなど）や市場慣行をかんがみながら、標準的と判断される適切な方法を選択することが必要である。また、直接還元法とDCF法を併用する場合においては、二つの手法の適用上その取扱いが整合していることに留意することが必要である。

c．賃料の前払的性格を有する権利金等の運用益及び償却額

　　賃料の前払的性格を有する権利金等の運用益及び償却額は、直接還元法においては、平均賃貸借期間内に均等に償却するものとして、権利金等に運用利回り及び償却期間を基礎とした元利均等償還率を乗じて求

め、一期間の運用益及び償却額を計上するが、DCF法においては、入金のある期に全額を計上することが、実際の資金の流れに沿った方法と考えることができる。

d．駐車場使用料

　駐車場使用料についても、駐車場が、タワー式か、機械式か、自走式か、屋内・屋外平置きか、収容台数は何台あるのか、月極めか、時間貸しかなどを確認し、稼動率や料金について市場動向から予測することが必要である。

e．その他収入

　その他収入については、自動販売機の設置に伴い発生する収益や広告看板費、アンテナ設置収入等がある。

　収益還元法は、対象不動産から得られるすべての純収益の現在価値の総和を求めることにより対象不動産の収益価格を求める方法であるために、建物賃貸借や駐車場使用料以外にも対象不動産から得られる収入がある場合にはそれらを総収益に含めることが必要となる。この場合においては、その他収入が誰に帰属するものであるかを確認することが重要である。

　共用部分の水道光熱費、冷暖房費、清掃費などの費用に充てるために、共益費が授受される場合がある。このような共益費は、支払賃料に含まれる場合と支払賃料とは別に徴収される場合がある。別に徴収される場合で、実際に支払われる費用と一致しない場合には、実質的に賃料を構成する部分があるため、共益費についても注意を払う必要がある。

　共益費が賃料に含まれている場合、又は別に徴収される場合で、当該金額を総収益に含める場合には、総費用においても見合いの費用を計上することが必要である。また、借り手優位の市況でみられるフリーレント（賃料免除）の場合でも、共益費は支払われることが一般的であるので注意が必要である。

　専用使用部分の冷暖房の時間外利用料についても、実費に管理費用が加算されていることが多いので十分な分析が必要である。

f．貸倒れ準備費（貸倒れ損失）

　貸倒れ準備費は、賃借人の賃料不払いにより賃貸人が被る損失をてん補するために計上するものとする。ただし、敷金、保証金等によって貸倒れ損失のてん補が十分担保されている場合には、貸倒れ準備費を計上する必要がないことに留意する必要がある。

g．空室等による損失相当額
　　空室等による損失相当額は、対象不動産に係る地域分析及び個別分析に基づき適正に算出するものとする。その場合には、世代別人口の推移・動向、空き家率の推移・動向、周辺新規物件の供給状況等、過去・現在の推移のほか将来の動向を的確に予測・反映する必要がある。

運用上の留意事項

　　③　事業用不動産について
　　　ア　賃貸用不動産又は賃貸以外の事業の用に供する不動産のうち、その収益性が当該事業（賃貸用不動産にあっては賃借人による事業）の経営の動向に強く影響を受けるもの（以下「事業用不動産」という。）を例示すれば、次のとおりである。
　　　　(ア)　ホテル等の宿泊施設
　　　　(イ)　ゴルフ場等のレジャー施設
　　　　(ウ)　病院、有料老人ホーム等の医療・福祉施設
　　　　(エ)　百貨店や多数の店舗により構成されるショッピングセンター等の商業施設
　　　イ　事業用不動産の特性
　　　　(ア)　運営形態の多様性
　　　　　　事業用不動産に係る事業の運営形態については、その所有者の直営による場合、外部に運営が委託される場合、当該事業用不動産が賃貸される場合等多様であり、こうした運営形態の違いにより、純収益の把握の仕方や、当該純収益の実現性の程度が異なる場合があることに留意すべきである。
　　　　(イ)　事業用不動産に係る収益性の分析
　　　　　　事業用不動産に係る収益性の分析に当たっては、事業経営に影響を及ぼす社会経済情勢、当該不動産の存する地域において代替、競争等の関係にある不動産と比べた優劣及び競争力の程度等について中長期的な観点から行うことが重要である。
　　　　　　また、依頼者等から提出された事業実績や事業計画等は、上記の分析における資料として有用であるが、当該資料のみに依拠するのではなく、当該事業の運営主体として通常想定される事業者（以下「運営事業者」という。）の視点から、

当該実績・計画等の持続性・実現性について十分に検討しなければならない。
　ウ　事業用不動産に係る総収益の把握における留意点
　　事業用不動産については、その利用方法において個別性が高く、賃貸借の市場が相対的に成熟していないため、賃貸借の事例をもとに適正な賃料を把握することが困難な場合が多い。したがって、当該事業による売上高をもとに支払賃料等相当額を算定する場合には、その事業採算性の観点から、適正な賃料水準を把握する必要がある。
　　また、事業用不動産が現に賃貸借に供されている場合においても、現行の賃貸借契約における賃料と、事業採算性の観点から把握した適正な賃料水準との関係について分析を行うことが有用である。
　　これらの場合においては、将来における事業経営の動向を中長期的な観点から分析し、当該賃料等が、相当の期間、安定的に収受可能な水準であるかについて検討する必要がある。
　　なお、運営事業者が通常よりも優れた能力を有することによって生じる超過収益は、本来、運営事業者の経営等に帰属するものであるが、賃貸借契約において当該超過収益の一部が不動産の所有者に安定的に帰属することについて合意があるときには、当該超過収益の一部が当該事業用不動産に帰属する場合があることに留意すべきである。

解　説
　賃貸以外の事業の用に供する不動産の収益性は、当該不動産が供されている事業の採算性を反映して定まるものである。
　また、賃貸用不動産の収益性は、賃借人から収受する支払賃料等を反映して定まるものであるが、賃借人が当該不動産を賃貸以外の事業の用に供している場合、当該支払賃料等は、賃借人により行われる事業を前提に、その採算の範囲内において負担されることが通常であるので、結果として当該不動産の収益性は、当該不動産が供されている賃貸以外の事業の採算性に左右される傾向がある。
　上記により、賃貸以外の事業の用に供する不動産及び賃貸用不動産のう

> [総論]

ち賃借人により賃貸以外の事業に供されている不動産について、収益還元法を適用する場合には、当該不動産が供されている賃貸以外の事業について、その現状と動向に十分留意のうえ、総収益を算定する必要がある。

　賃貸以外の事業の用に供する不動産の総収益は、一般に売上高により算定するが、都市部におけるビジネスホテルのように、当該不動産に係る賃貸借の慣行が、ある程度認められるような場合には、賃料や採用する還元利回りの水準感等について、賃貸事例等との比較を行うことが有用であるため、収益分析法の考え方を踏まえ、売上高のうち不動産に帰属する部分をもとに求めた支払賃料等相当額により総収益を算定することができる。
　なお、賃貸以外の事業に供されている不動産であっても、自社用オフィスビル、企業用社宅・寮、物流倉庫などのように、賃貸借の市場が成熟していると認められる場合には、対象不動産について賃貸事業を想定し、類似不動産の賃貸事例と比較して求めた支払賃料等により総収益を算定することができる。
　宿泊施設、レジャー施設、医療・福祉施設、商業施設等の事業の用に供されている不動産（賃借人により当該事業に供されている賃貸用不動産を含む。）の収益性については、当該施設における賃貸以外の事業の経営の動向に強く影響を受けるものであり、これらの不動産を「事業用不動産」と定義づけている。

【不動産の区分イメージ】

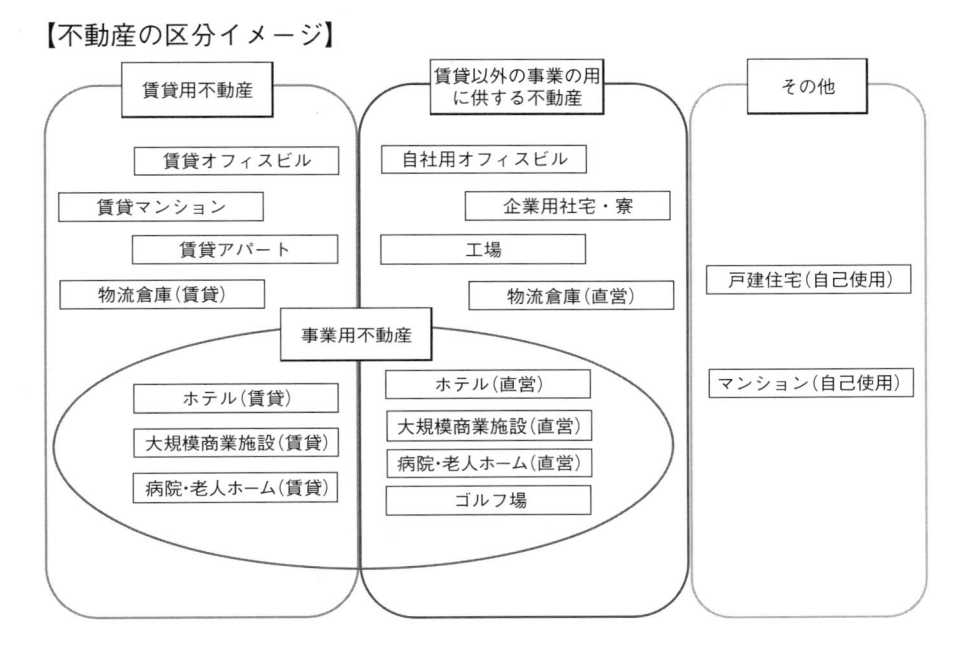

```
賃貸用不動産
  賃貸オフィスビル
  賃貸マンション
  賃貸アパート
  物流倉庫（賃貸）
      事業用不動産
  ホテル（賃貸）
  大規模商業施設（賃貸）
  病院・老人ホーム（賃貸）

賃貸以外の事業の用に供する不動産
  自社用オフィスビル
  企業用社宅・寮
  工場
  物流倉庫（直営）
  ホテル（直営）
  大規模商業施設（直営）
  病院・老人ホーム（直営）
  ゴルフ場

その他
  戸建住宅（自己使用）
  マンション（自己使用）
```

　事業用不動産は、事務所ビルや共同住宅等の典型的な賃貸用不動産と比較して、賃貸借の市場が相対的に成熟していないため、その収益性は、当該不動産を利用して行われる事業の採算性をもとに把握する必要がある。

　したがって、事業用不動産について収益還元法を適用する場合においては、当該事業における実際の経営状況を把握するとともに、事業経営に影響を及ぼす要因の現状と将来の動向を勘案の上、中長期的な観点から当該事業に基づく収支を査定し、これをもとに総収益を算定する必要がある。

　この場合においては、依頼者等から提出された事業収支・事業計画等は、現在の運営主体の優劣等が反映されたものであるため有用な資料であるが、当該資料のみに依拠するのではなく、事業の運営主体として通常想定される事業者による運営を前提に、不動産自体のポテンシャルに基づく収益性を把握すべきことに留意が必要である。

　また、事業の属性が同一の事業用不動産であっても、例えば、
・ホテルであれば、シティホテル・ビジネスホテル・リゾートホテル等の別
・病院であれば、急性期を担う病院・慢性期を担う病院等の別

により、事業の特性や事業収支の内容が大きく異なることに留意すべきである。

なお、事業用不動産が現に賃貸に供されている場合、総収益は支払賃料等となるが、賃借人による賃貸以外の事業に係る収支に基づき支払賃料等相当額を把握し、これとの比較により、現行の賃貸借契約における支払賃料等が、相当の期間、安定的に収受可能な水準であるかについて分析することが有用である。

この場合において、運営事業者である賃借人が、通常よりも優れた能力を有することによる超過収益は、本来賃借人に帰属するものであるが、賃貸借契約において、いわゆる「歩合賃料制」が約定されている場合等においては、当該超過収益の一部が事業用不動産に帰属する場合があることに留意すべきである。

不動産鑑定評価基準

(イ) 対象不動産が更地である場合において、当該土地に最有効使用の賃貸用建物等の建築を想定する場合
　　対象不動産に最有効使用の賃貸用建物等の建築を想定し、当該複合不動産が生み出すであろう総収益を適切に求めるものとする。

運用上の留意事項

① 直接還元法の適用について
　イ 土地残余法
　　対象不動産が更地である場合において、当該土地に最有効使用の賃貸用建物等の建築を想定し、収益還元法以外の手法によって想定建物等の価格を求めることができるときは、当該想定建物及びその敷地に基づく純収益から想定建物等に帰属する純収益を控除した残余の純収益を還元利回りで還元する手法（土地残余法という。）を適用することができる。
　　また、不動産が敷地と建物等との結合によって構成されている場合において、収益還元法以外の手法によって建物等の価格を求めることができるときは、土地残余法を適用することがで

きるが、建物等が古い場合には複合不動産の生み出す純収益から土地に帰属する純収益が的確に求められないことが多いので、建物等は新築か築後間もないものでなければならない。

土地残余法は、土地と建物等から構成される複合不動産が生み出す純収益を土地及び建物等に適正に配分することができる場合に有効である。

土地残余法を適用して土地の収益価格を求める場合は、基本的に次の式により表される。

$$P_L = \frac{a - B \times R_B}{R_L}$$

P_L：土地の収益価格
a ：建物等及びその敷地の償却前の純収益
B ：建物等の価格
R_B：償却前の純収益に対応する建物等の還元利回り
R_L：土地の還元利回り

なお、土地残余法の適用に当たっては、賃貸事業におけるライフサイクルの観点を踏まえて、複合不動産が生み出す純収益及び土地に帰属する純収益を適切に求める必要がある。

ウ 建物残余法

不動産が敷地と建物等との結合によって構成されている場合において、収益還元法以外の手法によって敷地の価格を求めることができるときは、当該不動産に基づく純収益から敷地に帰属する純収益を控除した残余の純収益を還元利回りで還元する手法（建物残余法という。）を適用することができる。

建物残余法は、土地と建物等から構成される複合不動産が生み出す純収益を土地及び建物等に適正に配分することができる場合に有効である。

建物残余法を適用して建物等の収益価格を求める場合は、基本的に次の式により表される。

$$P_B = \frac{a - L \times R_L}{R_B}$$

> P_B：建物等の収益価格
> a：建物等及びその敷地の償却前の純収益
> L：土地の価格
> R_L：土地の還元利回り
> R_B：償却前の純収益に対応する建物等の還元利回り

解説

対象不動産が更地である場合あるいは更地であるものとして当該土地に最有効使用の賃貸用建物等の建築を想定して求める総収益は、土地及び想定建物等からなる複合不動産が生み出すであろう総収益として、適正に求めなければならない。

この場合における総収益は、基準総論第7章第1節Ⅳ3．(1)②ア(ア)の「対象不動産が賃貸用不動産又は賃貸以外の事業の用に供する不動産である場合」における賃貸用不動産の賃貸収入等に準じて求めるものとする。

また、更地について想定された複合不動産の総収益を、近隣地域又は同一需給圏内の類似地域等に存する類似の不動産の総収益から求める場合は、事情補正、時点修正、地域要因の比較及び個別的要因の比較が必要となるが、これらについては、賃貸事例比較法に準じて行う。

土地残余法は、土地及び当該土地上に想定する建物等を一体として賃貸事業を営むことを前提に、総収益、総費用及び純収益を把握し分析することにより土地価格を求めるものであり、賃貸事業におけるライフサイクルを明確にした上で検討する必要がある。賃貸事業におけるライフサイクルとしては、更地に①賃貸用建物を建築し、②同建物を賃貸し、③建物の耐用年数満了時に取り壊して更地化するという①から③までの一連の流れを一ライフサイクルとして捉え、このライフサイクルを繰り返すことにより賃貸事業が永久に続くものと想定する。

なお、土地については非償却資産であるので、土地の還元利回りに「償却前の純収益に対応する」という文言はない。

第7章 鑑定評価の方式

不動産鑑定評価基準

イ　総費用の算定及び留意点

賃貸用不動産（ア(イ)の複合不動産を想定する場合を含む。）の総費用は、減価償却費（償却前の純収益を求める場合には、計上しない。）、維持管理費（維持費、管理費、修繕費等）、公租公課（固定資産税、都市計画税等）、損害保険料等の諸経費等を加算して求めるものとする。

賃貸以外の事業の用に供する不動産の総費用は、売上原価、販売費及び一般管理費等を加算して求めるものとする。ただし、賃貸以外の事業の用に供する不動産であっても、売上高のうち不動産に帰属する部分をもとに求めた支払賃料等相当額、又は、賃貸に供することを想定することができる場合における支払賃料等をもって総収益とした場合、総費用は上記賃貸用不動産の算定の例によるものとする。

なお、DCF法の適用に当たっては、特に保有期間中における大規模修繕費等の費用の発生時期に留意しなければならない。

運用上の留意事項

②　DCF法の適用について
ア　毎期の純収益の算定について
(イ)　総費用の算定

大規模修繕費等の費用については、当該費用を毎期の積み立てとして計上する方法と、実際に支出される時期に計上する方法がある。実際に支出される時期の予測は、対象不動産の実態に応じて適切に行う必要がある。

解説

賃貸収入等から控除すべき費用は、当該不動産を賃貸して収益をあげるのに直接必要とされる費用となる。したがって、直接的費用と認められない借入金の利子、賃貸不動産に化体されている自己資金の利息相当額等は、純収益算定のための費用としては計上しない。

また、売上高から控除すべき費用は、当該不動産を企業の用に供するこ

とにより収益をあげるのに直接必要とされる費用であり、その算定に当たっては、売上原価として仕入原価、製品原価、役務原価等を、販売費及び一般管理費として給与手当、旅費、広告宣伝費、事務用消耗品、通信費等を、正常運転資金の利息相当額として現金、当座預金等通常必要とされる運転資金の利息相当額、その他純収益を求めるために控除することを必要とする額を、控除すべき費用としてそれぞれ計上して求めなければならない。この場合においても、会計上営業外費用として扱われる支払利息、割引料等は計上してはならないことはいうまでもない。さらに、償却前収益を求める場合においては、売上原価や販売費及び一般管理費等に含まれる建物等の減価償却費は費用に含めない。

総費用の将来の変動予測に当たっては、賃借人の入居数や業種、管理費用や修繕費の動向、建物の劣化状況、今後の修繕の必要性等についての判断が必要となるため、情報収集に努めるとともに、それらの判断に必要な基礎知識を身につけておくよう心がけるべきである。なお、必要に応じ、建物の構造や設備については、建物の専門家の調査結果を活用することにより建物の大規模修繕等の発生時期及びそれに要する費用等を詳細に把握することにより予測の精度を高めることに留意すべきである。

大規模修繕費とは、対象不動産の取得時又は取得後において行われる支出で、対象不動産に係る建物、設備等の修理・改良等のために支出した金額のうち、当該建物、設備等の価値を高め、又はその耐久性を増すこととなると認められる部分に対応する支出を指す。

大規模修繕費は、賃貸用不動産におけるDCF法の適用の場合のみならず、賃貸以外の事業の用に供されている不動産の場合や、直接還元法を適用する場合にも計上する。

DCF法の適用においては、毎期の純収益の額及びその発生時期が明示されることから、純収益の見通しについて十分な調査を行うことが必要である。調査の結果から大規模修繕費の発生時期が把握できる場合には当該支出時期に支出金額を計上することが実際の資金の流れに沿った方法となるが、支出年における純収益の減少による影響が大きい場合には、それを緩和するために、当該費用を毎期の積み立てとして計上する方法もある。

直接還元法の適用において大規模修繕費を計上する場合の平準化された額は、償還基金率等により計算された額を活用することもできるが、この場合、当該費用計上後の純収益に対応する還元利回りを求めることが必要である。

すなわち、大規模修繕費を計上する場合には、それに伴って減価した価格の一部が回復し、または価格が上昇し、経済的残存耐用年数が延長されることがあるので、直接還元法の適用において採用する還元利回りを求める場合においては、大規模修繕による価格の変動や経済的残存耐用年数の延長について留意することが必要となる。例えば、建物について元利逓増償還率を用いて建物の還元利回りを求めた場合には、大規模修繕費によって回復される償却率が、還元利回りに過度に計上されることにならないか留意が必要である。

　なお、収支計画等により実際に積立てを行う場合は、当該積立額を計上することが現実の収支に沿った方法となる。

a．維持管理費

　維持管理費には、建物・設備管理、保安警備、清掃等対象不動産の維持・管理のために要する費用の他、修繕費、テナント管理等不動産の管理業務にかかる経費、テナント募集費用等を計上する。ただし、証券化対象不動産については、基準各論3章第5節Ⅱにおいて、別途DCF法の収益費用項目が区分され、記載の統一が図られているので留意が必要である。この中で維持管理費は、建物・設備管理、保安警備、清掃等対象不動産の維持・管理のために経常的に要する費用のみを計上し、他の費用は別項目に区分記載することとされている。

　水道光熱費、冷暖房費、清掃費、機械設備保守費等は、賃料とは別に付加使用料及び共益費として処理されるのが一般であるので、賃借人から徴収する共益費が判明している場合には当該金額を総収益に計上し、見合いの支出を総費用に計上する。あるいは、徴収される共益費と見合いの支出額が一致している場合には、総収益及び総費用ともに計上しない扱いとすることもできる。

　なお、修繕費は、できる限り実態調査によりその標準的な費用の額を求める必要がある。

b．公租公課

　公租公課は、対象不動産に賦課されるものを計上する。公租公課は、対象不動産を管轄する市区町村役所や所有者への確認等により、土地及び建物等の課税標準額、税率等を調査して求める。

c．損害保険料

　損害保険料は、火災保険料、賠償責任保険料等の支払額を計上する。実際の支払額が把握できない場合には、適正な料率（例えば、損害保険

料率算出機構の定める参考純率等）によりその相当額を算出する。
d．その他費用
　その他費用は、駐車場使用料収入に対応した経費等賃料以外の収益に対応した費用である。

不動産鑑定評価基準

(2) 還元利回り及び割引率
　① 還元利回り及び割引率の意義
　　還元利回り及び割引率は、共に不動産の収益性を表し、収益価格を求めるために用いるものであるが、基本的には次のような違いがある。
　　還元利回りは、直接還元法の収益価格及びDCF法の復帰価格の算定において、一期間の純収益から対象不動産の価格を直接求める際に使用される率であり、将来の収益に影響を与える要因の変動予測と予測に伴う不確実性を含むものである。
　　割引率は、DCF法において、ある将来時点の収益を現在時点の価値に割り戻す際に使用される率であり、還元利回りに含まれる変動予測と予測に伴う不確実性のうち、収益見通しにおいて考慮された連続する複数の期間に発生する純収益や復帰価格の変動予測に係るものを除くものである。

第7章 鑑定評価の方式

解 説

　不動産が生み出す純収益の絶対額それ自体は、その不動産の収益性を示すものではない。

　不動産の収益性とは、不動産が生み出す純収益の額のその元本価格に対する相対的な関係を示す概念であって、通常これを利回りという。この不動産の利回りには、還元利回りと割引率がある。

　還元利回りが使われる直接還元法においては、還元対象となるのは、一期間の純収益であるため、この還元対象となる一期間の純収益の変動予測や価格の変動予測は還元利回りに反映されることになる。他方、DCF法では純収益の変動が将来の収益見通し（収支表、キャッシュフロー表）に明示され、この明示された純収益を割り引くことになるために、割引率には、将来の収益見通しにおいて反映された変動予測は含まれない。このような割引率と還元利回りの構成要素の違いから、割引率に、還元利回りに必要な要素を加味することで、割引率から還元利回りが求められるという関係式が得られる。

　将来の収益に影響を与える要因の変動予測については、それが純収益を増加させるものであるのか、あるいは減少させるものであるのかによって負の値あるいは正の値となって還元利回りの決定に作用する。

　不動産の鑑定評価は、不動産鑑定士が専門家として標準的と判断する一つの収益予測に基づいて行うが、将来の収益の変動を完全に予測することは困難である。

不動産鑑定評価基準

　②　還元利回り及び割引率の算定
　　ア　還元利回り及び割引率を求める際の留意点
　　　　還元利回り及び割引率は、共に比較可能な他の資産の収益性や金融市場における運用利回りと密接な関連があるので、その動向に留意しなければならない。
　　　　さらに、還元利回り及び割引率は、地方別、用途的地域別、品等別等によって異なる傾向を持つため、対象不動産に係る地域要因及び個別的要因の分析を踏まえつつ適切に求めることが必要である。

総論

運用上の留意事項

① 直接還元法の適用について
　オ　還元利回りの求め方
　　還元利回りは、市場の実勢を反映した利回りとして求める必要があり、還元対象となる純収益の変動予測を含むものであることから、それらの予測を的確に行い、還元利回りに反映させる必要がある。還元利回りを求める方法を例示すれば次（222頁〜230頁）のとおりであるが、適用に当たっては、次（222頁〜230頁）の方法から一つの方法を採用する場合又は複数の方法を組み合わせて採用する場合がある。また、必要に応じ、投資家等の意見や整備された不動産インデックス等を参考として活用する。

運用上の留意事項

② DCF法の適用について
　イ　割引率の求め方について
　　割引率は、市場の実勢を反映した利回りとして求める必要があり、一般に1年を単位として求める。また、割引率は収益見通しにおいて考慮されなかった収益予測の不確実性の程度に応じて異なることに留意する。
　　割引率を求める方法を例示すれば次（230頁〜236頁）のとおりであるが、適用に当たっては、下記（230頁〜236頁）の方法から一つの方法を採用する場合又は複数の方法を組み合わせて採用する場合がある。また、必要に応じ、投資家等の意見や整備された不動産インデックス等を参考として活用する。

解　説

　基準及び基準留意事項に複数例示されている還元利回り及び割引率を求める方法のうち、実務上、対象不動産に応じてどの求め方を重視すべきかについては、次の観点から検討することが必要である。

　基準及び基準留意事項に記載されている還元利回り及び割引率の求め方は例示であるが、それぞれの方法には長所、短所があり、それぞれの方法

が有する特性を十分理解した上で、採用可能な資料の豊富さ、信頼性等を勘案し、適切な方法を採用することにより、市場の実勢や投資家の行動を反映した利回りを求めるべきである。例えば、類似の不動産の取引事例との比較から求める方法については、客観的かつ信頼できる資料が収集できる場合には、市場の実態を反映した方法として説得力のある方法となる。一方、収集した取引事例について特殊な要因があるために適切に補正できない場合にはこの方法は適用できない。借入金と自己資金に係る還元利回りまたは割引率から求める方法は、対象不動産に係る資金調達条件が把握できる場合には、基準留意事項で規定された基本的な算式を活用し、容易に求めることができるが、特に自己資金還元利回りや自己資金割引率について信頼できる資料を得るためには、投資家等に対する意見聴取を含めた調査・分析等が必要である。さらに、資金調達条件については、しばしば買主側の見方に偏りがちとなるため、市場における標準的な水準を把握することが必要である。

なお、基準及び基準留意事項に記載されている還元利回り及び割引率の求め方は例示であり、これら以外にも実務的に有効な方法があれば、それを否定するものではない。

また、割引率の求め方に土地と建物の割引率から求める方法を記載していないのは、収益を生み出す資産としての建物及びその敷地が一体としての利用の用に供されている場合において、将来発生する収益を対象とした不確実性は、建物及びその敷地に同様に帰するものであり、割引率は、予測された収益の不確実性を含むものとして構成されるものであるために、建物及びその敷地を構成する建物等とその敷地の割引率は同じになるからである。

還元利回りや割引率を算定するための参考資料は次のとおりである。

a．投資家等の意見の活用

この方法は、投資家等市場参加者への聴取の結果に基づく公表資料を活用し、個別に聴取することにより、市場における水準を把握し、鑑定評価における参考資料とする方法である。

公表資料の場合、一般に調査時点から公表時点までの間に一定の期間があるために、当該期間における変動要因の有無について注意し、変動要因が存する場合には、補正を行うことが必要となる。また、調査において対象とした不動産が、対象不動産と地域要因及び個別的要因について異なる場合には、必要に応じて補正し、さらに投資家の希望利回りで

総論

ある場合には、当該事情に応じた補正が必要となる。

b．整備された不動産インデックスを活用

　この方法は、公表されている各種の不動産インデックスを参考資料として活用する方法である。

　一般に公表されている不動産インデックスについては、その対象とする不動産及び期間を含む作成方法において必ずしも統一されていない。したがって、それぞれの作成方法について確認し、鑑定評価の手法への適用にかかる規範性について留意することが必要となる。例えば、鑑定評価において予測する収益は将来時点のものであるのに対し、公表されている不動産インデックスは一般に過去時点から現時点にかかる収益率等を示すものであるので、割引率や還元利回り算定の直接の資料とする際には注意が必要であり、地域相互間の差異について参考とすることや金融資産との比較において活用することが考えられる。

　また、不動産インデックスは、一般に分類された市場の標準的水準を表すものであるので、対象不動産の個別性について補正を行うことが必要であり、さらに、分析の対象としている期間について考慮することが求められる。

不動産鑑定評価基準

　イ　還元利回りを求める方法

　　還元利回りを求める方法を例示すると次のとおりである。

　㋐　類似の不動産の取引事例との比較から求める方法

　　この方法は、対象不動産と類似の不動産の取引事例から求められる利回りをもとに、取引時点及び取引事情並びに地域要因及び個別的要因の違いに応じた補正を行うことにより求めるものである。

第7章 鑑定評価の方式

> **運用上の留意事項**
>
> ① 直接還元法の適用について
>   オ 還元利回りの求め方
>   ㋐ 類似の不動産の取引事例との比較から求める方法
>   取引事例の収集及び選択については、総論第7章に定める取引事例比較法の適用方法に準ずる。
>   取引事例から得られる利回り（以下「取引利回り」という。）については、償却前後のいずれの純収益に対応するものであるかに留意する必要がある。あわせて純収益について特殊な要因（新築、建替え直後で稼働率が不安定である等）があり、適切に補正ができない取引事例は採用すべきでないことに留意する必要がある。
>   この方法は、対象不動産と類似性の高い取引事例に係る取引利回りが豊富に収集可能な場合には特に有効である。

解 説

取引事例は、近隣地域又は同一需給圏内の類似地域に存する不動産に係るものから選択するものとし、必要やむを得ない場合には近隣地域の周辺の地域に存する不動産に係るもののうちから、対象不動産の最有効使用が標準的使用と異なる場合等には、同一需給圏内の代替競争不動産に係るもののうちから選択するものとするほか、次の要件の全部を備えなければならないとされる。

a．取引事例が正常なものと認められるものであること、又は正常なものに補正することができるものであること

　一般に取引事例比較法を適用する場合と同じであり、還元利回りについても、取引事例において、売買当事者の力関係で、売り急ぎや買い進み等の事情による価格が成立している場合、あるいは、対象不動産の収益予測において特別な要因が加味されている場合には、そのような事情を補正した還元利回りを求めることが必要となる。

b．時点修正をすることが可能なものであること

　取引時点と対象不動産の価格時点において市場動向に変化がある場合は補正が必要になる。例えば、取引時点においては将来の不確実性が少なかったが、価格時点においては、税制改正の可能性が出てきたとか、

> 総論

大型案件の計画が公表される等の要因によって、市場の不確実性が増すことが考えられ、このような場合には、還元利回りの市場水準が上昇することがあり得る。また、需給動向が逼迫し、期待する収益率を低く抑えざるを得ない状況になると、還元利回りが低くなる場合もある。

このように、取引時点と価格時点の市場状況の変化について注意し、状況に応じて還元利回りを補正することが求められる。

c．地域要因の比較及び個別的要因の比較が可能なものであること

(a) 地域要因

事例不動産と対象不動産の所在する地域の地域要因が異なる場合には、この異同についての比較が必要になる。これらを比較する理由は、これらの要因が異なるということは、将来の収益予測やその不確実性が異なることによる。

(b) 個別的要因

個別的要因とは、例えば、建物については、築年数、面積や設計・設備等の機能性があげられる。これらを比較する理由も、これらの要因が異なるということは、将来の収益予測やその不確実性が異なることによる。

対象不動産が建物及びその敷地である場合においては、建物の構造、規模、用途、維持管理状況、賃貸借の契約内容、賃借人の状況、空室、権利形態等について対象不動産と事例不動産との相違を比較し、事例不動産の還元利回りを適切に補正することが必要である。

地域要因や個別的要因の把握に当たっては、このような価格形成要因について、市場参加者がどのように判断し、どのような観点から不動産の価格を判断しているのかといった市場の動向分析を踏まえて判断することが必要になる。すなわち、対象不動産に係る市場の特性の把握の結果を踏まえて地域要因を分析し、さらに個別的要因について分析することにより還元利回りを求めていくことが求められる。

地域要因や個別的要因の違いによってどれほどの差が生じるかについては、多くの事例を収集し、その価格形成要因を確認することによってある程度の傾向を把握することはできる。この格差を客観的な数値として求めるためには、統計的な手法を採用することが考えられるが、統計分析のためには、数多くの取引事例を収集し、分析することが必要であり、また、時間とともに各要因に対する比重の程度などが異なることが予測されるため定期的な分析が必要となること、さら

に将来の予測に採用するためには、将来の市場動向の予測とそれに対応した分析が必要となる。したがって、取引事例比較法と同様に、常に変動する市場動向を踏まえた判断が求められる。

類似の不動産の取引事例との比較から求める方法は、対象不動産と類似性を有する取引事例に係る利回りが豊富に収集可能な場合に特に有効な方法となる。取引価格が収益価格によって決定されていない場合には、純収益と取引価格との関連が希薄である可能性が高く、取引価格と事例不動産の純収益の比率によって求められる取引事例の還元利回りは、その還元利回りとしての信頼性が必ずしも高くないことに留意することが必要である。また、この方法による還元利回りの採用は、取引事例比較法を還元利回りの比較の観点で行うことと、実質的に同じとなるために、取引事例から得られる還元利回りがどのような算定に基づくものであるかの観点に留意することが求められる。不動産市場において、一般的に取引利回りといわれるものには、総賃料と取引価格との比率である場合もある。

不動産鑑定評価基準

(イ) 借入金と自己資金に係る還元利回りから求める方法

この方法は、対象不動産の取得の際の資金調達上の構成要素（借入金及び自己資金）に係る各還元利回りを各々の構成割合により加重平均して求めるものである。

運用上の留意事項

(イ) 借入金と自己資金に係る還元利回りから求める方法

この方法は、不動産の取得に際し標準的な資金調達能力を有する需要者の資金調達の要素に着目した方法であり、不動産投資に係る利回り及び資金調達に際する金融市場の動向を反映させることに優れている。

上記による求め方は基本的に次の式により表される。

$$R = R_M \times W_M + R_E \times W_E$$

R ：還元利回り

総論

R_M：借入金還元利回り
W_M：借入金割合
R_E：自己資金還元利回り
W_E：自己資金割合

解 説

還元利回りは、その構成要素に対象不動産の価格の変動を含む純収益に影響を与える要因の変動予測を含むものである。借入金に帰属する純収益について平準化を行う場合には、借入金が通常一定期間までに返済され、借入期間経過後には元本はゼロになることを考慮し、還元利回りは年賦償還率として求められる。一方、対象不動産にかかる初年度の純収益を採用する場合には、借入金の返済条件により借入金還元利回りは必ずしも年賦償還率とはならないことに留意することが必要である。

また、対象不動産の純収益の変動及び借入金・自己資金に帰属する純収益の変動予測は、各々の還元利回りに含まれているため、採用する借入金割合は価格時点における借入金割合となる。

不動産鑑定評価基準

(ウ) 土地と建物に係る還元利回りから求める方法
　この方法は、対象不動産が建物及びその敷地である場合に、その物理的な構成要素（土地及び建物）に係る各還元利回りを各々の価格の構成割合により加重平均して求めるものである。

運用上の留意事項

(ウ) 土地と建物に係る還元利回りから求める方法
　この方法は、対象不動産が土地及び建物等により構成されている場合に、土地及び建物等に係る利回りが異なるものとして把握される市場においてそれらの動向を反映させることに優れている。
　上記による求め方は基本的に次の式により表される。

$$R = R_L \times W_L + R_B \times W_B$$
R ：還元利回り
R_L ：土地の還元利回り
W_L ：土地の価格割合
R_B ：建物等の還元利回り
W_B ：建物等の価格割合

解説

　土地と建物等の還元利回りについては、土地と建物等の割引率が同じ場合には償却率の違いを反映したものとして求められる。すなわち、土地と建物等が一体として利用に供されている場合は、土地と建物等に対する収益率は同じと考えることができるために、両者の還元利回りの差は両者の価格変動の違いを中心に求められることになる。

　また、建物等の還元利回りを償還率から求める場合には、土地と建物等について償還率を用いて計算した残存価値の比率を土地と建物等の価格割合として用いることが理論的な方法といえる。

　この方法は、建物等の還元利回りに元利逓増償還率（純収益の増加がない場合においては年賦償還率）を用いる場合に、価格時点における再調達原価に対する未回収率（残価率）を求め、この割合により、土地と建物等一体の還元利回りを求める方法である。

不動産鑑定評価基準

　(エ) 割引率との関係から求める方法
　　　この方法は、割引率をもとに対象不動産の純収益の変動率を考慮して求めるものである。

運用上の留意事項

　(エ) 割引率との関係から求める方法
　　　この方法は、純収益が永続的に得られる場合で、かつ純収益が一定の趨勢を有すると想定される場合に有効である。
　　　還元利回りと割引率との関係を表す式の例は、次のように

総論

表される。

$R = Y - g$
R：還元利回り
Y：割引率
g：純収益の変動率

解説

この方法は、対象不動産から得られる将来の純収益について一定の趨勢を有すると予測される場合に、公式を用い、割引率から還元利回りを求める方法である。

還元利回りと割引率の違いには、還元利回りには、将来の収益に影響を与える要因の変動予測が含まれ、割引率には、収益見通し（収支表等）において明示されたそれらの変動予測は含まれないという点がある。このことから、変動予測をgとするのであれば、還元利回りと割引率はこのgの違いということになり、それを式で表すと、$R = Y - g$という式で表すことができる。

ここで割引率からgを引く形になっているのは、gがプラスの場合、すなわち、純収益が上昇するという変動予測の場合には、純収益の増加により一期間の純収益の利回りである還元利回りよりも、上昇する純収益をも反映した割引率の方が大きくなるためである。また、逆にgがマイナスの場合、すなわち純収益が減少するという変動予測の場合には、割引率に変動率を加算することになるために、割引率が還元利回りよりも小さくなる。また、純収益の変動率をゼロとすると還元利回りと割引率は等しくなる。

純収益の変動予測によって以下の式を活用することができる。

a．純収益が永続し、一定率で変動するものと予測される場合

$$P = \frac{a}{(1+Y)^1} + \frac{a(1+g)}{(1+Y)^2} + \frac{a(1+g)^2}{(1+Y)^3} + \frac{a(1+g)^3}{(1+Y)^4} + \cdots$$

$P = a \times$ 元利逓増年金現価率

$Y > g$ かつN（収益期間）→無限大であるので

$$P = \frac{a}{Y - g}$$

b．純収益が一定で価格の変動率（⊿）が予測できる場合

$$P = \frac{a}{Y - \varDelta \times 償還基金率}$$

c．価格がN年間の間で定額変動し、純収益もそれと同率で定額変動する場合

$$P = \frac{a}{Y - \varDelta \times 1/N}$$

運用上の留意事項

(オ) 借入金償還余裕率の活用による方法

この方法は、借入金還元利回りと借入金割合をもとに、借入金償還余裕率（ある期間の純収益を同期間の借入金元利返済額で除した値をいう。）を用いて対象不動産に係る純収益からみた借入金償還の安全性を加味して還元利回りを求めるものである。

この場合において用いられる借入金償還余裕率は、借入期間の平均純収益をもとに算定すべきことに留意する必要がある。この方法は、不動産の購入者の資金調達に着目し、対象不動産から得られる収益のみを借入金の返済原資とする場合に有効である。

上記による求め方は基本的に次の式により表される。

$$R = R_M \times W_M \times DSCR$$

R ：還元利回り
R_M：借入金還元利回り
W_M：借入金割合
DSCR：借入金償還余裕率（通常は1.0以上であることが必要。）

解 説

この式は、下記の式から求めることができる。

借入金割合：W_M、価格：P、純収益：a、借入金償還余裕率：DSCR、借入金還元利回り：R_M、借入金額：M、借入金元利返済額：mとすると、

$W_M = \dfrac{M}{P}$、$DSCR = \dfrac{a}{m}$ となる。

ここで $R_M = \dfrac{m}{M}$ と定義すると、還元利回り（R）は、

$R = \dfrac{a}{P} = \dfrac{m}{M} \times \dfrac{M}{P} \times \dfrac{a}{m} = R_M \times W_M \times DSCR$ となる。

　この方法は、不動産市場における資金供給者（金融機関等）の視点に重きをおいた方法であるために、鑑定評価において採用する場合には、市場の標準的な数値を採用することが必要である。また、対象不動産から得られる収益のみを返済原資としない借入金を組み込む場合においては、必ずしも有効な方法とはならないために、対象不動産の取引市場において中心となっている取引条件や市場影響力について確認し、還元利回りの査定に反映させることが必要である。

不動産鑑定評価基準

　　ウ　割引率を求める方法
　　　割引率を求める方法を例示すると次のとおりである。
　(ア)　類似の不動産の取引事例との比較から求める方法
　　　　この方法は、対象不動産と類似の不動産の取引事例から求められる割引率をもとに、取引時点及び取引事情並びに地域要因及び個別的要因の違いに応じた補正を行うことにより求めるものである。

運用上の留意事項

　②DCF法の適用について
　　イ　割引率の求め方について
　　(ア)　類似の不動産の取引事例との比較から求める方法
　　　　取引事例の収集及び選択については、総論第7章に定める取引事例比較法に係る適用方法に準ずる。
　　　　取引事例に係る割引率は、基本的に取引利回りをもとに算定される内部収益率（Internal Rate of Return（IRR）。将来収益の現在価値と当初投資元本とを等しくする割引率をいう。）

として求める。適用に当たっては、取引事例について毎期の純収益が予測可能であることが必要である。

この方法は、対象不動産と類似性を有する取引事例に係る利回りが豊富に収集可能な場合には特に有効である。

解　説

　取引事例は、できる限り多くのものを収集し、対象不動産の同一需給圏に存する不動産から選択することが望ましい。また、対象不動産との比較を行うことが必要となるために、取引事情が正常なものと認められるものであること又は正常なものに補正することができるものであること、時点修正をすることが可能なものであること、地域要因の比較及び個別的要因の比較が可能なものであることが必要となる。

　取引事例に係る割引率は、基本的に取引利回りをもとに算定される内部収益率として求められる。内部収益率は、将来の純収益の現在価値と収益価格とを等しくする割引率であるために、この内部収益率としての割引率を求めるためには、事例不動産について予測された純収益が把握できることが必要となる。

　取引事例から得られる内部収益率には、ａ．取引事例として内部収益率そのものが直接把握されている場合と、ｂ．内部収益率を算出することにより求められる場合がある。

ａ．取引事例として内部収益率そのものが直接把握されている場合

　　取引価格の算定に当たって、DCF法が採用されており、そこで使用された将来の純収益の変動予測と実際の取引価格がわかっている場合に、内部収益率そのものが得られる場合がある。取引において採用された割引率が収集され、地域ごとまた建物の用途やグレードごとに水準として把握できる資料が整備されることにより、活用することができる。

ｂ．内部収益率を算出することが求められる場合

　　事例不動産から得られる数値は初年度の純収益と取引価格だけであるために、事例不動産について毎期の純収益及び復帰価格を不動産鑑定士が予測し、予測された純収益と取引価格から内部収益率を求める場合である。この場合に取引当事者から将来の純収益の予測について聴取できる場合には、それを参考とすることが有用である。

総論

不動産鑑定評価基準

(イ) 借入金と自己資金に係る割引率から求める方法
　　この方法は、対象不動産の取得の際の資金調達上の構成要素（借入金及び自己資金）に係る各割引率を各々の構成割合により加重平均して求めるものである。

運用上の留意事項

(イ) 借入金と自己資金に係る割引率から求める方法
　　この方法は、不動産の取得に際し標準的な資金調達能力を有する需要者の資金調達の要素に着目した方法であり、不動産投資に係る利回り及び資金調達に際する金融市場の動向を反映させることに優れている。適用に当たっては、不動産投資において典型的な投資家が想定する借入金割合及び自己資金割合を基本とすることが必要である。
　　上記による求め方は基本的に次の式により表される。

$$Y = Y_M \times W_M + Y_E \times W_E$$

Y ：割引率
Y_M ：借入金割引率
W_M ：借入金割合
Y_E ：自己資金割引率
W_E ：自己資金割合

解　説

　この方法は、不動産の取得に際し標準的な資金調達能力を有する需要者の資金調達の要素に着目したものであり、不動産投資に係る利回り及び資金調達に際する金融市場の動向を反映させることに優れている。

　不動産を取得する場合、一般に取得者は、取得代金の全額に、自己資金をあてて取得するのではなく、借入金を併用して取得する傾向がある。この理由は、現時点では自己資金が足りないために将来の延べ払いにするためや、借入金を併用することによって、自己資金の利回りを上げたい、すなわちレバレッジ効果を享受するためとの理由による。また、証券化の場

合であれば、デット（借入金）の投資家とエクイティ（自己資金）の投資家と異なるニーズに対応するために、デットとエクイティによる資金調達を行うということもある。

このように不動産の取得に際して、借入金と自己資金を組み合わせる場合においては、それぞれの割引率（借入金であれば、借入金割引率（主に金利）、自己資金であれば、自己資金割引率）を、それぞれの組合せ割合によって加重平均することによって、不動産全体の割引率を求めることができる。

この場合には、まず、割引率が適用される期間は保有期間という複数年になるため、この複数年にわたって価格の変動と借入金の返済を考慮した、平準化した借入金と自己資金の割合を求めることが必要であることに留意しなければならない。

また、採用する借入金割引率や自己資金割引率は、対象不動産について予測された将来の収益の不確実性を反映したものでなければならない。したがって、低金利下にあり、対象不動産のみに返済原資を頼らず、他の収益源からも返済されるような借入金の金利を借入金割引率として用いる場合には、対象不動産についての不確実性（リスク）を反映したものとしての修正が必要になる。

また、自己資金割引率についても、「標準的な借入金割合はどの程度であり、その場合に、どれほどの自己資金割引率を期待するのか」について、市場の標準を求めなければならないために、これが適切に得られなければこの方法を用いることはできない。

鑑定評価において割引率を求める方法としてこの方法を採用する場合には、不動産投資において典型的な投資家の資金調達能力を前提に、投資家が対象不動産の取得に当たって、市場における標準的な借入条件（借入比率、金利、借入期間等）の下での借り入れと自己資金とによって資金調達を行うことを想定して借入金と自己資金の割引率を求めることが必要となる。

総論

不動産鑑定評価基準

(ウ) 金融資産の利回りに不動産の個別性を加味して求める方法
　この方法は、債券等の金融資産の利回りをもとに、対象不動産の投資対象としての危険性、非流動性、管理の困難性、資産としての安全性等の個別性を加味することにより求めるものである。

運用上の留意事項

(ウ) 金融資産の利回りに不動産の個別性を加味して求める方法
　比較の対象となる金融資産の利回りとしては、一般に10年物国債の利回りが用いられる。また、株式や社債の利回り等が比較対象として用いられることもある。
　不動産の個別性として加味されるものには、投資対象としての危険性、非流動性、管理の困難性、資産としての安全性があり、それらは自然災害等の発生や土地利用に関する計画及び規制の変更によってその価値が変動する可能性が高いこと、希望する時期に必ずしも適切な買い手が見つかるとは限らないこと、賃貸経営管理について専門的な知識と経験を必要とするものであり管理の良否によっては得られる収益が異なること、特に土地については一般に滅失することがないことなどをいう。
　この方法は、対象不動産から生ずる収益予測の不確実性が金融資産との比較において把握可能な場合に有効である。

解　説

　一般的に用いられる金融資産の利回りとしては、10年物の国債の利回りが有用である。金融資産の利回りの前提期間を何年とするかは、DCF法において採用する保有期間の長さを参考にすべきものであり、この期間にできる限り近い年数の金融資産を前提とすべきである。
　金融資産の利回りと比較した不動産の個別性として加味されるものには、投資対象としての危険性、非流動性、管理の困難性、資産としての安全性がある。このような不動産の個別性によって、予測された純収益と結

果とが乖離する可能性に、対象不動産と金融資産とで差異が生じる。この可能性、すなわち純収益の不確実性を、金融資産の利回りや純粋利子率と比較した不動産の個別性として数値化したものが、いわゆるリスクプレミアムと呼ばれるものとなる。

このリスクプレミアムを把握するためには、国債等の利回りと不動産の市場割引率の過去からの推移を比較し、市場における不動産のリスクプレミアムの水準を把握する方法や、過去の純収益の標準的な予測と実績との乖離を分析し、金融資産と比較したリスクプレミアムを計算することなどの分析が必要であり、これらの資料が整備されることにより有効な方法となる。

また、このような市場データからリスクプレミアムが得られた場合にそれが市場の標準である場合は、対象不動産の個別性に即した補正が必要となる。

a．投資対象としての危険性

　不動産については、建築基準法や都市計画法を始めとして様々な法規制が関わるのが通常である。また、税制の動向も不動産の取引や市場の需給関係に影響を与える。さらに、建物については、火災、地震、落雷、その他不測の事故や事象によって滅失、劣化又は毀損し、その価値が消滅したり、減少したりする可能性がある。

　このような行政的要因や自然的要因を含む一般的要因、又は地域要因が将来どのように変化し、不動産の純収益や価格に影響を与えるかは、予測できるものは、純収益の予測に反映させることになるが、一般には、予測できない不確実性が多いものと考えられ、この不確実性が不動産の個別性として割引率の要素に含まれることになる。

b．非流動性

　不動産は、その自然的特性として、地理的位置の固定性、不動性（非移動性）、永続性（不変性）、不増性、個別性（非同質性、非代替性）等を有し、固定的であって硬直的である。このような特性から、不動産は一般に金融資産と比べて流動性が低く、希望する時に不動産を売却できない可能性が高い。

c．管理の困難性

　不動産の賃貸運営管理においては、市場において賃借人を募集するためや、優良な賃借人を確保し、長期的な収入の維持向上を図るために、市場賃料と比較した対象不動産の適正賃料の設定や設備の更新や維持な

どの対応が必要であり、このような対応ができない場合においては、純収益が大きく変動する可能性がある。また、人件費や水道光熱費の高騰、不動産管理や建物管理にかかる費用又は管理コストの上昇、修繕費の負担、各種保険料の値上げ、公租公課の増大その他の理由により、不動産の運用に関する費用が増加する可能性がある。このように不動産の管理は、金融資産と比べて手間がかかる上に、予測できない事態によって将来の純収益が大きく変動する可能性がある。

d．資産としての安全性

　一般に、土地は、滅失する危険がなく、安全性の高い資産ということができる。一方、金融資産については、債券等の発行体の倒産等によるリスクは否定できないものであり、盗難や紛失によっても滅失する可能性がある。したがって、この観点からみた不動産の個別性は、不動産から得られる純収益を安定化させる方向に働くために、リスクプレミアムを減少させる要因となる。

不動産鑑定評価基準

(3) 直接還元法及びDCF法の適用のあり方

　直接還元法又はDCF法のいずれの方法を適用するかについては、収集可能な資料の範囲、対象不動産の類型及び依頼目的に即して適切に選択することが必要である。

解説

　対象不動産について直接還元法を適用した場合とDCF法を適用した場合とを比較すると、直接還元法の適用においては、純収益及び価格の変動予測を還元利回りの査定及び一期間の純収益の査定において織り込む一方、DCF法の適用においては、基本的にそれらの予測を毎期の純収益の見通しに織り込む点で評価の過程に違いがある。

　しかしながら、直接還元法及びDCF法は、毎期の純収益及び価格の変動予測が適切に評価の過程に織り込まれる場合には、両者に手法上の優劣があるとは言えない。例えば、直接還元法について、還元対象とする純収益の将来の変動予測及び価格の変動予測が一期間の純収益及び還元利回りに適切に反映され、DCF法については、毎期の純収益の予測や復帰価格の予測が適切に行われ、割引率が適切に求められた場合には、いずれの方

法において求めた価格も基本的に同じ価格を指向するものである。
　基準各論第3章における証券化対象不動産に係る鑑定評価において、DCF法を適用しなければならないと規定した理由は、DCF法においては、将来の純収益をその発生時期に応じて現在価値に割り引くために、毎期の純収益及び復帰価格が明示されるものであり、鑑定評価の依頼者等に対し、将来の純収益の推移について説明できることによる。
　なお、基準においては、直接還元法又はDCF法の適用のあり方について「収集可能な資料の範囲、対象不動産の類型及び依頼目的に即して適切に選択することが必要である」としているが、この「選択」は併用の意味も含むものであり、市場分析の結果等から二つの手法を併用することが望ましいと判断される場合には、直接還元法及びDCF法を併用し、得られた二つの収益価格を比較検討した上で試算価格としての収益価格を求めるべきものである。証券化対象不動産の価格に関する鑑定評価においても、DCF法と併せて、直接還元法を適用することにより検証を行うことが適切であるとされている。

総 論

第2節 賃料を求める鑑定評価の手法

不動産鑑定評価基準

不動産の賃料を求める鑑定評価の手法は、新規賃料にあっては積算法、賃貸事例比較法、収益分析法等があり、継続賃料にあっては差額配分法、利回り法、スライド法、賃貸事例比較法等がある。

解 説

新規賃料(正常賃料及び限定賃料)を求める手法としては、積算法、賃貸事例比較法、収益分析法等がある。積算法は、賃貸借等に供される不動産の有する経済価値(基礎価格)に着目して、賃貸事例比較法は、不動産の賃貸借等の事例に着目して、収益分析法は、一般の企業経営に着目して不動産の賃料を求めようとする手法である。

また、継続賃料を求める手法としては、上記三手法の考え方を活用した差額配分法、利回り法、スライド法等がある。

I 賃料を求める場合の一般的留意事項

不動産鑑定評価基準

賃料の鑑定評価は、対象不動産について、賃料の算定の期間に対応して、実質賃料を求めることを原則とし、賃料の算定の期間及び支払いの時期に係る条件並びに権利金、敷金、保証金等の一時金の授受に関する条件が付されて支払賃料を求めることを依頼された場合には、実質賃料とともに、その一部である支払賃料を求めることができるものとする。

解 説

不動産の価格は、当該不動産が物理的、機能的及び経済的に消滅するまでの全期間にわたって、不動産を使用収益することができることを基礎として生ずる経済価値を貨幣額をもって表示したものであるが、これに対して、不動産の賃料は、上記期間のうち一部の期間について、不動産の賃貸

借等の契約に基づき、不動産を使用収益することを基礎として生ずる経済価値を貨幣額をもって表示したものである。

したがって、不動産の賃料の鑑定評価に当たっては、賃料の算定期間を定める必要がある。また、不動産の賃貸借等に当たって権利金、敷金、保証金等の一時金の授受が行われる慣行があることから、実質賃料とともに支払賃料を求めることができるものである。

> **不動産鑑定評価基準**
>
> 1. 実質賃料と支払賃料
>
>   実質賃料とは、賃料の種類の如何を問わず賃貸人等に支払われる賃料の算定の期間に対応する適正なすべての経済的対価をいい、純賃料及び不動産の賃貸借等を継続するために通常必要とされる諸経費等（以下「必要諸経費等」という。）から成り立つものである。
>
>   支払賃料とは、各支払時期に支払われる賃料をいい、契約に当たって、権利金、敷金、保証金等の一時金が授受される場合においては、当該一時金の運用益及び償却額と併せて実質賃料を構成するものである。
>
>   なお、慣行上、建物及びその敷地の一部の賃貸借に当たって、水道光熱費、清掃・衛生費、冷暖房費等がいわゆる付加使用料、共益費等の名目で支払われる場合もあるが、これらのうちには実質的に賃料に相当する部分が含まれている場合があることに留意する必要がある。

解説

実質賃料は、賃貸借等の対象となった不動産の賃貸借等の契約に基づく経済価値（使用方法等が賃貸借等の契約によって制約されている場合は、その制約されている程度に応じた経済価値）に即応する適正な純賃料及び必要諸経費等から成り立つものである。

建物及びその敷地の一部の賃貸借等に当たって、水道光熱費、清掃・衛生費、冷暖房費等がいわゆる付加使用料、共益費等の名目で支払われる場合もある。本来これらは賃料を構成するものではないが、賃料の値上げが困難な場合において、実際に要した費用の額を上回る付加使用料、共益費等を徴収することにより、実質的に賃料の値上げが行われていることもあるので、賃料の鑑定評価に当たっては、これら付加使用料、共益費等に含

総　論

まれている賃料相当額を適切に判断し、実質的な賃料を把握しなければならない。

不動産鑑定評価基準

2．支払賃料の求め方

　契約に当たって一時金が授受される場合における支払賃料は、実質賃料から、当該一時金について賃料の前払的性格を有する一時金の運用益及び償却額並びに預り金的性格を有する一時金の運用益を控除して求めるものとする。

　なお、賃料の前払的性格を有する一時金の運用益及び償却額については、対象不動産の賃貸借等の持続する期間の効用の変化等に着目し、実態に応じて適切に求めるものとする。

　運用利回りは、賃貸借等の契約に当たって授受される一時金の性格、賃貸借等の契約内容並びに対象不動産の種類及び性格等の相違に応じて、当該不動産の期待利回り、不動産の取引利回り、長期預金の金利、国債及び公社債利回り、金融機関の貸出金利等を比較考量して決定するものとする。

解　説

　賃貸借等の契約に当たって授受される一時金には、賃料の前払的性格を有するもの、預り金的性格を有するもの、賃貸借等の権利に譲渡的性格を有するもの、営業権の対価又はのれん代に相当するもの等がある。このうち営業権の対価又はのれん代に相当するものについては、原則として不動産に帰属するものではないので鑑定評価の範疇から除かれる。

　賃料の前払的性格を有するものは、一般に不動産の賃貸借等の契約等に際して授受される権利金、礼金等と呼ばれているもので、賃貸人等から賃借人等に返済されることがなく、その額及びその契約条件等は、支払賃料の額を左右するものである。この場合において、不動産の賃貸借等の契約期間が長期で、その間において譲渡又は転貸を認める契約条件のときは、賃貸借等の権利が譲渡的性格を帯びている場合がある。

　預り金的性格を有するものは、一般に敷金、保証金、建設協力金等の名称で呼ばれているもので、その性格により次のように分けられる。

a．賃料滞納等の契約の不履行に基づく損害賠償の担保たる性格を有するもの
　　b．賃貸借契約に定められた契約期間の完全履行を保証するための性格を有するもの
　　c．建物等の建設資金又は既に調達した建設資金等の返済に充てるための金融的性格を有するもの

　上記a．については、一般に敷金と呼ばれており、この額の大小は、支払賃料の額に影響を及ぼすものである。
　　b．については、一般に保証金と呼ばれており、中途解約を防止するためのもので、この額の大小は、支払賃料の額に影響を及ぼすものである。
　　c．については、一般に建設協力金と呼ばれており、本来不動産の賃料とは別途の金融的性格を有しているもので、一般に長期低利で一般の融資条件より賃貸人に有利な場合がある。この場合には、その差額相当部分は支払賃料の額に影響を及ぼすものである。
　なお、これらの一時金については、単なる名称にとらわれることなく、その実態を把握し、賃料の前払的性格を有する一時金の運用益及び償却額については、対象不動産の賃貸借等の持続する期間の効用の変化並びに一時金の授受に関する契約内容等に着目し、元利均等償還の方法等を用いて適切に求めるべきである。

> **不動産鑑定評価基準**
>
> 3．賃料の算定の期間
> 　鑑定評価によって求める賃料の算定の期間は、原則として、宅地並びに建物及びその敷地の賃料にあっては1月を単位とし、その他の土地にあっては1年を単位とするものとする。

［解　説］

　鑑定評価によって求める賃料の算定の期間は、民法第614条の規定の趣旨に従って定められている。なお、賃料の支払時期は、算定期間の期初である場合や、期末である場合があるので、賃料の算定の前提として、鑑定評価の依頼の条件で賃料の支払の時期を定めておく必要がある。

総　論

> **不動産鑑定評価基準**
>
> 4．継続賃料を求める場合
> 　継続賃料の鑑定評価額は、現行賃料を前提として、契約当事者間で現行賃料を合意しそれを適用した時点（以下「直近合意時点」という。）以降において、公租公課、土地及び建物価格、近隣地域若しくは同一需給圏内の類似地域等における賃料又は同一需給圏内の代替競争不動産の賃料の変動等のほか、賃貸借等の契約の経緯、賃料改定の経緯及び契約内容を総合的に勘案し、契約当事者間の公平に留意の上決定するものである。

解　説

　賃貸借の契約当事者は、賃料を自由に決めることができ、賃料の改定についても自由に決めることができる。継続賃料の鑑定評価は、主として、契約当事者間で賃料改定の協議を行う場合や、協議が調わず賃料増減請求権を行使するような場合に専門家の知見として活用されている。

　賃料増減請求は借地借家法第11条又は第32条を根拠とするものであり、判例においては当該条文の諸要因及びその他の事情を考慮した適正な賃料を相当賃料と表記している。近年、賃料増減請求権に係る最高裁判例が多数あり、この相当賃料に関する統一的な考え方が判示されている。

　継続賃料の鑑定評価が依頼される場面は、賃料増減請求に係る場合だけでなく、当事者間の賃料改定協議の参考資料や事前に適正な賃料改定額を把握したい場合などが考えられるが、このような場合においても、双方に合意を得ることができなければ最終的に司法の場に委ねられることとなるので、いずれにしても、継続賃料の鑑定評価は判例における相当賃料の考え方を前提に評価する必要がある。

a．賃料増減請求権

　賃料増減請求権（借地借家法第11条第1項（地代）、同法第32条第1項（家賃））とは、継続中の借地契約・借家契約において、一方の当事者が他方に対して、地代・家賃の改定を請求することができるという権利（形成権）であり、強行法規と解釈されている。

(a)　地代等増減請求権（借地借家法第11条第1項）

　　借地借家法は、建物を所有する目的のための土地の利用や建物の利用の安定を図ることを目的としており、対象となる土地利用は、建物

の所有を目的とするものに限られる。したがって、第11条第1項による賃料増減請求についても、建物の所有を目的としている土地に対する地代を対象としていることに留意する必要がある。

(b) 借賃増減請求権（借地借家法第32条第1項）

借地借家法第32条は、定期建物賃貸借契約に借地借家法第38条第7項の賃料特約が設定されている場合及び借地借家法第40条の一時使用目的の建物の賃貸借の場合には、その適用がないことに留意する必要がある。

b．継続賃料の鑑定評価の考え方

借地借家法第11条第1項及び第32条第1項の賃料増減請求に係る最高裁の判断枠組み（最高裁判例平成15年10月21日など）を要約すると下記のとおりである。

同項に基づく賃料増減請求は、土地又は建物の賃貸借契約が長期間に及ぶことが多いことから、事情変更に応じて不相当になった賃料を調整し、当事者の公平を図ることを目的としたものであるから、同項に基づく賃料増減請求の当否及び相当賃料額を判断するに当たっては、賃貸借契約の当事者が現実に合意した賃料のうち直近のもの（直近合意賃料）を基にして、それ以降の同項所定の経済事情の変動等のほか、賃貸借契約の締結経緯、契約内容等の賃料額決定の要素とした事情等の諸般の事情を総合的に考慮すべきである。

最高裁判例の判断枠組みを鑑定評価の体系に捉えなおすと、まず、継続賃料固有の価格形成要因として、時間軸により、直近合意時点から価格時点までの間の変動要因（以下「事情変更に係る要因」という。）と、直近合意時点における賃貸借等の契約の経緯、賃料改定の経緯及び契約内容の要因（以下「諸般の事情に係る要因」という。）の2つの概念に整理することができる。

「事情変更に係る要因」は、賃料の価格形成要因のうち直近合意時点から価格時点までに変動した要因であり経済的要因等が含まれる。なお、「諸般の事情に係る要因」であっても、直近合意時点から価格時点までに変動した要因は「事情変更に係る要因」に含まれる点に注意が必要である。「事情変更に係る要因」については、直近合意時点及び価格時点に着目し、直近合意時点から価格時点の期間において、動態的なものとして捉える必要がある。

c．継続賃料評価の一般的留意事項

　b．の最高裁の判断枠組みを踏まえつつ、継続賃料の評価に係る一般的な留意事項を整理すると、下記ア～オのとおりである。

　　ア　賃料増減請求権

　　　原則として、借地借家法の適用がある場合（類推適用可能な場合を含む。）に賃料増減請求が認められるので、法に裏付けられた権利として継続賃料の鑑定評価が可能であること。

　　イ　契約の拘束力

　　　契約締結時や賃料改定時に賃料相場等と無関係に当事者が自由に賃料を決めることは、契約自由の原則、私的自治の原則から認められるものであり、契約締結時や賃料改定時の賃料が不相当であることに対して、借地借家法は介入できないこと。

　　ウ　事情変更

　　　直近合意時点以降に、公租公課、土地及び建物価格、近隣地域若しくは同一需給圏内の類似地域等における賃料又は同一需給圏内の代替競争不動産の賃料の変動により事情変更（直近合意時点の賃料が不相当となった場合）が生じている場合に、借地借家法に基づく賃料増減請求が可能となること。

　　　なお、継続賃料の鑑定評価を行う場合、事情変更の有無は、鑑定評価の手順を尽くして初めて把握することが可能であり、その結果、事情変更が生じていないと判断することができる場合、継続賃料の鑑定評価を行うことの是非が問題となる。継続賃料の鑑定評価は、事情変更が生じている場合以外に、逆に事情変更が生じていないとすることを明らかにすることも有意義な鑑定評価であることから、賃料増減請求の行使とは異なり、事情変更がないことを証明する鑑定評価も行うことが可能である。

　　エ　諸般の事情

　　　現行賃料の増減額については、前記ウ以外に、賃貸借等の契約締結の経緯、賃料改定の経緯及び契約内容の要因を総合的に考慮すること。

　　オ　公平の原則

　　　現行賃料の増減については、前記ウ及びエを総合的に考慮すると、現行賃料で契約当事者間を拘束することが公平に反する場合に行われること。また、継続賃料は、契約当事者間の公平を考慮する

と、原則、現行賃料と正常賃料の間で決定されること。

　以上、留意点については5点に集約された。前記ア及びイについては法的内容であるが、継続賃料の鑑定評価は賃貸借契約等の法律関係が出発点となるため基本的な前提として理解しておく必要がある。その他の前記ウ～オについては鑑定評価の視点から特に留意すべき事項となる。

　当該内容を概念図にまとめると下記のとおりである。

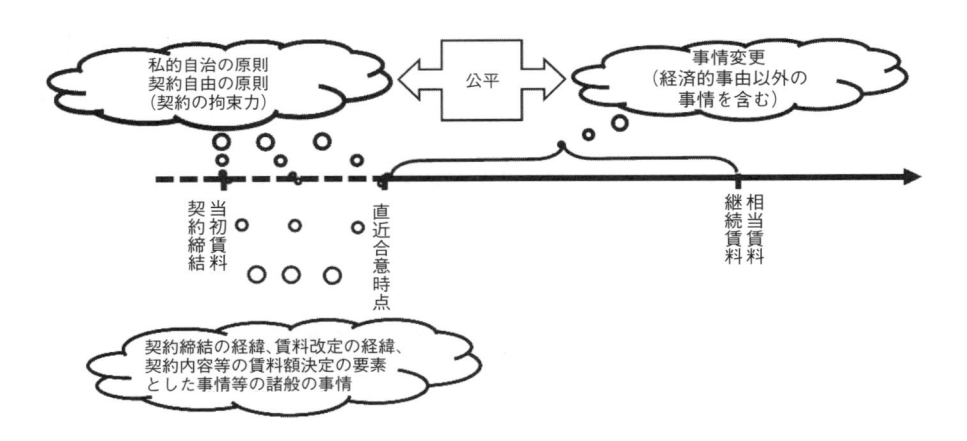

```
    私的自治の原則              ←  公平  →    事情変更
    契約自由の原則                          (経済的事由以外の
    (契約の拘束力)                            事情を含む)

  ─┬─────┬───────────┬──┬─→
    当   初           直 近                 継  相
    初   賃           合 意                 続  当
    契   料           時 点                 賃  賃
    約                                      料  料
    締
    結

    契約締結の経緯、賃料改定の経緯、
    契約内容等の賃料額決定の要素
    とした事情等の諸般の事情
```

Ⅱ　新規賃料を求める鑑定評価の手法

解　説

　新規賃料を求める鑑定評価は、新たに賃貸借等の契約を締結することに伴う賃料を求める場合である。

　新規賃料には、正常価格と同一の市場概念の下において形成されるであろう正常賃料と、不動産と賃貸借等を行う他の不動産の併合使用及び不動産の一部の賃貸借等を行う際の経済合理性に反する分割使用を前提とする限定賃料とがある。

　新規賃料を求める鑑定評価の手法として、積算法、賃貸事例比較法、収益分析法等がある。

総論

不動産鑑定評価基準

1. 積算法
  (1) 意義
     積算法は、対象不動産について、価格時点における基礎価格を求め、これに期待利回りを乗じて得た額に必要諸経費等を加算して対象不動産の試算賃料を求める手法である（この手法による試算賃料を積算賃料という。）。
     積算法は、対象不動産の基礎価格、期待利回り及び必要諸経費等の把握を的確に行い得る場合に有効である。
  (2) 適用方法
    ① 基礎価格
       基礎価格とは、積算賃料を求めるための基礎となる価格をいい、原価法及び取引事例比較法により求めるものとする。
    ② 期待利回り
       期待利回りとは、賃貸借等に供する不動産を取得するために要した資本に相当する額に対して期待される純収益のその資本相当額に対する割合をいう。
       期待利回りを求める方法については、収益還元法における還元利回りを求める方法に準ずるものとする。この場合において、賃料の有する特性に留意すべきである。
    ③ 必要諸経費等
       不動産の賃貸借等に当たってその賃料に含まれる必要諸経費等としては、次のものがあげられる。
      ア　減価償却費（償却前の純収益に対応する期待利回りを用いる場合には、計上しない。）
      イ　維持管理費（維持費、管理費、修繕費等）
      ウ　公租公課（固定資産税、都市計画税等）
      エ　損害保険料（火災、機械、ボイラー等の各種保険）
      オ　貸倒れ準備費
      カ　空室等による損失相当額

運用上の留意事項

2．賃料を求める鑑定評価の手法について
 (1) 積算法について
　　基礎価格を求めるに当たっては、次に掲げる事項に留意する必要がある。
　① 宅地の賃料（いわゆる地代）を求める場合
　　ア　最有効使用が可能な場合は、更地の経済価値に即応した価格である。
　　イ　建物の所有を目的とする賃貸借等の場合で契約により敷地の最有効使用が見込めないときは、当該契約条件を前提とする建付地としての経済価値に即応した価格である。
　② 建物及びその敷地の賃料（いわゆる家賃）を求める場合
　　建物及びその敷地の現状に基づく利用を前提として成り立つ当該建物及びその敷地の経済価値に即応した価格である。

解説

a．基礎価格について

　積算法の適用に当たり、基礎価格は対象不動産について賃料の算定の期間の期首（賃料の価格時点）における元本価格として、原価法及び取引事例比較法により求める。

　基礎価格とは、積算賃料を求めるための基礎となる価格をいい、価格時点において対象不動産の有する経済価値（必ずしも対象不動産の最有効使用を前提とする経済価値とは限らず、使用方法等が賃貸借等の契約によって制約されている場合には、その制約されている程度に応じた経済価値）を示す価格である。

　また、中高層賃貸住宅の賃料を求める場合において、基礎価格を原価法で求めるときは、一棟の建物及びその敷地の積算価格を階層別及び同一階層内における位置別の効用比により求めた配分率を乗じて求める必要がある。この場合において、当該一棟の建物に対し敷地が広すぎる場合、建物が低層の場合等敷地が最有効使用の状態でないときは、敷地について過大な配分を行うことのないよう留意すべきである。

　店舗用ビルの場合には、賃貸人は躯体及び一部の建物設備を施工するのみで賃貸し（スケルトン貸し）、内装、外装及び建物設備の一部は賃

借人が施工することがあるので、基礎価格の判定に当たっては留意すべきである。

b．期待利回りについて

　不動産に投資される資金は、金融資産への投資と常に競合関係にあるので、不動産投資から期待される収益率は、それらの金融資産との関係において、その不動産の有する投資対象としての危険性、流動性等を反映して定まるものである。この収益率は、収益還元法における割引率と同じものである。積算法において採用する期待利回りはこの収益率を基礎とし、価格時点以降の賃貸借契約期間中の賃料や基礎価格の変動予測を考慮して基礎価格に対する一期間の期待収益を求めるものとして決定されるものであって、この点で収益還元法における還元利回りと軌を一にするものである。したがって、期待利回りの求め方については、還元利回りの求め方に準ずるものとする旨が規定されている。

　ただし、還元利回りは、一般に、不動産が物理的、機能的及び経済的に消滅するまでの全期間にわたって不動産を使用し、又は収益することができることを基礎として生ずる経済価値に対するものであることが多いが、期待利回りは、上記期間のうち一部の期間について不動産の賃貸借等の契約に基づき不動産を使用し、又は収益することができることを基礎として生ずる経済価値に対応するものであることに留意しなければならない。

　期待利回りを求めるに当たっては、近隣地域又は同一需給圏内の類似地域等に存する対象不動産と類似の不動産の純賃料の基礎価格に対する割合から比準して得た利回り（比準利回りという。）をも考慮して求める場合がある。しかしながら、一般に比準利回りといわれるものには、必要諸経費等を含む賃料に対応する粗利回りであることが多いので、当該利回りの把握に当たってはその内容を慎重に検討する必要がある。

　なお、収益還元法を適用する場合の還元利回りは、償却前純収益に対応する還元利回りが基本であり、また、投資家の間で用いられる利回りは一般的にNOI（Net Operating Income）ベースの利回りで、基本的には償却前純収益に対応する利回りである。

　積算法の必要諸経費等として減価償却費を計上しつつ、償却前純収益に対応する還元利回りから求めた期待利回りを賃料評価における期待利回りとして用いると、償却前純収益に対応する期待利回りであることから、減価償却費の二重計上となり、積算賃料は減価償却費分高くなって

しまうという問題が生じる。
　よって、建物その他償却資産を含む不動産の積算法の必要諸経費等においても、収益還元法と同様に減価償却費を計上する場合と非計上の場合に分けて、減価償却費を計上しない場合には償却前純収益に対応する期待利回りを用いる必要がある。
　なお、償却前純利益に対応する還元利回りから期待利回りを求める場合は、上記のとおり還元利回りと期待利回りの性格が異なることに留意する必要がある。
c．必要諸経費等について
　必要諸経費等の査定は、収益還元法の総費用の査定に準ずる。
　なお、減価償却費に代わって資本的支出を計上する場合、期待利回りは、資本的支出を考慮した後の期待利回りを検討することに留意する必要がある。

不動産鑑定評価基準

2．賃貸事例比較法
(1) 意義
　　賃貸事例比較法は、まず多数の新規の賃貸借等の事例を収集して適切な事例の選択を行い、これらに係る実際実質賃料（実際に支払われている不動産に係るすべての経済的対価をいう。）に必要に応じて事情補正及び時点修正を行い、かつ、地域要因の比較及び個別的要因の比較を行って求められた賃料を比較考量し、これによって対象不動産の試算賃料を求める手法である（この手法による試算賃料を比準賃料という。）。
　　賃貸事例比較法は、近隣地域又は同一需給圏内の類似地域等において対象不動産と類似の不動産の賃貸借等が行われている場合又は同一需給圏内の代替競争不動産の賃貸借等が行われている場合に有効である。
(2) 適用方法
　① 事例の収集及び選択
　　　賃貸借等の事例の収集及び選択については、取引事例比較法における事例の収集及び選択に準ずるものとする。この場合において、賃貸借等の契約の内容について類似性を有するものを選択す

> べきことに留意しなければならない。
> ② 事情補正及び時点修正並びに地域要因の比較及び個別的要因の比較
> 　事情補正及び時点修正並びに地域要因の比較及び個別的要因の比較については、取引事例比較法の場合に準ずるものとする。

運用上の留意事項

① 事例の選択について
　ア　賃貸借等の事例の選択に当たっては、新規賃料、継続賃料の別又は建物の用途の別により賃料水準が異なるのが一般的であることに留意して、できる限り対象不動産に類似した事例を選択すべきである。
　イ　契約内容の類似性を判断する際の留意事項を例示すれば、次のとおりである。
　　(ア)　賃貸形式
　　(イ)　賃貸面積
　　(ウ)　契約期間並びに経過期間及び残存期間
　　(エ)　一時金の授受に基づく賃料内容
　　(オ)　賃料の算定の期間及びその支払方法
　　(カ)　修理及び現状変更に関する事項
　　(キ)　賃貸借等に供される範囲及びその使用方法
② 地域要因の比較及び個別的要因の比較について
　賃料を求める場合の地域要因の比較に当たっては、賃料固有の価格形成要因が存すること等により、価格を求める場合の地域と賃料を求める場合の地域とでは、それぞれの地域の範囲及び地域の格差を異にすることに留意することが必要である。
　賃料を求める場合の個別的要因の比較に当たっては、契約内容、土地及び建物に関する個別的要因等に留意することが必要である。

第7章 鑑定評価の方式

解　説

　一時金の授受に基づく経済的利益との関連等において各支払時期に支払われる賃料は、単なる名目的な賃料にすぎないものであって、不動産の真実の用益の対価を示していると認められない場合があるので、賃貸借等の事例の収集に当たっては、各支払時期に支払われている実際の賃料（実際支払賃料）のみならず、契約に当たって授受された一時金の運用益及び償却額並びに付加使用料、共益費等のうちの実費を超える部分をも含めて、賃貸人等に実際に支払われている不動産に係るすべての経済的対価としての実際実質賃料の額を把握しなければならないことに留意する必要がある。

　また、この手法は、実際に行われている賃貸借等の事例を基礎としているものであるから、近隣地域、同一需給圏内の類似地域等又は同一需給圏内の代替競争不動産において、賃貸借等の事例の極めて少ない不動産についてはその適用が困難である。

　賃貸事例比較法は、一般の市場において生起した賃貸借等の事例を基礎として比較の手法を適用するものであって、その考え方及び適用に当たっての具体的手続は、先に述べた取引事例比較法と軌を一にするものである。

　したがって、賃貸借等の事例の収集及び選択については、取引事例比較法における事例の収集及び選択に準ずるものである。この場合において賃貸借等の事例の選択に当たっては、賃貸借等の事例に係る契約内容と、鑑定評価によって求める賃料に係る契約内容（個別的要因に係る想定上の条件として明示されているもの）とについて類似性を有するか否かをまず判定し、類似性を有する賃貸借等の事例を選択すべきであり、契約内容の類似性を判断する際の留意事項を例示すれば、次のとおりである。

(ア)　賃貸形式

　　賃貸形式には、一棟貸し、部分貸し、スケルトン貸し、定期借家等があるので、これら賃貸形式の類似性に留意する必要がある。

(イ)　賃貸面積

　　賃貸面積については、契約面積と実測面積との関係、有効面積と共用面積との関係、壁芯計算と内壁計算との関係等に留意する必要がある。

(ウ)　契約期間並びに経過期間及び残存期間

　　契約期間の長短並びに更新料等に関連する経過期間及び残存期間

は、それぞれ賃料の額に影響を及ぼすので、これらの期間の類似性に留意する必要がある。
(エ) 一時金の授受に基づく賃料内容
　　一時金の授受に基づく賃料内容については、賃料の前払的性格を有する権利金等の額並びに預り金的性格を有する敷金、保証金等の一時金の額及び返済条件が、実際支払賃料に影響を及ぼすので、これらの賃料内容の類似性に留意する必要がある。
(オ) 賃料の算定の期間及びその支払方法
　　賃料の算定の期間及びその支払方法の相異は、賃料の額に影響することとなるので、これらの類似性に留意する必要がある。
(カ) 修理及び現状変更に関する事項
　　修理については、賃貸用不動産の使用収益に必要な賃貸人等の修繕義務（民法第606条第1項）があるが、小規模修理等の場合には賃借人等が負担することもあるので、修理費を賃貸人等又は賃借人等のどちらが負担したか、及びその額についての類似性に留意する必要がある。
　　また、現状変更については、現状変更を禁止している場合と禁止していない場合等特約条項によって異なるので、これらの内容の類似性に留意する必要がある。
(キ) 賃貸借等に供される範囲及びその使用方法
　　賃貸借等に供される範囲については、建物のほかに倉庫等を含む場合、建物の敷地のほかに庭等を含む場合等があるので、その使用範囲の類似性に留意する必要がある。
　　また使用方法については、賃貸借等の事例と対象不動産との用途の類似性に留意する必要がある。
　賃貸借等の事例が複合不動産に係る場合においては、当該事例の実際実質賃料から対象不動産と同じ類型以外の部分の実際実質賃料相当額を控除し、又は事例に係る複合不動産について、各構成部分の実質賃料の割合が実際実質賃料等により判明しているときは、当該事例の実際実質賃料に対象不動産と同じ類型の部分に係る構成割合を乗じて、対象不動産の類型に係る事例資料を求めることができる。この方法は、いわば配分法に準ずる方法ともいうべきものであって、賃貸借等の事例を求めるための方法として用いることが可能である。

第7章 鑑定評価の方式

> **不動産鑑定評価基準**
>
> 3．収益分析法
> (1) 意義
>   収益分析法は、一般の企業経営に基づく総収益を分析して対象不動産が一定期間に生み出すであろうと期待される純収益（減価償却後のものとし、これを収益純賃料という。）を求め、これに必要諸経費等を加算して対象不動産の試算賃料を求める手法である（この手法による試算賃料を収益賃料という。）。
>   収益分析法は、企業の用に供されている不動産に帰属する純収益を適切に求め得る場合に有効である。
> (2) 適用方法
>   ① 収益純賃料の算定
>   収益純賃料の算定については、収益還元法における純収益の算定に準ずるものとする。この場合において、賃料の有する特性に留意しなければならない。
>   ② 収益賃料を求める手法
>   収益賃料は、収益純賃料の額に賃貸借等に当たって賃料に含まれる必要諸経費等を加算することによって求めるものとする。
>   なお、一般企業経営に基づく総収益を分析して収益純賃料及び必要諸経費等を含む賃料相当額を収益賃料として直接求めることができる場合もある。

解　説

　不動産の純収益には、不動産賃貸事業に基づくものと、賃貸以外の事業、すなわち一般の企業経営に基づくものとがあるが、前者は正に鑑定評価によって当面求めようとしている賃料を基礎としているものである。したがって、建物及びその敷地の賃料から宅地の賃料を求める場合を除き、不動産賃料に基づく純収益から賃料を求めようとする考え方はいわゆる循環論法に陥るので、収益分析法の適用の基礎となる純収益は一般の企業経営に基づく総収益から求めなければならない。

　したがって、収益分析法は、不動産からの収益がその企業収益の大部分を構成している場合等対象不動産に帰属する純収益の額（又は必要諸経費等を含む賃料相当額）を適切に求め得る場合に有効であり、一般の企業用

> 総　論

不動産であっても総収益自体が優れた経営組織や強大な資本力等により実現されている場合等には、標準的な収益への補正が必要となるので、その適用に際して留意が必要である。

収益還元法の適用に際してその基礎となる純収益は、基本的には不動産が物理的、機能的及び経済的に消滅するまでの全期間にわたって不動産を使用し、又は収益することができることを基礎とするものであるのに対して、収益賃料は、上記期間のうちの一部の期間について不動産の賃貸借等に基づき、不動産を使用し、又は収益することができることを基礎とするものであることに留意して、収益純賃料を算定すべきである。

収益純賃料の額に賃貸借等に当たって賃料に含まれる必要諸経費等とは減価償却費、維持管理費、公租公課、損害保険料、貸倒れ準備費及び空室等による損失相当額がある。

賃借人の立場からの分析として、一般企業経営から得られる総収益を分析することにより、総収益のうち、賃料として支払可能な額を算定することが可能な場合もある。

Ⅲ　継続賃料を求める鑑定評価の手法

> **不動産鑑定評価基準**
>
> 1．差額配分法
> 　(1)　意義
> 　　　差額配分法は、対象不動産の経済価値に即応した適正な実質賃料又は支払賃料と実際実質賃料又は実際支払賃料との間に発生している差額について、契約の内容、契約締結の経緯等を総合的に勘案して、当該差額のうち賃貸人等に帰属する部分を適切に判定して得た額を実際実質賃料又は実際支払賃料に加減して試算賃料を求める手法である。
> 　(2)　適用方法
> 　　①　対象不動産の経済価値に即応した適正な実質賃料は、価格時点において想定される新規賃料であり、積算法、賃貸事例比較法等により求めるものとする。
> 　　　　対象不動産の経済価値に即応した適正な支払賃料は、契約に当たって一時金が授受されている場合については、実質賃料から権

> 利金、敷金、保証金等の一時金の運用益及び償却額を控除することにより求めるものとする。
> ② 賃貸人等に帰属する部分については、継続賃料固有の価格形成要因に留意しつつ、一般的要因の分析及び地域要因の分析により差額発生の要因を広域的に分析し、さらに対象不動産について契約内容及び契約締結の経緯等に関する分析を行うことにより適切に判断するものとする。

【解 説】

　継続賃料評価の一般的留意事項（基準総論第7章第2節Ⅰ4）は、継続賃料の鑑定評価全般において考慮すべき事項であり、差額配分法、利回り法、スライド法、賃貸事例比較法の鑑定評価手法の適用段階においても同様に考慮する必要がある。

　継続賃料に係る評価手法は、継続賃料固有の価格形成要因である事情変更の要因と諸般の事情の要因を各手法において可能な限り考慮して、各手法の平仄を合わせて、鑑定評価書においてそのプロセスを明示することで、評価の過程の説明の向上を図ることが可能となる。

　差額配分法とは、対象不動産の経済価値に即応した適正な実質賃料又は支払賃料と実際実質賃料又は実際支払賃料との差額部分を適切に配分して試算賃料を求める手法である。

　対象不動産の経済価値に即応した適正な実質賃料又は支払賃料とは、必ずしも当該不動産の最有効使用を前提として把握される元本価格に即応した賃料を意味しているものではなく、当該不動産の使用方法等が賃貸借等の契約条件により制約されている場合には、当該制約下において把握される元本価格が即応する賃料をいうものである。

　この手法は、賃貸借等に供されている不動産の用益の増減分を反映する点で説得力があるが、賃貸人等に帰属する部分の判定基準が明確でないことに起因して、その判定根拠がブラックボックス化しやすいという問題を有している。その一因は、継続賃料の評価手法の適用において継続賃料固有の価格形成要因及びその分析方法が必ずしも明確でないこと、継続賃料固有の価格形成要因を定性的に捉え、それを定量化する評価プロセスが明確に整理されていないことにある。

　賃料差額の発生要因は大きく事情変更に係る要因と諸般の事情の要因に

> 総　論

分解することができる。賃貸人等に帰属する部分の判定に当たっては基準各論第2章第1節Ⅱ、第2節Ⅱで説明している継続賃料固有の価格形成要因に留意しつつ、一般的要因の分析及び地域要因の分析により差額発生の要因を広域的・時系列的に分析し、さらに対象不動産について契約内容、契約締結の経緯等に関する分析を行うことにより、賃貸借等の当事者間の公平の観点から適切に判断するものである。

　特に、基準各論第2章第1節Ⅱ2．の総合的勘案事項として「(6) 直近合意時点及び価格時点における新規賃料と現行賃料の乖離の程度」が掲げられているとおり、両時点の当該乖離の程度により事情変更に係る要因の差額を把握することが可能であることから、賃貸人等に帰属する部分の判定に当たっては当該事項に留意する必要がある。また、契約締結の経緯等に係る要因については、賃貸借等の当事者のいずれか一方に起因する事情がある場合は、当該事情を踏まえ、公平の観点から賃貸人等に帰属する部分を判定する必要がある。

不動産鑑定評価基準

2．利回り法
 (1) 意義
　　利回り法は、基礎価格に継続賃料利回りを乗じて得た額に必要諸経費等を加算して試算賃料を求める手法である。
 (2) 適用方法
　① 基礎価格及び必要諸経費等の求め方については、積算法に準ずるものとする。
　② 継続賃料利回りは、直近合意時点における基礎価格に対する純賃料の割合を踏まえ、継続賃料固有の価格形成要因に留意しつつ、期待利回り、契約締結時及びその後の各賃料改定時の利回り、基礎価格の変動の程度、近隣地域若しくは同一需給圏内の類似地域等における対象不動産と類似の不動産の賃貸借等の事例又は同一需給圏内の代替競争不動産の賃貸借等の事例における利回りを総合的に比較考量して求めるものとする。

解　説

　利回り法は、元本である価格と果実である賃料の相関関係を示す利回り

を時系列的に捉える手法である。ただし、基礎価格と賃料の変動は賃料の遅行性等によりパラレルではないことが一般的であるので留意が必要である。継続賃料利回りの査定については、不動産鑑定士の裁量による部分が大きく、利回りの判断に差が出やすいため、鑑定評価においてはその判断根拠を明確に示す必要がある。

継続賃料利回りについては、直近合意時点の純賃料利回りをそのまま採用すると利回り法の計算式は基礎価格の変動率をスライド法の変動率として適用した場合の計算式と同じものとなり、基礎価格変動率分がそのまま反映された賃料が求められてしまうこととなる（下式参照）。

$N_t \times (P_1 \div P_2) + C_1 = T_1$ …①
　　　　　　　　　（基礎価格変動率を採用したスライド法）
$P_1 \times (N_t \div P_2) + C_1 = T_2$ …②
　　　　　　　　　（実績純賃料利回りを採用した利回り法）
$T_1 = T_2$
N_t：直近合意時点の純賃料　　P_1：価格時点の基礎価格
P_2：直近合意時点の基礎価格　（$P_1 \div P_2$）：基礎価格変動率
C_1：価格時点の必要諸経費　　T_1：スライド法による試算賃料
（$N_t \div P_2$）：実績純賃料利回り　T_2：利回り法による試算賃料

継続賃料利回りは、直近合意時点の純賃料利回りを踏まえて、継続賃料固有の価格形成要因に留意し、期待利回り、契約締結時及びその後の各賃料改定時の利回り、基礎価格の変動の程度、近隣地域若しくは同一需給圏内の類似地域等における対象不動産と類似の不動産の賃貸借等の事例又は同一需給圏内の代替競争不動産の賃貸借等の事例における利回りを総合的に比較考量して求めるものとされており、事情変更の要因を基礎価格の変動のみによって捉えるのではないことが明確になっている。

不動産鑑定評価基準

3．スライド法
　(1)　意義
　　　スライド法は、直近合意時点における純賃料に変動率を乗じて得た額に価格時点における必要諸経費等を加算して試算賃料を求める

> 手法である。
>   なお、直近合意時点における実際実質賃料又は実際支払賃料に即応する適切な変動率が求められる場合には、当該変動率を乗じて得た額を試算賃料として直接求めることができるものとする。
> (2) 適用方法
>   ① 変動率は、直近合意時点から価格時点までの間における経済情勢等の変化に即応する変動分を表すものであり、継続賃料固有の価格形成要因に留意しつつ、土地及び建物価格の変動、物価変動、所得水準の変動等を示す各種指数や整備された不動産インデックス等を総合的に勘案して求めるものとする。
>   ② 必要諸経費等の求め方は、積算法に準ずるものとする。

[解 説]

　スライド法は、直近合意時点における賃料に基づき求められた純賃料に経済情勢等の変化に即応した変動率を乗じて純賃料相当額を求め、これに必要諸経費等を加算して求める手法である。また、実務上、必要諸経費等を含む支払賃料に即応した適切な変動率が把握される場合は、当該賃料にその変動率を乗じて支払賃料を直接求めることもできる。

　平成26年改正において継続賃料評価の一般的留意事項に基づき、継続賃料の評価手法の位置づけの再検討がなされ、継続賃料は、基本的には現行賃料と新規賃料の間で決定されること、鑑定評価に当たっては、最高裁判例の判断枠組みを前提に「事情変更に係る要因」と「諸般の事情に係る要因」を考慮することが必要となる。スライド法についてもこの考え方に基づいて、継続賃料固有の価格形成要因に留意して手法の適用を行うものである。

　具体的には、変動率の査定に当たって継続賃料固有の価格形成要因である「事情変更に係る要因」と「諸般の事情に係る要因」に留意することで、他の手法との平仄を合わせることになる。

　しかし、現実的には、諸般の事情に係る要因に基づく修正を行うことは、実務上、困難となる場合も考えられる。この場合、諸般の事情に係る要因について、スライド法の適用過程での考慮が困難であることを試算賃料の調整において明記した上で、試算賃料の調整及び鑑定評価額の決定段階において、当手法の説得力に係る判断を行うことにより他の試算資料と

比較して相対的に規範性が劣るか否かを検討することも考えられる。

変動率を求める場合に、各種指数や整備された不動産インデックス（賃料指数、市街地価格指数、建物価格指数等）等を採用する場合には、地代と家賃の別、用途別、地域別、典型的な需要者の行動及び継続賃料固有の価格形成要因に留意し、対象不動産の性格及び各種指数や整備された不動産インデックス等の特性を総合的に考慮する必要がある。

不動産鑑定評価基準

4．賃貸事例比較法

賃貸事例比較法は、新規賃料に係る賃貸事例比較法に準じて試算賃料を求める手法である。試算賃料を求めるに当たっては、継続賃料固有の価格形成要因の比較を適切に行うことに留意しなければならない。

解 説

賃貸事例比較法は、新規賃料に係る賃貸事例比較法に準じて試算賃料を求める方法であるが、継続賃料固有の価格形成要因についての考慮が十分に行われずに試算賃料を求めると、不適切な賃貸事例の選択や要因比較がなされたり、不動産鑑定士の裁量によって試算賃料が大きく異なったりすることとなるおそれがある。

このため、賃貸事例比較法の適用においても、継続賃料固有の価格形成要因である直近合意時点から価格時点までの事情変更及び諸般の事情の双方を考慮して、各評価手法の平仄が合っているようにすることが必要である。

賃貸事例の選択要件としては、継続賃料の固有の価格形成要因との類似性が求められる。しかし、サブリースやオーダーメイド賃貸に係る継続賃料の評価のように、継続賃料固有の価格形成要因の類似性を厳格に求めることは困難な場合が多い。鑑定実務では、継続賃料に係る賃貸事例比較法は、賃貸事例の収集・選択が困難であることを理由に、安易に手法の適用が断念され、軽視される傾向がみられる。賃貸事例の収集は継続賃料水準の把握、継続賃料の変動率の把握等、継続賃料の市場を分析するためには必要であり、また、「事情変更に係る要因」の実証的な分析の基礎となることから、安易に手法の適用が断念されないよう留意する必要がある。

> ■総　論

　賃貸事例比較法の適用に際して、継続賃料固有の価格形成要因の厳格な類似性が認められる賃貸事例が収集できない場合は、当該要因の比較によって適切に補正することが可能である賃貸事例をもってそれに代替することや、試算賃料の調整及び鑑定評価額の決定の段階において当該手法の説得力に係る判断を踏まえることが必要である。

第8章 鑑定評価の手順

不動産鑑定評価基準

　鑑定評価を行うためには、合理的かつ現実的な認識と判断に基づいた一定の秩序的な手順を必要とする。この手順は、一般に鑑定評価の基本的事項の確定、依頼者、提出先等及び利害関係等の確認、処理計画の策定、対象不動産の確認、資料の収集及び整理、資料の検討及び価格形成要因の分析、鑑定評価の手法の適用、試算価格又は試算賃料の調整、鑑定評価額の決定並びに鑑定評価報告書の作成の作業から成っており、不動産の鑑定評価に当たっては、これらを秩序的に実施すべきである。

解　説

　これらの作業は、おおむね時間的な順序に従って配列されており、一般にはこれを順次実施していくこととなる。しかし、これはあまり硬直的に考えるべきではなく、むしろ必要に応じて後で行う作業の予備的作業を事前に行ったり、先に行った作業を途中で再検討したりすることがあってもよい。鑑定評価の手順は、フィードバックを通じてより精度の高い、より正確な判断へと到達する過程である。

　対象不動産が不動産鑑定業者の事務所から遠隔地に所在している場合等においては、特に書面上の調査のみでは必ずしも明確にならない価格水準、近隣の状況等対象不動産の価格に影響を与える諸要因について十分な実地調査を行うものとし、それらを的確に把握することに努めなければならない。

　また、同時に多数の物件の鑑定評価を行う場合には、評価内容の整合性を含め、鑑定評価の全過程において特に慎重な配慮が要請される。さらに同一依頼者からの複数物件の鑑定評価を複数の不動産鑑定士が担当する場合は、一連の鑑定評価を行う複数の不動産鑑定士の役割分担を明確にした上で、処理計画を策定し、常に情報を共有できる体制を整備する必要がある。

総論

第1節　鑑定評価の基本的事項の確定

不動産鑑定評価基準

　鑑定評価に当たっては、まず、鑑定評価の基本的事項を確定しなければならない。このため、鑑定評価の依頼目的、条件及び依頼が必要となった背景について依頼者に明瞭に確認するものとする。

解　説

　鑑定評価の基本的事項とは、すなわち、対象不動産、価格時点及び鑑定評価によって求めるべき価格又は賃料の種類をいう。

　鑑定評価の依頼目的とは、売買、交換、収用、抵当権等の設定に係る担保評価、争訟、企業合併時の資産評価、企業会計上の時価評価、証券化対象不動産の鑑定評価等当該鑑定評価を必要としている理由を示すものであり、これらの如何によっても鑑定評価によって求めるべき価格又は賃料の種類が左右されるものである。

　対象不動産の確定に関しては、対象確定条件のほか地域要因又は個別的要因についての想定上の条件や調査範囲等条件があり、これらを明確にしておく必要がある。

　対象確定条件は、対象不動産の所在、範囲等の物的事項及び所有権、賃借権等の対象不動産の権利の態様に関する事項を確定させるために必要な条件であり、これは文字どおり対象不動産を確定するための条件にとどまる。また、想定上の条件や調査範囲等条件は対象不動産の価格形成要因の取扱いを明確化するための条件にとどまり、鑑定評価によって求めるべき価格又は賃料の種類までをも規定するものではない。すなわち、これらの条件は、鑑定評価の対象とする不動産が物的及び権利の態様としてどのような不動産であるかを確定するため、又は対象不動産の価格形成要因はどのようであるかを設定するための条件であるので、これらの条件が設定された場合であっても求めるべき価格又は賃料の種類について正常価格における合理的な市場を前提としているのであれば、求めるべき価格（賃料）は正常価格（賃料）であって、限定価格（賃料）、特定価格、特殊価格又は継続賃料ではないということである。

　このほか、賃料の鑑定評価の場合には、支払賃料を求めるかどうか、支

払賃料を求める場合の一時金の内容等に関する条件があり、また依頼目的に対応して設定される価格や賃料の種類に係る条件もあることに留意すべきである。

　鑑定評価の対象とする不動産の現実の利用状況と異なる対象確定条件や地域要因又は個別的要因に係る想定上の条件又は調査範囲等条件を設定する場合には、その条件が鑑定評価書の利用者の利益を害するおそれがないかどうかの観点（必要に応じ、実現性、合法性に照らして妥当性を有するかという観点を含む。）から妥当なものであるか否かを吟味する必要がある。

　このような種々の条件の設定の妥当性を判断するためには、単なる売買や資産評価等の依頼目的を確認するだけでなく、鑑定評価の依頼が必要となった背景を明瞭に確認することにより、鑑定評価書がどのように利用されるか、並びに鑑定評価書の利用者の範囲及び属性等を確認し、さらに依頼者が提供可能な資料や鑑定評価書の発行希望日等の当該鑑定評価依頼における依頼者の事情を確認し、条件設定の必要性や妥当性を判断する必要がある。

　なお、国土交通省策定の「不動産鑑定士が不動産に関する価格等調査を行う場合の業務の目的と範囲等の確定及び成果報告書の記載事項に関するガイドライン」及び「不動産鑑定士が不動産に関する価格等調査を行う場合の業務の目的と範囲等の確定及び成果報告書の記載事項に関するガイドライン運用上の留意事項」（以下「ガイドライン等」という。）においては、基本的事項及び手順について、文書等に明記することを求めている。

　詳細は、後記「第2部　価格等調査ガイドライン」参照。

総論

第2節 依頼者、提出先及び利害関係等の確認

> **不動産鑑定評価基準**
>
> 　前節による依頼者への確認においては、あわせて、次に掲げる事項を確認するものとする。

解　説

　依頼者への確認としては、鑑定評価に当たっての基本的事項や手順のみならず、鑑定評価書の依頼者、提出先、及び開示先の確認・確定に加え、「関与不動産鑑定士」及び「関与不動産鑑定業者」（後記基準Ⅱを参照）の、対象不動産、依頼者、提出先、開示先との利害関係等について確認・確定することが求められる。

　不動産鑑定士は、その責務の一つとして、縁故若しくは特別の利害関係を有する場合等、公平な鑑定評価を害するおそれのあるときは、原則として不動産の鑑定評価を受けてはならないこととされている。しかし、法律上はこのような特別の場合においても不動産の鑑定評価を行うことを禁止しているわけではなく、その利害関係の内容を明示させることにより不動産鑑定士がいかなる場合でも厳正な態度で鑑定評価に臨むことを期待しているものである。これは不動産鑑定業者についても同様であり、本節において対象不動産、依頼者、提出先等及びその利害関係等の確認を行うことが求められているのも同一の趣旨によるものである。

　もっとも、鑑定評価の結果が不特定多数の者に開示、公表され、投資等の判断材料として利用されることにより、不特定多数の者に大きな影響を与える場合においては、高い透明性や独立性が求められる。このように依頼目的によっては、利害関係等の範囲や内容によって鑑定評価の受託を見合わせるべき場合もあることにも留意が必要である。

Ⅰ 依頼者並びに鑑定評価書が依頼者以外の者へ提出される場合における当該提出先及び鑑定評価額が依頼者以外の者へ開示される場合における当該開示の相手方

> **運用上の留意事項**
>
> Ⅵ 「総論第8章 鑑定評価の手順」について
>
> 1．依頼者、提出先等及び利害関係等の確認について
> (1) 鑑定評価書が依頼者以外の者へ提出される場合における当該提出先及び鑑定評価額が依頼者以外の者へ開示される場合における当該開示の相手方について
>   鑑定評価書が依頼者以外の者へ提出される場合における当該提出先及び鑑定評価額が依頼者以外の者へ開示される場合における当該開示の相手方の確認については、依頼目的に応じ、必ずしも個別具体的な名称等による必要はなく、提出等の目的、提出先等の属性等利用目的の把握に資するものでも足りる。このため、個別具体の名称等が明らかでない場合であっても、これら利用目的の把握に資する情報を把握することが必要であることに留意しなければならない。

解 説

　提出とは、依頼者以外の者へ鑑定評価書の正本又は副本（不動産鑑定業者が作成する、割印等のある写しを含む。）を提出することをいう。また開示とは、依頼者に提出した鑑定評価書（ドラフト等鑑定評価の作業の過程で提出したものを含む。）を提示し内容を見せることのほか、当該鑑定評価書のコピーの提供や鑑定評価書の内容を依頼者が別途加工して提示（鑑定評価額のみの開示を含む。）することも含まれる。

　依頼者以外の者に提出又は開示される場合においては、当該提出先及び開示の相手方について確認・確定する。

　もっとも、依頼目的に応じ明らかに提出先及び開示の相手方が確認できる場合等を除き、必ずしも個別具体的な名称等の確認は必要なく、提出及び開示の目的、提出先及び開示の相手方の属性等利用目的の把握に資するもので足りる。このため、提出又は開示の可能性はあるが、提出先又は開

総　論

示の相手方について個別具体の名称等が明らかでない場合であっても、提出先又は開示の相手方の属性や提出及び開示目的について依頼目的の把握に資する程度に確認・確定するとともに、これらを勘案して鑑定評価の基本的事項及び鑑定評価の手順を決定することが必要である。

なお、このような趣旨にかんがみ、提出先及び開示の相手方の確認・明記に当たっては、例えば「金融機関等」など、「等」と記載することにより属性や提出及び開示の目的を曖昧にすることは避けるべきである。未定の場合や依頼者より明らかにされない場合はその旨を記載し、不特定の者に提出又は開示される可能性があることを勘案して条件設定等の可否を検討する。

依頼者以外の提出先を例示すれば下記のとおりとなる。
　　ア　取引の相手先、親会社（売買、賃貸借等の場合）
　　イ　親会社（会計上の要請の場合）
　　ウ　税務署（売買、賃貸借等に係る税務証明の場合）
　　エ　裁判所（調停及び訴訟の場合）
　　オ　管財人又は弁護士、債権者（会社更生法、民事再生法の場合）
　　カ　債権者（金融機関、ゼネコン等）（担保評価の場合）
　　キ　金融機関、出資者（証券化対象不動産の場合）
また、依頼者以外の開示の相手方を例示すれば下記のとおりである。
　　ア　取引の相手先、親会社（売買、賃貸借等の場合）
　　イ　監査法人又は公認会計士（会計上の要請の場合）
　　ウ　監査法人又は公認会計士、弁護士、金融機関、出資者（証券化対象不動産の場合）

II　関与不動産鑑定士及び関与不動産鑑定業者に係る利害関係等

不動産鑑定評価基準

1．関与不動産鑑定士及び関与不動産鑑定業者の対象不動産に関する利害関係等

　　関与不動産鑑定士（当該鑑定評価に関与するすべての不動産鑑定士をいう。以下同じ。）及び関与不動産鑑定業者（関与不動産鑑定士の所属する不動産鑑定業者をいう。以下同じ。）について、対象不動産に関する利害関係又は対象不動産に関し利害関係を有する者との縁故

若しくは特別の利害関係の有無及びその内容を明らかにしなければならない。

運用上の留意事項

(2) 関与不動産鑑定士及び関与不動産鑑定業者に係る利害関係等について
　① 関与不動産鑑定士について
　　　関与不動産鑑定士とは、当該不動産の鑑定評価に関与した不動産鑑定士の全員をいい、当該不動産の鑑定評価に関する業務の全部又は一部を再委託した場合の当該再委託先である不動産鑑定業者において当該不動産の鑑定評価に関与した不動産鑑定士を含むものとする。
　② 関与不動産鑑定業者について
　　　関与不動産鑑定業者とは、当該不動産の鑑定評価に関与不動産鑑定士を従事させている不動産鑑定業者のすべてをいう。

解説

「不動産の鑑定評価に関与」するとは、対象不動産の鑑定評価の核となる主たる部分の全部又は一部について、これを直接指揮し、実行し、補助する等によってその実施にあずかることをいう。また、鑑定評価の核となる主たる部分とは、鑑定評価の基本的事項の確定、対象不動産の確認、処理計画の策定、資料の分析、経済価値の判定、価額の表示等をいう。

また、鑑定評価を行うに当たっては、依頼を受けた不動産鑑定業者が単独で業務を行うほか、他の不動産鑑定業者や専門家と提携して業務を行う場合がある。他の不動産鑑定業者に属する不動産鑑定士が上記の「不動産の鑑定評価に関与」する場合には、当該不動産鑑定士も関与不動産鑑定士に含まれる。

> ### 総論

> ### 不動産鑑定評価基準
>
> 2．依頼者と関与不動産鑑定士及び関与不動産鑑定業者との関係
> 　　依頼者と関与不動産鑑定士及び関与不動産鑑定業者との間の特別の資本的関係、人的関係及び取引関係の有無並びにその内容を明らかにしなければならない。

> ### 運用上の留意事項
>
> ③　依頼者と関与不動産鑑定士及び関与不動産鑑定業者との関係について
> 　　依頼者と関与不動産鑑定士及び関与不動産鑑定業者との関係に関し明らかにすべき特別の関係及びその内容は、最低限、次に掲げるものとする。ただし、依頼目的や、依頼者、提出先等のほか関係者の判断に与える大きさ等にかんがみ必要な特別の関係についても明らかにするものとする。
> 　ア　明らかにすべき依頼者と関与不動産鑑定士との間の特別の資本的関係とは、当該依頼者の議決権につきその２割以上を当該不動産鑑定士が保有している場合その他これと同等以上の資本的関係がある場合の当該関係であり、これらの場合において明らかにすべき内容は、議決権の割合その他当該関係に該当することとなった事項とする。
> 　イ　明らかにすべき依頼者と関与不動産鑑定士との間の特別の人的関係とは、当該依頼者又は当該依頼者を代表する者が当該不動産鑑定士である場合その他これらと同等以上の人的関係がある場合の当該関係であり、これらの場合において明らかにすべき内容は、当該関係に該当することとなった事項とする。
> 　ウ　明らかにすべき依頼者と関与不動産鑑定業者（②に規定する不動産鑑定業者をいう。以下同じ。）との間の特別の資本的関係とは、前事業年度（財務諸表等が未調製のときは、前々事業年度。オにおいて同じ。）において、当該依頼者又は当該不動産鑑定業者のいずれか一方が他方の子会社（連結財務諸表原則にいう子会社をいう。）で又は関連会社（連結財務諸表原則にいう関連会社をいう。）である場合その他これらと同等以上の

資本的関係がある場合の当該関係であり、これらの場合において明らかにすべき内容は、出資割合その他当該関係に該当することとなった事項とする。
エ　明らかにすべき依頼者と関与不動産鑑定業者との間の特別の人的関係とは、当該依頼者又は当該依頼者を代表する者が当該不動産鑑定業者又は当該不動産鑑定業者を代表する者である場合その他これらと同等以上の人的関係がある場合の当該関係であり、これらの場合において明らかにすべき内容は、当該関係に該当することとなった事項とする。
オ　明らかにすべき依頼者と関与不動産鑑定業者との間の特別の取引関係とは、当該不動産鑑定業者の前事業年度において、当該依頼者からの借入れが当該不動産鑑定業者の負債の過半を占める場合、当該不動産鑑定業者の売上げ（鑑定評価等業務に係る売上げ以外のものを含む。）において当該依頼者からの売上げが過半を占める場合、当該依頼者と当該不動産鑑定業者の取引額が当該不動産鑑定業者の鑑定評価等業務における受注額の半分に相当する額を超える場合その他これらと同等以上の取引関係がある場合の当該関係であり、これらの場合において明らかにすべき内容は、当該負債、売上げ又は取引額の割合その他当該関係に該当することとなった事項とする。

解　説

　明らかにすべき特別の関係は、関与不動産鑑定士や、関与不動産鑑定業者が行う鑑定評価業務に対し、依頼者が支配的な影響を及ぼすことができるかどうか、関与不動産鑑定士や関与不動産鑑定業者が鑑定評価業務の実施に当たり依頼者の直接の利害を特に考慮する立場にないかどうか等の観点から判断する。
　特別の関係を有する者からの鑑定評価の依頼については、それが直ちに鑑定評価を謝絶すべき理由になるものではないが、依頼者にあらかじめ当該関係の存否を伝えることが必要である。

総論

不動産鑑定評価基準

3．提出先等と関与不動産鑑定士及び関与不動産鑑定業者との関係

　鑑定評価書が依頼者以外の者へ提出される場合における当該提出先又は鑑定評価額が依頼者以外の者へ開示される場合における当該開示の相手方（以下「提出先等」という。）と関与不動産鑑定士及び関与不動産鑑定業者との間の特別の資本関係、人的関係及び取引関係の有無並びにその内容を明らかにしなければならない。ただし、提出先等が未定の場合又は明らかとならない場合における当該提出先等については、その旨を明らかにすれば足りる。

運用上の留意事項

④　提出先等と関与不動産鑑定士及び関与不動産鑑定業者との関係について

　③の規定は、明らかにすべき提出先等と関与不動産鑑定士及び関与不動産鑑定業者との関係について準用する。この場合において、「依頼者」とあるのは「提出先等」と、「当該依頼者」とあるのは「当該提出先等」と読み替えるものとする。

解説

　提出先等と関与不動産鑑定士・関与不動産鑑定業者との特別の関係については、2．の「依頼者」を「提出先等」と読み替えて適用する。実質的にこれらと同等程度以上の特別の関係があると認められる場合についても、明らかにすることが必要である。

　ただし、提出先等が未定の場合又は明らかとならない場合における当該提出先等については、その旨を明らかにすれば足りる。ここで、「未定の場合」とは、提出や開示の可能性の有無も定かでない場合をいい、「明らかとならない場合」とは、提出や開示の可能性はあるが、提出先等の具体的名称又は属性が明らかとならない場合を指す。

第8章 鑑定評価の手順

不動産鑑定評価基準
Ⅲ　鑑定評価額の公表の有無

解説

　現実の利用状況と異なる可能性のある条件を設定する場合には、その可否の判断のために鑑定評価書の利用者の範囲の確認が必要となるので、提出先等の確認とともに鑑定評価額の公表の有無も依頼者に確認する必要がある。なお、依頼目的や依頼の背景から公表の可能性があると判断される場合には、より慎重に確認を行う必要がある。

　また、鑑定評価額の公表により不特定多数の者に大きな影響を与える場合においては、高い透明性や独立性が求められるので、このような場合には、前記Ⅱ記載の利害関係等の範囲内容によって鑑定評価の受託を見合わせるべき場合もあることにも留意が必要である。

　なお、公益社団法人日本不動産鑑定士協会連合会策定の「不動産鑑定評価基準に関する実務指針」においては、鑑定評価書の提出後に当初予定していなかったにもかかわらず、依頼者において鑑定評価額が公表されることになる場合や提出先等の範囲を拡大しようとする場合においては、条件設定等の適切さを確認・判断する必要があるので、公表又は提出先等の範囲を広げる前に、依頼者が不動産鑑定業者に文書等を交付することによって、鑑定評価報告書の作成を担当した不動産鑑定士（以下「作成担当不動産鑑定士」という。）及び不動産鑑定業者の承諾を得る必要がある、とされている。

> 総論

第3節　処理計画の策定

不動産鑑定評価基準

処理計画の策定に当たっては、第1節により確定された鑑定評価の基本的事項に基づき、実施すべき作業の性質及び量、処理能力等に即応して、対象不動産の確認、資料の収集及び整理、資料の検討及び価格形成要因の分析、鑑定評価の手法の適用、試算価格又は試算賃料の調整、鑑定評価額の決定等鑑定評価の作業に係る処理計画を秩序的に策定しなければならない。

運用上の留意事項

2．処理計画の策定について

処理計画の策定に当たっては、総論第8章第1節及び第2節に定める事項のほか、依頼者に対し、次の事項を明瞭に確認しなければならない。この際に確認された事項については、処理計画に反映するとともに、当該事項に変更があった場合にあっては、処理計画を変更するものとする。
(1) 対象不動産の実地調査の範囲（内覧の実施の有無を含む。）
(2) 他の専門家による調査結果等の活用の要否
(3) その他処理計画の策定のために必要な事項

解説

鑑定評価の基本的事項が確定されれば対象不動産の鑑定評価に当たって行うべき作業の性質、量等が定まってくるので、基準はこれに応じた処理計画を策定し、計画的、秩序的に、鑑定評価の作業（対象不動産の確認、資料の収集及び整理、資料の検討及び価格形成要因の分析、鑑定評価の手法の適用、試算価格又は試算賃料の調整及び鑑定評価額の決定等）を処理すべきこととしている。

鑑定評価の受付に当たっては、適切な処理計画の策定のため、依頼目的や鑑定評価の基本的事項に関する事項、提出先等に加え、次の事項についても依頼者に確認する必要がある。

(1) 対象不動産の実地調査の範囲（内覧の実施の有無を含む。）

　　実地調査においては、建物内部の確認を行う必要があることから、建物の内覧を行うことが原則として必要である。ただし、建物の入居者等占有状況等によっては、建物内部への立入調査ができない場合があるので、対象不動産の内覧が可能な範囲を依頼者に確認し、内覧できない部分についてどのように客観的に推定するか、そのための資料等について検討する必要がある。

(2) 他の専門家による調査結果等の活用の要否

　　専門職業家としての注意を尽くしてもなお対象不動産の価格形成に重大な影響を与える要因が十分に判明しない価格形成要因が存する場合は、原則として他の専門家による調査結果等を活用する必要があるが、このような価格形成要因が存する可能性がある場合に、調査範囲等条件の設定を検討することを含め、他の専門家への調査依頼を行うかどうか（その依頼は鑑定評価の依頼者が行うのかどうかを含む。）について依頼者に確認し、その対応を検討する必要がある。

(3) その他処理計画の策定のために必要な事項

　　例えば、一定の期間に複数不動産の鑑定評価の依頼が同時に行われる場合に、対象不動産ごとに作業の性質、量に応じた処理計画の立案を行い、スケジュールを調整する必要がある。

処理計画の策定に当たっては、依頼者に確認した上記事項等を踏まえ、必要に応じて予備調査を行い、鑑定評価において適用すべき鑑定評価の手法、収集すべき資料の種類及び量等を判断し、鑑定評価の各手順に必要な作業の性質及び量と不動産鑑定士及びその補助者の処理能力等を勘案して作業の日程、分担等を定めなければならない。

また、依頼者に確認した事項は鑑定評価の作業中に依頼者の事情で変更になったり、依頼受付時に想定していない事実が判明したりすることがあるので、このような場合には必要に応じ依頼者と調整の上、処理計画を変更する必要がある。

> 総　論

第4節　対象不動産の確認

> **不動産鑑定評価基準**
>
> 　対象不動産の確認に当たっては、第1節により確定された対象不動産についてその内容を明瞭にしなければならない。対象不動産の確認は、対象不動産の物的確認及び権利の態様の確認に分けられ、実地調査、聴聞、公的資料の確認等により、的確に行う必要がある。

> **解　説**

　前記基準総論第5章第1節で述べた対象不動産の確定においては、いわば観念的に対象不動産の所在、範囲等が確定されているにすぎず、鑑定評価に当たっては、このようにして確定された不動産が現実にそのとおり（現実の利用状況と異なる条件を設定した場合はその相違内容を含む。）存在しているかどうかを確認する必要がある。

　対象不動産の確認は、対象不動産の物的確認と権利の態様の確認とから構成され、これは適正な鑑定評価の前提となるもので、実地調査、聴聞、公的資料の確認等を通じて的確に行うべきであり、いかなる場合においてもこの作業を省略してはならないことに留意すべきである。

　また、対象不動産の確認を行った結果が依頼者から示された内容と相違する場合は、再度依頼者に確認の上、対象確定条件の改定を求める等適切な措置を講じなければならない。

Ⅰ　対象不動産の物的確認

> **不動産鑑定評価基準**
>
> 　対象不動産の物的確認に当たっては、土地についてはその所在、地番、数量等を、建物についてはこれらのほか家屋番号、建物の構造、用途等を、それぞれ実地に確認することを通じて、第1節により確定された対象不動産の存否及びその内容を、確認資料（第5節Ⅰ参照）を用いて照合しなければならない。
>
> 　また、物的確認を行うに当たっては、対象不動産について登記事項証

明書等により登記又は登録されている内容とその実態との異同について把握する必要がある。

> **運用上の留意事項**
>
> 3．対象不動産の確認について
> (1) 対象不動産の物的確認について
> 　対象不動産の確認に当たっては、原則として内覧の実施を含めた実地調査を行うものとする。
> 　なお、同一の不動産の再評価を行う場合において、過去に自ら内覧の実施を含めた実地調査を行ったことがあり、かつ、当該不動産の個別的要因について、直近に行った鑑定評価の価格時点と比較して重要な変化がないと客観的に認められる場合は、内覧の全部又は一部の実施について省略することができる。
> (2) 権利の態様の確認について
> 　賃貸借契約等に係る権利の態様の確認に当たっては、原則として次に掲げる事項を確認しなければならない。
> ① 契約の目的
> ② 契約当事者
> ③ 契約期間
> ④ 契約数量
> ⑤ 月額支払賃料
> ⑥ 一時金の有無とその内容
> ⑦ 賃貸条件等に係る特約

解　説

　対象不動産の物的確認とは、鑑定評価の対象となる不動産（対象不動産が土地又は建物等に関する所有権以外の権利であるときは、当該権利の存する土地又は建物等）を実地に確認して明確にし、鑑定評価の基本的事項の確定において確定された対象不動産の存否及びその内容（現実の利用状況と異なる条件を設定した場合はその相違内容を含む。）を物的に照合することをいう。

　対象不動産の物的確認においては、建物の内覧の実施も含めた実地調査

総　論

を行い、土地についてはその所在、地番、地目、地積、形状、境界、定着物の有無等を明確にし、建物等についてはその所在、家屋番号、建築面積及び延面積、構造、用途等を明確にして、対象不動産について登記事項証明書等により確認した登記簿や課税台帳等において登記又は登録されている内容とその実態との異同について把握するとともに、価格形成要因に大きな影響を与える要因について実際に確認する必要がある。対象不動産が区分所有建物及びその敷地である場合においては、専有部分のほか共用部分、建物の敷地等についてもその内容を明確にする必要がある。

　造成工事完了前の土地又は未竣工の建物について、完成後の状態を条件に鑑定評価（未竣工建物等鑑定評価）を行う場合で、すでに着工している場合には、提示された設計図書等と、造成中の土地又は建築中の建物の内容をできる限り照合する必要がある。

　所有者又は賃借人等の事情により賃貸中や営業中等の部分等について実地調査が行えない場合は、他の建物内の部分（仕様、管理状況等が内覧できない区画とほぼ同一、あるいは推測可能と判断できる自用又は空室区画等）の実地調査、竣工図面若しくは賃貸借契約書等の確認、管理者若しくは賃借人からのヒアリングや外部からの観察等により、実地調査が行えない部分についての合理的な推定を行うこととなる。なお、合理的な推定が可能かどうかは、内覧を省略する旨の条件設定により峻別されるものではなく、不動産鑑定士が判断すべき事項となる。

　実地調査の際には、依頼者等へのヒアリング等とあわせ、対象不動産の使用者及び使用状況、賃貸借契約書の対象範囲と実際の賃貸部分の相違の有無、敷地境界標と越境物の有無、修繕履歴・増改築の有無、土壌汚染や建物のアスベスト使用並びにPCB保管の有無等にも注意を払う必要がある。

　過去に鑑定評価を行った不動産について同一の不動産鑑定士が再評価を行う場合において、直近に行った鑑定評価の価格時点と比較して当該不動産の個別的要因に重要な変化がないと認められる場合[注]は、過去に自ら行った内覧により確認した内容から推定可能と考えられるため、内覧の全部又は一部の実施について省略することができる。ただし、基準留意事項で省略することができるとしているのは内覧であるので、実地調査は必要である。さらに、公益社団法人日本不動産鑑定士協会連合会策定の「不動産鑑定評価基準に関する実務指針」においては、内覧の全部又は一部の実施について省略することができるのは、再評価の鑑定評価の価格時点が、

内覧を行った直近の鑑定評価の価格時点からおおむね1年以内の場合に限るものとされている。

「自ら実地調査を行った」とは、過去の鑑定評価において不動産鑑定士として内覧を含む実地調査を行い、関与不動産鑑定士として署名を行った、ということを指し、関与不動産鑑定士以外の役割（補助者の役割で内覧に立ち会った場合など）で、過去に内覧を含む実地調査を行った場合は含まれないことに注意が必要である。

なお、対象不動産の一部のみに変更がある場合は、当該部分を中心に内覧を行う等の対応も考えられる。

(注) 個別的要因についての重要な変化の有無に関する判断は、例えば下記に掲げる事項を実地調査、依頼者への確認及び要因資料の分析等により明らかにした上で行う。
　①敷地の併合や分割（軽微なものを除く。）、区画形質の変更を伴う造成工事（軽微なものを除く。）、建物に係る増改築や大規模修繕工事（軽微なものを除く。）等の実施の有無、②公法上若しくは私法上の規制・制約等（法令遵守状況を含む。）、建物環境に係るアスベスト等の有害物質、土壌汚染、耐震性、地下埋設物等に係る重要な変化、③賃貸可能な面積の過半を占める等の主たる賃借人の異動又は借地契約内容の変更（少額の地代の改定など軽微なものを除く。）等の有無。

Ⅱ　権利の態様の確認

> **不動産鑑定評価基準**
>
> 　権利の態様の確認に当たっては、Ⅰによって物的に確認された対象不動産について、当該不動産に係るすべての権利関係を明瞭に確認することにより、第1節により確定された鑑定評価の対象となる権利の存否及びその内容を、確認資料を用いて照合しなければならない。

【解説】

　権利の態様の確認とは、物的に確認された対象不動産について当該不動産に係るすべての権利関係を明瞭にすることにより、鑑定評価の対象となる権利の存否及びその内容を照合することをいう。

　不動産については、その性格上種々の権利が設定されることが極めて多

総論

く、これらの権利についても価格が形成されて鑑定評価の対象となる一方、このような権利の有無及びその内容が権利の目的となっている不動産の価格にも影響を及ぼしている。したがって、鑑定評価の対象が所有権であるか所有権以外の権利であるかを問わず、対象不動産に係るすべての権利関係を明瞭にし、鑑定評価の対象とされた権利の存否及びその内容を確認する必要がある。

権利の態様の確認に当たっては、登記簿や課税台帳等に登記又は登録されている権利についてはもちろん、登記情報等で確認できない権利についても現実の利用状況等を調査することにより把握する必要がある。

賃貸借契約内容等は、貸家及びその敷地、借地権又は継続賃料等の鑑定評価において重要な確認事項であり、契約の目的、契約当事者、契約期間、契約数量、月額支払賃料、一時金の有無とその内容及び賃貸条件等に係る特約について、賃貸借契約書（覚書等を含む。）の内容を確認するだけでなく、実地調査、依頼者等へのヒアリング等によって実態との照合を行う必要がある。なお、賃料支払の猶予や免除が疑われるような場合は入金状況の確認も行うことが望ましい。

対象不動産において複数の賃貸借契約が締結されている場合は、すべての契約書等を確認することが望ましいが、賃貸借契約書等が統一された契約書フォーム（雛形）を用いて作成されている場合は、依頼者よりその旨の表明を受けて代表的な賃貸借契約書の確認と契約状況の一覧表及び個別の契約における特約などの有無の確認を十分に行うことにより、賃貸借契約書等のすべてを確認することが必ずしも必要でない場合もある。

再評価の場合で以前に提示を受けた資料が活用できる場合でも、賃貸借契約が継続している部分について条件等の変更がないことを依頼者に確認の上、前回の鑑定評価時から変更になった部分の契約書等諸資料の確認を行うことは必要である。

第5節　資料の収集及び整理

不動産鑑定評価基準

　鑑定評価の成果は、採用した資料によって左右されるものであるから、資料の収集及び整理は、鑑定評価の作業に活用し得るように適切かつ合理的な計画に基づき、実地調査、聴聞、公的資料の確認等により的確に行うものとし、公正妥当を欠くようなことがあってはならない。
　鑑定評価に必要な資料は、おおむね次のように分けられる。

解　説

　資料の収集及び整理は、不動産鑑定士が専門職業家としての注意を尽くしたと認められるよう、適切に行うことが重要である。
　鑑定評価に必要な資料は、おおむね次のように分類される。

I　確認資料

不動産鑑定評価基準

　確認資料とは、不動産の物的確認及び権利の態様の確認に必要な資料をいう。確認資料としては、登記事項証明書、土地又は建物等の図面、写真、不動産の所在地に関する地図等があげられる。

解　説

　確認資料の主なものは、次のとおりである。
　登記事項証明書（全部事項証明書等）、土地又は建物等の固定資産課税台帳の写し、地籍図又は公図（若しくは法第14条地図）の写し、地積測量図及び実測図、建物等の配置図・平面図・立面図、重要事項説明書、申込案内書等のパンフレット類、建築確認申請書、確認済証、検査済証、建築請負契約書、売買契約書、賃貸借契約書、賃料の改定経緯に関する資料、公租公課に関する資料（納税通知書等）、必要諸経費及び一時金授受に関する資料、管理規約、付近見取図、土地又は建物等の写真。

> 総　論

Ⅱ　要因資料

> **不動産鑑定評価基準**
>
> 　要因資料とは、価格形成要因に照応する資料をいう。要因資料は、一般的要因に係る一般資料、地域要因に係る地域資料及び個別的要因に係る個別資料に分けられる。一般資料及び地域資料は、平素からできるだけ広くかつ組織的に収集しておくべきである。個別資料は、対象不動産の種類、対象確定条件等案件の相違に応じて適切に収集すべきである。

【解　説】

　一般的要因の把握及び分析は、すべての鑑定評価にとって必要であり、しかもそれは推移、動向についてのいわば動態的なものであることが必要であるので、一般資料は平素からできるだけ広く、かつ、組織的、継続的に収集しておく必要がある。

　一般資料の主なものは、次のとおりである。

　国勢調査、人口動態統計、経済成長率、景気動向指数、全国銀行主要勘定、建築着工統計、公定歩合及び市中金利、公社債利回り、消費者物価指数、企業向けサービス価格指数、市街地価格指数、全国木造建築費指数、土地取引件数。

　地域資料の主なものは、次のとおりである。

　住宅地図、市街地図、地形図、都市計画図、地方自治体の条例及び開発指導要綱、地価公示及び都道府県地価調査に関する資料、路線価図、公共事業の実施計画に関する資料、大規模小売店舗・大規模分譲マンション等の建設計画に関する資料。

　個別資料の主なものは、次のとおりである。

　確認資料として掲げられている資料のうち個別的要因に係るもの、地質調査資料、土地の高低を示す図面、道路の配置図、日影図、土壌環境調査資料、建物調査資料、土地境界確認資料。このうち、土壌環境調査資料は土壌汚染の有無及び程度を、建物調査資料は耐震性や遵法性、有害物質使用の有無等を確認するために必要である。

Ⅲ 事例資料

> **不動産鑑定評価基準**
>
> 　事例資料とは、鑑定評価の手法の適用に必要とされる現実の取引価格、賃料等に関する資料をいう。事例資料としては、建設事例、取引事例、収益事例、賃貸借等の事例等があげられる。
> 　なお、鑑定評価先例価格は鑑定評価に当たって参考資料とし得る場合があり、売買希望価格等についても同様である。

解 説

　事例資料の選択に当たっては、次の諸点に留意しなければならない。
　a．次の不動産に係るものであること。
　　・近隣地域又は同一需給圏内の類似地域若しくは必要やむを得ない場合には近隣地域の周辺の地域に存する不動産。
　　・対象不動産の最有効使用が標準的使用と異なる場合等における同一需給圏内に存し対象不動産と代替、競争等の関係が成立していると認められる不動産。
　b．事例等の事情が、正常なものと認められるもの又は正常なものに補正できるものであること。
　c．時点修正することが可能なものであること。
　d．地域要因の比較及び個別的要因の比較が可能なものであること。

　また、鑑定評価先例価格は、事例資料ではないが、資料の収集及び検討、試算価格又は試算賃料の調整等に当たって参考とし得る場合がある。売買希望価格等についても同様である。

総論

第6節　資料の検討及び価格形成要因の分析

不動産鑑定評価基準

　資料の検討に当たっては、収集された資料についてそれが鑑定評価の作業に活用するために必要にして十分な資料であるか否か、資料が信頼するに足りるものであるか否かについて考察しなければならない。この場合においては、価格形成要因を分析するために、その資料が対象不動産の種類並びに鑑定評価の依頼目的及び条件に即応しているか否かについて検討すべきである。

　価格形成要因の分析に当たっては、収集された資料に基づき、一般的要因を分析するとともに、地域分析及び個別分析を通じて対象不動産についてその最有効使用を判定しなければならない。

　さらに、価格形成要因について、専門職業家としての注意を尽くしてもなお対象不動産の価格形成に重大な影響を与える要因が十分に判明しない場合には、原則として他の専門家が行った調査結果等を活用することが必要である。ただし、依頼目的や依頼者の事情による制約がある場合には、依頼者の同意を得て、想定上の条件を設定して鑑定評価を行うこと若しくは調査範囲等条件を設定して鑑定評価を行うこと、又は自己の調査分析能力の範囲内で当該要因に係る価格形成上の影響の程度を推定して鑑定評価を行うことができる。この場合、想定上の条件又は調査範囲等条件を設定するためには条件設定に係る一定の要件を満たすことが必要であり、また、推定を行うためには客観的な推定ができると認められることが必要である。

運用上の留意事項

Ⅵ　「総論第8章　鑑定評価の手順」について

4．資料の検討及び価格形成要因の分析について
　(1)　不動産鑑定士の調査分析能力の範囲内で合理的な推定を行うことができる場合について
　　　不動産鑑定士の調査分析能力の範囲内で合理的な推定を行うこと

ができる場合とは、ある要因について対象不動産と比較可能な類似の事例が存在し、かつ当該要因が存することによる減価の程度等を客観的に予測することにより鑑定評価額への反映が可能であると認められる場合をいう。
(2) 価格形成要因から除外して鑑定評価を行うことが可能な場合について

　　価格形成に影響があるであろうといわれている事項について、一般的な社会通念や科学的知見に照らし原因や因果関係が明確でない場合又は不動産鑑定士の通常の調査において当該事項の存否の端緒すら確認できない場合において、当該事項が対象不動産の価格形成に大きな影響を与えることがないと判断されるときには、価格形成要因から除外して鑑定評価を行うことができるものとする。

　　また、調査範囲等条件を設定して鑑定評価を行う場合は、当該条件を設定した価格形成要因を除外して鑑定評価を行うことができる。

解　説

　価格形成要因について、専門職業家としての注意を尽くしてもなお対象不動産の価格形成に重大な影響を与える要因が十分に判明しない場合において、依頼目的や依頼者の事情による制約があり、依頼者の同意を得て、想定上の条件を設定して鑑定評価を行うこととは、鑑定評価書の利用者の利益を害するおそれがない等の条件設定のための要件を満たす場合に、当該価格形成要因による価格への影響がない等とする現実の状況と異なる地域要因又は個別的要因を想定することである。例えば、個別的要因について、土壌汚染が存する可能性がある土地であるが汚染が除去されたものとしての条件設定を行う場合がある。

　価格形成要因について、専門職業家としての注意を尽くしてもなお対象不動産の価格形成に重大な影響を与える要因が十分に判明しない場合とは、多くは調査範囲等条件の設定対象となる「不動産鑑定士の通常の調査の範囲では、対象不動産の価格への影響を判断するための事実の確認が困難な特定の価格形成要因が存する場合」に該当することとなると考えられるので、別途行われる調査に基づいて価格判断を行う等の条件設定のための要件を満たす場合には、調査範囲等条件を設定し、当該価格形成要因に

よる価格への影響を除外することもできる。具体的には、対象不動産について、土壌汚染の存在が疑われる場合に、別途他の専門家による調査が行われ、その調査結果に基づいて鑑定評価書の利用者が土壌汚染による価格への影響を判断できる場合に、調査範囲等条件を設定し土壌汚染については価格形成要因から除外する場合がある。

　価格形成要因について、専門職業家としての注意を尽くしてもなお対象不動産の価格形成に重大な影響を与える要因が十分に判明しない場合において、自己の調査分析能力の範囲内で価格形成要因を推定して鑑定評価を行うこととは、価格形成要因が鑑定評価額にどの程度の影響を与えるかを客観的に予測することである。つまり、ある価格形成要因による価格への影響度合いに係る判定を客観的な観点から行うことを指す。推定に当たっては、ある価格形成要因について対象不動産と比較可能な類似の事例が存在し、かつ当該価格形成要因が存することによる減価の程度等を客観的に予測することにより鑑定評価額への反映が可能であると認められなければならない。具体的には、対象不動産について土壌汚染の存在が疑われる場合に、周辺に比較可能な類似の事例が存在し、その価格が当該汚染の事実を織り込んで価格形成がなされている場合において、当該事例との比較から汚染が存することによる減価の程度を客観的に予測して対象不動産の鑑定評価額へ反映することが考えられる。

　調査範囲等条件を設定して調査の範囲を限定した場合に、当該限定した調査範囲のみでは当該価格形成要因の存否の端緒の確認ができない場合は、調査を限定しない場合に確認し得る事実に基づく判断と異なる可能性があるので、限定した調査範囲に基づく事実のみに基づいて当該価格形成要因による価格形成への影響を推定して鑑定評価を行うことは望ましくない。一方、限定した調査の範囲で、当該価格形成要因が存する端緒があり、価格形成への影響について判断することが可能な場合（推定可能な場合を含む。）は、調査範囲等条件設定における価格形成要因の取扱いを明確にして鑑定評価を行う。

　これらの場合における不動産鑑定士の調査分析能力の範囲としては、一般的に、現地調査、聴聞、公的資料の確認によって調査可能な範囲であり、その範囲で類似の事例の存在等から減価の程度等を客観的に予測できればよいのであって、それ以上に他の専門家による科学的分析を要求するものではない。

　なお、依頼者の事情による時間的又は資金的な理由からの調査の制約に

より価格形成に重大な影響を与える要因が十分に判明しない場合には、想定上の条件又は調査範囲等条件を設定した上での鑑定評価や客観的な推定を行った上での鑑定評価を行うことを検討することとなるが、これもできない場合は、基準に則った鑑定評価としての依頼は謝絶するべきである。

　基準留意事項Ⅵ４．(2)で規定する「価格形成要因から除外して鑑定評価を行うことが可能な場合について」とは、下記の二つの場合と調査範囲等条件を設定する場合である。

　前段の「一般的な社会通念や科学的知見に照らし原因や因果関係が明確でない場合」とは、例えば、電磁波や環境基準が未策定の環境汚染物質の影響等、科学的に十分に解明できていない場合（事項）をいい、そのような事項の存在が価格形成に大きな影響を与えることがないと判断されるときには、当該事項を価格形成要因から除外して鑑定評価を行うことができる。

　後段の「不動産鑑定士の通常の調査において当該事項の存否の端緒すら確認できない場合」とは、「土壌汚染の有無及びその状態」を例にとると、不動産鑑定士が専門職業家としての注意を尽くして公的資料の確認、実地調査、聴聞等を行った結果、土壌汚染の存在の端緒（可能性）の確認ができない場合をいい、このような場合に土壌汚染が価格形成に大きな影響を与えることがないと判断されるときには、当該事項を価格形成要因から除外して鑑定評価を行うことができる。

　なお、これらはあくまで価格形成要因の事項に関する不動産鑑定士の判断に基づくものであって、価格への影響がない状態を想定する想定上の条件を設定する場合や調査範囲等条件を設定し、価格への影響を考慮外とする場合とは異なるものである。

　調査範囲等条件を設定する場合には、対象とした価格形成要因についての価格への影響について鑑定評価の中で考慮していなくても鑑定評価書の利用者の利益を害するおそれがないと判断される対応がとられているので、鑑定評価においては価格形成要因から除外することもできる、としているものである。

　なお、境界等が不分明な場合に調査範囲等条件を設定した場合には、面積を確定する必要があるので、登記面積等を調査した範囲で判明した事実に基づいて判断することとなる。この際に不動産鑑定士として必要な確認としては、規範性のある資料（図面等）を入手し、現地における間口・奥行等の計測とそれに基づく概測との照合等の実施が求められる。条件設定

> 総　論

により安易に登記面積等を採用することは避けなければならない。また、違法建築の疑いがある建物の遵法性や新耐震基準以前の建物の耐震性などについては、客観的な推定を行って、原価法における減価修正の判断や収益還元法における利回りの査定等により価格への影響を考慮できる場合もある。

【不動産の価格形成に重大な影響を与える要因が調査上十分に判明しない場合の対応】

```
┌─────────────────────────────────────────────────────────────────┐
│ 不動産鑑定士による実地調査、聴聞、公的資料の確認等により専門職業家としての注意を │
│ 尽くしてもなお対象不動産の価格形成に重大な影響を与える要因が十分に判明しない場合 │
└─────────────────────────────────────────────────────────────────┘
           原　則 ↓                              ↓
┌──────────────────────────┐        ┌──────────────────────────┐
│ 他の専門家が行った調査結果等を活用す │        │ 依頼目的や依頼者の事情による制約があ │
│ る                       │        │ る場合                   │
└──────────────────────────┘        └──────────────────────────┘
                ↓                              ↓
┌─────────────────────────────────────────┐  ┌────────────────────────┐
│         条件設定についての依頼者の同意         │  │      合理的推定        │
├──────────────────┬──────────────────────┤  │                        │
│ 想定上の条件の設定  │ 調査範囲等条件の設定  │  │                        │
│ (除去等を想定すること│ ・価格形成要因から除外│  │ (要件)                 │
│ により当該価格形成要因│ ・価格形成への影響につ│  │ ・当該要因について対象不動│
│ が存しない状態を想定)│  いて判断することが可 │  │  産と比較可能な類似の事例│
│                  │  能な場合における合理 │  │  が存在し、かつ当該要因が│
│ (要件)            │  的推定等           │  │  存することによる減価の程│
│ ・鑑定評価書の利用者の│                    │  │  度等を客観的に予測するこ│
│  利益を害さない    │ (要件)              │  │  とにより鑑定評価額への反│
│ ・実現性          │ ・鑑定評価書の利用者の │  │  映が可能であると認められ│
│  (条件を実現する行為│  利益を害さない     │  │  る。                  │
│  を行う者の事業遂行能│  (依頼者等による別途 │  │                        │
│  力等を勘案した実現の│  調査と鑑定評価書の利 │  │                        │
│  確実性)          │  用者への開示等)     │  │                        │
│ ・合法性          │ (基準留意事項Ⅲ1③参照) │  │                        │
└──────────────────┴──────────────────────┘  └────────────────────────┘
                       ↓           ↓           ↓
                  ┌─────────────────────────────┐
                  │      いずれの要件も満たさない       │
                  └─────────────────────────────┘
                                ↓
                         ┌──────────┐
                         │   謝絶    │
                         └──────────┘
```

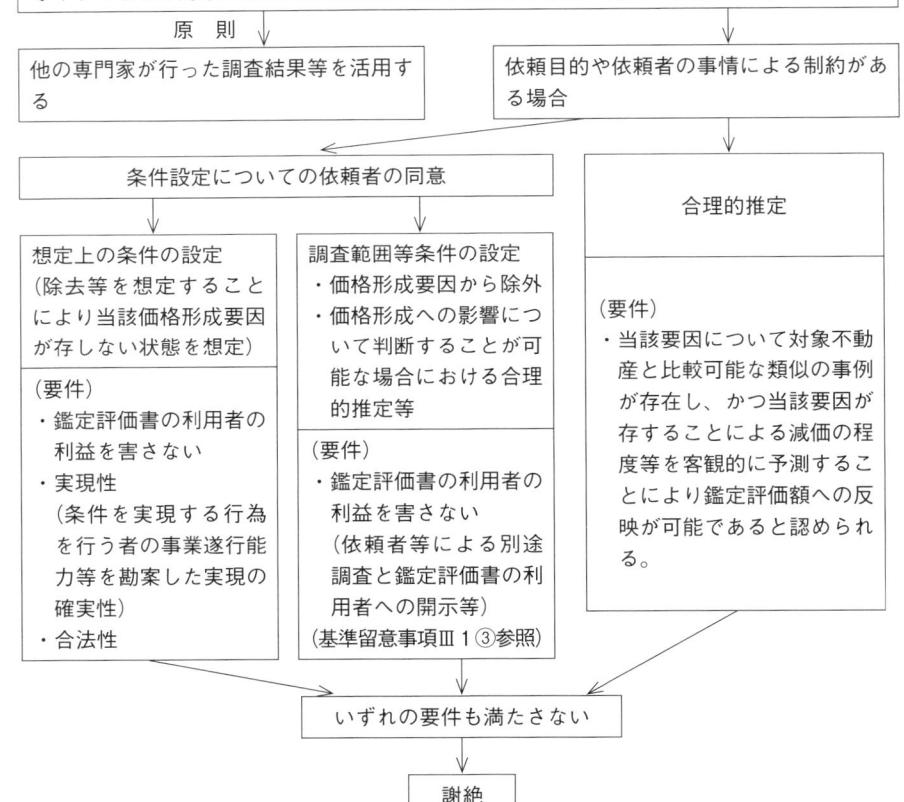

> **運用上の留意事項**
>
> Ⅷ 「各論第1章　価格に関する鑑定評価」について
>
> １．宅地について
> (1)〜(4)　略
> (5)　対象不動産について土壌汚染が存することが判明している場合等の鑑定評価について
>   土壌汚染が存することが判明している不動産については、原則として汚染の分布状況、汚染の除去等の措置に要する費用等を他の専門家が行った調査結果等を活用して把握し鑑定評価を行うものとする。ただし、この場合でも総論第5章第1節及び本留意事項Ⅲに定める条件設定に係る一定の要件を満たすときは、依頼者の同意を得て、汚染の除去等の措置がなされるものとする想定上の条件を設定し、又は調査範囲等条件を設定して鑑定評価を行うことができる。また、総論第8章第6節及び本留意事項Ⅵに定める客観的な推定ができると認められるときは、土壌汚染が存することによる価格形成上の影響の程度を推定して鑑定評価を行うことができる。
>   なお、汚染の除去等の措置が行われた後でも、心理的嫌悪感等による価格形成への影響を考慮しなければならない場合があることに留意する。

【解　説】

　不動産鑑定士による土地の個別的要因にかかる通常の調査で土壌汚染の存在の可能性が認められたときに、それが価格形成に重大な影響を与えないと判断できる場合以外は、土壌汚染の影響を考慮しなければならない。

　これは、土壌汚染対策法や自治体の条例等に規定されない汚染であっても、価格形成に重大な影響があると認められる場合には、当該要因の影響を当然考慮すべきとの趣旨である。

　ただし、この場合でも依頼目的等によって、調査範囲等条件の設定や「除去されたものとして」という想定上の条件が設定できるのであれば当該条件の下での鑑定評価を妨げるものではない。

　なお、汚染の除去等の措置が行われたとしても、措置方法次第ではそれによる最有効使用の制約に加えて、汚染物質は存在し続ける場合もあり、

> 総論

また汚染物質を除去した場合でも汚染地であったということが心理的な嫌悪感を招来し、対象不動産の減価の要因となる場合がある。したがって、想定上の条件の設定に当たっては、これらについての標準的な市場参加者の判断についても考慮する必要がある。

　鑑定評価における土壌汚染に係る取扱いについて
　ａ．原則
　　・「土壌汚染の有無及びその状態」は土地に係る個別的要因の一つである。
　　・土壌汚染の端緒が認められるが、価格への大きな影響がないと判断できない場合で、対象不動産に係る「土壌汚染の有無及びその状態」を明らかにすることができない場合には、「土壌汚染が存しない」として判断してはならない。
　　・不動産鑑定士としての通常の調査の範囲で、価格への大きな影響がないと判断できる場合以外は、他の専門家が行った土壌汚染に関する調査結果等（土壌汚染対策法に基づく土壌汚染状況調査の結果を含む。）を活用して鑑定評価を行う。
　ｂ．依頼目的や依頼者の事情による制約がある場合で、条件設定や客観的推定の要件を満たす場合
　　ア　汚染除去を行う予定がある場合：「除去されたものとして」等の想定上の条件を設定し、土壌汚染が存しないものとすることができる。
　　イ　依頼者等による調査範囲等条件設定のための必要な対応がとられる場合：調査範囲等条件を設定して、可能性の有無、程度に係わらず、価格形成要因から除外することができる。
　　ウ　対象不動産に比較可能な類似の不動産に係る取引事例が存する場合：合理的推定を行うことができる。

第7節 鑑定評価の手法の適用

不動産鑑定評価基準

鑑定評価の手法の適用に当たっては、鑑定評価の手法を当該案件に即して適切に適用すべきである。この場合、地域分析及び個別分析により把握した対象不動産に係る市場の特性等を適切に反映した複数の鑑定評価の手法を適用すべきであり、対象不動産の種類、所在地の実情、資料の信頼性等により複数の鑑定評価の手法の適用が困難な場合においても、その考え方をできるだけ参酌するように努めるべきである。

運用上の留意事項

5．鑑定評価の手法の適用について

対象不動産の種別及び類型並びに賃料の種類並びに市場の特性等に対応した鑑定評価の手法の適用に関し必要な事項は、各論各章に定めるもののほか、不動産鑑定士等の団体が定める指針（鑑定評価の手法の適用について具体的に記述された指針であって、国土交通省との協議を経て当該団体において合意形成がなされたものをいう。）で定める。

なお、地域分析及び個別分析により把握した対象不動産に係る市場の特性等を適切に反映した複数の鑑定評価方式の考え方が適切に反映された一つの鑑定評価の手法を適用した場合には、当該鑑定評価でそれらの鑑定評価方式に即した複数の鑑定評価の手法を適用したものとみなすことができる。

解　説

鑑定評価の手法の適用に当たっては、それぞれの鑑定評価の手法が鑑定評価の三方式（原価方式、比較方式及び収益方式）をどのように反映しているか等の手法の特徴を十分に理解した上で、地域分析と個別分析の結果把握された対象不動産に係る市場の特性等（基準総論第6章参照）を勘案して、対象不動産に即して適切に行うべきである。

鑑定評価の各手法を適用して求めた試算価格（賃料）は、それぞれが独

総論

立して鑑定評価で求める価格等を指向しており、各手法は価格の三面性を反映した鑑定評価の三方式のいずれかの考え方を中心としているものの、理論的には他の方式の考え方も相互に反映されるべき性格のものである。

しかし、各試算価格（賃料）の説得力には、対象不動産の種類や市場分析の結果及び収集できた資料の信頼性等に基づき優劣が認められるので、精度の高い鑑定評価額を求めるためには、鑑定評価の三方式の考え方を併用し、基準各論に定められている手法を適用すべきであり、具体的には各手法に共通する価格形成要因に係る判断の整合性に留意して、対象不動産に係る市場の特性等を適切に反映した複数の鑑定評価の手法を併用することが原則となる。なお、対象不動産の種類、所在地の実情、資料の信頼性等によりこれらの鑑定評価の手法の一部の適用が困難な場合もあるが、そのような場合においても適用できない手法の考え方をできるだけ参酌するように努めるべきである。

対象不動産の種類や市場分析の結果として把握する同一需給圏内の取引の実情等により、既成市街地内に存する宅地のように原価方式の考え方を中心とする手法の適用がそもそも困難な場合や、対象不動産と比較可能な類似の不動産の取引が極端に少なく比較方式の考え方を中心とする手法の適用が困難な場合、対象不動産が属する市場（地域）において、賃貸の用に供している不動産が観察できず比較可能な賃貸事例等の収集ができないため、収益方式の考え方を中心とする手法の適用が困難な場合等がある。このような場合には、複数の鑑定評価の手法の適用が困難な場合もあるが、当該市場分析の結果を鑑定評価報告書において明確にし、適用可能な鑑定評価の手法の適用に当たり、適用困難な手法の考え方を参酌する等により客観的に鑑定評価額の決定を行う必要がある。

また、対象不動産に係る市場の特性により、対象不動産の類型等に対応して基準各論の規定により適用すべきとされる鑑定評価の手法の中で、典型的な市場参加者の価格等の判断の中心となっている手法がある。このような場合に、対象不動産に係る市場の特性等を適切に反映した手法（原則として複数の手法）を適用するに当たり、当該適用する手法において、複数の方式の考え方が反映され、対象不動産の価格形成について、客観的にみて十分な説得力があると認められる場合に限り、結果的に基準各論に規定する手法を一部省略することができる場合がある。なお、このような場合には、当該複数の鑑定評価方式の考え方が反映されていると判断した理由について鑑定評価報告書において明確に説明する必要がある。

対象不動産の種別及び類型並びに賃料の種類並びに市場の特性等に対応した鑑定評価の手法の適用に関し必要な事項は、基準各論及び不動産鑑定士等の団体が国土交通省と協議を経た指針により規定されることとされている。

　適用可能な手法を省略する場合には、典型的な市場参加者が価格等の判断をどのように行っているか、その判断基準と鑑定評価方式の考え方及び鑑定評価の手法との適合性はどうか、また当該適合性の判断を踏まえ、複数の鑑定評価方式の考え方は適用する手法の中にどのように反映されているかに特に留意する必要がある。

　なお、基準各論第3章適用の鑑定評価を行う場合には、より精緻な鑑定評価が求められるため、市場分析により把握した市場の特性にかかわらず適用可能な鑑定評価の手法の省略はできない。

> 総論

第8節　試算価格又は試算賃料の調整

> **不動産鑑定評価基準**
>
> 　試算価格又は試算賃料の調整とは、鑑定評価の複数の手法により求められた各試算価格又は試算賃料の再吟味及び各試算価格又は試算賃料が有する説得力に係る判断を行い、鑑定評価における最終判断である鑑定評価額の決定に導く作業をいう。
> 　試算価格又は試算賃料の調整に当たっては、対象不動産の価格形成を論理的かつ実証的に説明できるようにすることが重要である。このため、鑑定評価の手順の各段階について、客観的、批判的に再吟味し、その結果を踏まえた各試算価格又は各試算賃料が有する説得力の違いを適切に反映することによりこれを行うものとする。この場合において、特に次の事項に留意すべきである。

解　説

　試算価格又は試算賃料の調整は、各試算価格又は試算賃料の再吟味と各試算価格又は試算賃料が有する説得力に係る判断からなる。

I　各試算価格又は試算賃料の再吟味

> **不動産鑑定評価基準**
>
> 1．資料の選択、検討及び活用の適否
> 2．不動産の価格に関する諸原則の当該案件に即応した活用の適否
> 3．一般的要因の分析並びに地域分析及び個別分析の適否
> 4．各手法の適用において行った各種補正、修正等に係る判断の適否
> 5．各手法に共通する価格形成要因に係る判断の整合性
> 6．単価と総額との関連の適否

解　説

　再吟味の過程は、鑑定評価の手順の各段階について見直し、誤りなく適切に行われているか、整合性がとれているかについて客観的、批判的に検

証し、その結果を試算価格にフィードバックして再検討する作業を繰り返すことによって試算価格の精度と信頼性を可能な限り向上させる作業をいう。

再吟味に当たって手がかりとなるのが、ここで示されている五つの適否と一つの整合についての留意事項である。

求められた試算価格又は試算賃料のどれが最も説得力を有するかの判断は、再吟味の作業を終えていなければ始められない。したがって、試算価格又は試算賃料の再吟味は各試算価格の有する説得力に関する判断に先行する作業であるが、鑑定評価の実務では、試算価格又は試算賃料の再吟味と説得力に関する判断とは往復しながら行われる反復作業となろう。

次に、各試算価格又は試算賃料の再吟味の留意事項の５番目に掲げられている「各手法に共通する価格形成要因に係る判断の整合性」にいう整合性とは、試算価格相互間で鑑定評価方式による価格形成要因の取扱いに矛盾がないことを意味している。

原価法、取引事例比較法及び収益還元法はそれぞれ原価方式、比較方式、収益方式の考え方を中心に分析検討して、価格を求める鑑定評価の手法であるが、実際には一つの手法には三つの方式による価格の捉え方が複合的に組み合わされており、三つの鑑定評価の手法と三方式は必ずしも一対一の関係にはないとみることができる。試算価格は三つ集まってはじめて一つの機能を果たすのではなく、どれもが独立して対象不動産の正常価格を指向するものとして扱われる。このため試算価格相互間で方式による価格形成要因の扱いに矛盾が生じていないことを再度振り返って確認することを基準は要請するのである。「各手法に共通する価格形成要因に係る判断の整合性」とは、すなわち、一つの手法で採用されている方式の考え方（方式ごとの要因の捉え方）が他の手法で採用した方式の要因の捉え方と矛盾していてはならないという要請である。

Ⅱ　各試算価格又は試算賃料が有する説得力に係る判断

不動産鑑定評価基準
1．対象不動産に係る地域分析及び個別分析の結果と各手法との適合性
2．各手法の適用において採用した資料の特性及び限界からくる相対的信頼性

総論

解説

　どの試算価格が最も重要か、あるいはどの試算価格を重視して決定すべきかを見きわめる手がかりが「Ⅱ　各試算価格又は試算賃料が有する説得力に係る判断」である。

　試算価格の調整とは、鑑定士が最も説得力があると判断した試算価格を中心として三試算価格を一つの鑑定評価額へと絞り込んでいく作業である。説得力に関わる判断は求められた三試算価格のうちどれをどの程度重視するかの判断をいう。三試算価格はあらかじめ優劣が決まっているわけではない。属する地域との関係、対象不動産の有する個別性との関係、採用した資料との関係、試算の過程での地域要因及び個別的要因の分析（市場分析）との関係で事後的に三試算価格の説得力には優劣が生ずることになる。

　試算価格を調整するに際して、事前に妥当性のある試算価格と妥当性の乏しい試算価格に区別することは避けなければならない。三試算価格は、ともに等しく正常価格を指向するものとして尊重されるべきである。

　試算価格の説得力は、試算価格が対象不動産の置かれた市場に参入する市場参加者の属性と行動をどの程度反映しているかで決まる。その際の判断の手がかりが基準に「留意点」として示されている「1．対象不動産に係る地域分析及び個別分析の結果と各手法との適合性」と、「2．各手法の適用において採用した資料の特性及び限界からくる相対的信頼性」の二つである。

　「1．対象不動産に係る地域分析及び個別分析の結果」は、「市場分析の結果」と読み替えることができる。鑑定評価の手法の適用の作業は、市場における現実の価格形成メカニズムに照応していなければならないから、試算価格の調整の場でも市場分析の結果を調整の指針として活用することが必要になる。試算価格の説得力の判断は、試算価格が現実の市場の需給動向を正確に反映しているか、市場参加者の行動原理（判断基準）をどの程度反映しているかが決め手である。それは、対象不動産が属する同一需給圏における市場参加者の属性と行動に着目し、意思決定のプロセスがどのようなものであり、彼らの行動が実際の価格にどのように現れるかを把握し、逆にこうしたプロセスが試算価格にどの程度取り込まれているかを見極めることから得られる。

　試算価格の説得力を判断する際のもう一つの手がかりが「各手法の適用において採用した資料の特性及び限界からくる相対的信頼性」である。

試算価格の説得力は採用資料に第一義的に依存している。採用したデータが正しく現実を反映していなければ、その上にどれほど正しい推論と省察を積み上げても正しい判断には至らないであろう。選択した資料の質と量とが対象不動産及び鑑定評価の依頼目的との関係で十分であるか、その扱いが適切であったかについては改めて吟味されなければならない。
　この場合「資料の特性及び限界からくる相対的信頼性」と表現される理由であるが、採用資料に関しては、絶対的な信頼性を期待しても得られるものではなく、資料は時間、費用、入手の相手方の事情の制約があって完璧は期しがたいのが常であることをわきまえるべきことを意味する。制約の中での資料収集であるところに、「限界」があり「相対的な信頼性」しか期待できない理由がある。試算価格の説得力を判断するに際しての採用資料に関しては、絶対的な信頼性を期待しても得られるものではなく、相対的信頼性にとどまるのはそのような意味からである。
　試算価格又は試算賃料の調整の過程を文章化するに当たっては、まず、再吟味の際の留意事項として基準に掲げられているⅠの1.～6.の項目について、対象不動産に関する地域分析及び個別分析並びに市場分析の結果判明した特徴的な事項との関連で、その適否と整合性に関する担当鑑定士等自身の所見を簡潔に表明すべきであろう。
　地域分析及び個別分析（市場分析）の結果と各手法との適合性を検討した結果と、採用資料の量と質の見きわめに関する鑑定士等の判断の双方を踏まえて、求められた試算価格のうちどれが最も説得力があると判断したかについて述べることによって、調整の作業は完了する。

総論

第9節　鑑定評価額の決定

不動産鑑定評価基準

　第1節から第8節で述べた手順を十分に尽した後、専門職業家としての良心に従い適正と判断される鑑定評価額を決定すべきである。
　この場合において、地価公示法施行規則第1条第1項に規定する国土交通大臣が定める公示区域において土地の正常価格を求めるときは、公示価格を規準としなければならない。

解説

　公示価格を規準することは、地価公示法第8条に規定されており、公示価格を規準とするとは、対象土地に類似すると認められる一又は二以上の標準地を選択し、それぞれの位置、地積、環境等の価格形成要因を分析、把握し、対象土地の価格形成要因と標準地のそれとを比較検討することにより各標準地の公示価格と対象土地の価格との間に均衡を保たせることである。また、鑑定評価額の決定に当たって規準とすべき公示価格がない場合においては、国土利用計画法施行令第9条に規定する基準地の標準価格（都道府県地価調査）を十分参照すべきであろう。

第10節　鑑定評価報告書の作成

不動産鑑定評価基準

　鑑定評価額が決定されたときは、鑑定評価報告書を作成するものとする。

解　説

　鑑定評価額が決定されたときは、鑑定評価報告書を作成するものとされ、これが鑑定評価の手順の最終段階とされている。すなわち不動産鑑定士が内心で鑑定評価額を決定した段階においてはいまだ鑑定評価の手順は完結したものということはできず、鑑定評価報告書の作成によってはじめて完結するものである。

第9章　鑑定評価報告書

不動産鑑定評価基準

　鑑定評価報告書は、不動産の鑑定評価の成果を記載した文書であり、不動産鑑定士が自己の専門的学識と経験に基づいた判断と意見を表明し、その責任を明らかにすることを目的とするものである。

解　説

　不動産の鑑定評価に関する法律第39条では、不動産鑑定業者は、依頼者に、鑑定評価額その他国土交通省令で定める事項を記載した鑑定評価書を交付しなければならないこととされている（第1項）。また、当該鑑定評価に関与した不動産鑑定士は、その資格を表示して署名押印しなければならないこととされている（第2項）。

　不動産の鑑定評価に関する法律施行規則第38条第1項では、「国土交通省令で定める事項」とし、

- その不動産の鑑定評価の対象となった土地若しくは建物又はこれらに関する所有権以外の権利（以下「対象不動産等」という。）の表示（第1号）
- 依頼目的その他その不動産の鑑定評価の条件となった事項（第2号）
- 対象不動産等について、鑑定評価額の決定の基準とした年月日及びその不動産の鑑定評価を行った年月日（第3号）
- 鑑定評価額の決定の理由の要旨（第4号）
- その不動産の鑑定評価に関与した不動産鑑定士の対象不動産等に関する利害関係又は対象不動産等に関し利害関係を有する者との縁故若しくは特別の利害関係の有無及びその内容（第5号）

をあげている。これらは、不動産の鑑定評価の成果を納得させるための必要最小限度のものであるので、以下に掲げる基準の規定に則り、必要な事項を漏れなく記載しなければならない。

第9章　鑑定評価報告書

第1節　鑑定評価報告書の作成指針

不動産鑑定評価基準

　鑑定評価報告書は、鑑定評価の基本的事項及び鑑定評価額を表し、鑑定評価額を決定した理由を説明し、その不動産の鑑定評価に関与した不動産鑑定士の責任の所在を示すことを主旨とするものであるから、鑑定評価報告書の作成に当たっては、まずその鑑定評価の過程において採用したすべての資料を整理し、価格形成要因に関する判断、鑑定評価の手法の適用に係る判断等に関する事項を明確にして、これに基づいて作成すべきである。

　鑑定評価報告書の内容は、不動産鑑定業者が依頼者に交付する鑑定評価書の実質的な内容となるものである。したがって、鑑定評価報告書は、鑑定評価書を通じて依頼者のみならず第三者に対しても影響を及ぼすものであり、さらには不動産の適正な価格の形成の基礎となるものであるから、その作成に当たっては、誤解の生ずる余地を与えないよう留意するとともに、特に鑑定評価額の決定の理由については、依頼者のみならず第三者に対して十分に説明し得るものとするように努めなければならない。

解　説

　鑑定評価報告書は、鑑定評価書の素案ともなるべきものであり、鑑定評価を行った不動産鑑定士がその成果をその属する不動産鑑定業者に報告するための文書となる。鑑定評価書は依頼者に対して交付されるものではあるが、不動産の証券化に係る鑑定評価のように、依頼者を経由して、鑑定評価の対象となった不動産について利害関係を有する者に影響を与えることもあるので、記載内容について誤解を与えることがないよう留意すべきである。このため、鑑定評価額決定の過程を容易に理解し得るものとすることに努めるとともに、依頼者にとって当然に周知の事項や、依頼者から口頭で説明が行われる事項、依頼者との間で行われた鑑定評価の前提条件等の鑑定評価の基本的事項についても、基準等において義務付けられているものについては省略することなく記載する必要がある。

　なお、鑑定評価報告書の記載事項は、鑑定評価書の記載すべき事項を含

> 総　論

んでいるので、これに関与した不動産鑑定士が署名押印して鑑定評価書とすることもあるであろう。

第2節　記載事項

> **不動産鑑定評価基準**
>
> 　鑑定評価報告書には、少なくともⅠからⅫまでに掲げる事項について、それぞれに定めるところに留意して記載しなければならない。
> Ⅰ　鑑定評価額及び価格又は賃料の種類
> 　　正常価格又は正常賃料を求めることができる不動産について、依頼目的に対応した条件により限定価格、特定価格又は限定賃料を求めた場合は、かっこ書きで正常価格又は正常賃料である旨を付記してそれらの額を併記しなければならない。また、総論第7章第2節Ⅰ1．に定める支払賃料の鑑定評価を依頼された場合における鑑定評価額の記載は、支払賃料である旨を付記して支払賃料の額を表示するとともに、当該支払賃料が実質賃料と異なる場合においては、かっこ書きで実質賃料である旨を付記して実質賃料の額を併記するものとする。

解説

　価格又は賃料の種類を記載することは、どのような市場等の条件に基づいて価格又は賃料を求めたかを明確にし、条件の異なる他の価格や賃料との無用の混乱を避けるためのものである。

　また、限定価格、特定価格又は限定賃料を求めた場合に、正常価格又は正常賃料を併記することは、限定価格や特定価格又は限定賃料と正常価格又は正常賃料との相違を明確にするためである。なお、特殊価格は一般に市場性を有しない利用現況を前提に求めるものであり、また継続賃料は市場参加者が特定されているものであるため、正常価格又は正常賃料の併記は求められていない。

> **不動産鑑定評価基準**
>
> Ⅱ　鑑定評価の条件
> 　　対象確定条件、依頼目的に応じ設定された地域要因若しくは個別的要因についての想定上の条件又は調査範囲等条件についてそれらの条件の内容及び評価における取扱いが妥当なものであると判断した根拠

> 総　論

> を明らかにするとともに、必要があると認められるときは、当該条件が設定されない場合の価格等の参考事項を記載すべきである。
> Ⅲ　対象不動産の所在、地番、地目、家屋番号、構造、用途、数量等及び対象不動産に係る権利の種類

解　説

　鑑定評価の条件を記載することは、鑑定評価の依頼目的及び条件と鑑定評価額との関係を明確にするとともに、鑑定評価によって求めるべき価格又は賃料の種類に係る判断の適否についての再確認にも役立たせようとするものである。

　調査範囲等条件を設定した場合は、限定された調査の範囲により判明した事実（端緒等）を鑑定評価報告書に記載し、当該事実を鑑定評価においてどのように活用したかを明記する（価格形成要因から除外する場合を含め、不明事項としての取扱いを明記する。）必要がある。

　また、公益社団法人日本不動産鑑定士協会連合会策定の「不動産鑑定評価基準に関する実務指針」においては、鑑定評価の対象とする不動産の現実の利用状況と異なる（又は異なる可能性がある）条件を設定した場合には、鑑定評価書の利用者に対し条件設定を行っていることを注意喚起するために、鑑定評価額の近傍に「対象とする不動産の価格時点の現実の利用状況と異なる条件を設定しています。」や「当該鑑定評価額は、○頁記載の条件を前提とするものです。」等の文言を記載する必要がある、とされている。

不動産鑑定評価基準

> Ⅳ　対象不動産の確認に関する事項
> 　対象不動産の物的確認及び権利の態様の確認について、確認資料と照合した結果を明確に記載しなければならない。
> 　また、後日対象不動産の現況把握に疑義が生ずる場合があることを考慮して、以下の事項を合わせて記載しなければならない。
> １．実地調査を行った年月日
> ２．実地調査を行った不動産鑑定士の氏名
> ３．立会人の氏名及び職業

4．実地調査を行った範囲（内覧の実施の有無を含む。）
5．実地調査の一部を実施することができなかった場合にあっては、その理由

運用上の留意事項

Ⅶ 「総論第9章　鑑定評価報告書」について

2．対象不動産の確認について
(1) 確認方法について
　　総論第8章により確認した事項については、後日疑義が生じることのないように、当該事項とともに確認方法（書面によるものか、口頭によるものかの別等をいう。）及び確認資料について記載する。
(2) 実地調査について
　　同一の不動産の再評価を行う場合において内覧の全部又は一部の実施を省略した場合には、当該不動産の個別的要因に重要な変化がないと判断した根拠について記載する。

解説

　基準総論第8章第4節に定める対象不動産の確認作業において確認した事項については、後日疑義が生じることのないように、確認した事項及び確認資料等と照合した結果とともに確認方法及び確認資料について鑑定評価報告書に記載する必要がある。

　確認方法については、登記事項証明書や竣工図面、賃貸借契約書等の書面によるものか、依頼者等からの聴聞（口頭）によるものか、の別を記載する。あわせて、確認した書類名称等のほか、必要に応じて当該書類の作成日を記載する。

　鑑定評価においては、原則として対象不動産の内覧を含む実地調査が必要である。不動産鑑定士が対象不動産の実地調査や依頼者や立会人等からの説明等を通じて行った確認事項は問題が発生した際における責任の範囲を明確にするとともに、鑑定評価の精度にも影響することから、鑑定評価書の利用者に誤解を生じさせないようにできる限り詳細に鑑定評価報告書に記載すべきである。

> 総 論

　対象不動産の確認に当たって鑑定評価報告書に記載すべき事項は次のとおりである。
　ア　実地調査を行った年月日
　　価格時点における対象不動産の状態の確認として、実際に現地に赴き対象不動産の現況を確認した日。
　イ　実地調査を行った不動産鑑定士の氏名
　　対象不動産について複数の不動産鑑定士で鑑定評価を行った場合には、実地調査を行ったすべての不動産鑑定士の氏名を記載する。
　ウ　立会人の氏名及び職業
　　立会人とは、依頼者の指示に基づき実地調査に立ち会い、対象不動産を案内した者（依頼者本人や依頼者の役職員を含む。）をいう。職業とは、会社名、役職、資格等をいう。
　エ　実地調査を行った範囲（内覧の有無を含む。）
　　建物内部の確認（内覧）を含む実地調査を行った範囲を記載する。
　オ　実地調査の一部を実施することができなかった場合にあっては、その理由
　　賃借人との関係や物理的な理由で建物の一部や敷地の一部の確認ができなかった場合には、その範囲及び理由を記載するとともに、確認できなかった部分についての現状把握のための状況推定根拠（竣工図面、他の類似の建物部分の実地調査、対象不動産の管理者等へのヒアリング等）を記載する。
　自ら実地調査を行った鑑定評価の再評価の場合において、内覧を省略した場合（要件等については基準留意事項Ⅵ3(1)参照）には、内覧を省略した理由とともに建物管理者による建物管理状況報告書、賃貸借契約一覧表や依頼者からのヒアリング（ヒアリング内容については他の確認資料や外観調査等による検証が必要）等の個別的要因に重要な変化がないと判断した根拠を記載する必要がある。

　継続賃料について、契約内容に関して収集する確認資料は、賃貸借契約書、基本協定書、覚書など賃貸借当事者間で交わされた文書が原則であり、契約締結の経緯等についても同様である。ただし、契約締結の経緯や賃料改定時において現実に合意したか否かといった点については、文書がなく、依頼者の口頭説明による場合もある。文書で確認できないような内容については、契約当事者間で主張が異なり、裁判等においては争点とな

る可能性もあるため、確認した方法を特に明確にしておくことが必要である。

このため、確認方法について明確にするとともに、鑑定評価額に影響を与える可能性があると判断した場合は鑑定評価報告書に記載することが必要である。

> **不動産鑑定評価基準**
>
> Ⅴ　鑑定評価の依頼目的及び依頼目的に対応した条件と価格又は賃料の種類との関連
> 　鑑定評価の依頼目的に対応した条件により、当該価格又は賃料を求めるべきと判断した理由を記載しなければならない。特に、特定価格を求めた場合には法令等による社会的要請の根拠、また、特殊価格を求めた場合には文化財の指定の事実等を明らかにしなければならない。

解説

正常価格を求める場合は、その前提となる合理的と考えられる条件を満たす市場を前提としている旨を記載する。

特定価格や限定価格等を求めた場合には、依頼目的に対応した条件の設定により正常価格の前提となる諸条件を満たさなくなるため、依頼目的と設定した条件との関係を明確に記載する必要がある。

特に特定価格は、法令等による社会的要請を背景にして求めるものであるので、当該法令等による社会的要請の根拠を記載する必要がある。

なお、特定価格として求める要件に該当するが、対象不動産について、結果的に正常価格と同一の市場概念の下において形成されるであろう市場価値と乖離しないと判断された場合は、価格の種類としては「正常価格」となるが、乖離する場合と同様に、根拠となる法令等による社会的要請の内容及び依頼目的（鑑定評価目的）に対応した条件を記載するとともに、正常価格と同一の市場概念の下において形成されるであろう市場価値と乖離しないと判断した理由を記載する。

> **不動産鑑定評価基準**
>
> Ⅵ　価格時点及び鑑定評価を行った年月日

総論

解説

　価格時点とは、鑑定評価額の決定の基準となった年月日であり、鑑定評価額はその日においてのみ妥当するものであるから、これの記載は不可欠である。価格時点は年月日をもって表示すべきである。また、鑑定評価を行った年月日とはいわゆる評価時点のことであるが、これは鑑定評価の手順を完了した日、すなわち鑑定評価報告書を作成し、これに鑑定評価額を表示した日と考えるのが妥当であろう。これを記載する趣旨は、価格時点と評価時点との間隔の如何は資料収集の可能性、価格形成要因の分析の正確度等に影響を及ぼし、鑑定評価額とも関係してくる場合があるので、そのような場合に当該評価時点においては当該鑑定評価額としたことに瑕疵はなかったことを後日立証するためのものである。

不動産鑑定評価基準

Ⅶ　鑑定評価額の決定の理由の要旨
　鑑定評価額の決定の理由の要旨は、下記に掲げる内容について記載するものとする。
１．地域分析及び個別分析に係る事項
　　対象不動産の種別及び類型並びに賃料の種類に応じ、同一需給圏及び近隣地域の範囲及び状況、対象不動産に係る価格形成要因についての状況、同一需給圏の市場動向及び同一需給圏における典型的な市場参加者の行動、代替、競争等の関係にある不動産と比べた対象不動産の優劣及び競争力の程度等について記載しなければならない。
２．最有効使用の判定に関する事項
　　最有効使用及びその判定の理由を明確に記載する。なお、建物及びその敷地に係る鑑定評価における最有効使用の判定の記載は、建物及びその敷地の最有効使用のほか、その敷地の更地としての最有効使用についても記載しなければならない。
３．鑑定評価の手法の適用に関する事項
　　（本項目の解説については後記307頁参照のこと。）
４．試算価格又は試算賃料の調整に関する事項
　　試算価格又は試算賃料の再吟味及び説得力に係る判断の結果を記載しなければならない。
５．公示価格との規準に関する事項

解 説

鑑定評価額の決定の理由の要旨を記載することは、鑑定評価額が基準の定めるところに従い、十分に合理的な根拠に基づいて決定されたものであることを明確にし、鑑定評価額の妥当性を立証するためのものであり、抽象的な表現はできる限り避け、論理的かつ実証的に記載すべきである。

不動産鑑定評価基準

3．鑑定評価の手法の適用に関する事項
　適用した鑑定評価の手法について、対象不動産の種別及び類型並びに賃料の種類に応じた各論第1章から第3章の規定並びに地域分析及び個別分析により把握した対象不動産に係る市場の特性等との関係を記載しなければならない。

運用上の留意事項

3．鑑定評価の手法の適用について
　対象不動産の種別及び類型並びに賃料の種類に応じた各論第1章から第3章に規定する鑑定評価の手法の適用ができない場合には、対象不動産の市場の特性に係る分析結果等に照らし、その合理的な理由を記載する。

解 説

鑑定評価の手法については、対象不動産の類型等に応じて、基準各論第1章から第3章に原則的に適用すべき手法が規定されている。

鑑定評価報告書には、まず各論に規定された内容を記載した上で、特に一部の手法を適用しない等、その内容と異なる手法の適用を行った場合には、対象不動産の市場の特性や収集できた資料の内容等との関係を踏まえ、典型的な市場参加者の価格等の判断と鑑定評価方式の考え方や鑑定評価の手法との適合性はどうか、また当該適合性の判断を踏まえ、複数の鑑定評価方式の考え方は適用する手法の中にどのように反映されているかについて、その合理的理由を記載する必要がある。

総　論

> **不動産鑑定評価基準**
>
> 6．当事者間で事実の主張が異なる事項
>
> 　対象不動産に関し、争訟等の当事者間において主張が異なる事項が判明している場合には、当該事項に関する取扱いについて記載しなければならない。

解　説

　鑑定評価においては、一般的な価格形成要因に係る不明事項以外に、契約締結の経緯や賃料改定に係る合意内容等の事実について賃貸借当事者間において認識が一致せず争いがあるなど、契約内容や契約経緯（契約締結及びその後の更新等）、契約対象範囲等の事実についての不確定事項が存在する場合がある。

　これらの不確定事項がある場合、依頼者との協議の上、合理的な一定の前提条件の下に鑑定評価を行うことになるが、これらの当事者間で主張の異なる不確定事項の取扱いについては、鑑定評価書の利用者に誤解を与えないように鑑定評価報告書に記載することが望ましい。このような場合の例としては、契約締結の経緯、賃料改定に係る合意内容等の事実について書面等がなく、口頭説明のみであったため、賃貸借当事者間において認識の不一致などの争いがある場合、当事者の一方からのみの情報による場合などが掲げられる。

　対象不動産に関し、争訟等の当事者間でこのような事実が存することを不動産鑑定士が把握できた場合には、争いがある旨と鑑定評価の前提とした事実を記載する必要がある。

　争いのある事実が鑑定評価に影響を与える場合、鑑定評価の前提とした事実を記載することにより、法曹実務家等に分かりやすく、比較検証が可能な鑑定評価を行うことが可能となる。

第9章 鑑定評価報告書

> **不動産鑑定評価基準**
>
> 7．その他
> 　総論第7章第2節Ⅰ1．に定める支払賃料を求めた場合には、その支払賃料と実質賃料との関連を記載しなければならない。また、継続賃料を求めた場合には、直近合意時点について記載しなければならない。

解　説

　賃料の鑑定評価では実質賃料を求めることが原則とされており、一時金に関する条件が設定されて、実質賃料とともに支払賃料を求めた場合には、両者の関連を記載する必要がある。

　また、継続賃料の鑑定評価は、原則として、直近合意時点から価格時点までの事情変更を考慮するものであり、直近合意時点は事情変更を考慮する始点となるものであるので、賃料改定の覚書、賃貸借契約書などの賃料改定に係る書面、賃貸借当事者の説明などから直近合意時点を適切に確定及び確認することが重要である。

　さらに、継続賃料の鑑定評価において考慮する事情変更の対象となる期間を鑑定評価報告書において明確にするため、直近合意時点を記載する必要がある。

> **不動産鑑定評価基準**
>
> Ⅷ　鑑定評価上の不明事項に係る取扱い及び調査の範囲
> 　対象不動産の確認、資料の検討及び価格形成要因の分析等、鑑定評価の手順の各段階において、鑑定評価における資料収集の限界、資料の不備等によって明らかにすることができない事項が存する場合（調査範囲等条件を設定した場合を含む。）の評価上の取扱いを記載しなければならない。その際、不動産鑑定士が自ら行った調査の範囲及び内容を明確にするとともに、他の専門家が行った調査結果等を活用した場合においては、当該専門家が調査した範囲及び内容を明確にしなければならない。

総論

解説

　不動産鑑定士の通常の調査の範囲では、対象不動産の価格への影響の程度を判断するための事実の確認が困難な価格形成要因を始め、鑑定評価における資料収集の限界、資料の不備等によって明らかにすることができない事項（不明事項）が存する場合には、当該事項に係る評価上の取扱いを明確にして鑑定評価報告書に記載する必要がある。

　このような場合の対応としては基準総論第8章第6節に記載されているような様々な取扱い方があるので、当該事項についてどのように価格への影響を考慮したかを明確にする必要がある。

　この際には、自ら行った調査の範囲及びその内容、他の専門家の調査結果を活用した場合には当該専門家が調査した範囲及びその内容並びに当該調査結果の活用理由等を記載する必要がある。

不動産鑑定評価基準

Ⅸ　関与不動産鑑定士及び関与不動産鑑定業者に係る利害関係等
 1．関与不動産鑑定士及び関与不動産鑑定業者の対象不動産に関する利害関係等
　　関与不動産鑑定士及び関与不動産鑑定業者について、対象不動産に関する利害関係又は対象不動産に関し利害関係を有する者との縁故若しくは特別の利害関係の有無及びその内容について記載しなければならない。
 2．依頼者と関与不動産鑑定士及び関与不動産鑑定業者との関係
　　依頼者と関与不動産鑑定士及び関与不動産鑑定業者との間の特別の資本的関係、人的関係及び取引関係の有無並びにその内容について記載しなければならない。
 3．提出先等と関与不動産鑑定士及び関与不動産鑑定業者との関係等
　　提出先等と関与不動産鑑定士及び関与不動産鑑定業者との間の特別の資本的関係、人的関係及び取引関係の有無並びにその内容（提出先等が未定の場合又は明らかとならない場合における当該提出先等については、その旨）を記載しなければならない。

解　説

　関与不動産鑑定士及び関与不動産鑑定業者の、対象不動産、依頼者、提出先等との利害関係等について、鑑定評価報告書への記載が必要である。

　基準総論第8章第2節Ⅱにより確認・確定された事項を鑑定評価報告書に記載することとなるが、依頼者、提出先等及び利害関係等の確認・確定の段階において、提出先や開示先が未定の場合又は明らかとならない場合、あるいは提出や開示の可能性の有無及び可能性がある場合の属性の確認・確定にとどまっていた場合については、下記の対応が必要となる。

　当初の確認時点以降、鑑定評価を行った日までに、提出先等の氏名又は名称が確定する場合においては、鑑定評価報告書に、提出先等の氏名又は名称と、これらとの特別の関係についての記載が必要となる。なお、鑑定評価を行った日時点においても未定の場合又は明らかとならない場合、あるいは提出や開示の可能性の有無及び可能性がある場合の属性の確認・確定にとどまっている場合は、その旨を鑑定評価報告書に記載する。

不動産鑑定評価基準

Ⅹ　関与不動産鑑定士の氏名

解　説

　不動産の鑑定評価に関する法律第39条第2項において、「鑑定評価書には、その不動産の鑑定評価に関与した不動産鑑定士がその資格を表示して署名押印しなければならない」とされている。

　したがって、関与不動産鑑定士は、その資格を表示し、鑑定評価書に署名押印する。

　関与不動産鑑定士は、鑑定評価の核となる主たる部分に該当する業務の全部又は一部の業務を担当し、業務の内容について「判断・調整・決定」を行うものであり、公益社団法人日本不動産鑑定士協会連合会策定の「不動産鑑定士の役割分担及び不動産鑑定業者の業務提携に関する業務指針（以下「業務指針」という。）によると、下記の分担があげられ、これらは、「署名不動産鑑定士」とされている。関与不動産鑑定士の詳細は、後記「第2部価格等調査ガイドライン」解説505頁参照。

総　論

　　ア　総括不動産鑑定士
　　　総括不動産鑑定士は、依頼者に提出する鑑定評価書について関与する複数の不動産鑑定士を指揮するとともに鑑定評価の結果を検証し、一次的な責任を担う（すなわち、その鑑定評価書の全部分について依頼者に対する責任と監督処分上の責任を鑑定評価業務の各部分に関与した不動産鑑定士と共同して担う。）。
　　イ　確定担当不動産鑑定士及び作成担当不動産鑑定士
　なお、業務指針においては、上記の鑑定評価への関与の他に行われる受託審査、鑑定評価報告書の審査、鑑定評価業務の一部支援、計算ミスや誤字脱字程度のチェックを行う業務はいわゆる支援業務となり鑑定評価への関与とまではいえないとされており、これらを行う不動産鑑定士の鑑定評価書への署名は求められない。
　ここで、総括不動産鑑定士の行う「検証」と鑑定評価報告書の「審査」について、業務指針においては、「検証の内容は、鑑定評価への関与の度合いにより一概には定義できないが、鑑定評価を行う当事者として、自らの判断として鑑定評価の結果を変更することもあり得ると考えられる。これに対し、当事者から独立した立場で行われる鑑定評価報告書の審査を行う者は、鑑定評価の結果に対して再検討の指摘等はできるが、鑑定評価の結果の変更等については署名不動産鑑定士が自らの責任により行うものと考えられる。」と区別している。
　また、関与不動産鑑定士が提携業者に所属する場合は、当該不動産鑑定士の署名が必要であるとともに、所属業者名を必ず併記する。

不動産鑑定評価基準

XI	依頼者及び提出先等の氏名又は名称
XII	鑑定評価額の公表の有無について確認した内容

【解　説】
　鑑定評価を行った日までに提出先の氏名又は名称が確定された場合は、当該提出先の氏名又は名称を鑑定評価報告書に記載する。提出先の属性の確定にとどまった場合は、当該属性について記載することが必要である。
　また、基準総論第8章第2節Ⅲで定める鑑定評価額の公表の有無について、確認した内容を鑑定評価報告書に記載する。公表について未定の場合又は明らかでない場合は、その旨を記載する。

運用上の留意事項

1．依頼者、提出先等及び利害関係等の確認について
　　総論第9章第2節ⅨからⅪまでに定める事項を鑑定評価報告書に記載する場合においては、本留意事項Ⅵ1(1)及び(2)に定めるところによるものとする。

【解　説】
　依頼者に確認する事項として基準留意事項Ⅵ1．「依頼者、提出先及び利害関係等の確認について」に記載されている内容は、基準総論第9章第2節ⅨからⅪの事項を鑑定評価報告書に記載する場合に同様の取扱いとなる。
　また、鑑定評価報告書の必要的記載事項に加えて、必要に応じてその他の事項を記載することは差し支えない。

総論

第3節 附属資料

不動産鑑定評価基準

　対象不動産等の所在を明示した地図、土地又は建物等の図面、写真等の確認資料、事例資料等は、必要に応じて鑑定評価報告書に添付するものとする。
　なお、他の専門家が行った調査結果等を活用するために入手した調査報告書等の資料についても、必要に応じて、附属資料として添付するものとする。ただし、当該他の専門家の同意が得られないときは、この限りでない。

解説

　鑑定評価報告書の附属資料としては、対象不動産の所在する都市及び付近の状況を表す地図、土地又は建物等の図面、写真、図表、グラフ、対象不動産が所在する都市の都市計画図、権利の設定等に関する契約書の写し、再調達原価の詳細な見積書、事例資料、建物の仕様書等がある。ただし、鑑定評価書の附属資料については、公益社団法人日本不動産鑑定士協会連合会等の定める「資料の収集、管理・閲覧・利用に関する規程」等を踏まえ、適切に判断すべきである。

【各　論】

> **不動産鑑定評価基準**
>
> 　不動産鑑定士は、総論において記述したところに従い自己の専門的学識と応用能力に基づき、個々の案件に応じて不動産の鑑定評価を行うべきであるが、具体的な案件に臨んで的確な鑑定評価を期するためには、基本的に以下に掲げる不動産の種別及び類型並びに賃料の種類に応じた鑑定評価の手法等を活用する必要がある。

第1章　価格に関する鑑定評価

第1節　土地

I　宅地

> **不動産鑑定評価基準**
>
> 1．更地
> 　　更地の鑑定評価額は、更地並びに配分法が適用できる場合における建物及びその敷地の取引事例に基づく比準価格並びに土地残余法による収益価格を関連づけて決定するものとする。再調達原価が把握できる場合には、積算価格をも関連づけて決定すべきである。当該更地の面積が近隣地域の標準的な土地の面積に比べて大きい場合等においては、さらに次に掲げる価格を比較考量して決定するものとする（この手法を開発法という。）。
> (1)　一体利用をすることが合理的と認められるときは、価格時点において、当該更地に最有効使用の建物が建築されることを想定し、販売総額から通常の建物建築費相当額及び発注者が直接負担すべき通常の付帯費用を控除して得た価格
> (2)　分割利用をすることが合理的と認められるときは、価格時点において、当該更地を区画割りして、標準的な宅地とすることを想定

> し、販売総額から通常の造成費相当額及び発注者が直接負担すべき通常の付帯費用を控除して得た価格
> なお、配分法及び土地残余法を適用する場合における取引事例及び収益事例は、敷地が最有効使用の状態にあるものを採用すべきである。

運用上の留意事項

Ⅷ 「各論第1章 価格に関する鑑定評価」について

1. 宅地について
 (1) 更地について
　開発法によって求める価格は、建築を想定したマンション等又は細区分を想定した宅地の販売総額を価格時点に割り戻した額から建物の建築費及び発注者が直接負担すべき通常の付帯費用又は土地の造成費及び発注者が直接負担すべき通常の付帯費用を価格時点に割り戻した額をそれぞれ控除して求めるものとする。この場合において、マンション等の敷地又は細区分を想定した宅地は一般に法令上許容される用途、容積率等の如何によって土地価格が異なるので、敷地の形状、道路との位置関係等の条件のほか、マンション等の敷地については建築基準法等に適合した建物の概略設計、配棟等に関する開発計画を、細区分を想定した宅地については細区分した宅地の規模及び配置等に関する開発計画をそれぞれ想定し、これに応じた事業実施計画を策定することが必要である。
　開発法の基本式を示すと次のようになる。

$$P = \frac{S}{(1+r)^{n_1}} - \frac{B}{(1+r)^{n_2}} - \frac{M}{(1+r)^{n_3}}$$

P：開発法による試算価格
S：販売総額
B：建物の建築費又は土地の造成費
M：付帯費用
r：投下資本収益率
n_1：価格時点から販売時点までの期間
n_2：価格時点から建築代金の支払い時点までの期間
n_3：価格時点から付帯費用の支払い時点までの期間

第1章　価格に関する鑑定評価

> 解　説

　更地は、都市計画法、建築基準法等の公法上の規制は受けるが、当該宅地に建物、構築物等の定着物がなく、かつ、賃借権、地上権、地役権等の使用収益を制約する権利の付着していない宅地をいうものであるから、当該宅地の最有効使用に基づく経済価値を十全に享受することを期待し得るものである。したがって、更地の鑑定評価に当たっては、当該宅地の最有効使用を前提として把握される価格を求めることとなる。

　比準価格には、更地の取引事例に基づく比準価格に加えて、建物及びその敷地の取引事例に基づく比準価格がある。これは既成市街地における宅地の取引は、更地の取引よりも建物等と一体となって取引される事例が多く、また、敷地が最有効使用の状態にある複合不動産に係る事例資料を採用する限り、これに配分法を適用して求められる宅地の価格は、基本的には更地の価格と同一になることからこのように規定されたものである。この場合には、建物及びその敷地の取引事例から、配分法により敷地（更地）に関する事例資料を求め、これらの事例資料に係る取引価格に比準して対象不動産である更地の価格を求めることとなる。なお、複合不動産であることを所与としてその内訳としての土地価格を求める場合には、建付地としての価格となるので、配分法を適用して取引事例から更地価格を把握する場合は、さらに補正が必要となる場合があることに留意が必要である。

　収益価格は、宅地に帰属する純収益を還元して求めるものであり、この場合の純収益を求める方法としては、更地の賃貸借等の事例を収集し、その事例から得た宅地の賃料から諸経費等を控除した純収益を還元利回りで還元して求めることも考えられるが、宅地はそれ自体では収益を生み出すものではなく（宅地をそのまま駐車場等に使用することにより収益を得る場合があるが、これらの使用方法は、通常最有効使用とは考えられない。）、宅地の上に存する建物等と一体となって収益を生み出しているものであることから、最有効使用の建物が存する宅地の収益事例又は対象不動産の更地に最有効使用の賃貸用建物等の建設を想定して得た純収益から収益価格を求めることとなる。

　複合不動産においては、その総収益のうち、資本（建物等の不動産に化体されているものを除く。）、労働及び経営に配分される部分以外の部分は不動産に帰属するものであり、不動産が敷地と建物等の結合により構成されているときは、不動産に帰属する収益から建物等に帰属する部分を控除

各論

することによって、宅地に帰属する適正な純収益が把握できるものであるから、更地の収益価格は、この土地残余法によって求めることとなる。

積算価格は、再調達原価の把握を適切に行える造成後間もない造成地や埋立地等の場合に適用することができる。減価の要因としては、物理的、機能的及び経済的要因であるが、更地の場合には地盤沈下、石垣等の崩壊による減価というような物理的要因によるものがほとんどであろうと思われる。

開発法によって求める価格は、①対象不動産にマンション等を建築し、一体として利用することが合理的と判断される場合と、②標準的な宅地規模に区画割りし、分割して利用をすることが合理的と認められる場合がある。開発法によって求める価格は、デベロッパー等の投資採算性に着目した手法であり、各種の想定が適正に行われたときは、前記三手法によって求めた試算価格の有力な検証手段となり得ることから、比較考量すべきものとされた。

なお、これは手法の適用の問題ではないが、地価公示法施行規則第1条第1項に規定する国土交通大臣が定める公示区域内の土地について、鑑定評価により更地の正常価格を求める場合においては、地価公示法第8条の規定により、公示価格を規準としなければならないものとされており、その結果を鑑定評価報告書に記載することとされていることに注意する必要がある。

更地の鑑定評価に当たっては、配分法及び土地残余法を適用する場合における事例資料は、更地の価格が最有効使用を前提として把握される価格を求めるものであることにかんがみ、敷地が最有効使用の状態にあるものを採用すべきである。

第1章 価格に関する鑑定評価

> **不動産鑑定評価基準**
>
> 2．建付地
> 　建付地は、建物等と結合して有機的にその効用を発揮しているため、建物等と密接な関連を持つものであり、したがって、建付地の鑑定評価は、建物等と一体として継続使用することが合理的である場合において、その敷地（建物等に係る敷地利用権原のほか、地役権等の使用収益を制約する権利が付着している場合にはその状態を所与とする。）について部分鑑定評価をするものである。

【解　説】

　建付地は、①現に建物、構築物等の用に供されている宅地であること、②建物等及びその敷地が同一の所有者であることを要件とする。建付地は、基本的には「自用の建物及びその敷地」又は「貸家及びその敷地」の敷地部分であり、類型における「建物」の概念には、建物以外の構築物等も含まれる。

　建付地は自己所有建物等に係る敷地の利用権原が付着している土地であるが、そのほかにも、当該敷地に建物所有目的以外の地役権や賃借権、地上権等の使用収益を制約する権利が付着している場合がある。その場合には、その状態を所与として鑑定評価を行わなければならない。なお、建物等に係る敷地利用権原とは、建付地の所有権を指しているのであって、借地権や建物所有目的の使用借権を想定するものではない。

　建付地は、建物及びその敷地におけるその敷地部分の鑑定評価であるため、鑑定評価報告書には、対象不動産である建付地に関するもののほか、少なくとも当該敷地上に存する建物等の構造、規模、用途、数量、配置の状態等及び建物賃借権等の権利が存する場合はその内容を記載すべきである。

各　論

> **不動産鑑定評価基準**
>
> 　建付地の鑑定評価額は、更地の価格をもとに当該建付地の更地としての最有効使用との格差、更地化の難易の程度等敷地と建物等との関連性を考慮して求めた価格を標準とし、配分法に基づく比準価格及び土地残余法による収益価格を比較考量して決定するものとする。
> 　ただし、建物及びその敷地としての価格（以下「複合不動産価格」という。）をもとに敷地に帰属する額を配分して求めた価格を標準として決定することもできる。

解　説

　税務・財務分野に利用される目的の土地若しくは建物の部分鑑定評価は、その結果が広く関係者の利害に影響を及ぼすことがあり社会的影響も大きいため、特に公正性の観点から、基準に則って適正に鑑定評価を行うことが求められる。

　建付地の鑑定評価額は、原則として、更地価格に建付地補正（増減価修正）を行って求めた価格を標準とし、敷地と建物等との適応の状態が同程度にある複合不動産の取引事例に配分法を適用して求めた建付地価格を事例資料として、これに取引事例比較法を適用して求めた比準価格、及び対象不動産上に存する建物等を賃貸に供した場合に得られる純収益（建物等が賃貸中の場合は当該賃貸収入に基づく純収益）に基づき土地残余法を適用して求めた建付地の収益価格を比較考量して決定するものとする。この場合の更地価格は、基準に則って求めなければならない。また、建付地補正（増減価修正）では、建物及びその敷地に原価法を適用する際に考慮すべき土地の付帯費用の現在価値も考慮する。なお、土地残余法は、建物が新築後間もない場合に有効であり、現実の賃貸収入に基づいて土地残余法を適用する場合等では、その収益価格の説得力について特に留意が必要である。

　さらに、建付地の鑑定評価額は、建物及びその敷地としての価格（以下「複合不動産価格」という。）をもとに敷地に帰属する額を配分して求めた価格（以下この方法を「配分する方法」という。）を標準として決定することもできる。この方法は、対象不動産が土地と建物等の結合により構成されている場合に、一体としての価格をもとにその状態を所与としてその構成部分を評価するという部分鑑定評価の本質に沿った方法であり、配分

第1章 価格に関する鑑定評価

する方法は、鑑定評価において複合不動産の価格を査定している場合に適用することができる。なお、複合不動産の価格は、基準の考え方に則って求めたものでなければならない。

a．建付地と更地との関係

　不動産の価格は、最有効使用を前提として把握される価格を標準として形成される。建付地は敷地上に建物等が存在しているので、その使用方法は当該建物等によって制約を受け、建物等が敷地の更地としての最有効使用に適応していない場合においては、当該建付地の価格は、そこに敷地の更地としての最有効使用に適応する建物等が存在する場合に比べて低くなる。一方、更地は現に建物等が存在しない土地であるから、常に最有効使用に適応する使用方法を実現できる可能性を有している。したがって、一般に、建付地の価格は、建物が敷地の更地としての最有効使用に適応し、敷地が更地としての最有効使用の状態で利用されている場合には、更地の価格に一致すると考えられる。

　しかし、市場の状況によっては、建付地の価格が更地価格を上回る、いわゆる建付増価が生じている場合も認められることに留意が必要である。特に、敷地が最有効使用の状態で利用されている賃貸用不動産等では、更地の場合に必要となる建物の建築に要する未収入期間や費用等を考慮する必要がなく、すでに賃貸に供されている場合は市場参加者にとっても収益の予測が行いやすい（リスクが少ない）こと等から、建付地の価格が更地価格を上回る場合も見受けられる。また、建築基準法第3条第2項に該当する建築物（いわゆる既存不適格建築物）等が存在する場合で、現況の利用が更地としての最有効使用を上回っている場合には、当該建付地の価格が更地価格を上回ることもあり得る。

　なお、取引事例比較法において複合不動産の取引事例に配分法を適用する場合においても、建付地価格と更地価格との関係については、上記例示を踏まえ十分注意する必要がある。

b．内訳価格

　複合不動産と、建付地及び建物等の価格の関係は、下記のとおりである。

　　　　　複合不動産の価格　＝　建付地の価格＋建物等の価格

　複合不動産の内訳価格としての建付地及び建物等の価格は、一体としての価格を配分する方法以外に、一体化している状態であることを適切に価格に反映できる場合はそれぞれ直接的に求めることもできる。ただ

し、理論的に、その合計額は複合不動産の価格と一致するものであるため、一方の価格を直接に求める方法により求めた場合においては、もう一方の価格及び複合不動産の価格との関係に留意する必要がある。通常、内訳価格は後記の割合法、控除法等の方法により求める。
c．建物等を取り壊すことが最有効使用である場合
　最有効使用の観点から建物等と一体として継続使用することが合理的ではなく、建物等を取り壊すことが妥当と認められる場合は、「更地価格－取壊し費用」という手順によるが、この場合の類型は、建物及びその敷地であり、部分鑑定評価の類型である建付地の鑑定評価ではないことに留意しなければならない。

運用上の留意事項

(2)　建付地について
　複合不動産価格をもとに敷地に帰属する額を配分する方法には主として次の二つの方法があり、対象不動産の特性に応じて適切に適用しなければならない。
① 割合法
　割合法とは、複合不動産価格に占める敷地の構成割合を求めることができる場合において、複合不動産価格に当該構成割合を乗じて求める方法である。
② 控除法
　控除法とは、複合不動産価格を前提とした建物等の価格を直接的に求めることができる場合において、複合不動産価格から建物等の価格を控除して求める方法である。

解　説

　複合不動産価格をもとに敷地に帰属する額を配分する方法には、主として割合法と控除法の二つの方法が考えられるが、それぞれに長短があるため、対象不動産の市場特性等を勘案して適切に適用する必要がある。
① 割合法
　割合法とは、複合不動産価格に敷地の価格構成割合を乗じて求める方法である。この方法は、複合不動産に占める建物等と敷地の価格構成割合を求めることができる場合に採用できる。

構成割合の求め方については、複合不動産に原価法を適用して求めた土地と建物等の積算価格割合によることが中心になると考えられる。この積算価格の割合により配分する方法は、原価法が適切に適用されている場合には信頼性も高いと考えられ、配分も容易である。一方、複合不動産の価格が積算価格を大きく上回っている場合等で、建物等の価格に一体としての増価が認められる場合では、内訳価格としての建物等の価格が再調達原価を上回ることも想定される。したがって、複合不動産の積算価格と鑑定評価額との間に乖離が生じている場合には、配分に当たってその乖離が発生した要因を分析し、建付地及び建物のそれぞれの寄与度を適切に判定しなければならない。また、どちらか一方の寄与度が高いと判断された場合は、これを土地及び建物等に適切に再配分しなければならない。例えば、限定価格における限度額比の考え方に基づいて配分することが有効な場合もある。

【積算価格比による査定式】
　　P ：建物及びその敷地の価格
　　P_L：原価法における土地価格
　　P_B：原価法における建物等の価格

　　建付地の価格 $= P \times \dfrac{P_L}{P_L + P_B}$

【限度額比による査定式】

　　建付地の価格 $= P_L + \dfrac{(P - P_B)}{(P - P_L) + (P - P_B)} \times \{P - (P_L + P_B)\}$

② 控除法
　控除法とは、複合不動産価格から建物等の価格を控除して求める方法である。複合不動産価格を前提とした建物等の価格を直接的かつ適切に求めることができる場合に採用できる。

【控除法の査定式】
　　P_B：建物等の価格
　　建付地の価格 $= P - P_B$

　建物等の価格を直接的に求めるとは、「積算価格を標準とし、配分法

> **各 論**

に基づく比準価格及び建物残余法による収益価格を比較考量」して求めることをいう。積算価格を中心に求める場合であっても、建物の部分鑑定評価において複合不動産としての市場性等の考慮は必要であり、建物等の価格は単純に建物の原価性からのみ求めるようなことはあってはならない。例えば、複合不動産に一体増減価が認められる場合や、建物等が賃貸に供されている場合等で、収益価格と積算価格に大きな開差があり、収益価格を中心に複合不動産の価格を決定している場合等においては、複合不動産の価格における一体増減価相当額や収益価格と積算価格との開差のうち建物等に帰属すべき部分を適切に反映させた上で建物価格を求めなければならない。建物等に適切に反映できない場合には、建付地の評価において控除法は適用すべきではない。

不動産鑑定評価基準

3．借地権及び底地

　借地権及び底地の鑑定評価に当たっては、借地権の価格と底地の価格とは密接に関連し合っているので、以下に述べる諸点を十分に考慮して相互に比較検討すべきである。

解 説

借地借家法は平成4年8月1日の施行日以後に締結される借地・借家関係に適用されるが、改正内容のうち権利の存続に関連する部分については、借地借家法施行前の既存の借地・借家契約には適用しないこととされている。また、旧借地法に基づく既存の借地関係が法施行後に更新された場合でも、更新後の借地関係には旧借地法が適用される。しかし、借地借家法には、第15条の自己借地権に関する規定や、第17条の借地条件変更の裁判に関する規定など、既存の借地関係にも適用される規定もある。こうした事情から、鑑定評価で対象とする借地権及び底地には、現在では旧借地法の借地契約に基づくもののほかに借地借家法の適用を受ける借地契約に基づくものがあるため、鑑定評価に当たっては、あらかじめどちらの法律の下にある契約関係であるかについて見極めることが必要である。

借地権及び底地の鑑定評価に当たっては、借地権の価格と底地の価格との関連のほか、その更地としての価格及び建付地としての価格との関連についても理解しておく必要がある。

すなわち、借地権と底地とが混同した場合は更地又は建付地となるが、借地権の価格と底地の価格との合計額は、必ずしもその更地としての価格又は建付地としての価格とはならない。借地権は借地条件等により当該宅地の最有効使用が必ずしも期待できない場合があり、また、借地権のうち賃借権については、流通性に制約があり、さらに直接に抵当権の目的となり得ないこと等から担保価値の減退も考えられる。底地についても、借地条件等に基づく最有効使用の制約による経済的不利益、借地権が付着していることによる市場性及び担保価値の減退が考えられる。また、借地権の価格及び底地の価格は、これらの不利益をも反映して個別的に形成されるものである。

なお、底地は、将来において、更新料・条件変更承諾料等の一時金の授受が見込まれる場合があるほか、借地権が消滅し完全所有権に復帰することによる最有効使用の可能性、市場性及び担保価値の回復等の期待性を加味して、その価格が形成されるものであり、単なる地代徴収権に相応する価格のみではないことに留意しなければならない。

不動産鑑定評価基準

① 宅地の賃貸借等及び借地権取引の慣行の有無とその成熟の程度は、都市によって異なり、同一都市内においても地域によって異なることもあること。

解　説

借地権者又は借地権設定者に帰属する経済的利益は直ちにそのすべてが市場価値を形成するものではなく、その市場価値は、近隣地域及び同一需給圏内の類似地域等における取引慣行及びその成熟の程度によって左右されるので、宅地の賃貸借等及び借地権取引の慣行の有無とその成熟の程度を判断しなければならない。

各論

不動産鑑定評価基準

② 借地権の存在は、必ずしも借地権の価格の存在を意味するものではなく、また、借地権取引の慣行について、借地権が単独で取引の対象となっている都市又は地域と、単独で取引の対象となることはないが建物の取引に随伴して取引の対象となっている都市又は地域とがあること。

運用上の留意事項

(3) 借地権及び底地について
　借地権及び底地の鑑定評価に当たって留意すべき事項は次のとおりである。
① 借地権単独では取引の対象とされないものの、建物の取引に随伴して取引の対象となり、借地上の建物と一体となった場合に借地権の価格が顕在化する場合がある。

解 説

　一般に借地権取引の慣行については、借地権が単独で取引の対象となっている都市又は地域と、建物の取引に随伴して取引の対象となっている都市又は地域があるが、建物の取引に随伴して取引の対象となっている都市又は地域における借地権の鑑定評価に当たっては、独立鑑定評価に類するものとしてではなく部分鑑定評価として取り扱うべきである。

　なお、借地権のうち賃借権の譲渡又は転貸については、譲渡又は転貸についての特約がある場合を除き賃貸人の承諾を要する（民法第612条第1項）。しかし、借地権者が借地上の建物を譲渡しようとする場合において、賃借権の譲渡又は転貸について借地権設定者の承諾が得られないときは、一定の要件の下に、裁判所に対して借地権設定者の承諾に代わる許可の裁判を求めることが出来る（借地借家法第19条第1項、旧借地法第9条の2第1項）ので、建物の取引に随伴して取引される借地権（賃借権）の流通性は、かなり高いものということができる（この場合において、裁判所は当事者の利益の衡平を図るため、必要があるときは、賃借権の譲渡又は転貸を条件として、借地条件の変更又は財産上の給付を命ずることがある。）。

借地借家法第19条第1項は定期借地権等にも適用され、借地権単独では取引の対象とされず、価格が観察されない場合にも、建物の取引に随伴して取引の対象となり、借地上の建物と一体となった場合に借地権の価格が顕在化する場合がある。したがって、定期借地権付建物に原価法を適用する場合においても、この顕在化する借地権の価格を適切に査定する必要がある。

不動産鑑定評価基準

　③　借地権取引の態様
　　ア　借地権が一般に有償で創設され、又は継承される地域であるか否か。
　　イ　借地権の取引が一般に借地権設定者以外の者を対象として行われる地域であるか否か。
　　ウ　堅固建物の所有を目的とする借地権の多い地域であるか否か。
　　エ　借地権に対する権利意識について借地権者側が強い地域であるか否か。
　　オ　一時金の授受が慣行化している地域であるか否か。
　　カ　借地権の譲渡に当たって名義書替料を一般に譲受人又は譲渡人のいずれが負担する地域であるか。

運用上の留意事項

　②　宅地の賃貸借契約等に関連して、借地権者から借地権設定者へ支払われる一時金には、一般に、㈠預り金的性格を有し、通常、保証金と呼ばれているもの、㈡借地権の設定の対価とみなされ、通常、権利金と呼ばれているもの、㈢借地権の譲渡等の承諾を得るための一時金に分類することができる。これらのほか、定期借地権に係る賃貸借契約等においては、賃料の前払的性格を有し、通常、前払地代と呼ばれているものがある。
　　これらの一時金が借地権価格又は底地価格を構成するか否かはその名称の如何を問わず、一時金の性格、社会的慣行等を考察して個別に判定することが必要である。

各論

解説

　借地権取引の態様には、上記のようなものがあり、近隣地域及び同一需給圏内の類似地域等において、これらの態様を把握することによって、借地権の取引慣行の成熟の程度を知ることができる。

　借地契約に関連して、借地権者から借地権設定者へ支払われる一時金には、一般に、(ア)預り金的性格を有し、通常、保証金と呼ばれているもの、(イ)借地権の設定の対価とみなされ、通常、権利金と呼ばれているもの、(ウ)借地権の譲渡等の承諾を得るためのもので、通常、譲渡承諾料又は名義書替料と呼ばれているものがある。このほか、(エ)借地契約期間の満了を契機として徴収される場合がある一時金で、通常、更新料と呼ばれているもの、(オ)借地上の建物の増改築についてこれを制限する旨の借地条件の緩和に伴う一時金として、通常、増改築承諾料と呼ばれているもの、(カ)非堅固の建物所有を目的とする借地権の堅固の建物所有を目的とする借地権への変更に伴う一時金で、通常、条件変更承諾料と呼ばれているものがある。

　さらに、定期借地権設定契約においては、前払地代が多く利用されるようになっている。前払地代とは、地代の一部又は全部を一括して前払いした場合の一時金をいうが、特に定期借地権の前払地代については、契約期間にわたって賃料の一部又は全部に均等に充当されることや契約期間の満了前の契約解除又は中途解約時における未経過部分に相当する金額の借地権者への返還の取り決め等の要件を具備すれば、一時金として授受されていても当該年分の賃料に相当する金額での税務処理ができる。これに伴い、平成26年の基準改正で、(キ)定期借地契約において授受される前払地代が新たな一時金として位置づけられた。

　これらの一時金については、例えば更新がない定期借地権においては更新料の発生は見込まれず、また、借地権譲渡における譲渡承諾料又は名義書替料は将来キャッシュフローに影響を与えるものでない限り手数料的なものと解され借地権価格を形成するものとならない。さらに前払地代方式での定期借地権においては、未経過前払地代（前払地代の未経過部分に相当する金額）の別途精算を前提とした価格となるが、未経過前払地代は時の経過に伴い毎年の地代に振り替わってゆくため、未経過前払地代はその運用益及び償却額を通じて定期借地権価格に影響を及ぼす等、どのような一時金が発生するか否か、また発生したとしても借地権価格又は底地価格を構成するか否かについてその名称の如何を問わず、一時金の性格、社会的慣行等を考察して個別に判定することが必要である。

第1章 価格に関する鑑定評価

運用上の留意事項

③ 定期借地権及び定期借地権が付着した底地の鑑定評価に当たって留意すべき事項は次のとおりである。
(ア) 定期借地権は、契約期間の満了に伴う更新がなされないこと
(イ) 契約期間満了時において、借地権設定者に対し、更地として返還される場合又は借地上の建物の譲渡が行われる場合があること

解説

借地借家法には、一定の期間が満了すれば借地関係は更新されずに契約が終了する借地制度、すなわち定期借地権がある。定期借地権は、一般定期借地権、事業用定期借地権等及び建物譲渡特約付借地権に分けられ、例えば借地借家法第22条のいわゆる一般定期借地権では、借地期間を50年以上とすることを条件として、a．契約の更新をしない、b．建物再築による期間の延長をしない、及びc．借地借家法第13条の規定による建物の買取りの請求をしない、という3つの特約を公正証書などの書面で契約をすることで成立する。定期借地権は、契約期間の満了に伴う更新がなされない借地権であるため、契約期間満了時において借地権者が建物を取り壊した上で借地権設定者へ更地として返還することが原則になるが、契約期間満了時の建物の状態等によっては借地上の建物の無償譲渡等が行われる場合もあるため、借地期間満了時における建物の取扱い等、契約内容について確認を行うことが必要になる。

不動産鑑定評価基準

④ 借地権の態様
ア 創設されたものか継承されたものか。
イ 地上権か賃借権か。
ウ 転借か否か。
エ 堅固の建物の所有を目的とするか、非堅固の建物の所有を目的とするか。
オ 主として居住用建物のためのものか、主として営業用建物の

各　論

　　　ためのものか。
　カ　契約期間の定めの有無
　キ　特約条項の有無
　ク　契約は書面か口頭か。
　ケ　登記の有無
　コ　定期借地権等（借地借家法第二章第四節に規定する定期借地権等）

解　説

ア　創設されたものか継承されたものか。

　現借地権者が借地権設定者から直接権利設定を受けたものか、第三者から継承したのかの別である。創設された借地権である場合には、借地権者と借地権設定者との個人的関係が反映された契約内容となっている場合があるが、継承されたものについてはこれらが薄められてある程度標準化していることが多い。また、継承された借地権であることは、その地域で借地権の取引慣行がある程度存することを示唆することになる。なお、定期借地権においては、定期借地契約を継承せずに、新たな定期借地契約が締結されていることもあることに留意すべきである。

イ　地上権か賃借権か。

　地上権は物権であり譲渡性があるのに対し、賃借権は債権であって特約のある場合を除き借地権設定者の承諾又は借地権設定者の承諾に代わる裁判所の許可がなければ譲渡又は転貸することができない。

ウ　転借か否か。

　借地権設定者の承諾を得て、借地権者が借地権を転貸した場合には転借地関係が発生する。転借地権は、借地権者の地代不払い等の債務不履行により、借地権設定者から原借地契約が解除される場合があるなど、通常の借地権と比較して権利の安定性に欠ける面がある。

エ　堅固の建物の所有を目的とするか、非堅固の建物の所有を目的とするか。

　借地借家法第3条では、堅固・非堅固による借地権の存続期間の区別を廃止し約定最短期間を30年とした。同法第4条では、更新後の借地期間について同じく堅固・非堅固の区別を廃止し、1回目の更新後の期間は20年、2回目以降の更新後の期間は10年に短縮した。

旧借地法第2条第1項では、借地権の存続期間は堅固の建物の所有を目的とするものについては60年、その他の建物の所有を目的とするものについては30年とされている。なお、同条第2項では、契約によって堅固の建物の所有を目的とするものは30年以上、その他の建物については20年以上とすることができるとしている。また、旧借地法第5条では、更新後の借地期間は堅固の建物の所有を目的とするものについては30年、その他の建物の所有を目的とするものについては20年とされている。例外として、大規模な災害の被災地における借地借家に関する特別措置法（平成25年6月26日法律第61号）による被災地短期借地権の存在期間がある。

　また、借地契約において建物の種類、規模又は用途を制限する旨の借地条件がある場合にはそれに従うことになるが、事情変更があった場合には借地条件の変更を裁判所に申し立てることが認められる。借地借家法第17条第1項では、「建物の種類、規模又は用途を制限する旨の借地条件がある場合において、法令による土地利用の規制の変更、付近の土地の利用状況の変化その他の事情の変更により現に借地権を設定するにおいてはその借地条件と異なる建物の所有を目的とすることが相当であるにもかかわらず、借地条件の変更につき当事者間に協議が調わないときは、裁判所は、当事者の申立てにより、その借地条件を変更することができる」とされている。なお、借地借家法施行前に設定された借地権についても、その借地条件の変更の申立てが借地借家法施行後である場合には、旧借地法ではなく、借地借家法第17条が適用されることとなる（附則第10条）。

　なお、旧借地法が適用になる借地権においては、借地契約で特に借地上の建物の種類及び構造の定めがない場合、同法第3条により堅固の建物以外の建物の所有を目的とする借地権とみなされる。新法においては堅固建物・非堅固建物の区別をなくしたことから、こうした規定は設けられていない。

オ　主として居住用建物のためのものか、主として営業用建物のためのものか。

　建物の用途が近隣地域の標準的使用に適合しているか否かは、借地権の市場性に影響を及ぼすこととなる。また、建物の種類、規模又は用途を制限する旨の借地条件がある場合において用途を変更したり、そのために建物の増改築、建替え等をしようとしたりするときには、一般に借

地権設定者の承諾を必要とし、条件変更承諾料や増改築承諾料等の一時金を負担することとなることに留意する必要がある。定期借地権の場合においてもその使用目的の変更や建物の増改築、建替え等をしようとするときは、借地権設定者の承諾が必要と考えられるが、借地期間満了時に契約が終了することを踏まえ、定期借地権設定契約等の内容及び、これらの一時金に関する市場慣行等についての観察に努めることが必要である。

　なお、居住用建物の用に供される土地等については、公租公課の軽減があることに留意する必要がある。

カ　契約期間の定めの有無

　旧借地法では、借地権は建物の朽廃により消滅する場合があるが、借地契約期間が満了しても建物が存する限り、借地権設定者に正当事由がない場合には借地契約は更新される。したがって、借地契約の実質的な存続期間は、借地上に存する建物との関連性に基づいて判断することが必要であるとともに、借地契約の更新に当たって更新料等の一時金を負担する場合があることに留意すべきである。また、借地権設定者の正当事由の存在により借地権が消滅する場合には、借地権者は建物買取請求権を行使でき、その買取価格は、「建物の時価」であり、判例により、建物自体の価格にいわゆる場所的利益が付加されることが認められていることに留意すべきである。判例では、「時価とは、建物を取り壊した場合の動産としての価格ではなく、建物が現存するままの状態における価格である。そして、この場合の建物が現存するままの状態における価格には、当該建物の敷地の借地権そのものの価格を加算すべきではないが、当該建物の存在する場所的環境については参酌すべきである。ただし、特定の建物が特定の場所に存在するということは、建物の存在自体から当該建物の所有者が享受する事実上の利益であり、また建物の存在する場所的環境を考慮に入れて当該建物の取引を行うことは、一般取引における通念であるからである」（最高裁判例昭和35年12月20日）とされている。

　契約期間に関して借地借家法では、旧借地法にあった堅固・非堅固の別をなくし、最短期間を一律30年、契約でこれより長い期間を定めたときにはその期間とすることとした（第3条）。借地権の更新後の期間については最初の更新に限って20年、2回目以降の更新は10年とした（第4条）。借地権者の更新請求に対して借地権設定者が遅滞なく異議を述

べた場合には契約は更新されないが、その異議には正当事由が備わっていなければならない（第5条、第6条）。借地権者が建物のある借地の使用を継続していることに対し、借地権設定者が正当事由のある異議を遅滞なく述べなかったときは、契約は更新されたものとみなされる（第5条）。これを法定更新といい、法定更新後の存続期間は、更新請求による更新の場合と同じである。建物の存在を法定更新の要件とすることによって、建物が存続しない場合にはそもそも法定更新の対象にならないとした。また、更新拒絶の要件である「正当事由」の判断において考慮される事情を具体的に明確化した（第6条）ほか、借地上の建物の滅失と朽廃の区別を廃止し、期間の定めのない借地上の建物が朽廃しても借地権は消滅しないこととした（第7条、第8条）。

キ　特約条項の有無

　増改築を禁止する旨の特約があるときは、その特約は有効であり、借地権設定者の承諾がなければ増改築を行うことができない。しかし、増改築の禁止の特約があっても土地の通常の利用上相当とすべき増改築について借地権設定者の承諾を得られないときは、借地権設定者の承諾に代わる許可の裁判（借地借家法第17条第2項、旧借地法第8条の2第2項）を求めることができることに留意しなければならない。

　また、更新料については法律自体では義務づけられていないが、取引慣行に基づく当事者の特約によって支払いが行われるケースも多い。このため、更新料に関する特約についての確認と合わせて、過去における更新料の支払状況についても確認することが必要である。

　また、いわゆる一般定期借地権と平成20年1月1日の借地借家法の一部改正後の事業用定期借地権等のうち、存続期間が30年以上50年未満のものについては、a.契約の更新をしない、b.建物再築による期間の延長をしない、c.法第13条の規定による建物の買取請求をしない、という3つの特約を定めることにより、定期借地権になるとされている。

　また、借地借家法第24条の建物譲渡特約付借地権においては、借地権を消滅させるため、30年以上経過した日に相当の対価で借地上の建物を借地権設定者に譲渡する旨の特約を結ぶことができるとされている。この場合、契約期間満了時において、借地権設定者に対し、更地として返還される場合又は借地上の建物の譲渡が行われる場合があることから、特約の内容について留意しなければならない。

各論

ク　契約は書面か口頭か。

　一般に借地契約は書面によって行われることが多いが、口頭での契約に留まる場合もある。口頭である場合においても借地契約の効力自体には違いはないが、当事者間の個人的関係により地代が長く据え置かれているなど、書面による借地契約との差異がある場合がみられるので留意する必要がある。地代の授受がない場合には使用貸借契約となるが、地代が著しく低廉なものに留まっている場合にも、借地契約でなく使用貸借契約とされる場合がある。

　また、権利の態様の確認に当たっては、基準総論第8章の規定に従い契約内容を的確に確認する必要がある。確認すべき主な契約内容は、契約の目的、契約の種類、契約当事者、契約期間、契約数量、月額支払賃料、一時金の有無とその内容、賃貸条件等に係る特約（利用方法に関する特約の有無及びその内容、賃料改定特約の有無及びその内容、増改築禁止特約の有無及びその内容、賃借権の譲渡・転貸に関する特約の有無及びその内容）等である。特に依頼目的が売買の場合においては、売買に伴い契約期間や地代等の借地条件が変更される場合もあるため、鑑定評価の前提となる契約内容について明記することが必要になる。なお、借地借家法第22条の一般定期借地権の場合には書面による契約が要件となり、同法第23条の事業用定期借地権等の場合には公正証書による契約であることが要件となっている。

ケ　登記の有無

　借地権は登記をすることによって第三者に対抗することができる。しかし、借地権が賃借権の場合、賃借人は登記請求権を持たないが、借地借家法第10条により、借地権はその登記がなくても、土地の上に借地権者が登記されている建物を所有するときは第三者に対抗することができる。この場合、建物の滅失（借地権者又は転借地権者による取壊しを含む。）があっても、借地権者が、その建物を特定するために必要な事項、その滅失があった日及び建物を新たに築造する旨を土地の上の見やすい場所に掲示するときは、借地権は、なお同項の効力を有するとされる。しかし、建物の滅失があった日から二年を経過した後にあっては、その前に建物を新たに築造し、かつ、その建物につき登記した場合に限るとされている。

コ　定期借地権等（借地借家法第二章第四節に規定する定期借地権等）

　定期借地権には第22条のいわゆる一般定期借地権、第23条の事業用定

期借地権等、第24条の建物譲渡特約付借地権の３種類がある。これら３つの定期借地権は存続期間、利用目的による制限、特約事項、契約の方式、借地関係の終了事由などが異なるので、こうした側面からも借地権の態様を明らかにする必要がある。

> **不動産鑑定評価基準**
>
> (1) 借地権

解説

　借地権とは、「借地借家法（廃止前の借地法を含む。）に基づく借地権（建物の所有を目的とする地上権又は賃借権）をいう。」と定義されている。したがって、建物以外の工作物又は竹木等を所有するため他人の土地を使用する権利及び使用貸借契約に基づいて土地を使用する権利は借地権から除かれている。

　借地借家法は、借地法を廃止（附則第２条（建物保護に関する法律等の廃止））し、法定更新制度を認める普通借地権についてそのルールを定め、更新がない定期借地権制度を新たに創設した。しかし、附則第４条（経過措置の原則）で「この法律の規定は、この附則に特別の定めがある場合を除き、この法律の施行前に生じた事項にも適用する。」としながらも、「ただし、附則第２条の規定による廃止前の建物保護に関する法律、借地法及び借家法の規定により生じた効力を妨げない。」とし、附則第５条以降において「なお、従前の例による」として、旧法の条文が適用される借地権の存在を認めている。

　このほか、借地借家法第25条に基づき、臨時設備の設置その他一時使用のために借地権を設定したことが明らかな場合に、借地借家法の規定の一部が適用されない一時使用目的の借地権がある。

各論

> **不動産鑑定評価基準**
>
> ① 借地権の価格
> 　借地権の価格は、借地借家法（廃止前の借地法を含む。）に基づき土地を使用収益することにより借地権者に帰属する経済的利益（一時金の授受に基づくものを含む。）を貨幣額で表示したものである。
> 　借地権者に帰属する経済的利益とは、土地を使用収益することによる広範な諸利益を基礎とするものであるが、特に次に掲げるものが中心となる。
> 　ア　土地を長期間占有し、独占的に使用収益し得る借地権者の安定的利益
> 　イ　借地権の付着している宅地の経済価値に即応した適正な賃料と実際支払賃料との乖離（以下「賃料差額」という。）及びその乖離の持続する期間を基礎にして成り立つ経済的利益の現在価値のうち、慣行的に取引の対象となっている部分

解　説

　借地権は、法的側面からみると、借地借家法（旧借地法を含む。）によって、最低存続期間が保証され、定期借地権等を除き、契約期間が経過しても借地権設定者に更新拒絶のための正当事由がない限り借地契約は更新され、第三者への譲渡の可能性もあり、契約期間内において建物の建替えの可能性も有し、建物買取請求権を有する等、借地権の強化、安定化が図られている。また、経済的側面からみると、土地の効用の増大、利用価値の増大に伴う地価の上昇に対し、一般に、地代が低廉であることから、借地権者に帰属する経済的利益が発生していることが認められる。

　借地権の価格は、この借地権者に帰属する経済的利益に着目した市場参加者が多数現れ（有効需要）、市場において借地権の売買が一般化し、慣行化していくことによって形成され、その市場価値を貨幣額をもって表示したものである。また、地代の低廉化は、地代に代わる一時金（権利金、保証金、敷金、更新料、譲渡承諾料等）の授受の慣行を発生させ、このことが借地関係を一層複雑にしている。したがって、借地権の鑑定評価においては、地代、一時金及びこれらの借地権価格との関連性に留意すべきである。

第1章 価格に関する鑑定評価

　「借地権の付着している宅地の経済価値に即応した適正な賃料」とは、当該宅地を一定期間使用収益するための正常賃料相当額を意味するものであるが、借地条件により当該宅地の使用収益が制約されている場合には、その制約条件下における宅地の経済価値に即応した適正な賃料をいうものである。

> **不動産鑑定評価基準**
> 　② 借地権の鑑定評価
> 　　借地権の鑑定評価は、借地権の取引慣行の有無及びその成熟の程度によってその手法を異にするものである。

解 説

　借地権の鑑定評価に当たっては、a.再調達原価を求めることができないこと、b.借地権は単独又は建物の取引に随伴して取引されること、c.借地権付建物が獲得する総収益から借地権に帰属する純収益が求められること、d.借地権の取引慣行が成熟している地域では、借地権割合を把握することができること、及びe.借地権の価格は賃料差額等の借地権者に帰属する経済的利益を要素として成り立つものであること等から、借地権の取引慣行の有無及びその成熟の程度によってその手法を異にすることとなる。

　なお、現時点では定期借地権単独での取引はさほど多くなく、借地権の鑑定評価に当たっては、借地権の取引慣行の成熟の程度の低い地域における鑑定評価の手法を適用することになると考えられる。また借地権単独では取引の対象とされないものの、建物の取引に随伴して取引の対象となり、借地上の建物と一体となった場合に借地権の価格が顕在化する場合があり、この顕在化する定期借地権の価格を適切に査定する必要がある。

各 論

> **不動産鑑定評価基準**
>
> ア　借地権の取引慣行の成熟の程度の高い地域
>
> 　借地権の鑑定評価額は、借地権及び借地権を含む複合不動産の取引事例に基づく比準価格、土地残余法による収益価格、当該借地権の設定契約に基づく賃料差額のうち取引の対象となっている部分を還元して得た価格及び借地権取引が慣行として成熟している場合における当該地域の借地権割合により求めた価格を関連づけて決定するものとする。

> **運用上の留意事項**
>
> ④　借地権及び底地の鑑定評価においては、預り金的性格を有する一時金についてはその運用益を、前払地代に相当する一時金については各期の前払地代及び運用益を、それぞれ考慮するものとする。

解　説

　取引事例比較法の適用に当たっては、事例資料の収集の困難性を伴うが、地域の実情等に基づいて個別的要因が標準的な借地権を設定し、これと取引事例との要因比較することが有用である。

　土地残余法は、借地権付建物について適用されるものである。土地に係る公租公課については、これに代えて地代相当額を計上する。還元利回りは、借地権が更地に比べ流動性、安定性に劣るものであるので、更地に対するものよりも高くなる傾向があり、借地権の態様によっても異なる。また、借地権者が借地権設定者に支払う前払地代については、未経過前払地代の償却額と一時金として支払うことに伴う運用益獲得機会の喪失相当額を、また借地権者が借地権設定者に差し入れる預り金的性格を有する一時金については当該一時金を差し入れることによる運用益獲得機会の喪失相当額を査定し考慮することとなるが、この場合の運用利回りは資金の運用的側面と調達的側面の双方を有していることに留意する。

　当該借地権の設定契約に基づく賃料差額のうち取引の対象となっている部分を還元して得る手法（いわゆる賃料差額還元法）は、前記基準各論第１章第１節Ⅰ３．(1)①イの観点から借地権の価格を求める手法である。

基準では、賃料差額について「借地権の付着している宅地の経済価値に即応した適正な賃料と実際支払賃料との乖離」としているが、前払地代については各期の前払地代及び運用益を、借地権者が借地権設定者に差し入れる預り金的性格を有する一時金についてはその運用益を実際支払賃料に加算する方法等により考慮することができる。前払地代方式での定期借地権価格は、未経過前払地代の別途精算を前提とした価格となるが、未経過前払地代は時の経過に伴い毎年の地代に振り替わってゆくため、実際支払地代が同じであっても未経過前払地代がない場合の定期借地権価格と比較して低下し、底地価格は上昇する。また同様に実際支払地代が一定であっても、差入保証金等が存在する場合の借地権価格は差入保証金等がない場合の借地権価格と比較して低下し、預り保証金等が存在する場合の底地価格は預り保証金等がない場合の底地価格と比較して上昇することに留意する必要がある。

　賃料差額還元法の適用に当たっては、賃料差額全体を還元するのではなく、賃料差額のうち、借地権者に帰属する部分の中で取引の対象となる利益を査定し、その利益が持続する期間に基づいて還元利回りで還元して求める。

　借地権割合により求める手法（いわゆる借地権割合法）は、借地権の取引慣行が成熟するに従って借地権の取引価格が借地権割合を基準として判定されるようになるという市場の実態に着目した手法である。この場合の借地権割合は、当該地域の標準的な態様の借地権価格の更地価格に対する割合から当該地域の標準的な借地権割合を把握し、対象不動産の借地契約の内容、契約締結の経緯及び経過した借地期間等の借地権の個別性を考慮して適正に修正して求めることとなる。

　なお、建物の取引に随伴して取引の対象となっている借地権及び建物の用に供されている借地権は、その全体の鑑定評価の内訳としてその借地権について部分鑑定評価するものであるので、鑑定評価報告書には、借地権に関するもののほか、少なくとも当該借地上に存する建物等の構造、規模、用途、数量、配置の状態等及び建物賃借権等の権利が存する場合はその内容を記載すべきである。

　また、借地権も敷地と建物との適応の状態に関連した減価の必要があることに留意しなければならない。

各論

> **不動産鑑定評価基準**
>
> 　この場合においては、次の㈠から㈥までに掲げる事項（定期借地権の評価にあっては、㈠から㈦までに掲げる事項）を総合的に勘案するものとする。
> 　㈠　将来における賃料の改定の実現性とその程度
> 　㈡　借地権の態様及び建物の残存耐用年数
> 　㈢　契約締結の経緯並びに経過した借地期間及び残存期間
> 　㈣　契約に当たって授受された一時金の額及びこれに関する契約条件
> 　㈤　将来見込まれる一時金の額及びこれに関する契約条件
> 　㈥　借地権の取引慣行及び底地の取引利回り
> 　㈦　当該借地権の存する土地に係る更地としての価格又は建付地としての価格
> 　㈧　借地期間満了時の建物等に関する契約内容
> 　㈨　契約期間中に建物の建築及び解体が行われる場合における建物の使用収益が期待できない期間

解　説

　基準は、借地権の鑑定評価における手順全般において考慮すべき事項として、次の㈠から㈥までに掲げる事項（定期借地権の評価にあっては、㈠から㈦までに掲げる事項）事項を例示している。

㈠　将来における賃料の改定の実現性とその程度

　対象不動産の賃料は、近隣地域及び同一需給圏内の類似地域等における対象不動産と類似の不動産と代替、競争等の関係を通じて相互に影響し合って定まるものであるから、代替可能な他の不動産の賃料の改定の動向及びその程度を判断するとともに、賃料はその契約内容、契約締結の経緯等により極めて個別性が強いものであるので、これら契約内容、契約締結の経緯等の検討を行い、賃料の改定の実現性とその程度を判断しなければならない。

㈡　借地権の態様及び建物の残存耐用年数

　借地権の態様はその借地権に個別性を生じさせ、その価格を個別的に形成する大きな要因の一つである。また、旧法借地権の実質的な存続期間は、建物の残存耐用年数と密接な関係があり、定期借地権の場合には

建物の残存耐用年数は借地期間の残存年数と密接な関係がある。
㈦　契約締結の経緯並びに経過した借地期間及び残存期間
　　借地権設定契約締結の経緯は、その借地権に個別性を生じさせ価格に影響を及ぼす。借地権の価格は、借地期間中において自然にその価格が発生する場合があり、また、借地期間の経過に比例して必ずしも減価するものではないが、借地残存期間が短くなれば更新料等一時金の額及びこれに関する契約内容を特に考慮しなければならない。なお、定期借地権の場合には借地期間満了に向けて減価する傾向が強まることに留意する必要がある。
㈣　契約に当たって授受された一時金の額及びこれに関する契約条件
　　預り金的性格を有する一時金は、賃貸借等が継続される期間における実際支払賃料の額に影響を及ぼすが、借地権者からみると資金を借地権設定者に預託することによる運用機会喪失コストとなるため、借地権の価格を低める要素となる。また、預り金的性格を有する一時金の授受があった借地権の鑑定評価に当たっては、判例では、借地権者が交代時において、前の借地権者が有する敷金返還請求権は新たな借地権者へ当然には承継されない（最高裁判例昭和53年12月22日）とされているため、売買に際しての当該一時金の返還債権の承継について確認できないときであっても、鑑定評価上どのように取り扱っているのかについて明確にしておくことが必要である。

　　借地権の設定の対価とみなされ、通常、権利金と呼ばれている一時金は、賃貸借等の終了とともに借地権設定者から借地権者に返済されることはなく、実際支払賃料の額に影響を及ぼすとともに借地権の価格を構成する要素となるものである。

　　借地権の譲渡等の承諾を得るための一時金である譲渡承諾料又は名義書替料は、通常、借地権者（売主）側において借地権設定者から承諾を得るための手数料的なものと解され、取引における借地権の価格とは別に借地権設定者に支払うため、直ちに借地権価格を構成する要素とはならない。しかしながら、将来の転売を想定する場合には借地権者における将来の支出として、借地権の価格に影響を与える場合がある。

　　また、前払地代は将来の実際支払賃料を減少させるが、将来発生する地代を一時金として契約締結時等に前払いしたものに過ぎず、地代自体が免除や軽減されているものではないため、実際支払地代が同一の場合であっても、未経過前払地代の償却額と一時金として支払うことに伴う

各 論

運用益獲得機会の喪失相当額は借地権の価格に影響を与える。このように、契約に当たって授受された一時金については、その額、その性格、これに関する契約条件、社会的慣行等を考慮して個別に判定する必要がある。

(オ) 将来見込まれる一時金の額及びこれに関する契約条件

借地上の建物の増改築について、これを制限する旨の借地条件の緩和及び非堅固の建物所有を目的とする借地権を堅固の建物所有を目的とする借地権への変更に伴い一時金の授受等が見込まれる場合には、これらの内容を検討し、借地権の価格又は底地の価格に反映させる必要がある。

なお、借地権の売買に関連して鑑定評価を行う場合には、名義書替料、更新料等の一時金と鑑定評価額との関連及びその負担者を明確にしておくべきである。

(カ) 借地権の取引慣行及び底地の取引利回り

借地権者に帰属する経済的利益は、直ちに市場価値を形成するものではなく、その経済的利益の市場価値は、近隣地域及び同一需給圏内の類似地域等における市場での取引慣行によって左右されるものである。また、底地の取引利回り（還元利回り）は、借地権の還元利回りと密接な関連があるものであるが、借地権設定者が収受する地代収入は借地権者が借地上において行う事業における収入と比較しリスクが低い一方で、取引における流動性は一般には低いとも考えられるため、これらの差異を踏まえて形成されることに留意する必要がある。

(キ) 当該借地権の存する土地に係る更地としての価格又は建付地としての価格

借地権の価格と底地の価格の合計額は、原則として更地としての価格又は建付地としての価格を超えるものではないので、更地としての価格又は建付地としての価格は借地権の価格の上限値となる。ただし、地代水準、借地権者の信用度、賃料改定条項によっては更地としての価格又は建付地としての価格を上回る場合があることに留意する。

(ク) 借地期間満了時の建物等に関する契約内容

建物譲渡特約付借地権（借地借家法第24条）においては、建物について相当の対価での買い取りが予定されるため、建物の相当の対価に関する取り決めは借地権価格に影響する。また、いわゆる一般定期借地権（借地借家法第22条）、事業用定期借地権等（借地借家法第23条）の場合

には、契約終了に際して、原則として建物等を取り壊して更地返還することになるため、建物や構築物等の取壊費用等の現在価値を控除する必要がある。この場合、建物取壊し等の原状回復をどの程度行うかについて、借地権設定契約書で内容を確認した上で、取壊しの費用や期間の査定を行う必要がある。

また、これらの定期借地権においても借地期間満了時に更地返還するのではなく、建物無償あるいは有償の譲渡特約などの方法（建物存置型）も、定期借地権設定契約又はその後の覚書等により採用されていることがあるため、これらの書類の存在について確認することが必要である。

(ケ) 契約期間中に建物の建築及び解体が行われる場合における建物の使用収益が期待できない期間

定期借地権のライフサイクルは、通常、次のようなものである。
①借地権設定契約を締結し、
②契約の目的となっている建物を建築し、竣工後、複合不動産として使用収益を開始する。

契約期間が経過し、契約終了前に、
③借地上の建物を取り壊し、
④契約期間満了時に更地として返還する。

つまり、地代の発生は、土地賃貸借契約期間全期間に及ぶが、借地上の複合不動産の収益獲得期間は、土地賃貸借契約期間ではなく、建物の建築や取壊し期間を除いた期間となる。このため、定期借地権に係る諸類型の収益価格等を求める場合には、これらの収益獲得期間や未収入期間における必要諸経費等について留意する必要がある。

不動産鑑定評価基準

イ　借地権の取引慣行の成熟の程度の低い地域

借地権の鑑定評価額は、土地残余法による収益価格、当該借地権の設定契約に基づく賃料差額のうち取引の対象となっている部分を還元して得た価格及び当該借地権の存する土地に係る更地又は建付地としての価格から底地価格を控除して得た価格を関連づけて決定するものとする。

この場合においては、前記ア(ア)から(キ)までに掲げる事項（定

各 論

> 期借地権の評価にあっては、㋐から㋖までに掲げる事項）を総合的に勘案するものとする。

解　説

　更地又は建付地としての価格から底地価格（正常価格）を控除して得た価格を求める手法の適用に際しての底地価格の判定に当たっては、特に賃貸借等の契約の満了等によって復帰する経済価値の増分、すなわち当該宅地の最有効使用が借地条件によって制約されている場合にはその制約が取り除かれることによる最有効使用の実現の可能性、市場性及び担保価値の回復に即応する経済価値の増分の帰属について適正に判断することが必要である。

　また、借地権（賃借権である場合）の第三者との取引において、譲渡承諾料又は名義書替料の支払いが慣行として成立している地域にあっては、通常、借地権者（売主）側において借地権設定者から承諾を得るための手数料的なものと解され、取引における借地権の価格とは別に借地権設定者に支払うため、原則的には借地権価格を構成する要素とはならない。しかしながら、実質的には借地権の対価から支払われることとなるため、借地権の譲渡人の手取額は、名義書替料を控除したものとなる。借地権設定者と借地権者間の取引においては、この名義書替料は不要であるので、借地権者からみれば、名義書替料相当額を控除した額が借地権価格の下限値となる。

　一方、借地権設定者からみると、借地契約が終了し、又は解消することにより直ちに完全所有権に復帰し、市場性及び担保価値が回復することにより、借地権設定者が留保していた契約減価相当分がある場合には、その価値の顕在化等による経済価値の増分が享受できる。このため名義書替料相当額の全部又は一部と増分価値とを底地の正常価格に加算した額が底地価格の上限値となるので、借地契約の終了等の事由、当事者間の個別的事情等を勘酌し、適切に判定すべきである。

　借地権設定者が借地権の併合を目的とする売買に関連する場合については、借地権の存する土地が完全所有権に復帰することとなり、当該土地に増分価値が生ずることとなるので、第三者が介入する余地がなくなり市場が相対的に限定されることから限定価格となる場合も考えられる。しかし、借地権取引の態様は都市によって異なり、同一都市内においても地域

によって異なることもある。借地権設定者が借地権の併合を目的として売買する場合においても、完全所有権に復帰することになることによる増分価値を考慮して取り引きされないことが標準的であり、第三者間取引の場合とその取引価格に差異がみられないような場合には、正常価格と限定価格が乖離しないので、求める価格は正常価格となる。一方、売買価格が正常価格と金額的には同一であっても、名義書替料の影響により借地権設定者へ売却するほうが、借地権者の手取り額において第三者へ売却する場合と比較して優位となり、市場が相対的に限定される場合があることにも留意すべきである。

> **不動産鑑定評価基準**
>
> (2) 底地
> 　底地の価格は、借地権の付着している宅地について、借地権の価格との相互関連において借地権設定者に帰属する経済的利益を貨幣額で表示したものである。
> 　借地権設定者に帰属する経済的利益とは、当該宅地の実際支払賃料から諸経費等を控除した部分の賃貸借等の期間に対応する経済的利益及びその期間の満了等によって復帰する経済的利益の現在価値をいう。なお、将来において一時金の授受が見込まれる場合には、当該一時金の経済的利益も借地権設定者に帰属する経済的利益を構成する場合があることに留意すべきである。

解説

　底地の価格は、地代徴収権に相応する価格のほかに将来見込まれる名義書替料、更新料、増改築等承諾料等の一時金の経済的利益及び借地権が消滅し完全所有権に復帰することによる当該土地の最有効使用の実現の可能性、市場性及び担保価値の回復等による経済的利益を加味して形成されるものである。
　なお、建物の種類、構造、規模又は用途を制限する旨の借地条件がある場合において、これらの借地条件を変更することによって、借地権者にとっては、より効用の高い利用が可能となる一方、借地権設定者にとっては借地期間の長期化等により、更地復帰の可能性が減退することも考えられる。このため、条件変更承諾料や増改築承諾料については、条件変更や

各 論

増改築等により実質的な借地期間が長期化し、完全所有権に復帰するまでの期間が長期化することにより底地価格を低下させる要因となる場合もあることに留意が必要である。

> **不動産鑑定評価基準**
>
> 　　底地の鑑定評価額は、実際支払賃料に基づく純収益等の現在価値の総和を求めることにより得た収益価格及び比準価格を関連づけて決定するものとする。
> 　　この場合においては、前記(1)②ア(ア)から(キ)までに掲げる事項（定期借地権の付着している宅地の評価に当たっては、(ア)から(ケ)までに掲げる事項）を総合的に勘案するものとする。
> 　　また、底地を当該借地権者が買い取る場合における底地の鑑定評価に当たっては、当該宅地又は建物及びその敷地が同一所有者に帰属することによる市場性の回復等に即応する経済価値の増分が生ずる場合があることに留意すべきである。

【解　説】

　定期借地権が付着している宅地については、定期借地権固有の総合的勘案事項である、「(ク)借地期間満了時の建物等に関する契約内容」について勘案する必要があるが、例えば建物を有償で購入する場合には、借地期間満了時に復帰する建物及びその敷地の現在価値から当該建物買取費用の現在価値を控除する必要がある。なお、もうひとつの定期借地権固有の勘案事項である「(ケ)契約期間中に建物の建築及び解体が行われる場合における建物の使用収益が期待できない期間」は、建物建築時や解体時においても契約期間内となるため、原則的に、底地の価格には影響しないが、当該期間について地代が改定される等の特約がある場合には底地の価格にも影響する場合があることに留意する。

　底地を当該借地権者が買い取る場合は、底地を第三者に譲渡する場合に比べると当該宅地又は建物及びその敷地が同一所有者に完全に帰属することによる当該土地の最有効使用の可能性、市場性及び担保価値の回復等に即応する経済的利益があることが通常であるから、その経済価値の増分を考慮して得た額を前記の底地の価格に加算して求めなければならない。なお、この経済価値の増分を鑑定評価額に反映させることによって求められ

た価格の種類は、限定価格となる。

不動産鑑定評価基準

4．区分地上権

　区分地上権の価格は、一般に区分地上権の設定に係る土地（以下「区分地上権設定地」という。）の経済価値を基礎として、権利の設定範囲における権利利益の内容により定まり、区分地上権設定地全体の経済価値のうち、平面的・立体的空間の分割による当該権利の設定部分の経済価値及び設定部分の効用を保持するため他の空間部分の利用を制限することに相応する経済価値を貨幣額で表示したものである。

運用上の留意事項

(4)　区分地上権について

　区分地上権の鑑定評価に当たって留意すべき事項は次のとおりである。

① 区分地上権の特性に基づく経済価値

　区分地上権の鑑定評価においては、特に次に掲げる区分地上権の特性に基づく経済価値に留意することが必要である。

ア　区分地上権設定地の経済価値は、当該設定地の最有効使用に係る階層等に基づいて生ずる上下空間の効用の集積である。したがって、区分地上権の経済価値は、その設定地全体の効用との関数関係に着目して、その設定地全体の経済価値に占める割合として把握される。

イ　区分地上権は、他人の土地の地下又は空間の一部に工作物を設置することを目的として設定する権利であり、その工作物の構造、用途、使用目的、権利の設定期間等により、その経済価値が特定される。

解　説

a．区分地上権の経済価値

　区分地上権とは、工作物を所有するため、地下又は空間に上下の範囲を定めて設定された地上権をいう。土地の経済価値は、立体的な土地利

各　論

用による効用の集積であると考えることができるが、その経済価値は、立体的に考えれば所有権の効力の及ぶ範囲で一定の高さの測定単位ごとに均一というわけではなく、地表からの上下空間の高さに応じて異なるものとなる。

一方で、平面的に考えればその経済価値は、一定の広さの測定単位ごとに均一に各部分に及んでいると想定される。これは、公共用地の取得に伴う損失補償のために土地の評価を行う場合に、取得する部分のみを評価するのではなく、所有者、用途等をふまえた画地を単位として行うこととも整合するものである。

これらのことから、区分地上権の経済価値は、区分地上権設定地全体の効用との関係に着目して、その設定地全体の経済価値に占める、設定部分及び他の空間部分の利用の阻害部分に相応する経済価値の割合として把握することが可能となる。区分地上権の価格を求める場合、まず区分地上権の設定に係る土地（区分地上権設定地）の経済価値を基礎として、設定部分の経済価値を求めるというアプローチをすることになるのはこうした理由に基づくものである。

また、区分地上権は、設定地を立体的及び平面的に分割することとなるため、当該分割により、区分地上権の設定部分以外の部分についてもその利用効率の低下を生ずることも多く、区分地上権の経済価値は、これらの部分についての経済価値の減分をも考慮する必要がある。なお、設定部分の制約等の把握に当たっては、区分地上権の態様（構造、用途、使用目的等）、設定期間等について考慮することが不可欠である。

なお、基準は、区分地上権を宅地の一類型として取り扱っているが、宅地以外の土地に当該権利が設定される場合があり、この場合における鑑定評価は、宅地に設定される場合に準じて行うこととなる。

ｂ．区分地上権の価格の種類

区分地上権の鑑定評価においては、これを新たに設定する場合とこれを売買する場合とで求める価格の種類が異なることとなる。

(a) **区分地上権を新たに設定する場合**

区分地上権の設定を目的とする場合の鑑定評価に当たっては、不動産の分割及び併合が生ずるので、この両面からの検討が必要となり、この場合において、求める価格の種類は限定価格となる。

・区分地上権設定地の分割（区分地上権設定者からみた場合）

区分地上権設定者からみると、区分地上権の設定によって、当該

設定地の立体的及び平面的分割が生じ、この分割が経済合理性に反することとなる。

・立体的分割

例えば、地下鉄路線の新設に伴う区分地上権の設定のように地下の一部に区分地上権を設定することによって、区分地上権の設定部分以外の地下の部分についても土地利用が阻害され、又は利用効率の低下する部分が生ずることがある。また、当該権利の設定によって、地上の空間についても利用効率が低下する部分が発生する場合もある。

・平面的分割

区分地上権の設定に係る部分を当該設定地について、水平投影面で考察するとき、当該設定地の一部について利用不能又は利用効率の低下する部分が生ずることがある。

・補完不動産との併合（区分地上権者からみた場合）

区分地上権者からみると、当該区分地上権の設定部分と補完不動産との併合として捉えることができる。この場合の補完不動産には、次のものがある。

・区分地上権の設定部分に連接する他の土地の地下又は空間に設定された区分地上権
・区分地上権の設定部分に至る出入口又は支柱を設置するための土地に関する権利（所有権又は所有権以外の土地を使用収益する権利）

なお、区分地上権を新規に設定する例としては、鉄道や高速道路等の公共事業に伴う場合が多く、補償実務上の鑑定評価の依頼では、区分地上権の設定に伴う阻害分は、権利制限の対価補償としての法的性格により、設定地全体における正常価格の一部として捉えることから、結果的に求める区分地上権の対価は正常価格としての鑑定評価ということになる。なお、残地に経済的減価が生じている場合は、残地補償として別途に取り扱われる。

(b) 区分地上権の売買に関連する場合

区分地上権は、補完不動産と一体となって初めてその効用を発揮することができるものであるため、既設の区分地上権が単独で売買されることはほとんどない。区分地上権が売買の対象となる場合は、他の資産と一体として利用されることが通常であり、この場合において、

各論

求める価格の種類は正常価格となる。

c．区分地上権の性格と留意事項

区分地上権は、その権利の性格から次のような特性を有しており、鑑定評価に当たっては、その特性を理解し、鑑定評価額に反映させることが必要である。

(a) 区分地上権の設定の対象となる地下又は空間の部分は、地表面に連接するものであってはならない。このため、区分地上権は、当該権利の設定部分に建設する工作物に連絡し、又はこれを支持するための当該権利の設定部分以外の土地（以下「補完不動産」という。）の存在が必要であり、この補完不動産と一体利用を前提として初めてその効用を発揮することができるものである。

(b) 区分地上権の設定対価は、地代又は一時金の授受によることとなるが、一時金の支払いによって設定された区分地上権には、工作物の恒久的使用を目的としているもの等があり、この場合においては、これらの一時金を地下又は空間の部分に係る所有権の部分的対価とみなして差し支えないものがある。

不動産鑑定評価基準

この場合の区分地上権の鑑定評価額は、設定事例等に基づく比準価格、土地残余法に準じて求めた収益価格及び区分地上権の立体利用率により求めた価格を関連づけて得た価格を標準とし、区分地上権の設定事例等に基づく区分地上権割合により求めた価格を比較考量して決定するものとする。

運用上の留意事項

② 区分地上権の設定事例等に基づく比準価格

区分地上権の設定事例等に基づく比準価格は、近隣地域及び同一需給圏内の類似地域等において設定形態が類似している区分地上権の設定事例等を収集して、適切な事例を選択し、必要に応じ事情補正及び時点修正を行い、かつ、地域要因及び個別的要因の比較を行って求めた価格を比較考量して決定するものとする。

この手法の適用に当たっては、特に次に掲げる事項に留意しな

ければならない。
ア　区分地上権設定地に係る区分地上権の経済価値には、当該区分地上権に係る工作物の保全のため必要な他の空間の使用制限に係る経済価値を含むことが多いので、区分地上権の態様、設定期間等設定事例等の内容を的確に把握すべきである。
イ　時点修正において採用する変動率は、事例に係る不動産の存する用途的地域又は当該地域と相似の価格変動過程を経たと認められる類似の地域における土地の変動率を援用することができるものとする。
ウ　地域要因及び個別的要因の比較においては、次に掲げる区分地上権に特有な諸要因について留意する必要がある。
　(ｱ)　地域要因については、近隣地域の地域要因にとどまらず、一般に当該区分地上権の効用に寄与する他の不動産（例えば、地下鉄の区分地上権の設定事例の場合における連たんする一団の土地のように、一般に広域にわたって存在することが多い。）の存する類似地域等との均衡を考慮する必要がある。
　(ｲ)　個別的要因については、区分地上権に係る地下又は空間の部分についての立体的及び平面的位置、規模、形状等が特に重要であり、区分地上権設定地全体との関連において平面的及び立体的分割の状態を判断しその影響の程度を考慮する必要がある。

解説

設定形態が類似している区分地上権の設定事例とは、区分地上権の設定契約の内容の類似している新規設定事例又は取引事例をいうものである。すなわち、区分地上権の地下又は空間に占める位置、規模、形状等の物的事項の類似性及び区分地上権の設定部分以外の他の空間の使用制限を伴う等の区分地上権の態様並びに設定期間等の類似しているものをいう。区分地上権の新規設定事例は、できるだけ設定形態が類似しているものを選択することが必要であるが、比較可能な設定事例は現実には乏しいことが多いため、この手法の実行に困難が伴うこともあり得る。

各　論

運用上の留意事項

　③　区分地上権の設定事例等に基づく区分地上権割合により求める価格

　　近隣地域及び同一需給圏内の類似地域等において設定形態が類似している区分地上権の設定事例等を収集して、適切な事例を選択し、これらに係る設定時又は譲渡時における区分地上権の価格が区分地上権設定地の更地としての価格に占める割合をそれぞれ求め、これらを総合的に比較考量の上適正な割合を判定し、価格時点における当該区分地上権設定地の更地としての価格にその割合を乗じて求めるものとする。

　　なお、この手法の適用に当たっては、特に、前記②のウに掲げる事項に留意する必要がある。

解　説

　②においては、設定形態が類似している区分地上権の設定事例に基づき地域要因及び個別的要因の比較等を行うこととなるので、地下又は空間に占める位置を始めとする区分地上権自体の内容に係る比較と、区分地上権設定地に係る更地としての比較を行う必要があり、補修正の項目が多岐にわたり、補修正率も大きなものとなる場合がある。このような場合には、③の方法により適正な割合を判定し、価格時点における区分地上権設定地の更地としての価格にその割合を乗ずることにより、区分地上権価格の要素である更地としての価格に係る項目と、区分地上権としての価格に係る項目とを別に査定することができることとなる。

　公共事業の施行に伴って区分地上権を設定する場合には、権利を設定する範囲に応じて一定の割合に基づく区分地上権設定対価を決定していることが多く、他の設定事例との比較に当たっては、実務上割合を中心に把握したほうがより比較が容易であることが多い。このことからも②の方法とともに③の方法が採用されることとなるが、この場合においても②で記載した事項に留意する必要がある。

第1章 価格に関する鑑定評価

> **運用上の留意事項**
>
> ④　土地残余法に準じて求める収益価格
>   土地残余法に準じて求める収益価格は、区分地上権設定地について、当該区分地上権の設定がないものとして、最有効使用を想定して求めた当該設定地全体に帰属する純収益から、当該区分地上権設定後の状態を所与として最有効使用を想定して求めた当該設定地に帰属する純収益を控除して得た差額純収益を還元利回りで還元して得た額について、さらに当該区分地上権の契約内容等による修正を行って求めるものとする。

解　説

　土地残余法に準じて求める収益価格は、まず、設定地において区分地上権の設定がないものとした最有効使用を想定して求めた純収益から、区分地上権設定後の状態を所与として最有効使用を想定して求めた純収益を控除して得た差額純収益を還元利回りで還元し、さらに、当該区分地上権の設定契約の内容等に応じた修正を行って求めた価格をいう。すなわち、区分地上権設定による経済価値の判定には控除法を用いて阻害部分に帰属する差額純収益を求め、これを還元利回りで還元することとしている。さらに、還元して得た額に当該区分地上権の設定契約の内容等に応じた修正を行って収益価格を求める。

　基準留意事項では、区分地上権設定地において土地残余法を適用することになっているが、区分地上権設定後の最有効使用の想定には、設定地の一部である設定部分の区分地上権による制約を前提として想定することは適切でなく、設定部分の地積・形状以外の利用制限要因が設定地に生じていると想定すべきである。また、設定部分が地域の標準的画地である場合には、直接的に土地残余法を適用することも可能である。いずれの場合でも、区分地上権設定の前後の最有効使用の建物ボリュームが大きく異なることがあり、当該区分地上権の設定前後で未収入期間が異なるため、設定前後のそれぞれの未収入期間考慮後の差額純収益を還元すべきであり、さらに、設定部分によって生じた経済価値の減分を考慮すべきである。

　区分地上権は工作物所有のための地上権であるので、当該区分地上権の設定契約の内容等に応じた修正を行って求めることとされている。しかし、恒久的な工作物所有のための区分地上権にあっては、区分地上権の設

> 各　論

定の対価は実質的に所有権の一部の売買の対価であると考えても差し支えないものがあり、この場合、権利の対価の市場性の分析に当たっては特段の修正は要しないものと考えてよいであろう。

運用上の留意事項

　⑤　区分地上権の立体利用率により求める価格
　　　区分地上権の立体利用率により求める価格は、区分地上権設定地の更地としての価格に、最有効使用を想定して求めた当該区分地上権設定地全体の立体利用率を基準として求めた当該区分地上権に係る立体利用率（当該区分地上権設定地の最有効使用を前提とした経済価値に対する区分地上権の設定部分の経済価値及び当該設定部分の効用を保持するため他の空間部分の利用を制限することに相応する経済価値の合計の割合をいう。）を乗じて得た額について、さらに当該区分地上権の契約内容等による修正を行って求めるものとする。
　　　なお、この手法の適用に当たっては、特に、前記②のウに掲げる事項に留意する必要がある。

解　説

　区分地上権設定地全体の立体利用率は、当該設定地の上下空間のそれぞれの高さに応じて分布しており、当該設定地全体の経済価値は、最有効使用の建物等を建築するため必要とする部分の経済価値並びにその上空及び地下の部分の経済価値から構成されていると考えることができる。さらに、最有効使用の建物等を建築するため必要とする部分についての立体利用率は、地表面からの高さ又は深さに応じた階層ごとに実質賃料比等によりその効用差を把握することが可能である。したがって、「区分地上権に係る立体利用率」──当該権利の設定地からみると阻害率となる──は、区分地上権の設定部分及び当該設定部分の効用を保持するため他の空間部分の利用を制限する部分（当該設定地の立体的及び平面的分割によって利用不能又は利用効率の低下する部分）に相応する経済価値の当該設定地全体の経済価値に対する割合として把握することができる。

Ⅱ　農地

> **不動産鑑定評価基準**
>
> 　公共事業の用に供する土地の取得等農地を農地以外のものとするための取引に当たって、当該取引に係る農地の鑑定評価を求められる場合がある。
> 　この場合における農地の鑑定評価額は、比準価格を標準とし、収益価格を参考として決定するものとする。再調達原価が把握できる場合には、積算価格をも関連づけて決定すべきである。
> 　なお、公共事業の用に供する土地の取得に当たっては、土地の取得により通常生ずる損失の補償として農業補償が別途行われる場合があることに留意すべきである。

解　説

　総論において述べたように、この基準において農地とは、農地地域のうちにある土地を指すものであるから、それは自然的、社会的、経済的及び行政的観点からみて耕作の用に供されていることが合理的と判断される土地を意味するものである（農地法第2条第1項において定義されている農地とは必ずしも一致するものではない。）。したがって、このような農地の取引は、現実に建物等の敷地として利用される土地の場合を除き、農地として使用することを目的として行われるのが通常であろう。また、この基準の上で農地とされており、かつ、農地法上も農地として取り扱われる土地であっても、高速道路、鉄道等の公共事業の用に供し、あるいは、工業団地を造成して工場敷地の用に供する等のための売買等を目的として鑑定評価を求められる場合がある。

　農地の鑑定評価額は、比準価格を標準とし、収益価格を参考として決定するものとされている。比準価格を求める際には取引事例を収集し、分析する必要がある。ここで、農家が農地を売却した場合、農業を廃止するか、又は代替農地を取得（再取得するまでは農業経営の一部又は全部を休止することとなる。）して従前と同程度の農業経営を営むか、若しくは経営規模を縮小して農業経営を継続するかのいずれかを選択しなければならず、またその際、農業経営体に経済的な不利益を生ずることがあろう。したがって、取引事例（公共事業以外の一般の転用事例）に係る取引価格を

> 各 論

　検討する際には、当該価格のなかに農業補償（公共用地の取得に伴う損失補償基準要綱第34条に、農業廃止の補償、第35条に農業休止の補償、第36条に農業の経営規模縮小の補償、第37条に農業補償の特例について、それぞれ規定されている。）に相当する部分が含まれていないかどうかについて十分注意し、適正な農地の比準価格を求めなければならない。なお、永小作権の付着している農地又は小作に付されている農地の鑑定評価に当たって、永小作権又は小作権等を考慮して価格を求めなければならない場合があることに留意しなければならない。

　収益価格は、標準的な農業総収益からそれに対応する標準的な総費用を控除して得た適正な農地に係る純収益を基礎として求めなければならない。純収益の算定に当たっては、自家労働の評価をどうするか、また、経営者報酬を考慮するか否か等について、近隣地域の実情を十分に考慮のうえ決定すべきであろう。

　積算価格は、農地の開墾又は干拓の造成事例により求めるものであるが、対象不動産について再調達原価が直接把握できる場合にも、近隣地域及び同一需給圏内の類似地域等における造成事例から間接的に求める方法を併用すべきであろう。

　なお、比準価格、収益価格及び積算価格を求める場合並びに鑑定評価額の決定に当たっては、次の事項を総合的に勘案する必要がある。

　　a　農産物市場の動向
　　b　裏作、輪作等による収入の有無
　　c　当該地域における農業経営の平均的な耕地規模と取得する農地の面積との関係
　　d　小作料、離作料等の動向
　　e　農業所得と農業外所得との割合
　　f　農業労働の都市流出傾向
　　g　公法上の規制、制約等

Ⅲ 林地

> **不動産鑑定評価基準**
>
> 　公共事業の用に供する土地の取得等林地を林地以外のものとするための取引に当たって、当該取引に係る林地の鑑定評価を求められる場合がある。
> 　この場合における林地の鑑定評価額は、比準価格を標準とし、収益価格を参考として決定するものとする。再調達原価が把握できる場合には、積算価格をも関連づけて決定すべきである。
> 　なお、公共事業の用に供する土地の取得に当たっては、土地の取得により通常生ずる損失の補償として立木補償等が別途行われる場合があることに留意すべきである。

【解　説】

　林地についても先に述べた農地の場合と同様に公共事業の用に供する土地の取得等林地を林地以外のものとするための取引に当たって、当該取引に係る林地の鑑定評価を求められる場合がある。

　林地の比準価格を求めるに当たっては、林地は林木等と一体となって取引されるのが通例であるので、林地の複合不動産である森林の取引事例に配分法を適用し、当該事例に係る取引価格から林木等の価格を控除して当該林地に係る事例資料を求めなければならない。

　この場合において、林木の価格を求める方法には、a.売買価による方法、b.費用価による方法、c.期望価による方法がある。

a．売買価による方法

　　この方法は、評価の対象となった林木の樹種、樹齢、径級、長級、材種等の物的な観点からのみならず当該林地の自然的、社会的、経済的及び行政的観点からみて同質的な影響の下にある林木の取引価格から、評価の対象となった林木の売買価を求めるものである。

b．費用価による方法

　　この方法は、評価の対象となった林木を育成するのに要した純経費（育成期間中に投下された経費からその期間中に得た収益を控除した額）の後価（複利終価）合計額を求めることにより、その林木の費用価を評価しようとするものである。

c．期望価による方法

　この方法は、評価の対象となった林木が将来の伐期において実現し得るものと期待される純収益の前価（複利現価）額と価格時点現在から伐期に至るまでに期待される純収益の前価合計額から材木の期望価を求めるものである。

　比準価格、収益価格及び積算価格を求める場合並びに鑑定評価額の決定に当たっては、次に掲げる事項を総合的に勘案する必要があろう。

(a)　木材市場の動向
(b)　副産物収入の程度
(c)　施業規模の大小
(d)　分収造林契約の有無並びにその内容
(e)　林地の樹種に対する適応性
(f)　禿山、岩石山等の不毛地の割合
(g)　林道等の負担金
(h)　公法上の規制、制約等

　なお、自然休養地その他の林業生産以外の用途に供することが自然的、社会的、経済的及び行政的観点からみて合理的と見込まれる土地の場合には、この鑑定評価の手法は適用し得ないものである。

Ⅳ 宅地見込地

> **不動産鑑定評価基準**
>
> 　宅地見込地の鑑定評価額は、比準価格及び当該宅地見込地について、価格時点において、転換後・造成後の更地を想定し、その価格から通常の造成費相当額及び発注者が直接負担すべき通常の付帯費用を控除し、その額を当該宅地見込地の熟成度に応じて適切に修正して得た価格を関連づけて決定するものとする。この場合においては、特に都市の外延的発展を促進する要因の近隣地域に及ぼす影響度及び次に掲げる事項を総合的に勘案するものとする。
> 1．当該宅地見込地の宅地化を助長し、又は阻害している行政上の措置又は規制
> 2．付近における公共施設及び公益的施設の整備の動向
> 3．付近における住宅、店舗、工場等の建設の動向
> 4．造成の難易及びその必要の程度
> 5．造成後における宅地としての有効利用度

【解　説】

　宅地見込地とは、農地地域、林地地域等の宅地地域以外の地域にあって、宅地地域へと転換しつつある地域のうちにある土地をいうものであるから、宅地見込地の鑑定評価に当たっては、現実の状況である宅地見込地から接近する方法と転換後・造成後の更地を想定した価格から接近する方法及び転換前の種別に基づく価格から接近する方法の三通りがある。

　この場合において、価格時点において、転換後・造成後の更地を想定した価格とは、価格時点において予測される当該宅地見込地の転換後・造成後の宅地見込地の最有効使用に対応した更地の価格をいうものである。その価格は、比準価格及び収益価格を関連づけることにより求めるものとする。転換後・造成後の更地価格を価格時点におけるものとしているのは、造成及び地域の熟成に長期間を要するため、その間の価格変動の予測を行うことが困難である場合が多いためである。

　また、「熟成度に応じて適正に修正する」とは、鑑定評価の対象となった宅地見込地の存する地域が自然的、社会的、経済的及び行政的要因の影響により宅地地域化する期間及び蓋然性に応じて修正することを指してお

各 論

り、この熟成度を的確に把握するためには、特に都市の外延的発展を促進する諸力の当該近隣地域に及ぼす影響度及び後述する総合的に勘案すべき事項に留意しなければならない。

　転換後・造成後の更地価格から通常の造成費相当額及び発注者が直接負担すべき通常の付帯費用を控除する場合において、大規模な宅地造成の場合には最終需要者と建設業者との間に発注者としての宅地開発業者が介在するのが通例であるので、これら宅地開発業者の投下資本に対応する適正な利潤相当額及びそれに要した諸経費等をも控除する必要があろう。

　基準は、宅地見込地の各試算価格を求める場合及び鑑定評価額の決定に当たっては、都市の外延的発展を促進する諸力、すなわち、人口、産業の集中に伴う膨張圧力を中心とする自然的、社会的、経済的及び行政的要因の当該近隣地域に及ぼす影響並びに次に掲げる事項を総合的に勘案するものとしている。

1. 当該宅地見込地の宅地化を助長し、又は阻害している行政上の措置又は規制

    宅地見込地の宅地化を助長している主要なものとしては、都市計画法による市街化区域の指定及びそれに伴う都市計画事業を始めとする公共施設整備事業の実施があるが、一方、宅地需要が旺盛で宅地以外の土地の宅地化傾向の強い現状では、無秩序な市街化を防止し、粗悪な宅地供給を阻止する意味から行われる行政上の規制も多い。

    主な行政上の規制としては、まず、都市計画法による市街化調整区域の指定があげられ、さらに、宅地造成等規制法、古都における歴史的風土の保存に関する特別措置法、首都圏近郊緑地保全法、近畿圏の保全区域の整備に関する法律、文化財保護法、農地法等によるものがあげられよう。

2. 付近における公共施設及び公益的施設の整備の動向

    a　近隣地域及びその周辺地域における道路、鉄道、上下水道、公園等の施設の新設、改良等の動向

    b　学校、病院等の教育、福利厚生施設の整備の動向等

    公共施設及び公益的施設に関する地域要因の動向は市町村等の地域開発計画等から把握することが可能であるが、これを分析することにより、当該宅地見込地の存する地域の熟成度を判断する資料とすることができる。

3．付近における住宅、店舗、工場等の建設の動向

　付近における住宅、店舗、工場等の建設の動向を考察することによって当該宅地見込地の存する地域が宅地地域に転換する時期及び転換後の当該地域内における最有効使用を判断することができる。

4．造成の難易及びその必要の程度

　付近における公共施設の整備の状態、当該宅地見込地の地質、地盤、地勢、形状、地表の状態及び転換後における最有効使用を把握することにより、造成工事の難易、造成に要する期間及び費用並びに造成完了後の質が判断されるのである。

5．造成後における宅地としての有効利用度

　付近における公共施設の整備の状態、転換後における最有効使用及び当該宅地見込地の面積、地勢等により宅地としての有効面積が異なるので、これらを適切に判断しなければならない。

不動産鑑定評価基準

　また、熟成度の低い宅地見込地を鑑定評価する場合には、比準価格を標準とし、転換前の土地の種別に基づく価格に宅地となる期待性を加味して得た価格を比較考量して決定するものとする。

解　説

　この場合の転換前の土地の種別に基づく価格は、農地については前記Ⅱの農地の鑑定評価の手法を、林地については前記Ⅲの林地の鑑定評価の手法を適用するものである。

> 各　論

第2節　建物及びその敷地

I　自用の建物及びその敷地

> **不動産鑑定評価基準**
>
> 　自用の建物及びその敷地の鑑定評価額は、積算価格、比準価格及び収益価格を関連づけて決定するものとする。
> 　なお、建物の用途を変更し、又は建物の構造等を改造して使用することが最有効使用と認められる場合における自用の建物及びその敷地の鑑定評価額は、用途変更等を行った後の経済価値の上昇の程度、必要とされる改造費等を考慮して決定するものとする。
> 　また、建物を取り壊すことが最有効使用と認められる場合における自用の建物及びその敷地の鑑定評価額は、建物の解体による発生材料の価格から取壊し、除去、運搬等に必要な経費を控除した額を、当該敷地の最有効使用に基づく価格に加減して決定するものとする。

解　説

　自用の建物及びその敷地は、「建物所有者とその敷地の所有者とが同一人であり、その所有者による使用収益を制約する権利の付着していない場合における当該建物及びその敷地」と定義されており、直ちに需要者の用に供することができるものであるということができる。

　なお、建物を取り壊すことが最有効使用と認められる場合における自用の建物及びその敷地の価格は、当該敷地の最有効使用に基づく価格、すなわち更地としての価格を下回る場合もあることに留意する必要がある。

第1章 価格に関する鑑定評価

Ⅱ 貸家及びその敷地

> **不動産鑑定評価基準**
>
> 貸家及びその敷地の鑑定評価額は、実際実質賃料(売主が既に受領した一時金のうち売買等に当たって買主に承継されない部分がある場合には、当該部分の運用益及び償却額を含まないものとする。)に基づく純収益等の現在価値の総和を求めることにより得た収益価格を標準とし、積算価格及び比準価格を比較考量して決定するものとする。この場合において、次に掲げる事項を総合的に勘案するものとする。
> 1. 将来における賃料の改定の実現性とその程度
> 2. 契約に当たって授受された一時金の額及びこれに関する契約条件
> 3. 将来見込まれる一時金の額及びこれに関する契約条件
> 4. 契約締結の経緯、経過した借家期間及び残存期間並びに建物の残存耐用年数
> 5. 貸家及びその敷地の取引慣行並びに取引利回り
> 6. 借家の目的、契約の形式、登記の有無、転借か否かの別及び定期建物賃貸借(借地借家法第38条に規定する定期建物賃貸借をいう。)か否かの別
> 7. 借家権価格

解 説

貸家及びその敷地は、「建物所有者とその敷地の所有者とが同一人であるが、建物が賃貸借に供されている場合における当該建物及びその敷地」と定義されている。

貸家及びその敷地の価格は、実際実質賃料に基づく賃料徴収権を中心として形成されると考えられるので、実際実質賃料に基づく収益価格を標準とするものとされている。

収益価格は、現実に得られている賃料を基礎とした価格であるので、当該敷地が最有効使用の状態でない場合には、当該貸家及びその敷地の総収益は、当該建物によって制約を受けたものとなるが、貸家及びその敷地の複合不動産としての最有効使用の観点から、建物の修繕、模様替等が客観的に妥当であり、かつ、これに伴う賃料値上げが可能であると認められる場合には、この修繕、模様替等に伴う増収及びこれに必要とされる費用を

考慮して求めなければならない。

　また、貸家及びその敷地の収益価格を求める場合において、売主が既に受領した一時金のうち売買等に当たって買主に承継されない部分があるときには、当該部分の運用益及び償却額を含まないものとされている。これは、買主である新所有者は、売主である旧所有者が賃借人と締結した賃貸借契約に係る一切の権利、義務を承継することとなり、売主と賃借人との間において授受された一時金の返済債務も通常は買主が引き継ぐこととなるが、当該賃借人への返済を要しない権利金等や返済債務を引き継がない保証金等については、売買に伴う現預金等の授受がなされないので、当該賃貸借契約の期間中については当該部分の運用益及び償却額が得られないためである。

　比準価格は、貸家及びその敷地の価格が実際実質賃料に基づく賃料徴収権を中心として形成されると考えられることに加え、貸家及びその敷地がその有形的な面のみならず賃貸借契約の内容、契約締結の経緯及び経過した賃貸借契約期間等により極めて個別性が強く、精度の高い比準を行うことが困難であることが多い等の理由により、収益価格を検討する意味で比較考量するものとされている。

　積算価格は、賃貸借契約の内容や管理運営の内容による価格への影響の考慮を厳密に行うのは困難である等の理由により、比準価格と同様に比較考量するものとされている。

　貸家及びその敷地が当該建物及びその敷地の経済価値に即応する適正な賃料が徴収されている場合には、その価格は自用の建物及びその敷地の価格とおおむね等しくなるものと考えられる。なお、貸家及びその敷地の価格は、自用の建物及びその敷地の価格を下回ることが一般的と考えられるが、賃貸借契約の内容や管理運営の内容により、それを上回ることもあることに留意する必要がある。

1．将来における賃料の改定の実現性とその程度

　　貸家及びその敷地の価格は、賃料徴収権に相応する価格がその主要な部分を占めるので、その賃料が将来どう変わっていくのかということの予測が重要な要素となる。したがって、近隣地域及び同一需給圏内の類似地域等に存する代替可能な他の不動産の賃料水準及びその動向並びに賃貸借契約の内容等を分析し、対象不動産の将来における賃料の改定の実現性とその程度を判断しなければならない。

2．契約に当たって授受された一時金の額及びこれに関する契約条件

契約に当たって授受された一時金は、その一時金が預り金的性格を有するか譲渡的性格を有するか否かを問わず多額な場合には、賃料はその改定を含めて低くなる傾向がみられる。
　　したがって、契約に当たって授受された一時金の額及びこれに関する契約条件等は、実際実質賃料に影響を及ぼし、貸家及びその敷地の価格を左右するものである。
　　また、預り金的性格を有する一時金の授受があった貸家及びその敷地の鑑定評価に当たっては、売買に際しての当該一時金の返済債務の承継の有無について明確にしておくことが必要である。

3．将来見込まれる一時金の額及びこれに関する契約条件
　　不動産の価格は将来の収益を反映して形成されるものであるので、将来見込まれる更新料、名義書替料等及び将来の賃借人の交代に際して授受が見込まれる権利金や保証金等の一時金の額並びにこれらに関する契約条件を価格に反映させなければならない。
　　更新料は、契約において一定額の更新料を支払う旨が約定されている場合と約定されていない場合があるが、約定されている場合においては、将来見込まれる更新料の実現性を判断するのに重要な要素となることに留意する必要がある。
　　名義書替料は、店舗等の借家権の譲渡の際に支払われる場合があるので、借家権の取引慣行と併せて近隣地域及び同一需給圏内の類似地域等における名義書替料の授受の慣行及びその内容等を確認する必要がある。

4．契約締結の経緯、経過した借家期間及び残存期間並びに建物の残存耐用年数
　　一般に、経過した借家期間が長いほど、実際支払賃料は当該建物及びその敷地の経済価値に即応する適正な賃料から乖離する傾向がみられ、貸家及びその敷地の価格に大きな影響を与える傾向にある。したがって、契約締結の経緯、経過した借家期間に留意する必要がある。
　　借家契約の期間は、期間が終了しても更新される場合が多いが、更新料などの授受の可能性、正当事由の具備による契約更新の拒絶の可能性などの点で考慮する必要がある。また、収益物件の稼働期間としての建物の残存耐用年数にも着目する必要がある。

5．貸家及びその敷地の取引慣行並びに取引利回り
　　賃貸人又は賃借人に帰属する経済的利益は、直ちに市場価値を形成す

るものではなく、その経済的利益の市場価値は、近隣地域及び同一需給圏内の類似地域等における市場での取引慣行によって左右される。

　取引慣行の有無及び成熟の程度は、都市又は地域によって異なり、また、同一地域であっても居住用であるか営業用であるかの建物の用途によっても異なってくる。

　取引利回りとは、取引事例から得られる還元利回りを指す（基準留意事項Ⅴ1(4)①オ(ア)）が、取引利回りと呼ばれているものには、総収益や年間総支払賃料等に基づくものもあるので留意する必要がある。

6. 借家の目的、契約の形式、登記の有無、転借か否かの別及び定期建物賃貸借（借地借家法第38条に規定する定期建物賃貸借をいう。）か否かの別

　借家の目的が居住用であるか、営業用であるかの相違によって取引慣行に差異が生ずるのみならず、一時金の授受、支払賃料の改定の程度等を異にするので留意する必要がある。契約の形式は、口頭による契約であるか、書面による契約であるかの別に分けることができるが、賃料の改定、更新料の授受について口頭で契約している場合は、その証拠力が弱いと考えられるので前記3の項目に影響を与えることになる。

　建物の賃借権は、登記がなされていれば第三者に対抗することができるが、登記がなくても建物の引渡しがあれば第三者に対抗することができるので、登記の有無は貸家及びその敷地の価格形成に直接的には影響を及ぼさない。

　転借によるものは、一般に転貸、譲渡に関して賃貸人の承諾が容易な場合が多いが、賃貸人の承諾のない転借は、賃貸借契約の解除の事由となるので留意する必要がある。

　定期建物賃貸借によるものは、正当事由の有無を問わず期間満了により契約が終了すること、1年未満の契約も可能であること、賃料改定特約を定めた場合には借地借家法第32条による賃料増額請求に関する規定が適用にならないこと、賃借人からの期間内の解約が制限される（居住用の場合は例外あり）こと、契約形式は書面によること等の特徴を有する。これらの特徴は、将来の賃料徴収権の安定化が図れるものであるので、この点の価格への影響を考慮する必要がある。なお、定期建物賃貸借契約においては、様々な特約が付されている場合も多いと考えられるので留意する必要がある。

7．借家権価格

　対象不動産が貸家及びその敷地である場合、建物が本来賃貸を目的として建築された場合で、実際支払賃料が周辺の賃料水準から乖離していない場合には、貸家及びその敷地の鑑定評価を行う場合に借家権価格を考慮する必要は少ない。しかし、戸建住宅用の建物など、自用を目的として建築されることが通常の建物について、何らかの理由で賃貸されているような場合には、自用の物件に比べて借家人がいることによって減価が生じていることがあり、このような場合には借家権価格を考慮する必要があるであろう。

不動産鑑定評価基準

　また、貸家及びその敷地を当該借家人が買い取る場合における貸家及びその敷地の鑑定評価に当たっては、当該貸家及びその敷地が自用の建物及びその敷地となることによる市場性の回復等に即応する経済価値の増分が生ずる場合があることに留意すべきである。

解　説

　自用の建物及びその敷地の価格と貸家及びその敷地の価格とに格差が生じている場合は、その部分は賃貸人、賃借人双方の保有利益と考えられ、その一部は、借家権となっている場合もある。借家人が貸家及びその敷地を買い取る場合には、この双方の保有分（借家権を構成している場合はその部分を除く）を適切に配分する必要がある。

各　論

Ⅲ　借地権付建物

> **不動産鑑定評価基準**
>
> 1．建物が自用の場合
> 　借地権付建物で、当該建物を借地権者が使用しているものについての鑑定評価額は、積算価格、比準価格及び収益価格を関連づけて決定するものとする。この場合において、前記借地権②ア(ア)から(キ)までに掲げる事項（借地権が定期借地権の場合には、(ア)から(ケ)までに掲げる事項）を総合的に勘案するものとする。

解　説

　借地権付建物とは、「借地権を権原とする建物が存する場合における当該建物及び借地権をいう」と定義されている。
　したがって、借地権の定義との関連において借地権付建物とは、借地借家法に基づく借地権付建物をいうものであり、借地権に価格が発生しているか否かを問わないものである。積算価格は、建物の再調達原価を求め、これに借地権の価格（借地権の態様、借地契約内容等において類似性のある借地権の価格）を加算して借地権付建物の再調達原価を求め、必要に応じて減価修正を行って求めるものとする。
　借地権の価格を求めるに当たっては、「借地権の取引慣行の成熟の程度の高い地域」と「借地権の取引慣行の成熟の程度の低い地域」とでは、その手法の適用を異にするので、借地権の地域分析及び個別分析を行い借地権の態様、借地契約の内容、取引慣行等を明確にしなければならない。
　比準価格を求めるに当たっては、土地及び建物の個別的要因のほか借地権の態様についても比較可能な取引事例を選択しなければならない。
　収益価格を求めるに当たっては、借地権付建物が生み出す総収益から総費用（底地に対する実際支払賃料を含む。）を控除した純収益に直接還元法又はDCF法を適用して求める。

> **不動産鑑定評価基準**
>
> 2．建物が賃貸されている場合
> 　借地権付建物で、当該建物が賃貸されているものについての鑑定評

第1章 価格に関する鑑定評価

> 価額は、実際実質賃料（売主が既に受領した一時金のうち売買等に当たって買主に承継されない部分がある場合には、当該部分の運用益及び償却額を含まないものとする。）に基づく純収益等の現在価値の総和を求めることにより得た収益価格を標準とし、積算価格及び比準価格を比較考量して決定するものとする。
> この場合において、前記借地権②ア(ア)から(キ)までに掲げる事項（借地権が定期借地権の場合には、(ア)から(ケ)までに掲げる事項）及び前記Ⅱ1．から7．までに掲げる事項を総合的に勘案するものとする。

【解説】

借地権付建物で、当該建物が賃貸されているものの価格は、貸家及びその敷地と同様に実際実質賃料に基づく賃料徴収権を中心として形成されると考えられるので、実際実質賃料に基づく収益価格を標準とするものとされている。

当該建物が賃貸されている場合の借地権付建物の価格は、建物が自用の場合における価格とは異なるが、当該借地権が最有効使用の状態にあり、かつ、借地権付建物の経済価値に即応する適正な賃料が徴されている場合には、建物が自用の場合の価格とおおむね一致するものである。

Ⅳ 区分所有建物及びその敷地

> **不動産鑑定評価基準**
>
> 1．区分所有建物及びその敷地の価格形成要因
>   区分所有建物及びその敷地における固有の個別的要因を例示すれば次のとおりである。
>   (1) 区分所有建物が存する一棟の建物及びその敷地に係る個別的要因
>   ① 建物に係る要因
>   ア 建築（新築、増改築等又は移転）の年次
>   イ 面積、高さ、構造、材質等
>   ウ 設計、設備等の機能性
>   エ 施工の質と量
>   オ 玄関、集会室等の施設の状態

各　論

　　　カ　建物の階数
　　　キ　建物の用途及び利用の状態
　　　ク　維持管理の状態
　　　ケ　居住者、店舗等の構成の状態
　　　コ　耐震性、耐火性等建物の性能
　　　サ　有害な物質の使用の有無及びその状態
　　② 敷地に係る要因
　　　ア　敷地の形状及び空地部分の広狭の程度
　　　イ　敷地内施設の状態
　　　ウ　敷地の規模
　　　エ　敷地に関する権利の態様
　　③ 建物及びその敷地に係る要因
　　　ア　敷地内における建物及び附属施設の配置の状態
　　　イ　建物と敷地の規模の対応関係
　　　ウ　長期修繕計画の有無及びその良否並びに修繕積立金の額
(2) 専有部分に係る個別的要因
　① 階層及び位置
　② 日照、眺望及び景観の良否
　③ 室内の仕上げ及び維持管理の状態
　④ 専有面積及び間取りの状態
　⑤ 隣接不動産等の利用の状態
　⑥ エレベーター等の共用施設の利便性の状態
　⑦ 敷地に関する権利の態様及び持分
　⑧ 区分所有者の管理費等の滞納の有無

運用上の留意事項

(2) 区分所有建物及びその敷地について

　区分所有建物及びその敷地の確認に当たっては、登記事項証明書、建物図面（さらに詳細な図面が必要な場合は、設計図書等）、管理規約、課税台帳、実測図等に基づき物的確認と権利の態様の確認を行う。

　また、確認に当たって留意すべき主な事項は、次のとおりである。

① 専有部分
　ア　建物全体の位置、形状、規模、構造及び用途
　イ　専有部分の一棟の建物における位置、形状、規模及び用途
　ウ　専有部分に係る建物の附属物の範囲
② 共用部分
　ア　共用部分の範囲及び共有持分
　イ　一部の区分所有者のみに属する共用部分
③ 建物の敷地
　ア　敷地の位置、形状及び規模
　イ　敷地に関する権利の態様
　ウ　対象不動産が存する一棟の建物に係る規約敷地の範囲
　エ　敷地の共有持分
④ 管理費等
　管理費及び修繕積立金の額

解説

　区分所有建物及びその敷地とは、区分所有権の対象となる一棟の建物のうち構造上区分された数個の部分で独立して住居、店舗、事務所、倉庫、その他の建物としての用途に供することができる建物部分（専有部分）並びにその専有部分に係る共用部分の共有持分及び敷地利用権をいう。

　建物の区分所有等に関する法律では、一棟の建物のうち構造上区分され、利用上独立性を有する特定の部分、すなわち専有部分を独立した所有権の対象となることを規定し、専有部分を目的とする所有権を区分所有権と定義している。

　区分所有建物及びその敷地には、専有部分のほか、玄関、階段、廊下、集会場等の共用部分があり、さらに、専有部分を所有するための建物の敷地に関する権利である敷地利用権の存在が必要となる。

　したがって、区分所有建物及びその敷地の経済価値を判定するに当たっては、専有部分、共用部分及び敷地利用権の内容を明確にしなければならない。

　この共用部分及び建物の敷地の利用関係は、建物の区分所有等に関する法律及び管理組合等の定める規約（以下「管理規約等」という。）によって規定されており、このうち特定の区分所有者が排他的に使用することが

各 論

できる権利が、いわゆる専用使用権と呼ばれるものであって、駐車場使用権、バルコニー使用権、専用庭使用権、店舗用看板設置のための外壁使用権等、区分所有建物及びその敷地の個別性に応じてその内容及び態様は多岐にわたっている。

これら専用使用権に経済価値が認められ、当該権利が区分所有権に付随する場合には、区分所有建物及びその敷地の経済価値の判定に当たって考慮すべきこととなる。

また、管理規約等の如何は区分所有建物及びその敷地の経済価値の維持・保全に大きく影響することとなるので、管理規約等の内容及び管理運営の実態を確認することが必要である。

基準留意事項で掲げられている確認に当たって留意すべき主な事項のうち、「一部の区分所有者のみに属する共用部分」とは、例えば、下層階が店舗用、上層階が居住用に区分されている一棟の建物及びその敷地において、店舗用部分のみの利用に供される通路、出入口等並びに居住用部分のみの利用に供される階段、エレベーター等がこれに該当する。これら一部共用部分の有無及びその内容は、専有部分の経済価値に影響を及ぼすので、管理規約等により確認しなければならない。

「敷地に関する権利の態様」とは、区分所有者が敷地の上に専有部分を所有するために必要な敷地に関する権利の態様をいい、通常、所有権、地上権、賃借権等がある。

「規約敷地」とは、管理規約で定める敷地であって、区分所有者が建物の存する敷地と一体として管理し、又は使用する土地で、庭、通路、建物の附属施設の敷地等をいい、建物の存する敷地と離れた土地であっても、一体的に管理又は使用することが可能であれば、規約敷地となり得ることに留意する必要がある。

「修繕積立金」とは、通常、共用部分に係る計画的な修繕又は臨時的な修繕のために定期的に徴収されている積立金をいい、その多寡により対象不動産の経済価値を異にすることとなるので、当該積立金の額を確認する必要がある。

第 1 章　価格に関する鑑定評価

> **不動産鑑定評価基準**
>
> ２．区分所有建物及びその敷地の鑑定評価
> 　(1)　専有部分が自用の場合
> 　　　区分所有建物及びその敷地で、専有部分を区分所有者が使用しているものについての鑑定評価額は、積算価格、比準価格及び収益価格を関連づけて決定するものとする。
> 　　　積算価格は、区分所有建物の対象となっている一棟の建物及びその敷地の積算価格を求め、当該積算価格に当該一棟の建物の各階層別及び同一階層内の位置別の効用比により求めた配分率を乗ずることにより求めるものとする。

解　説

　区分所有建物及びその敷地は「自用の建物及びその敷地」、「貸家及びその敷地」又は「借地権付建物」等としての分類が可能であることから、敷地利用権の形態、借家人の有無等を確認して、区分所有建物及びその敷地の分類に即応した手法を適用することが必要である。

　マンションの分譲価格は、間取り、仕上げ、設備等が同一であっても、日照、採光の程度、騒音の影響度、エレベーター、階段等への接近性等の専有部分に係る個別的要因を反映し、階層又は同一階層内での位置の相異によって異なる傾向にある。一棟の建物において階層及び同一階層内の位置により、快適性、収益性、機能性等による効用差が認められる場合には、これら効用差によって区分所有建物及びその敷地の価格又は賃料に差異が生じるものである。これらの効用差は、積算価格を求める際の配分に考慮されるだけでなく、比準価格を求める場合や収益還元法の適用に際し賃料の比準を行う際にも同様に考慮する必要がある。

　区分所有建物の対象となっている一棟の建物及びその敷地の積算価格に各階層別及び同一階層内の位置別の効用比により求めた配分率を乗ずることにより積算価格を求める方法には、一般に、(イ)区分所有建物の存する一棟の建物及びその敷地の積算価格に配分率を乗じて求める方法と(ロ)区分所有建物の存する一棟の建物価格及び敷地価格の各々に異なる配分率を乗じて求める方法がある。

　(イ)　区分所有建物の存する一棟の建物及びその敷地の積算価格に配分率

を乗じて求める方法

　この方法は、区分所有建物及びその敷地が専有部分、共用部分及び敷地利用権の不可分一体的な性格を持つことから、効用差を建物価格、敷地価格の双方に反映させるという考え方であり、この場合の配分率は、近隣地域又は同一需給圏内の類似地域等に存する構造、規模、用途等が類似する一棟の建物及びその敷地の実質賃料、分譲価格等を基礎として、区分所有建物の存する一棟の建物及びその敷地の階層別効用比及び位置別効用比を求め、これに専有面積を加味して求めた階層別効用比率及び位置別効用比率をいうものである[注1・2]。

　この方法に基づく積算過程を図示すると次のとおりである。

区分所有建物及びその敷地の積算価格
　＝一棟の建物及びその敷地の積算価格×階層別効用比率
　　×位置別効用比率

階層別効用比率は、次により算出される。
　階層別効用比率

$$= \frac{対象不動産の存する階の階層別効用比 \times 対象不動産の存する階の専有面積}{（各階の階層別効用比 \times 各階の専有面積）の合計値}$$

位置別効用比率は、次により算出される。
　位置別効用比率

$$= \frac{対象不動産の位置別効用比 \times 対象不動産の専有面積}{\begin{array}{l}（対象不動産の存する階の各戸別の位置別効用比 \\ \times 各戸の専有面積）の合計値\end{array}}$$

㈠　区分所有建物が存する一棟の建物価格及び敷地価格の各々に異なる配分率を乗じて求める方法

　この方法は、区分所有建物及びその敷地の不可分一体的な性格を前提としながらも、効用差を敷地利用権価格のみに反映させようとする考え方であり、一棟全体の敷地価格に階層別地価配分比率及び位置別地価配分比率を乗じて対象不動産の敷地利用権価格を求め[注3]、一棟全体の建物価格を専有面積比等により求めた配分率を乗じて対象不動産

の建物価格を求め、これを加算することによって求めることとなる。
　この方法に基づく積算過程を図示すると次のとおりである。

　一棟全体の敷地価格×階層別地価配分比率×位置別地価配分比率
　　＝対象不動産の敷地利用権価格……ａ

　一棟全体の建物価格×専有面積比等による配分率
　　＝対象不動産の建物価格……ｂ

　ａ＋ｂ＝区分所有建物及びその敷地の積算価格

　分譲マンションのように一棟の建物全体が単一の用途に供され、かつ、敷地の共有持分が建物専有部分の面積の割合により定められている場合等においては、(イ)の方法が多く採用されている。一方で、多目的ビル等のように階層による用途が異なり、その用途ごとに内外装等の資材、仕様が異なることによりその建築費等に差異が認められる場合においては、(ロ)の方法が適しているといわれている。

　(イ)の方法と(ロ)の方法とでは、上記のように階層及び同一階層内の位置による効用差の要因を敷地利用権及び建物双方によるものとして捉えるか、敷地利用権のみによるものと捉えるかの考え方に相違があるので、いずれの方法を採用するかについては、区分所有建物及びその敷地の規模、構造、用途等を検討し、依頼目的、条件、対象不動産に係る市場の特性等に応じて判断する必要がある。

　なお、専有部分に係る建物の附属物、駐車場の使用権、専用庭の使用権等のように特定の区分所有建物に属する専用使用権が存する場合にあって、専有部分の経済価値に反映すべきものが存するときは、別途考慮する必要がある。

(注１)　階層別効用比とは、一棟の建物の基準階（鑑定主体が判定した基準となる階層）の専有部分の単位面積当たりの効用に対する各階層の専有部分の単位面積当たりの効用の比をいう。
　　　　位置別効用比とは、同一階層内において基準となる専有部分の単位面積当たりの効用に対する他の各専有部分の単位面積当たりの効用の比をいう。
(注２)　階層別効用比率とは、階層別効用比に各階層の専有面積を乗じて得た階層別効用積数の、一棟の建物及びその敷地全体の階層別効用積数の合計値

各 論

に対する割合をいう。
　位置別効用比率とは、位置別効用比に各戸別の専有面積を乗じて得た位置別効用積数の同一階層全体の位置別効用積数の合計値に対する割合をいう。

(注3)　階層別地価配分率とは、階層別効用比から各階層の建物に帰属する効用比を控除して各階層の敷地利用権の効用比を求め、これに各階層の専有面積を乗じて得た階層別地価配分積数の、敷地全体の階層別地価配分積数の合計値に対する割合をいう。
　位置別地価配分比率とは、位置別効用比から当該階層に応じた建物に帰属する効用比を控除して各戸の敷地利用権の効用比を求め、これに各戸の専有面積を乗じて得た位置別地価配分積数の、同一階層全体の位置別地価配分積数の合計値に対する割合をいう。

不動産鑑定評価基準

(2)　専有部分が賃貸されている場合
　区分所有建物及びその敷地で、専有部分が賃貸されているものについての鑑定評価額は、実際実質賃料（売主が既に受領した一時金のうち売買等に当たって買主に承継されない部分がある場合には、当該部分の運用益及び償却額を含まないものとする。）に基づく純収益等の現在価値の総和を求めることにより得た収益価格を標準とし、積算価格及び比準価格を比較考量して決定するものとする。
　この場合において、前記Ⅱ　1．から7．までに掲げる事項を総合的に勘案するものとする。

解　説

　区分所有建物及びその敷地で、当該専有部分が賃貸されているものの価格は、貸家及びその敷地と同様に実際実質賃料に基づく賃料徴収権を中心として形成されると考えられるので、実際実質賃料に基づく収益価格を標準とするものとされている。

第1章 価格に関する鑑定評価

第3節 建物

> **不動産鑑定評価基準**
>
> 建物は、その敷地と結合して有機的に効用を発揮するものであり、建物とその敷地とは密接に関連しており、両者は一体として鑑定評価の対象とされるのが通例であるが、鑑定評価の依頼目的及び条件により、建物及びその敷地が一体として市場性を有する場合における建物のみの鑑定評価又は建物及びその敷地が一体として市場性を有しない場合における建物のみの鑑定評価がある。

Ⅰ 建物及びその敷地が一体として市場性を有する場合における建物のみの鑑定評価

> **不動産鑑定評価基準**
>
> この場合の建物の鑑定評価は、その敷地と一体化している状態を前提として、その全体の鑑定評価額の内訳として建物について部分鑑定評価を行うものである。
> この場合における建物の鑑定評価額は、積算価格を標準とし、配分法に基づく比準価格及び建物残余法による収益価格を比較考量して決定するものとする。
> ただし、複合不動産価格をもとに建物に帰属する額を配分して求めた価格を標準として決定することもできる。

解　説

　建物は、その敷地と結合して有機的に効用を発揮するものであり、建物の鑑定評価は、建物及びその敷地の内訳として建物について部分鑑定評価を行うものである。この場合における建物の鑑定評価額は、積算価格を標準とし、配分法に基づく比準価格及び建物残余法による収益価格を比較考量して決定するものとする。部分鑑定評価における建物の価格は、建物に関する個別的要因のみならず当該建物及びその敷地の存する近隣地域の地域要因並びに当該建物及びその敷地に関する個別的要因との関連において形成されるものであり、原価法において減価修正を行うに当たっても、物

> 各 論

理的、機能的及び経済的要因を考慮することが必要である。
　さらに、建物の鑑定評価額は、複合不動産価格をもとに建物に帰属する額を配分して求めた価格を標準として決定することもできる。
　例えば、貸家及びその敷地の鑑定評価で、現行賃料と周辺賃料水準との間に開差がある等の場合、市場の動向によっては比準価格や収益価格が積算価格を大きく上回る若しくは下回る例も見受けられ、収益価格を中心に鑑定評価額が決定された場合には、複合不動産の積算価格と鑑定評価額との間に乖離が生じる可能性がある。このような場合には、複合不動産の積算価格と鑑定評価額との乖離部分について、建物に適切に配分する必要がある。建物は土地と結合して初めてその効用を発揮するものであるから、単純に建物単独の積算価格をもって建物価格とするようなことがあってはならない。
　なお、内訳として建物について部分鑑定評価を行うことから、鑑定評価報告書には、建物に関するもののほか、当該建物の敷地についても、その位置、周辺環境、地積、間口、奥行、接面街路との関係等、地域要因、個別的要因のうち建物及びその敷地の価格形成に特に影響を及ぼす重要な要因について記載する必要がある。

運用上の留意事項

3．建物について
　　複合不動産価格をもとに建物に帰属する額を配分する方法は、「1．(2)建付地について」で述べる方法に準ずるものとする。

解　説

　複合不動産価格をもとに建物に帰属する額を配分する方法は、複合不動産から当該敷地に帰属する額を配分する方法に準ずる。したがって、前記の複合不動産から当該敷地に帰属する額を配分する方法における留意事項は、建物に帰属する額を配分する方法の留意事項として読み替えるものとする。
　複合不動産価格をもとに建物に帰属する額を配分する方法には、主として割合法と控除法の二つの方法が考えられる。
a．割合法
　　割合法とは、複合不動産価格に建物の価格構成割合を乗じて求める方

法である。この方法は、複合不動産に占める建物と敷地の構成割合を求めることができる場合に採用できる。

構成割合の求め方については、複合不動産に原価法を適用して求めた土地と建物の積算価格割合によることが中心になると考えられる。

【積算価格比による査定式】
　　P　：建物及びその敷地の価格
　　P_L：原価法における土地価格
　　P_B：原価法における建物価格

　　建物の価格 $= P \times \dfrac{P_B}{P_L + P_B}$

【限度額比による査定式】

　　建物の価格 $= P_B + \dfrac{(P - P_L)}{(P - P_L) + (P - P_B)} \times \{P - (P_L + P_B)\}$

b．控除法

控除法とは、複合不動産価格から建付地の価格を控除して求める方法である。複合不動産価格を前提とした建付地の価格を直接的かつ適切に求めることができる場合に採用できる。

【控除法の査定式】
　　P_L：建付地の価格
　　建物の価格 $= P - P_L$

建付地の価格を直接的に求めるとは、「更地価格をもとに当該建付地の更地としての最有効使用との格差、更地化の難易の程度等敷地と建物等との関連性を考慮して求めた価格を標準とし、配分法に基づく比準価格及び土地残余法による収益価格を比較考量」して求めることをいう。その場合に、複合不動産としての市場性の考慮を建付増減価として土地のみに反映させることがないよう留意が必要である。例えば、複合不動産に一体増減価が認められる場合や、収益価格と積算価格に大きな開差があり、収益価格を中心に複合不動産の価格を決定している貸家及びその敷地について、建付地価格を求める場合においては、複合不動産の価格における一体増減

各 論

価相当額や収益価格と積算価格との開差のうち土地に帰属すべき部分を適切に反映させた上で建付地価格を求めなければならない。土地に帰属すべき部分を適切に反映できない場合には、建物の評価において控除法は適用すべきではない。

II　建物及びその敷地が一体として市場性を有しない場合における建物のみの鑑定評価

不動産鑑定評価基準

　この場合の建物の鑑定評価は、一般に特殊価格を求める場合に該当するものであり、文化財の指定を受けた建造物、宗教建築物又は現況による管理を継続する公共公益施設の用に供されている不動産のうち建物について、その保存等に主眼をおいて行うものであるが、この場合における建物の鑑定評価額は、積算価格を標準として決定するものとする。

解　説

　これらの建物については、旧来の建設資材、工法等による建築に存在意義がある場合があるので、再調達原価については、建設資材、工法等の変遷があった場合においても安易に置換原価としてはならない。また、減価修正を行う場合には、主として修繕の必要性からみた物理的要因に着目して減価額を把握することとなろう。

III　借家権

不動産鑑定評価基準

　借家権とは、借地借家法（廃止前の借家法を含む。）が適用される建物の賃借権をいう。

解　説

　借地借家法のうち借家権に係る規定は、建物の賃貸借一般を規律しているものであって、建物が居住用であるか営業用であるかを問わず同法の対象としており、同法の目的は、一般の借家権については建物の賃借人（借家人）の居住等の安定に主眼が置かれている。

借地借家法においては、建物引渡しによる対抗要件の具備、正当な理由のない解約の制限等が保証されており、借家人は、そこに長期間居住し、又は営業することによって生活上、営業上の種々の利益を受けることになる。

　また、都市再開発法（昭和44年法律第38号）は、権利変換手続において施行地区内の建築物について借家権を有する者で、施設建築物の一部について借家権の取得を希望しない旨の申し出をした者に対しては、近傍類似の借家権の取引価格等を考慮して求めた相当な価額を補償しなければならない旨を規定している。

　このように、借家権の経済価値は、借地借家法を始めとする法令等によって保護されている借家人の社会的、経済的ないしは法的利益により形成されているものといえる。

　しかしながら、借家権は、賃貸人の承諾なく第三者へ譲渡し得ないものであり、有償で借家権を取得しようとする者は一般に存在しない。特に居住用建物の借家権は、交換市場において市場価値を形成することはほとんどないと考えられ、飲食店舗等営業用建物の場合に、一部確認できる程度である。

　借家権が経済価値として具体的に認識される場合としては、
・賃貸人から建物の明渡しの要求を受けた際、借家人が不随意の立退きに伴い事実上喪失する経済的利益の補償を受けるとき
・公共用地の取得に伴い損失補償を受けるとき
・都市再開発法において、施設建築物の一部について借家権の取得を希望しない旨の申し出をした借家人に対して、当該借家権の補償がなされるとき

等があげられる。

　一般に、交換の対価である価格は、利益を生み出す元本の価値として把握されるが、借家権価格は、借地借家法等により保護されている借家人の社会的、経済的ないしは法的利益の経済価値を総称するものといわれるように利益を生み出す元本というほどのものが明確な形で存在していないので、喪失する利益の補償、すなわち補償の原理の観点から借家権の経済価値を把握せざるを得ない場合が多いことに留意しなければならない。

各 論

> **不動産鑑定評価基準**
>
> 　借家権の取引慣行がある場合における借家権の鑑定評価額は、当事者間の個別的事情を考慮して求めた比準価格を標準とし、自用の建物及びその敷地の価格から貸家及びその敷地の価格を控除し、所要の調整を行って得た価格を比較考量して決定するものとする。借家権割合が求められる場合は、借家権割合により求めた価格をも比較考量するものとする。この場合において、前記貸家及びその敷地の1．から6．までに掲げる事項を総合的に勘案するものとする。

解 説

　ここでは、借家権の取引慣行があることを前提とした場合の、借家権価格の鑑定評価の原則を述べている。

　借家権の取引慣行がある場合とは、借家権が市場において取引されている事実があるということを指しているが、現実には非常に限定的なケースであると考えられる。この原則に従って鑑定評価を行う場合は、最初に借家権の取引慣行の有無及び成熟の程度についての判断が必要となる。

　「自用の建物及びその敷地の価格から貸家及びその敷地の価格を控除して得た差額」は、賃貸人及び借家人の双方の保有利益と考えられる。「所要の調整を行う」とは、この保有利益のうち借家人に帰属する経済的利益を適正に判定すること、すなわち、借家権として慣行的に取引の対象となっている部分を判定することをいうものである。

　借家権割合は、借地権割合に比べ明確な形で顕在化していないのが一般的である。借家権割合は借家権の取引事例の分析等を経て初めて求められるものであり、安易に税法上採用している借家権割合を適用するようなことがあってはならない。

　なお、飲食店舗等の営業用の建物についての借家権の譲渡においては、譲渡人が有する営業上の諸利益も併せて譲渡されることが多い。この場合の譲渡対価には、借家権の対価だけではなく営業権（いわゆる暖簾代）の対価、譲渡人が付加した造作の対価等も含まれていることが多いことに留意する必要がある。

第 1 章　価格に関する鑑定評価

> **不動産鑑定評価基準**
>
> 　さらに、借家権の価格といわれているものには、賃貸人から建物の明渡しの要求を受け、借家人が不随意の立退きに伴い事実上喪失することとなる経済的利益等、賃貸人との関係において個別的な形をとって具体に現れるものがある。この場合における借家権の鑑定評価額は、当該建物及びその敷地と同程度の代替建物等の賃借の際に必要とされる新規の実際支払賃料と現在の実際支払賃料との差額の一定期間に相当する額に賃料の前払的性格を有する一時金の額等を加えた額並びに自用の建物及びその敷地の価格から貸家及びその敷地の価格を控除し、所要の調整を行って得た価格を関連づけて決定するものとする。この場合において当事者間の個別的事情を考慮するものとするほか、前記貸家及びその敷地の1．から6．までに掲げる事項を総合的に勘案するものとする。

解　説

　取引慣行がない場合にあっても、借家人が長年にわたって居住している場合において、賃貸人から建物の明渡しの要求を受け不随意の立退きを要することとなったときには、明渡しを要求する賃貸人と不随意の立退きをせまられる借家人間の衡平を図る観点から補償の原理に基づいて把握される経済価値を借家権価格として認識する必要がある。基準では、こうした補償の考え方を取り入れ、前記のとおり規定したものである。

　借家権価格は、借家人が事実上喪失する当該貸家に関する経済的利益の補償及び利用権の消滅補償の内容で構成され、移転費用等は不動産の経済価値とは直接関係ないので借家権価格に含まれないと考えられる。しかしながら、喪失することになる経済的利益を直接評価することは困難であり、補償においては、代替建物等との賃料等の差額分や移転費用等の借家人が代替建物へ入居する際に要する費用を基準に算定されることが多いことに留意が必要である。

　また、高い収益性が確保されている貸家及びその敷地の場合、自用の建物及びその敷地の価格＜貸家及びその敷地の価格、となるケースがあり得ることにも留意が必要である。その場合は、「自用の建物及びその敷地の価格から貸家及びその敷地の価格を控除し、所要の調整を行う」方法は適用できない。プラスの家賃差額が生じている（現行家賃＞適正家賃）場合には、賃貸人にとって明渡しを要求する合理的理由に乏しく、かつ、貸家

人にとっても賃貸を積極的に継続する意義が小さいため、借家権の鑑定評価を依頼されるケースは非常に稀である。

なお、賃貸人から建物の明渡しの要求を受けて借家人が不随意の立退きに応ずるときに事実上喪失することとなる経済的利益等、賃貸人との関係において個別的な形をとって具体に現れる価格は、賃貸人による貸家及びその敷地等と借家権との併合を目的とする価格と捉えることができる。このような場合、価格の種類としては限定価格と考えられるが、いずれにしても、個別性が強く、鑑定評価として求めることが相応しくないと判断した場合には、コンサルティング業務として対応すべきである。

また、定期建物賃貸借によるものは、期間満了により正当事由の有無を問わず明渡しがなされること、賃貸借期間の制限がないこと、賃料改定特約を定めた場合には借地借家法第32条による賃料増減請求に関する規定が適用にならないこと、借家人からの期間内の解約が制限される（居住用の場合は例外あり）こと、契約形式は書面によること等の特徴を有する。定期建物賃貸借契約においては、様々な特約が付されている場合も多いと考えられるので契約の内容に特に留意する必要がある。

第2章　賃料に関する鑑定評価

解説

　賃料の鑑定評価は、宅地、建物及びその敷地に分け、各々新規賃料を求める場合及び継続賃料を求める場合について、その手法が規定されている。

　なお、賃料に関する鑑定評価は、鑑定評価の依頼目的に対応した条件により正常賃料若しくは限定賃料又は継続賃料を求めることとなるが、賃料の種類によって鑑定評価の手法を異にするので、鑑定評価を行うに当たって十分留意すべきである。

第1節　宅地

I　新規賃料を求める場合

不動産鑑定評価基準

1. 新規賃料の価格形成要因
　新規賃料固有の価格形成要因の主なものは次のとおりである。
　(1)　当該地域の賃貸借等の契約慣行
　(2)　賃貸借等の種類・目的、一時金の授受の有無及びその内容並びに特約事項の有無及びその内容等の新規賃料を求める前提となる契約内容

不動産鑑定評価基準

第2節　建物及びその敷地
I　新規賃料を求める場合
　1．新規賃料の価格形成要因
　　　建物及びその敷地の新規賃料固有の価格形成要因は、宅地の新規賃料を求める場合の鑑定評価に準ずるものとする。

各論

解　説

　新規賃料の鑑定評価は、賃貸借等の契約が前提となるものであり、当該地域における賃貸借等の契約慣行及び前提となる契約内容は、新規賃料の形成に大きな影響を与えるものであることから、新規賃料固有の価格形成要因としては、「(1)当該地域の賃貸借等の契約慣行、(2)賃貸借等の種類・目的、一時金の授受の有無及びその内容並びに特約事項の有無及びその内容等の新規賃料を求める前提となる契約内容」等があげられる。

　標準的な賃貸借等の契約慣行は、新規賃料固有の地域要因である。賃貸市場は、当該契約慣行を前提として形成され、さらに市場の需給関係により賃料水準が形成される。

　賃貸借等の種類・目的、一時金の授受の有無及びその内容並びに特約事項の有無及びその内容等の新規賃料を求める前提となる契約内容は、新規賃料固有の個別的要因である。地域の標準的な賃貸借等の契約慣行と比較して、個別性を生じさせる契約内容等であり、賃料水準に影響を与えるため、留意が必要である。

不動産鑑定評価基準

２．宅地の正常賃料を求める場合

　宅地の正常賃料を求める場合の鑑定評価に当たっては、賃貸借等の契約内容による使用方法に基づく宅地の経済価値に即応する適正な賃料を求めるものとする。

　宅地の正常賃料の鑑定評価額は、積算賃料、比準賃料及び配分法に準ずる方法に基づく比準賃料を関連づけて決定するものとする。この場合において、純収益を適切に求めることができるときは収益賃料を比較考量して決定するものとする。また、建物及びその敷地に係る賃貸事業に基づく純収益を適切に求めることができるときには、賃貸事業分析法（建物及びその敷地に係る賃貸事業に基づく純収益をもとに土地に帰属する部分を査定して宅地の試算賃料を求める方法）で得た宅地の試算賃料も比較考量して決定するものとする。

第2章 賃料に関する鑑定評価

運用上の留意事項

Ⅸ 「各論第2章 賃料に関する鑑定評価」について

1．宅地について
　宅地の新規賃料を求める場合において留意すべき事項は、次のとおりである。
（1）積算賃料を求めるに当たっての基礎価格は、賃貸借等の契約において、賃貸人等の事情によって使用方法が制約されている場合等で最有効使用の状態を確保できない場合には、最有効使用が制約されている程度に応じた経済価値の減分を考慮して求めるものとする。
　　また、期待利回りの判定に当たっては、地価水準の変動に対する賃料の遅行性及び地価との相関関係の程度を考慮する必要がある。
（2）比準賃料は、価格時点に近い時点に新規に締結された賃貸借等の事例から比準する必要があり、立地条件その他の賃料の価格形成要因が類似するものでなければならない。
（3）配分法に準ずる方法に基づく比準賃料は、宅地を含む複合不動産の賃貸借等の契約内容が類似している賃貸借等の事例に係る実際実質賃料から宅地以外の部分に対応する実際実質賃料相当額を控除する等により求めた比準賃料をいうものであるが、宅地の正常賃料を求める場合における事例資料の選択に当たっては、賃貸借等の契約内容の類似性及び敷地の最有効使用の程度に留意すべきである。
（4）賃貸事業分析法の適用に当たっては、新たに締結される土地の賃貸借等の契約内容に基づく予定建物を前提として土地に帰属する純収益を求めるものとする。

解 説

　積算賃料は、原価法及び取引事例比較法により当該賃貸借等の契約内容に即応した適正な宅地の基礎価格を求め、これに期待利回りを乗じて得た額に、対象不動産の賃貸借等を継続するために通常必要とされる必要諸経費等を加算して求めることが必要である。
　比準賃料は、価格時点に近い時点において新規に締結された多数の賃貸借等の事例から比準する必要があり、賃貸借等の契約の内容について類似性を有する事例を選択するとともに、立地条件その他の賃料の価格形成要

各 論

因が類似する事例でなければならない。

　収益賃料は、賃貸以外の事業の用に供されている不動産が一定期間に生み出す総収益を分析し、対象不動産（宅地）に帰属する純収益を求め、これに必要諸経費等を加算して求めることが必要である。

　なお、一般企業経営に基づく総収益を分析して収益純賃料及び必要諸経費等を含む賃料相当額を収益賃料として直接求めることができる場合もあることに留意すべきである。

　賃貸事業分析法は、建物及びその敷地に係る賃貸事業に基づく純収益をもとに土地に帰属する部分を査定して宅地の試算賃料を求める手法であるが、対象地において新たに締結される土地の賃貸借等の契約内容に基づく予定建物を前提として、当該予定建物の賃貸を想定し、新規家賃に基づく賃貸事業収益、賃貸事業費用等及び建物所有者（借地権者）に帰属する純収益を適正に求めることができる場合に有効である。

　基準留意事項では、賃貸事業分析法は、「新たに締結される土地の賃貸借等の契約内容に基づく予定建物を前提として」適用するとされているが、ここでいう「予定建物」は「契約予定の建物」を意味し、土地賃貸借等の契約締結後に新築する建物のほか、契約時点において既に存在する建物も含まれる。しかしながら、土地残余法と同様に、建物等が古い場合には複合不動産の生み出す純収益から土地に帰属する純収益を的確に求められないことが多いので、建物等は新築か築後間もないものでなければならないことに留意する必要がある。

　定期借地権においては土地の賃借開始後、建物を建築し賃貸に供するとともに、借地期間満了時までに建物を取り壊して更地で返却することが原則であるため、借地期間の前後に建物賃貸収益の未収入期間が発生する。この未収入期間は定期借地権以外でも建物のライフサイクルにおいて同様に発生するものであるが、定期借地権は借地期間が短い場合もあり、未収入期間が賃料の価格形成に与える影響は比較的大きいと考えられる。したがって、当該未収入期間が与える影響を考慮した上で、新規地代を求めることが必要である。

　なお、賃貸事業の総収益として借地権設定者が負担する土地の公租公課を含め、賃貸事業の総費用から控除した場合には、新規地代を求める上で加算しなければならないことに留意する必要がある。

　収益賃料や賃貸事業分析法に基づく試算賃料は、積算賃料や比準賃料に比べ、その説得力が一般的に劣ると考えられることから、比較考量すべき

ものとされているが、対象不動産の状況や地域の実情に即して判断すべきである。

> **不動産鑑定評価基準**
>
> 3．宅地の限定賃料を求める場合
> 　　宅地の限定賃料の鑑定評価額は、隣接宅地の併合使用又は宅地の一部の分割使用をする当該宅地の限定価格を基礎価格として求めた積算賃料及び隣接宅地の併合使用又は宅地の一部の分割使用を前提とする賃貸借等の事例に基づく比準賃料を関連づけて決定するものとする。この場合においては、次に掲げる事項を総合的に勘案するものとする。
> 　(1)　隣接宅地の権利の態様
> 　(2)　当該事例に係る賃貸借等の契約の内容

解　説

　現実には、隣接宅地の併合使用又は分割使用を前提とする賃貸借等の事例の収集は困難であるので、積算賃料が中心となるが、その際は、宅地の新規賃料の留意事項のほか、基礎価格の査定において、更地の正常価格と比較した併合使用による増分価値及びその配分、又は分割に伴う残地の減価分の補てん相当を上乗せした増価額について十分に考慮する必要がある。

Ⅱ　継続賃料を求める場合

> **不動産鑑定評価基準**
>
> 1．継続賃料の価格形成要因
> 　　継続賃料固有の価格形成要因は、直近合意時点から価格時点までの期間における要因が中心となるが、主なものを例示すれば、次のとおりである。
> 　(1)　近隣地域若しくは同一需給圏内の類似地域等における宅地の賃料又は同一需給圏内の代替競争不動産の賃料の推移及びその改定の程度

> (2) 土地価格の推移
> (3) 公租公課の推移
> (4) 契約の内容及びそれに関する経緯
> (5) 賃貸人等又は賃借人等の近隣地域の発展に対する寄与度

解 説

継続賃料固有の価格形成要因は、継続賃料の鑑定評価に係る一般的留意事項(基準総論第7章第2節Ⅰ4.参照)のとおり、直近合意時点から価格時点までの事情変更に係る要因のほか、契約締結の経緯、賃料改定の経緯、契約内容等の賃料決定の要素となった諸般の事情に係る要因に分類することができる。

事情変更に係る要因は、直近合意時点から価格時点までの期間の時系列的な動態的分析が必要であり、諸般の事情に係る要因は、賃料の決定又は賃料改定に影響を与えた契約内容及びそれに関する経緯などであり、それぞれに分析が必要となる。

不動産鑑定評価基準

> 2. 継続中の宅地の賃貸借等の契約に基づく実際支払賃料を改定する場合
>
>   継続中の宅地の賃貸借等の契約に基づく実際支払賃料を改定する場合の鑑定評価額は、差額配分法による賃料、利回り法による賃料、スライド法による賃料及び比準賃料を関連づけて決定するものとする。この場合においては、直近合意時点から価格時点までの期間を中心に、次に掲げる事項を総合的に勘案するものとする。
> (1) 近隣地域若しくは同一需給圏内の類似地域等における宅地の賃料又は同一需給圏内の代替競争不動産の賃料、その改定の程度及びそれらの推移
> (2) 土地価格の推移
> (3) 賃料に占める純賃料の推移
> (4) 底地に対する利回りの推移
> (5) 公租公課の推移
> (6) 直近合意時点及び価格時点における新規賃料と現行賃料の乖離

の程度
(7)　契約の内容及びそれに関する経緯
(8)　契約上の経過期間及び直近合意時点から価格時点までの経過期間
(9)　賃料改定の経緯
　なお、賃料の改定が契約期間の満了に伴う更新又は借地権の第三者への譲渡を契機とする場合において、更新料又は名義書替料が支払われるときは、これらの額を総合的に勘案して求めるものとする。

不動産鑑定評価基準

第2節　建物及びその敷地
Ⅱ　継続賃料を求める場合
　建物及びその敷地の継続賃料を求める場合の鑑定評価は、宅地の継続賃料を求める場合の鑑定評価に準ずるものとする。この場合において、各論第2章第1節Ⅱ中「土地価格の推移」とあるのは「土地及び建物価格の推移」と、「底地に対する利回りの推移」とあるのは「建物及びその敷地に対する利回り」と、それぞれ読み替えるものとする。

解　説

　前記のとおり、継続賃料の鑑定評価の手法の適用においては、原則として、継続賃料固有の価格形成要因である「事情変更に関する要因」と「諸般の事情に関する要因」を各手法において勘案するものである。
　しかしながら、個別の事案によっては、適用する手法の一部においてこれらの要因、特に「諸般の事情に係る要因」を勘案することが困難な場合、あるいはこれを十分反映できない場合が生じ、結果的に、各試算賃料の乖離が大きくなる場合や、手法の適用によっては試算賃料が現行賃料と価格時点における新規賃料の間から外れる場合が生じることも想定される。
　このような場合にあっても、基準の基本的な考え方に従って、まずは試算賃料の再吟味により確認された各試算賃料における価格形成要因（特に継続賃料固有の価格形成要因）の反映の状況を踏まえ、相対的な信頼性等を適切に判定し、各試算賃料の説得力について判断を行い、これら過程を

> 各 論

踏まえ、最終的に鑑定評価額を決定することによって、鑑定評価額の決定の過程に説得力を持たせることが必要である。各試算賃料を機械的に調整することや、安易なウエイトづけを行ってはならない。

総合的勘案事項について、平成26年改正では、その重要性を再確認し、鑑定評価の手法の適用から鑑定評価額決定の過程を可視化し、説明責任の向上をするために継続賃料固有の価格形成要因の視点から当該事項の整理・拡充を行っている。

継続中の宅地の賃貸借等の契約に基づく実際支払賃料を改定する場合について、継続賃料の評価に関する総合的勘案事項の概要は下記のとおりである。

(1) **近隣地域若しくは同一需給圏内の類似地域等における宅地の賃料又は同一需給圏内の代替競争不動産の賃料、その改定の程度及びそれらの推移**

近隣地域若しくは同一需給圏内の類似地域等における宅地の賃料又は同一需給圏内の代替競争不動産の賃料は、相互に代替、競争等の関係を通して影響し合うことにより形成される。宅地の賃料（地代）の場合は、市場が成熟していない場合がみられるものの、一定の賃料水準が形成され、その改定の程度及びそれらの推移は、継続賃料に影響を与えていることから、当該事項は事情変更を把握する上で重要である。

(2) **土地価格の推移（土地及び建物価格の推移）**

近年、投資用不動産は収益価格を基準に取引される傾向が顕著であり、価格と賃料との間には、いわゆる元本と果実との間に認められる相関関係があることから、土地価格の推移は事情変更を把握する上で有用である。しかし、不動産価格の変動は、賃料の変動よりも将来の予測が利回りに反映されやすいのに対して、賃料は需給の変動の影響を特に受けることから、両者の相関関係にはタイムラグが生じることが多く、また、継続賃料の場合、不動産価格及び新規賃料の市場の影響を賃料改定交渉等によって間接的に受けること（賃料の遅行性）に留意する必要がある。

(3) **賃料に占める純賃料の推移**

賃料に占める純賃料に着眼して賃料改定がなされることがあることなどから、その推移を把握する必要がある。

(4) **底地に対する利回りの推移（建物及びその敷地に対する利回り）**

不動産に係る利回りの推移を分析することにより、利回りの観点から事情変更を検討するものであり、期待利回りと対比することにより両者の乖離の程度を把握することができる。

(5) **公租公課の推移**

公租公課の推移は、賃料改定事由（借地借家法第11条、同第32条）として例示されており、当該推移を把握するとともに賃料に占めるその割合の推移についても分析することが有用である。

(6) **直近合意時点及び価格時点における新規賃料と現行賃料の乖離の程度**

継続賃料は、契約当事者間の公平が考慮されることから、一般的に新規賃料と現行賃料の間で形成されている。また、契約締結時や賃料改定時に合意した賃料は、必ずしも新規賃料や適正な継続賃料とは限らず様々な事情を包含していることがある。当該合意については契約の自由であり、尊重されるものであることから、両時点における新規賃料と現行賃料の乖離の程度を把握することが必要である。

なお、直近合意時点における新規賃料と現行賃料の乖離している事情が賃料決定の重要な要素となっている場合、事情変更以外の契約締結の経緯、賃料改定の経緯等を継続賃料の鑑定評価において考慮することが必要である。

(7) **契約の内容及びそれに関する経緯**

賃貸借等の契約内容及びそれに関する経緯は、実際支払賃料及びその改定に影響を与えることから、契約内容の確認については鑑定評価報告書の必要的記載事項であるとともに、継続賃料固有の価格形成要因としてその内容及びそれに関する経緯を把握する必要がある。当該要因の重要性にかんがみて総合的勘案事項としているものであり、鑑定評価の手法の適用、試算賃料の調整及び鑑定評価額の決定の段階において、適切に反映されることが必要である。

(8) **契約期間に対する経過期間及び直近合意時点から価格時点までの経過期間**

一般に契約後の経過期間が長いほど宅地の経済価値に即応した適正な実質賃料又は支払賃料と実際実質賃料又は実際支払賃料との乖離が大きく、賃料の改定の必要性も大きくなる。また、直近合意時点から価格時点までの経過期間は基本的には事情変更を考慮する期間となるものである。

各　論

(9) 賃料改定の経緯

　賃貸借等の契約は、一般的に長期にわたる継続的な関係であり、社会・経済情勢の変動等により賃料改定がなされることが多い。しかし、賃料改定の経緯に係る事情によって必ずしも現行賃料が適正な継続賃料として改定されていない事情が生じることがある。この場合、賃料改定の経緯に係る諸事情を適切に考慮する必要がある。

　なお、建物及びその敷地に係る総合的勘案事項は、宅地に係る総合的勘案事項を準用する規定となっているが、単純に準用することができない「土地価格の推移」は「土地及び建物価格の推移」と、「底地に対する利回りの推移」は「建物及びその敷地に対する利回り」と読み替える規定となっている。必要諸経費等が基本的には公租公課のみである底地の利回りと異なり、建物及びその敷地に対する利回りについては、必要諸経費等の査定が煩雑となること、特に建物及びその敷地の必要諸経費等の過去の時系列的な把握は困難であることから、「建物及びその敷地に対する利回り」に留めて、「推移」を削除している。

不動産鑑定評価基準

3．契約上の条件又は使用目的が変更されることに伴い賃料を改定する場合

　契約上の条件又は使用目的が変更されることに伴い賃料を改定する場合の鑑定評価に当たっては、契約上の条件又は使用目的の変更に伴う宅地及び地上建物の経済価値の増分のうち適切な部分に即応する賃料を前記2．を想定した場合における賃料に加算して決定するものとする。

　この場合においては、前記2．に掲げる事項のほか、特に次に掲げる事項を総合的に勘案するものとする。
(1) 賃貸借等の態様
(2) 契約上の条件又は使用目的の変更内容
(3) 条件変更承諾料又は増改築承諾料が支払われるときはこれらの額

解　説

　契約上の条件又は使用目的が変更されることに伴い賃料を改定する場合とは、非堅固の建物所有を目的とする借地権を堅固の建物所有を目的とす

る借地権に変更する場合や、住宅用の建物を建築することを目的とした借地契約を、店舗兼住宅用の建物を建築することを目的とした借地契約に変更する場合等である。

　この場合において、実際支払賃料のみならず条件変更承諾料、建替承諾料等の一時金の授受を考慮した実際実質賃料又は実際支払賃料の改定を依頼されることがあるので、条件に即して継続賃料を適切に求めなければならない。

(1) 賃貸借等の態様

　当該宅地の賃貸借等の契約が借地借家法又は廃止された借地法（以下「旧借地法」という。）の適用を受けるものであるか否か、書面による契約であるか口頭による契約であるか、登記されているものであるか否か、転借か否か等によって借地条件の変更に著しい影響を与えるので注意する必要がある。

(2) 契約上の条件又は使用目的の変更内容

　賃貸借等の契約において、建物等の増改築の禁止の特約又は建物等の用途、構造等の定めがあり、当該宅地の最有効使用を阻害しているときは、借地条件等の変更に伴う経済価値の増分を把握する必要がある。

(3) 条件変更承諾料又は増改築承諾料が支払われるときはこれらの額

　旧借地法が適用される借地権の場合、非堅固の建物所有を目的とする借地権を堅固の建物所有を目的とする借地権に変更することによって、借地権者にとっては、より高度の利用が可能となる一方、借地権設定者にとっては賃貸借の契約期間の長期化により、更地への復帰の可能性が減退することとなる。借地権者は利益を受け、借地権設定者は不利益を受ける結果となる。

　この借地権者と借地権設定者間の利益調整を図るため、一時金として条件変更承諾料が支払われることがある。

　また、建物等の増改築についてこれを制限する旨の借地条件を変更して緩和する場合において、一時金として増改築承諾料が支払われることがある。

　これらの一時金は、実際支払賃料に影響を与えることとなるのみならず借地権の価格を構成する要素となることに留意する必要がある。

各 論

第2節　建物及びその敷地

I　新規賃料を求める場合

不動産鑑定評価基準

2．建物及びその敷地の正常賃料を求める場合

　建物及びその敷地の正常賃料を求める場合の鑑定評価に当たっては、賃貸借の契約内容による使用方法に基づく建物及びその敷地の経済価値に即応する賃料を求めるものとする。

　建物及びその敷地の正常賃料の鑑定評価額は、積算賃料及び比準賃料を関連づけて決定するものとする。この場合において、純収益を適切に求めることができるときは収益賃料を比較考量して決定するものとする。

　なお、建物及びその敷地の一部を対象とする場合の正常賃料の鑑定評価額は、当該建物及びその敷地の全体と当該部分との関連について総合的に比較考量して求めるものとする。

運用上の留意事項

2．建物及びその敷地について

　店舗用ビルの場合には、賃貸人は躯体及び一部の建物設備を施工するのみで賃貸し（スケルトン貸し）、内装、外装及び建物設備の一部は賃借人が施工することがあるので、積算賃料を求めるときの基礎価格の判定及び比準賃料を求めるときの事例の選択に当たっては、これに留意すべきである。

解　説

　建物及びその敷地の正常賃料を求める場合の鑑定評価に当たっては、建物及びその敷地の経済価値（基礎価格）及び期待利回りに着目して求める積算法、賃貸市場における類似の新規の賃貸借等の事例に着目して求める賃貸事例比較法及び企業経営に基づく総収益を分析して求める収益分析法の三手法の適用が可能である。

　収益賃料は、積算賃料や比準賃料に比べ、その説得力が一般的に劣ると

考えられることから、比較考量すべきものとされている。
　また、建物及びその敷地の一部を対象とする場合の正常賃料の鑑定評価額は、当該建物及びその敷地の全体と当該部分との関連について、快適性、収益性及び市場性の観点から総合的に比較考量する必要がある。

Ⅱ　継続賃料を求める場合

　前記第1節宅地　Ⅱ　継続賃料を求める場合（389頁〜395頁）を参照。

第3章 証券化対象不動産の価格に関する鑑定評価

解　説

　21世紀に入る直前、本格的に不動産証券化が始まって以来、不動産証券化市場の規模は大幅に拡大し、対象不動産の種類は多様化し、対象地域も広がった。当初証券化された不動産の投資家は機関投資家に限定されていたが、J-REITの上場を期に、個人投資家へも広がり、不動産証券化のマーケットは成熟した。また、証券化の対象となる不動産の価格は、不動産市場のみならず、国内外の金融市場や証券市場の影響を大きく受けるようになった。

　そのような状況の中で、不動産の鑑定評価は、不動産証券化取引の中で、そのスキーム組成の基礎的条件の一つとして、他の専門家による業務とともに、不動産投資市場の基盤を支えるものとして位置づけられている。取引価格面での公正性を第三者として客観的に評価することにより、利益相反を回避し、不動産証券化市場全体の信頼性を確保する上で、極めて重要な役割を担うものであるからである。

　さらに、対象不動産の価格はそのキャッシュフローの現在価値として、キャッシュフローから導かれる収益価格を重視して評価を行うことが求められる。加えて、最近の不動産取引市場においては、建物を中心にそのキャッシュフローに影響を与えるリスクについて、様々な角度からの検討や判断が必要となってきた。そのためには、他の専門家との連携や、他の専門家の調査結果をより一層吟味して活用していく事が求められる。

第3章 証券化対象不動産の価格に関する鑑定評価

第1節 証券化対象不動産の鑑定評価の基本的姿勢

I 証券化対象不動産の範囲

不動産鑑定評価基準

　この章において「証券化対象不動産」とは、次のいずれかに該当する不動産取引の目的である不動産又は不動産取引の目的となる見込みのある不動産（信託受益権に係るものを含む。）をいう。
(1) 資産の流動化に関する法律に規定する資産の流動化並びに投資信託及び投資法人に関する法律に規定する投資信託に係る不動産取引並びに同法に規定する投資法人が行う不動産取引
(2) 不動産特定共同事業法に規定する不動産特定共同事業契約に係る不動産取引
(3) 金融商品取引法第2条第1項第5号、第9号（専ら不動産取引を行うことを目的として設置された株式会社（会社法の施行に伴う関係法律の整備等に関する法律第2条第1項の規定により株式会社として存続する有限会社を含む。）に係るものに限る。）、第14号及び第16号に規定する有価証券並びに同条第2項第1号、第3号及び第5号の規定により有価証券とみなされる権利の債務の履行等を主たる目的として収益又は利益を生ずる不動産取引

　証券化対象不動産の鑑定評価は、この章の定めるところに従って行わなければならない。この場合において、鑑定評価報告書にその旨を記載しなければならない。

運用上の留意事項

Ⅹ 「各論第3章　証券化対象不動産の価格に関する鑑定評価」について

1．証券化対象不動産の鑑定評価の基本的姿勢について
　　各論第3章第1節に規定する証券化対象不動産については、従前に鑑定評価が行われたものを再評価する場合にあっても、各論第3章に従って鑑定評価を行わなければならないものであることに留意する必要がある。

各　論

[解説]

1　対象とする鑑定評価の範囲

　基準各論第3章「証券化対象不動産の価格に関する鑑定評価」（以下、基準留意事項Ⅹ「「各論第3章　証券化対象不動産の価格に関する鑑定評価」について」をあわせて「基準各論第3章等」という。）の対象となる鑑定評価の範囲は、証券化対象不動産、すなわち証券化に関連する不動産取引の目的となる不動産等についての価格に関する鑑定評価である。

　基準各論第3章等に規定する証券化対象不動産とは、次のアからエのいずれかに該当する不動産取引の目的である不動産、不動産取引の目的となる見込みのある不動産又は不動産取引の結果、特別目的会社や投資法人等（以下「SPC等」という。）が保有することになった不動産（信託受益権に係るものを含む。）をいう。「不動産取引」には、売買だけでなく、出資や貸付、債権等の購入等の資金調達に関わる行為も含む。また、「見込み」のある不動産とは、後記アからエに掲げる取引を行うことが予定されている、又は依頼者が当該取引を行うことを意図している場合における当該取引の目的となっている不動産を指す。現に証券化されている不動産だけでなく、依頼者へ確認できる範囲で、これから証券化される不動産をも適用対象とする趣旨である。一般の事業法人が売主の場合、買主が特定されていない場合は「見込み」に含まれない場合もあり得るので、依頼者に確認する中で慎重に判断する必要がある。「特別目的会社」とは、資産流動化法第2条第3項に規定する特定目的会社及び事業の内容の変更が制限されているこれと同様の事業を営む事業体をいう。

　ア　資産の流動化に関する法律（平成10年法律第105号。以下「流動化法」という。）第2条第2項に規定する資産流動化に係る不動産取引
　イ　投資信託及び投資法人に関する法律（昭和26年法律第198号。以下「投信法」という。）第2条第3項に規定する投資信託に係る不動産取引及び同条第12項に規定する投資法人が行う不動産取引

　　上記アイは、ともに法律により、不動産鑑定士による鑑定評価が要請されている。

　ウ　不動産特定共同事業法（平成6年法律第77号）第2条第3項に規定する不動産特定共同事業契約に係る不動産取引

　　後記エとともに、基準各論第3章等において不動産証券化に関連する不動産取引と位置づけられている。

　　「不動産証券化」について、基準各論第3章等においては、投資家

保護等の観点から、不動産の所有者がキャッシュフローを生み出す不動産をバランスシートから切り離し（オフバランスという。）、流動性の高い投資商品を発行する場合だけでなく、不動産を取得しようとする者がSPC等に出資等を行ったり、不動産の所有権を小口化して販売したりするケースなども含めたものとして広く捉えている。したがって、会計上のオフバランスを要件とはせず、例えば、オンバランスで処理される不動産特定共同事業法のスキームも対象とされている。

エ　金融商品取引法第2条第1項第5号、第9号（専ら不動産取引を行うことを目的として設置された株式会社（会社法の施行に伴う関係法律の整備等に関する法律第2条第1項の規定により株式会社として存続する有限会社を含む。）に係るものに限る。）、第14号及び第16号に規定する有価証券並びに同条第2項第1号、第3号及び第5号の規定により有価証券とみなされる権利(注)の債務の履行等を主たる目的として収益又は利益を生ずる不動産取引

金融商品取引法においてみなし有価証券とされている集団投資スキームに係る持分全般（合同会社の社員権等を含む。）が対象とされている。したがって、株式や社債を発行している一般事業会社の不動産取引まで一律に対象範囲を広げようとする趣旨ではない。

(注)　第2条第1項第5号：社債券。第9号：株券又は新株予約権証券。第14号：信託法に規定する受益証券発行信託の受益証券。第16号：抵当証券法（昭和6年法律第15号）に規定する抵当証券。

　　同条第2項第1号：信託の受益権。第3号：合名会社若しくは合資会社の社員権又は合同会社の社員権。第5号：民法第667条第1項に規定する組合契約や商法第535条に規定する匿名組合契約等に基づく権利等のうち、出資者が出資対象事業から生ずる配当等を受けることができる権利（いわゆる集団投資スキーム持分）。

このように一般的に不動産証券化といわれている不動産取引に係る鑑定評価は、基本的には基準各論第3章等の対象となっており、従前に鑑定評価が行われたものを再評価する場合を含め、過去に証券化されたSPC等が保有する不動産に係る、情報開示目的等の鑑定評価を含むものである。

なお、基準各論第3章等は、その表題のとおり、証券化対象不動産に係る賃料を求める鑑定評価は対象とはしていない。

各論

2 鑑定評価報告書への記載

証券化対象不動産について、基準各論第3章等を適用して鑑定評価を行った場合には、後記第3節Ⅰ(1)記載の依頼目的とともに、鑑定評価基準各論第3章等規定の証券化対象不動産の鑑定評価に該当し、基準各論第3章等を適用したものであることを記載する必要がある。

特に鑑定評価書については、依頼者等に一見してその旨が分かるように、表紙又は本文（鑑定評価額等の記載を含む。）よりも先に、その旨を明確に記載する必要がある。

なお、証券化対象不動産に形式的に該当する場合においても、証券化の仕組みや、依頼目的、依頼者属性等から基準各論第3章等を適用しないことができる場合が公益社団法人日本不動産鑑定士協会連合会策定の「証券化対象不動産の鑑定評価に関する実務指針」に示されており、このような場合においては、依頼者に当該鑑定評価書は証券化関連の取引には利用できない旨の了解を得るとともに、鑑定評価額の近傍に、「当該鑑定評価書は基準各論第3章等を適用していないため、不動産証券化の取引等に用いることができない」旨を記載する必要があるとされている。

3 基準各論第3章等の対象とならない鑑定評価の取扱い

不動産鑑定評価基準

証券化対象不動産以外の不動産の鑑定評価を行う場合にあっても、投資用の賃貸大型不動産の鑑定評価を行う場合その他の投資家及び購入者等の保護の観点から必要と認められる場合には、この章の定めに準じて、鑑定評価を行うよう努めなければならない。

解説

前記Ⅰの証券化対象不動産に該当せず、基準各論第3章等の対象とはならない不動産の鑑定評価であっても、例えば、投資用の大規模な賃貸用不動産の鑑定評価、証券化対象不動産の賃料に関する鑑定評価等、投資家、購入者等の保護の観点から基準各論第3章等を準用することによって当該鑑定評価の説明力及び精度を向上させる必要が認められる場合には、可能な限り基準各論第3章等に示された内容を参考として鑑定評価を行うよう努めなければならない。これは、これらの価格の鑑定評価に当たっては、エンジニアリング・レポートの取得やその内容等の確認事項の記載や統一

項目によるDCF法の適用等について可能な範囲で鑑定評価作業に採り入れることを要請しているものであり、賃料の鑑定評価に当たっては、エンジニアリング・レポートの取得による精緻な調査や確認事項の記載を行う努力を要請する趣旨である。

Ⅱ 不動産鑑定士の責務

> **不動産鑑定評価基準**
>
> (1) 不動産鑑定士は、証券化対象不動産の鑑定評価の依頼者(以下単に「依頼者」という。)のみならず広範な投資家等に重大な影響を及ぼすことを考慮するとともに、不動産鑑定評価制度に対する社会的信頼性の確保等について重要な責任を有していることを認識し、証券化対象不動産の鑑定評価の手順について常に最大限の配慮を行いつつ、鑑定評価を行わなければならない。

解説

1 鑑定評価に当たっての基本的姿勢

不動産鑑定士は、証券化対象不動産の鑑定評価に当たっては、求められた鑑定評価額及びその評価内容が証券化対象不動産の鑑定評価の依頼者(以下単に「依頼者」という。(注))のみならず広範な投資家等に重大な影響を及ぼすことを考慮するとともに、不動産鑑定評価制度に対する社会的信頼性の確保等について重要な責任を有していることを認識する必要がある。

したがって、証券化対象不動産の鑑定評価に当たっては、詳細な調査に基づいて対象不動産の収益力を的確に反映した適正な市場価値又は投資採算価値を表わす鑑定評価額(正常価格又は特定価格)を求める必要があり、資料の収集、対象不動産の確認、価格形成要因の分析及び手法の適用等、鑑定評価の手順の各段階において常に最大限の配慮を行う必要がある。

なお、鑑定評価書自体が投資家や金融機関等に対して開示される可能性もあることに、十分留意する必要がある。

(注) 証券化対象不動産の鑑定評価の依頼者は、鑑定評価依頼と並行して設立される法人である場合も多いので、不動産鑑定士や不動産鑑定業者の実際に協

> 各 論

議を行う相手となるのは、証券化対象不動産の運用予定者や現所有者等である場合が多い。本章ではこれらの関係者を含めて「依頼者」という。

2　不動産鑑定士の社会的責任

　不動産鑑定士は、「不動産の鑑定評価に関する法律」に基づき、その業務に従事するに当たり、良心に従い、誠実に不動産の鑑定評価を行うとともに、その信用を傷つけるような行為をしてはならない（同法第5条）。

　証券化対象不動産の鑑定評価の意義は、前記のように鑑定評価額を開示することにより、投資法人等や資産運用者の適正な業務運営を確保し、発行される各種の証券の購入者、すなわち、投資家の保護に資することにある。ここにおける投資家は、不特定多数より成り、かつ、必ずしも不動産市場に精通した者ばかりではない。証券化対象不動産に係る鑑定評価が適正を欠く場合は、投資法人等の運営の健全性を害し、これにより不特定多数の投資家に多大な損害を与えるおそれがあることに留意する必要がある。

3　説明責任

> **不動産鑑定評価基準**
>
> (2)　不動産鑑定士は、証券化対象不動産の鑑定評価を行う場合にあっては、証券化対象不動産の証券化等が円滑に行なわれるよう配慮しつつ、鑑定評価に係る資料及び手順等を依頼者に説明し、理解を深め、かつ、協力を得るものとする。また、証券化対象不動産の鑑定評価書については、依頼者及び証券化対象不動産に係る利害関係者その他の者がその内容を容易に把握・比較することができるようにするため、鑑定評価報告書の記載方法等を工夫し、及び鑑定評価に活用した資料等を明示することができるようにするなど説明責任が十分に果たされるものとしなければならない。

【解　説】

　不動産鑑定士は、証券化対象不動産の鑑定評価を行うに当たっては、より詳細な調査、資料収集、対象不動産の確認作業が必要となるので、依頼者に対し、鑑定評価に係る資料及び手順等の重要性を説明して、依頼者の理解を深め、かつ、協力を得る必要がある。

第3章 証券化対象不動産の価格に関する鑑定評価

　証券化対象不動産の鑑定評価書は、前記のように、依頼者のみならず証券化対象不動産への投資、融資に係る多くの利害関係者の参考資料として用いられるので、依頼者のみならず証券化対象不動産に係る利害関係者その他の者が鑑定評価の調査内容や判断根拠を容易に把握することができるようにする必要がある。さらに、投資判断のため、他の証券化対象不動産の鑑定評価との比較を容易に行えるようにする必要がある。このために、調査内容や鑑定評価で用いた数値等の判断根拠をより具体的に明示するとともに、統一された収益費用項目を用いるなど、鑑定評価報告書の記載方法等を工夫し、鑑定評価に活用した資料等を明示するなど説明責任が十分に果たされるものとする必要がある。

4　複数の不動産鑑定士による評価作業

不動産鑑定評価基準

(3)　証券化対象不動産の鑑定評価を複数の不動産鑑定士が共同して行う場合にあっては、それぞれの不動産鑑定士の役割を明確にした上で、常に鑑定評価業務全体の情報を共有するなど密接かつ十分な連携の下、すべての不動産鑑定士が一体となって鑑定評価の業務を遂行しなければならない。

解　説

　複数の不動産鑑定士が分担して一つの証券化対象不動産の鑑定評価を行う場合には、受付等の依頼者との協議、エンジニアリング・レポート等の資料の確認、実地調査等のそれぞれの担当する役割を明確にした上で、それぞれの作業から得られた情報を全員が常に共有し、密接かつ十分な連携を保って、適切な鑑定評価を行う必要がある。このような場合には、鑑定評価書に署名をするすべての不動産鑑定士が、その鑑定評価全体について責任を負うこととなることに留意する必要がある。

各論

第2節　証券化対象不動産について未竣工建物等鑑定評価を行う場合の要件

不動産鑑定評価基準

　証券化対象不動産の未竣工建物等鑑定評価は、総論第5章第1節Ⅰ2．なお書に定める要件に加え、工事の中止、工期の延期又は工事内容の変更が発生した場合に生じる損害が、当該不動産に係る売買契約上の約定や各種保険等により回避される場合に限り行うことができる。

解説

　証券化対象不動産について、未竣工建物等鑑定評価を行う場合には、不特定多数の投資家等の利益保護の観点から、基準総論第5章第1節Ⅰ2．なお書に定める証券化対象不動産以外の鑑定評価において必要となる要件に加え、建物が未竣工であることに起因するリスクが担保されていることを、条件設定の要件として求めており、以下の観点から資料等を収集し、条件設定の妥当性を判断する必要がある。

① 設定した条件の確実性の確保
　　請負事業者の破綻や天災等があった場合においても、工事の中止や遅延が回避される具体の措置（工事完成保証・建築工事保険等）がとられていること。

② 設定した条件と相違した場合における鑑定評価書の利用者の利益の確保
　　評価の前提とした建物と異なる建物が竣工した場合における損害（建物の評価額と実際の建物価格との相違）が回避される具体の措置（売買契約書・建築工事請負契約書における瑕疵担保条項・代金支払の約定等）がとられていること。

　なお、未竣工建物等鑑定評価のように、鑑定評価の対象とする不動産の現実の利用状況と異なる（又は異なる可能性がある）条件を設定した場合、公益社団法人日本不動産鑑定士協会連合会策定の「不動産鑑定評価基準に関する実務指針」においては、鑑定評価書の利用者に対し条件設定を行っていることを注意喚起するために、鑑定評価額の近傍に「対象とする不動産の価格時点の現実の利用状況と異なる（又は異なる可能性がある）条件を設定しています。」や「当該鑑定評価額は、○頁記載の条件を前提とするものです。」等の文言を記載する必要がある、とされている。

第3節　処理計画の策定

I　処理計画の策定に当たっての確認事項

不動産鑑定評価基準

　処理計画の策定に当たっては、あらかじめ、依頼者に対し、証券化対象不動産の鑑定評価に関する次の事項を確認し、鑑定評価の作業の円滑かつ確実な実施を行うことができるよう適切かつ合理的な処理計画を策定するものとする。この場合において、確認された事項については、処理計画に反映するとともに、当該事項に変更があった場合にあっては、処理計画を変更するものとする。
(1)　鑑定評価の依頼目的及び依頼が必要となった背景
(2)　対象不動産が第1節 I (1)、(2)又は(3)のいずれに係るものであるかの別
(3)　エンジニアリング・レポート（建築物、設備等及び環境に関する専門的知識を有する者が行った証券化対象不動産の状況に関する調査報告書をいう。以下同じ。）、DCF法等を適用するために必要となる資料その他の資料の主な項目及びその入手時期
(4)　エンジニアリング・レポートを作成した者からの説明の有無
(5)　対象不動産の内覧の実施を含めた実地調査の範囲
(6)　その他処理計画の策定のために必要な事項

運用上の留意事項

2．処理計画の策定について
(1)　処理計画の策定に当たっての確認については、対象不動産の鑑定評価を担当する不動産鑑定士以外の者が行う場合もあり得るが、当該不動産鑑定士が鑑定評価の一環として責任を有するものであることに留意しなければならない。

> **各 論**

> **解 説**

　鑑定評価の受付や、依頼者との協議及び複数不動産の鑑定評価の処理計画の策定は、対象不動産の鑑定評価を担当する不動産鑑定士以外の者が行う場合も多いが、依頼者への依頼内容及び評価内容の確認、資料の要請並びに適切な処理計画の策定は、鑑定評価を担当する不動産鑑定士の責務であるので、証券化対象不動産の鑑定評価を行う不動産鑑定士は、以下に掲げる点に留意する必要がある。

1　依頼目的について

　鑑定評価の依頼目的は、鑑定評価がどのように利用されるか、どの程度の広範な範囲まで利用されるのかを示し、基準各論第３章等の適用の有無を検討するためにも必要となるものである。

　したがって、鑑定評価の依頼目的について「資産評価」や「売買の参考」といった抽象的な内容だけではなく、依頼者に対して、依頼が必要となった背景、証券化スキーム（予定を含む。）、取引等の内容（取得、売却、担保提供、価格開示等）、依頼者の立場、利害関係等について詳細に確認した上で、当該各確認の内容、基準各論第３章等の適用の有無（基準各論第３章等第１節Ⅰのどの項目に該当するか。）とその理由について鑑定評価報告書に記載しなければならない。

　依頼者より、証券化対象不動産に係る鑑定評価ではない旨の説明があった場合でも、依頼時点において明らかに証券化対象不動産に該当する事実がある場合（証券化予定の場合も含む。）、基準各論第３章等を適用する必要がある。

2　鑑定評価の必要資料等について

　証券化対象不動産の鑑定評価の受付に当たっては、適切な処理計画の策定のため、次の事項について依頼者に確認する必要がある。

　なお、基準各論第３章等におけるエンジニアリング・レポートとは、証券化対象不動産の鑑定評価に当たって対象不動産の個別的要因等の確認等に必要となる、建築物・設備等及び環境に関する専門的知識を有する者が行った証券化対象不動産の状況（地下埋設物、耐震性等に関する内容を含む、専門性の高い個別的要因）に関する調査報告書をいい、具体的には、基準各論第３章別表１（依頼者から提示されたエンジニアリング・レポートの内容、不動産鑑定士の調査内容及び鑑定評価において活用した事項とその根拠を不動産鑑定士の責任において記載した一覧表）に記載されたものが含まれる。ただし、公益社団法人ロングライフ

ビル推進協会(以下「BELCA」という。)の標準的なエンジニアリング・レポートにおける調査範囲は、基準各論第3章別表1の記載事項のすべてを含まないことに注意が必要である。

一般に、開発型以外の不動産証券化において、第一段階で必須とされるのはBELCAの定義によるエンジニアリング・レポートであるが、不動産の個別性に応じて、これ以外のエンジニアリング・レポートが存在する場合(例えば、耐震診断の調査報告書が取得済みであった場合)、または必要となる場合(例えば、フェーズⅠ建物環境リスク評価報告書で吹付けアスベスト使用の可能性が疑われ、フェーズⅡ調査が必要となった場合)がある。鑑定評価に当たっては、重要な価格形成要因の分析にはどのようなエンジニアリング・レポートが必要か、不動産鑑定士が自ら判断する必要がある。

また、依頼者から入手する資料については、それが最新のデータであるのか、不備はないのか、真正なものであるか等について依頼者に確認し、適切な資料の入手に努めなければならない。

ア　エンジニアリング・レポートの主な項目及びその入手時期

　鑑定評価の受付時には、建物を中心とする対象不動産の個別的要因を明確にするためのエンジニアリング・レポート等、確認資料を必ず依頼者に要求し、その内容を確認する必要がある。この際、鑑定評価を行うのに不足すると判断される場合には、追加調査の可否を確認する。対象不動産の内覧等実地調査時には、エンジニアリング・レポートを入手しておくことが望ましいが、遅くとも鑑定評価を行う日以前で、その内容を把握するのに必要な期間を確保できる時期に、これを入手しなければならない。

イ　DCF法等を適用するために必要となる資料その他の資料の主な項目及びその入手時期

　収益費用項目の査定に必要な賃貸借契約状況の一覧表(レントロール)、賃貸借契約書等、運営費用の実績表、管理等に関する契約書等及び対象不動産の確認や原価法等の適用に必要な建物竣工図面、請負契約書、土地測量図面、境界確認書類等について、依頼者より提示される資料等の範囲及び入手時期を事前に確認する必要がある。

　賃貸借契約書等が統一された契約書フォーム(雛形)を用いて作成されている場合は、依頼者よりその旨の表明を受けて代表例の確

各 論

認と個別の契約における特約などの有無の確認を十分に行うことにより、賃貸借契約書等のすべてを確認することが必ずしも必要でない場合もある。再評価の場合で以前の提示を受けた資料が活用できる場合でも、賃貸借契約が継続している部分について条件等の変更のないことを依頼者に確認の上、前回の鑑定評価時から変更になった部分の契約書等諸資料の確認を行うことは必要である。

ウ　エンジニアリング・レポートを作成した者からの説明の有無

対象不動産の確認を行った結果が依頼者から示された内容と相違する場合で、特にエンジニアリング・レポートの内容と相違がある場合や不明瞭な記載がある場合等に、再度依頼者に確認の上、エンジニアリング・レポートの作成者等からの説明を聞く機会があるかどうかを事前に確認することが必要である。

エ　対象不動産の内覧の実施を含めた実地調査の範囲

実地調査においては、建物竣工図等を用いて、建物内部と照合を行う必要があることから、建物の内覧を行うことが必須である。ただし、建物の入居者等占有状況等によっては、建物内部への立入調査ができない場合があるので、対象不動産の内覧が可能なその範囲を依頼者に確認し、鑑定評価報告書でその内覧した範囲を明確にする必要がある。この場合に、内覧できない部分についてどのように推定するか、そのための資料等について検討する必要がある。

オ　その他処理計画の策定のために必要な事項

例えば、一定の期間に複数不動産の鑑定評価の依頼が同時に行われる場合に、対象不動産ごとに作業の性質、量に応じた処理計画の立案を行い、スケジュールを調整する必要がある。

なお、これらの確認事項等を明記した文書は、「業務の目的と範囲等の確定に係る確認書」として、依頼者に交付することが必要である（基準総論第8章第1節参照）。

Ⅱ 確認事項の記録

不動産鑑定評価基準

　第3節Ⅰ(1)から(6)までの事項の確認を行った場合には、それぞれ次の事項に関する記録を作成し、及び鑑定評価報告書の附属資料として添付しなければならない。
(1) 確認を行った年月日
(2) 確認を行った不動産鑑定士の氏名
(3) 確認の相手方の氏名及び職業
(4) 確認の内容及び当該内容の処理計画への反映状況
(5) 確認の内容の変更により鑑定評価の作業、内容等の変更をする場合にあっては、その内容

運用上の留意事項

(2)　処理計画の策定に当たっての確認において、依頼者から鑑定評価を適切に行うための資料の提出等について依頼者と交渉を行った場合には、その経緯を確認事項として記録しなければならない。また、確認事項の記録を鑑定評価報告書の附属資料として添付することとしているが、鑑定評価書への添付までを求めるものではないが、同記録は不動産の鑑定評価に関する法律施行規則第38条第2項に定める資料として保管されなければならないことに留意する必要がある。

【解　説】

　前記Ⅰ「処理計画の策定に当たっての確認事項」に記載の依頼者に確認すべき事項（鑑定評価の依頼目的及び依頼が必要となった背景、等）について確認を行った場合、以下のイに関し、記録を作成し、策定した処理計画を記載した書面とともに附属資料として鑑定評価報告書に添付することとされている。

　これらは、依頼者から提供された資料に不備があった場合の証拠となるものであり、不動産鑑定士及び不動産鑑定業者の責任に関わる重要な資料となるものであるので、不動産鑑定士からの提示を受けて、不動産鑑定業

各　論

者が鑑定評価書の写しその他の書類の一つとして保存すべきものとなる。鑑定評価書には、最終的に活用した資料等について記載すれば足りると考えられるので、これらの記録は鑑定評価書への添付までを求めているものではない。

　ア　処理計画の策定に関し、依頼者に確認すべき事項
　　(ア)　鑑定評価の依頼目的及び依頼が必要となった背景
　　(イ)　対象不動産が前記第１節Ⅰ１「対象とする鑑定評価の範囲」に定めるアからエのいずれに係るものであるかの別
　　(ウ)　エンジニアリング・レポートの主な項目及び入手時期
　　(エ)　DCF法等を適用するために必要となる資料その他の資料の主な項目及び入手時期
　　(オ)　エンジニアリング・レポートの作成者からの説明の有無
　　(カ)　対象不動産の内覧の実施を含めた実地調査の範囲
　　(キ)　その他処理計画の策定のために必要な事項
　イ　上記事項に関し記録、保管すべき事項
　　(ア)　確認を行った年月日
　　(イ)　確認を行った不動産鑑定士の氏名：証券化対象不動産の鑑定評価においては評価担当の不動産鑑定士と異なる場合も多いので、不動産鑑定業者内での役割分担、責任の所在を明確にすること。
　　(ウ)　確認の相手方の氏名及び職業：氏名、会社名、役職、依頼者との関係等
　　(エ)　確認の内容及び当該内容の処理計画への反映状況：前記アの内容について、依頼者から確認した内容とともに、その内容によりどのような手順で評価作業を行ったか、について記録する。依頼者より当初示された内容が十分なものでなく、交渉を行った場合には、その経緯も記録する。
　　(オ)　確認の内容の変更により鑑定評価の作業、内容等の変更をする場合にあっては、その内容：依頼者の事情の変化又は依頼者との交渉等により評価作業を変更する必要が生じた場合（対象不動産の範囲や追加資料の提供、証券化スキームの変更等による、求める価格の種類、適用手法、適用数値の変更等）には、その内容を記録する。

・途中経過の記録

> **運用上の留意事項**
>
> （3） エンジニアリング・レポート及びDCF法等を適用するために必要となる資料等の入手が複数回行われる場合並びに対象不動産の実地調査が複数回行われる場合にあっては、各段階ごとの確認及び記録が必要であることに留意しなければならない。

［解　説］

　鑑定評価作業においては、鑑定評価作業開始当初にすべての資料が整っていない場合や、実地調査を複数回行う場合などがある。エンジニアリング・レポートについても、当初はドラフトを入手して作業を進め、鑑定評価額を決定する前に最終版を確認することもある。このような場合には、鑑定評価報告書には最終的な資料等に基づく判断を記載することとなるが、証券化対象不動産の価格に関する鑑定評価においては、その途中経過についても前記Ⅱの確認事項として記録し、保管する必要がある。

Ⅲ　鑑定評価の依頼目的及び依頼者の証券化関係者との関係

> **不動産鑑定評価基準**
>
> 　証券化対象不動産については、関係者が多岐にわたり利害関係が複雑であることも多く、証券化対象不動産の鑑定評価の依頼目的及び依頼が必要となった背景等並びに依頼者と証券化対象不動産との利害関係に関する次の事項を鑑定評価報告書に記載しなければならない。
> （1） 依頼者が証券化対象不動産の証券化に係る利害関係者（オリジネーター、アレンジャー、アセットマネジャー、レンダー、エクイティ投資家又は特別目的会社・投資法人・ファンド等をいい、以下「証券化関係者」という。）のいずれであるかの別
> （2） 依頼者と証券化関係者との資本関係又は取引関係の有無及びこれらの関係を有する場合にあっては、その内容
> （3） その他依頼者と証券化関係者との特別な利害関係を有する場合にあっては、その内容

各 論

> **運用上の留意事項**
> （4） 各論第3章第3節Ⅲに、依頼者の証券化関係者との関係について記載する旨定めているが、不動産鑑定士の対象不動産に関する利害関係又は対象不動産に関し利害関係を有する者との縁故若しくは特別の利害関係の有無及び内容については、総論第9章第2節により記載する必要があることに留意しなければならない。

解 説

1 依頼者と証券化関係者との利害関係

　依頼者から確認できる範囲で、鑑定評価の依頼者（依頼名義人）の証券化関係者の中での位置付け、すなわち依頼者が証券化対象不動産の証券化手続にどのように係わっているのかを、依頼者（依頼名義人）と他の証券化関係者との資本関係や取引関係、その他特別の利害関係の有無及びこれらの関係がある場合にはその内容を確認し、鑑定評価報告書に記載する必要がある。この確認は、詳細な利害関係の確認まで求めているものではないと考えられるので、例えば、対象不動産がどのような証券化スキームにより証券化の対象となっているかを、当該証券化スキームが理解し得る図表等により確認し、その中での当該不動産取引等において依頼者と直接関与する証券化関係者の名称や氏名（予定されている者を含む。）を確認し、その内容等を鑑定評価報告書に記載する。

　なお、基準各論第3章等にいう証券化関係者とは、SPC等のほか、SPC等が保有する不動産のオフバランスを目的として証券化の仕組みを利用する者であるオリジネーター、オリジネーター等のために証券化の仕組みづくりや資金調達等のための関係者間の調整等を実施するアレンジャー、投資家からの委託を受けて資産運用を行うアセットマネジャー、SPC等に対して融資を行うレンダー、SPC等に出資を行うエクイティ投資家、SPC等の社債を売買又は保有する社債権者、不動産に係る管理処分信託を受託する信託銀行等の信託受託者、ファンドなどを含む。

　なお、依頼者及び証券化関係者がどのような者であるか、相互に特別の利害関係があるかにより、対象不動産の鑑定評価額が直接影響を受けるものではない。

2　関与不動産鑑定士及び関与不動産鑑定業者に係る利害関係等
　　依頼者と証券化関係者との関係だけでなく、関与不動産鑑定士及び関与不動産鑑定業者の対象不動産に関する利害関係又は対象不動産に関し利害関係を有する者との縁故若しくは特別の利害関係の有無及びその内容、依頼者と関与不動産鑑定士及び関与不動産鑑定業者との間の特別の資本関係、人的関係及び取引関係の有無並びにその内容、提出先等と関与不動産鑑定士及び関与不動産鑑定業者との間の特別の資本関係、人的関係及び取引関係の有無並びにその内容（提出先等が未定や明らかとならない場合、具体的名称が明らかでない場合は、その旨）、鑑定評価額の公表の有無について確認した内容（公表について未定の場合や明らかにならない場合は、その旨）について記載する必要がある（基準総論第9章第2節Ⅸ参照）。

証券化関連基本用語集

SPC：Special Purpose Company の略。特定目的会社のこと。

特定目的会社：資産を取得・保有し、その資産を裏付けにした証券を発行して資産を集めることを目的として設立された法人のこと（資産流動化法第16条以下）。不動産の流動化、証券化の核となる組織で、一定の税制上の優遇措置が与えられている。

アレンジャー：証券化において、資金調達者と投資家との間でさまざまな調整や取り決めなどの業務を行う者をいう。

アセットマネジメント：投資家や資産所有者等から委託を受けて行う複数の不動産や金融資産の総合的な運用・運営・管理業務のこと。運用・運営・管理の実行者をアセットマネジャーという。

オリジネーター：不動産証券化において、保有する不動産、不動産の信託受益権、不動産収益を裏付けとした貸出債権等を、SPC 等の証券化を行う発行主体（ビークル）に譲渡する者のこと。原資産保有者、資産譲渡人ともいう。

デットとエクイティ：資金調達方法の区分。デットとは、借入金・社債等により調達された返済義務のある資金のこと。エクイティとは株式等により調達された返済義務のない資金のこと。

　　不動産証券化に関し、一つのスキーム（仕組み）で、デットとエクイティの両方による資金調達が行われた場合、不動産収益はデットの投資家に優先的に配当され、残余の部分がエクイティの投資家に配当される。デットの場合は償還期限、配当等の条件が明確である一方、相対的に利回り（リターン）は低い。エクイティは償還期限・配当の条件が不確定でリスクの高い分、ハイリターンの可能性がある。

ノンリコース・ローン：ある事業から発生するキャッシュフロー（不動産の場合には賃貸収入及び売却代金）のみを返済原資とする融資のこと。

（参考文献）
不動産証券化ハンドブック2014（一般社団法人不動産証券化協会）

第3章 証券化対象不動産の価格に関する鑑定評価

第4節　証券化対象不動産の個別的要因の調査等

Ⅰ　対象不動産の個別的要因の調査等

不動産鑑定評価基準

　証券化対象不動産の個別的要因の調査等に当たっては、証券化対象不動産の物的・法的確認を確実かつ詳細に行うため、依頼された証券化対象不動産の鑑定評価のための実地調査について、依頼者（依頼者が指定した者を含む。）の立会いの下、対象不動産の内覧の実施を含めた実地調査を行うとともに、対象不動産の管理者からの聴聞等により権利関係、公法上の規制、アスベスト等の有害物質、耐震性及び増改築等の履歴等に関し鑑定評価に必要な事項を確認しなければならない。

解　説

　証券化対象不動産の個別的要因に係る物的・法的な確認を確実かつ詳細に行うためには、依頼者の理解と協力が不可欠である。価格形成要因について確認できない部分があった場合は、不明な事項について合理的な推定を行って鑑定評価を行うこととなるが、一般に、推定した事項についてはリスクが内在するものとして評価せざるを得ないので、そのリスク部分を割引率や還元利回り等に加算して評価することとなる。

1　実地調査

　　依頼者の理解を得つつ依頼者や依頼者の指示を受けた対象不動産の管理者等の立会いの下、建築物の内覧の実施も含めた実地調査を行い、価格形成要因に大きな影響を与える要因について実際に確認する必要がある。建築中の建物について、完成後の発行を条件に鑑定評価を行う場合には、完成後に改めて実地調査を行う必要がある。

　　所有者又は賃借人の希望により賃貸中の部分について実地調査が行えない場合は、当該部分を推定できる、他の建物内の部分（自用又は空室区画など。）の実地調査や、竣工図面や賃貸借契約書等の確認、管理者や賃借人からのヒアリング等により推定することとなる。このような場合には、鑑定評価報告書に当該部分、実地調査できなかった理由及び状況の推定根拠を記載する必要がある。

　　実地調査の際には、対象不動産の管理者等へのヒアリング等をあわ

各　論

せ、対象不動産の使用者及び使用状況、賃貸借契約書の対象範囲と実際の賃貸部分の相違の有無、敷地境界標と越境の有無、修繕履歴・増改築の有無、土壌汚染や建物のアスベスト使用、PCB保管の有無等にも注意を払う必要がある。

2　個別的要因

証券化対象不動産においては、実地調査及びエンジニアリング・レポート等を活用し、「投資後に予期せぬ支出が生じる危険がないかどうか」という観点で調査し、個別的要因の確認を行うことが重要である。

宿泊施設、レジャー施設、医療・福祉施設、商業施設等の事業の用に供され、当該事業の経営の動向に強く影響を受ける事業用不動産の場合には、賃貸の形態をとる場合であっても、賃貸借契約における賃料が、相当の期間、安定的に収受可能な水準であるかの検証等のため、当該事業についての資料収集及び分析を行う必要がある。また、事業形態が多種にわたることや、改装、増築等がなされている場合も多いため、権利関係の確認や現地の物的確認は慎重に行う必要がある。

Ⅱ　実地調査

不動産鑑定評価基準

不動産鑑定士は、実地調査に関し、次の事項を鑑定評価報告書に記載しなければならない。
(1)　実地調査を行った年月日
(2)　実地調査を行った不動産鑑定士の氏名
(3)　立会人及び対象不動産の管理者の氏名及び職業
(4)　実地調査を行った範囲（内覧の有無を含む。）及び実地調査により確認した内容
(5)　実地調査の一部を実施することができなかった場合にあっては、その理由

解　説

証券化対象不動産の鑑定評価においては、依頼者又はその指示を受けた者の立会いの下での対象不動産の内覧を含む実地調査と、対象不動産の管理者からの聴聞が必要である。

第3章 証券化対象不動産の価格に関する鑑定評価

　鑑定評価主体が依頼者及び対象不動産の管理者を通じて行った確認事項は問題が発生した際における責任の範囲を明確にするとともに、鑑定評価の精度にも影響することから、依頼者その他第三者に誤解を生じさせないようにできる限り詳細に鑑定評価報告書に記載すべきである。
　対象不動産の確認に当たって鑑定評価報告書に記載すべき事項は、次のとおりである。

　ア　実地調査を行った年月日
　　　価格時点における対象不動産の状態の確認として、対象不動産を実地に確認した日。
　イ　実地調査を行った不動産鑑定士の氏名
　　　対象不動産について複数の不動産鑑定士で鑑定評価を行った場合には、実地調査を行ったすべての不動産鑑定士を記載する。この場合においても、鑑定評価書に署名を行う不動産鑑定士は実地調査を行うことが望ましい。
　ウ　立会人及び対象不動産の管理者の氏名及び職業
　　　立会人とは、依頼者の指示に基づき実地調査に立ち会い、対象不動産を案内した者をいい、対象不動産の管理者とは、対象不動産の権利関係、増改築等の履歴等についてヒアリングを行った対象不動産の管理者（対象不動産の管理を行っている会社の役職員等）をいう。職業とは、会社名、役職、資格等をいう。
　エ　実地調査を行った範囲（内覧の有無を含む。）及び実地調査により確認した内容
　　　建物内部の確認を含む実地調査を行った範囲を記載する。対象不動産について視認及び計測を行った範囲又は実地調査を行えなかった範囲を記載し、実地調査及び対象不動産の管理者からの聴聞により確認した内容として、対象不動産の面積、構造、内外装、権利関係、公法規制、アスベスト使用の有無等、耐震性、修繕・増改築の履歴等を記載する。
　オ　実地調査の一部を実施することができなかった場合にあっては、その理由
　　　賃借人との関係や物理的な要因で建物の一部や敷地の一部の確認ができなかった場合には、その範囲及び理由を記載するとともに、確認できなかった部分についての現状把握のための状況推定根拠（竣工図面、他の類似の建物部分の実地調査、管理者等へのヒアリング等）を

各論

記載する。

例えば、事務所やホテル、マンション等で仕様、管理状況等が内覧できる区画とほぼ同一、あるいは推測可能と判断できる場合には、図面等での確認、管理者の説明と代表的な部分の内覧とによって、賃貸又は営業中等により内覧が困難な箇所の実地調査を省略することも可能である。この場合は、その旨鑑定評価報告書に記載する必要がある。また、再評価の場合は、管理者からの建物管理報告書などにより内覧の必要性の有無を確認するとともに、前回の鑑定評価時から変更になった部分を中心に内覧を行うなどの方法も可能であるが、その旨鑑定評価報告書に記載すべきである。

運用上の留意事項

3．証券化対象不動産の個別的要因の調査について
　証券化対象不動産の個別的要因の調査に当たっては、次に掲げる事項に留意する必要がある。
(1) 同一の証券化対象不動産の再評価を行う場合における物的確認については、本留意事項Ⅵ3．(1)に定めるところにより、内覧の全部又は一部の実施について省略することができる。この場合においては、各論第3章第4節Ⅲ(3)の表に掲げる専門性の高い個別的要因についても、直近に行った鑑定評価の価格時点と比較して重要な変化がないと認められることが必要であるほか、各論第3章第4節Ⅱに定める、実地調査に関する鑑定評価報告書への記載事項に加え、直近に行った鑑定評価の価格時点と比較して当該不動産の個別的要因に重要な変化がないと判断した理由について記載する。

解　説

証券化対象不動産の鑑定評価の再評価の場合においても原則として新規の鑑定評価と同様に、依頼者や依頼者の指示を受けた対象不動産の管理者等の立会いの下、建物の内覧も含めた実地調査を行うことが必要である。

ただし、同一の不動産鑑定士[注1]が、同一の証券化対象不動産の再評価を行う場合で、当該直近の鑑定評価の価格時点と比較して対象不動産の個別的要因（基準各論第3章第4節Ⅲの表に掲げる専門性の高い個別的要因を含む）に重要な変化がないと認められる場合[注2]には、過去に自ら行った内

覧により確認した内容から個別的要因の推定が可能と考えられるため、実地調査は必要であるが、内覧の全部又は一部の実施について省略することができる[注3]。

なお、対象不動産が更地や底地である場合や、未竣工建物等鑑定評価を行う場合であって、不動産鑑定士の単独調査により十分な調査を行うことが可能な場合には必ずしも立会いを要しない。

内覧の全部又は一部を省略した場合には、内覧を省略した理由とともに、建物管理者による建物管理状況報告書、賃貸借契約一覧表や依頼者からのヒアリング（ヒアリング内容について他の確認資料や外観調査による検証が必要。）等により個別的要因に重要な変化がないと判断した根拠を鑑定評価報告書に記載する必要がある。

(注1) 複数の不動産鑑定士が関与不動産鑑定士となる場合においては、当該複数の不動産鑑定士全員が内覧を含む実地調査を過去に自ら行っている必要はなく、当該複数の不動産鑑定士のうちのいずれかが当該不動産について内覧を含む実地調査を過去に自ら行ったことがあれば足りる。

(注2) 個別的要因についての重要な変化の有無に関する判断は、例えば下記に掲げる事項を実地調査、依頼者への確認又は要因資料の分析等により明らかにした上で行う。

　　　①敷地の併合や分割（軽微なものを除く。）、区画形質の変更を伴う造成工事（軽微なものを除く。）、建物に係る増改築や大規模修繕工事（軽微なものを除く。）等の実施の有無、②公法上若しくは私法上の規制・制約等（法令遵守状況を含む。）、修繕計画、再調達価格、建物環境に係るアスベスト等の有害物質、土壌汚染、地震リスク、耐震性、地下埋設物等に係る重要な変化、③賃貸可能な面積の過半を占める等の主たる賃借人の異動、借地契約内容の変更（少額の地代の改定など軽微なものを除く。）等の有無。

(注3) 公益社団法人日本不動産鑑定士協会連合会策定の「証券化対象不動産の鑑定評価に関する実務指針」においては、内覧の全部又は一部の実施について省略することができるのは、再評価の価格時点が、内覧を行った直近の鑑定評価の価格時点から１年未満とされている。

各論

Ⅲ　エンジニアリング・レポートの取扱いと不動産鑑定士が行う調査

不動産鑑定評価基準

(1) 証券化対象不動産の鑑定評価に当たっては、不動産鑑定士は、依頼者に対し当該鑑定評価に際し必要なエンジニアリング・レポートの提出を求め、その内容を分析・判断した上で、鑑定評価に活用しなければならない。ただし、エンジニアリング・レポートの提出がない場合又はその記載された内容が鑑定評価に活用する資料として不十分であると認められる場合には、エンジニアリング・レポートに代わるものとして不動産鑑定士が調査を行うなど鑑定評価を適切に行うため対応するものとし、対応した内容及びそれが適切であると判断した理由について、鑑定評価報告書に記載しなければならない。

(2) エンジニアリング・レポートの提出がない場合又はその記載されている内容が不十分である場合として想定される場合を例示すれば、既に鑑定評価が行われたことがある証券化対象不動産の再評価をする場合、証券化対象不動産が更地である場合（建物を取り壊す予定である場合を含む。）等がある。

第3章　証券化対象不動産の価格に関する鑑定評価

運用上の留意事項

(2) エンジニアリング・レポートの活用に当たっては、不動産鑑定士が主体的に責任を持ってその活用の有無について判断を行うものであることに留意する必要がある。また、エンジニアリング・レポートの内容の適切さや正確さ等の判断に当たっては、必要に応じて、建築士等他の専門家の意見も踏まえつつ検証するよう努めなければならないことに留意する必要がある。

既存のエンジニアリング・レポートの活用で対応できる場合がある一方、エンジニアリング・レポートが形式的に項目を満たしていても、鑑定評価にとって不十分で不動産鑑定士の調査が必要となる場合もある。

解　説

エンジニアリング・レポートは、一級建築士等の建物等の専門家によって判断された専門的な調査報告書といえるが、依頼者が投資判断等の目的で取得するものであり、そもそも鑑定評価のために作成されたものではないため、BELCAで定義するエンジニアリング・レポートに準拠したものであっても、鑑定評価に活用する内容として不十分な場合もある。したがって、証券化対象不動産の鑑定評価に当たっては、不動産鑑定士は、依頼者に対し、鑑定評価に必要なエンジニアリング・レポートの内容を説明し、できる限り内容の充足したエンジニアリング・レポートを入手するとともに、個別的要因の把握として必要な範囲で、エンジニアリング・レポートの内容（前提となる調査範囲を含む。）を十分理解し、主体的に自らの責任を持ってこれを分析・判断した上で、活用しなければならない。さらに必要に応じ、他の専門家による意見を聴取して、エンジニアリング・レポートの検証を行うよう努める必要がある。

証券化対象不動産に係る鑑定評価に当たっては、エンジニアリング・レポートは原則として必要な資料とされており、依頼者からエンジニアリング・レポートの提出がないとき、又はその内容が鑑定評価に活用する内容として不十分であるときに鑑定評価を行う場合は、エンジニアリング・レポートに代わるものとして不動産鑑定士が行った調査の内容等について、その理由とともに鑑定評価報告書に記載しなければならない。

また、依頼者より提示されたエンジニアリング・レポートに記載された

各　論

内容が鑑定評価に活用するためには不十分であると認められる場合には、それが不十分であると認めるに至った理由について依頼者に説明を行い、追加調査を要請する必要がある。エンジニアリング・レポートに記載されている内容が不十分である場合を例示すれば、土壌汚染リスク評価報告書（フェーズⅠ）で「土壌汚染の可能性があるため、詳細調査を推奨する」とされているのに、フェーズⅡの詳細調査が未実施な場合等である。このような場合は、依頼者に追加調査を要請する必要がある。

依頼者から受領した資料がドラフト版の場合は、鑑定評価を行った日の前で、その内容を把握するのに必要な期間を確保できる時期に最終版を取得し、その内容に応じた鑑定評価を行う必要がある。また、最終版であることを依頼者に確認する。

依頼者よりエンジニアリング・レポートの提出がない場合、又は調査時点が古い場合、その記載内容が調査項目あるいは調査レベルにおいて対象不動産の専門性の高い個別的要因を十分に調査していないものであっても、不動産鑑定士の判断により、証券化対象不動産の価格に関する鑑定評価を行うことができる場合は、以下の場合等である。

ア　未竣工建物等鑑定評価を行う場合、又は対象不動産が取壊し予定の建物及びその敷地である場合

一定期間以上（おおよそ１年以上）運用する予定でなければ、建物については取壊し費用査定のため以上の詳細な調査を行わなくても、実地調査等により物的確認等を適切に行い得ると考えられるため（土壌汚染やアスベスト等についてのエンジニアリング・レポートは必要である。）。

イ　保有している不動産を再評価する場合で、以前に提示を受けたエンジニアリング・レポート等の資料が活用できる場合

対象不動産について大きな状況の変化がなければ、評価時点において新たに詳細な物的・法的調査等を行わなくても、実地調査や管理に関する資料等により物的確認等を適切に行い得ると考えられるため。

ウ　戸建住宅等で不動産鑑定士による調査により多くの価格形成要因の把握が可能な場合

大規模な賃貸用不動産ほどの詳細な専門家の調査を行わなくても、不動産鑑定士による調査により価格形成要因の把握が可能であるため。

不動産鑑定評価基準

(3) エンジニアリング・レポートの内容を鑑定評価に活用するか否かの検討に当たっては、その判断及び根拠について、鑑定評価報告書に記載しなければならない。この場合においては、少なくとも次の表の項目ごとに、それぞれ同表に掲げる内容を鑑定評価報告書に記載しなければならない。この場合における鑑定評価報告書の様式の例は、別表1のとおりとする。なお、(1)ただし書きの場合においても、同様とする。

項　目	内　容
エンジニアリング・レポートの基本的属性	・エンジニアリング・レポートの作成者の名称等 ・エンジニアリング・レポートの調査が行われた日及び作成された日
エンジニアリング・レポートの入手経緯、対応方針等	・入手先（氏名及び職業等） ・入手した日 ・エンジニアリング・レポートの作成者からの説明の有無等 ・入手したエンジニアリング・レポートについて鑑定評価を行う上での対応方針等
鑑定評価に必要となる専門性の高い個別的要因に関する調査	次に掲げる専門性の高い個別的要因に関する調査について、エンジニアリング・レポートを活用するか又は不動産鑑定士の調査を実施（不動産鑑定士が他の専門家へ調査を依頼する場合を含む。）するかの別 ・公法上及び私法上の規制、制約等（法令遵守状況調査を含む。） ・修繕計画 ・再調達価格 ・有害な物質（アスベスト等）に係る建物環境 ・土壌汚染 ・地震リスク

各　論

鑑定評価に必要となる専門性の高い個別的要因に関する調査についての不動産鑑定士の判断	・耐震性 ・地下埋設物
	専門性の高い個別的要因に関する調査に関する対応について、エンジニアリング・レポートの記載内容を活用した場合、不動産鑑定士の調査で対応した場合等の内容、根拠等

運用上の留意事項

(3)　鑑定評価に必要な対象不動産の物的確認、法的確認等に当たっては、各論第3章第4節Ⅲ(3)の表に掲げる内容や別表1の項目に掲げる内容が必要最小限度のものを定めたものであり、必要に応じて項目・内容を追加し、確認しなければならないことに留意する必要がある。

(4)　できる限り依頼者からエンジニアリング・レポートの全部の提供を受けるとともに、エンジニアリング・レポートの作成者からの説明を直接受ける機会を求めることが必要である。

(5)　なお、エンジニアリング・レポートの作成は委託される場合が多いが、この場合には、エンジニアリング・レポートの作成者は調査の受託者を指すことに留意しなければならない。また、この場合においては、エンジニアリング・レポートの作成者を鑑定評価報告書に記載する際、調査の委託者の名称も記載する必要がある。

解説

依頼者から受領したエンジニアリング・レポートのうち、基準各論第3章別表1に掲げる以下の項目について、記載内容を確認し、同別表の例示を参考に表形式で記載のうえ鑑定評価報告書に添付するか、同様の内容を鑑定評価報告書の中で記載するものとする。

この場合において、依頼者より提示されたエンジニアリング・レポートが、対象不動産の個別的要因の物的及び法的確認等、証券化対象不動産の鑑定評価に当たって必要と判断される項目を満たしていない場合は、不動

産鑑定士の調査（不動産鑑定士が自ら他の専門家に依頼して行う調査（この調査報告書もエンジニアリング・レポートの一つである。）も含む。）で補うか、追加調査（エンジニアリング・レポートの再取得を含む。）を依頼者に求める必要がある。

　ア　鑑定評価を担当した不動産鑑定士の資格及び氏名
　イ　エンジニアリング・レポートの基本的属性
　　ア）エンジニアリング・レポートに係る調査の依頼者
　　　　エンジニアリング・レポートは、依頼者自らが作成することはほとんどなく、依頼者が専門機関に調査を委託することが一般的である。
　　　　したがって、エンジニアリング・レポートの依頼者が鑑定評価の依頼者と同じかどうか、異なる場合にはその背景や理由を確認するとともに、当該レポートがドラフトか最終版かについても確認する必要がある。
　　イ）エンジニアリング・レポートの作成者
　　　　エンジニアリング・レポートの作成者の氏名、所属会社及び資格（調査事項に関連する専門的な技能等に関するもの）を確認する。この場合において、エンジニアリング・レポートを作成するための調査の一部が他者に委託されている場合には、その委託先である作成者についても同様に取り扱うものとする。
　　ウ）エンジニアリング・レポートの調査年月日及び作成年月日
　　　　エンジニアリング・レポートに記載された内容は、基本的には当該レポートを作成するために現地調査を行った日（「調査時点」）の状況に基づくものであり、その意味で調査時点でのみ有効であるものと考えられる。したがって、作成から期間が経過している場合における当該エンジニアリング・レポートを鑑定評価において活用するか否かについては、期間経過の程度及びその間の対象不動産の物的状況等の変化の程度を勘案して、不動産鑑定士が個別に判断しなければならない。
　ウ　エンジニアリング・レポートの入手経緯、対応方針等
　　ア）エンジニアリング・レポートの入手先（氏名及び職業等）
　　　　エンジニアリング・レポートの提示を受けた相手の所属、氏名及び役職等の入手先の担当者の属性を確認する必要がある。
　　　　なお、エンジニアリング・レポートが調査内容に応じて複数あ

るときは、それらのすべてについて記載する（ウのなかの以下の項目についても同様である）。

イ）エンジニアリング・レポートを入手した日

後日、エンジニアリング・レポートの授受について疑義が生じることを防ぐために、エンジニアリング・レポートの入手先とともに入手した日を記録しておく必要がある。

ウ）エンジニアリング・レポートの作成者からの説明等の有無等

エンジニアリング・レポートの作成者から説明を受けることは、当該エンジニアリング・レポートの内容についての理解を深める上で有益であるので、特にエンジアニリング・レポートの内容に疑問点がある場合には、作成者から調査結果について説明を受けることが望ましい。

なお、エンジニアリング・レポートの作成者から説明を受けた場合には、その旨及びその内容を記録する必要がある。

エ）依頼者から入手したエンジニアリング・レポートについて鑑定評価を行う上での対応方針等

証券化対象不動産の鑑定評価を行うに当たっては、不動産鑑定士はエンジニアリング・レポートの内容を鵜呑みにするのではなく、鑑定評価への活用に際してはその内容を客観的に検討・分析のうえ、その妥当性を主体的に判断するというプロセスを踏む必要がある。

したがって、エンジニアリング・レポートの内容をそのまま鑑定評価に活用せずに別の資料等に依る場合だけでなく、エンジニアリング・レポートの内容を鑑定評価において活用するに足るものであると判断した場合にも、その旨及び判断根拠を鑑定評価報告書に記載しなければならず、例えば、「建物状況調査報告書については、おおむねBELCAのガイドラインに合致している」、「土壌汚染については地歴調査等を実施したが、結果については土壌環境リスク評価報告書（フェーズⅠ）と一致している」といった記載が考えられる。

エ　当該鑑定評価に必要と不動産鑑定士が考える専門性の高い個別的要因調査

専門性の高い個別的要因調査について、以下のA又はBのいずれで対応したのかを記載する。

A　依頼者から提供されたエンジニアリング・レポートを活用

　　B　不動産鑑定士から他の専門家に調査を依頼して入手したエンジニアリング・レポートの活用を含む、不動産鑑定士の調査により対応（依頼者から提供されたエンジニアリング・レポートの内容を基に修正した場合を含む。）

ア）公法上及び私法上の規制、制約等（法令遵守状況調査を含む）

　特に建築確認済証、検査済証の有無、重大な法令違反の有無について、A、Bどちらで対応したかを記載する。なお、法令遵守状況調査については、BELCAの定義するエンジニアリング・レポートの1つである「建物状況調査報告書」の必須項目となっているため、依頼者から提供されたエンジニアリング・レポートの内容を自ら判断し、活用する。

　対象不動産に係る私法上の制約等について、判断が容易でない場合に、弁護士等の他の専門家の意見を求めた場合もBに該当する。

　なお、未竣工建物等鑑定評価の場合は、必要な許認可の取得等により公法上の規制に合致していなければ、鑑定評価を行うことができないので、受付時に確認しておくべき事項となる。

イ）修繕計画、再調達価格

　BELCAの定義するエンジニアリング・レポートの1つである「建物状況調査報告書」の必須項目であるため、依頼者から提供されたエンジニアリング・レポートの内容を十分吟味のうえ、活用することができる。また、エンジニアリング・レポートの再調達価格には、設計・工事監理費等を含まないため、必ずしも鑑定評価上の再調達原価と内容が同じでないことにも留意する。

　未竣工建物等鑑定評価において、建物の再調達原価を求めるに当たっては、実際の建築工事に係る請負契約が行われている場合には、当該請負金額を把握するとともに、類似の建物に係る建設事例等の資料等を収集し、適切な査定に努めなければならない。

ウ）有害な物質（アスベスト等）の使用調査

　特にアスベスト、PCBについては、BELCAの定義するエンジニアリング・レポートの1つである「建物環境リスク評価報告書（フェーズⅠ）」の必須項目である。アスベストの調査において

は、依頼者から提供されたエンジニアリング・レポートを自ら判断し、活用する。

また、PCB使用機器の有無の調査においては、実地調査及び依頼者や建物管理者へのヒアリングに加え、エンジニアリング・レポートを自ら判断し、活用する。

なお、不動産鑑定士は、エンジニアリング・レポートによる調査のほか、次のような調査を行い、調査結果がエンジニアリング・レポートの結果と異なる場合には、依頼者を通じて、調査において、現地調査（目視）を行ったのか、サンプリング調査まで行ったのか等、作成者に調査の内容を確認するべきである。

　　a　建物の構造・用途・防火地域か否か等
　　b　施工時期（築年、吹付け等を行った改修時期等）
　　c　設計図書等による内装、外装等の使用材料の確認
　　d　関係者へのヒアリング
　　e　法令等に基づく石綿に係る公的調査の有無及び内容
　　　未竣工建物等鑑定評価に当たっては、法令上の許認可が取得されていることが条件設定の要件とされており、アスベストやPCB廃棄物についての懸念がないため、特段の調査は不要である。

エ）土壌汚染調査

BELCAの定義するエンジニアリング・レポートの1つである「土壌汚染リスク評価報告書（フェーズⅠ）」に該当するため、依頼者から提供されたエンジニアリング・レポートの内容を十分吟味のうえ、自ら判断し、活用する。

未竣工建物等鑑定評価においても例外ではなく、他の専門家による確認資料を要求することが望ましい。

証券化対象不動産の鑑定評価においては、土壌汚染の価格に与える影響についての結論を求められるため、原則として価格形成要因から除外することは許されず、土壌汚染が存する端緒がない等、土壌汚染の価格形成への影響が大きくないと判断できる場合以外は、フェーズⅡ調査（サンプリング調査を伴う土壌・地下水環境調査）を実施することが必要となる。また、フェーズⅡの結果によっては、フェーズⅢ（対策工事の設計と実施）までの調査及び措置工事が必要な場合があり、対策措置を完了した状態での

鑑定評価が求められることもある。
オ）地震リスクに関する分析
　BELCA の定義するエンジニアリング・レポートに含まれるため、依頼者から提供された地震リスクの専門家の作成したエンジニアリング・レポートを自ら判断し、活用する。
　この場合においては、対象不動産の地震による経済的損失を予測する地震リスク分析の確率値の一指標である PML 値等地震リスク分析結果をもとに、投資適格性の判断並びに地震保険付保及び耐震補強工事の必要性等の判断を行う。なお、証券化不動産においては、50年間で超過確率10％（再現期間475年相当）の損失率の PML 値を算定することが慣例的な評価基準となっている。
　未竣工建物等鑑定評価に当たっては、設計図書・構造計算書・地盤データ等に基づく机上調査による専門家の地震リスク分析結果等の提供を受け、活用することが望ましい。
カ）耐震性調査
　耐震診断は、特に人命確保の観点から、旧耐震基準(注)にて設計された建築物の耐震改修を促進するための法制度（「建築物の耐震改修の促進に関する法律」（平成7年法律第123号））に基づく建物の調査・診断である。同法付則第3条により、旧耐震基準建築物のうち、多数の不特定者が利用する大規模な建物（病院・店舗・旅館等）等について、耐震診断の実施及び報告を義務づけ、その結果が公表されることとなっている。
　BELCA の定義するエンジニアリング・レポートには関連項目として建物状況調査に構造概要調査があるものの耐震性の調査は含まれないため、まず建物の竣工年から、旧耐震基準に基づく建物かどうかを B により判定することが必要である。
　その結果、旧耐震基準に基づく建物であった場合は、さらに耐震改修促進法に準拠した補強工事が実施されているかどうかを、依頼者へのヒアリングを中心に調査し、実施している場合には、依頼者の協力の下、耐震診断結果の報告書を耐震性調査におけるエンジニアリング・レポートとして活用する。なお、耐震診断が実施されている場合の耐震診断結果の報告書や耐震補強工事の状況の報告書はエンジニアリング・レポートに該当し、これらが依頼者から受領した資料である場合には A に該当する。

各 論

　　未竣工建物等鑑定評価に当たっては、法令上の許認可が取得されていることが条件設定の要件とされており、耐震性に関し基準を満たしていると考えられるため、特別な調査を行う必要はない。

(注)　昭和56年6月1日建築基準法施行令改正以前の耐震性基準を、旧耐震基準と称する。竣工年月から建築確認申請が改正後のものであるかどうかを推測して判断を行うことが多いが、建築確認時期の推定は必ずしも容易でなく、また改正年前に確認申請された建物でも、先取りして新耐震基準に準拠して設計されたものもあるため、改正年前後の竣工の建物については、竣工年月のみでの確認は行えないことに留意が必要である。

キ) 地下埋設物調査

　　BELCAの定義するエンジニアリング・レポートには含まれず、専門家の調査報告書を取得できる場合は稀なため、一般的にはBで対応する。

　　地下埋設物の有無を本格的に調査するには、レーダーでの探索や、最終的には掘削による調査が必要なため、不動産鑑定士の調査能力を超えていることが多いが、不動産鑑定士は、古地図で従前の使用方法を調査するほか、売買時の重要事項説明書の記載概要の入手や依頼者へのヒアリングにより、地下埋設物の存在の可能性をできる限り調査する必要がある。

オ　鑑定評価に必要となる専門性の高い個別的要因に関する調査についての不動産鑑定士の判断

　　前記エの各項目において、A又はBの内容及びそれを妥当と判断した根拠等を記載する。

不動産鑑定評価基準

(4)　エンジニアリング・レポートについては、不動産証券化市場の環境の変化に対応してその内容の改善・充実が図られていくことにかんがみ、エンジニアリング・レポートを作成する者との密接な連携を図りつつ、常に自らのエンジニアリング・レポートに関する知識・理解を深めるための研鑽に努めなければならない。

解　説

　エンジニアリング・レポートの内容は、対象不動産の物理的な状況を専門家が調査、分析した専門家の意見であるので、その調査範囲及び調査レベル、限界を十分認識した上で、個別分析（投資適格性の判断も含む。）の有用な手段として活用すべきものである。

　エンジニアリング・レポートの内容について、不明な点や不明瞭な記載がある場合は、必ず依頼者を通じて直接・間接にエンジニアリング・レポートの作成者に確認する必要がある。例えば、BELCAの考え方では、建物の遵法性について判断を下す権利があるのは、特定行政庁及び特定行政庁から委任を受けた確認検査機関のみであるから、建築基準法違反と認められる事例でも、エンジニアリング・レポートには「建築基準法に違反している可能性がある」と記載せざるを得ない。エンジニアリング・レポートのこのような背景を理解していないと、なぜ明確に違法状態にあると記載していないのか、判断に苦しむことになる。

　このように、エンジニアリング・レポートの性格と鑑定評価の立場は、根本的に異なる部分があるため、エンジニアリング・レポートの正しい理解のためには、エンジニアリング・レポートの作成者との連携と相互交流が不可欠である。

各論

第5節　DCF法の適用等

I　DCF法の適用過程等の明確化

不動産鑑定評価基準

　証券化対象不動産の鑑定評価における収益価格を求めるに当たっては、DCF法を適用しなければならない。この場合において、併せて直接還元法を適用することにより検証を行うことが適切である。
I　DCF法の適用過程等の明確化
(1)　DCF法の適用に当たっては、DCF法による収益価格を求める際に活用する資料を次に定める区分に応じて、その妥当性や判断の根拠等を鑑定評価報告書に記載しなければならない。
　① 　依頼者から入手した対象不動産に係る収益又は費用の額その他の資料をそのまま活用する場合
　② 　依頼者から入手した対象不動産に係る収益又は費用の額その他の資料に修正等を加える場合
　③ 　自らが入手した対象不動産に係る収益又は費用の額その他の資料を活用する場合
(2)　DCF法による収益価格を求める場合に当たっては、最終還元利回り、割引率、収益及び費用の将来予測等査定した個々の項目等に関する説明に加え、それらを採用して収益価格を求める過程及びその理由について、経済事情の変動の可能性、具体的に検証した事例及び論理的な整合性等を明確にしつつ、鑑定評価報告書に記載しなければならない。また、複数の不動産鑑定士が共同して複数の証券化対象不動産の鑑定評価を行う場合にあっては、DCF法の適用において活用する最終還元利回り、割引率、収益及び費用の将来予測等について対象不動産相互間の論理的な整合性を図らなければならない。
(3)　鑑定評価報告書には、DCF法で査定した収益価格（直接還元法による検証を含む。）と原価法及び取引事例比較法等で求めた試算価格との関連について明確にしつつ、鑑定評価額を決定した理由について記載しなければならない。

第3章 証券化対象不動産の価格に関する鑑定評価

【解 説】
1 評価方針

証券化等による投資目的の需要者が中心となる市場に属する不動産については、基準各論第3章等に従い、DCF法を適用した上で、以下の点に留意して評価を行う必要がある。なお、開発を前提に、更地等を証券化対象不動産とする開発型証券化の場合には、DCF法（開発賃貸型）を適用する。

証券化対象不動産に係る鑑定評価目的の下で、投資家に示すための投資採算価値を表す価格を求める場合には、その依頼目的に対応した条件として資産流動化計画等の運用計画を所与のものとし、当該運用計画に基づく投資採算価格を求める必要があることから、DCF法を適用して求められたDCF法による収益価格を標準として鑑定評価を行う必要がある。この場合、運用計画が対象不動産の最有効使用と一致し、対象不動産の属する市場が投資採算価値を標準として価格が形成されているときには、正常価格と同一の市場概念の下において形成されるであろう市場価値と乖離しないことから、求める価格の種類は正常価格となる。ただし、評価の前提となる運用計画等は正常価格を求める場合の要件と異なるケースもあり、その際は特定価格として求める必要がある。なお鑑定評価の依頼目的に対応した条件により、特定価格を求めた場合は、特定価格を記載するとともに、正常価格を併記しなければならない。

また、複数の不動産鑑定士が共同して複数の証券化対象不動産の鑑定評価を行う場合にあっては、DCF法等の適用において採用する利回り、割引率、収益及び費用の将来予測等や取引事例比較法等における補修正率等について対象不動産相互間の論理的な整合性を図るなど、説明責任の向上を図らなければならない。

証券化対象不動産が、宿泊施設、レジャー施設、医療・福祉施設、商業施設等の事業用不動産である場合においては、賃借人による事業経営の状況に応じて想定される各種リスクを把握するために、原則として、事業用不動産としての事業収支をもとに、対象不動産の賃貸事業収支を検証する必要がある。検証に当たっては、可能な限り事業用不動産としての中長期的かつ安定的な事業収支を査定のうえ、賃借人の賃料負担力の観点から賃料水準の妥当性を確認する。また、賃料徴収の形態、テナントのタイプ、及びこれらの事業に特有な収益費用項目の扱いに留意する。

各 論

2 収益還元法
  ① 割引率
    証券化対象不動産の鑑定評価において、総論第7章第1節Ⅳに記載されている割引率の求め方のうち、類似の不動産の取引事例との比較から求める方法、金融資産の利回りに不動産の個別性を加味して求める方法を採用する場合には、個別の不動産の地域要因や個別的要因の格差を把握し、それらの格差に基づく将来収益の変動リスクについて検討し、複数不動産間での整合性に留意して割引率を査定することが必要である。
    なお、取引事例から求められるのは一般的には還元利回りであるので、取引事例の還元利回りから割引率を査定するためには、対象不動産の純収益の変動予測による分析が必要となる。
  ② 還元利回り及び最終還元利回り
    証券化対象不動産の鑑定評価において、直接還元法で用いる還元利回りを、取引事例等から求めるためには、証券化対象不動産等類似の不動産の取引事例、投資家へのヒアリング等による地域別、用途別の利回り水準の把握が必要となる。
    対象不動産に適用する還元利回りを、類似不動産の取引事例の利回りに、立地条件、権利関係、建物の状況、賃借人の状況等にかかる純収益の不確実性の格差（リスクプレミアム）や純収益の変動予測を加減して求める場合は、これらの要因は、互いに影響しあっているために、単純にそれぞれのプレミアムを足し上げていくと過大になることがある。したがって、対象不動産と類似不動産の取引事例を収集し、その還元利回りとの比較を行うことによって、求められた還元利回りを検証する必要がある。
    復帰時点の売却価格を求めるための最終還元利回りは、価格時点の還元利回りに将来の予測に伴う不確実性及び還元対象となる純収益に反映されない資産価格の変動に伴うプレミアムを、加減して求める。
    最終還元利回りは、一般的には、還元利回りより大きくなる場合が多いものと思われる。その理由は、
      ア　期間の経過による不動産の価値下落のリスク
      イ　保有期間後の純収益の見積りリスク
      ウ　売却リスク
    等が想定されるためである。

具体的なプレミアムの把握については、上記理由に掲げた観点からの実証分析が必要である。

③ 収益価格の決定

DCF法も直接還元法もともに収益還元法の手法であり、いずれの手法によって求めた価格も理論的には同一水準となるべきものである。

二つの手法により求めた価格に大きな開差がある場合は、いずれかの手法の適用過程に誤りがある場合が想定されるため、再吟味を行うことが必要である。

直接還元法の適用において、価格時点における純収益と市場利回りから査定した還元利回りにより収益価格を査定することはわかりやすい方法ではあるが、純収益の詳細な変動予測が十分には反映できず、また実際の取引事例からの比較という比準方式の要素も少なくない。一概にいずれの手法による収益価格の妥当性が高いかは判断できないが、高い説明力を求められる証券化対象不動産に適用する収益価格は、純収益の詳細な変動予測を反映し、対象不動産にかかる将来の純収益変動予測と当該予測の変動リスクに基づく割引率を適用して求めるDCF法による収益価格を、原則として標準とすべきである。

3 試算価格の調整

証券化対象不動産の鑑定評価においては、収益価格と積算価格等の間に大きな乖離が生じる場合があるが、このような場合には、市場分析を通じて乖離の原因究明を行う必要がある。特に、各試算価格の再吟味に当たっては、原価法における再調達原価に、建物引渡しまでの資金調達費用（借入金利等）、発注者の開発リスク相当額、発注者利益（開発利益等）等の付帯費用相当額が適切に加算され、土地価格や建物価格が収益性を適切に反映したものとなっているか、収益還元法における純収益の見通しや採用する利回り等が市場分析を踏まえたものとなっているかなど、価格形成要因の反映の整合性に十分に留意する必要がある。

4 鑑定評価報告書への記載

一般にDCF法の適用における収益費用の初年度の査定及び将来予測は、依頼者から入手したレントロールや賃貸借契約書、維持管理にかかる費用明細等に基づき、それら数値がどのように変動するかを自ら入手した資料を参考に判断することにより行うが、このような将来の収益費用の予測をどのような資料やデータに基づき、どのように判断、分析

各論

し、それをどのように査定や予測に結びつけたかという判断根拠を明確にし、できる限り鑑定評価報告書に記載する必要がある。

割引率の査定については、金利動向、市場分析結果、対象不動産の純収益の不確実性をどのように反映させたかを、できるだけ明確に鑑定評価報告書に記載する必要がある。

還元利回りを求める際に利用した証券化対象不動産等の取引事例、投資家へのヒアリング、アンケート結果等を鑑定評価報告書に明示する必要がある。

さらに、DCF法等による収益価格を求める際に採用する資料を以下のアからウに定める区分に応じて、その妥当性や判断の根拠等を鑑定評価報告書に明記しなければならない。

また、依頼者から入手した資料に齟齬がある場合や間違いがあると判断される場合には、依頼者に確認をし、適切な資料を入手することが必要である。

　ア　依頼者から入手した対象不動産に係る収益又は費用の額その他の資料をそのまま採用する場合
　イ　依頼者から入手した対象不動産に係る収益又は費用の額その他の資料に修正等を加える場合
　ウ　自らが入手した対象不動産に係る収益又は費用の額その他の資料を採用する場合

収益還元法、原価法、取引事例比較法等により求めた各試算価格から鑑定評価額の決定に至るまでの検討状況、試算価格の調整において、収益価格と他の試算価格との開差が認められる場合には、その理由について手法の限界や市場分析結果との関連等を含め記載する必要がある。特に、DCF法により査定した収益価格と直接還元法により査定した収益価格との関連、及び原価法や取引事例比較法等で求めた試算価格との関連について明確にしつつ、収益価格や鑑定評価額を決定した理由を鑑定評価報告書に記載しなければならない。

5　DCF法等の精緻化

不動産鑑定評価基準

> (4)　DCF法の適用については、今後、さらなる精緻化に向けて自己研鑽に努めることにより、説明責任の向上を図る必要がある。

第3章 証券化対象不動産の価格に関する鑑定評価

解 説

　DCF法等の適用手法について、不動産鑑定士は、不動産投資において用いられ、あるいは研究されている価格や投資価値等の査定手法について、鑑定評価の手法としてどのように採り入れられるか、について今後、さらに研鑽に努める必要がある。

Ⅱ　DCF法の収益費用項目の統一等

不動産鑑定評価基準

(1) DCF法の適用により収益価格を求めるに当たっては、証券化対象不動産に係る収益又は費用の額につき、連続する複数の期間ごとに、次の表の項目（以下「収益費用項目」という。）に区分して鑑定評価報告書に記載しなければならない（収益費用項目ごとに、記載した数値の積算内訳等を付記するものとする）。この場合において、同表の項目の欄に掲げる項目の定義は、それぞれ同表の定義の欄に掲げる定義のとおりとする。

項　目		定　義
運営収益	貸室賃料収入	対象不動産の全部又は貸室部分について賃貸又は運営委託をすることにより経常的に得られる収入（満室想定）
	共益費収入	対象不動産の維持管理・運営において経常的に要する費用（電気・水道・ガス・地域冷暖房熱源等に要する費用を含む）のうち、共用部分に係るものとして賃借人との契約により徴収する収入（満室想定）
	水道光熱費収入	対象不動産の運営において電気・水道・ガス・地域冷暖房熱源等に要する費用のうち、貸室部分に係るものとして賃借人との契約により徴収する収入（満室想定）
	駐車場収入	対象不動産に附属する駐車場をテナント等に賃貸することによって得られる収入及び駐車場を

― 439 ―

		時間貸しすることによって得られる収入
	その他収入	その他看板、アンテナ、自動販売機等の施設設置料、礼金・更新料等の返還を要しない一時金等の収入
	空室等損失	各収入について空室や入替期間等の発生予測に基づく減少分
	貸倒れ損失	各収入について貸倒れの発生予測に基づく減少分
運営費用	維持管理費	建物・設備管理、保安警備、清掃等対象不動産の維持・管理のために経常的に要する費用
	水道光熱費	対象不動産の運営において電気・水道・ガス・地域冷暖房熱源等に要する費用
	修繕費	対象不動産に係る建物、設備等の修理、改良等のために支出した金額のうち当該建物、設備等の通常の維持管理のため、又は一部がき損した建物、設備等につきその原状を回復するために経常的に要する費用
	プロパティマネジメントフィー	対象不動産の管理業務に係る経費
	テナント募集費用等	新規テナントの募集に際して行われる仲介業務や広告宣伝等に要する費用及びテナントの賃貸借契約の更新や再契約業務に要する費用等
	公租公課	固定資産税（土地・建物・償却資産）、都市計画税（土地・建物）
	損害保険料	対象不動産及び附属設備に係る火災保険、対象不動産の欠陥や管理上の事故による第三者等の損害を担保する賠償責任保険等の料金
	その他費用	その他支払地代、道路占用使用料等の費用

運営純収益	運営収益から運営費用を控除して得た額
一時金の運用益	預り金的性格を有する保証金等の運用益
資本的支出	対象不動産に係る建物、設備等の修理、改良等のために支出した金額のうち当該建物、設備等の価値を高め、又はその耐久性を増すこととなると認められる部分に対応する支出
純収益	運営純収益に一時金の運用益を加算し資本的支出を控除した額

(2) DCF法の適用により収益価格を求めるに当たっては、収益費用項目及びその定義について依頼者に提示・説明した上で必要な資料を入手するとともに、収益費用項目ごとに定められた定義に該当していることを確認しなければならない。

運用上の留意事項

4．DCF法の適用等について
　DCF法の適用等に当たっては、次に掲げる事項に留意する必要がある。
(1) 収益費用項目及びその定義を依頼者に説明するに当たって、各項目ごとの具体的な積算内訳など不動産の出納管理に関するデータ等と収益費用項目の対応関係を示すなどの工夫により、依頼者が不動産鑑定士に提供する資料の正確性の向上に十分配慮しなければならない。
(2) （本項目の解説については、454頁～455頁を参照のこと。）
(3) 各論第3章第5節Ⅱ(1)の表の収益費用項目のうち「運営純収益」と「純収益」の差額を構成する「一時金の運用益」と「資本的支出」の算出について、「一時金の運用益」の利回りの考え方を付記するとともに、「資本的支出」と「修繕費」の区分については、税務上の整理等との整合性に十分配慮する必要があることに留意しなければならない。
(4) 収益費用項目については、DCF法を適用した場合の検証として適用する直接還元法においても、同様に用いる必要がある。

各 論

解 説
1 収益費用項目

　証券化対象不動産の鑑定評価において、重要な評価方法であるDCF法の適用等に関しては、複数の鑑定評価書の比較容易性の向上は、キャッシュフロー予測や利回りに関する説明の精緻化等とともに喫緊の課題となっている。そのために、証券化対象不動産に関する鑑定評価におけるDCF法の適用に当たっての収益費用項目を統一し、他の不動産鑑定業者の鑑定評価書との内容の比較が容易に行えるように、基準各論第3章等において、その統一を図ったものである。

　不動産の証券化において最も多い用途と考えられる賃貸事務所及び賃貸住宅（以下「賃貸用不動産」という。）について、総収益、総費用の構成項目、その定義、入力内容、方法を標準化し、DCF法の収益費用項目を後掲（基準各論第3章別表2「DCF法シート」参照）のものとする必要がある。なお、直接還元法の収益費用項目も後掲のものとする。

　基準記載の項目以外の定義で収集されたデータが入手された場合には、当該項目と違う定義を用いていることを必ず明記する必要がある。

　共益費と維持管理費、及び水道光熱費収入（附加使用料）と水道光熱費（費用）に関する扱いについては次の方法がある。いずれの方法においても、他の収益費用項目との考え方の整合に留意する必要がある。

　　ⅰ）　テナント賃貸借契約対象部分を含むビル全体の収支を両建てする方法
　　ⅱ）　共用部分にかかる収支を両建てする方法
　　ⅲ）　収支差額を収支の一方に計上する方法

　なお、選択した手法によって、経費率が変わるために、経費率の比較を行う場合には計上している収益費用の対象範囲を確認することが必要であることに留意する。

　賃貸用不動産においては、次の収益費用項目とすることとされている。

　①　**全体の構成**

　　全体の構成は、「運営収益－運営費用＋一時金の運用益－資産計上される大規模修繕費などの資本的支出＝純収益」とし、「運営収益－運営費用＝運営純収益」と定義する。運営収益は総収益のうち一時金の運用益を含まない。運営費用は総費用のうち大規模修繕費などの資

本的支出を含まない。

　運営純収益を表示する理由は、会計上の営業損益と類似概念である運営純収益を示すことが投資家等への開示資料として有効であることであり、また欧米等における不動産インデックスの作成において、類似の概念であるNOI（ネット・オペレーティング・インカム）が多く用いられていることなどによる（内訳が異なる場合があるので、注意が必要である。）。

　収益価格の査定においては、一時金の運用益及び大規模修繕費などの資本的支出を考慮した純収益を用いなければならないことに留意が必要である。

② 運営収益

　まず、対象不動産が満室の場合に得られる収入を査定し、これから空室等損失、貸倒れ損失を差し引き、運営収益を求める。

　また、共益費には実質的に賃料に相当する部分が含まれると判断されることが多いこと、費用の計上に当たり賃貸部分と共用部分で区別することが困難な場合が多いことなどから、昨今の市場慣行として、貸室賃料収入と共益費を含めた収入により分析し、費用においても見合いの費用を計上することが多くなっていることを踏まえ、「共益費収入」という項目を設けている。

　空室等損失、貸倒れ損失は、各収益項目の稼動率の状況がそれぞれ適切に反映されるように設定する。

　なお、未竣工建物等鑑定評価を行う場合には、予定されている運用方法及び予定賃貸借契約内容等を前提とし、契約内容等が未定の場合には、価格時点における標準的な契約条件を前提に、対象不動産の個別性等を踏まえ、価格時点から竣工時点までの間に通常のリーシングが行われる場合における、竣工時の稼働状況等を想定のうえ、各項目に応じて適切に査定する。

不動産鑑定評価基準

貸室賃料収入	対象不動産の全部又は貸室部分について賃貸又は運営委託をすることにより経常的に得られる収入（満室想定）

各論

解説

　貸室賃料収入は、賃貸借契約や、レントロール、管理運営報告書等に基づき、各貸室について総額及び単価（円/㎡、円/坪）を確認する。

　直接還元法及びDCF法の適用において、貸家及びその敷地の貸室賃料収入を見積もる場合には、価格時点における賃料（共益費込み）を基本に、対象不動産の過去の改定状況や周辺類似不動産の価格時点における賃料（共益費込み）、改定状況を参考として見積もる。特にDCF法においては、現賃借人の存在にもかかわらず、価格時点における賃料以外の新規賃料等を初年度において想定することは、約定又は退去等により、新規賃料への変更が明確である場合以外は原則として想定してはならない。

　対象不動産が店舗などの場合、賃料に歩合制を加味している場合がみられるが、この場合も歩合部分の見込みについては実績や同業種の営業状況等を分析して査定する必要がある。

　また、一部の賃貸借契約にフリーレントが付されている場合もあるが、一般に、フリーレントについては賃貸借契約書のみの確認では把握できないことが多いため、その存否について依頼者への確認が必要である。確認については文書で行い、当該確認の日時や確認相手等についての記録を残しておくことが必要である。

　貸室賃料収入の把握に当たっては、依頼者から入手した賃貸借条件をもとに、市場賃料水準と対象不動産の競争力等を検討し、現行賃料の継続性を判断して将来の変動予測を行う。

　この際、対象不動産の賃貸面積については、依頼者からの入手資料を参考に、可能な限り竣工図面等との照合及び現地調査に基づく概測を行い、現況の使用面積との相違の有無の確認や、共用部分を含むものであるか等の確認を行うことが望ましい。

不動産鑑定評価基準	
共益費収入	対象不動産の維持管理・運営において経常的に要する費用（電気・水道・ガス・地域冷暖房熱源等に要する費用を含む）のうち、共用部分に係るものとして賃借人との契約により徴収する収入（満室想定）

解説

　共益費収入は賃貸借契約や、レントロール、管理運営報告書等に基づき各貸室について総額及び単価（円／㎡、円／坪）を確認する。

　貸室賃料収入と別に徴収されている場合には、それぞれ別に計上し、それらの合計を共益費込み貸室賃料収入として把握する。

　両者が区別されておらず、共益費込み貸室賃料収入として総額が約されている場合には、共益費込み貸室賃料収入の欄に総額を記載する。

　将来予測の際、物価安定期においては原則として共益費収入部分の改定を見込むべきではない。総額として把握されている場合には、貸室賃料のみの更改に比較し、保守的な観点から予測を行うべきである。ただし、施設更新に伴う改定等の合理的な予定がある場合には、これらを反映して査定する。

不動産鑑定評価基準	
水道光熱費収入	対象不動産の運営において電気・水道・ガス・地域冷暖房熱源等に要する費用のうち、貸室部分に係るものとして賃借人との契約により徴収する収入（満室想定）

解説

　水道光熱費収入の予測は、原則として過年度収支等を参考に行うが、想定する空室率が異なる場合には、過年度の収支と必ずしも一致しないため、想定した空室率に即した収入予測を行わなければならない。

　また、水道光熱費収入については、維持管理費や水道光熱費と同じく、当該収入の対象範囲が貸室部分と共用部分の両方にかかるものであるのか、後者のみであるのか等を確認し、共益費収入として計上すべきものとのダブリがないように注意することが必要である。

　地域冷暖房を採用している場合、賃借人からの徴収金額は、一般的に高額でありかつ、対象不動産の運営方針の違いにより賃借人ごとに差異がある場合があるので、依頼者に地域冷暖房の採用の有無、運営方針等についての確認が必要である。

各論

不動産鑑定評価基準

駐車場収入	対象不動産に附属する駐車場をテナント等に賃貸することによって得られる収入及び駐車場を時間貸しすることによって得られる収入

〔解 説〕

　駐車場収入は賃貸借契約や、レントロール、管理運営報告書等に基づき各駐車部分について総額及び単価（円／台）を確認する。

　月極と時間貸しがある場合には、各々の使用料の市場水準を把握することが必要となる。時間貸し駐車場収入については過年度の実績が参考となるが、過年度実績における賃貸状況が将来と同じ状態になるかどうかについては市場動向を踏まえ、的確に見積もることが必要である。

不動産鑑定評価基準

その他収入	その他看板、アンテナ、自動販売機等の施設設置料、礼金・更新料等の返還を要しない一時金等の収入

〔解 説〕

　その他収入は賃貸借契約や、レントロール、管理運営報告書等に基づき各賃貸項目についての総額を確認する。その他収入には次のようなものがある。
　ア　アンテナ収入
　イ　看板等の広告施設収入
　ウ　自動販売機設置料収入
　エ　礼金、権利金（その性格に留意することが必要である。）や解約違約金等の一時金収入等（これらは収受年度の収益として計上する。）

　その他収入については新所有者における承継の可否等に留意の上、過年度実績を参考に見積もることとし、見積りに際しては過年度実績がどのような状況の下で積み上げられたかを確認する必要がある。

　アンテナ収入や看板等の広告施設収入、自動販売機設置料収入について

は、それら収入の前提となる契約関係の継続性について十分依頼者に確認するとともに、現地調査において対象資産の確認を行うことが必要である。

従来、一時金運用益及び償却益等として査定してきた権利金（保証金の償却部分を含む。）等については、基準各論第3章等では、その他収入の一項目として扱われるようになり、保証金等の預り金的性格の一時金の取扱いとは異なる。一般的に売買の際には、新所有者に引き継がれないので、当該賃貸借契約が継続している間は計上しないこととなる。

不動産鑑定評価基準

空室等損失	各収入について空室や入替期間等の発生予測に基づく減少分

解 説

空室等損失は、現行空室率を参考に、今後の入居の可能性を市場動向、対象不動産の競争力の観点から検討し、予測を行う。

価格時点における空室率が、対象不動産の稼働安定期における空室率と比較して大きく差異がある場合には、DCF法において空室率の変動を見込む必要がある。この際、収益費用項目の中で、例えば水道光熱費収入や水道光熱費、プロパティマネジメントフィーなど空室率に応じて金額が変動する項目があるために、現行の収入費用金額の単純な引き伸ばしでは対応することはできず、空室率の変動に応じた算定が必要となることに注意が必要である。

空室損失は上記の収益項目に応じて、適切に見積もる必要がある。また、駐車場使用料以下の看板収入や自動販売機収入等においては、必ずしも貸室の空室率と連動しないために、単純に貸室と同率の空室率を想定することは妥当ではなく、各収入に応じた空室損失を予測することが必要である。

一棟貸やマスターリースの場合は、契約期間満了や途中解約等による入替えを考慮した年平均額として査定するか、空室等損失として査定しない場合には、割引率において空室等のリスクを考慮する。

各論

不動産鑑定評価基準	
貸倒れ損失	各収入について貸倒れの発生予測に基づく減少分

解説

　貸倒れ損失は、現行賃借人の過去の貸倒れ実績及び賃借人の信用力に基づき予測する。

　収益に連動する控除項目として扱うが、当該費用は後日未収金が回収できないことによって発生するものであるために、収益に連動するプロパティマネジメントフィー等には正確な反映は困難となる。

　貸倒れ損失は、賃借人が倒産し、裁判の手続きに入り、契約解除できなくなり、3カ月ほどの後、原状回復費用と未払い賃料を敷金・保証金でまかなえなくなった事例において発生するのが典型的であり、このような事例の発生確率を考慮することにより査定することもできる。実務上、保証金等により担保されているとして計上しない場合も多いが、賃借人の信用、地域の需給動向、保証金の多寡等を考慮して判断する必要がある。

③　運営費用

　運営費用は、想定した稼働状況に基づく、維持管理費、水道光熱費、修繕費、プロパティマネジメントフィー、テナント募集費用等、公租公課、損害保険料、その他費用を査定する。なお、一棟貸しやマスターリース等の場合には、すべての項目が必ずしも所有者負担ではないため、賃貸借契約書等により所有者が負担すべき費用を適切に査定する必要がある。

　なお、未竣工建物等鑑定評価を行う場合には、価格時点において賃貸運用が行われておらず、運営費用の実績値が把握できないため、類似不動産における一般的な運営費用をもとに、対象不動産の個別性や予定されている運用方法等を十分に勘案のうえ、各項目に応じて適切に査定する。

第3章 証券化対象不動産の価格に関する鑑定評価

不動産鑑定評価基準

維持管理費	建物・設備管理、保安警備、清掃等対象不動産の維持・管理のために経常的に要する費用

解 説

　維持管理費は、過去の実績を参考に、今後の管理運営計画、類似不動産の費用水準等観点から検討し、予測を行う。

　維持管理費は、いわゆる BM フィー（ビルメンテナンスフィー。狭義の PM フィー）であり、清掃費（外壁・共用部分清掃業務等）、設備費（EV 保守点検、冷温水発生装置点検、空調機フィルター交換、消防設備点検等）、環境衛生費、警備費等がある。

　多数の事例を収集し、対象不動産の規模、経年に応じ、できるだけ上記維持管理費の内訳別に面積単価（賃貸面積又は延面積）によって分析し、依頼者から受領したデータを検証して、異常値がないか確認することが必要である。また、想定する運営収益が得られるような維持管理を行える適正な水準で設定する必要がある。

不動産鑑定評価基準

水道光熱費	対象不動産の運営において電気・水道・ガス・地域冷暖房熱源等に要する費用

解 説

　水道光熱費は、過去の実績を参考に、今後の稼働率予測に基づき、建物一棟全体に要する水道光熱費を計上する。水道光熱費には、水道光熱費収入に対応する費用として計上するものと、共用部分にかかる水道光熱費で共益費の一部によってまかなわれるものとがある（住宅の場合は一般に水道光熱費という項目がなく、共益費収入で共用部分の水道光熱費はまかなわれ、専用部分の費用は個別に支払われる。）。

各 論

不動産鑑定評価基準	
修繕費	対象不動産に係る建物、設備等の修理、改良等のために支出した金額のうち当該建物、設備等の通常の維持管理のため、又は一部がき損した建物、設備等につきその原状を回復するために経常的に要する費用

【解 説】

　修繕費は、過去の実績を参考に、今後の管理運営計画、類似不動産の費用水準等の観点から検討し、予測を行う。

　損益計算上、修繕費として費用処理されるものが対象となる。居住用賃貸不動産の場合には、賃借人退去時に原状回復等のための修繕費用が必要となることがあるために、これらの支出について過去の実績を参考に見積もることが必要である。

　この際、大規模修繕費(資本的支出)と合算で、建物の再調達原価に対して何％程度の工事費であるか等の支出水準を把握する場合もあるが、その場合でも、修繕費と大規模修繕費(資本的支出)とに適切に区分する必要がある。

不動産鑑定評価基準	
プロパティマネジメントフィー	対象不動産の管理業務に係る経費

【解 説】

　プロパティマネジメントフィー(PMフィー)は、現行の管理運営委託契約書等に基づくフィー水準を前提に、プロパティマネジメント会社(PM会社)の継続性の観点や類似不動産の費用水準等の観点から検討し、予測を行う。PMが狭義(ビルメンテナンス)で使われる場合が多いが、広義のプロパティマネジメント(PM)はBM(ビルメンテナンス:狭義のPM)、CM(コンストラクションマネジメント:中長期的な改修・修繕計画の策定・実施)、LM(リーシングマネジメント:テナント誘致・契

約・テナント管理等）の管理統括業務でBM、CM、LM実務と兼ねている場合があり、この場合は、PMフィーは、BMフィー、CMフィー、LMフィーに分類できる。

鑑定評価に当たっては、PMフィーの対象となる業務を確認する必要がある。

不動産鑑定評価基準

| テナント募集費用等 | 新規テナントの募集に際して行われる仲介業務や広告宣伝等に要する費用及びテナントの賃貸借契約の更新や再契約業務に要する費用等 |

解　説

賃借人の標準的な交代周期を査定し、仲介手数料等相当額を計上する。

ただし、賃貸人に有利な市場環境等の場合には必ずしも発生しないこともあるため、賃貸市場の動向をかんがみ、賃貸人負担分を査定する。契約期間中の賃料徴収や賃料改定等に関する費用は、プロパティマネジメントフィーとして計上されるものもあるため、契約条件についての確認が必要である。

不動産鑑定評価基準

| 公租公課 | 固定資産税（土地・建物・償却資産）、都市計画税（土地・建物） |

解　説

固定資産税等、対象不動産を課税対象とし、所有者負担となる公租公課について査定する。

　ア　固定資産税、都市計画税

　　　建物については、基本的に上昇することはないため同額とするか、若しくは「経年減点補正率」等、公的機関で使われている計算式を用いて予測することができる。固定資産税、都市計画税については各種

各 論

軽減措置が講じられている場合があるが、それが対象不動産において標準的な需要者として想定される取得者に適用されるものであるか、永続するものであるか、どれだけの期間軽減措置が受けられるものかについて確認を行い将来予測に反映させることが必要である。

イ　償却資産に対する公租公課

建物の一部など、課税上は償却資産とされているが鑑定評価の対象に含まれる部分について、所有者の償却資産リストによって確認し、それに対応する公租公課を求める。

ウ　事業所税

事業所税は通常、事業主（賃借人）が負担するものなので、原則として費用として計上しない。

不動産鑑定評価基準

損害保険料	対象不動産及び附属設備に係る火災保険、対象不動産の欠陥や管理上の事故による第三者等の損害を担保する賠償責任保険等の料金

解 説

価額協定特約の有無、免責額等により異なるが、標準的な付保額、保険料を参考として、現状の付保額、保険料に基づいて査定する。

地震保険は投資方針や運用基準において、所有者ごとに付保基準は異なり、必ずしも地震保険を付保することが一般化していない。

不動産鑑定評価基準

その他費用	その他支払地代、道路占用使用料等の費用

解　説

対象不動産により、その他の費用として以下のような費用を査定する。
　ア　支払地代
　　　借地契約の内容について確認し、将来の推移について予測する。
　イ　道路占用使用料
　　　建物から道路の上空にせり出して設置される看板等の占用に係る使用料のことであり、今後の看板設置の継続性等及び現地調査における看板の設置状況と使用料の確認を行う必要がある。
　ウ　管理組合費
　　　管理組合費とは、区分所有建物において一棟全体の建物保守管理費、共用部分の水道光熱費等に充当するために各区分所有者より管理組合が徴収するもので、これを計上する場合には、通常上記建物保守管理費と電気料・水道料（共用部分）が計上されない。したがって、修繕積立金とともに、必ず管理組合で確認する。また、共益費と管理組合費の内容、そのカバーする範囲が不明確な場合はこれを確認する。
　エ　修繕積立金
　　　修繕積立金とは、区分所有建物において一棟全体（主に共用部分）の修繕費や資本的支出に充当するために、各区分所有者より管理組合が徴収するものである。修繕積立金累計額等の水準が低い場合には、将来における特別修繕のための追加的徴収も考えられ、その分を修繕費と資本的支出に計上することとなる。

④　一時金（預り金）の運用益

不動産鑑定評価基準

一時金の運用益	預り金的性格を有する保証金等の運用益

解　説

　DCF法等における一時金（預り金）は、一時金を授受する期に計上する方法ではなく、運用益を計上する方法によることを原則とし、運用利回りの考え方及び査定根拠を鑑定評価報告書に記載する。
　DCF法の保有期間中における運用利回りは、賃貸借契約等による預り金の運用制約の程度を勘案して、短期の運用利回り水準を基本に査定す

各論

る。直接還元法及びDCF法の復帰価格査定において収益費用の標準化を前提とする場合は、超長期における標準的な運用利回り水準を基本に、預り金の長期拘束性の程度等を考慮して査定する。

⑤ 資本的支出（大規模修繕費）

不動産鑑定評価基準

資本的支出	対象不動産に係る建物、設備等の修理、改良等のために支出した金額のうち当該建物、設備等の価値を高め、又はその耐久性を増すこととなると認められる部分に対応する支出

解説

エンジニアリング・レポート記載の長期修繕更新費等の修繕費を分析し、運営費用を構成する修繕費に含まれない資本的支出に相当する額を計上する。この際、ある特定期間における大規模修繕は、必ずしも当該期に発生するものではないと判断される場合には、修繕引当金又は修繕積立金的に考え、年平均額を計上する。年平均額を計上する場合は原則として保有期間により平準化する。なお、今後の資本的支出予測の前提として、現在までの大規模修繕の履歴を必ず確認する。

⑥ アセットマネジメントフィー等

運用上の留意事項

(2) 収益費用項目においては、信託報酬、特別目的会社・投資法人・ファンド等に係る事務費用、アセットマネジメントフィー（個別の不動産に関する費用は除く）等の証券化関連費用は含まないこと。「純収益」は償却前のものとして求めることとしていることから減価償却費は計上しないことに留意する必要がある。また、各論第3章第5節Ⅱ(1)の表に定める「運営純収益」と証券化対象不動産に係る一般の開示書類等で見られるいわゆる「NOI（ネット・オペレーティング・インカム）」はその内訳が異なる場合があることに留意する必要がある。

第3章　証券化対象不動産の価格に関する鑑定評価

解説

　不動産証券化に伴う信託報酬やSPC等の管理費用、アセットマネジメントフィーは、いずれも不動産に関する固有のコストではなく、いずれも信託受益権を活用したり、SPC等を活用したり、資産入れ替え型に近い運用をしたりするために発生する費用であり、不動産の鑑定評価においてはこれらの費用は総費用に見込むべきではない。なお、これらの費用のうち、実質的に対象不動産の維持管理費、修繕費、プロパティマネジメントフィー等と判断される場合には、当該費用については総費用に含む必要がある。

2　DCF法の適用様式

不動産鑑定評価基準

(3)　DCF法を適用する際の鑑定評価報告書の様式の例は、別表2のとおりとする。証券化対象不動産の用途、類型等に応じて、実務面での適合を工夫する場合は、同表2に必要な修正を加えるものとする。

解説

　DCF法の適用に当たっては、基準各論第3章別表2（DCF法シート）として例示されている様式を参考に、基準各論第3章等において記載すべきこととされている事項を、依頼者等に理解しやすく記載する必要がある。この記載の様式の例は、基準各論第3章等が求める記載事項を例示したものであるが、必要な内容が記載されているものであれば既存のDCF計算ソフトのフォーマットを変更すること等により対応することもできる。

　基準各論第3章等において例示する標準収益費用項目は、主として用途が事務所、店舗又は共同住宅である貸家及びその敷地（借地権付建物を含む。）又はこれらの用途を前提とした更地等を想定したものである。対象不動産がその他の用途である場合、又は底地等類型が異なる場合には、標準収益費用項目によることが説明力の観点から妥当と判断されないことも想定される。

　ホテル等で業務委託型の運用を行っている場合や更地・底地の場合等、賃貸用不動産（貸家及びその敷地）を前提とした収益費用項目が必ずしも

各 論

適当でない場合、本基準の標準収益費用項目を基本とし、必要な修正を加えることにより対応することが望ましい。

3　定期的な実務の状況の把握

> **不動産鑑定評価基準**
>
> 附則（平成19年4月2日一部改正）
> 3．国土交通省は、毎年一回程度、この通知による改正後の不動産鑑定評価基準に基づく実務の状況について検討を加え必要があると認めるときには、その結果に基づいてこの基準の改訂など所要の措置を講ずるものとする。

解　説

　国土交通省は、基準各論第3章等に基づく証券化に係る鑑定評価実務等の状況について把握・検証を行うとともに、毎年1回程度、基準各論第3章等についての検討を行い、必要があると認めるときには、基準各論第3章等の改訂を含む所要の措置を講ずるものと表明されている。

第3章 証券化対象不動産の価格に関する鑑定評価

各論

別表1

不動産鑑定士		所属	

エンジニアリング・レポートの基本的属性・入手経緯

エンジニアリング・レポートの基本的属性・入手経緯		作成者	依頼者
	A		
	B		
	C		
	D		

提出されたエンジニアリング・レポートについて、鑑定評価を行う上での対応方針、不動産鑑定士の調査の必要性・内容等	

調査内容及び作成者 (※作成者欄には上記A、B、C又はDを記載)		作成者からの説明	項目	エンジニアリング・レポートの活用又は不動産鑑定士の調査の別
1 建物状況調査			立地概要調査	
			建物概要調査	
			設備概要調査	
			構造概要調査	
			公法上及び私法上の規制、制約等（法令遵守状況調査を含む。）	
			更新・改修履歴とその計画の調査	
			緊急修繕更新費	
			短期修繕更新費	
			長期修繕更新費	
			再調達価格	
2 建物環境調査			アスベスト(フェーズⅠ)	
			PCB	
			その他の項目	
3 土壌汚染リスク評価			土壌調査(フェーズⅠ)	
4 地震リスク評価			簡易分析	
			詳細分析	

地下埋設物				
建物環境調査			アスベスト(フェーズⅡ)	
土壌汚染リスク評価			土壌調査(フェーズⅡ)	
			環境アセスメント等	
耐震性調査			建築士等による耐震診断	

(注)「フェーズⅠ」とは現地調査・資料収集分析・ヒアリングによる有害又は汚染物質の可能性の調査、「フェーズⅡ」とは試料採取と化学的分

第3章 証券化対象不動産の価格に関する鑑定評価

記入日		物件名称		物件所在地	

調査年月日	作成年月日	入手先	入手年月日

鑑定評価において活用した事項とその根拠

析による有害又は汚染物質の有無の確認を行う調査。「簡易分析」とは統計的な手法による分析、「詳細分析」とは解析的な手法による分析。

各論

別表2

対象不動産の表示

土地	所在及び地番		地目		地積		
建物	所在		家屋番号	構造		用途	床面積

			1	2	・	・	・	・	・	・
(a)	運営収益 ①	貸室賃料収入								
(b)		共益費収入								
(c)		(共益費込み貸室賃料収入) [(a)+(b)]								
(d)		水道光熱費収入								
(e)		駐車場収入								
(f)		その他収入 (　　　)								
		(c)+(d)+(e)+(f)								
		(c)(d)空室等損失								
		(e)(f)空室等損失								
(g)		空室等損失合計								
(h)		貸倒損失								
②	運営収益 [①-(g)-(h)]									
(i)	運営費用 ③	維持管理費								
(j)		水道光熱費								
(k)		修繕費								
(l)		プロパティマネジメントフィー								
(m)		テナント募集費用等								
(n)		公租公課 土地								
		建物								
		償却資産								
(o)		損害保険料								
(p)		その他費用								
		運営費用 [(i)+(j)+(k)+(l)+(m)+(n)+(o)+(p)]								
④	運営純収益 [②-③]									
(q)		一時金の運用益								
(r)		資本的支出								
⑤	純収益 [④+(q)-(r)]									
		(参考)								
		OER (運営費用/運営収益)								
		預かり一時金 (敷金・保証金等) 残高								
		複利現価率								
(s)		現在価値								
(t)		(s) 欄合計								

収益価格((t)+(x)) ※	

- (u) 売却価格 《(n+1)年度の⑤÷(Z)》
- (v) 売却費用
- (w) 復帰価格(u)-(v)
- (x) 復帰価格現在価値
- (y) 割引率
- (Z) 最終還元利回り

第3章 証券化対象不動産の価格に関する鑑定評価

保有期間満了時点翌年 (n+1)	査定根拠		補足
	査定方法		
	依頼者から入手した資料又はその他の資料を採用する場合、修正を加える場合、自らが入手した資料を採用する場合の別及びその根拠	変動予測	

	査定根拠	補足
%		
%		

第2部
不動産鑑定士が不動産に関する価格等調査を行う場合の業務の目的と範囲等の確定及び成果報告書の記載事項に関するガイドライン
(価格等調査ガイドライン)

Ⅰ. 総論

> **価格等調査ガイドライン**
>
> Ⅰ. 総論
> 1. 本ガイドラインの趣旨
> 　本ガイドラインは、不動産鑑定士及び不動産鑑定士補（以下「不動産鑑定士」という。）が、その所属する不動産鑑定業者が業として価格等調査を行う場合に、当該価格等調査の目的と範囲等に関して依頼者との間で確定すべき事項及び成果報告書の記載事項等について定めるものである。

解　説

　価格等調査ガイドラインは、「Ⅰ．総論」「Ⅱ．業務の目的と範囲等の確定」「Ⅲ．業務の目的と範囲等に関する成果報告書への記載事項」等から構成され、不動産鑑定士のみならず、価格等調査業務の受託者である不動産鑑定業者が遵守すべき事項が規定されている。

　不動産鑑定評価基準（以下、「基準」という。）は、不動産の鑑定評価を行うための統一的基準であり、いわば技術的な指針という性格を有している。これに対し価格等調査ガイドラインは、基準に則った鑑定評価であるか否かにかかわらず、価格等調査を行うための業務の実施方法等を示すものであり、いわば手続的な指針という性格を有していると考えられる。

　なお、国土交通省が定めた「不当な鑑定評価等及び違反行為に係る処分基準」によると、いずれも「価格等調査に関し遵守すべき基準その他の事項」とされ、価格等調査ガイドラインは、基準に則った鑑定評価であるか否かにかかわらず、価格等調査を行う場合は必ず遵守しなければならない。

> **価格等調査ガイドライン**
>
> 2. 定義
> 　本ガイドラインにおける用語の定義は以下のとおりとする。
> (1) 「鑑定評価等業務」とは、不動産の鑑定評価に関する法律（昭和38年法律第152号）第3条第1項の業務（鑑定評価業務）又は同条

第2項の業務（いわゆる隣接・周辺業務）をいう。
(2) 「価格等」とは、不動産の価格又は賃料をいう。
(3) 「文書等」とは、文書又は電磁的記録をいう。
(4) 「価格等調査」とは、不動産の価格等を文書等に表示する調査をいう。なお、価格等調査は、不動産の鑑定評価に関する法律第3条第1項の業務（鑑定評価業務）の場合のほか、同条第2項の業務（いわゆる隣接・周辺業務）の場合がある。
(5) （本項目については後記467頁〜468頁参照）
(6) 「不動産鑑定評価基準に則った鑑定評価」とは、不動産鑑定評価基準のすべての内容に従って行われる価格等調査をいい、例えば、不動産鑑定評価基準に定める要件を満たさない価格等調査の条件を設定した場合等、不動産鑑定評価基準の一部分のみを適用・準用した価格等調査は含まれないものとする。
(7) 「不動産鑑定評価基準に則らない価格等調査」とは、不動産鑑定評価基準に則った鑑定評価以外の価格等調査をいう。
(8) 「調査価格等」とは、価格等調査の途中で、又は成果として求められる価格等をいう。
(9) 「成果報告書」とは、価格等調査の成果をⅢ.に従い書面に示したものをいう。
(10)〜(12) （本項目について後記467頁〜468頁参照）

価格等調査ガイドライン運用上の留意事項

Ⅰ．総論関係
1.「2．定義」関係
価格等調査ガイドラインの対象とする価格等調査について
利用者に対して価格等を示すことを最終的な目的としていなくても、価格等を求め、それを利用して不動産の利用、取引又は投資に関して相談に応じるなど、その業務の過程で価格等を示すものは価格等調査ガイドラインの対象とする価格等調査に含まれる。

解　説

「価格等調査」には、不動産の鑑定評価に関する法律（以下、「鑑定法」という。）第3条第1項の業務（不動産の経済価値を判定し、その結果を

価額に表示すること）のほか、第3条第2項の業務（いわゆる隣接・周辺業務）として価格等調査を行う場合も含まれるため、注意が必要である（鑑定法第3条第2項の業務として価格等調査を行う場合の具体例は、「Ⅳ．不動産鑑定士が直接不動産の鑑定評価に関する法律第3条第2項の業務を行う場合についての準用」を参照）。

「不動産鑑定評価基準に則った鑑定評価」とは、基準のすべての内容に従って行われる価格等調査をいい、従来からの実務において「（不動産）鑑定評価書」という名称で発行されていた価格等調査がこれに該当する。

なお、平成26年の基準の改正で、基準にスコープ・オブ・ワークの概念が導入され、未竣工建物等鑑定評価、調査範囲等条件、手法適用の合理化等に関する規定が新設されたことにより、従来は、基準に則らない価格等調査に区分されていた価格等調査の一部が、基準に則った鑑定評価となる場合があること（すなわち基準に則った鑑定評価の範囲が拡大したこと）に留意する。

「不動産鑑定評価基準に則らない価格等調査」とは、基準に則った鑑定評価以外の価格等調査をいい、基準の一部分のみを適用・準用した価格等調査が典型的である。ガイドライン運用上の留意事項の規定もふまえると、基準に則らない価格等調査は、①価格等を示すことが最終的な目的である価格等調査と②価格等を示すことが最終的な目的ではない価格等調査に分けられる。

なお、鑑定評価の手法を適用して求めているか否か、単価で示しているか総額で示しているか、単一の価格等で示しているか幅で示しているか等にかかわらず、これらは「価格等を示す」に含まれると考えられる。

基準に則らない価格等調査を行う場合には、基準に則った鑑定評価との相違を明確にすることが求められるとともに、一定の範囲で基準に従うことが義務づけられるなど、価格等調査ガイドラインと基準は、相互補完の関係にあることから、当該関係に対する十分な理解が必要となる。

以上をふまえ、鑑定法及び価格等調査ガイドラインに定める業務の種類やその内容、並びに基準との関係を整理すると以下のとおりである。

【鑑定法・基準・価格等調査ガイドラインの概念整理】

不動産の鑑定評価に関する法律	鑑定評価等業務	
	鑑定法第3条第1項の業務（鑑定評価業務）	鑑定法第3条第2項の業務（隣接・周辺業務）
	不動産の経済価値を判定し、その結果を価額に表示すること 不動産鑑定士の署名・押印が必要	不動産の客観的価値に作用する諸要因に関して調査若しくは分析を行い、又は不動産の利用、取引若しくは投資に関する相談に応じること

価格等調査ガイドラインの適用範囲	価格等調査業務			
	鑑定評価基準に則った鑑定評価	鑑定評価基準に則らない価格等調査		価格等調査以外の調査
	鑑定評価基準のすべての内容に従って行われる価格等調査	鑑定評価基準に則った鑑定評価以外の価格等調査 (鑑定評価基準に従っている手順の範囲やその内容、成果報告書の記載内容等により様々である)		価格等を表示しない調査
	経済価値を判定する価格等調査		経済価値を判定しない価格等調査	
	成果報告書の名称は「(不動産)鑑定評価書」	成果報告書の名称は「(不動産)鑑定評価書」以外の名称を使用 例えば「調査報告書」、「価格調査書」、「意見書」		

価格等調査ガイドライン

2．定義

　本ガイドラインにおける用語の定義は以下のとおりとする。
(1)〜(4)（本項目については前記464頁〜466頁参照）
(5)「依頼者」とは、不動産鑑定業者（いわゆる隣接・周辺業務の場合は不動産鑑定業者又は不動産鑑定士）に価格等調査を求める他人をいい、証券化対象不動産の価格等調査の場合の実質的な依頼者となるアセットマネジャー等を含むものとする。
(6)〜(9)（本項目について前記464頁〜466頁参照）
(10)「公表・開示・提出」とは、調査価格等が不特定多数の者に広く公表されること、若しくは依頼者以外の者に開示されること、又は成果報告書が依頼者以外の者に提出されることをいう。
(11)「開示・提出先」とは、調査価格等が開示される依頼者以外の者又は成果報告書が提出される依頼者以外の者をいう。
(12)「利用者」とは、依頼者並びに開示・提出先及び公表される調査価格等を利用する者（法令等に基づく不動産鑑定士による鑑定評価を踏まえ販売される金融商品の購入者を含む。）をいう。

解　説

　価格等調査ガイドラインにおける「利用者」の内容は、基準における「鑑定評価書の利用者」と同じであるが、価格等調査ガイドラインは、基

準に則った鑑定評価のみならず、基準に則らない価格等調査についても含むことから、基準と区別して「利用者」という用語を用いている。

「依頼者」は、価格等調査業務契約上の委託者のみならず、例えば、証券化対象不動産の価格等調査業務における「契約上の委託者：SPC（特別目的会社）、SPCの運用委託先：アセットマネジャー」という場合においては、価格等調査業務の内容・スケジュール等の指図を不動産鑑定業者・不動産鑑定士に実際に行う当該アセットマネジャー等も含まれる。

「公表」について、「調査価格等が不特定多数の者に広く公表されること」とは、具体的には、「財務諸表への個別不動産の調査価格の注記（会計上の要請の場合）」や「資産運用報告等各種開示資料への掲載（証券化対象不動産の場合）」などがある。

調査価格等の「開示」とは、依頼者が提出を受けた成果報告書等（ドラフト等価格等調査作業の過程で提出したものを含む。）を依頼者以外の者に提示することのほか、依頼者における当該成果報告書等のコピーを依頼者以外の者に提供することや当該成果報告書等の内容を依頼者が別途加工して依頼者以外の者に提供することも含まれると考えられる。

なお、価格等調査ガイドラインにおける「公表・開示」とは、個々の対象不動産の調査価格又は調査賃料そのものが公表・開示されることであり、上場企業ホームページの財務諸表に複数の賃貸等不動産の鑑定評価額の合計が注記される場合や、国税庁ホームページの公売情報に鑑定評価額を参考に公売特有の減価を行い算定された見積価額（公売財産の最低売却価額）が表示される場合など、「複数の対象不動産の調査価格又は調査賃料の合計金額」や「調査価格又は調査賃料を用いて算定された金額」の公表・開示は、価格等調査ガイドラインにおける「公表・開示」に該当しないと考えられる。

成果報告書の「提出」とは、成果報告書そのもの（一般的には「正本・副本」などと呼ばれるもの）が依頼者以外の者に提供されることをいう。

価格等調査ガイドライン

3．本ガイドラインの適用範囲及び不動産鑑定評価基準との関係

本ガイドラインは、不動産の鑑定評価に関する法律第3条第1項に規定する不動産の鑑定評価であるか、同条第2項に規定するいわゆる隣接・周辺業務であるかを問わず、価格等調査を行う場合に、不動産

鑑定士が従うべき業務の方法等を示すものであり、不動産鑑定評価基準に則った鑑定評価を行う場合は、不動産鑑定評価基準のほか、本ガイドラインに従うものとする。

なお、他の不動産鑑定業者が依頼者から受託した価格等調査業務の全部又は一部について価格等調査を当該他の不動産鑑定業者から再受託する場合の当該再受託する価格等調査については、本ガイドラインは適用しない。ただし、必要に応じ、本ガイドラインに準じた措置を取るよう努めるものとする。

また、国又は地方公共団体が依頼する地価公示、都道府県地価調査、路線価、固定資産税評価等、別に法令等に定めるものは、当該法令等に従うものとし、本ガイドラインは適用しない。

価格等調査ガイドライン運用上の留意事項

2．「3．本ガイドラインの適用範囲及び不動産鑑定評価基準との関係」関係
他の不動産鑑定業者から再受託する価格等調査への適用について

なお書きの趣旨は、依頼者から価格等調査を受託した不動産鑑定業者（「元受託業者」という。）が当該価格等調査の全部又は一部を他の不動産鑑定業者（「再受託業者」という。）に委託する場合に、元受託業者に所属する不動産鑑定士が価格等調査ガイドラインに従い依頼者との間で当該価格等調査の目的と範囲等を確定することを前提としており、その前提の範囲内においては、再受託業者が行う価格等調査については、元受託業者との間で改めて価格等調査ガイドラインを適用することとはしないものである。

解　説

価格等調査ガイドラインの適用範囲となる「価格等調査」とは、「不動産の価格等を文書等に表示する調査」をいい、対象となる不動産を特定し、当該対象不動産の価格又は賃料を文書又は電磁的記録に表示する調査をいうと考えられる。

つまり、①対象となる不動産を特定しているか否か、②当該対象不動産の価格又は賃料を文書又は電磁的記録に表示しているか否かが、価格等調査ガイドラインの適用範囲となるか否かの判断基準となる。

なお、基準に則らない場合でも、不動産の経済価値の判定を伴う価格等調査は、鑑定法第3条第1項の業務（鑑定評価業務）に該当することに留意する。
　価格等調査ガイドラインの適用範囲となるか否かを例示すれば以下のとおりである。なお、価格等調査ガイドラインが適用除外とする価格等調査（地価公示、都道府県地価調査等、別の法令等に定めるもの）を除き、一般に、依頼者の属性（依頼者が公共機関か民間会社か等）により適用範囲が異なることはないことに留意する。

【価格等調査ガイドラインの適用範囲】

具体例	価格等調査ガイドラインの適用範囲か否か
公共機関から依頼される公共用地の取得のための標準地評価	適用範囲
市役所や税務署から依頼される公売評価において、鑑定評価書の中に対象不動産の価格が表示される場合	適用範囲
市役所から依頼される時点修正において、意見書の中に時点修正後の対象不動産の価格が表示される場合	適用範囲
鑑定評価手法を適用しない机上調査において、意見書の中に対象不動産の価格が幅で表示される場合	適用範囲
市役所から依頼される時点修正において、意見書の記載は時点修正率にとどまり、かつ、前回評価の鑑定評価額の転記はあるものの、当該時点修正率を求める過程においても今回調査の対象不動産の価格が表示されない場合	適用範囲外 （②に該当しない）
対象となる不動産を特定せず、特定の地域のAクラスオフィスビルの賃料水準を求める場合	適用範囲外 （①に該当しない）

ガイドライン運用上の留意事項に規定されるとおり、いわゆる「業務提携」等の場合において、「元受託業者」（価格等調査業務契約上の受託者）と「再受託業者」との間では、価格等調査ガイドラインの適用はないが、依頼者と元受託業者との間においてなされた価格等調査の目的と範囲等の確定に関する事項は、「元受託業者」と「再受託業者」との間において十分な情報共有等が必要となることは言うまでもない。

> **価格等調査ガイドライン**
>
> 4．不動産鑑定評価基準に則った鑑定評価と則らない価格等調査との峻別等
> 　不動産鑑定評価基準は、不動産鑑定士が不動産の鑑定評価を行うに当たっての統一的基準であり、不動産鑑定評価制度の適切な運用に寄与し、もって不動産の適正な価格の形成に資することを目的とするものであることから、不動産鑑定士が不動産の価格等を調査するに当たっては、不動産鑑定評価基準に則った鑑定評価を行うことを原則とする。ただし、①調査価格等が依頼者の内部における使用にとどまる場合、②公表・開示・提出される場合でも利用者の判断に大きな影響を与えないと判断される場合、③調査価格等が公表されない場合ですべての開示・提出先の承諾が得られた場合、④不動産鑑定評価基準に則ることができない場合、又は⑤その他「Ⅱ．1．依頼目的、利用者の範囲等」等を勘案して不動産鑑定評価基準に則らないことに合理的な理由がある場合には、不動産鑑定評価基準に則らない価格等調査を行うことができる。

> **価格等調査ガイドライン運用上の留意事項**
>
> 3．「4．不動産鑑定評価基準に則った鑑定評価と則らない価格等調査との峻別等」関係
> 　1）不動産鑑定評価基準に則らない価格等調査を行うことができる場合について
> 　　『①調査価格等が依頼者の内部における使用にとどまる場合、②公表・開示・提出される場合でも利用者の判断に大きな影響を与えないと判断される場合、③調査価格等が公表されない場合ですべて

の開示・提出先の承諾が得られた場合、④不動産鑑定評価基準に則ることができない場合、又は⑤その他「Ⅱ．1．依頼目的、利用者の範囲等」等を勘案して不動産鑑定評価基準に則らないことに合理的な理由がある場合』のいずれかに該当すれば、不動産鑑定評価基準に則らない価格等調査を行うことができる。

[解説]

価格等調査ガイドラインでは、「不動産鑑定士が不動産の価格等を調査するに当たっては、不動産鑑定評価基準に則った鑑定評価を行うことを原則とする。」としつつも、依頼者の多様なニーズに柔軟に対応するため、基準に則らない価格等調査を行うことが認められているが、依頼者を含む利用者保護の観点から「一定の要件」を満たす必要がある。この「一定の要件」が、価格等調査ガイドラインⅠ．4．①から⑤である。言い換えれば、①から⑤のいずれの要件にも当てはまらない場合には、基準に則らない価格等調査を行うことは許されず、基準に則った鑑定評価を行わなければならない。

①調査価格等が依頼者の内部における使用にとどまる場合

価格等調査ガイドライン運用上の留意事項

3．「4．不動産鑑定評価基準に則った鑑定評価と則らない価格等調査との峻別等」関係
　2）依頼者の内部における使用の考え方について
　　「依頼者の内部における使用」とは、依頼者が企業である場合にその役職員などが売買のために内部での意思決定に使用する、又は、依頼者が金融機関である場合にその役職員などが融資を行うために内部での意思決定に使用する場合などが考えられる。
　　一方、社外の弁護士、会計士等へ開示・提出する場合は厳密な意味での依頼者の内部における使用とはいえないが、例えば、価格等調査の依頼者であるＡ企業が、Ａ企業の監査人であるＢ監査法人に対して成果報告書や調査価格等を示す場合は、当該成果報告書や調査価格等がＢ監査法人の内部でのみ利用される場合は、内部における使用に準じたものとして合理的理由があると考えられ、不動産鑑定評価基準に則らない価格等調査が可能となる場合もあると考

えられる。その場合でも、このような事態が事前に想定される場合には価格等調査ガイドラインⅡ．１．(2)に基づきその旨を確定・明記する必要がある。

　また、成果報告書の交付後に利用者の範囲が拡大されることが成果報告書の交付前から十分予想される場合には、価格等調査ガイドラインⅡ．１．(2)に基づきあらかじめこれを確定・明記するとともに、これを勘案して価格等調査の基本的事項や手順を適切に判断することが必要である。

解　説

　一概に内部における使用といっても、依頼者において概略の価格水準を把握できればよい場合もあれば、重要な資産の取引等にかかる意思決定の資料として使用される場合もあるなど、その使用方法は様々であるため、依頼目的等を勘案の上、基準に則らないことによるリスク（主として調査価格等へ与える影響の程度）が、依頼者の内部の使用にどのような影響を与えるかについて慎重に判断する必要がある。

　なお、内部における使用にとどまる場合とは、調査価格等や成果報告書が依頼者以外へ示されない場合であるが、ガイドライン運用上の留意事項に規定されるとおり、外部監査人、顧問弁護士等当然に依頼者内部の情報を知りうる立場の者に開示・提出される場合には、内部使用に準じて取り扱うことができるとされている。ただし、このような場合であっても依頼者以外の者への開示・提出先（予定を含む。）として、あらかじめ確認の上、「業務の目的と範囲等の確定に係る確認書」に明記し、成果報告書に記載する必要がある。

②公表・開示・提出される場合でも利用者の判断に大きな影響を与えないと判断される場合

価格等調査ガイドライン運用上の留意事項

３．「４．不動産鑑定評価基準に則った鑑定評価と則らない価格等調査との峻別等」関係
　３）利用者の判断に大きな影響を与えると判断される場合について
　　　以下の(1)から(6)は、利用者の判断に大きな影響を与えると判断される場合である。
　　(1)　資産の流動化に関する法律第40条における募集優先出資の引受

申込者への通知、同法第122条における募集特定社債の引受申込者への通知及び同法第226条における資産信託流動化計画に記載又は記録するための特定資産である不動産の評価
(2) 投資信託及び投資法人に関する法律第11条（第54条において準用する場合を含む。）における投資信託委託会社等による特定資産の鑑定評価及び同法第201条における資産運用会社による特定資産の鑑定評価
(3) 会社法第33条における会社設立時、同法207条における募集株式の発行時及び同法284条における新株予約権が行使された時の検査役の検査に代わる現物出資財産等の価額の証明
(4) 一般社団法人及び一般財団法人に関する法律第137条における基金引受けの募集時の検査役の検査に代わる現物拠出財産の価額の証明
(5) 法定外証券化スキーム（合同会社と匿名組合契約を用いて組成した私募ファンドなど、不動産を裏付け資産として当該不動産の運用による収益を投資家に配分することを目的に有価証券（みなし有価証券を含む。）を発行する仕組み（資産の流動化に関する法律及び投資信託及び投資法人に関する法律に基づく特定目的会社、投資法人等に係るものを除く。）を利用して出資を募るものをいう。）における不動産の取得時又は譲渡時の評価
(6) 抵当証券の交付の申請に必要な担保不動産の評価
　　cf）抵当証券法施行細則第21条ノ2

以下の(7)から(12)は、一般的には、利用者の判断に大きな影響を与えると判断される場合である。
(7) 倒産法制における否認要件（不動産等売却時の適正価格の判断）
　　cf）「破産法第161条」、「民事再生法第127条の2」、「会社更生法第86条の2」
(8) 標準地における公共用地の取得、国有・公有財産の使用や処分に伴うもの。
　　cf）「公共用地の取得に伴う損失補償基準」（用地対策連絡協議会）、「国有財産評価基準」（財務省）、「公有財産規則」（地方公共団体）
(9) 担保評価（一定額以上の場合）

　　　　cf）「預金等受入金融機関に係る検査マニュアル」（金融庁）
⑽　関連会社間取引に係る土地・設備等の売買の適正価格の証明としての評価
　　　　cf）「関係会社間の取引に係る土地・設備等の売却益の計上についての監査上の取扱い（昭和52年8月8日公認会計士協会監査委員会報告第27号）」
⑾　訴訟に使用するための評価（原告又は被告が証拠として提出する価格等調査、裁判所の要請により行われる価格等調査）
⑿　会社更生法における更生会社の財産評価、民事再生法における再生債務者の財産評価
　　　　cf）「不動産鑑定評価基準総論第5章第3節」、「会社更生法第83条」、「民事再生法第124条」

　なお、公表・開示・提出される場合であって、その調査価格等の大きさ等から利用者の判断に大きな影響を与えると判断される場合は以上の場合に限られないことから、依頼目的、利用者の範囲、調査価格等の大きさ等を勘案して大きな影響を与えないかどうかについて適切に判断することが必要である。

解　説

　利用者の判断に大きな影響を及ぼさないかどうかについて、ガイドライン運用上の留意事項「Ⅰ．3.3）利用者の判断に大きな影響を与えると判断される場合について」の末尾に「……依頼目的、利用者の範囲、調査価格等の大きさ等を勘案して大きな影響を与えないかどうかについて適切に判断することが必要である。」と記載されているとおり、「依頼目的」、「利用者の範囲」、「調査価格等の大きさ等」を勘案して適切に判断する必要がある。
　判断に当たっては、少なくとも以下のa．からc．の要件を満たす必要がある。
　a．依頼目的
　　ガイドライン運用上の留意事項において上記で記載されている⑴から⑹でないこと、又は、一般的には⑺から⑿でないことが必要である。
　b．利用者の範囲

利用者保護の観点から、利用者が基準に則らない旨の事実関係やその影響等について把握できることが最低限必要であると考えられることから、利用者が価格等調査の基本的事項及び手順について、「基準に則った鑑定評価との主な相違点及びその妥当性の根拠」を把握できることが必要である。
　ｃ．調査価格等の大きさ等
　　企業会計上重要性が乏しい不動産であること、または、依頼者が依頼目的を成し遂げるための「予備的な価格等調査」であること等が必要である。

③調査価格等が公表されない場合ですべての開示・提出先の承諾が得られた場合
（解　説）
　開示・提出先の承諾が得られている場合であっても、依頼目的等を勘案の上、基準に則らないことによるリスク（主として調査価格等へ与える影響の程度）が、開示・提出先の判断にどのような影響を与えるかについて慎重に判断する必要がある。

④不動産鑑定評価基準に則ることができない場合
（解　説）
　依頼目的、利用者の範囲等を勘案して、基準に則らないことに合理的な理由があることが必要であり、判断に当たっては、少なくとも以下のａ．からｃ．の要件を満たす必要がある。
　また、以下のｃ．のとおり、「基準に則ることができない前提条件」について、「基準に則ることができない」とすることが、社会通念上も妥当性を有すると認められるものであることが必要であり、さらに、利用者保護の観点から、「④基準に則ることができない場合」を理由として、基準に則らない価格等調査を行う場合、当該前提条件以外については、基準に則って行う必要がある。
　ａ．依頼目的
　　国土交通省が定める基準等により、当該前提条件に基づくことが禁止されていない場合であることが必要である。
　ｂ．利用者の範囲
　　利用者保護の観点から、利用者が基準に則らない旨の事実関係やその

影響等について把握できることが最低限必要であると考えられることから、利用者が価格等調査の基本的事項及び手順について、「基準に則った鑑定評価との主な相違点及びその妥当性の根拠」を把握できることが必要である。

　ｃ．基準に則ることができない前提条件の範囲

　　当該前提条件について、「基準に則ることができない」とすることが、社会通念上も妥当性を有すると認められるものであることが必要であり、上記依頼目的及び利用者の範囲を勘案した結果、基準に則らないことに合理的な理由があると判断される場合に限られることに留意する。

　　具体的には、「造成工事中又は建築工事中のため、工事完了を前提とした対象不動産の確認ができない場合」（基準に定める「未竣工建物等鑑定評価」の設定要件を満たさない場合）、「不動産鑑定士の通常の調査の範囲では、対象不動産の価格への影響の程度を判断するための事実の確認が困難な特定の価格形成要因が存する場合」（基準に定める「調査範囲等条件」の設定要件を満たさない場合）、「社会的ニーズはありながらも基準に定めのない事項を前提とする場合」等が考えられる。

　なお、基準に則ることができるにもかかわらず則っていない場合（適用可能な鑑定評価手法の一部のみを適用している場合や、依頼者提示資料により対象不動産の確認・価格形成要因の分析等を行い、不動産鑑定士による実地調査・役所調査等を行わない場合（いわゆる机上調査）など）は、本要件である「基準に則ることができない場合」には該当しないことに留意する。

⑤その他「Ⅱ．１．依頼目的、利用者の範囲等」等を勘案して不動産鑑定評価基準に則らないことに合理的な理由がある場合

価格等調査ガイドライン運用上の留意事項

３．「４．不動産鑑定評価基準に則った鑑定評価と則らない価格等調査との峻別等」関係

　４）「Ⅱ．１．依頼目的、利用者の範囲等」等を勘案して不動産鑑定評価基準に則らないことに合理的な理由がある場合について

　　『「Ⅱ．１．依頼目的、利用者の範囲等」等を勘案して不動産鑑定評価基準に則らないことに合理的な理由がある場合』を例示すれば、

調査結果が公表・開示・提出され、利用者の判断に影響を与える場合でも、過去に不動産鑑定評価基準に則った鑑定評価を行ったことがある不動産の再評価を行う場合において、自ら実地調査を行い又は過去に行ったことがあり、当該不動産の物的状況や権利関係及び当該不動産の用途や所在地にかんがみて公示地価その他地価に関する指標や取引価格、賃料、利回り等の価格形成要因について、直近に行った不動産鑑定評価基準に則った鑑定評価の価格時点と比較して、重要な変化がないと客観的に認められる場合が挙げられる。

〔解　説〕
　上記①から④以外で、基準に則らない価格等調査を行うことができる合理的な理由は、ガイドライン運用上の留意事項に規定される場合や、「財務諸表のための価格調査の実施に関する基本的考え方」、「証券化対象不動産の継続評価の実施に関する留意点」に従っている場合などに限定されると考えられる。

価格等調査ガイドライン

5．特定の価格等調査の条件を設定した価格等調査について
　　以下の(1)から(4)に掲げる価格等調査を行う場合において、それが不動産鑑定評価基準に則らない価格等調査であり、かつ、調査価格等又は成果報告書が公表・開示・提出されるときには、不動産鑑定評価基準「第5章　鑑定評価の基本的事項　第1節　対象不動産の確定」、「第8章　鑑定評価の手順　第4節　対象不動産の確認」のうち、当該価格等調査の条件に係る部分以外については、不動産鑑定評価基準に則るものとする。
　　(1)　造成に関する工事が完了していない土地又は建築に係る工事（建物を新築するもののほか、増改築等を含む。）が完了していない建物について、当該工事の完了を前提として行う価格等調査
　　(2)　土壌汚染の可能性を考慮外とする価格等調査
　　(3)　建物環境についてアスベスト等の有害物質の存在の可能性を考慮外とする価格等調査
　　(4)　埋蔵文化財又は地下埋設物の埋蔵又は埋設の可能性を考慮外と

する価格等調査
　　ただし、次の①から③に該当する場合については、この限りではない。
　　①調査価格等が公表されない場合で、すべての開示・提出先の承諾が得られた場合
　　②調査価格等又は成果報告書が利用者の判断に大きな影響を与えないと判断される場合
　　③その他、「Ⅱ．1．依頼目的、利用者の範囲等」等を勘案して合理的な理由がある場合

解　説

　上記(1)から(4)の価格等調査を行う場合において、それが基準に則らない価格等調査であり、かつ、調査価格等又は成果報告書が公表・開示・提出されるときには、当該価格等調査の条件に係る部分以外については、基準に則ることが必要となる（すなわち、当該部分以外に手順の省略等をした価格等調査の実施は許されない）。

　ただし、上記①から③に該当する場合は、この限りではない。

Ⅱ．業務の目的と範囲等の確定

　「Ⅱ．業務の目的と範囲等の確定」には、価格等調査業務に当たり、契約の締結までに「業務の目的と範囲等の確定に係る確認書」（以下、「確認書」という。）を不動産鑑定業者が依頼者に交付しなければならないこと、確認書にはどのような事項を確定・明記しなければならないかについて規定されている。

　本規定は、基準に則った鑑定評価及び基準に則らない価格等調査のいずれの場合にも共通するものであるが、基準に則った鑑定評価の場合には、一部の項目の確定・明記に例外（省略可又は省略不可）があるので、注意が必要である。

価格等調査ガイドライン

Ⅱ．業務の目的と範囲等の確定
　　価格等調査の業務の目的と範囲等の確定を担当する不動産鑑定士（「確定担当不動産鑑定士」という。）は、契約の締結までに、以下の

> 事項を依頼者に確認した上で確定するものとする。不動産鑑定業者は以下の事項を明記した文書等を契約の締結までに依頼者に交付するものとする。また、契約の締結後に当該文書等に記載された事項を変更する場合には、確定担当不動産鑑定士は変更について依頼者に確認した上で確定し、不動産鑑定業者は、成果報告書の交付までに、変更を明記した文書等を依頼者に交付するものとする。
> 　不動産鑑定士は、文書等に記載された内容に従って価格等調査を行うものとする。

価格等調査ガイドライン運用上の留意事項

Ⅱ．業務の目的と範囲等の確定関係
1．前文関係
　1）確定担当不動産鑑定士について
　　　確定担当不動産鑑定士は、価格等調査ガイドラインⅡ．1．及び2．に照らして適切な価格等調査の基本的事項及び手順を確定する不動産鑑定士であり、鑑定評価等業務に関与するものとする。

　2）確定した事項の変更を明記した文書等の交付の時期について
　　　不動産鑑定業者は、変更の都度、依頼者に変更を明記した文書等を交付することは求められていないが、確定担当不動産鑑定士は、成果報告書の交付までに、変更について依頼者に確認した上で確定し、不動産鑑定業者は成果報告書とは別に変更を明記した文書等を交付する必要がある。

　3）業務の目的と範囲等の確定を行う対象となる不動産について
　　　価格等調査ガイドラインⅡ．の事項を明記した文書等は必ずしも価格等調査の対象となる不動産ごとに作成・交付する必要はなく、契約ごと等依頼目的や利用者の範囲等を勘案し適当と思われる単位で作成・交付すれば足りる。

> **解 説**

　価格等調査に当たっては、本来、基準に則った鑑定評価を行うべきであるが、不動産を取り巻く環境の変化や多様な社会的ニーズにより、一定の要件を満たす場合には、必ずしも基準に則ることを求められない場合もあり、実務上も多く実施されている。

　基準に則らない価格等調査が行われてきた最大の理由としては、時間や報酬等の制約による依頼者ニーズがあげられるが、そのレベル感は、基準に従っている手順の範囲やその内容、成果報告書の記載内容等によって様々な形態がある。

　鑑定評価制度に精通している依頼者を除けば、一般的な依頼者は、不動産鑑定士の名称を用いて行われる価格等調査の成果報告書について、基準に則っているか否かにかかわらず、いずれも専門職業家によって権威づけられた成果品と認識している場合も多いと考えられ、結果として第三者説明用として利用されてきた場合も多かったものと思われる。

　したがって、基準に則らない価格等調査を行う場合には、時間や報酬等の制約にかかわらず、依頼者と合意した上で、適切な価格等調査の基本的事項や手順を定める必要がある。このことは、基準に則った鑑定評価を行う場合であっても同様である。

　価格等調査ガイドラインでは、価格等調査の業務の目的と範囲等の確定を担当する不動産鑑定士（「確定担当不動産鑑定士」という。詳細はⅢ.7．を参照）が、契約の締結までに、価格等調査ガイドラインが定める事項を依頼者に確認した上で確定・明記し、不動産鑑定業者は必要事項を明記した文書等（確認書）を契約の締結までに依頼者に交付する必要がある。

　なお、契約の締結までに交付する確認書は、その内容が、一般的な業務委託契約で定める事項も含まれていることから、原則として、契約書面の取り交わしと同時に行うべきである。

　また、業務の目的と範囲等については、契約の締結までに必ずしもすべての内容を確定できるとは限らず、現地調査等を踏まえ変更になる場合も多い。契約締結時に交付した確認書が変更となる場合は、成果報告書の交付までに最終的な変更後の確認書を再交付しなければならない。

　「業務の目的と範囲等の確定に係る確認書」交付の流れは、概ね以下のとおりである。

【「業務の目的と範囲等の確定に係る確認書」交付の流れ】

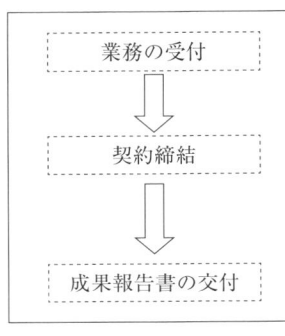

```
┌─────────────┐
│  業務の受付  │     ● 業務の目的と範囲等、契約内容に関する事前協議
└─────────────┘
      ↓
┌─────────────┐     ● 契約書面の取り交わし
│  契約締結   │     ● 「業務の目的と範囲等の確定に係る確認書」の交付
└─────────────┘
      ↓              ◎ 契約締結後、当該「確認書」の記載事項に変更が
┌─────────────┐        あった場合には、成果報告書の交付までに、変更後
│ 成果報告書の交付 │    の「業務の目的と範囲等の確定に係る確認書」の再
└─────────────┘        交付
```

価格等調査ガイドライン

1. 依頼目的、利用者の範囲等

(1) 価格等調査の依頼目的及び依頼が必要となった背景

依頼目的の具体例は以下のとおり。

売買の参考のための調査、担保評価のための調査、不動産投信等の保有資産の調査、棚卸資産の低価法適用のための調査、賃貸等不動産の時価評価のための調査、訴訟に使用するための調査など。

(2) 利用者の範囲

①依頼者、②成果報告書が依頼者以外の者に提出される場合には当該提出先、③調査価格等が依頼者以外の者に開示される場合には当該開示先、④調査価格等が公表される場合はその旨。

なお、公表・開示・提出されるにもかかわらず、利用者の判断に大きな影響を与えないと判断される場合は、当該判断が合理的である理由を検証するものとする。

(3) 事後の利用者の範囲の拡大の際の承諾の必要性

価格等調査終了後に、①当初公表が予定されていなかった調査価格等について公表されることとなる場合や、②当初定めた開示・提出先が広がる場合には、当該公表、開示又は提出の前に依頼者が不動産鑑定業者に文書等を交付することにより、不動産鑑定業者及び不動産鑑定士の承諾を得る必要があること。ただし、不動産鑑定評価基準に則った鑑定評価を行う場合には、必ずしも確定、明記することを求めない。

(4) 開示・提出先の承諾
　　調査価格等が公表されない場合であって、すべての開示・提出先から不動産鑑定評価基準に則った鑑定評価としないことについて承諾が得られている場合は、その旨。

価格等調査ガイドライン運用上の留意事項

2．「1．依頼目的、利用者の範囲等」関係
　1）利用者の範囲について
　　　開示・提出先の確定及び明記は、依頼目的等に応じ、必ずしも個別具体的な開示・提出先の名称等は必要ではなく、開示・提出の目的や開示・提出先の属性等利用目的の把握に資するものでも足りる。このため、開示・提出の有無や開示・提出先が未定である場合にも、開示・提出の可能性の有無及び開示・提出の可能性がある場合の開示・提出先の属性や開示・提出目的について確認及び確定の上明記するとともに、これを勘案して価格等調査の基本的事項及び価格等調査の手順を確定することが必要である。
　　　なお、調査価格等の開示又は成果報告書の提出までに判明した開示・提出先が確認及び確定した属性等に含まれている場合には、価格等調査ガイドラインⅡ．1．(2)に定められた内容を確定して明記した文書等を改めて交付する必要はない。
　　　また、公表の有無が未定である場合にも、公表の可能性の有無について確認及び確定の上明記するとともに、これを勘案して価格等調査の基本的事項及び価格等調査の手順を確定することが必要である。

　2）利用者の判断に大きな影響を与えないと判断される合理的理由の検証について
　　　公表・開示・提出されるにもかかわらず、利用者の判断に大きな影響を与えないと判断される場合は、当該判断が合理的である理由を検証するものとされているが、検証の結果については、業務開始までに文書等に明記することは要せず、価格等調査ガイドラインⅢ．2．(3)に基づき成果報告書に記載すれば足りる。

3) 事後の利用者の範囲の拡大の際の承諾の必要性について

事後に利用者の範囲が拡大する際の不動産鑑定士の承諾は、原則として、作成担当不動産鑑定士の承諾とする。

解説

(1) 価格等調査の依頼目的及び依頼が必要となった背景

ガイドライン運用上の留意事項「Ⅰ．3.3) 利用者の判断に大きな影響を与えると判断される場合について」にあるとおり、法令等により基準に則った鑑定評価が義務づけられている場合や、利用者の判断に大きな影響を与えると判断される場合もあることから、依頼目的や依頼が必要となった背景は、基準に則らない価格等調査を行えるか否かを判断するに当たって、極めて重要な事項となる。

したがって、単に「売買」「賃貸借」「担保評価」「資産評価」等形式上の依頼目的だけではなく、依頼の背景を含めてできる限り詳細に把握する必要がある。

なお、依頼者の事情により、必ずしも詳細な依頼目的等が示されない場合もあるため、その場合には、公表・開示・提出の見込みも含めて慎重に対応する必要がある。

(2) 利用者の範囲

調査価格等の公表若しくは依頼者以外の者への開示又は成果報告書の依頼者以外の者への提出は、価格等調査の成果が依頼者以外に利用されることを意味するものであることから、公表・開示・提出の有無は、基準に則らない価格等調査を行えるか否かを判断するに当たって、極めて重要な事項となる。この場合において、ガイドライン運用上の留意事項に規定されるとおり、開示・提出先の確定及び明記は、依頼目的等に応じ、必ずしも個別具体的な開示・提出先の名称等は必要ではなく、開示・提出の目的や開示・提出先の属性等利用目的の把握に資するものでも足りる。

また、当初は、公表・開示・提出の予定がない場合でも、成果報告書の交付後に、訴訟等で公表・開示・提出される場合もあることから、上記(1)と併せて、それらの可能性について、依頼者に確認する必要がある。

なお、「Ⅰ．4．不動産鑑定評価基準に則った鑑定評価と則らない価

格等調査との峻別等」において、「②公表・開示・提出される場合でも利用者の判断に大きな影響を与えないと判断される場合」を要件として、基準に則らない価格等調査を実施する場合には、当該判断が合理的である理由を検証する必要がある。ただし、ガイドライン運用上の留意事項に規定されるとおり、検証結果については、契約の締結までに交付する確認書に明記することは求められていない（成果報告書に記載すれば足りる）。

(3) 事後の利用者の範囲の拡大の際の承諾の必要性

　基準に則らない価格等調査の場合で、価格等調査終了後に、利用者の範囲が広がる場合には、当該公表・開示・提出の前に依頼者が不動産鑑定業者に文書等を交付することにより、不動産鑑定業者及び不動産鑑定士（作成担当不動産鑑定士）の承諾を得る必要があるとされているが、価格等調査の基本的事項や手順の如何によっては、拡大後の利用者に誤解を与えるおそれや利益を害するおそれがあることから、承諾すべきでない場合もあることに留意する（なお、公益社団法人日本不動産鑑定士協会連合会策定の「不動産鑑定評価基準に関する実務指針」においては、基準に則った鑑定評価の場合も同様の対応を求めている。基準総論第8章P271参照）。

(4) 開示・提出先の承諾

　「価格等調査ガイドラインⅠ．4．③調査価格等が公表されない場合ですべての開示・提出先の承諾が得られた場合」を要件として基準に則らない価格等調査を行う場合は、すべての開示・提出先から基準に則った鑑定評価としないことについて承諾が得られている旨を確定・明記する必要がある。

価格等調査ガイドライン

2．利害関係等

(1) 不動産鑑定士及び不動産鑑定業者の対象不動産に関する利害関係等

　価格等調査に関与する不動産鑑定士及び当該不動産鑑定士が所属する不動産鑑定業者の①対象不動産に関する利害関係又は対象不動産に関し利害関係を有する者との縁故若しくは特別の利害関係の有無及び②その内容。

(2) 依頼者と不動産鑑定士及び不動産鑑定業者との間の関係
　　公表・開示・提出される場合及び不動産鑑定評価基準に則った鑑定評価を行う場合においては、依頼者と価格等調査に関与する不動産鑑定士及び当該不動産鑑定士が所属する不動産鑑定業者との間の①特別の資本的関係、人的関係及び取引関係の有無並びに②その内容。
(3) 開示・提出先と不動産鑑定士及び不動産鑑定業者との間の関係
　　調査価格等が依頼者以外の者へ開示される場合及び成果報告書が依頼者以外の者に提出される場合においては、開示・提出先と価格等調査に関与する不動産鑑定士及び当該不動産鑑定士が所属する不動産鑑定業者との間の①特別の資本的関係、人的関係及び取引関係の有無並びに②その内容。ただし、開示・提出先が未定の場合や開示・提出先の具体的名称が明らかでない場合は、その旨。
(4) 依頼者の証券化関係者との関係
　　証券化対象不動産に係る価格等調査の場合には、依頼者と証券化対象不動産との利害関係に関する次の事項。
　　① 依頼者が証券化対象不動産の証券化に係る利害関係者（オリジネーター、アレンジャー、アセットマネジャー、レンダー、エクイティ投資家又は特定目的会社・投資法人・ファンド等をいい、以下「証券化関係者」という。）のいずれであるかの別
　　② 依頼者と証券化関係者との資本関係、取引関係その他特別な利害関係の有無及びこれらの関係を有する場合にあっては、その内容

なお、以下の場合には、(2)及び(3)の関係を明記することを省略することができる。ただし、不動産鑑定評価基準に則った鑑定評価を行う場合には省略することはできない。
①調査価格等が公表されない場合で、すべての依頼者及び開示・提出先が、成果報告書への(2)及び(3)の記載を省略することについて承諾しており、その旨を確認・明記した場合。
②公表・開示・提出される場合で利用者の判断に大きな影響を与えないと判断される場合。

価格等調査ガイドライン運用上の留意事項

3．「2．利害関係等」関係
 1）**価格等調査に関与する不動産鑑定士について**
　　価格等調査に関与する不動産鑑定士とは、他の不動産鑑定業者に業務の全部又は一部を再委託した場合の当該不動産鑑定業者の不動産鑑定士を含め、価格等調査に関与する不動産鑑定士全員をいう。

 2）**価格等調査に関与する不動産鑑定士が所属する不動産鑑定業者について**
　　価格等調査に関与する不動産鑑定士が所属する不動産鑑定業者とは、当該価格等調査に1）にいう不動産鑑定士を従事させている不動産鑑定業者のすべてをいう。

 3）**明記すべき特別の資本的関係、人的関係及び取引関係について**
　　依頼者に交付する文書等に明記すべき関係の有無及び内容は、最低限、以下に掲げる特別の関係の有無及び内容である。ただし、以下に掲げるもののほか、依頼目的、利用者の範囲及び利用者の判断に与える影響の大きさ等にかんがみ必要な特別の関係がある場合は、その旨を明記するものとする。
①依頼者と不動産鑑定士との間の関係
【資本的関係】
・関与する不動産鑑定士が依頼者の議決権の20％以上を保有している→その旨及び割合
　＜判断時点＞
　　確認・確定時及び報告書提出時から前事業年度末までの間で調査可能な時点、前事業年度の財務諸表等が未調製の場合は前々事業年度末
【人的関係】
・関与する不動産鑑定士が依頼者又は依頼者を代表する者である→その旨
　＜判断時点＞
　　確認・確定時、報告書提出時

②依頼者と不動産鑑定業者との間の関係
【資本的関係】
・不動産鑑定業者が依頼者の関連会社（連結財務諸表原則にいう関連会社をいう。以下同じ。）である、又は依頼者が不動産鑑定業者の関連会社である→その旨及び出資割合
＜判断時点＞
確認・確定時及び報告書提出時から前事業年度末までの間で調査可能な時点、前事業年度の財務諸表等が未調製の場合は前々事業年度末
【人的関係】
・不動産鑑定業者又は不動産鑑定業者を代表する者が依頼者又は依頼者を代表する者である→その旨
＜判断時点＞
確認・確定時、報告書提出時
【取引関係】
・不動産鑑定業者の負債の過半が依頼者からの借入れである→その旨及び割合
・依頼者との取引が不動産鑑定業者の全売上（兼業している場合はその業務に係るものも含む。）の過半を占める→その旨及び割合
・依頼者との取引が不動産鑑定業者の鑑定評価等業務受託額の過半を占める→その旨及び割合
＜判断時点＞
確認・確定時及び報告書提出時から前事業年度末までの間で調査可能な時点、前事業年度の財務諸表等が未調製の場合は前々事業年度
③開示・提出先と不動産鑑定士・不動産鑑定業者との間の関係
　①及び②の「依頼者」を「開示・提出先」と読み替えて適用する。

なお、①から③の他、実質的にこれらと同等程度以上の特別の関係があると認められる場合についても、価格等調査ガイドラインⅡ．２．(2)又は(3)に基づき明記するものとする。

> **解　説**

　利害関係等を確定・明記する趣旨は、基準総論第8章第2節Ⅱ（証券化対象不動産の価格等調査においては基準各論第3章第3節Ⅲ）と同様である。

　なお、基準に則らない価格等調査において以下のa．b．に該当する場合は、「(2)依頼者と不動産鑑定士及び不動産鑑定業者との間の関係」及び「(3)開示・提出先と不動産鑑定士及び不動産鑑定業者との間の関係」の明記を省略することができる。

a．「価格等調査ガイドラインⅠ．4．①調査価格等が依頼者の内部における使用にとどまる場合」を要件として基準に則らない価格等調査を行う場合において、依頼者が(2)の記載を省略することについて承諾しており、その旨を確認・明記した場合。また、「価格等調査ガイドラインⅠ．4．③調査価格等が公表されない場合ですべての開示・提出先の承諾が得られた場合」を要件として基準に則らない価格等調査を行う場合において、すべての開示・提出先が(2)及び(3)の記載を省略することについて承諾しており、その旨を確認・明記した場合。

b．公表・開示・提出される場合で、(2)及び(3)の記載を省略したとしても、利用者の判断に大きな影響を与えないと判断される場合。

価格等調査ガイドライン

3．価格等調査の基本的事項

　確定担当不動産鑑定士は、1．及び2．に照らして適切な価格等調査の基本的事項を確定し、以下の項目ごとに明記する。

(1)　対象不動産

　　①価格等調査の対象となる土地又は建物等並びに②価格等調査の対象となる所有権及び所有権以外の権利。

(2)　価格等調査の条件

　　不動産鑑定評価基準に定める条件設定の要件を満たさない価格等調査の条件を設定した場合には、不動産鑑定評価基準に則らないこととなる。この場合には、「1．依頼目的、利用者の範囲等」等に照らして当該価格等調査の条件を設定することが合理的である理由を検証するものとする。

　　①対象確定条件

価格等調査の対象とする不動産（依頼内容に応じて次の１）から５）までのような条件により定められた不動産をいう。）の①所在、範囲等の物的事項及び②所有権、賃借権等の対象不動産の権利の態様に関する事項を確定するために必要な条件。
 １）不動産が土地のみの場合又は土地及び建物等の結合により構成されている場合において、その状態を所与として価格等調査の対象とすること。
 ２）不動産が土地及び建物等の結合により構成されている場合において、その土地のみを建物等が存しない独立のもの（更地）として価格等調査の対象とすること。
 ３）不動産が土地及び建物等の結合により構成されている場合において、その状態を所与として、その不動産の構成部分を価格等調査の対象とすること。
 ４）不動産の併合又は分割を前提として、併合後又は分割後の不動産を単独のものとして価格等調査の対象とすること。
 ５）造成に関する工事が完了していない土地又は建築に係る工事（建物を新築するもののほか、増改築等を含む。）が完了していない建物について、当該工事の完了を前提として価格等調査の対象とすること。
②想定上の条件
　想定上の条件を設定する場合は、その内容。
③調査範囲等条件
　不動産鑑定評価基準に定める調査範囲等条件のほか、調査の範囲等に係る条件を設定する場合は、その内容。
(3) 価格等調査の時点
　価格等調査の基準日。
　なお、価格等調査の時点は、価格等調査を行う年月日を基準として①現在の場合（現在時点）、②過去の場合（過去時点）及び③将来の場合（将来時点）に分けられる。
(4) 価格等を求める方法又は価格等の種類
　①不動産鑑定評価基準に則らない価格等調査を行う場合は、どのような方法で価格等を求めるのか。②不動産鑑定評価基準に則った鑑定評価を行う場合は、不動産鑑定評価基準総論第５章第

3節に規定する価格又は賃料の種類（正常価格、限定価格、特定価格、特殊価格等）。
(5) 不動産鑑定評価基準に則った鑑定評価との主な相違点及びその妥当性
　　(1)から(4)までの全部又は一部が不動産鑑定評価基準に則らない場合は、不動産鑑定評価基準における基本的事項との主な相違点。
　　なお、併せて「1．依頼目的、利用者の範囲等」等に照らした当該相違点の合理的な理由を検証するものとする。

価格等調査ガイドライン運用上の留意事項

4．「3．価格等調査の基本的事項」関係
 1）価格等調査の条件を設定することが合理的である理由の検証について

　　価格等調査ガイドラインⅡ．3．(2)に規定する「価格等調査の条件を設定することが合理的である理由を検証する」とは、当該価格等調査の条件を設定して不動産鑑定評価基準に則らない価格等調査を行ったとしても、依頼目的、利用者の範囲等に照らして当該価格等調査の条件を設定することとした判断が社会通念上合理的であるかを検証するものである。なお、検証の結果については、業務開始までに文書等に明記することは要せず、価格等調査ガイドラインⅢ．3．(2)に基づき成果報告書に記載すれば足りる。

 2）不動産鑑定評価基準における基本的事項との相違点の合理的な理由の検証について

　　価格等調査ガイドラインⅡ．3．(5)のなお書きに規定する「相違点の合理的な理由を検証する」とは、価格等調査の基本的事項と不動産鑑定評価基準における基本的事項とに相違が存在しても、依頼目的、利用者の範囲等に照らして当該相違点が妥当であるとした判断が社会通念上合理的であるかを検証するものである。なお、検証の結果については、業務開始までに文書等に明記することは要せず、価格等調査ガイドラインⅢ．3．(5)に基づき成果報告書に記載すれば足りる。

3) 価格等調査の条件の設定及び不動産鑑定評価基準に則った鑑定評価との主な相違点についての合理的理由の検証について
　価格等調査ガイドラインⅡ．3．(2)に規定する「検証」は、価格等調査ガイドラインⅡ．3．(5)のなお書きに規定する「検証」に含まれるが、(2)では確認的に規定しているものである。

解　説
(1)　対象不動産

　価格等調査ガイドラインの適用範囲となる「価格等調査」とは、「不動産の価格等を文書等に表示する調査」をいい、対象となる不動産を特定し、当該対象不動産の価格又は賃料を文書又は電磁的記録に表示する調査をいうと考えられるため、対象となる不動産を特定することが必要となる（地域の価格水準又は賃料水準を求めるなどは価格等調査ガイドラインの適用範囲外。「Ⅰ．3．本ガイドラインの適用範囲及び不動産鑑定評価基準との関係」参照）。

(2)　価格等調査の条件

　価格等調査の条件には、基準における「鑑定評価の条件」と同様、「対象確定条件」、「想定上の条件」及び「調査範囲等条件」があるが、基準に定める条件設定の要件を満たさない価格等調査の条件を設定した場合には、基準に則らないこととなるため、依頼目的、利用者の範囲等に照らして当該価格等調査の条件を設定することが合理的である理由を検証する必要がある。ただし、ガイドライン運用上の留意事項に規定されるとおり、検証結果については、契約の締結までに交付する確認書に明記することは求められていない（成果報告書に記載すれば足りる）。

　なお、「調査範囲等条件」について、設定可能な価格形成要因の範囲が、基準に定める「調査範囲等条件」を設定する際の範囲（当該条件を設定できる価格形成要因の範囲について、不動産鑑定士の通常の調査の範囲では、対象不動産の価格への影響の程度を判断するための事実の確認が困難な要因として、土壌汚染、建物に関する有害な物質の使用等が例示されている。）と異なることに留意する。例えば、依頼者提示の資料を基にした価格等調査（いわゆる机上調査）の際の個別的要因全般について、調査の範囲等に係る条件（対象不動産の個別的要因については、依頼者提示の資料を基とした机上調査によるものとし、実地調査等を行わない価格等調

(3) 価格等調査の時点
　基準における「価格時点」と同じ内容である。
(4) 価格等を求める方法又は価格等の種類
　基準で定義づけされた価格等の種類に基づく調査価格等を適正に示すには、基準に則る必要があることから、基準に則らない価格等調査においては「正常価格」「特定価格」等の基準に定める価格等の種類を表示せずに、「収益還元法を適用した価格等調査」など、価格等を求める方法を確定・明記する必要がある。
(5) 不動産鑑定評価基準に則った鑑定評価との主な相違点及びその妥当性
　上記(1)から(4)までについて、基準に定める「基本的事項」との主な相違点と依頼目的、利用者の範囲等に照らした当該相違点の合理的な理由を検証する必要がある。ただし、ガイドライン運用上の留意事項に規定されるとおり、検証結果については、契約の締結までに交付する確認書に明記することは求められていない（成果報告書に記載すれば足りる）。

価格等調査ガイドライン

4．価格等調査の手順
　確定担当不動産鑑定士は、1．及び2．に照らして適切な価格等調査の手順を確定し、以下の項目ごとに明記する。
(1) 調査スケジュール
　調査スケジュール。ただし、処理計画を策定し、依頼者に交付する場合は、これを調査スケジュールに代えることができる。
(2) 実地調査の有無及びその方法
　対象不動産の実地調査の有無及び実地調査を行う場合の実地調査の範囲（内覧の実施の有無を含む。）、立会いの有無（立会人又は管理者の属性を含む。）等対象不動産の実地調査の方法。
(3) 資料の収集及び整理の方法
　①依頼者から提供された資料をそのまま使用するのか、②依頼者から提供された資料を不動産鑑定士が判断して使用するのか、③不動産鑑定士が独自調査を行うのか及び独自調査を行う場合の範囲、④エンジニアリング・レポート等他の専門家の行う調査の使用の有無及び使用する場合に提供されたものをそのまま使用す

るのか、提供されたものを不動産鑑定士が判断して使うのか、不動産鑑定士が自ら発注して取得するのかなど、依頼目的等にかんがみ価格等調査に当たって必要となる主な資料の収集及び整理方法。
(4) 適用する価格等調査の手法
　①鑑定評価の各手法の適用の有無及び②他の方法を採用する場合の当該方法。
(5) 不動産鑑定評価基準に則った鑑定評価との主な相違点及びその妥当性
　(1)から(4)までの全部又は一部が不動産鑑定評価基準に則らない場合は、不動産鑑定評価基準における手順との主な相違点。
　なお、併せて「1．依頼目的、利用者の範囲等」等に照らした当該相違点の合理的な理由を検証するものとする。

価格等調査ガイドライン運用上の留意事項

5．「4．価格等調査の手順」関係
不動産鑑定評価基準における手順との相違点の合理的な理由の検証について
　価格等調査ガイドラインⅡ．4．(5)のなお書きに規定する「相違点の合理的な理由を検証する」とは、価格等調査の手順と不動産鑑定評価基準における手順とに相違が存在しても、依頼目的、利用者の範囲等に照らして当該相違点が妥当であるとした判断が社会通念上合理的であるかを検証するものである。なお、検証の結果については、業務開始までに文書等に明記することは要せず、価格等調査ガイドラインⅢ．4．(2)に基づき成果報告書に記載すれば足りる。

解　説

　価格等調査の手順について、上記(1)から(4)を「業務の目的と範囲等の確定に係る確認書」に確定・明記する必要がある。
　なお、「Ⅱ．3．価格等調査の基本的事項」の場合と同様、基準に定める「手順」との主な相違点と依頼目的、利用者の範囲等に照らした当該相違点の合理的な理由を検証する必要がある。ただし、ガイドライン運用上の留意事項に規定されるとおり、検証結果については、契約の締結までに

交付する確認書に明記することは求められていない（成果報告書に記載すれば足りる）。

> **価格等調査ガイドライン**
>
> **5．不動産鑑定評価基準に則った鑑定評価と結果が異なる可能性がある旨（不動産鑑定評価基準に則らない価格等調査の場合に限る）**
>
> 　　3．及び4．に基づき、1．及び2．に照らして適切な価格等調査の基本的事項及び手順を確定した結果、3．(5)に記載したとおり価格等調査の基本的事項の全部若しくは一部を不動産鑑定評価基準に則った鑑定評価と異なることとした場合又は4．(5)に記載したとおり価格等調査の手順を不動産鑑定評価基準に定める手順と異なることとした場合には、これらの相違点があることにより不動産鑑定評価基準に則った鑑定評価とは結果が異なる可能性がある旨。

解説

　前記のとおり、依頼者の多様なニーズに対応するため、一定の要件のもとで基準に則らない価格等調査を行うことができるが、基準に則らない価格等調査は、主として、基準の中でも特に重要な事項といえる「基本的事項」、「対象不動産の確認」や「鑑定評価の手法の適用」などの「手順」に相違があることにより行われるものである。

　基準に則らない価格等調査は、基準に従っている手順の範囲やその内容等によって様々な形態があるが、いずれの場合においても、基準のすべての内容に従って行われるものではないため、価格等調査の結果である「調査価格等」は、基準に則った鑑定評価の結果である「鑑定評価額」とは異なる可能性がある。

　確認書には、その旨を明記し、依頼者に価格等調査業務の内容・性格について、十分に理解を求める必要がある。

Ⅲ．業務の目的と範囲等に関する成果報告書への記載事項

　「Ⅲ．業務の目的と範囲等に関する成果報告書への記載事項」には、「Ⅱ．業務の目的と範囲等の確定」をふまえて実施した価格等調査について、その成果を記載する書面（成果報告書）にどのような事項を記載しな

ければならないかについて規定されている。

　本規定は、価格等調査ガイドライン上は、基準に則った鑑定評価及び基準に則らない価格等調査のいずれの場合にも共通するものであるが、基準に則った鑑定評価の場合には、基準総論第9章「鑑定評価報告書」に記載事項等が規定されているため、当該内容に従って鑑定評価報告書（鑑定評価書）を作成することとなる。

　そのため本規定は、主として、基準に則らない価格等調査の成果報告書について、その記載事項を定めたものと考えることができる。なお、成果報告書が鑑定法第39条第1項の鑑定評価書の取扱いとなる場合は、価格等調査ガイドラインに定める事項に加えて、調査価格等の決定に至った過程を記載する必要があることに留意する。

価格等調査ガイドライン

Ⅲ．業務の目的と範囲等に関する成果報告書への記載事項

　成果報告書の作成を担当する不動産鑑定士（「作成担当不動産鑑定士」という。）は、価格等調査を行った場合、最低限以下の1．から7．までの事項を記載した成果報告書を作成し、不動産鑑定業者はこれを依頼者に交付するものとする。

　また、①価格等調査の基本的事項として不動産鑑定評価基準総論第5章に定める事項以外を定めた場合又は②不動産鑑定評価基準総論第8章及び各論第3章に定める手順を省略した場合等価格等調査の基本的事項又は手順がこれらの章に定める価格等調査の基本的事項又は手順と異なる場合の成果報告書には、以下の1）及び2）のような業務の成果物の性格や取扱いについて、調査価格等の近傍など分かりやすい場所に記載するものとする。

1）本価格等調査では、3．(5)に記載したとおり価格等調査の基本的事項の全部又は一部が不動産鑑定評価基準に則った鑑定評価と異なる、又は、4．(2)に記載したとおり価格等調査の手順が不動産鑑定評価基準に定める手順と異なることから、不動産鑑定評価基準に則った鑑定評価とは結果が異なる可能性がある旨。

2）本価格等調査は、2．に記載された依頼目的で使用されること、及び利用者の範囲は2．に記載されたとおりであることを前提としたものであり、2．に記載された以外の目的での使用及び2．に記

> 載されていない者への調査価格等又は成果報告書の公表・開示・提出は想定していない旨。

価格等調査ガイドライン運用上の留意事項

Ⅲ．業務の目的と範囲等に関する成果報告書への記載事項関係
1．前文関係
　作成担当不動産鑑定士について
　　作成担当不動産鑑定士とは、成果報告書の実質的な記載内容を決定する不動産鑑定士であり、鑑定評価等業務に関与するものとする。

【解　説】

　基準に則らない価格等調査であっても、「不動産の経済価値を判定し、その結果を価額に表示」している場合には、鑑定法上では鑑定評価業務となることから、その場合の成果報告書は、名称の如何にかかわらず鑑定法第39条第1項の鑑定評価書の取扱いとなる。

　しかしながら、従来からの実務慣行上は、基準に則った鑑定評価を行った場合の成果報告書のタイトルを「(不動産) 鑑定評価書」としていた場合が通例であったことから、基準に則らない価格等調査の成果報告書については、「(不動産) 鑑定評価書」との違いを明確にするために、成果報告書のタイトルには「鑑定」又は「評価」という用語を用いた「(不動産) 鑑定評価書」に類似した書面の名称（「鑑定調査書」、「価格評価書」、「簡易鑑定書」「概算評価書」等）を用いず、「(調査件名付) 調査報告書」、「価格調査書」「意見書」等のタイトルとする必要がある。

　また、基準に則らない価格等調査の成果報告書には、成果報告書の性格や取扱いについて、上記1) 2) に規定される事項を記載する必要がある。1) については、Ⅱ．5の解説のとおりである。2) については、基準に則らない価格等調査がⅠ．4のとおり「調査価格等が依頼者の内部における使用にとどまる場合」や「調査価格等が公表されない場合ですべての開示・提出先の承諾が得られた場合」を要件として実施される場合があること、また、価格等調査の基本的事項・手順と基準における基本的事項・手順とに相違が存在したとしても、依頼目的、利用者の範囲等に照らして当該相違点が妥当であるか否かを不動産鑑定士が判断のうえ実施して

いることから、依頼者による成果報告書の目的外利用や、利用者の範囲外の者による成果報告書の利用をそれぞれ想定していないことを、調査価格等の近傍など成果報告書における分かりやすい場所に記載することで周知するためである。

価格等調査ガイドライン

1．調査価格等

2．依頼目的、利用者の範囲等
　(1)　価格等調査の依頼目的
　　　　売買の参考のための調査、担保評価のための調査、不動産投信等の保有資産の調査、棚卸資産の低価法適用のための調査、賃貸等不動産の時価評価のための調査、訴訟に使用するための調査など。
　(2)　利用者の範囲
　　　　①依頼者、②成果報告書が依頼者以外の者に提出される場合には当該提出先、③調査価格等が依頼者以外の者に開示される場合には当該開示先、④調査価格等が公表される場合はその旨。
　(3)　利用者の判断に大きな影響を与えないと判断される理由
　　　　公表・開示・提出されるにもかかわらず、利用者の判断に大きな影響を与えないと判断される場合は、①その旨及び②当該判断が合理的である理由。ただし、不動産鑑定評価基準に則った鑑定評価を行った場合には、必ずしも記載することを求めない。
　(4)　事後の利用者の範囲の拡大の際の承諾の必要性
　　　　価格等調査終了後に、①当初公表が予定されていなかった調査価格等について公表されることとなる場合や、②当初定めた開示・提出先が広がる場合には、当該公表、開示又は提出の前に依頼者が不動産鑑定業者に文書等を交付することにより、不動産鑑定業者及び不動産鑑定士の承諾を得る必要がある旨。ただし、不動産鑑定評価基準に則った鑑定評価を行った場合には、必ずしも記載することを求めない。
　(5)　開示・提出先の承諾
　　　　すべての開示・提出先から不動産鑑定評価基準に則った鑑定評価としないことについて承諾が得られている場合は、その旨。

> **価格等調査ガイドライン運用上の留意事項**
>
> 2.「2.依頼目的、利用者の範囲等」関係
>   1）利用者の範囲について
>   開示・提出先の記載は、依頼目的等に応じ、必ずしも個別具体的な開示・提出先の名称等は必要ではなく、開示・提出の目的や開示・提出先の属性等利用目的の把握に資するものでも足りる。
>
>   2）事後の利用者の範囲の拡大の際の承諾の必要性について
>   事後に利用者の範囲が拡大する際の不動産鑑定士の承諾は、原則として、作成担当不動産鑑定士の承諾とする。

【解　説】

1．調査価格等

　基準に則った鑑定評価の成果報告書である「(不動産)鑑定評価書」における調査価格等の表示である「鑑定評価額　〇〇〇円」との違いを明確にするために、基準に則らない価格等調査の成果報告書である「調査報告書等」における調査価格等の表題には、「鑑定」又は「評価」という用語を用いた「鑑定評価額」に類似した名称（「鑑定調査額」、「価格評価額」、「簡易鑑定額」、「概算評価額」等）を用いず、「調査価格」、「調査価額」、「意見価格」等の表題とする必要がある。

2．依頼目的、利用者の範囲等

　「Ⅱ．業務の目的と範囲等の確定」において確定・明記した事項に従い、上記(1)から(5)を成果報告書に記載する必要がある。

　なお、「(3)利用者の判断に大きな影響を与えないと判断される理由」は、「Ⅰ．4．不動産鑑定評価基準に則った鑑定評価と則らない価格等調査との峻別等」において、「②公表・開示・提出される場合でも利用者の判断に大きな影響を与えないと判断される場合」を要件として、基準に則らない価格等調査を実施した場合に記載が必要となるものであり、当該要件以外を要件として実施する場合に記載する必要はない。同様に、「(5)開示・提出先の承諾」は「Ⅰ．4．③調査価格等が公表されない場合ですべての開示・提出先の承諾が得られた場合」を要件として、基準に則らない価格等調査を実施した場合に記載が必要となるものであり、当該要件以外

を要件として実施する場合に記載する必要はない。

価格等調査ガイドライン

3．価格等調査の基本的事項
(1) 対象不動産
(2) Ⅱ．3．(2)により設定した価格等調査の条件
　① 設定した対象確定条件。
　② 設定した想定上の条件。
　③ 設定した調査範囲等条件。
　④ 不動産鑑定評価基準に定める条件設定の要件を満たさない価格等調査の条件を設定した場合には、不動産鑑定評価基準に則らないこととなる。この場合には、「2．依頼目的、利用者の範囲等」等に照らして当該価格等調査の条件を設定したことが合理的である理由。
(3) Ⅱ．3．(3)により確定した価格等調査の時点
(4) Ⅱ．3．(4)により確定した価格等を求める方法又は価格等の種類
(5) 不動産鑑定評価基準に則った鑑定評価との主な相違点及びその妥当性の根拠
　「Ⅱ．3．価格等調査の基本的事項」の全部又は一部が不動産鑑定評価基準に則らない場合は、(1)から(4)までの事項を含め不動産鑑定評価基準における基本的事項との主な相違点及び「2．依頼目的、利用者の範囲等」等に照らした当該相違点の合理的な理由。

価格等調査ガイドライン運用上の留意事項

3．「3．価格等調査の基本的事項」関係
　1) 価格等調査の条件を設定したことが合理的である理由について
　　価格等調査ガイドラインⅢ．3．(2)④に規定する「価格等調査の条件を設定したことが合理的である理由」とは、価格等調査の条件を設定して不動産鑑定評価基準に則らない価格等調査を行ったとしても、依頼目的、利用者の範囲等に照らして当該価格等調査の条件を設定することとした判断が社会通念上合理的である理由である。

2）不動産鑑定評価基準における基本的事項との相違点の合理的な理由について

　　価格等調査ガイドラインⅢ．3．(5)に規定する「相違点の合理的な理由」とは、価格等調査の基本的事項と不動産鑑定評価基準における基本的事項とに相違が存在しても、依頼目的、利用者の範囲等に照らして当該相違点が妥当であるとした判断が社会通念上合理的である理由である。

3）価格等調査の条件の設定及び不動産鑑定評価基準に則った鑑定評価との主な相違点についての合理的理由について

　　価格等調査ガイドラインⅢ．3．(2)④に規定する「合理的である理由」は、価格等調査ガイドラインⅢ．3．(5)に規定する「合理的な理由」に含まれるが、確認的に規定しているものである。このため不動産鑑定評価基準に定める条件設定の要件を満たさない価格等調査の条件を設定する価格等調査においては、価格等調査ガイドラインⅢ．3．(2)又は(5)のどちらかに記載すれば足りる。

解　説

「Ⅱ．業務の目的と範囲等の確定」において確定・明記した事項に従い、上記(1)から(5)を成果報告書に記載する必要がある。

なお、(5)の規定による「当該相違点の合理的な理由」は、価格等調査の基本的事項について鑑定評価基準に則らない合理的な理由として、「Ⅰ．4．不動産鑑定評価基準に則った鑑定評価と則らない価格等調査との峻別等」の①から⑤のいずれに該当すると判断したか、及び基準に則らないことによる利用上の制約やリスク（主として調査価格等へ与える影響の程度）を利用者が負うことが認識されているかという観点から、案件に即して記載する必要がある。

> **価格等調査ガイドライン**
>
> **4．価格等調査の手順**
> (1) 調査上の不明事項に係る取扱い及び調査の範囲
> 　　資料収集の限界、資料の不備等によって明らかにすることができなかった事項が存する場合の調査上の取扱い（例えば、価格等調査の条件を設定して当該事項にかかる価格形成要因を除外して価格等調査を行ったのか、不動産鑑定士が価格等への影響の程度について合理的に推定して価格等調査を行ったのか、他の専門家等が行った調査結果等を活用したのかなど）。
> (2) 不動産鑑定評価基準に則った鑑定評価との主な相違点及びその妥当性の根拠
> 　　「Ⅱ．4．価格等調査の手順」の全部又は一部が不動産鑑定評価基準に則っていない場合は、不動産鑑定評価基準における手順との主な相違点及び「2．依頼目的、利用者の範囲等」に照らした当該相違点の合理的な理由。

> **価格等調査ガイドライン運用上の留意事項**
>
> **4．「4．価格等調査の手順」関係**
> **不動産鑑定評価基準における手順との相違点の合理的な理由について**
> 　　価格等調査ガイドラインⅢ．4．(2)に規定する「合理的な理由」とは、価格等調査の手順と不動産鑑定評価基準における手順とに相違が存在しても、依頼目的、利用者の範囲等に照らして当該相違点が妥当であるとした判断が社会通念上合理的である理由である。

解　説

　上記(1)・(2)を成果報告書に記載する必要がある。

　基準に則らない価格等調査の場合は、基準が求める「対象不動産の確認」や「資料の収集及び整理」等について、手順を省略して実施することが多く、不明事項が存することも、基準に則った鑑定評価に比べれば相対的に多くなると考えられる。そのため、「調査上の不明事項に係る取扱い及び調査の範囲」を明らかにすることがより重要となる。

　なお、(2)の規定による「当該相違点の合理的な理由」は、価格等調査の

手順について基準に則らない合理的な理由として、「Ⅰ．4．不動産鑑定評価基準に則った鑑定評価と則らない価格等調査との峻別等」の①から⑤のいずれに該当すると判断したか、及び基準に則らないことによる利用上の制約やリスク（主として調査価格等へ与える影響の程度）を利用者が負うことが認識されているかという観点から、案件に即して記載する必要がある。

> **価格等調査ガイドライン**
>
> 5．価格等調査を行った年月日
> 　　価格等調査を行った年月日のほか、実際に現地に赴き対象不動産の現況を確認した場合はその年月日。実際に現地に赴いていない場合はその旨。
>
> 6．利害関係等
> 　(1) 不動産鑑定士及び不動産鑑定業者の対象不動産に関する利害関係等
> 　　　価格等調査に関与した不動産鑑定士及び当該不動産鑑定士が所属する不動産鑑定業者の①対象不動産に関する利害関係又は対象不動産に関し利害関係を有する者との縁故若しくは特別の利害関係の有無及び②その内容。
> 　(2) 依頼者と不動産鑑定士及び不動産鑑定業者との間の関係
> 　　　調査価格等が公表・開示・提出される場合及び不動産鑑定評価基準に則った鑑定評価を行った場合においては、依頼者と価格等調査に関与した不動産鑑定士及び当該不動産鑑定士が所属する不動産鑑定業者との間の①特別の資本的関係、人的関係及び取引関係の有無並びに②その内容。
> 　(3) 開示・提出先と不動産鑑定士及び不動産鑑定業者との間の関係
> 　　　調査価格等が依頼者以外の者へ開示される場合及び成果報告書が依頼者以外の者へ提出される場合においては、開示・提出先と価格等調査に関与した不動産鑑定士及び当該不動産鑑定士が所属する不動産鑑定業者との間の①特別の資本的関係、人的関係及び取引関係の有無並びに②その内容。ただし、開示・提出先が未定の場合や開示先の具体的名称が明らかでない場合は、その旨。

(4) 依頼者の証券化関係者との関係
　　証券化対象不動産に係る価格等調査の場合には、依頼者と証券化対象不動産との利害関係に関する次の事項。
　① 依頼者が証券化関係者のいずれであるかの別
　② 依頼者と証券化関係者との資本関係、取引関係その他特別な利害関係の有無及びこれらの関係を有する場合にあっては、その内容

　なお、以下の場合には、(2)及び(3)の関係を記載することを省略することができる。ただし、不動産鑑定評価基準に則った鑑定評価を行った場合には省略することはできない。
①調査価格等が公表されない場合で、すべての依頼者及び開示・提出先が、成果報告書への(2)及び(3)の記載を省略することについて承諾しており、その旨を確認・記載した場合。
②公表・開示・提出される場合で利用者の判断に大きな影響を与えないと判断され、２．(3)の事項を記載した場合。

価格等調査ガイドライン運用上の留意事項

5.「6．利害関係等」関係
　　成果報告書に記載すべき利害関係等については、本留意事項Ⅱ．3.「2．利害関係等」関係を参照することとする。

解　説

5．価格等調査を行った年月日
　基準における「鑑定評価を行った年月日」を鑑定評価報告書に記載するのと同様、「価格等調査を行った年月日」を成果報告書に記載する必要がある。また、実地調査日（実際に現地に赴いていない場合はその旨）も成果報告書に記載する必要がある。

6．利害関係等
　「Ⅱ．業務の目的と範囲等の確定」において確定・明記した事項に従い、上記(1)から(4)を成果報告書に記載する必要がある。

なお、基準に則らない価格等調査においては、「Ⅱ．2」の確定・明記と同様、上記①・②の要件を満たせば、上記(2)・(3)の成果報告書への記載を省略することができるが、基準に則った鑑定評価の場合は、「基準総論第9章第2節Ⅸ」により、必ず記載が必要であることに留意する必要がある。

> **価格等調査ガイドライン**
>
> 7．価格等調査に関与した不動産鑑定士の氏名
> 　他の不動産鑑定業者に業務の全部又は一部を再委託した場合の当該不動産鑑定業者の不動産鑑定士を含め、価格等調査に関与した不動産鑑定士全員の氏名。

> **価格等調査ガイドライン運用上の留意事項**
>
> 6．「7．価格等調査に関与した不動産鑑定士の氏名」関係
> 　価格等調査は、不動産鑑定評価基準に則っているか否かにかかわらず、不動産の経済価値を判定し、その結果を価額に表示しているかぎり、不動産の鑑定評価に関する法律第3条第1項の業務（鑑定評価業務）に該当するものであり、この場合、成果報告書は、同法第39条第1項の鑑定評価書として、同条第2項の署名押印が必要となることに留意する。

[解　説]

　基準に則っているか否かにかかわらず、鑑定法上の鑑定評価に該当する価格等調査の成果報告書には、鑑定法第39条第2項に従い、当該価格等調査に関与した不動産鑑定士（以下「関与不動産鑑定士」という。）が署名押印しなければならないことに留意する。
　なお、関与不動産鑑定士は、以下のとおり分類されるが、確定担当不動産鑑定士と作成担当不動産鑑定士は、価格等調査ガイドライン上の役割分担の違いによる区分であり、当該名称を成果報告書で記載することが義務づけられているものではない。
・確定担当不動産鑑定士
　確定担当不動産鑑定士は、業務の目的と範囲等を確定する不動産鑑定士

であることから、実務上は「業務の目的と範囲等の確定に係る確認書」の内容を確定することとなる。

一般的に、業務の目的と範囲等の確定は、価格等調査に係る業務の受付事務を通じて行われることとなるため、受付事務を行う不動産鑑定士が業務の目的と範囲等を確定する場合には、当然に確定担当不動産鑑定士となる。

一方、当該受付事務は、必ずしも確定担当不動産鑑定士が行うとは限らないことから、その場合に当該受付事務を行う者は、確定担当不動産鑑定士を通して業務の目的と範囲等を確定することとなる。

・作成担当不動産鑑定士

作成担当不動産鑑定士とは、成果報告書の作成を担当する不動産鑑定士であり、確定担当不動産鑑定士と同一の場合もあればそうでない場合もある。また、1人の場合もあれば複数の場合もある。

また、価格等調査ガイドラインによれば、価格等調査終了後公表されることとなる場合や開示・提出先が拡大する場合には、不動産鑑定業者の承諾のほか、作成担当不動産鑑定士の承諾が必要とされているが、複数の作成担当不動産鑑定士が関与している場合には、いずれか1人の承諾があればよいと考えられる。

・その他の関与不動産鑑定士

上記「確定担当不動産鑑定士」「作成担当不動産鑑定士」のほかに、総括不動産鑑定士が想定される。

なお、総括不動産鑑定士が、確定担当不動産鑑定士や作成担当不動産鑑定士となる場合もある。

Ⅳ．不動産鑑定士が直接不動産の鑑定評価に関する法律第3条第2項の業務を行う場合についての準用

> **価格等調査ガイドライン**
>
> Ⅳ．不動産鑑定士が直接不動産の鑑定評価に関する法律第3条第2項の業務を行う場合についての準用
>   本ガイドラインは、不動産鑑定士が直接依頼者から不動産の鑑定評価に関する法律第3条第2項の業務として価格等調査を依頼されて当該価格等調査を行う場合に準用するものとする。

解　説

　鑑定法第3条第2項は「不動産鑑定士は、不動産鑑定士の名称を用いて、不動産の客観的価値に作用する諸要因に関して調査若しくは分析を行い、又は不動産の利用、取引若しくは投資に関する相談に応じることを業とすることができる。ただし、他の法律においてその業務を行うことが制限されている事項については、この限りでない。」と規定し、不動産鑑定士が直接依頼者から鑑定法第3条第2項の業務（いわゆる隣接・周辺業務）を受託し、これを業として行うことを認めている。例えば、対象不動産の正面路線価を一律に一定の割合で割り戻した金額を、対象不動産の価格として表示するなど、不動産の経済価値の判定を伴わない調査は、鑑定法第3条第2項の業務（いわゆる隣接・周辺業務）に該当するが、対象不動産の価格を表示することから、価格等調査に該当し、価格等調査ガイドラインを準用する必要がある。よって、価格等調査を受託した不動産鑑定士は、「業務の目的と範囲等の確定に係る確認書」の交付や「業務の目的と範囲等に関する成果報告書への記載事項」等を遵守する必要があることに留意する。

　なお、不動産鑑定業者が業として鑑定法第3条第2項に該当する価格等調査を受託する場合は、価格等調査ガイドラインを「準用」ではなく、「適用」する必要があることに留意する。

資料編

資料編

(写)

平成14年7月3日
国土地第83号の3

社団法人日本不動産鑑定協会会長 あて

国土交通事務次官

不動産鑑定評価基準等の改正について(通知)

　不動産鑑定評価基準及び不動産鑑定評価基準運用上の留意事項(以下「基準等」という。)は、不動産鑑定士及び不動産鑑定士補が不動産の鑑定評価を行うに当たっての統一的基準であるとともに、不動産の鑑定評価に関する法律(昭和38年7月16日法律第152号)第40条第1項及び第2項の規定に基づき不当な不動産の鑑定評価についての懲戒処分を行う際の判断根拠となるものである。
　平成2年に現行の基準等が設定されて以降、我が国の不動産市場においては、バブル崩壊後の社会経済構造の変化を背景に、資産性重視から利便性・収益性を重視した実需中心の取引への移行、不動産の証券化の進展など構造的な変化が現れている。不動産の鑑定評価においても、土地建物一体の複合不動産の収益力を綿密に分析し価格に反映させる鑑定評価に対する需要が増大している状況にある。
　このような状況にかんがみ、平成14年6月14日に国土審議会により取りまとめられ国土交通大臣に提出された意見を踏まえ、今般、(別添1)及び(別添2)のとおり基準等を改正したので、通知する。

　今回の基準等の改正の主旨は、収益性を重視した鑑定評価を充実するために、DCF法を導入するとともに物件調査及び市場分析を拡充・改善し、また、鑑定評価の結果についての説明責任を強化するために、鑑定評価額の決定過程等についての説明を充実させたことである。
　不動産鑑定士又は不動産鑑定士補の行う不動産の鑑定評価については、平成15年1月1日から改正後の基準等に従って行わなければならない。
　ついては、所属会員が改正内容を正確に理解し、必要な能力の研鑽に努め、適正な不動産の鑑定評価の推進に一層努めるよう、所属会員に対する研修等に万全を期されたい。

(写)　　　　　　　　　　　　　　　　平成19年4月2日
　　　　　　　　　　　　　　　　　　国土地第321号の3

社団法人日本不動産鑑定協会会長　殿

　　　　　　　　　　　　　　　　　　　　国土交通事務次官

　　　　　不動産鑑定評価基準等の一部改正について（通知）

　　平成14年に不動産鑑定評価基準及び不動産鑑定評価基準運用上の留意事項（以下「基準等」
　という。）が改正されて以降、不動産証券化市場の規模の拡大及び不動産市場全体に占める
　割合の増加等の社会経済状況の変化により、不動産鑑定士に証券化対象不動産の鑑定評価が
　依頼される場面が加速度的に複雑化かつ多様化している。
⑴日本版不動産投資信託（Ｊリート）の上場等を契機に、資産の流動化に関する法律（平成
　10年6月15日法律第105号）や投資信託及び投資法人に関する法律（昭和26年6月4日法
　律第198号）における不動産鑑定士による鑑定評価の義務付け等により、証券化対象不動
　産の鑑定評価は、有価証券等の目論見書に記載され、場合によっては、投資家に鑑定評価
　書の写しが提示されることもあり、投資判断を行うための開示情報としての重要性が高
　まっている。不動産の証券化が個人投資家にも浸透し、不動産証券化市場の広がりと成熟
　が見られる中、不適切な鑑定評価を裏付けとした有価証券等が市場に流通した場合には、
　多数の投資家等に甚大な影響を及ぼす可能性がある。
⑵不動産鑑定評価制度は、不動産証券化市場を支える基盤としての位置づけを与えられてお
　り、証券化対象不動産や有価証券等の価格は、不動産市場のみならず国内外の金融市場や
　証券市場とも密接に関連するため、これらの市場動向を適時的確に反映した鑑定評価を行
　い、投資家等の投資判断に役立てることが求められている。

　このような状況の下、証券化対象不動産の鑑定評価の手順が複雑化し、かつ、その説明責
任が高度化することに伴って、不動産鑑定士に求められる知識と経験は高度化かつ広範化
し、依頼者の理解・協力や他の専門家との連携が不可欠となっている。さらに、不動産証券
化市場を支える一員として不動産と金融・証券化関連の広範な知識等が求められ、不動産証
券化について正しく理解し、実務で活用できる専門職業家の更なる育成も必要である。

　特に、証券化対象不動産の鑑定評価における重要な評価方法であるＤＣＦ法の適用等に関
しては、複数の鑑定評価書の比較容易性の向上や、キャッシュフロー予測や利回りに関する
説明の精緻化等が喫緊の課題となっている。

資料編

　このような状況にかんがみ、平成19年3月27日に国土審議会土地政策分科会不動産鑑定評価部会により取りまとめられた意見を踏まえ、今般、別添1及び別添2のとおり基準等を改正したので、通知する。

　今般の基準等の改正は、これらの課題の解決を図るとともに、証券化対象不動産の鑑定評価実務の適性かつ的確な遂行を図ることを目的とするものであり、証券化対象不動産の鑑定評価に関する情報共有及び研修等の積極的な推進と、不動産鑑定士各自の不断の研鑽を通じて、不動産鑑定評価制度の信頼性の向上が図られることを期待するものである。
　なお、改正後の基準等は、平成19年7月1日から施行されるものであり、前回通知（平成14年7月3日国土交通事務次官通知）のとおり、不動産鑑定士が不動産の鑑定評価を行うに当たっての統一的基準であるとともに、不動産の鑑定評価に関する法律（昭和38年7月16日法律第152号）第40条第1項及び第2項の規定に基づき不当な不動産の鑑定評価についての懲戒処分を行う際の判断根拠となるものである。
　ついては、所属会員が改正内容を正確に理解し、必要な能力の研鑽に努め、適正な不動産の鑑定評価の推進に一層努めるよう、所属会員に対する研修等に万全を期されたい。

平成21年8月28日
国土鑑第14号の3

社団法人　日本不動産鑑定協会会長　殿

国土交通事務次官

不動産鑑定評価基準の一部改正について（通知）

　今般、「不動産鑑定士が不動産に関する価格等調査を行う揚合の業務の目的と範囲等の確定及び成果報告書の記載事項に関するガイドライン」を制定し、不動産の鑑定評価に関する法律第3条第1項に規定する不動産の鑑定評価であるか、同条第2項に規定するいわゆる隣接・周辺業務であるかを問わず、不動産鑑定士及び不動産鑑定士補が行う価格等調査についての業務の方法を当該ガイドラインに定めたところである。これに伴い、不動産鑑定評価基準について、所要の規定の整理を行う必要があるため、別添のとおり改正を行ったので通知する。

　なお、この改正は、平成22年1月1日から施行し、改正後の不動産鑑定評価基準は、同日以後に契約を締結する鑑定評価から適用するものであることに留意するとともに、貴所属会員に対して周知徹底を図られたい。

資料編

平成21年8月28日
国土鑑第15号の3

社団法人　日本不動産鑑定協会会長　殿

国土交通省土地・水資源局長

不動産鑑定評価基準運用上の留意事項の一部改正について（通知）

　不動産鑑定評価基準の一部改正については、平成21年8月28日付け国土鑑第14号の3をもって通知されたところであるが、これに伴い不動産鑑定評価基準運用上の留意事項を別添のとおり改正したので、命により通知する。
　なお、この改正は、平成22年1月1日から施行し、改正後の不動産鑑定評価基準運用上の留意事項は、同日以後に契約を締結する鑑定評価から適用するものであることに留意するとともに、貴所属会員に対して周知徹底を図られたい。

平成22年3月31日
国土鑑第89号の4

社団法人　日本不動産鑑定協会会長　殿

国土交通省土地・水資源局長

不動産鑑定評価基準運用上の留意事項の一部改正について（通知）

　土壌汚染対策法の一部を改正する法律（平成21年法律第23号）の施行に伴い、不動産鑑定評価基準運用上の留意事項（平成14年7月3日付け国土地第83号）について所要の規定の整理を行うため、これを別添のとおり改正し、同法の施行の日（平成22年4月1日）から施行することとしたので、命により通知する。
　ついては、貴所属会員に対して周知を図られたい。

資料編

平成26年5月1日
国土鑑第8号の5

公益社団法人　日本不動産鑑定士協会連合会会長　殿

国土交通事務次官

不動産鑑定評価基準等の一部改正について（通知）

　不動産鑑定評価基準及び不動産鑑定評価基準運用上の留意事項（以下「基準等」という。）は、不動産鑑定士が鑑定評価を行うに当たっての統一的基準であり、不動産の鑑定評価に関する法律（昭和38年7月16日法律第152号）第40条第1項及び第2項の規定に基づき不当な鑑定評価についての懲戒処分を行う際の判断根拠となるものとして、昭和39年に制定されて以来、不動産市場の変化に対応し、これまで累次の改正を行ってきた。

　昨今の不動産市場の国際化やストック重視の社会への転換、証券化の対象となる不動産の拡大等にかんがみ、多様な鑑定評価ニーズに適切に対応していく観点から、平成26年3月26日に国土審議会土地政策分科会不動産鑑定評価部会により取りまとめられた意見を踏まえ、今般、別添1及び別添2のとおり基準等を改正したので、通知する。

　今般の改正の趣旨及び概要は、下記のとおりであり、十分に了知の上、貴所属会員に対する周知徹底を図られたい。

　なお、この改正は、平成26年11月1日から施行し、改正後の基準等は、同日以後に契約を締結する鑑定評価から適用するものであることを申し添える。

(別添1)

不動産鑑定評価基準

平成14年7月3日全部改正
平成19年4月2日一部改正
平成21年8月28日一部改正
平成26年5月1日一部改正

国土交通省

資料編

目　次

総　論
第1章　不動産の鑑定評価に関する基本的考察………………………………520
　第1節　不動産とその価格………………………………………………520
　第2節　不動産とその価格の特徴………………………………………520
　第3節　不動産の鑑定評価………………………………………………522
　第4節　不動産鑑定士の責務……………………………………………522
第2章　不動産の種別及び類型……………………………………………523
　第1節　不動産の種別……………………………………………………524
　第2節　不動産の類型……………………………………………………524
第3章　不動産の価格を形成する要因……………………………………525
　第1節　一般的要因………………………………………………………526
　第2節　地域要因…………………………………………………………527
　第3節　個別的要因………………………………………………………529
第4章　不動産の価格に関する諸原則……………………………………532
第5章　鑑定評価の基本的事項……………………………………………534
　第1節　対象不動産の確定………………………………………………534
　第2節　価格時点の確定…………………………………………………536
　第3節　鑑定評価によって求める価格又は賃料の種類の確定………536
第6章　地域分析及び個別分析……………………………………………538
　第1節　地域分析…………………………………………………………538
　第2節　個別分析…………………………………………………………541
第7章　鑑定評価の方式……………………………………………………542
　第1節　価格を求める鑑定評価の手法…………………………………543
　第2節　賃料を求める鑑定評価の手法…………………………………553
第8章　鑑定評価の手順……………………………………………………557
　第1節　鑑定評価の基本的事項の確定…………………………………558
　第2節　依頼者、提出先等及び利害関係等の確認……………………558
　第3節　処理計画の策定…………………………………………………558
　第4節　対象不動産の確認………………………………………………559
　第5節　資料の収集及び整理……………………………………………559
　第6節　資料の検討及び価格形成要因の分析…………………………560
　第7節　鑑定評価の手法の適用…………………………………………560

第8節	試算価格又は試算賃料の調整	561
第9節	鑑定評価額の決定	561
第10節	鑑定評価報告書の作成	561
第9章	鑑定評価報告書	561
第1節	鑑定評価報告書の作成指針	562
第2節	記載事項	562
第3節	附属資料	564

各 論

第1章	価格に関する鑑定評価	565
第1節	土地	565
第2節	建物及びその敷地	570
第3節	建物	572
第4節	特定価格を求める場合に適用する鑑定評価の手法	574
第2章	賃料に関する鑑定評価	574
第1節	宅地	574
第2節	建物及びその敷地	576
第3章	証券化対象不動産の価格に関する鑑定評価	577
第1節	証券化対象不動産の鑑定評価の基本的姿勢	577
第2節	証券化対象不動産について未竣工建物等鑑定評価を行う場合の要件	578
第3節	処理計画の策定	578
第4節	証券化対象不動産の個別的要因の調査等	579
第5節	DCF法の適用等	581

附　則 … 584

> 資料編

総　論

第1章　不動産の鑑定評価に関する基本的考察

　不動産の鑑定評価とはどのようなことであるか、それは何故に必要であるか、われわれの社会においてそれはどのような役割を果たすものであるか、そしてこの役割の具体的な担当者である不動産鑑定士及び不動産鑑定士補（以下「不動産鑑定士」という。）に対して要請されるものは何であるか、不動産鑑定士は、まず、これらについて十分に理解し、体得するところがなければならない。

第1節　不動産とその価格

　不動産は、通常、土地とその定着物をいう。土地はその持つ有用性の故にすべての国民の生活と活動とに欠くことのできない基盤である。そして、この土地を我々人間が各般の目的のためにどのように利用しているかという土地と人間との関係は、不動産のあり方、すなわち、不動産がどのように構成され、どのように貢献しているかということに具体的に現れる。

　この不動産のあり方は、自然的、社会的、経済的及び行政的な要因の相互作用によって決定されるとともに経済価値の本質を決定づけている。一方、この不動産のあり方は、その不動産の経済価値を具体的に表している価格を選択の主要な指標として決定されている。

　不動産の価格は、一般に、
(1)　その不動産に対してわれわれが認める効用
(2)　その不動産の相対的稀少性
(3)　その不動産に対する有効需要

の三者の相関結合によって生ずる不動産の経済価値を、貨幣額をもって表示したものである。そして、この不動産の経済価値は、基本的にはこれら三者を動かす自然的、社会的、経済的及び行政的な要因の相互作用によって決定される。不動産の価格とこれらの要因との関係は、不動産の価格が、これらの要因の影響の下にあると同時に選択指標としてこれらの要因に影響を与えるという二面性を持つものである。

第2節　不動産とその価格の特徴

　不動産が国民の生活と活動に組み込まれどのように貢献しているかは具体的な価格として現れるものであるが、土地は他の一般の諸財と異なって次のような特性を持っている。
(1)　自然的特性として、地理的位置の固定性、不動性（非移動性）、永続性（不変性）、不増性、個別性（非同質性、非代替性）等を有し、固定的であって硬直的である。

(2) 人文的特性として、用途の多様性（用途の競合、転換及び併存の可能性）、併合及び分割の可能性、社会的及び経済的位置の可変性等を有し、可変的であって伸縮的である。

不動産は、この土地の持つ諸特性に照応する特定の自然的条件及び人文的条件を与件として利用され、その社会的及び経済的な有用性を発揮するものである。そして、これらの諸条件の変化に伴って、その利用形態並びにその社会的及び経済的な有用性は変化する。

不動産は、また、その自然的条件及び人文的条件の全部又は一部を共通にすることによって、他の不動産とともにある地域を構成し、その地域の構成分子としてその地域との間に、依存、補完等の関係に及びその地域内の他の構成分子である不動産との間に協働、代替、競争等の関係にたち、これらの関係を通じてその社会的及び経済的な有用性を発揮するものである（不動産の地域性）。

このような地域には、その規模、構成の内容、機能等に従って各種のものが認められるが、そのいずれもが、不動産の集合という意味において、個別の不動産の場合と同様に、特定の自然的条件及び人文的条件との関係を前提とする利用のあり方の同一性を基準として理解されるものであって、他の地域と区別されるべき特性をそれぞれ有するとともに、他の地域との間に相互関係にたち、この相互関係を通じて、その社会的及び経済的位置を占めるものである（地域の特性）。

このような不動産の特徴により、不動産の価格についても、他の一般の諸財の価格と異なって、およそ次のような特徴を指摘することができる。

(1) 不動産の経済価値は、一般に、交換の対価である価格として表示されるとともに、その用益の対価である賃料として表示される。そして、この価格と賃料との間には、いわゆる元本と果実との間に認められる相関関係を認めることができる。

(2) 不動産の価格（又は賃料）は、その不動産に関する所有権、賃借権等の権利の対価又は経済的利益の対価であり、また、二つ以上の権利利益が同一の不動産の上に存する場合には、それぞれの権利利益について、その価格（又は賃料）が形成され得る。

(3) 不動産の属する地域は固定的なものではなくて、常に拡大縮小、集中拡散、発展衰退等の変化の過程にあるものであるから、不動産の利用形態が最適なものであるかどうか、仮に現在最適なものであっても、時の経過に伴ってこれを持続できるかどうか、これらは常に検討されなければならない。したがって、不動産の価格（又は賃料）は、通常、過去と将来とにわたる長期的な考慮の下に形成される。今日の価格（又は賃料）は、昨日の展開であり、明日を反映するものであって常に変化の過程にあるものである。

(4) 不動産の現実の取引価格等は、取引等の必要に応じて個別的に形成されるのが通常であり、しかもそれは個別的な事情に左右されがちのものであって、このような取引価格等から不動産の適正な価格を見出すことは一般の人には非常に困難である。したがっ

て、不動産の適正な価格については専門家としての不動産鑑定士の鑑定評価活動が必要となるものである。

第3節　不動産の鑑定評価

このように一般の諸財と異なる不動産についてその適正な価格を求めるためには、鑑定評価の活動に依存せざるを得ないこととなる。

不動産の鑑定評価は、その対象である不動産の経済価値を判定し、これを貨幣額をもって表示することである。それは、この社会における一連の価格秩序の中で、その不動産の価格及び賃料がどのような所に位するかを指摘することであって、

(1)　鑑定評価の対象となる不動産の的確な認識の上に、

(2)　必要とする関連資料を十分に収集して、これを整理し、

(3)　不動産の価格を形成する要因及び不動産の価格に関する諸原則についての十分な理解のもとに、

(4)　鑑定評価の手法を駆使して、その間に、

(5)　既に収集し、整理されている関連諸資料を具体的に分析して、対象不動産に及ぼす自然的、社会的、経済的及び行政的な要因の影響を判断し、

(6)　対象不動産の経済価値に関する最終判断に到達し、これを貨幣額をもって表示するものである。

この判断の当否は、これら各段階のそれぞれについての不動産鑑定士の能力の如何及びその能力の行使の誠実さの如何に係るものであり、また、必要な関連諸資料の収集整理の適否及びこれらの諸資料の分析解釈の練達の程度に依存するものである。したがって、鑑定評価は、高度な知識と豊富な経験及び的確な判断力を持ち、さらに、これらが有機的かつ総合的に発揮できる練達堪能な専門家によってなされるとき、初めて合理的であって、客観的に論証できるものとなるのである。

不動産の鑑定評価とは、現実の社会経済情勢の下で合理的と考えられる市場で形成されるであろう市場価値を表示する適正な価格を、不動産鑑定士が的確に把握する作業に代表されるように、練達堪能な専門家によって初めて可能な仕事であるから、このような意味において、不動産の鑑定評価とは、不動産の価格に関する専門家の判断であり、意見であるといってよいであろう。

それはまた、この社会における一連の価格秩序のなかで、対象不動産の価格の占める適正なあり所を指摘することであるから、その社会的公共的意義は極めて大きいといわなければならない。

第4節　不動産鑑定士の責務

土地は、土地基本法に定める土地についての基本理念に即して利用及び取引が行われる

べきであり、特に投機的取引の対象とされてはならないものである。不動産鑑定士は、このような土地についての基本的な認識に立って不動産の鑑定評価を行わなければならない。

不動産鑑定士は、不動産の鑑定評価を担当する者として、十分に能力のある専門家としての地位を不動産の鑑定評価に関する法律によって認められ、付与されるものである。したがって、不動産鑑定士は、不動産の鑑定評価の社会的公共的意義を理解し、その責務を自覚し、的確かつ誠実な鑑定評価活動の実践をもって、社会一般の信頼と期待に報いなければならない。

そのためには、まず、不動産鑑定士は、同法に規定されているとおり、良心に従い、誠実に不動産の鑑定評価を行い、専門職業家としての社会的信用を傷つけるような行為をしてはならないとともに、正当な理由がなくて、その職務上取り扱ったことについて知り得た秘密を他に漏らしてはならないことはいうまでもなく、さらに次に述べる事項を遵守して資質の向上に努めなければならない。

(1) 高度な知識と豊富な経験と的確な判断力とが有機的に統一されて、初めて的確な鑑定評価が可能となるのであるから、不断の勉強と研鑽とによってこれを体得し、鑑定評価の進歩改善に努力すること。
(2) 依頼者に対して鑑定評価の結果を分かり易く誠実に説明を行い得るようにするとともに、社会一般に対して、実践活動をもって、不動産の鑑定評価及びその制度に関する理解を深めることにより、不動産の鑑定評価に対する信頼を高めるよう努めること。
(3) 不動産の鑑定評価に当たっては、自己又は関係人の利害の有無その他いかなる理由にかかわらず、公平妥当な態度を保持すること。
(4) 不動産の鑑定評価に当たっては、専門職業家としての注意を払わなければならないこと。
(5) 自己の能力の限度を超えていると思われる不動産の鑑定評価を引き受け、又は縁故若しくは特別の利害関係を有する場合等、公平な鑑定評価を害する恐れのあるときは、原則として不動産の鑑定評価を引き受けてはならないこと。

第2章　不動産の種別及び類型

不動産の鑑定評価においては、不動産の地域性並びに有形的利用及び権利関係の態様に応じた分析を行う必要があり、その地域の特性等に基づく不動産の種類ごとに検討することが重要である。

不動産の種類とは、不動産の種別及び類型の二面から成る複合的な不動産の概念を示すものであり、この不動産の種別及び類型が不動産の経済価値を本質的に決定づけるものであるから、この両面の分析をまって初めて精度の高い不動産の鑑定評価が可能となるものであ

る。
　不動産の種別とは、不動産の用途に関して区分される不動産の分類をいい、不動産の類型とは、その有形的利用及び権利関係の態様に応じて区分される不動産の分類をいう。

第1節　不動産の種別

Ⅰ　地域の種別

　地域の種別は、宅地地域、農地地域、林地地域等に分けられる。

　宅地地域とは、居住、商業活動、工業生産活動等の用に供される建物、構築物等の敷地の用に供されることが、自然的、社会的、経済的及び行政的観点からみて合理的と判断される地域をいい、住宅地域、商業地域、工業地域等に細分される。さらに住宅地域、商業地域、工業地域等については、その規模、構成の内容、機能等に応じた細分化が考えられる。

　農地地域とは、農業生産活動のうち耕作の用に供されることが、自然的、社会的、経済的及び行政的観点からみて合理的と判断される地域をいう。

　林地地域とは、林業生産活動のうち木竹又は特用林産物の生育の用に供されることが、自然的、社会的、経済的及び行政的観点からみて合理的と判断される地域をいう。

　なお、宅地地域、農地地域、林地地域等の相互間において、ある種別の地域から他の種別の地域へと転換しつつある地域及び宅地地域、農地地域等のうちにあって、細分されたある種別の地域から、その地域の他の細分された地域へと移行しつつある地域があることに留意すべきである。

Ⅱ　土地の種別

　土地の種別は、地域の種別に応じて分類される土地の区分であり、宅地、農地、林地、見込地、移行地等に分けられ、さらに地域の種別の細分に応じて細分される。

　宅地とは、宅地地域のうちにある土地をいい、住宅地、商業地、工業地等に細分される。この場合において、住宅地とは住宅地域のうちにある土地をいい、商業地とは商業地域のうちにある土地をいい、工業地とは工業地域のうちにある土地をいう。

　農地とは、農地地域のうちにある土地をいう。

　林地とは、林地地域のうちにある土地（立木竹を除く。）をいう。

　見込地とは、宅地地域、農地地域、林地地域等の相互間において、ある種別の地域から他の種別の地域へと転換しつつある地域のうちにある土地をいい、宅地見込地、農地見込地等に分けられる。

　移行地とは、宅地地域、農地地域等のうちにあって、細分されたある種別の地域から他の種別の地域へと移行しつつある地域のうちにある土地をいう。

第2節　不動産の類型

宅地並びに建物及びその敷地の類型を例示すれば、次のとおりである。
Ⅰ　宅地
　宅地の類型は、その有形的利用及び権利関係の態様に応じて、更地、建付地、借地権、底地、区分地上権等に分けられる。
　更地とは、建物等の定着物がなく、かつ、使用収益を制約する権利の付着していない宅地をいう。
　建付地とは、建物等の用に供されている敷地で建物等及びその敷地が同一の所有者に属している宅地をいう。
　借地権とは、借地借家法（廃止前の借地法を含む。）に基づく借地権（建物の所有を目的とする地上権又は土地の賃借権）をいう。
　底地とは、宅地について借地権の付着している場合における当該宅地の所有権をいう。
　区分地上権とは、工作物を所有するため、地下又は空間に上下の範囲を定めて設定された地上権をいう。
Ⅱ　建物及びその敷地
　建物及びその敷地の類型は、その有形的利用及び権利関係の態様に応じて、自用の建物及びその敷地、貸家及びその敷地、借地権付建物、区分所有建物及びその敷地等に分けられる。
　自用の建物及びその敷地とは、建物所有者とその敷地の所有者とが同一人であり、その所有者による使用収益を制約する権利の付着していない場合における当該建物及びその敷地をいう。
　貸家及びその敷地とは、建物所有者とその敷地の所有者とが同一人であるが、建物が賃貸借に供されている場合における当該建物及びその敷地をいう。
　借地権付建物とは、借地権を権原とする建物が存する場合における当該建物及び借地権をいう。
　区分所有建物及びその敷地とは、建物の区分所有等に関する法律第2条第3項に規定する専有部分並びに当該専有部分に係る同条第4項に規定する共用部分の共有持分及び同条第6項に規定する敷地利用権をいう。

第3章　不動産の価格を形成する要因

　不動産の価格を形成する要因（以下「価格形成要因」という。）とは、不動産の効用及び相対的稀少性並びに不動産に対する有効需要の三者に影響を与える要因をいう。不動産の価格は、多数の要因の相互作用の結果として形成されるものであるが、要因それ自体も常に変動する傾向を持っている。したがって、不動産の鑑定評価を行うに当たっては、価格形成要

因を市場参加者の観点から明確に把握し、かつ、その推移及び動向並びに諸要因間の相互関係を十分に分析して、前記三者に及ぼすその影響を判定することが必要である。
　価格形成要因は、一般的要因、地域要因及び個別的要因に分けられる。

第1節　一般的要因

　一般的要因とは、一般経済社会における不動産のあり方及びその価格の水準に影響を与える要因をいう。それは、自然的要因、社会的要因、経済的要因及び行政的要因に大別される。
　一般的要因の主なものを例示すれば、次のとおりである。
Ⅰ　自然的要因
　1．地質、地盤等の状態
　2．土壌及び土層の状態
　3．地勢の状態
　4．地理的位置関係
　5．気象の状態
Ⅱ　社会的要因
　1．人口の状態
　2．家族構成及び世帯分離の状態
　3．都市形成及び公共施設の整備の状態
　4．教育及び社会福祉の状態
　5．不動産の取引及び使用収益の慣行
　6．建築様式等の状態
　7．情報化の進展の状態
　8．生活様式等の状態
Ⅲ　経済的要因
　1．貯蓄、消費、投資及び国際収支の状態
　2．財政及び金融の状態
　3．物価、賃金、雇用及び企業活動の状態
　4．税負担の状態
　5．企業会計制度の状態
　6．技術革新及び産業構造の状態
　7．交通体系の状態
　8．国際化の状態
Ⅳ　行政的要因
　1．土地利用に関する計画及び規制の状態

2．土地及び建築物の構造、防災等に関する規制の状態
3．宅地及び住宅に関する施策の状態
4．不動産に関する税制の状態
5．不動産の取引に関する規制の状態

第2節　地域要因

　地域要因とは、一般的要因の相関結合によって規模、構成の内容、機能等にわたる各地域の特性を形成し、その地域に属する不動産の価格の形成に全般的な影響を与える要因をいう。

Ⅰ　宅地地域
　1．住宅地域
　　　住宅地域の地域要因の主なものを例示すれば、次のとおりである。
　　(1)　日照、温度、湿度、風向等の気象の状態
　　(2)　街路の幅員、構造等の状態
　　(3)　都心との距離及び交通施設の状態
　　(4)　商業施設の配置の状態
　　(5)　上下水道、ガス等の供給・処理施設の状態
　　(6)　情報通信基盤の整備の状態
　　(7)　公共施設、公益的施設等の配置の状態
　　(8)　汚水処理場等の嫌悪施設等の有無
　　(9)　洪水、地すべり等の災害の発生の危険性
　　(10)　騒音、大気の汚染、土壌汚染等の公害の発生の程度
　　(11)　各画地の面積、配置及び利用の状態
　　(12)　住宅、生垣、街路修景等の街並みの状態
　　(13)　眺望、景観等の自然的環境の良否
　　(14)　土地利用に関する計画及び規制の状態
　2．商業地域
　　　前記1．に掲げる地域要因のほか、商業地域特有の地域要因の主なものを例示すれば、次のとおりである。
　　(1)　商業施設又は業務施設の種類、規模、集積度等の状態
　　(2)　商業背後地及び顧客の質と量
　　(3)　顧客及び従業員の交通手段の状態
　　(4)　商品の搬入及び搬出の利便性
　　(5)　街路の回遊性、アーケード等の状態
　　(6)　営業の種別及び競争の状態

⑺　当該地域の経営者の創意と資力
　⑻　繁華性の程度及び盛衰の動向
　⑼　駐車施設の整備の状態
　⑽　行政上の助成及び規制の程度
３．工業地域
　　前記１．に掲げる地域要因のほか、工業地域特有の地域要因の主なものを例示すれば、次のとおりである。
　⑴　幹線道路、鉄道、港湾、空港等の輸送施設の整備の状況
　⑵　労働力確保の難易
　⑶　製品販売市場及び原材料仕入市場との位置関係
　⑷　動力資源及び用排水に関する費用
　⑸　関連産業との位置関係
　⑹　水質の汚濁、大気の汚染等の公害の発生の危険性
　⑺　行政上の助成及び規制の程度

Ⅱ　農地地域
　　農地地域の地域要因の主なものを例示すれば、次のとおりである。
１．日照、温度、湿度、風雨等の気象の状態
２．起伏、高低等の地勢の状態
３．土壌及び土層の状態
４．水利及び水質の状態
５．洪水、地すべり等の災害の発生の危険性
６．道路等の整備の状態
７．集落との位置関係
８．集荷地又は産地市場との位置関係
９．消費地との距離及び輸送施設の状態
10．行政上の助成及び規制の程度

Ⅲ　林地地域
　　林地地域の地域要因の主なものを例示すれば、次のとおりである。
１．日照、温度、湿度、風雨等の気象の状態
２．標高、地勢等の状態
３．土壌及び土層の状態
４．林道等の整備の状態
５．労働力確保の難易
６．行政上の助成及び規制の程度

なお、ある種別の地域から他の種別の地域へと転換し、又は移行しつつある地域につい

ては、転換し、又は移行すると見込まれる転換後又は移行後の種別の地域の地域要因をより重視すべきであるが、転換又は移行の程度の低い場合においては、転換前又は移行前の種別の地域の地域要因をより重視すべきである。

第3節　個別的要因

　個別的要因とは、不動産に個別性を生じさせ、その価格を個別的に形成する要因をいう。個別的要因は、土地、建物等の区分に応じて次のように分けられる。
Ⅰ　土地に関する個別的要因
　1．宅地
　　(1)　住宅地
　　　　住宅地の個別的要因の主なものを例示すれば、次のとおりである。
　　　①　地勢、地質、地盤等
　　　②　日照、通風及び乾湿
　　　③　間口、奥行、地積、形状等
　　　④　高低、角地その他の接面街路との関係
　　　⑤　接面街路の幅員、構造等の状態
　　　⑥　接面街路の系統及び連続性
　　　⑦　交通施設との距離
　　　⑧　商業施設との接近の程度
　　　⑨　公共施設、公益的施設等との接近の程度
　　　⑩　汚水処理場等の嫌悪施設等との接近の程度
　　　⑪　隣接不動産等周囲の状態
　　　⑫　上下水道、ガス等の供給・処理施設の有無及びその利用の難易
　　　⑬　情報通信基盤の利用の難易
　　　⑭　埋蔵文化財及び地下埋設物の有無並びにその状態
　　　⑮　土壌汚染の有無及びその状態
　　　⑯　公法上及び私法上の規制、制約等
　　(2)　商業地
　　　　商業地の個別的要因の主なものを例示すれば、次のとおりである。
　　　①　地勢、地質、地盤等
　　　②　間口、奥行、地積、形状等
　　　③　高低、角地その他の接面街路との関係
　　　④　接面街路の幅員、構造等の状態
　　　⑤　接面街路の系統及び連続性
　　　⑥　商業地域の中心への接近性

- ⑦ 主要交通機関との接近性
- ⑧ 顧客の流動の状態との適合性
- ⑨ 隣接不動産等周囲の状態
- ⑩ 上下水道、ガス等の供給・処理施設の有無及びその利用の難易
- ⑪ 情報通信基盤の利用の難易
- ⑫ 埋蔵文化財及び地下埋設物の有無並びにその状態
- ⑬ 土壌汚染の有無及びその状態
- ⑭ 公法上及び私法上の規制、制約等

(3) 工業地

工業地の個別的要因の主なものを例示すれば、次のとおりである。

- ① 地勢、地質、地盤等
- ② 間口、奥行、地積、形状等
- ③ 高低、角地その他の接面街路との関係
- ④ 接面街路の幅員、構造等の状態
- ⑤ 接面街路の系統及び連続性
- ⑥ 従業員の通勤等のための主要交通機関との接近性
- ⑦ 幹線道路、鉄道、港湾、空港等の輸送施設との位置関係
- ⑧ 電力等の動力資源の状態及び引込の難易
- ⑨ 用排水等の供給・処理施設の整備の必要性
- ⑩ 上下水道、ガス等の供給・処理施設の有無及びその利用の難易
- ⑪ 情報通信基盤の利用の難易
- ⑫ 埋蔵文化財及び地下埋設物の有無並びにその状態
- ⑬ 土壌汚染の有無及びその状態
- ⑭ 公法上及び私法上の規制、制約等

2．農地

農地の個別的要因の主なものを例示すれば、次のとおりである。

(1) 日照、乾湿、雨量等の状態
(2) 土壌及び土層の状態
(3) 農道の状態
(4) 灌漑排水の状態
(5) 耕うんの難易
(6) 集落との接近の程度
(7) 集荷地との接近の程度
(8) 災害の危険性の程度
(9) 公法上及び私法上の規制、制約等

3．林地

林地の個別的要因の主なものを例示すれば、次のとおりである。
(1) 日照、乾湿、雨量等の状態
(2) 標高、地勢等の状態
(3) 土壌及び土層の状態
(4) 木材の搬出、運搬等の難易
(5) 管理の難易
(6) 公法上及び私法上の規制、制約等

4．見込地及び移行地

見込地及び移行地については、転換し、又は移行すると見込まれる転換後又は移行後の種別の地域内の土地の個別的要因をより重視すべきであるが、転換又は移行の程度の低い場合においては、転換前又は移行前の種別の地域内の土地の個別的要因をより重視すべきである。

Ⅱ 建物に関する個別的要因

建物の各用途に共通する個別的要因の主なものを例示すれば、次のとおりである。
1．建築（新築、増改築等又は移転）の年次
2．面積、高さ、構造、材質等
3．設計、設備等の機能性
4．施工の質と量
5．耐震性、耐火性等建物の性能
6．維持管理の状態
7．有害な物質の使用の有無及びその状態
8．建物とその環境との適合の状態
9．公法上及び私法上の規制、制約等

なお、市場参加者が取引等に際して着目するであろう個別的要因が、建物の用途毎に異なることに留意する必要がある。

Ⅲ 建物及びその敷地に関する個別的要因

前記Ⅰ及びⅡに例示したもののほか、建物及びその敷地に関する個別的要因の主なものを例示すれば、敷地内における建物、駐車場、通路、庭等の配置、建物と敷地の規模の対応関係等建物等と敷地との適応の状態、修繕計画・管理計画の良否とその実施の状態がある。

さらに、賃貸用不動産に関する個別的要因には、賃貸経営管理の良否があり、その主なものを例示すれば、次のとおりである。
1．賃借人の状況及び賃貸借契約の内容
2．貸室の稼働状況

3．躯体・設備・内装等の資産区分及び修繕費用等の負担区分

第4章　不動産の価格に関する諸原則

　不動産の価格は、不動産の効用及び相対的稀少性並びに不動産に対する有効需要に影響を与える諸要因の相互作用によって形成されるが、その形成の過程を考察するとき、そこに基本的な法則性を認めることができる。不動産の鑑定評価は、その不動産の価格の形成過程を追究し、分析することを本質とするものであるから、不動産の経済価値に関する適切な最終判断に到達するためには、鑑定評価に必要な指針としてこれらの法則性を認識し、かつ、これらを具体的に現した以下の諸原則を活用すべきである。
　これらの原則は、一般の経済法則に基礎を置くものであるが、鑑定評価の立場からこれを認識し、表現したものである。
　なお、これらの原則は、孤立しているものではなく、直接的又は間接的に相互に関連しているものであることに留意しなければならない。
　Ⅰ　需要と供給の原則
　　　一般に財の価格は、その財の需要と供給との相互関係によって定まるとともに、その価格は、また、その財の需要と供給とに影響を及ぼす。
　　　不動産の価格もまたその需要と供給との相互関係によって定まるのであるが、不動産は他の財と異なる自然的特性及び人文的特性を有するために、その需要と供給及び価格の形成には、これらの特性の反映が認められる。
　Ⅱ　変動の原則
　　　一般に財の価格は、その価格を形成する要因の変化に伴って変動する。
　　　不動産の価格も多数の価格形成要因の相互因果関係の組合せの流れである変動の過程において形成されるものである。したがって、不動産の鑑定評価に当たっては、価格形成要因が常に変動の過程にあることを認識して、各要因間の相互因果関係を動的に把握すべきである。特に、不動産の最有効使用（Ⅳ参照）を判定するためには、この変動の過程を分析することが必要である。
　Ⅲ　代替の原則
　　　代替性を有する二以上の財が存在する場合には、これらの財の価格は、相互に影響を及ぼして定まる。
　　　不動産の価格も代替可能な他の不動産又は財の価格と相互に関連して形成される。
　Ⅳ　最有効使用の原則
　　　不動産の価格は、その不動産の効用が最高度に発揮される可能性に最も富む使用（以下「最有効使用」という。）を前提として把握される価格を標準として形成される。この場合の最有効使用は、現実の社会経済情勢の下で客観的にみて、良識と通常の使用能

力を持つ人による合理的かつ合法的な最高最善の使用方法に基づくものである。

なお、ある不動産についての現実の使用方法は、必ずしも最有効使用に基づいているものではなく、不合理な又は個人的な事情による使用方法のために、当該不動産が十分な効用を発揮していない場合があることに留意すべきである。

V　均衡の原則

不動産の収益性又は快適性が最高度に発揮されるためには、その構成要素の組合せが均衡を得ていることが必要である。したがって、不動産の最有効使用を判定するためには、この均衡を得ているかどうかを分析することが必要である。

VI　収益逓増及び逓減の原則

ある単位投資額を継続的に増加させると、これに伴って総収益は増加する。しかし、増加させる単位投資額に対応する収益は、ある点までは増加するが、その後は減少する。

この原則は、不動産に対する追加投資の場合についても同様である。

VII　収益配分の原則

土地、資本、労働及び経営（組織）の各要素の結合によって生ずる総収益は、これらの各要素に配分される。したがって、このような総収益のうち、資本、労働及び経営（組織）に配分される部分以外の部分は、それぞれの配分が正しく行われる限り、土地に帰属するものである。

VIII　寄与の原則

不動産のある部分がその不動産全体の収益獲得に寄与する度合いは、その不動産全体の価格に影響を及ぼす。

この原則は、不動産の最有効使用の判定に当たっての不動産の追加投資の適否の判定等に有用である。

IX　適合の原則

不動産の収益性又は快適性が最高度に発揮されるためには、当該不動産がその環境に適合していることが必要である。したがって、不動産の最有効使用を判定するためには、当該不動産が環境に適合しているかどうかを分析することが必要である。

X　競争の原則

一般に、超過利潤は競争を惹起し、競争は超過利潤を減少させ、終局的にはこれを消滅させる傾向を持つ。不動産についても、その利用による超過利潤を求めて、不動産相互間及び他の財との間において競争関係が認められ、したがって、不動産の価格は、このような競争の過程において形成される。

XI　予測の原則

財の価格は、その財の将来の収益性等についての予測を反映して定まる。

不動産の価格も、価格形成要因の変動についての市場参加者による予測によって左右

される。

第5章　鑑定評価の基本的事項

不動産の鑑定評価に当たっては、基本的事項として、対象不動産、価格時点及び価格又は賃料の種類を確定しなければならない。

第1節　対象不動産の確定

不動産の鑑定評価を行うに当たっては、まず、鑑定評価の対象となる土地又は建物等を物的に確定することのみならず、鑑定評価の対象となる所有権及び所有権以外の権利を確定する必要がある。

対象不動産の確定は、鑑定評価の対象を明確に他の不動産と区別し、特定することであり、それは不動産鑑定士が鑑定評価の依頼目的及び条件に照応する対象不動産と当該不動産の現実の利用状況とを照合して確認するという実践行為を経て最終的に確定されるべきものである。

Ⅰ　対象確定条件
1．対象不動産の確定に当たって必要となる鑑定評価の条件を対象確定条件という。
　対象確定条件は、鑑定評価の対象とする不動産の所在、範囲等の物的事項及び所有権、賃借権等の対象不動産の権利の態様に関する事項を確定するために必要な条件であり、依頼目的に応じて次のような条件がある。
　(1)　不動産が土地のみの場合又は土地及び建物等の結合により構成されている場合において、その状態を所与として鑑定評価の対象とすること。
　(2)　不動産が土地及び建物等の結合により構成されている場合において、その土地のみを建物等が存しない独立のもの（更地）として鑑定評価の対象とすること（この場合の鑑定評価を独立鑑定評価という。）。
　(3)　不動産が土地及び建物等の結合により構成されている場合において、その状態を所与として、その不動産の構成部分を鑑定評価の対象とすること（この場合の鑑定評価を部分鑑定評価という。）。
　(4)　不動産の併合又は分割を前提として、併合後又は分割後の不動産を単独のものとして鑑定評価の対象とすること（この場合の鑑定評価を併合鑑定評価又は分割鑑定評価という。）。
　(5)　造成に関する工事が完了していない土地又は建築に係る工事（建物を新築するもののほか、増改築等を含む。）が完了していない建物について、当該工事の完了を前提として鑑定評価の対象とすること（この場合の鑑定評価を未竣工建物等鑑定評価という。）。

なお、上記に掲げるもののほか、対象不動産の権利の態様に関するものとして、価格時点と異なる権利関係を前提として鑑定評価の対象とすることがある。
 2．対象確定条件を設定するに当たっては、対象不動産に係る諸事項についての調査及び確認を行った上で、依頼目的に照らして、鑑定評価書の利用者の利益を害するおそれがないかどうかの観点から当該条件設定の妥当性を確認しなければならない。
  なお、未竣工建物等鑑定評価を行う場合は、上記妥当性の検討に加え、価格時点において想定される竣工後の不動産に係る物的確認を行うために必要な設計図書等及び権利の態様の確認を行うための請負契約書等を収集しなければならず、さらに、当該未竣工建物等に係る法令上必要な許認可等が取得され、発注者の資金調達能力等の観点から工事完了の実現性が高いと判断されなければならない。
II　地域要因又は個別的要因についての想定上の条件
  対象不動産について、依頼目的に応じ対象不動産に係る価格形成要因のうち地域要因又は個別的要因について想定上の条件を設定する場合がある。この場合には、設定する想定上の条件が鑑定評価書の利用者の利益を害するおそれがないかどうかの観点に加え、特に実現性及び合法性の観点から妥当なものでなければならない。
  一般に、地域要因について想定上の条件を設定することが妥当と認められる場合は、計画及び諸規制の変更、改廃に権能を持つ公的機関の設定する事項に主として限られる。
III　調査範囲等条件
  不動産鑑定士の通常の調査の範囲では、対象不動産の価格への影響の程度を判断するための事実の確認が困難な特定の価格形成要因が存する場合、当該価格形成要因について調査の範囲に係る条件（以下「調査範囲等条件」という。）を設定することができる。ただし、調査範囲等条件を設定することができるのは、調査範囲等条件を設定しても鑑定評価書の利用者の利益を害するおそれがないと判断される場合に限る。
IV　鑑定評価が鑑定評価書の利用者の利益に重大な影響を及ぼす場合における条件設定の制限
  証券化対象不動産（各論第3章第1節において規定するものをいう。）の鑑定評価及び会社法上の現物出資の目的となる不動産の鑑定評価等、鑑定評価が鑑定評価書の利用者の利益に重大な影響を及ぼす可能性がある場合には、原則として、鑑定評価の対象とする不動産の現実の利用状況と異なる対象確定条件、地域要因又は個別的要因についての想定上の条件及び調査範囲等条件の設定をしてはならない。ただし、証券化対象不動産の鑑定評価で、各論第3章第2節に定める要件を満たす場合には未竣工建物等鑑定評価を行うことができるものとする。
V　条件設定に関する依頼者との合意等
 1．条件設定をする場合、依頼者との間で当該条件設定に係る鑑定評価依頼契約上の合

意がなくてはならない。
2．条件設定が妥当ではないと認められる場合には、依頼者に説明の上、妥当な条件に改定しなければならない。

第2節　価格時点の確定

価格形成要因は、時の経過により変動するものであるから、不動産の価格はその判定の基準となった日においてのみ妥当するものである。したがって、不動産の鑑定評価を行うに当たっては、不動産の価格の判定の基準日を確定する必要があり、この日を価格時点という。また、賃料の価格時点は、賃料の算定の期間の収益性を反映するものとしてその期間の期首となる。

価格時点は、鑑定評価を行った年月日を基準として現在の場合（現在時点）、過去の場合（過去時点）及び将来の場合（将来時点）に分けられる。

第3節　鑑定評価によって求める価格又は賃料の種類の確定

不動産鑑定士による不動産の鑑定評価は、不動産の適正な価格を求め、その適正な価格の形成に資するものでなければならない。

Ⅰ　価格

不動産の鑑定評価によって求める価格は、基本的には正常価格であるが、鑑定評価の依頼目的に対応した条件により限定価格、特定価格又は特殊価格を求める場合があるので、依頼目的に対応した条件を踏まえて価格の種類を適切に判断し、明確にすべきである。なお、評価目的に応じ、特定価格として求めなければならない場合があることに留意しなければならない。

1．正常価格

正常価格とは、市場性を有する不動産について、現実の社会経済情勢の下で合理的と考えられる条件を満たす市場で形成されるであろう市場価値を表示する適正な価格をいう。この場合において、現実の社会経済情勢の下で合理的と考えられる条件を満たす市場とは、以下の条件を満たす市場をいう。

(1)　市場参加者が自由意思に基づいて市場に参加し、参入、退出が自由であること。
　　なお、ここでいう市場参加者は、自己の利益を最大化するため次のような要件を満たすとともに、慎重かつ賢明に予測し、行動するものとする。
　①　売り急ぎ、買い進み等をもたらす特別な動機のないこと。
　②　対象不動産及び対象不動産が属する市場について取引を成立させるために必要となる通常の知識や情報を得ていること。
　③　取引を成立させるために通常必要と認められる労力、費用を費やしていること。

④ 対象不動産の最有効使用を前提とした価値判断を行うこと。
⑤ 買主が通常の資金調達能力を有していること。
(2) 取引形態が、市場参加者が制約されたり、売り急ぎ、買い進み等を誘引したりするような特別なものではないこと。
(3) 対象不動産が相当の期間市場に公開されていること。

2．限定価格

限定価格とは、市場性を有する不動産について、不動産と取得する他の不動産との併合又は不動産の一部を取得する際の分割等に基づき正常価格と同一の市場概念の下において形成されるであろう市場価値と乖離することにより、市場が相対的に限定される場合における取得部分の当該市場限定に基づく市場価値を適正に表示する価格をいう。

限定価格を求める場合を例示すれば、次のとおりである。
(1) 借地権者が底地の併合を目的とする売買に関連する場合
(2) 隣接不動産の併合を目的とする売買に関連する場合
(3) 経済合理性に反する不動産の分割を前提とする売買に関連する場合

3．特定価格

特定価格とは、市場性を有する不動産について、法令等による社会的要請を背景とする鑑定評価目的の下で、正常価格の前提となる諸条件を満たさないことにより正常価格と同一の市場概念の下において形成されるであろう市場価値と乖離することとなる場合における不動産の経済価値を適正に表示する価格をいう。

特定価格を求める場合を例示すれば、次のとおりである。
(1) 各論第3章第1節に規定する証券化対象不動産に係る鑑定評価目的の下で、投資家に示すための投資採算価値を表す価格を求める場合
(2) 民事再生法に基づく鑑定評価目的の下で、早期売却を前提とした価格を求める場合
(3) 会社更生法又は民事再生法に基づく鑑定評価目的の下で、事業の継続を前提とした価格を求める場合

4．特殊価格

特殊価格とは、文化財等の一般的に市場性を有しない不動産について、その利用現況等を前提とした不動産の経済価値を適正に表示する価格をいう。

特殊価格を求める場合を例示すれば、文化財の指定を受けた建造物、宗教建築物又は現況による管理を継続する公共公益施設の用に供されている不動産について、その保存等に主眼をおいた鑑定評価を行う場合である。

Ⅱ 賃料

不動産の鑑定評価によって求める賃料は、一般的には正常賃料又は継続賃料である

> 資料編

が、鑑定評価の依頼目的に対応した条件により限定賃料を求めることができる場合があるので、依頼目的に対応した条件を踏まえてこれを適切に判断し、明確にすべきである。

1．正常賃料

正常賃料とは、正常価格と同一の市場概念の下において新たな賃貸借等（賃借権若しくは地上権又は地役権に基づき、不動産を使用し、又は収益することをいう。）の契約において成立するであろう経済価値を表示する適正な賃料（新規賃料）をいう。

2．限定賃料

限定賃料とは、限定価格と同一の市場概念の下において新たな賃貸借等の契約において成立するであろう経済価値を適正に表示する賃料（新規賃料）をいう。

限定賃料を求めることができる場合を例示すれば、次のとおりである。

(1) 隣接不動産の併合使用を前提とする賃貸借等に関連する場合
(2) 経済合理性に反する不動産の分割使用を前提とする賃貸借等に関連する場合

3．継続賃料

継続賃料とは、不動産の賃貸借等の継続に係る特定の当事者間において成立するであろう経済価値を適正に表示する賃料をいう。

第6章　地域分析及び個別分析

対象不動産の地域分析及び個別分析を行うに当たっては、まず、それらの基礎となる一般的要因がどのような具体的な影響力を持っているかを的確に把握しておくことが必要である。

第1節　地域分析

Ⅰ　地域分析の意義

地域分析とは、その対象不動産がどのような地域に存するか、その地域はどのような特性を有するか、また、対象不動産に係る市場はどのような特性を有するか、及びそれらの特性はその地域内の不動産の利用形態と価格形成について全般的にどのような影響力を持っているかを分析し、判定することをいう。

Ⅱ　地域分析の適用

1．地域及びその特性

地域分析に当たって特に重要な地域は、用途的観点から区分される地域（以下「用途的地域」という。）、すなわち近隣地域及びその類似地域と、近隣地域及びこれと相関関係にある類似地域を含むより広域的な地域、すなわち同一需給圏である。

また、近隣地域の特性は、通常、その地域に属する不動産の一般的な標準的使用に

具体的に現れるが、この標準的使用は、利用形態からみた地域相互間の相対的位置関係及び価格形成を明らかにする手掛りとなるとともに、その地域に属する不動産のそれぞれについての最有効使用を判定する有力な標準となるものである。

なお、不動産の属する地域は固定的なものではなく、地域の特性を形成する地域要因も常に変動するものであることから、地域分析に当たっては、対象不動産に係る市場の特性の把握の結果を踏まえて地域要因及び標準的使用の現状と将来の動向とをあわせて分析し、標準的使用を判定しなければならない。

(1) 用途的地域

① 近隣地域

近隣地域とは、対象不動産の属する用途的地域であって、より大きな規模と内容とを持つ地域である都市あるいは農村等の内部にあって、居住、商業活動、工業生産活動等人の生活と活動とに関して、ある特定の用途に供されることを中心として地域的にまとまりを示している地域をいい、対象不動産の価格の形成に関して直接に影響を与えるような特性を持つものである。

近隣地域は、その地域の特性を形成する地域要因の推移、動向の如何によって、変化していくものである。

② 類似地域

類似地域とは、近隣地域の地域の特性と類似する特性を有する地域であり、その地域に属する不動産は、特定の用途に供されることを中心として地域的にまとまりを持つものである。この地域のまとまりは、近隣地域の特性との類似性を前提として判定されるものである。

(2) 同一需給圏

同一需給圏とは、一般に対象不動産と代替関係が成立して、その価格の形成について相互に影響を及ぼすような関係にある他の不動産の存する圏域をいう。それは、近隣地域を含んでより広域的であり、近隣地域と相関関係にある類似地域等の存する範囲を規定するものである。

一般に、近隣地域と同一需給圏内に存する類似地域とは、隣接すると否とにかかわらず、その地域要因の類似性に基づいて、それぞれの地域の構成分子である不動産相互の間に代替、競争等の関係が成立し、その結果、両地域は相互に影響を及ぼすものである。

また、近隣地域の外かつ同一需給圏内の類似地域の外に存する不動産であっても、同一需給圏内に存し対象不動産とその用途、規模、品等等の類似性に基づいて、これら相互の間に代替、競争等の関係が成立する場合がある。

同一需給圏は、不動産の種類、性格及び規模に応じた需要者の選好性によってその地域的範囲を異にするものであるから、その種類、性格及び規模に応じて需要者

の選好性を的確に把握した上で適切に判定する必要がある。

　同一需給圏の判定に当たって特に留意すべき基本的な事項は、次のとおりである。

① 宅地
　ア　住宅地
　　同一需給圏は、一般に都心への通勤可能な地域の範囲に一致する傾向がある。ただし、地縁的選好性により地域的範囲が狭められる傾向がある。
　　なお、地域の名声、品位等による選好性の強さが同一需給圏の地域的範囲に特に影響を与える場合があることに留意すべきである。
　イ　商業地
　　同一需給圏は、高度商業地については、一般に広域的な商業背後地を基礎に成り立つ商業収益に関して代替性の及ぶ地域の範囲に一致する傾向があり、したがって、その範囲は高度商業地の性格に応じて広域的に形成される傾向がある。
　　また、普通商業地については、一般に狭い商業背後地を基礎に成り立つ商業収益に関して代替性の及ぶ地域の範囲に一致する傾向がある。ただし、地縁的選好性により地域的範囲が狭められる傾向がある。
　ウ　工業地
　　同一需給圏は、港湾、高速交通網等の利便性を指向する産業基盤指向型工業地等の大工場地については、一般に原材料、製品等の大規模な移動を可能にする高度の輸送機関に関して代替性を有する地域の範囲に一致する傾向があり、したがって、その地域的範囲は、全国的な規模となる傾向がある。
　　また、製品の消費地への距離、消費規模等の市場接近性を指向する消費地指向型工業地等の中小工場地については、一般に製品の生産及び販売に関する費用の経済性に関して代替性を有する地域の範囲に一致する傾向がある。
　エ　移行地
　　同一需給圏は、一般に当該土地が移行すると見込まれる土地の種別の同一需給圏と一致する傾向がある。ただし、熟成度の低い場合には、移行前の土地の種別の同一需給圏と同一のものとなる傾向がある。
② 農地
　　同一需給圏は、一般に当該農地を中心とする通常の農業生産活動の可能な地域の範囲内に立地する農業経営主体を中心とするそれぞれの農業生産活動の可能な地域の範囲に一致する傾向がある。
③ 林地
　　同一需給圏は、一般に当該林地を中心とする通常の林業生産活動の可能な地

域の範囲内に立地する林業経営主体を中心とするそれぞれの林業生産活動の可能な地域の範囲に一致する傾向がある。
④ 見込地
同一需給圏は、一般に当該土地が転換すると見込まれる土地の種別の同一需給圏と一致する傾向がある。ただし、熟成度の低い場合には、転換前の土地の種別の同一需給圏と同一のものとなる傾向がある。
⑤ 建物及びその敷地
同一需給圏は、一般に当該敷地の用途に応じた同一需給圏と一致する傾向があるが、当該建物及びその敷地一体としての用途、規模、品等等によっては代替関係にある不動産の存する範囲が異なるために当該敷地の用途に応じた同一需給圏の範囲と一致しない場合がある。
2. 対象不動産に係る市場の特性
地域分析における対象不動産に係る市場の特性の把握に当たっては、同一需給圏における市場参加者がどのような属性を有しており、どのような観点から不動産の利用形態を選択し、価格形成要因についての判断を行っているかを的確に把握することが重要である。あわせて同一需給圏における市場の需給動向を的確に把握する必要がある。

また、把握した市場の特性については、近隣地域における標準的使用の判定に反映させるとともに鑑定評価の手法の適用、試算価格又は試算賃料の調整等における各種の判断においても反映すべきである。

第2節　個別分析
Ⅰ　個別分析の意義
不動産の価格は、その不動産の最有効使用を前提として把握される価格を標準として形成されるものであるから、不動産の鑑定評価に当たっては、対象不動産の最有効使用を判定する必要がある。個別分析とは、対象不動産の個別的要因が対象不動産の利用形態と価格形成についてどのような影響力を持っているかを分析してその最有効使用を判定することをいう。
Ⅱ　個別分析の適用
1. 個別的要因の分析上の留意点
個別的要因は、対象不動産の市場価値を個別的に形成しているものであるため、個別的要因の分析においては、対象不動産に係る典型的な需要者がどのような個別的要因に着目して行動し、対象不動産と代替、競争等の関係にある不動産と比べた優劣及び競争力の程度をどのように評価しているかを的確に把握することが重要である。

また、個別的要因の分析結果は、鑑定評価の手法の適用、試算価格又は試算賃料の

調整等における各種の判断においても反映すべきである。
2．最有効使用の判定上の留意点
　不動産の最有効使用の判定に当たっては、次の事項に留意すべきである。
(1)　良識と通常の使用能力を持つ人が採用するであろうと考えられる使用方法であること。
(2)　使用収益が将来相当の期間にわたって持続し得る使用方法であること。
(3)　効用を十分に発揮し得る時点が予測し得ない将来でないこと。
(4)　個々の不動産の最有効使用は、一般に近隣地域の地域の特性の制約下にあるので、個別分析に当たっては、特に近隣地域に存する不動産の標準的使用との相互関係を明らかにし判定することが必要であるが、対象不動産の位置、規模、環境等によっては、標準的使用の用途と異なる用途の可能性が考えられるので、こうした場合には、それぞれの用途に対応した個別的要因の分析を行った上で最有効使用を判定すること。
(5)　価格形成要因は常に変動の過程にあることを踏まえ、特に価格形成に影響を与える地域要因の変動が客観的に予測される場合には、当該変動に伴い対象不動産の使用方法が変化する可能性があることを勘案して最有効使用を判定すること。
　特に、建物及びその敷地の最有効使用の判定に当たっては、次の事項に留意すべきである。
(6)　現実の建物の用途等が更地としての最有効使用に一致していない場合には、更地としての最有効使用を実現するために要する費用等を勘案する必要があるため、建物及びその敷地と更地の最有効使用の内容が必ずしも一致するものではないこと。
(7)　現実の建物の用途等を継続する場合の経済価値と建物の取壊しや用途変更等を行う場合のそれらに要する費用等を適切に勘案した経済価値を十分比較考量すること。

第7章　鑑定評価の方式

　不動産の鑑定評価の方式には、原価方式、比較方式及び収益方式の三方式がある。
　原価方式は不動産の再調達（建築、造成等による新規の調達をいう。）に要する原価に着目して、比較方式は不動産の取引事例又は賃貸借等の事例に着目して、収益方式は不動産から生み出される収益に着目して、それぞれ不動産の価格又は賃料を求めようとするものである。
　不動産の鑑定評価の方式は、価格を求める手法と賃料を求める手法に分類される。それぞれの鑑定評価の手法の適用により求められた価格又は賃料を試算価格又は試算賃料という。

第1節　価格を求める鑑定評価の手法

不動産の価格を求める鑑定評価の基本的な手法は、原価法、取引事例比較法及び収益還元法に大別され、このほかこれら三手法の考え方を活用した開発法等の手法がある。

Ⅰ　試算価格を求める場合の一般的留意事項

1．一般的要因と鑑定評価の各手法の適用との関連

　　価格形成要因のうち一般的要因は、不動産の価格形成全般に影響を与えるものであり、鑑定評価手法の適用における各手順において常に考慮されるべきものであり、価格判定の妥当性を検討するために活用しなければならない。

2．事例の収集及び選択

　　鑑定評価の各手法の適用に当たって必要とされる事例には、原価法の適用に当たって必要な建設事例、取引事例比較法の適用に当たって必要な取引事例及び収益還元法の適用に当たって必要な収益事例（以下「取引事例等」という。）がある。取引事例等は、鑑定評価の各手法に即応し、適切にして合理的な計画に基づき、豊富に秩序正しく収集し、選択すべきであり、投機的取引であると認められる事例等適正さを欠くものであってはならない。

　　取引事例等は、次の要件の全部を備えるもののうちから選択するものとする。

(1)　次の不動産に係るものであること
　①　近隣地域又は同一需給圏内の類似地域若しくは必要やむを得ない場合には近隣地域の周辺の地域（以下「同一需給圏内の類似地域等」という。）に存する不動産
　②　対象不動産の最有効使用が標準的使用と異なる場合等において同一需給圏内に存し対象不動産と代替、競争等の関係が成立していると認められる不動産（以下「同一需給圏内の代替競争不動産」という。）。

(2)　取引事例等に係る取引等の事情が正常なものと認められるものであること又は正常なものに補正することができるものであること。

(3)　時点修正をすることが可能なものであること。

(4)　地域要因の比較及び個別的要因の比較が可能なものであること。

3．事情補正

　　取引事例等に係る取引等が特殊な事情を含み、これが当該取引事例等に係る価格等に影響を及ぼしているときは適切に補正しなければならない。

(1)　現実に成立した取引事例等には、不動産市場の特性、取引等における当事者双方の能力の多様性と特別の動機により売り急ぎ、買い進み等の特殊な事情が存在する場合もあるので、取引事例等がどのような条件の下で成立したものであるかを資料の分析に当たり十分に調査しなければならない。

(2)　特殊な事情とは、正常価格を求める場合には、正常価格の前提となる現実の社会

経済情勢の下で合理的と考えられる諸条件を欠くに至らしめる事情のことである。
4．時点修正

取引事例等に係る取引等の時点が価格時点と異なることにより、その間に価格水準に変動があると認められる場合には、当該取引事例等の価格等を価格時点の価格等に修正しなければならない。

5．地域要因の比較及び個別的要因の比較

取引事例等の価格等は、その不動産の存する用途的地域に係る地域要因及び当該不動産の個別的要因を反映しているものであるから、取引事例等に係る不動産が同一需給圏内の類似地域等に存するもの又は同一需給圏内の代替競争不動産である場合においては、近隣地域と当該事例に係る不動産の存する地域との地域要因の比較及び対象不動産と当該事例に係る不動産との個別的要因の比較を、取引事例等に係る不動産が近隣地域に存するものである場合においては、対象不動産と当該事例に係る不動産の個別的要因の比較をそれぞれ行う必要がある。

Ⅱ　原価法

1．意義

原価法は、価格時点における対象不動産の再調達原価を求め、この再調達原価について減価修正を行って対象不動産の試算価格を求める手法である（この手法による試算価格を積算価格という。）。

原価法は、対象不動産が建物又は建物及びその敷地である場合において、再調達原価の把握及び減価修正を適切に行うことができるときに有効であり、対象不動産が土地のみである場合においても、再調達原価を適切に求めることができるときはこの手法を適用することができる。

2．適用方法

(1)　再調達原価の意義

再調達原価とは、対象不動産を価格時点において再調達することを想定した場合において必要とされる適正な原価の総額をいう。

なお、建設資材、工法等の変遷により、対象不動産の再調達原価を求めることが困難な場合には、対象不動産と同等の有用性を持つものに置き換えて求めた原価（置換原価）を再調達原価とみなすものとする。

(2)　再調達原価を求める方法

再調達原価は、建設請負により、請負者が発注者に対して直ちに使用可能な状態で引き渡す通常の場合を想定し、発注者が請負者に対して支払う標準的な建設費に発注者が直接負担すべき通常の付帯費用を加算して求めるものとする。

なお、置換原価は、対象不動産と同等の有用性を持つ不動産を新たに調達することを想定した場合に必要とされる原価の総額であり、発注者が請負者に対して支払

う標準的な建設費に発注者が直接負担すべき通常の付帯費用を加算して求める。

これらの場合における通常の付帯費用には、建物引渡しまでに発注者が負担する通常の資金調達費用や標準的な開発リスク相当額等が含まれる場合があることに留意する必要がある。

① 土地の再調達原価は、その素材となる土地の標準的な取得原価に当該土地の標準的な造成費と発注者が直接負担すべき通常の付帯費用とを加算して求めるものとする。

なお、土地についての原価法の適用において、宅地造成直後の対象地の地域要因と価格時点における対象地の地域要因とを比較し、公共施設、利便施設等の整備及び住宅等の建設等により、社会的、経済的環境の変化が価格水準に影響を与えていると客観的に認められる場合には、地域要因の変化の程度に応じた増加額を熟成度として加算することができる。

② 建物及びその敷地の再調達原価は、まず、土地の再調達原価（再調達原価が把握できない既成市街地における土地にあっては取引事例比較法及び収益還元法によって求めた更地の価格に発注者が直接負担すべき通常の付帯費用を加算した額）又は借地権の価格に発注者が直接負担すべき通常の付帯費用を加算した額を求め、この価格に建物の再調達原価を加算して求めるものとする。

③ 再調達原価を求める方法には、直接法及び間接法があるが、収集した建設事例等の資料としての信頼度に応じていずれかを適用するものとし、また、必要に応じて併用するものとする。

ア 直接法は、対象不動産について直接的に再調達原価を求める方法である。

直接法は、対象不動産について、使用資材の種別、品等及び数量並びに所要労働の種別、時間等を調査し、対象不動産の存する地域の価格時点における単価を基礎とした直接工事費を積算し、これに間接工事費及び請負者の適正な利益を含む一般管理費等を加えて標準的な建設費を求め、さらに発注者が直接負担すべき通常の付帯費用を加算して再調達原価を求めるものとする。

また、対象不動産の素材となった土地（素地）の価格並びに実際の造成又は建設に要する直接工事費、間接工事費、請負者の適正な利益を含む一般管理費等及び発注者が直接負担した付帯費用の額並びにこれらの明細（種別、品等、数量、時間、単価等）が判明している場合には、これらの明細を分析して適切に補正し、かつ、必要に応じて時点修正を行って再調達原価を求めることができる。

イ 間接法は、近隣地域若しくは同一需給圏内の類似地域等に存する対象不動産と類似の不動産又は同一需給圏内の代替競争不動産から間接的に対象不動産の再調達原価を求める方法である。

間接法は、当該類似の不動産等について、素地の価格やその実際の造成又は建設に要した直接工事費、間接工事費、請負者の適正な利益を含む一般管理費等及び発注者が直接負担した付帯費用の額並びにこれらの明細（種別、品等、数量、時間、単価等）を明確に把握できる場合に、これらの明細を分析して適切に補正し、必要に応じて時点修正を行い、かつ、地域要因の比較及び個別的要因の比較を行って、対象不動産の再調達原価を求めるものとする。

3．減価修正

減価修正の目的は、減価の要因に基づき発生した減価額を対象不動産の再調達原価から控除して価格時点における対象不動産の適正な積算価格を求めることである。

減価修正を行うに当たっては、減価の要因に着目して対象不動産を部分的かつ総合的に分析検討し、減価額を求めなければならない。

(1) 減価の要因

減価の要因は、物理的要因、機能的要因及び経済的要因に分けられる。

これらの要因は、それぞれ独立しているものではなく、相互に関連し、影響を与え合いながら作用していることに留意しなければならない。

① 物理的要因

物理的要因としては、不動産を使用することによって生ずる摩滅及び破損、時の経過又は自然的作用によって生ずる老朽化並びに偶発的な損傷があげられる。

② 機能的要因

機能的要因としては、不動産の機能的陳腐化、すなわち、建物と敷地との不適応、設計の不良、型式の旧式化、設備の不足及びその能率の低下等があげられる。

③ 経済的要因

経済的要因としては、不動産の経済的不適応、すなわち、近隣地域の衰退、不動産とその付近の環境との不適合、不動産と代替、競争等の関係にある不動産又は付近の不動産との比較における市場性の減退等があげられる。

(2) 減価修正の方法

減価額を求めるには、次の二つの方法があり、これらを併用するものとする。

① 耐用年数に基づく方法

耐用年数に基づく方法は、対象不動産の価格時点における経過年数及び経済的残存耐用年数の和として把握される耐用年数を基礎として減価額を把握する方法である。

経済的残存耐用年数とは、価格時点において、対象不動産の用途や利用状況に即し、物理的要因及び機能的要因に照らした劣化の程度並びに経済的要因に照らした市場競争力の程度に応じてその効用が十分に持続すると考えられる期間をい

い、この方法の適用に当たり特に重視されるべきものである。

耐用年数に基づく方法には、定額法、定率法等があるが、これらのうちいずれの方法を用いるかは、対象不動産の用途や利用状況に即して決定すべきである。

なお、対象不動産が二以上の分別可能な組成部分により構成されていて、それぞれの経過年数又は経済的残存耐用年数が異なる場合に、これらをいかに判断して用いるか、また、耐用年数満了時における残材価額をいかにみるかについても、対象不動産の用途や利用状況に即して決定すべきである。

② 観察減価法

観察減価法は、対象不動産について、設計、設備等の機能性、維持管理の状態、補修の状況、付近の環境との適合の状態等各減価の要因の実態を調査することにより、減価額を直接求める方法である。

観察減価法の適用においては、対象不動産に係る個別分析の結果を踏まえた代替、競争等の関係にある不動産と比べた優劣及び競争力の程度等を適切に反映すべきである。

Ⅲ 取引事例比較法

1．意義

取引事例比較法は、まず多数の取引事例を収集して適切な事例の選択を行い、これらに係る取引価格に必要に応じて事情補正及び時点修正を行い、かつ、地域要因の比較及び個別的要因の比較を行って求められた価格を比較考量し、これによって対象不動産の試算価格を求める手法である（この手法による試算価格を比準価格という。）。

取引事例比較法は、近隣地域若しくは同一需給圏内の類似地域等において対象不動産と類似の不動産の取引が行われている場合又は同一需給圏内の代替競争不動産の取引が行われている場合に有効である。

2．適用方法

(1) 事例の収集及び選択

取引事例比較法は、市場において発生した取引事例を価格判定の基礎とするものであるので、多数の取引事例を収集することが必要である。

取引事例は、原則として近隣地域又は同一需給圏内の類似地域に存する不動産に係るもののうちから選択するものとし、必要やむを得ない場合には近隣地域の周辺の地域に存する不動産に係るもののうちから、対象不動産の最有効使用が標準的使用と異なる場合等には、同一需給圏内の代替競争不動産に係るもののうちから選択するものとするほか、次の要件の全部を備えなければならない。

① 取引事情が正常なものと認められるものであること又は正常なものに補正することができるものであること。

② 時点修正をすることが可能なものであること。

③ 地域要因の比較及び個別的要因の比較が可能なものであること。
(2) 事情補正及び時点修正

取引事例が特殊な事情を含み、これが当該事例に係る取引価格に影響していると認められるときは、適切な補正を行い、取引事例に係る取引の時点が価格時点と異なることにより、その間に価格水準の変動があると認められるときは、当該事例の価格を価格時点の価格に修正しなければならない。

時点修正に当たっては、事例に係る不動産の存する用途的地域又は当該地域と相似の価格変動過程を経たと認められる類似の地域における土地又は建物の価格の変動率を求め、これにより取引価格を修正すべきである。

(3) 地域要因の比較及び個別的要因の比較

取引価格は、取引事例に係る不動産の存する用途的地域の地域要因及び当該不動産の個別的要因を反映しているものであるから、取引事例に係る不動産が同一需給圏内の類似地域等に存するもの又は同一需給圏内の代替競争不動産である場合においては、近隣地域と当該事例に係る不動産の存する地域との地域要因の比較及び対象不動産と当該事例に係る不動産との個別的要因の比較を、取引事例に係る不動産が近隣地域に存するものである場合においては、対象不動産と当該事例に係る不動産との個別的要因の比較をそれぞれ行うものとする。

また、このほか地域要因及び個別的要因の比較については、それぞれの地域における個別的要因が標準的な土地を設定して行う方法がある。

(4) 配分法

取引事例が対象不動産と同類型の不動産の部分を内包して複合的に構成されている異類型の不動産に係る場合においては、当該取引事例の取引価格から対象不動産と同類型の不動産以外の部分の価格が取引価格等により判明しているときは、その価格を控除し、又は当該取引事例について各構成部分の価格の割合が取引価格、新規投資等により判明しているときは、当該事例の取引価格に対象不動産と同類型の不動産の部分に係る構成割合を乗じて、対象不動産の類型に係る事例資料を求めるものとする（この方法を配分法という。）。

Ⅳ 収益還元法

1．意義

収益還元法は、対象不動産が将来生み出すであろうと期待される純収益の現在価値の総和を求めることにより対象不動産の試算価格を求める手法である（この手法による試算価格を収益価格という。）。

収益還元法は、賃貸用不動産又は賃貸以外の事業の用に供する不動産の価格を求める場合に特に有効である。

また、不動産の価格は、一般に当該不動産の収益性を反映して形成されるものであ

り、収益は、不動産の経済価値の本質を形成するものである。したがって、この手法は、文化財の指定を受けた建造物等の一般的に市場性を有しない不動産以外のものには基本的にすべて適用すべきものであり、自用の不動産といえども賃貸を想定することにより適用されるものである。

なお、市場における不動産の取引価格の上昇が著しいときは、取引価格と収益価格との乖離が増大するものであるので、先走りがちな取引価格に対する有力な検証手段として、この手法が活用されるべきである。

2．収益価格を求める方法

収益価格を求める方法には、一期間の純収益を還元利回りによって還元する方法（以下「直接還元法」という。）と、連続する複数の期間に発生する純収益及び復帰価格を、その発生時期に応じて現在価値に割り引き、それぞれを合計する方法（Discounted Cash Flow法（以下「DCF法」という。））がある。

これらの方法は、基本的には次の式により表される。

(1) 直接還元法

$$P = \frac{a}{R}$$

P：求める不動産の収益価格
a：一期間の純収益
R：還元利回り

(2) DCF法

$$P = \sum_{k=1}^{n} \frac{a_k}{(1+Y)^k} + \frac{P_R}{(1+Y)^n}$$

P：求める不動産の収益価格
a_k：毎期の純収益
Y：割引率
n：保有期間（売却を想定しない場合には分析期間。以下同じ。）
P_R：復帰価格
　　復帰価格とは、保有期間の満了時点における対象不動産の価格をいい、基本的には次の式により表される。

$$P_R = \frac{a_{n+1}}{R_n}$$

a_{n+1}：n＋1期の純収益
R_n：保有期間の満了時点における還元利回り（最終還元利回り）

3．適用方法

(1) 純収益

① 純収益の意義

純収益とは、不動産に帰属する適正な収益をいい、収益目的のために用いられている不動産とこれに関与する資本（不動産に化体されているものを除く。）、労働及び経営（組織）の諸要素の結合によって生ずる総収益から、資本（不動産に化体されているものを除く。）、労働及び経営（組織）の総収益に対する貢献度に応じた分配分を控除した残余の部分をいう。

② 純収益の算定

対象不動産の純収益は、一般に1年を単位として総収益から総費用を控除して求めるものとする。また、純収益は、永続的なものと非永続的なもの、償却前のものと償却後のもの等、総収益及び総費用の把握の仕方により異なるものであり、それぞれ収益価格を求める方法及び還元利回り又は割引率を求める方法とも密接な関連があることに留意する必要がある。

なお、直接還元法における純収益は、対象不動産の初年度の純収益を採用する場合と標準化された純収益を採用する場合があることに留意しなければならない。

純収益の算定に当たっては、対象不動産からの総収益及びこれに係る総費用を直接的に把握し、それぞれの項目の細部について過去の推移及び将来の動向を慎重に分析して、対象不動産の純収益を適切に求めるべきである。この場合において収益増加の見通しについては、特に予測の限界を見極めなければならない。

特にDCF法の適用に当たっては、毎期の純収益及び復帰価格並びにその発生時期が明示されることから、純収益の見通しについて十分な調査を行うことが必要である。

なお、直接還元法の適用に当たって、対象不動産の純収益を近隣地域若しくは同一需給圏内の類似地域等に存する対象不動産と類似の不動産又は同一需給圏内の代替競争不動産の純収益によって間接的に求める場合には、それぞれの地域要因の比較及び個別的要因の比較を行い、当該純収益について適切に補正することが必要である。

ア　総収益の算定及び留意点

(ア) 対象不動産が賃貸用不動産又は賃貸以外の事業の用に供する不動産である場合

賃貸用不動産の総収益は、一般に、支払賃料に預り金的性格を有する保証金等の運用益、賃料の前払的性格を有する権利金等の運用益及び償却額並びに駐車場使用料等のその他収入を加えた額（以下「支払賃料等」という。）とする。賃貸用不動産についてのDCF法の適用に当たっては、特に賃貸借契約の内容並びに賃料及び貸室の稼動率の毎期の変動に留意しなければなら

ない。

　　賃貸以外の事業の用に供する不動産の総収益は、一般に、売上高とする。ただし、賃貸以外の事業の用に供する不動産であっても、売上高のうち不動産に帰属する部分をもとに求めた支払賃料等相当額、又は、賃貸に供することを想定することができる場合における支払賃料等をもって総収益とすることができる。

　　なお、賃貸用不動産のうち賃借人により賃貸以外の事業に供されている不動産の総収益の算定及び賃貸以外の事業の用に供する不動産の総収益の算定に当たっては、当該不動産が供されている事業について、その現状と動向に十分留意しなければならない。

　(イ)　対象不動産が更地である場合において、当該土地に最有効使用の賃貸用建物等の建築を想定する場合

　　対象不動産に最有効使用の賃貸用建物等の建設を想定し、当該複合不動産が生み出すであろう総収益を適切に求めるものとする。

イ　総費用の算定及び留意点

　　賃貸用不動産（ア（イ）の複合不動産を想定する場合を含む。）の総費用は、減価償却費（償却前の純収益を求める場合には、計上しない。）、維持管理費（維持費、管理費、修繕費等）、公租公課（固定資産税、都市計画税等）、損害保険料等の諸経費等を加算して求めるものとする。

　　賃貸以外の事業の用に供する不動産の総費用は、売上原価、販売費及び一般管理費等を加算して求めるものとする。ただし、賃貸以外の事業の用に供する不動産であっても、売上高のうち不動産に帰属する部分をもとに求めた支払賃料等相当額、又は、賃貸に供することを想定することができる場合における支払賃料等をもって総収益とした場合、総費用は上記賃貸用不動産の算定の例によるものとする。

　　なお、DCF法の適用に当たっては、特に保有期間中における大規模修繕費等の費用の発生時期に留意しなければならない。

(2)　還元利回り及び割引率

　①　還元利回り及び割引率の意義

　　還元利回り及び割引率は、共に不動産の収益性を表し、収益価格を求めるために用いるものであるが、基本的には次のような違いがある。

　　還元利回りは、直接還元法の収益価格及びDCF法の復帰価格の算定において、一期間の純収益から対象不動産の価格を直接求める際に使用される率であり、将来の収益に影響を与える要因の変動予測と予測に伴う不確実性を含むものである。

割引率は、DCF法において、ある将来時点の収益を現在時点の価値に割り戻す際に使用される率であり、還元利回りに含まれる変動予測と予測に伴う不確実性のうち、収益見通しにおいて考慮された連続する複数の期間に発生する純収益や復帰価格の変動予測に係るものを除くものである。

② 還元利回り及び割引率の算定

　ア　還元利回り及び割引率を求める際の留意点

　　還元利回り及び割引率は、共に比較可能な他の資産の収益性や金融市場における運用利回りと密接な関連があるので、その動向に留意しなければならない。

　　さらに、還元利回り及び割引率は、地方別、用途的地域別、品等別等によって異なる傾向を持つため、対象不動産に係る地域要因及び個別的要因の分析を踏まえつつ適切に求めることが必要である。

　イ　還元利回りを求める方法

　　還元利回りを求める方法を例示すると次のとおりである。

　　(ア)　類似の不動産の取引事例との比較から求める方法

　　　この方法は、対象不動産と類似の不動産の取引事例から求められる利回りをもとに、取引時点及び取引事情並びに地域要因及び個別的要因の違いに応じた補正を行うことにより求めるものである。

　　(イ)　借入金と自己資金に係る還元利回りから求める方法

　　　この方法は、対象不動産の取得の際の資金調達上の構成要素（借入金及び自己資金）に係る各還元利回りを各々の構成割合により加重平均して求めるものである。

　　(ウ)　土地と建物に係る還元利回りから求める方法

　　　この方法は、対象不動産が建物及びその敷地である場合に、その物理的な構成要素（土地及び建物）に係る各還元利回りを各々の価格の構成割合により加重平均して求めるものである。

　　(エ)　割引率との関係から求める方法

　　　この方法は、割引率をもとに対象不動産の純収益の変動率を考慮して求めるものである。

　ウ　割引率を求める方法

　　割引率を求める方法を例示すると次のとおりである。

　　(ア)　類似の不動産の取引事例との比較から求める方法

　　　この方法は、対象不動産と類似の不動産の取引事例から求められる割引率をもとに、取引時点及び取引事情並びに地域要因及び個別的要因の違いに応じた補正を行うことにより求めるものである。

(イ) 借入金と自己資金に係る割引率から求める方法

この方法は、対象不動産の取得の際の資金調達上の構成要素（借入金及び自己資金）に係る各割引率を各々の構成割合により加重平均して求めるものである。

(ウ) 金融資産の利回りに不動産の個別性を加味して求める方法

この方法は、債券等の金融資産の利回りをもとに、対象不動産の投資対象としての危険性、非流動性、管理の困難性、資産としての安全性等の個別性を加味することにより求めるものである。

(3) 直接還元法及びDCF法の適用のあり方

直接還元法又はDCF法のいずれの方法を適用するかについては、収集可能な資料の範囲、対象不動産の類型及び依頼目的に即して適切に選択することが必要である。

第2節　賃料を求める鑑定評価の手法

不動産の賃料を求める鑑定評価の手法は、新規賃料にあっては積算法、賃貸事例比較法、収益分析法等があり、継続賃料にあっては差額配分法、利回り法、スライド法、賃貸事例比較法等がある。

Ⅰ　賃料を求める場合の一般的留意事項

賃料の鑑定評価は、対象不動産について、賃料の算定の期間に対応して、実質賃料を求めることを原則とし、賃料の算定の期間及び支払いの時期に係る条件並びに権利金、敷金、保証金等の一時金の授受に関する条件が付されて支払賃料を求めることを依頼された場合には、実質賃料とともに、その一部である支払賃料を求めることができるものとする。

1．実質賃料と支払賃料

実質賃料とは、賃料の種類の如何を問わず賃貸人等に支払われる賃料の算定の期間に対応する適正なすべての経済的対価をいい、純賃料及び不動産の賃貸借等を継続するために通常必要とされる諸経費等（以下「必要諸経費等」という。）から成り立つものである。

支払賃料とは、各支払時期に支払われる賃料をいい、契約に当たって、権利金、敷金、保証金等の一時金が授受される場合においては、当該一時金の運用益及び償却額と併せて実質賃料を構成するものである。

なお、慣行上、建物及びその敷地の一部の賃貸借に当たって、水道光熱費、清掃・衛生費、冷暖房費等がいわゆる付加使用料、共益費等の名目で支払われる場合もあるが、これらのうちには実質的に賃料に相当する部分が含まれている場合があることに留意する必要がある。

2．支払賃料の求め方

契約に当たって一時金が授受される場合における支払賃料は、実質賃料から、当該一時金について賃料の前払的性格を有する一時金の運用益及び償却額並びに預り金的性格を有する一時金の運用益を控除して求めるものとする。

なお、賃料の前払的性格を有する一時金の運用益及び償却額については、対象不動産の賃貸借等の持続する期間の効用の変化等に着目し、実態に応じて適切に求めるものとする。

運用利回りは、賃貸借等の契約に当たって授受される一時金の性格、賃貸借等の契約内容並びに対象不動産の種類及び性格等の相違に応じて、当該不動産の期待利回り、不動産の取引利回り、長期預金の金利、国債及び公社債利回り、金融機関の貸出金利等を比較考量して決定するものとする。

3．賃料の算定の期間

鑑定評価によって求める賃料の算定の期間は、原則として、宅地並びに建物及びその敷地の賃料にあっては1月を単位とし、その他の土地にあっては1年を単位とするものとする。

4．継続賃料を求める場合

継続賃料の鑑定評価額は、現行賃料を前提として、契約当事者間で現行賃料を合意しそれを適用した時点（以下「直近合意時点」という。）以降において、公租公課、土地及び建物価格、近隣地域若しくは同一需給圏内の類似地域等における賃料又は同一需給圏内の代替競争不動産の賃料の変動等のほか、賃貸借等の契約の経緯、賃料改定の経緯及び契約内容を総合的に勘案し、契約当事者間の公平に留意の上決定するものである。

Ⅱ　新規賃料を求める鑑定評価の手法

1．積算法

(1)　意義

積算法は、対象不動産について、価格時点における基礎価格を求め、これに期待利回りを乗じて得た額に必要諸経費等を加算して対象不動産の試算賃料を求める手法である（この手法による試算賃料を積算賃料という。）。

積算法は、対象不動産の基礎価格、期待利回り及び必要諸経費等の把握を的確に行い得る場合に有効である。

(2)　適用方法

①　基礎価格

基礎価格とは、積算賃料を求めるための基礎となる価格をいい、原価法及び取引事例比較法により求めるものとする。

②　期待利回り

期待利回りとは、賃貸借等に供する不動産を取得するために要した資本に相当する額に対して期待される純収益のその資本相当額に対する割合をいう。

期待利回りを求める方法については、収益還元法における還元利回りを求める方法に準ずるものとする。この場合において、賃料の有する特性に留意すべきである。

③ 必要諸経費等

不動産の賃貸借等に当たってその賃料に含まれる必要諸経費等としては、次のものがあげられる。

ア 減価償却費（償却前の純収益に対応する期待利回りを用いる場合には、計上しない。）

イ 維持管理費（維持費、管理費、修繕費等）

ウ 公租公課（固定資産税、都市計画税等）

エ 損害保険料（火災、機械、ボイラー等の各種保険）

オ 貸倒れ準備費

カ 空室等による損失相当額

2．賃貸事例比較法

(1) 意義

賃貸事例比較法は、まず多数の新規の賃貸借等の事例を収集して適切な事例の選択を行い、これらに係る実際実質賃料（実際に支払われている不動産に係るすべての経済的対価をいう。）に必要に応じて事情補正及び時点修正を行い、かつ、地域要因の比較及び個別的要因の比較を行って求められた賃料を比較考量し、これによって対象不動産の試算賃料を求める手法である（この手法による試算賃料を比準賃料という。）。

賃貸事例比較法は、近隣地域又は同一需給圏内の類似地域等において対象不動産と類似の不動産の賃貸借等が行われている場合又は同一需給圏内の代替競争不動産の賃貸借等が行われている場合に有効である。

(2) 適用方法

① 事例の収集及び選択

賃貸借等の事例の収集及び選択については、取引事例比較法における事例の収集及び選択に準ずるものとする。この場合において、賃貸借等の契約の内容について類似性を有するものを選択すべきことに留意しなければならない。

② 事情補正及び時点修正並びに地域要因の比較及び個別的要因の比較

事情補正及び時点修正並びに地域要因の比較及び個別的要因の比較については、取引事例比較法の場合に準ずるものとする。

3．収益分析法

(1) 意義

収益分析法は、一般の企業経営に基づく総収益を分析して対象不動産が一定期間に生み出すであろうと期待される純収益（減価償却後のものとし、これを収益純賃料という。）を求め、これに必要諸経費等を加算して対象不動産の試算賃料を求める手法である（この手法による試算賃料を収益賃料という。）。

収益分析法は、企業の用に供されている不動産に帰属する純収益を適切に求め得る場合に有効である。

(2) 適用方法

① 収益純賃料の算定

収益純賃料の算定については、収益還元法における純収益の算定に準ずるものとする。この場合において、賃料の有する特性に留意しなければならない。

② 収益賃料を求める手法

収益賃料は、収益純賃料の額に賃貸借等に当たって賃料に含まれる必要諸経費等を加算することによって求めるものとする。

なお、一般企業経営に基づく総収益を分析して収益純賃料及び必要諸経費等を含む賃料相当額を収益賃料として直接求めることができる場合もある。

Ⅲ 継続賃料を求める鑑定評価の手法

1．差額配分法

(1) 意義

差額配分法は、対象不動産の経済価値に即応した適正な実質賃料又は支払賃料と実際実質賃料又は実際支払賃料との間に発生している差額について、契約の内容、契約締結の経緯等を総合的に勘案して、当該差額のうち賃貸人等に帰属する部分を適切に判定して得た額を実際実質賃料又は実際支払賃料に加減して試算賃料を求める手法である。

(2) 適用方法

① 対象不動産の経済価値に即応した適正な実質賃料は、価格時点において想定される新規賃料であり、積算法、賃貸事例比較法等により求めるものとする。

対象不動産の経済価値に即応した適正な支払賃料は、契約に当たって一時金が授受されている場合については、実質賃料から権利金、敷金、保証金等の一時金の運用益及び償却額を控除することにより求めるものとする。

② 賃貸人等に帰属する部分については、継続賃料固有の価格形成要因に留意しつつ、一般的要因の分析及び地域要因の分析により差額発生の要因を広域的に分析し、さらに対象不動産について契約内容及び契約締結の経緯等に関する分析を行うことにより適切に判断するものとする。

2．利回り法

(1) 意義

利回り法は、基礎価格に継続賃料利回りを乗じて得た額に必要諸経費等を加算して試算賃料を求める手法である。

(2) 適用方法

① 基礎価格及び必要諸経費等の求め方については、積算法に準ずるものとする。

② 継続賃料利回りは、直近合意時点における基礎価格に対する純賃料の割合を踏まえ、継続賃料固有の価格形成要因に留意しつつ、期待利回り、契約締結時及びその後の各賃料改定時の利回り、基礎価格の変動の程度、近隣地域若しくは同一需給圏内の類似地域等における対象不動産と類似の不動産の賃貸借等の事例又は同一需給圏内の代替競争不動産の賃貸借等の事例における利回りを総合的に比較考量して求めるものとする。

3．スライド法

(1) 意義

スライド法は、直近合意時点における純賃料に変動率を乗じて得た額に価格時点における必要諸経費等を加算して試算賃料を求める手法である。

なお、直近合意時点における実際実質賃料又は実際支払賃料に即応する適切な変動率が求められる場合には、当該変動率を乗じて得た額を試算賃料として直接求めることができるものとする。

(2) 適用方法

① 変動率は、直近合意時点から価格時点までの間における経済情勢等の変化に即応する変動分を表すものであり、継続賃料固有の価格形成要因に留意しつつ、土地及び建物価格の変動、物価変動、所得水準の変動等を示す各種指数や整備された不動産インデックス等を総合的に勘案して求めるものとする。

② 必要諸経費等の求め方は、積算法に準ずるものとする。

4．賃貸事例比較法

賃貸事例比較法は、新規賃料に係る賃貸事例比較法に準じて試算賃料を求める手法である。試算賃料を求めるに当たっては、継続賃料固有の価格形成要因の比較を適切に行うことに留意しなければならない。

第8章　鑑定評価の手順

鑑定評価を行うためには、合理的かつ現実的な認識と判断に基づいた一定の秩序的な手順を必要とする。この手順は、一般に鑑定評価の基本的事項の確定、依頼者、提出先等及び利害関係等の確認、処理計画の策定、対象不動産の確認、資料の収集及び整理、資料の検討及び価格形成要因の分析、鑑定評価の手法の適用、試算価格又は試算賃料の調整、鑑定評価額

の決定並びに鑑定評価報告書の作成の作業から成っており、不動産の鑑定評価に当たっては、これらを秩序的に実施すべきである。

第1節 鑑定評価の基本的事項の確定

鑑定評価に当たっては、まず、鑑定評価の基本的事項を確定しなければならない。このため、鑑定評価の依頼目的、条件及び依頼が必要となった背景について依頼者に明瞭に確認するものとする。

第2節 依頼者、提出先等及び利害関係等の確認

前節による依頼者への確認においては、あわせて、次に掲げる事項を確認するものとする。

Ⅰ 依頼者並びに鑑定評価書が依頼者以外の者へ提出される場合における当該提出先及び鑑定評価額が依頼者以外の者へ開示される場合における当該開示の相手方

Ⅱ 関与不動産鑑定士及び関与不動産鑑定業者に係る利害関係等

1. 関与不動産鑑定士及び関与不動産鑑定業者の対象不動産に関する利害関係等

関与不動産鑑定士（当該鑑定評価に関与するすべての不動産鑑定士をいう。以下同じ。）及び関与不動産鑑定業者（関与不動産鑑定士の所属する不動産鑑定業者をいう。以下同じ。）について、対象不動産に関する利害関係又は対象不動産に関し利害関係を有する者との縁故若しくは特別の利害関係の有無及びその内容を明らかにしなければならない。

2. 依頼者と関与不動産鑑定士及び関与不動産鑑定業者との関係

依頼者と関与不動産鑑定士及び関与不動産鑑定業者との間の特別の資本的関係、人的関係及び取引関係の有無並びにその内容を明らかにしなければならない。

3. 提出先等と関与不動産鑑定士及び関与不動産鑑定業者との関係

鑑定評価書が依頼者以外の者へ提出される場合における当該提出先又は鑑定評価額が依頼者以外の者へ開示される場合における当該開示の相手方（以下「提出先等」という。）と関与不動産鑑定士及び関与不動産鑑定業者との間の特別の資本的関係、人的関係及び取引関係の有無並びにその内容を明らかにしなければならない。ただし、提出先等が未定の場合又は明らかとならない場合における当該提出先等については、その旨を明らかにすれば足りる。

Ⅲ 鑑定評価額の公表の有無

第3節 処理計画の策定

処理計画の策定に当たっては、第1節により確定された鑑定評価の基本的事項に基づき、実施すべき作業の性質及び量、処理能力等に即応して、対象不動産の確認、資料の収

集及び整理、資料の検討及び価格形成要因の分析、鑑定評価の手法の適用、試算価格又は試算賃料の調整、鑑定評価額の決定等鑑定評価の作業に係る処理計画を秩序的に策定しなければならない。

第4節　対象不動産の確認

対象不動産の確認に当たっては、第1節により確定された対象不動産についてその内容を明瞭にしなければならない。対象不動産の確認は、対象不動産の物的確認及び権利の態様の確認に分けられ、実地調査、聴聞、公的資料の確認等により、的確に行う必要がある。

Ⅰ　対象不動産の物的確認

対象不動産の物的確認に当たっては、土地についてはその所在、地番、数量等を、建物についてはこれらのほか家屋番号、建物の構造、用途等を、それぞれ実地に確認することを通じて、第1節により確定された対象不動産の存否及びその内容を、確認資料（第5節Ⅰ参照）を用いて照合しなければならない。

また、物的確認を行うに当たっては、対象不動産について登記事項証明書等により登記又は登録されている内容とその実態との異同について把握する必要がある。

Ⅱ　権利の態様の確認

権利の態様の確認に当たっては、Ⅰによって物的に確認された対象不動産について、当該不動産に係るすべての権利関係を明瞭に確認することにより、第1節により確定された鑑定評価の対象となる権利の存否及びその内容を、確認資料を用いて照合しなければならない。

第5節　資料の収集及び整理

鑑定評価の成果は、採用した資料によって左右されるものであるから、資料の収集及び整理は、鑑定評価の作業に活用し得るように適切かつ合理的な計画に基づき、実地調査、聴聞、公的資料の確認等により的確に行うものとし、公正妥当を欠くようなことがあってはならない。

鑑定評価に必要な資料は、おおむね次のように分けられる。

Ⅰ　確認資料

確認資料とは、不動産の物的確認及び権利の態様の確認に必要な資料をいう。確認資料としては、登記事項証明書、土地又は建物等の図面、写真、不動産の所在地に関する地図等があげられる。

Ⅱ　要因資料

要因資料とは、価格形成要因に照応する資料をいう。要因資料は、一般的要因に係る一般資料、地域要因に係る地域資料及び個別的要因に係る個別資料に分けられる。一般

資料及び地域資料は、平素からできるだけ広くかつ組織的に収集しておくべきである。個別資料は、対象不動産の種類、対象確定条件等案件の相違に応じて適切に収集すべきである。

Ⅲ　事例資料

事例資料とは、鑑定評価の手法の適用に必要とされる現実の取引価格、賃料等に関する資料をいう。事例資料としては、建設事例、取引事例、収益事例、賃貸借等の事例等があげられる。

なお、鑑定評価先例価格は鑑定評価に当たって参考資料とし得る場合があり、売買希望価格等についても同様である。

第6節　資料の検討及び価格形成要因の分析

資料の検討に当たっては、収集された資料についてそれが鑑定評価の作業に活用するために必要にして十分な資料であるか否か、資料が信頼するに足りるものであるか否かについて考察しなければならない。この場合においては、価格形成要因を分析するために、その資料が対象不動産の種類並びに鑑定評価の依頼目的及び条件に即応しているか否かについて検討すべきである。

価格形成要因の分析に当たっては、収集された資料に基づき、一般的要因を分析するとともに、地域分析及び個別分析を通じて対象不動産についてその最有効使用を判定しなければならない。

さらに、価格形成要因について、専門職業家としての注意を尽くしてもなお対象不動産の価格形成に重大な影響を与える要因が十分に判明しない場合には、原則として他の専門家が行った調査結果等を活用することが必要である。ただし、依頼目的や依頼者の事情による制約がある場合には、依頼者の同意を得て、想定上の条件を設定して鑑定評価を行うこと若しくは調査範囲等条件を設定して鑑定評価を行うこと、又は自己の調査分析能力の範囲内で当該要因に係る価格形成上の影響の程度を推定して鑑定評価を行うことができる。この場合、想定上の条件又は調査範囲等条件を設定するためには条件設定に係る一定の要件を満たすことが必要であり、また、推定を行うためには客観的な推定ができると認められることが必要である。

第7節　鑑定評価の手法の適用

鑑定評価の手法の適用に当たっては、鑑定評価の手法を当該案件に即して適切に適用すべきである。この場合、地域分析及び個別分析により把握した対象不動産に係る市場の特性等を適切に反映した複数の鑑定評価の手法を適用すべきであり、対象不動産の種類、所在地の実情、資料の信頼性等により複数の鑑定評価の手法の適用が困難な場合においても、その考え方をできるだけ参酌するように努めるべきである。

第8節　試算価格又は試算賃料の調整

　試算価格又は試算賃料の調整とは、鑑定評価の複数の手法により求められた各試算価格又は試算賃料の再吟味及び各試算価格又は試算賃料が有する説得力に係る判断を行い、鑑定評価における最終判断である鑑定評価額の決定に導く作業をいう。

　試算価格又は試算賃料の調整に当たっては、対象不動産の価格形成を論理的かつ実証的に説明できるようにすることが重要である。このため、鑑定評価の手順の各段階について、客観的、批判的に再吟味し、その結果を踏まえた各試算価格又は各試算賃料が有する説得力の違いを適切に反映することによりこれを行うものとする。この場合において、特に次の事項に留意すべきである。

Ⅰ　各試算価格又は試算賃料の再吟味
1. 資料の選択、検討及び活用の適否
2. 不動産の価格に関する諸原則の当該案件に即応した活用の適否
3. 一般的要因の分析並びに地域分析及び個別分析の適否
4. 各手法の適用において行った各種補正、修正等に係る判断の適否
5. 各手法に共通する価格形成要因に係る判断の整合性
6. 単価と総額との関連の適否

Ⅱ　各試算価格又は試算賃料が有する説得力に係る判断
1. 対象不動産に係る地域分析及び個別分析の結果と各手法との適合性
2. 各手法の適用において採用した資料の特性及び限界からくる相対的信頼性

第9節　鑑定評価額の決定

　第1節から第8節で述べた手順を十分に尽した後、専門職業家としての良心に従い適正と判断される鑑定評価額を決定すべきである。

　この場合において、地価公示法施行規則第1条第1項に規定する国土交通大臣が定める公示区域において土地の正常価格を求めるときは、公示価格を規準としなければならない。

第10節　鑑定評価報告書の作成

　鑑定評価額が決定されたときは、鑑定評価報告書を作成するものとする。

第9章　鑑定評価報告書

　鑑定評価報告書は、不動産の鑑定評価の成果を記載した文書であり、不動産鑑定士が自己の専門的学識と経験に基づいた判断と意見を表明し、その責任を明らかにすることを目的とするものである。

資料編

第1節　鑑定評価報告書の作成指針

　　鑑定評価報告書は、鑑定評価の基本的事項及び鑑定評価額を表し、鑑定評価額を決定した理由を説明し、その不動産の鑑定評価に関与した不動産鑑定士の責任の所在を示すことを主旨とするものであるから、鑑定評価報告書の作成に当たっては、まずその鑑定評価の過程において採用したすべての資料を整理し、価格形成要因に関する判断、鑑定評価の手法の適用に係る判断等に関する事項を明確にして、これに基づいて作成すべきである。

　　鑑定評価報告書の内容は、不動産鑑定業者が依頼者に交付する鑑定評価書の実質的な内容となるものである。したがって、鑑定評価報告書は、鑑定評価書を通じて依頼者のみならず第三者に対しても影響を及ぼすものであり、さらには不動産の適正な価格の形成の基礎となるものであるから、その作成に当たっては、誤解の生ずる余地を与えないよう留意するとともに、特に鑑定評価額の決定の理由については、依頼者のみならず第三者に対して十分に説明し得るものとするように努めなければならない。

第2節　記載事項

　　鑑定評価報告書には、少なくともIからXIIまでに掲げる事項について、それぞれに定めるところに留意して記載しなければならない。

I　鑑定評価額及び価格又は賃料の種類

　　正常価格又は正常賃料を求めることができる不動産について、依頼目的に対応した条件により限定価格、特定価格又は限定賃料を求めた場合は、かっこ書きで正常価格又は正常賃料である旨を付記してそれらの額を併記しなければならない。また、総論第7章第2節11．に定める支払賃料の鑑定評価を依頼された場合における鑑定評価額の記載は、支払賃料である旨を付記して支払賃料の額を表示するとともに、当該支払賃料が実質賃料と異なる場合においては、かっこ書きで実質賃料である旨を付記して実質賃料の額を併記するものとする。

II　鑑定評価の条件

　　対象確定条件、依頼目的に応じ設定された地域要因若しくは個別的要因についての想定上の条件又は調査範囲等条件についてそれらの条件の内容及び評価における取扱いが妥当なものであると判断した根拠を明らかにするとともに、必要があると認められるときは、当該条件が設定されない場合の価格等の参考事項を記載すべきである。

III　対象不動産の所在、地番、地目、家屋番号、構造、用途、数量等及び対象不動産に係る権利の種類

IV　対象不動産の確認に関する事項

　　対象不動産の物的確認及び権利の態様の確認について、確認資料と照合した結果を明確に記載しなければならない。

　　また、後日対象不動産の現況把握に疑義が生ずる場合があることを考慮して、以下の

事項を合わせて記載しなければならない。
1．実地調査を行った年月日
2．実地調査を行った不動産鑑定士の氏名
3．立会人の氏名及び職業
4．実地調査を行った範囲（内覧の実施の有無を含む。）
5．実地調査の一部を実施することができなかった場合にあっては、その理由

Ⅴ 鑑定評価の依頼目的及び依頼目的に対応した条件と価格又は賃料の種類との関連
　鑑定評価の依頼目的に対応した条件により、当該価格又は賃料を求めるべきと判断した理由を記載しなければならない。特に、特定価格を求めた場合には法令等による社会的要請の根拠、また、特殊価格を求めた場合には文化財の指定の事実等を明らかにしなければならない。

Ⅵ 価格時点及び鑑定評価を行った年月日

Ⅶ 鑑定評価額の決定の理由の要旨
　鑑定評価額の決定の理由の要旨は、下記に掲げる内容について記載するものとする。
1．地域分析及び個別分析に係る事項
　　対象不動産の種別及び類型並びに賃料の種類に応じ、同一需給圏及び近隣地域の範囲及び状況、対象不動産に係る価格形成要因についての状況、同一需給圏の市場動向及び同一需給圏における典型的な市場参加者の行動、代替、競争等の関係にある不動産と比べた対象不動産の優劣及び競争力の程度等について記載しなければならない。
2．最有効使用の判定に関する事項
　　最有効使用及びその判定の理由を明確に記載する。なお、建物及びその敷地に係る鑑定評価における最有効使用の判定の記載は、建物及びその敷地の最有効使用のほか、その敷地の更地としての最有効使用についても記載しなければならない。
3．鑑定評価の手法の適用に関する事項
　　適用した鑑定評価の手法について、対象不動産の種別及び類型並びに賃料の種類に応じた各論第1章から第3章の規定並びに地域分析及び個別分析により把握した対象不動産に係る市場の特性等との関係を記載しなければならない。
4．試算価格又は試算賃料の調整に関する事項
　　試算価格又は試算賃料の再吟味及び説得力に係る判断の結果を記載しなければならない。
5．公示価格との規準に関する事項
6．当事者間で事実の主張が異なる事項
　　対象不動産に関し、争訟等の当事者間において主張が異なる事項が判明している場合には、当該事項に関する取扱いについて記載しなければならない。
7．その他

総論第7章第2節Ⅱ1．に定める支払賃料を求めた場合には、その支払賃料と実質賃料との関連を記載しなければならない。また、継続賃料を求めた場合には、直近合意時点について記載しなければならない。
Ⅷ　鑑定評価上の不明事項に係る取扱い及び調査の範囲
　対象不動産の確認、資料の検討及び価格形成要因の分析等、鑑定評価の手順の各段階において、鑑定評価における資料収集の限界、資料の不備等によって明らかにすることができない事項が存する場合（調査範囲等条件を設定した場合を含む。）の評価上の取扱いを記載しなければならない。その際、不動産鑑定士が自ら行った調査の範囲及び内容を明確にするとともに、他の専門家が行った調査結果等を活用した場合においては、当該専門家が調査した範囲及び内容を明確にしなければならない。
Ⅸ　関与不動産鑑定士及び関与不動産鑑定業者に係る利害関係等
　1．関与不動産鑑定士及び関与不動産鑑定業者の対象不動産に関する利害関係等
　　関与不動産鑑定士及び関与不動産鑑定業者について、対象不動産に関する利害関係又は対象不動産に関し利害関係を有する者との縁故若しくは特別の利害関係の有無及びその内容について記載しなければならない。
　2．依頼者と関与不動産鑑定士及び関与不動産鑑定業者との関係
　　依頼者と関与不動産鑑定士及び関与不動産鑑定業者との間の特別の資本的関係、人的関係及び取引関係の有無並びにその内容について記載しなければならない。
　3．提出先等と関与不動産鑑定士及び関与不動産鑑定業者との関係等
　　提出先等と関与不動産鑑定士及び関与不動産鑑定業者との間の特別の資本的関係、人的関係及び取引関係の有無並びにその内容（提出先等が未定の場合又は明らかとならない場合における当該提出先等については、その旨）を記載しなければならない。
Ⅹ　関与不動産鑑定士の氏名
Ⅺ　依頼者及び提出先等の氏名又は名称
Ⅻ　鑑定評価額の公表の有無について確認した内容

第3節　附属資料
　対象不動産等の所在を明示した地図、土地又は建物等の図面、写真等の確認資料、事例資料等は、必要に応じて鑑定評価報告書に添付するものとする。
　なお、他の専門家が行った調査結果等を活用するために入手した調査報告書等の資料についても、必要に応じて、附属資料として添付するものとする。ただし、当該他の専門家の同意が得られないときは、この限りでない。

各　論

　不動産鑑定士は、総論において記述したところに従い自己の専門的学識と応用能力に基づき、個々の案件に応じて不動産の鑑定評価を行うべきであるが、具体的な案件に臨んで的確な鑑定評価を期するためには、基本的に以下に掲げる不動産の種別及び類型並びに賃料の種類に応じた鑑定評価の手法等を活用する必要がある。

第1章　価格に関する鑑定評価

第1節　土地

Ⅰ　宅地

1．更地

　　更地の鑑定評価額は、更地並びに配分法が適用できる場合における建物及びその敷地の取引事例に基づく比準価格並びに土地残余法による収益価格を関連づけて決定するものとする。再調達原価が把握できる場合には、積算価格をも関連づけて決定すべきである。当該更地の面積が近隣地域の標準的な土地の面積に比べて大きい場合等においては、さらに次に掲げる価格を比較考量して決定するものとする（この手法を開発法という。）。

　(1)　一体利用をすることが合理的と認められるときは、価格時点において、当該更地に最有効使用の建物が建築されることを想定し、販売総額から通常の建物建築費相当額及び発注者が直接負担すべき通常の付帯費用を控除して得た価格

　(2)　分割利用をすることが合理的と認められるときは、価格時点において、当該更地を区画割りして、標準的な宅地とすることを想定し、販売総額から通常の造成費相当額及び発注者が直接負担すべき通常の付帯費用を控除して得た価格

　　なお、配分法及び土地残余法を適用する場合における取引事例及び収益事例は、敷地が最有効使用の状態にあるものを採用すべきである。

2．建付地

　　建付地は、建物等と結合して有機的にその効用を発揮しているため、建物等と密接な関連を持つものであり、したがって、建付地の鑑定評価は、建物等と一体として継続使用することが合理的である場合において、その敷地（建物等に係る敷地利用権原のほか、地役権等の使用収益を制約する権利が付着している場合にはその状態を所与とする。）について部分鑑定評価をするものである。

　　建付地の鑑定評価額は、更地の価格をもとに当該建付地の更地としての最有効使用

との格差、更地化の難易の程度等敷地と建物等との関連性を考慮して求めた価格を標準とし、配分法に基づく比準価格及び土地残余法による収益価格を比較考量して決定するものとする。

ただし、建物及びその敷地としての価格（以下「複合不動産価格」という。）をもとに敷地に帰属する額を配分して求めた価格を標準として決定することもできる。

3．借地権及び底地

借地権及び底地の鑑定評価に当たっては、借地権の価格と底地の価格とは密接に関連し合っているので、以下に述べる諸点を十分に考慮して相互に比較検討すべきである。

① 宅地の賃貸借等及び借地権取引の慣行の有無とその成熟の程度は、都市によって異なり、同一都市内においても地域によって異なることもあること。

② 借地権の存在は、必ずしも借地権の価格の存在を意味するものではなく、また、借地権取引の慣行について、借地権が単独で取引の対象となっている都市又は地域と、単独で取引の対象となることはないが建物の取引に随伴して取引の対象となっている都市又は地域とがあること。

③ 借地権取引の態様

　ア　借地権が一般に有償で創設され、又は継承される地域であるか否か。

　イ　借地権の取引が一般に借地権設定者以外の者を対象として行われる地域であるか否か。

　ウ　堅固建物の所有を目的とする借地権の多い地域であるか否か。

　エ　借地権に対する権利意識について借地権者側が強い地域であるか否か。

　オ　一時金の授受が慣行化している地域であるか否か。

　カ　借地権の譲渡に当たって名義書替料を一般に譲受人又は譲渡人のいずれが負担する地域であるか。

④ 借地権の態様

　ア　創設されたものか継承されたものか。

　イ　地上権か賃借権か。

　ウ　転借か否か。

　エ　堅固の建物の所有を目的とするか、非堅固の建物の所有を目的とするか。

　オ　主として居住用建物のためのものか、主として営業用建物のためのものか。

　カ　契約期間の定めの有無

　キ　特約条項の有無

　ク　契約は書面か口頭か。

ケ　登記の有無
　　コ　定期借地権等（借地借家法第二章第四節に規定する定期借地権等）
(1) 借地権
　① 借地権の価格
　　　借地権の価格は、借地借家法（廃止前の借地法を含む。）に基づき土地を使用収益することにより借地権者に帰属する経済的利益（一時金の授受に基づくものを含む。）を貨幣額で表示したものである。
　　　借地権者に帰属する経済的利益とは、土地を使用収益することによる広範な諸利益を基礎とするものであるが、特に次に掲げるものが中心となる。
　　ア　土地を長期間占有し、独占的に使用収益し得る借地権者の安定的利益
　　イ　借地権の付着している宅地の経済価値に即応した適正な賃料と実際支払賃料との乖離（以下「賃料差額」という。）及びその乖離の持続する期間を基礎にして成り立つ経済的利益の現在価値のうち、慣行的に取引の対象となっている部分
　② 借地権の鑑定評価
　　　借地権の鑑定評価は、借地権の取引慣行の有無及びその成熟の程度によってその手法を異にするものである。
　　ア　借地権の取引慣行の成熟の程度の高い地域
　　　　借地権の鑑定評価額は、借地権及び借地権を含む複合不動産の取引事例に基づく比準価格、土地残余法による収益価格、当該借地権の設定契約に基づく賃料差額のうち取引の対象となっている部分を還元して得た価格及び借地権取引が慣行として成熟している場合における当該地域の借地権割合により求めた価格を関連づけて決定するものとする。
　　　　この場合においては、次の(ア)から(キ)までに掲げる事項（定期借地権の評価にあっては、(ア)から(ケ)までに掲げる事項）を総合的に勘案するものとする。
　　　(ア)　将来における賃料の改定の実現性とその程度
　　　(イ)　借地権の態様及び建物の残存耐用年数
　　　(ウ)　契約締結の経緯並びに経過した借地期間及び残存期間
　　　(エ)　契約に当たって授受された一時金の額及びこれに関する契約条件
　　　(オ)　将来見込まれる一時金の額及びこれに関する契約条件
　　　(カ)　借地権の取引慣行及び底地の取引利回り
　　　(キ)　当該借地権の存する土地に係る更地としての価格又は建付地としての価格
　　　(ク)　借地期間満了時の建物等に関する契約内容

　　　　(ケ)　契約期間中に建物の建築及び解体が行われる場合における建物の使用収益が期待できない期間
　　イ　借地権の取引慣行の成熟の程度の低い地域
　　　　借地権の鑑定評価額は、土地残余法による収益価格、当該借地権の設定契約に基づく賃料差額のうち取引の対象となっている部分を還元して得た価格及び当該借地権の存する土地に係る更地又は建付地としての価格から底地価格を控除して得た価格を関連づけて決定するものとする。
　　　　この場合においては、前記ア(ア)から(キ)までに掲げる事項（定期借地権の評価にあっては、(ア)から(ケ)までに掲げる事項）を総合的に勘案するものとする。
(2)　底地
　　底地の価格は、借地権の付着している宅地について、借地権の価格との相互関連において借地権設定者に帰属する経済的利益を貨幣額で表示したものである。
　　借地権設定者に帰属する経済的利益とは、当該宅地の実際支払賃料から諸経費等を控除した部分の賃貸借等の期間に対応する経済的利益及びその期間の満了等によって復帰する経済的利益の現在価値をいう。なお、将来において一時金の授受が見込まれる場合には、当該一時金の経済的利益も借地権設定者に帰属する経済的利益を構成する場合があることに留意すべきである。
　　底地の鑑定評価額は、実際支払賃料に基づく純収益等の現在価値の総和を求めることにより得た収益価格及び比準価格を関連づけて決定するものとする。この場合においては、前記(1)②ア(ア)から(キ)までに掲げる事項（定期借地権の付着している宅地の評価に当たっては、(ア)から(ク)までに掲げる事項）を総合的に勘案するものとする。
　　また、底地を当該借地権者が買い取る場合における底地の鑑定評価に当たっては、当該宅地又は建物及びその敷地が同一所有者に帰属することによる市場性の回復等に即応する経済価値の増分が生ずる場合があることに留意すべきである。

4．区分地上権

　区分地上権の価格は、一般に区分地上権の設定に係る土地（以下「区分地上権設定地」という。）の経済価値を基礎として、権利の設定範囲における権利利益の内容により定まり、区分地上権設定地全体の経済価値のうち、平面的・立体的空間の分割による当該権利の設定部分の経済価値及び設定部分の効用を保持するため他の空間部分の利用を制限することに相応する経済価値を貨幣額で表示したものである。
　この場合の区分地上権の鑑定評価額は、設定事例等に基づく比準価格、土地残余法に準じて求めた収益価格及び区分地上権の立体利用率により求めた価格を関連づけて

得た価格を標準とし、区分地上権の設定事例等に基づく区分地上権割合により求めた価格を比較考量して決定するものとする。

Ⅱ　農地

　公共事業の用に供する土地の取得等農地を農地以外のものとするための取引に当たって、当該取引に係る農地の鑑定評価を求められる場合がある。

　この場合における農地の鑑定評価額は、比準価格を標準とし、収益価格を参考として決定するものとする。再調達原価が把握できる場合には、積算価格をも関連づけて決定すべきである。

　なお、公共事業の用に供する土地の取得に当たっては、土地の取得により通常生ずる損失の補償として農業補償が別途行われる場合があることに留意すべきである。

Ⅲ　林地

　公共事業の用に供する土地の取得等林地を林地以外のものとするための取引に当たって、当該取引に係る林地の鑑定評価を求められる場合がある。

　この場合における林地の鑑定評価額は、比準価格を標準とし、収益価格を参考として決定するものとする。再調達原価が把握できる場合には、積算価格をも関連づけて決定すべきである。

　なお、公共事業の用に供する土地の取得に当たっては、土地の取得により通常生ずる損失の補償として立木補償等が別途行われる場合があることに留意すべきである。

Ⅳ　宅地見込地

　宅地見込地の鑑定評価額は、比準価格及び当該宅地見込地について、価格時点において、転換後・造成後の更地を想定し、その価格から通常の造成費相当額及び発注者が直接負担すべき通常の付帯費用を控除し、その額を当該宅地見込地の熟成度に応じて適切に修正して得た価格を関連づけて決定するものとする。この場合においては、特に都市の外延的発展を促進する要因の近隣地域に及ぼす影響度及び次に掲げる事項を総合的に勘案するものとする。

1．当該宅地見込地の宅地化を助長し、又は阻害している行政上の措置又は規制
2．付近における公共施設及び公益的施設の整備の動向
3．付近における住宅、店舗、工場等の建設の動向
4．造成の難易及びその必要の程度
5．造成後における宅地としての有効利用度

　また、熟成度の低い宅地見込地を鑑定評価する場合には、比準価格を標準とし、転換前の土地の種別に基づく価格に宅地となる期待性を加味して得た価格を比較考量して決定するものとする。

> 資料編

第2節　建物及びその敷地

Ⅰ　自用の建物及びその敷地

　自用の建物及びその敷地の鑑定評価額は、積算価格、比準価格及び収益価格を関連づけて決定するものとする。

　なお、建物の用途を変更し、又は建物の構造等を改造して使用することが最有効使用と認められる場合における自用の建物及びその敷地の鑑定評価額は、用途変更等を行った後の経済価値の上昇の程度、必要とされる改造費等を考慮して決定するものとする。

　また、建物を取り壊すことが最有効使用と認められる場合における自用の建物及びその敷地の鑑定評価額は、建物の解体による発生材料の価格から取壊し、除去、運搬等に必要な経費を控除した額を、当該敷地の最有効使用に基づく価格に加減して決定するものとする。

Ⅱ　貸家及びその敷地

　貸家及びその敷地の鑑定評価額は、実際実質賃料（売主が既に受領した一時金のうち売買等に当たって買主に承継されない部分がある場合には、当該部分の運用益及び償却額を含まないものとする。）に基づく純収益等の現在価値の総和を求めることにより得た収益価格を標準とし、積算価格及び比準価格を比較考量して決定するものとする。この場合において、次に掲げる事項を総合的に勘案するものとする。

1．将来における賃料の改定の実現性とその程度

2．契約に当たって授受された一時金の額及びこれに関する契約条件

3．将来見込まれる一時金の額及びこれに関する契約条件

4．契約締結の経緯、経過した借家期間及び残存期間並びに建物の残存耐用年数

5．貸家及びその敷地の取引慣行並びに取引利回り

6．借家の目的、契約の形式、登記の有無、転借か否かの別及び定期建物賃貸借（借地借家法第38条に規定する定期建物賃貸借をいう。）か否かの別

7．借家権価格

　また、貸家及びその敷地を当該借家人が買い取る場合における貸家及びその敷地の鑑定評価に当たっては、当該貸家及びその敷地が自用の建物及びその敷地となることによる市場性の回復等に即応する経済価値の増分が生ずる場合があることに留意すべきである。

Ⅲ　借地権付建物

　1．建物が自用の場合

　　借地権付建物で、当該建物を借地権者が使用しているものについての鑑定評価額は、積算価格、比準価格及び収益価格を関連づけて決定するものとする。この場合に

おいて、前記借地権②ア(ｱ)から(ｷ)までに掲げる事項（借地権が定期借地権の場合には、(ｱ)から(ｹ)までに掲げる事項）を総合的に勘案するものとする。
2．建物が賃貸されている場合
　借地権付建物で、当該建物が賃貸されているものについての鑑定評価額は、実際実質賃料（売主が既に受領した一時金のうち売買等に当たって買主に承継されない部分がある場合には、当該部分の運用益及び償却額を含まないものとする。）に基づく純収益等の現在価値の総和を求めることにより得た収益価格を標準とし、積算価格及び比準価格を比較考量して決定するものとする。
　この場合において、前記借地権②ア(ｱ)から(ｷ)までに掲げる事項（借地権が定期借地権の場合には、(ｱ)から(ｹ)までに掲げる事項）及び前記Ⅱ1．から7．までに掲げる事項を総合的に勘案するものとする。

Ⅳ　区分所有建物及びその敷地
1．区分所有建物及びその敷地の価格形成要因
　区分所有建物及びその敷地における固有の個別的要因を例示すれば次のとおりである。
(1)　区分所有建物が存する一棟の建物及びその敷地に係る個別的要因
　①　建物に係る要因
　　ア　建築（新築、増改築等又は移転）の年次
　　イ　面積、高さ、構造、材質等
　　ウ　設計、設備等の機能性
　　エ　施工の質と量
　　オ　玄関、集会室等の施設の状態
　　カ　建物の階数
　　キ　建物の用途及び利用の状態
　　ク　維持管理の状態
　　ケ　居住者、店舗等の構成の状態
　　コ　耐震性、耐火性等建物の性能
　　サ　有害な物質の使用の有無及びその状態
　②　敷地に係る要因
　　ア　敷地の形状及び空地部分の広狭の程度
　　イ　敷地内施設の状態
　　ウ　敷地の規模
　　エ　敷地に関する権利の態様

③　建物及びその敷地に係る要因

　　　ア　敷地内における建物及び附属施設の配置の状態

　　　イ　建物と敷地の規模の対応関係

　　　ウ　長期修繕計画の有無及びその良否並びに修繕積立金の額

　(2)　専有部分に係る個別的要因

　　①　階層及び位置

　　②　日照、眺望及び景観の良否

　　③　室内の仕上げ及び維持管理の状態

　　④　専有面積及び間取りの状態

　　⑤　隣接不動産等の利用の状態

　　⑥　エレベーター等の共用施設の利便性の状態

　　⑦　敷地に関する権利の態様及び持分

　　⑧　区分所有者の管理費等の滞納の有無

２．区分所有建物及びその敷地の鑑定評価

　(1)　専有部分が自用の場合

　　　区分所有建物及びその敷地で、専有部分を区分所有者が使用しているものについての鑑定評価額は、積算価格、比準価格及び収益価格を関連づけて決定するものとする。

　　　積算価格は、区分所有建物の対象となっている一棟の建物及びその敷地の積算価格を求め、当該積算価格に当該一棟の建物の各階層別及び同一階層内の位置別の効用比により求めた配分率を乗ずることにより求めるものとする。

　(2)　専有部分が賃貸されている場合

　　　区分所有建物及びその敷地で、専有部分が賃貸されているものについての鑑定評価額は、実際実質賃料（売主が既に受領した一時金のうち売買等に当たって買主に承継されない部分がある場合には、当該部分の運用益及び償却額を含まないものとする。）に基づく純収益等の現在価値の総和を求めることにより得た収益価格を標準とし、積算価格及び比準価格を比較考量して決定するものとする。

　　　この場合において、前記Ⅱ１．から７．までに掲げる事項を総合的に勘案するものとする。

第３節　建物

　建物は、その敷地と結合して有機的に効用を発揮するものであり、建物とその敷地とは密接に関連しており、両者は一体として鑑定評価の対象とされるのが通例であるが、鑑定

評価の依頼目的及び条件により、建物及びその敷地が一体として市場性を有する場合における建物のみの鑑定評価又は建物及びその敷地が一体として市場性を有しない場合における建物のみの鑑定評価がある。

Ⅰ　建物及びその敷地が一体として市場性を有する場合における建物のみの鑑定評価

　　この場合の建物の鑑定評価は、その敷地と一体化している状態を前提として、その全体の鑑定評価額の内訳として建物について部分鑑定評価を行うものである。

　　この場合における建物の鑑定評価額は、積算価格を標準とし、配分法に基づく比準価格及び建物残余法による収益価格を比較考量して決定するものとする。

　　ただし、複合不動産価格をもとに建物に帰属する額を配分して求めた価格を標準として決定することもできる。

Ⅱ　建物及びその敷地が一体として市場性を有しない場合における建物のみの鑑定評価

　　この場合の建物の鑑定評価は、一般に特殊価格を求める場合に該当するものであり、文化財の指定を受けた建造物、宗教建築物又は現況による管理を継続する公共公益施設の用に供されている不動産のうち建物について、その保存等に主眼をおいて行うものであるが、この場合における建物の鑑定評価額は、積算価格を標準として決定するものとする。

Ⅲ　借家権

　　借家権とは、借地借家法（廃止前の借家法を含む。）が適用される建物の賃借権をいう。

　　借家権の取引慣行がある場合における借家権の鑑定評価額は、当事者間の個別的事情を考慮して求めた比準価格を標準とし、自用の建物及びその敷地の価格から貸家及びその敷地の価格を控除し、所要の調整を行って得た価格を比較考量して決定するものとする。借家権割合が求められる場合は、借家権割合により求めた価格をも比較考量するものとする。この場合において、前記貸家及びその敷地の１．から６．までに掲げる事項を総合的に勘案するものとする。

　　さらに、借家権の価格といわれているものには、賃貸人から建物の明渡しの要求を受け、借家人が不随意の立退きに伴い事実上喪失することとなる経済的利益等、賃貸人との関係において個別的な形をとって具体に現れるものがある。この場合における借家権の鑑定評価額は、当該建物及びその敷地と同程度の代替建物等の賃借の際に必要とされる新規の実際支払賃料と現在の実際支払賃料との差額の一定期間に相当する額に賃料の前払的性格を有する一時金の額等を加えた額並びに自用の建物及びその敷地の価格から貸家及びその敷地の価格を控除し、所要の調整を行って得た価格を関連づけて決定するものとする。この場合において当事者間の個別的事情を考慮するものとするほか、前記

貸家及びその敷地の1．から6．までに掲げる事項を総合的に勘案するものとする。

第4節　特定価格を求める場合に適用する鑑定評価の手法

Ⅰ　各論第3章第1節に規定する証券化対象不動産に係る鑑定評価目的の下で、投資家に示すための投資採算価値を表す価格を求める場合

この場合は、基本的に収益還元法のうちDCF法により求めた試算価格を標準とし、直接還元法による検証を行って求めた収益価格に基づき、比準価格及び積算価格による検証を行い鑑定評価額を決定する。

Ⅱ　民事再生法に基づく鑑定評価目的の下で、早期売却を前提とした価格を求める場合

この場合は、通常の市場公開期間より短い期間で売却されるという前提で、原則として比準価格と収益価格を関連づけ、積算価格による検証を行って鑑定評価額を決定する。なお、比較可能な事例資料が少ない場合は、通常の方法で正常価格を求めた上で、早期売却に伴う減価を行って鑑定評価額を求めることもできる。

Ⅲ　会社更生法又は民事再生法に基づく鑑定評価目的の下で、事業の継続を前提とした価格を求める場合

この場合は、原則として事業経営に基づく純収益のうち不動産に帰属する純収益に基づく収益価格を標準とし、比準価格を比較考量の上、積算価格による検証を行って鑑定評価額を決定する。

第2章　賃料に関する鑑定評価

第1節　宅地

Ⅰ　新規賃料を求める場合

1．新規賃料の価格形成要因

新規賃料固有の価格形成要因の主なものは次のとおりである。

(1)　当該地域の賃貸借等の契約慣行

(2)　賃貸借等の種類・目的、一時金の授受の有無及びその内容並びに特約事項の有無及びその内容等の新規賃料を求める前提となる契約内容

2．宅地の正常賃料を求める場合

宅地の正常賃料を求める場合の鑑定評価に当たっては、賃貸借等の契約内容による使用方法に基づく宅地の経済価値に即応する適正な賃料を求めるものとする。

宅地の正常賃料の鑑定評価額は、積算賃料、比準賃料及び配分法に準ずる方法に基づく比準賃料を関連づけて決定するものとする。この場合において、純収益を適切に求めることができるときは収益賃料を比較考量して決定するものとする。また、建物及びその敷地に係る賃貸事業に基づく純収益を適切に求めることができるときには、賃貸事業分析法（建物及びその敷地に係る賃貸事業に基づく純収益をもとに土地に帰属する部分を査定して宅地の試算賃料を求める方法）で得た宅地の試算賃料も比較考量して決定するものとする。

3．宅地の限定賃料を求める場合

宅地の限定賃料の鑑定評価額は、隣接宅地の併合使用又は宅地の一部の分割使用をする当該宅地の限定価格を基礎価格として求めた積算賃料及び隣接宅地の併合使用又は宅地の一部の分割使用を前提とする賃貸借等の事例に基づく比準賃料を関連づけて決定するものとする。この場合においては、次に掲げる事項を総合的に勘案するものとする。

(1) 隣接宅地の権利の態様
(2) 当該事例に係る賃貸借等の契約の内容

Ⅱ 継続賃料を求める場合

1．継続賃料の価格形成要因

継続賃料固有の価格形成要因は、直近合意時点から価格時点までの期間における要因が中心となるが、主なものを例示すれば、次のとおりである。

(1) 近隣地域若しくは同一需給圏内の類似地域等における宅地の賃料又は同一需給圏内の代替競争不動産の賃料の推移及びその改定の程度
(2) 土地価格の推移
(3) 公租公課の推移
(4) 契約の内容及びそれに関する経緯
(5) 賃貸人等又は賃借人等の近隣地域の発展に対する寄与度

2．継続中の宅地の賃貸借等の契約に基づく実際支払賃料を改定する場合

継続中の宅地の賃貸借等の契約に基づく実際支払賃料を改定する場合の鑑定評価額は、差額配分法による賃料、利回り法による賃料、スライド法による賃料及び比準賃料を関連づけて決定するものとする。この場合においては、直近合意時点から価格時点までの期間を中心に、次に掲げる事項を総合的に勘案するものとする。

(1) 近隣地域若しくは同一需給圏内の類似地域等における宅地の賃料又は同一需給圏内の代替競争不動産の賃料、その改定の程度及びそれらの推移
(2) 土地価格の推移

(3)　賃料に占める純賃料の推移
　(4)　底地に対する利回りの推移
　(5)　公租公課の推移
　(6)　直近合意時点及び価格時点における新規賃料と現行賃料の乖離の程度
　(7)　契約の内容及びそれに関する経緯
　(8)　契約上の経過期間及び直近合意時点から価格時点までの経過期間
　(9)　賃料改定の経緯

　　なお、賃料の改定が契約期間の満了に伴う更新又は借地権の第三者への譲渡を契機とする場合において、更新料又は名義書替料が支払われるときは、これらの額を総合的に勘案して求めるものとする。

3．契約上の条件又は使用目的が変更されることに伴い賃料を改定する場合

　　契約上の条件又は使用目的が変更されることに伴い賃料を改定する場合の鑑定評価に当たっては、契約上の条件又は使用目的の変更に伴う宅地及び地上建物の経済価値の増分のうち適切な部分に即応する賃料を前記2．を想定した場合における賃料に加算して決定するものとする。

　　この場合においては、前記2．に掲げる事項のほか、特に次に掲げる事項を総合的に勘案するものとする。

　(1)　賃貸借等の態様
　(2)　契約上の条件又は使用目的の変更内容
　(3)　条件変更承諾料又は増改築承諾料が支払われるときはこれらの額

第2節　建物及びその敷地

Ⅰ　新規賃料を求める場合

1．新規賃料の価格形成要因

　　建物及びその敷地の新規賃料固有の価格形成要因は、宅地の新規賃料を求める場合の鑑定評価に準ずるものとする。

2．建物及びその敷地の正常賃料を求める場合

　　建物及びその敷地の正常賃料を求める場合の鑑定評価に当たっては、賃貸借の契約内容による使用方法に基づく建物及びその敷地の経済価値に即応する賃料を求めるものとする。

　　建物及びその敷地の正常賃料の鑑定評価額は、積算賃料及び比準賃料を関連づけて決定するものとする。この場合において、純収益を適切に求めることができるときは収益賃料を比較考量して決定するものとする。

なお、建物及びその敷地の一部を対象とする場合の正常賃料の鑑定評価額は、当該建物及びその敷地の全体と当該部分との関連について総合的に比較考量して求めるものとする。

Ⅱ 継続賃料を求める場合

建物及びその敷地の継続賃料を求める場合の鑑定評価は、宅地の継続賃料を求める場合の鑑定評価に準ずるものとする。この場合において、各論第2章第1節Ⅱ中「土地価格の推移」とあるのは「土地及び建物価格の推移」と、「底地に対する利回りの推移」とあるのは「建物及びその敷地に対する利回り」と、それぞれ読み替えるものとする。

第3章 証券化対象不動産の価格に関する鑑定評価

第1節 証券化対象不動産の鑑定評価の基本的姿勢

Ⅰ 証券化対象不動産の範囲

この章において「証券化対象不動産」とは、次のいずれかに該当する不動産取引の目的である不動産又は不動産取引の目的となる見込みのある不動産（信託受益権に係るものを含む。）をいう。

(1) 資産の流動化に関する法律に規定する資産の流動化並びに投資信託及び投資法人に関する法律に規定する投資信託に係る不動産取引並びに同法に規定する投資法人が行う不動産取引

(2) 不動産特定共同事業法に規定する不動産特定共同事業契約に係る不動産取引

(3) 金融商品取引法第2条第1項第5号、第9号（専ら不動産取引を行うことを目的として設置された株式会社（会社法の施行に伴う関係法律の整備等に関する法律第2条第1項の規定により株式会社として存続する有限会社を含む。）に係るものに限る。）、第14号及び第16号に規定する有価証券並びに同条第2項第1号、第3号及び第5号の規定により有価証券とみなされる権利の債務の履行等を主たる目的として収益又は利益を生ずる不動産取引

証券化対象不動産の鑑定評価は、この章の定めるところに従って行わなければならない。この場合において、鑑定評価報告書にその旨を記載しなければならない。

証券化対象不動産以外の不動産の鑑定評価を行う場合にあっても、投資用の賃貸大型不動産の鑑定評価を行う場合その他の投資家及び購入者等の保護の観点から必要と認められる場合には、この章の定めに準じて、鑑定評価を行うよう努めなければならない。

II 不動産鑑定士の責務
(1) 不動産鑑定士は、証券化対象不動産の鑑定評価の依頼者(以下単に「依頼者」という。)のみならず広範な投資家等に重大な影響を及ぼすことを考慮するとともに、不動産鑑定評価制度に対する社会的信頼性の確保等について重要な責任を有していることを認識し、証券化対象不動産の鑑定評価の手順について常に最大限の配慮を行いつつ、鑑定評価を行わなければならない。
(2) 不動産鑑定士は、証券化対象不動産の鑑定評価を行う場合にあっては、証券化対象不動産の証券化等が円滑に行なわれるよう配慮しつつ、鑑定評価に係る資料及び手順等を依頼者に説明し、理解を深め、かつ、協力を得るものとする。また、証券化対象不動産の鑑定評価書については、依頼者及び証券化対象不動産に係る利害関係者その他の者がその内容を容易に把握・比較することができるようにするため、鑑定評価報告書の記載方法等を工夫し、及び鑑定評価に活用した資料等を明示することができるようにするなど説明責任が十分に果たされるものとしなければならない。
(3) 証券化対象不動産の鑑定評価を複数の不動産鑑定士が共同して行う場合にあっては、それぞれの不動産鑑定士の役割を明確にした上で、常に鑑定評価業務全体の情報を共有するなど密接かつ十分な連携の下、すべての不動産鑑定士が一体となって鑑定評価の業務を遂行しなければならない。

第2節 証券化対象不動産について未竣工建物等鑑定評価を行う場合の要件

証券化対象不動産の未竣工建物等鑑定評価は、総論第5章第1節I2．なお書きに定める要件に加え、工事の中止、工期の延期又は工事内容の変更が発生した場合に生じる損害が、当該不動産に係る売買契約上の約定や各種保険等により回避される場合に限り行うことができる。

第3節 処理計画の策定

I 処理計画の策定に当たっての確認事項

処理計画の策定に当たっては、あらかじめ、依頼者に対し、証券化対象不動産の鑑定評価に関する次の事項を確認し、鑑定評価の作業の円滑かつ確実な実施を行うことができるよう適切かつ合理的な処理計画を策定するものとする。この場合において、確認された事項については、処理計画に反映するとともに、当該事項に変更があった場合にあっては、処理計画を変更するものとする。
(1) 鑑定評価の依頼目的及び依頼が必要となった背景

(2) 対象不動産が第1節Ⅰ(1)、(2)又は(3)のいずれに係るものであるかの別
(3) エンジニアリング・レポート（建築物、設備等及び環境に関する専門的知識を有する者が行った証券化対象不動産の状況に関する調査報告書をいう。以下同じ。）、DCF法等を適用するために必要となる資料その他の資料の主な項目及びその入手時期
(4) エンジニアリング・レポートを作成した者からの説明の有無
(5) 対象不動産の内覧の実施を含めた実地調査の範囲
(6) その他処理計画の策定のために必要な事項

Ⅱ　確認事項の記録

第3節Ⅰ(1)から(6)までの事項の確認を行った場合には、それぞれ次の事項に関する記録を作成し、及び鑑定評価報告書の附属資料として添付しなければならない。
(1) 確認を行った年月日
(2) 確認を行った不動産鑑定士の氏名
(3) 確認の相手方の氏名及び職業
(4) 確認の内容及び当該内容の処理計画への反映状況
(5) 確認の内容の変更により鑑定評価の作業、内容等の変更をする場合にあっては、その内容

Ⅲ　鑑定評価の依頼目的及び依頼者の証券化関係者との関係

証券化対象不動産については、関係者が多岐にわたり利害関係が複雑であることも多く、証券化対象不動産の鑑定評価の依頼目的及び依頼が必要となった背景等並びに依頼者と証券化対象不動産との利害関係に関する次の事項を鑑定評価報告書に記載しなければならない。
(1) 依頼者が証券化対象不動産の証券化に係る利害関係者（オリジネーター、アレンジャー、アセットマネジャー、レンダー、エクイティ投資家又は特別目的会社・投資法人・ファンド等をいい、以下「証券化関係者」という。）のいずれであるかの別
(2) 依頼者と証券化関係者との資本関係又は取引関係の有無及びこれらの関係を有する場合にあっては、その内容
(3) その他依頼者と証券化関係者との特別な利害関係を有する場合にあっては、その内容

第4節　証券化対象不動産の個別的要因の調査等

Ⅰ　対象不動産の個別的要因の調査等

証券化対象不動産の個別的要因の調査等に当たっては、証券化対象不動産の物的・法的確認を確実かつ詳細に行うため、依頼された証券化対象不動産の鑑定評価のための実地調査について、依頼者（依頼者が指定した者を含む。）の立会いの下、対象不動産の内覧の実施を含めた実地調査を行うとともに、対象不動産の管理者からの聴聞等により権利関係、公法上の規制、アスベスト等の有害物質、耐震性及び増改築等の履歴等に関し鑑定評価に必要な事項を確認しなければならない。

Ⅱ　実地調査

　不動産鑑定士は、実地調査に関し、次の事項を鑑定評価報告書に記載しなければならない。

(1)　実地調査を行った年月日
(2)　実地調査を行った不動産鑑定士の氏名
(3)　立会人及び対象不動産の管理者の氏名及び職業
(4)　実地調査を行った範囲（内覧の有無を含む。）及び実地調査により確認した内容
(5)　実地調査の一部を実施することができなかった場合にあっては、その理由

Ⅲ　エンジニアリング・レポートの取扱いと不動産鑑定士が行う調査

(1)　証券化対象不動産の鑑定評価に当たっては、不動産鑑定士は、依頼者に対し当該鑑定評価に際し必要なエンジニアリング・レポートの提出を求め、その内容を分析・判断した上で、鑑定評価に活用しなければならない。ただし、エンジニアリング・レポートの提出がない場合又はその記載された内容が鑑定評価に活用する資料として不十分であると認められる場合には、エンジニアリング・レポートに代わるものとして不動産鑑定士が調査を行うなど鑑定評価を適切に行うため対応するものとし、対応した内容及びそれが適切であると判断した理由について、鑑定評価報告書に記載しなければならない。

(2)　エンジニアリング・レポートの提出がない場合又はその記載されている内容が不十分である場合として想定される場合を例示すれば、既に鑑定評価が行われたことがある証券化対象不動産の再評価をする場合、証券化対象不動産が更地である場合（建物を取り壊す予定である場合を含む。）等がある。

(3)　エンジニアリング・レポートの内容を鑑定評価に活用するか否かの検討に当たっては、その判断及び根拠について、鑑定評価報告書に記載しなければならない。この場合においては、少なくとも次の表の項目ごとに、それぞれ同表に掲げる内容を鑑定評価報告書に記載しなければならない。この場合における鑑定評価報告書の様式の例は、別表1のとおりとする。なお、(1)ただし書きの場合においても、同様とする。

項　目	内　容
エンジニアリング・レポートの基本的属性	・エンジニアリング・レポートの作成者の名称等 ・エンジニアリング・レポートの調査が行われた日及び作成された日
エンジニアリング・レポートの入手経緯、対応方針等	・入手先（氏名及び職業等） ・入手した日 ・エンジニアリング・レポートの作成者からの説明の有無等 ・入手したエンジニアリング・レポートについて鑑定評価を行う上での対応方針等
鑑定評価に必要となる専門性の高い個別的要因に関する調査	次に掲げる専門性の高い個別的要因に関する調査について、エンジニアリング・レポートを活用するか又は不動産鑑定士の調査を実施（不動産鑑定士が他の専門家へ調査を依頼する場合を含む。）するかの別 ・公法上及び私法上の規制、制約等（法令遵守状況調査を含む。） ・修繕計画 ・再調達価格 ・有害な物質（アスベスト等）に係る建物環境 ・土壌汚染 ・地震リスク ・耐震性 ・地下埋設物
鑑定評価に必要となる専門性の高い個別的要因に関する調査についての不動産鑑定士の判断	専門性の高い個別的要因に関する調査に関する対応について、エンジニアリング・レポートの記載内容を活用した場合、不動産鑑定士の調査で対応した場合等の内容、根拠等

(4) エンジニアリング・レポートについては、不動産証券化市場の環境の変化に対応してその内容の改善・充実が図られていくことにかんがみ、エンジニアリング・レポートを作成する者との密接な連携を図りつつ、常に自らのエンジニアリング・レポートに関する知識・理解を深めるための研鑽に努めなければならない。

第5節　DCF法の適用等

証券化対象不動産の鑑定評価における収益価格を求めるに当たっては、DCF法を適用しなければならない。この場合において、併せて直接還元法を適用することにより検証を

行うことが適切である。

I　DCF法の適用過程等の明確化

(1)　DCF法の適用に当たっては、DCF法による収益価格を求める際に活用する資料を次に定める区分に応じて、その妥当性や判断の根拠等を鑑定評価報告書に記載しなければならない。

①依頼者から入手した対象不動産に係る収益又は費用の額その他の資料をそのまま活用する場合

②依頼者から入手した対象不動産に係る収益又は費用の額その他の資料に修正等を加える場合

③自らが入手した対象不動産に係る収益又は費用の額その他の資料を活用する場合

(2)　DCF法による収益価格を求める場合に当たっては、最終還元利回り、割引率、収益及び費用の将来予測等査定した個々の項目等に関する説明に加え、それらを採用して収益価格を求める過程及びその理由について、経済事情の変動の可能性、具体的に検証した事例及び論理的な整合性等を明確にしつつ、鑑定評価報告書に記載しなければならない。また、複数の不動産鑑定士が共同して複数の証券化対象不動産の鑑定評価を行う場合にあっては、DCF法の適用において活用する最終還元利回り、割引率、収益及び費用の将来予測等について対象不動産相互間の論理的な整合性を図らなければならない。

(3)　鑑定評価報告書には、DCF法で査定した収益価格（直接還元法による検証を含む。）と原価法及び取引事例比較法等で求めた試算価格との関連について明確にしつつ、鑑定評価額を決定した理由について記載しなければならない。

(4)　DCF法の適用については、今後、さらなる精緻化に向けて自己研鑽に努めることにより、説明責任の向上を図る必要がある。

II　DCF法の収益費用項目の統一等

(1)　DCF法の適用により収益価格を求めるに当たっては、証券化対象不動産に係る収益又は費用の額につき、連続する複数の期間ごとに、次の表の項目（以下「収益費用項目」という。）に区分して鑑定評価報告書に記載しなければならない（収益費用項目ごとに、記載した数値の積算内訳等を付記するものとする）。この場合において、同表の項目の欄に掲げる項目の定義は、それぞれ同表の定義の欄に掲げる定義のとおりとする。

項目		定義
運営収益	貸室賃料収入	対象不動産の全部又は貸室部分について賃貸又は運営委託をすることにより経常的に得られる収入（満室想定）
	共益費収入	対象不動産の維持管理・運営において経常的に要する費用（電気・水道・ガス・地域冷暖房熱源等に要する費用を含む）のうち、共用部分に係るものとして賃借人との契約により徴収する収入（満室想定）
	水道光熱費収入	対象不動産の運営において電気・水道・ガス・地域冷暖房熱源等に要する費用のうち、貸室部分に係るものとして賃借人との契約により徴収する収入（満室想定）
	駐車場収入	対象不動産に附属する駐車場をテナント等に賃貸することによって得られる収入及び駐車場を時間貸しすることによって得られる収入
	その他収入	その他看板、アンテナ、自動販売機等の施設設置料、礼金・更新料等の返還を要しない一時金等の収入
	空室等損失	各収入について空室や入替期間等の発生予測に基づく減少分
	貸倒れ損失	各収入について貸倒れの発生予測に基づく減少分
運営費用	維持管理費	建物・設備管理、保安警備、清掃等対象不動産の維持・管理のために経常的に要する費用
	水道光熱費	対象不動産の運営において電気・水道・ガス・地域冷暖房熱源等に要する費用
	修繕費	対象不動産に係る建物、設備等の修理、改良等のために支出した金額のうち当該建物、設備等の通常の維持管理のため、又は一部がき損した建物、設備等につきその原状を回復するために経常的に要する費用
	プロパティマネジメントフィー	対象不動産の管理業務に係る経費
	テナント募集費用等	新規テナントの募集に際して行われる仲介業務や広告宣伝等に要する費用及びテナントの賃貸借契約の更新や再契約業務に要する費用等
	公租公課	固定資産税（土地・建物・償却資産）、都市計画税（土地・建物）
	損害保険料	対象不動産及び附属設備に係る火災保険、対象不動産の欠陥や管理上の事故による第三者等の損害を担保する賠償責任保険等の料金
	その他費用	その他支払地代、道路占用使用料等の費用
運営純収益		運営収益から運営費用を控除して得た額
一時金の運用益		預り金的性格を有する保証金等の運用益
資本的支出		対象不動産に係る建物、設備等の修理、改良等のために支出した金額のうち当該建物、設備等の価値を高め、又はその耐久性を増すこととなると認められる部分に対応する支出
純収益		運営純収益に一時金の運用益を加算し資本的支出を控除した額

(2) DCF法の適用により収益価格を求めるに当たっては、収益費用項目及びその定義について依頼者に提示・説明した上で必要な資料を入手するとともに、収益費用項目ごとに定められた定義に該当していることを確認しなければならない。

(3)　DCF法を適用する際の鑑定評価報告書の様式の例は、別表2のとおりとする。証券化対象不動産の用途、類型等に応じて、実務面での適合を工夫する場合は、同表2に必要な修正を加えるものとする。

　　附　　則（平成14年7月3日全部改正）
この不動産鑑定評価基準は、平成15年1月1日から施行する。

　　附　　則（平成19年4月2日一部改正）
1．この基準は、平成19年7月1日から施行する。

2．不動産鑑定士補は、改正後の基準の適用については、不動産鑑定士とみなす。

3．国土交通省は、毎年一回程度、この通知による改正後の不動産鑑定評価基準に基づく実務の状況について検討を加え必要があると認めるときには、その結果に基づいてこの基準の改訂など所要の措置を講ずるものとする。

　　附　　則（平成21年8月28日一部改正）
この改正は、平成22年1月1日から施行し、改正後の不動産鑑定評価基準は、同日以後に契約を締結する鑑定評価から適用する。

　　附　　則（平成26年5月1日一部改正）
この改正は、平成26年11月1日から施行し、改正後の不動産鑑定評価基準は、同日以後に契約を締結する鑑定評価から適用する。

資料編

別表1

不動産鑑定士		所属	

エンジニアリング・レポートの基本的属性・入手経緯			
エンジニアリング・レポートの基本的属性・入手経緯		作成者	依頼者
	A		
	B		
	C		
	D		

提出されたエンジニアリング・レポートについて、鑑定評価を行う上での対応方針、不動産鑑定士の調査の必要性・内容等	

調査内容及び作成者 (※作成者欄には上記A、B、C又はDを記載)	作成者からの説明	項目	エンジニアリング・レポートの活用又は不動産鑑定士の調査
1 建物状況調査		立地概要調査	
		建物概要調査	
		設備概要調査	
		構造概要調査	
		公法上及び私法上の規制、制約等(法令遵守状況調査を含む。)	
		更新・改修履歴とその計画の調査	
		緊急修繕更新費	
		短期修繕更新費	
		長期修繕更新費	
		再調達価格	
2 建物環境調査		アスベスト(フェーズⅠ)	
		PCB	
		その他の項目	
3 土壌汚染リスク評価		土壌調査(フェーズⅠ)	
4 地震リスク評価		簡易分析	
		詳細分析	

地下埋設物			
建物環境調査		アスベスト(フェーズⅡ)	
土壌汚染リスク評価		土壌調査(フェーズⅡ)	
		環境アセスメント等	
耐震性調査		建築士等による耐震診断	

(注)「フェーズⅠ」とは現地調査・資料収集分析・ヒアリングによる有害又は汚染物質の可能性の調査、「フェーズⅡ」とは試料採取と化

不動産鑑定評価基準・各論

		物件名称		物件所在地	
年月日	作成年月日	入手先		入手年月日	

鑑定評価において活用した事項とその根拠

又は汚染物質の有無の確認を行う調査。「簡易分析」とは統計的な手法による分析、「詳細分析」とは解析的な手法による分析。

資料編

別表2

対象不動産の表示

土地	所在及び地番	地目	地積		
建物	所在	家屋番号	構造	用途	床面積

			1	2	・	・	・	・	・	・
(a)	運営収益	貸室賃料収入								
(b)		共益費収入								
(c)		(共益費込み貸室賃料収入) [(a)+(b)]								
(d)		水道光熱費収入								
(e)		駐車場収入								
(f)		その他収入 (　　　)								
①		(c)+(d)+(e)+(f)								
		(c)(d) 空室等損失								
		(e)(f) 空室等損失								
(g)		空室等損失合計								
(h)		貸倒損失								
②	運営収益 [①-(g)-(h)]									
(i)	運営費用	維持管理費								
(j)		水道光熱費								
(k)		修繕費								
(l)		プロパティマネジメントフィー								
(m)		テナント募集費用等								
(n)		公租公課　土地								
		建物								
		償却資産								
(o)		損害保険料								
(p)		その他費用								
③		運営費用 [(i)+(j)+(k)+(l)+(m)+(n)+(o)+(p)]								
④	運営純収益 [②-③]									
(q)		一時金の運用益								
(r)		資本的支出								
⑤	純収益 [④+(q)-(r)]									
		(参考)								
		OER (運営費用/運営収益)								
		預かり一時金 (敷金・保証金等) 残高								
		複利現価率								
(s)		現在価値								
(t)		(s) 欄合計								

収益価格 ((t)+(x)) ※	

- (u) 売却価格 ((n+1)年度の⑤÷(Z))
- (v) 売却費用
- (w) 復帰価格 (u)−(v)
- (x) 復帰価格現在価値
- (y) 割引率
- (Z) 最終還元利回り

不動産鑑定評価基準・各論

	保有期間満了時点翌年 (n+1)	査定根拠		
		査定方法		補足
n		依頼者から入手した資料又はその他の資料を採用する場合、修正を加える場合、自らが入手した資料を採用する場合の別及びその根拠	変動予測	

	査定根拠	補足
%		
%		

(別添2)

不動産鑑定評価基準運用上の留意事項

平成14年7月3日全部改正
平成19年4月2日一部改正
平成21年8月28日一部改正
平成22年3月31日一部改正
平成26年5月1日一部改正

国土交通省

目　次

- Ⅰ 「総論第2章　不動産の種別及び類型」について ………………………594
- Ⅱ 「総論第3章　不動産の価格を形成する要因」について …………………595
  - 1．土地に関する個別的要因について ………………………………………595
  - 2．建物に関する個別的要因について ………………………………………596
  - 3．建物及びその敷地に関する個別的要因について ………………………597
- Ⅲ 「総論第5章　鑑定評価の基本的事項」について …………………………597
  - 1．対象不動産の確定について ………………………………………………597
  - 2．価格時点の確定について …………………………………………………599
  - 3．鑑定評価によって求める価格の確定について …………………………600
- Ⅳ 「総論第6章　地域分析及び個別分析」について …………………………601
  - 1．地域分析の適用について …………………………………………………601
  - 2．個別分析の適用について …………………………………………………604
- Ⅴ 「総論第7章　鑑定評価の方式」について …………………………………604
  - 1．価格を求める鑑定評価の手法について …………………………………604
  - 2．賃料を求める鑑定評価の手法について …………………………………617
- Ⅵ 「総論第8章　鑑定評価の手順」について …………………………………618
  - 1．依頼者、提出先等及び利害関係等の確認について ……………………618
  - 2．処理計画の策定について …………………………………………………619
  - 3．対象不動産の確認について ………………………………………………620
  - 4．資料の検討及び価格形成要因の分析について …………………………620
  - 5．鑑定評価の手法の適用について …………………………………………621
- Ⅶ 「総論第9章　鑑定評価報告書」について …………………………………621
  - 1．依頼者、提出先等及び利害関係等の確認について ……………………621
  - 2．対象不動産の確認について ………………………………………………621
  - 3．鑑定評価の手法の適用について …………………………………………621
- Ⅷ 「各論第1章　価格に関する鑑定評価」について …………………………621
  - 1．宅地について ………………………………………………………………621
  - 2．建物及びその敷地について ………………………………………………625
  - 3．建物について ………………………………………………………………626
- Ⅸ 「各論第2章　賃料に関する鑑定評価」について …………………………626
  - 1．宅地について ………………………………………………………………626
  - 2．建物及びその敷地について ………………………………………………626

X 「各論第3章　証券化対象不動産の価格に関する鑑定評価」について……………626
　1．証券化対象不動産の鑑定評価の基本的姿勢について………………………………626
　2．処理計画の策定について…………………………………………………………627
　3．証券化対象不動産の個別的要因の調査について……………………………………627
　4．DCF法の適用等について…………………………………………………………628
附　則………………………………………………………………………………………629

資料編

不動産鑑定評価基準総論（以下「総論」という。）及び同基準各論（以下「各論」という。）運用上の留意事項は以下のとおり。

I 「総論第2章　不動産の種別及び類型」について

不動産の種別の分類は、不動産の鑑定評価における地域分析、個別分析、鑑定評価の手法の適用等の各手順を通じて重要な事項となっており、これらを的確に分類、整理することは鑑定評価の精密さを一段と高めることとなるものである。鑑定評価において代表的な宅地地域である住宅地域及び商業地域について、さらに細分化すると次のような分類が考えられる。

(1) 住宅地域
  ① 敷地が広く、街区及び画地が整然とし、植生と眺望、景観等が優れ、建築の施工の質の高い建物が連たんし、良好な近隣環境を形成する等居住環境の極めて良好な地域であり、従来から名声の高い住宅地域
  ② 敷地の規模及び建築の施工の質が標準的な住宅を中心として形成される居住環境の良好な住宅地域
  ③ 比較的狭小な戸建住宅及び共同住宅が密集する住宅地域又は住宅を主として店舗、事務所、小工場等が混在する住宅地域
  ④ 都市の通勤圏の内外にかかわらず、在来の農家住宅等を主とする集落地域及び市街地的形態を形成するに至らない住宅地域

(2) 商業地域
  ① 高度商業地域
    高度商業地域は、例えば、大都市（東京23区、政令指定都市等）の都心又は副都心にあって、広域的商圏を有し、比較的大規模な中高層の店舗、事務所等が高密度に集積している地域であり、高度商業地域の性格に応じて、さらに、次のような細分類が考えられる。
    ア　一般高度商業地域
      主として繁華性、収益性等が極めて高い店舗が高度に集積している地域
    イ　業務高度商業地域
      主として行政機関、企業、金融機関等の事務所が高度に集積している地域
    ウ　複合高度商業地域
      店舗と事務所が複合して高度に集積している地域
  ② 準高度商業地域
    高度商業地域に次ぐ商業地域であって、広域的な商圏を有し、店舗、事務所等が連たんし、商業地としての集積の程度が高い地域
  ③ 普通商業地域

高度商業地域、準高度商業地域、近隣商業地域及び郊外路線商業地域以外の商業地域であって、都市の中心商業地域及びこれに準ずる商業地域で、店舗、事務所等が連たんし、多様な用途に供されている地域
④　近隣商業地域
主として近隣の居住者に対する日用品等の販売を行う店舗等が連たんしている地域
⑤　郊外路線商業地域
都市の郊外の幹線道路（国道、都道府県道等）沿いにおいて、店舗、営業所等が連たんしている地域

Ⅱ　「総論第3章　不動産の価格を形成する要因」について

総論第3章で例示された土地、建物並びに建物及びその敷地に係る個別的要因に関しては、特に次のような観点に留意すべきである。

1．土地に関する個別的要因について
（1）埋蔵文化財の有無及びその状態について
文化財保護法で規定された埋蔵文化財については、同法に基づく発掘調査、現状を変更することとなるような行為の停止又は禁止、設計変更に伴う費用負担、土地利用上の制約等により、価格形成に重大な影響を与える場合がある。
埋蔵文化財の有無及びその状態に関しては、対象不動産の状況と文化財保護法に基づく手続きに応じて次に掲げる事項に特に留意する必要がある。
①　対象不動産が文化財保護法に規定する周知の埋蔵文化財包蔵地に含まれるか否か。
②　埋蔵文化財の記録作成のための発掘調査、試掘調査等の措置が指示されているか否か。
③　埋蔵文化財が現に存することが既に判明しているか否か（過去に発掘調査等が行われている場合にはその履歴及び措置の状況）。
④　重要な遺跡が発見され、保護のための調査が行われる場合には、土木工事等の停止又は禁止の期間、設計変更の要否等。
（2）土壌汚染の有無及びその状態について
土壌汚染が存する場合には、当該汚染の除去、当該汚染の拡散の防止その他の措置（以下「汚染の除去等の措置」という。）に要する費用の発生や土地利用上の制約により、価格形成に重大な影響を与えることがある。
土壌汚染対策法に規定する土壌の特定有害物質による汚染に関して、同法に基づく手続に応じて次に掲げる事項に特に留意する必要がある。
①　対象不動産が、土壌汚染対策法に規定する有害物質使用特定施設に係る工場若しくは事業場の敷地又はこれらの敷地であった履歴を有する土地を含むか否か。

なお、これらの土地に該当しないものであっても、土壌汚染対策法に規定する土壌の特定有害物質による汚染が存する可能性があることに留意する必要がある。
② 対象不動産について、土壌汚染対策法の規定による土壌汚染状況調査を行う義務が発生している土地を含むか否か。
③ 対象不動産について、土壌汚染対策法の規定による要措置区域の指定若しくは形質変更時要届出区域の指定がなされている土地を含むか否か（要措置区域の指定がなされている土地を含む場合にあっては、講ずべき汚染の除去等の措置の内容を含む。）、又は過去においてこれらの指定若しくは土壌汚染対策法の一部を改正する法律（平成21年法律第23号）による改正前の土壌汚染対策法の規定による指定区域の指定の解除がなされた履歴がある土地を含むか否か。

2．建物に関する個別的要因について
(1) 建物の各用途に共通する個別的要因
　① 設計、設備等の機能性
　　各階の床面積、天井高、床荷重、情報通信対応設備の状況、空調設備の状況、エレベーターの状況、電気容量、自家発電設備・警備用機器の有無、省エネルギー対策の状況、建物利用における汎用性等に特に留意する必要がある。
　② 建物の性能
　　建物の耐震性については、建築基準法に基づく耐震基準との関係及び建築物の耐震改修の促進に関する法律に基づく耐震診断の結果について特に留意する必要がある。
　③ 維持管理の状態
　　屋根、外壁、床、内装、電気設備、給排水設備、衛生設備、防災設備等に関する破損・老朽化等の状況及び保全の状態について特に留意する必要がある。
　④ 有害な物質の使用の有無及びその状態
　　建設資材としてのアスベストの使用の有無及び飛散防止等の措置の実施状況並びにポリ塩化ビフェニル（PCB）の使用状況及び保管状況に特に留意する必要がある。
　⑤ 公法上及び私法上の規制、制約等
　　増改築等、用途変更等が行われている場合には、法令の遵守の状況に特に留意する必要がある。
(2) 建物の用途毎に特に留意すべき個別的要因
　建物の用途毎に特に留意すべき個別的要因を例示すれば、次のとおりである。
　① 住宅
　　屋根、外壁、基礎、床、内装、間取り、台所・浴室・便所等の給排水設備・衛生設備の状況等に留意する必要がある。また、区分所有建物の場合は、このほか各論第1章第2節Ⅳ．1．及び本留意事項Ⅷ2．(2)に掲げる事項についても留意する必要があ

る。
　　また、住宅の品質確保の促進等に関する法律に基づく日本住宅性能表示基準による性能表示、長期優良住宅の普及の促進に関する法律に基づき認定を受けた長期優良住宅建築等計画等にも留意する必要がある。
② 事務所ビル
　　基準階床面積、天井高、床荷重、情報通信対応設備・空調設備・電気設備等の状況及び共用施設の状態等に留意する必要がある。特に、大規模な高層事務所ビルの場合は、エレベーターの台数・配置、建物内に店舗等の区画が存する場合における面積・配置等にも留意する必要がある。
③ 商業施設
　　各階の床面積、天井高等に留意する必要がある。特に、多数のテナントが入居するショッピングセンター等の大規模な商業施設については、多数の顧客等が利用することを前提とした集客施設としての安全性を確保しつつ収益性の向上を図ることが重要であるとの観点から、売場面積、客動線、商品の搬入動線、防災設備の状況、バリアフリー化の状況、施設立地・規模等に関する法令等に留意する必要がある。
④ 物流施設
　　階数、各階の床面積、天井高、柱間隔、床荷重、空調設備、エレベーター等に留意する必要がある。特に、大規模で機能性が高い物流施設の場合は、保管機能のほか、梱包、仕分け、流通加工、配送等の機能を担うことから、これらの機能に応じた設備や、各階への乗入を可能とする自走式車路の有無等に留意する必要がある。

3．建物及びその敷地に関する個別的要因について
（1）修繕計画及び管理計画の良否並びにその実施の状態
　　大規模修繕に係る修繕計画の有無及び修繕履歴の内容、管理規則の有無、管理委託先、管理サービスの内容等に特に留意する必要がある。
（2）賃借人の状況及び賃貸借契約の内容
　　賃料の滞納の有無及びその他契約内容の履行状況、賃借人の属性（業種、企業規模等）、総賃貸可能床面積に占める主たる賃借人の賃貸面積の割合及び賃貸借契約の形態等に特に留意する必要がある。

Ⅲ 「総論第5章　鑑定評価の基本的事項」について

1．対象不動産の確定について
（1）鑑定評価の条件設定の意義
　　鑑定評価に際しては、現実の用途及び権利の態様並びに地域要因及び個別的要因を所与として不動産の価格を求めることのみでは多様な不動産取引の実態に即応することが

できず、社会的な需要に応ずることができない場合があるので、条件設定の必要性が生じてくる。

　条件の設定は、依頼目的に応じて対象不動産の内容を確定し（対象確定条件）、設定する地域要因若しくは個別的要因についての想定上の条件を明確にし、又は不動産鑑定士の通常の調査では事実の確認が困難な特定の価格形成要因について調査の範囲を明確にするもの（調査範囲等条件）である。したがって、条件設定は、鑑定評価の妥当する範囲及び鑑定評価を行った不動産鑑定士の責任の範囲を示すという意義を持つものである。

(2)　鑑定評価の条件設定の手順

　鑑定評価の条件は、依頼内容に応じて設定するもので、不動産鑑定士は不動産鑑定業者の受付という行為を通じてこれを間接的に確認することとなる。しかし、同一不動産であっても設定された条件の如何によっては鑑定評価額に差異が生ずるものであるから、不動産鑑定士は直接、依頼内容の確認を行うべきである。

① 　対象確定条件について

　ア　未竣工建物等鑑定評価は、価格時点において、当該建物等の工事が完了し、その使用収益が可能な状態であることを前提として鑑定評価を行うものであることに留意する。

　イ　「鑑定評価書の利用者」とは、依頼者及び提出先等（総論第8章第2節で規定されるものをいう。）のほか、法令等に基づく不動産鑑定士による鑑定評価を踏まえ販売される金融商品の購入者等をいう。

　ウ　対象確定条件を設定する場合において、鑑定評価書の利用者の利益を害するおそれがある場合とは、鑑定評価の対象とする不動産の現実の利用状況と異なる対象確定条件を設定した場合に、現実の利用状況との相違が対象不動産の価格に与える影響の程度等について、鑑定評価書の利用者が自ら判断することが困難であると判断される場合をいう。

② 　地域要因又は個別的要因についての想定上の条件の設定について

　ア　想定上の条件を設定する場合において、鑑定評価書の利用者の利益を害するおそれがある場合とは、地域要因又は個別的要因についての想定上の条件を設定した価格形成要因が対象不動産の価格に与える影響の程度等について、鑑定評価書の利用者が自ら判断をすることが困難であると判断される場合をいう。

　イ　実現性とは、設定された想定上の条件を実現するための行為を行う者の事業遂行能力等を勘案した上で当該条件が実現する確実性が認められることをいう。なお、地域要因についての想定上の条件を設定する場合には、その実現に係る権能を持つ公的機関の担当部局から当該条件が実現する確実性について直接確認すべきことに留意すべきである。

ウ　合法性とは、公法上及び私法上の諸規制に反しないことをいう。
③　調査範囲等条件の設定について
　ア　不動産鑑定士の通常の調査の範囲では、対象不動産の価格への影響の程度を判断するための事実の確認が困難な特定の価格形成要因を例示すれば、次のとおりである。
　　(ｱ)　土壌汚染の有無及びその状態
　　(ｲ)　建物に関する有害な物質の使用の有無及びその状態
　　(ｳ)　埋蔵文化財及び地下埋設物の有無並びにその状態
　　(ｴ)　隣接不動産との境界が不分明な部分が存する場合における対象不動産の範囲
　イ　特定の価格形成要因について調査範囲等条件を設定しても鑑定評価書の利用者の利益を害するおそれがないと判断される場合を例示すれば、次のとおりである。
　　(ｱ)　依頼者等による当該価格形成要因に係る調査、査定又は考慮した結果に基づき、鑑定評価書の利用者が不動産の価格形成に係る影響の判断を自ら行う場合
　　(ｲ)　不動産の売買契約等において、当該価格形成要因に係る契約当事者間での取扱いが約定される場合
　　(ｳ)　担保権者が当該価格形成要因が存する場合における取扱いについての指針を有し、その判断に資するための調査が実施される場合
　　(ｴ)　当該価格形成要因が存する場合における損失等が保険等で担保される場合
　　(ｵ)　財務諸表の作成のための鑑定評価において、当該価格形成要因が存する場合における引当金が計上される場合、財務諸表に当該要因の存否や財務会計上の取扱いに係る注記がなされる場合その他財務会計上、当該価格形成要因に係る影響の程度について別途考慮される場合
　ウ　調査範囲等条件を設定する価格形成要因については、当該価格形成要因の取扱いを明確にする必要がある。

２．価格時点の確定について

(1)　継続賃料の価格時点について

　　借地借家法第11条第１項又は第32条第１項に基づき賃料の増減が請求される場合における価格時点は、賃料増減請求に係る賃料改定の基準日となることに留意する必要がある。

(2)　過去時点の鑑定評価について

　　過去時点の鑑定評価は、対象不動産の確認等が可能であり、かつ、鑑定評価に必要な要因資料及び事例資料の収集が可能な場合に限り行うことができる。また、時の経過により対象不動産及びその近隣地域等が価格時点から鑑定評価を行う時点までの間に変化している場合もあるので、このような事情変更のある場合の価格時点における対象不動

産の確認等については、価格時点に近い時点の確認資料等をできる限り収集し、それを基礎に判断すべきである。
(3) 将来時点の鑑定評価について

将来時点の鑑定評価は、対象不動産の確定、価格形成要因の把握、分析及び最有効使用の判定についてすべて想定し、又は予測することとなり、また、収集する資料についても鑑定評価を行う時点までのものに限られ、不確実にならざるを得ないので、原則として、このような鑑定評価は行うべきではない。ただし、特に必要がある場合において、鑑定評価上妥当性を欠くことがないと認められるときは将来の価格時点を設定することができるものとする。

3．鑑定評価によって求める価格の確定について
(1) 正常価格について

現実の社会経済情勢の下で合理的と考えられる条件について
① 買主が通常の資金調達能力を有していることについて

通常の資金調達能力とは、買主が対象不動産の取得に当たって、市場における標準的な借入条件（借入比率、金利、借入期間等）の下での借り入れと自己資金とによって資金調達を行うことができる能力をいう。
② 対象不動産が相当の期間市場に公開されていることについて

相当の期間とは、対象不動産の取得に際し必要となる情報が公開され、需要者層に十分浸透するまでの期間をいう。なお、相当の期間とは、価格時点における不動産市場の需給動向、対象不動産の種類、性格等によって異なることに留意すべきである。

また、公開されていることとは、価格時点において既に市場で公開されていた状況を想定することをいう（価格時点以降売買成立時まで公開されることではないことに留意すべきである。）。
(2) 特定価格について
① 法令等について

法令等とは、法律、政令、内閣府令、省令、その他国の行政機関の規則、告示、訓令、通達等のほか、最高裁判所規則、条例、地方公共団体の規則、不動産鑑定士等の団体が定める指針（不動産の鑑定評価に関する法律第48条の規定により国土交通大臣に届出をした社団又は財団が定める指針であって国土交通省との協議を経て当該団体において合意形成がなされたものをいう。以下同じ。）、企業会計の基準、監査基準をいう。
② 特定価格を求める場合の例について

特定価格を求める場合の例として掲げられているものについて、それぞれの場合ごとに特定価格を求める理由は次のとおりである。

ア 各論第3章第1節に規定する証券化対象不動産に係る鑑定評価目的の下で、投資家に示すための投資採算価値を表す価格を求める場合

この場合は、投資法人、投資信託又は特定目的会社等（以下「投資法人等」という。）の投資対象となる資産（以下「投資対象資産」という。）としての不動産の取得時又は保有期間中の価格として投資家に開示することを目的に、投資家保護の観点から対象不動産の収益力を適切に反映する収益価格に基づいた投資採算価値を求める必要がある。

投資対象資産としての不動産の取得時又は保有期間中の価格を求める鑑定評価については、上記鑑定評価目的の下で、資産流動化計画等により投資家に開示される対象不動産の運用方法を所与とするが、その運用方法による使用が対象不動産の最有効使用と異なることとなる場合には特定価格として求めなければならない。なお、投資法人等が投資対象資産を譲渡するときに依頼される鑑定評価で求める価格は正常価格として求めることに留意する必要がある。

イ 民事再生法に基づく鑑定評価目的の下で、早期売却を前提とした価格を求める場合

この場合は、民事再生法に基づく鑑定評価目的の下で、財産を処分するものとしての価格を求めるものであり、対象不動産の種類、性格、所在地域の実情に応じ、早期の処分可能性を考慮した適正な処分価格として求める必要がある。

鑑定評価に際しては、通常の市場公開期間より短い期間で売却されることを前提とするものであるため、早期売却による減価が生じないと判断される特段の事情がない限り特定価格として求めなければならない。

ウ 会社更生法又は民事再生法に基づく鑑定評価目的の下で、事業の継続を前提とした価格を求める場合

この場合は、会社更生法又は民事再生法に基づく鑑定評価目的の下で、現状の事業が継続されるものとして当該事業の拘束下にあることを前提とする価格を求めるものである。

鑑定評価に際しては、上記鑑定評価目的の下で、対象不動産の利用現況を所与とすることにより、前提とする使用が対象不動産の最有効使用と異なることとなる場合には特定価格として求めなければならない。

Ⅳ 「総論第6章　地域分析及び個別分析」について

1．地域分析の適用について
(1) 近隣地域の地域分析について
① 近隣地域の地域分析は、まず対象不動産の存する近隣地域を明確化し、次いでその近隣地域がどのような特性を有するかを把握することである。

> この対象不動産の存する近隣地域の明確化及びその近隣地域の特性の把握に当たっては、対象不動産を中心に外延的に広がる地域について、対象不動産に係る市場の特性を踏まえて地域要因をくり返し調査分析し、その異同を明らかにしなければならない。
> これはまた、地域の構成分子である不動産について、最終的に地域要因を共通にする地域を抽出することとなるため、近隣地域となる地域及びその周辺の他の地域を併せて広域的に分析することが必要である。

② 近隣地域の相対的位置の把握に当たっては、対象不動産に係る市場の特性を踏まえて同一需給圏内の類似地域の地域要因と近隣地域の地域要因を比較して相対的な地域要因の格差の判定を行うものとする。さらに、近隣地域の地域要因とその周辺の他の地域の地域要因との比較検討も有用である。

③ 近隣地域の地域分析においては、対象不動産の存する近隣地域に係る要因資料についての分析を行うこととなるが、この分析の前提として、対象不動産に係る市場の特性や近隣地域を含むより広域的な地域に係る地域要因を把握し、分析しなければならない。このためには、日常から広域的な地域に係る要因資料の収集、分析に努めなければならない。

④ 近隣地域の地域分析における地域要因の分析に当たっては、近隣地域の地域要因についてその変化の過程における推移、動向を時系列的に分析するとともに、近隣地域の周辺の他の地域の地域要因の推移、動向及びそれらの近隣地域への波及の程度等について分析することが必要である。この場合において、対象不動産に係る市場の特性が近隣地域内の土地の利用形態及び価格形成に与える影響の程度を的確に把握することが必要である。

> なお、見込地及び移行地については、特に周辺地域の地域要因の変化の推移、動向がそれらの土地の変化の動向予測に当たって有効な資料となるものである。

(2) 近隣地域の範囲の判定について

近隣地域の範囲の判定に当たっては、基本的な土地利用形態や土地利用上の利便性等に影響を及ぼす次に掲げるような事項に留意することが必要である。

① 自然的状態に係るもの

　ア　河川

　　川幅が広い河川等は、土地、建物等の連たん性及び地域の一体性を分断する場合があること。

　イ　山岳及び丘陵

　　山岳及び丘陵は、河川と同様、土地、建物等の連たん性及び地域の一体性を分断するほか、日照、通風、乾湿等に影響を及ぼす場合があること。

　ウ　地勢、地質、地盤等

地勢、地質、地盤等は、日照、通風、乾湿等に影響を及ぼすとともに、居住、商業活動等の土地利用形態に影響を及ぼすこと。
② 人文的状態に係るもの
　ア　行政区域
　　行政区域の違いによる道路、水道その他の公共施設及び学校その他の公益的施設の整備水準並びに公租公課等の負担の差異が土地利用上の利便性等に影響を及ぼすこと。
　イ　公法上の規制等
　　都市計画法等による土地利用の規制内容が土地利用形態に影響を及ぼすこと。
　ウ　鉄道、公園等
　　鉄道、公園等は、土地、建物等の連たん性及び地域の一体性を分断する場合があること。
　エ　道路
　　広幅員の道路等は、土地、建物等の連たん性及び地域の一体性を分断する場合があること。
(3) 対象不動産に係る市場の特性について
① 把握の観点
　ア　同一需給圏における市場参加者の属性及び行動
　　同一需給圏における市場参加者の属性及び行動を把握するに当たっては、特に次の事項に留意すべきである。
　　(ア)　市場参加者の属性については、業務用不動産の場合、主たる需要者層及び供給者層の業種、業態、法人か個人かの別並びに需要者の存する地域的な範囲。また、居住用不動産の場合、主たる需要者層及び供給者層の年齢、家族構成、所得水準並びに需要者の存する地域的な範囲
　　(イ)　(ア)で把握した属性を持つ市場参加者が取引の可否、取引価格、取引条件等について意思決定する際に重視する価格形成要因の内容
　イ　同一需給圏における市場の需給動向
　　同一需給圏における市場の需給動向を把握するに当たっては、特に次に掲げる事項に留意すべきである。
　　(ア)　同一需給圏内に存し、用途、規模、品等等が対象不動産と類似する不動産に係る需給の推移及び動向
　　(イ)　(ア)で把握した需給の推移及び動向が対象不動産の価格形成に与える影響の内容及びその程度
② 把握のための資料
　対象不動産に係る市場の特性の把握に当たっては、平素から、不動産業者、建設業

者及び金融機関等からの聴聞等によって取引等の情報（取引件数、取引価格、売り希望価格、買い希望価格等）を収集しておく必要がある。あわせて公的機関、不動産業者、金融機関、商工団体等による地域経済や不動産市場の推移及び動向に関する公表資料を幅広く収集し、分析することが重要である。

2．個別分析の適用について
（1）個別的要因の分析上の留意点について
　　対象不動産と代替、競争等の関係にある不動産と比べた優劣及び競争力の程度を把握するに当たっては、次の点に留意すべきである。
　　① 同一用途の不動産の需要の中心となっている価格帯及び主たる需要者の属性
　　② 対象不動産の立地、規模、機能、周辺環境等に係る需要者の選好
　　③ 対象不動産に係る引き合いの多寡
（2）最有効使用の判定上の留意点について
　　① 地域要因が変動する予測を前提とした最有効使用の判定に当たっての留意点
　　　地域要因の変動の予測に当たっては、予測の限界を踏まえ、鑑定評価を行う時点で一般的に収集可能かつ信頼できる情報に基づき、当該変動の時期及び具体的内容についての実現の蓋然性が高いことが認められなければならない。
　　② 建物及びその敷地の最有効使用の判定に当たっての留意点
　　　最有効使用の観点から現実の建物の取壊しや用途変更等を想定する場合において、それらに要する費用等を勘案した経済価値と当該建物の用途等を継続する場合の経済価値とを比較考量するに当たっては、特に下記の内容に留意すべきである。
　　　ア　物理的、法的にみた当該建物の取壊し、用途変更等の実現可能性
　　　イ　建物の取壊し、用途変更等を行った後における対象不動産の競争力の程度等を踏まえた収益の変動予測の不確実性及び取壊し、用途変更に要する期間中の逸失利益の程度

Ⅴ　「総論第7章　鑑定評価の方式」について

1．価格を求める鑑定評価の手法について
（1）試算価格を求める場合の一般的留意事項について
　　① 取引事例等の選択について
　　　ア　必要やむを得ない場合に近隣地域の周辺地域に存する不動産に係るものを選択する場合について
　　　　この場合における必要やむを得ない場合とは、近隣地域又は同一需給圏内の類似地域に存する不動産について収集した取引事例等の大部分が特殊な事情による影響を著しく受けていることその他の特別な事情により当該取引事例等のみによっては

鑑定評価を適切に行うことができないと認められる場合をいう。
　イ　対象不動産の最有効使用が標準的使用と異なる場合等において同一需給圏内の代替競争不動産に係るものを選択する場合について
　　　この場合における対象不動産の最有効使用が標準的使用と異なる場合等とは、次のような場合として例示される対象不動産の個別性のために近隣地域の制約の程度が著しく小さいと認められるものをいう。
　　(ｱ)　戸建住宅地域において、近辺で大規模なマンションの開発がみられるとともに、立地に優れ高度利用が可能なことから、マンション適地と認められる大規模な画地が存する場合
　　(ｲ)　中高層事務所として用途が純化された地域において、交通利便性に優れ広域的な集客力を有するホテルが存する場合
　　(ｳ)　住宅地域において、幹線道路に近接して、広域的な商圏を持つ郊外型の大規模小売店舗が存する場合
　　(ｴ)　中小規模の事務所ビルが集積する地域において、敷地の集約化により完成した卓越した競争力を有する大規模事務所ビルが存する場合
　ウ　代替、競争等の関係を判定する際の留意点について
　　　イの場合において選択する同一需給圏内の代替競争不動産に係る取引事例等は、次に掲げる要件に該当するものでなければならない。
　　(ｱ)　対象不動産との間に用途、規模、品等等からみた類似性が明確に認められること。
　　(ｲ)　対象不動産の価格形成に関して直接に影響を与えていることが明確に認められること。
　②　地域要因の比較及び個別的要因の比較について
　　　取引事例等として同一需給圏内の代替競争不動産に係るものを選択する場合において、価格形成要因に係る対象不動産との比較を行う際には、個別的要因の比較だけでなく市場の特性に影響を与えている地域要因の比較もあわせて行うべきことに留意すべきである。
(2)　原価法について
　①　再調達原価を求める方法について
　　ア　建物の増改築・修繕・模様替等は、その内容を踏まえ、再調達原価の査定に適切に反映させなければならない。
　　イ　資金調達費用とは、建築費及び発注者が負担すべき費用に相当する資金について、建物引渡しまでの期間に対応する調達費用をいう。
　　ウ　開発リスク相当額とは、開発を伴う不動産について、当該開発に係る工事が終了し、不動産の効用が十分に発揮されるに至るまでの不確実性に関し、事業者（発注

者）が通常負担する危険負担率を金額で表示したものである。
② 減価修正の方法について
ア 対象不動産が建物及びその敷地である場合において、土地及び建物の再調達原価についてそれぞれ減価修正を行った上で、さらにそれらを加算した額について減価修正を行う場合があるが、それらの減価修正の過程を通じて同一の減価の要因について重複して考慮することのないよう留意するべきである。
イ 耐用年数に基づく方法及び観察減価法を適用する場合においては、対象不動産が有する市場性を踏まえ、特に、建物の増改築・修繕・模様替等の実施が耐用年数及び減価の要因に与える影響の程度について留意しなければならない。

(3) 取引事例比較法について

この手法の適用に当たっては、多数の取引事例を収集し、価格の指標となり得る事例の選択を行わなければならないが、その有効性を高めるため、取引事例はもとより、売り希望価格、買い希望価格、精通者意見等の資料を幅広く収集するよう努めるものとする。

なお、これらの資料は、近隣地域等の価格水準及び地価の動向を知る上で十分活用し得るものである。

① 事例の収集について

豊富に収集された取引事例の分析検討は、個別の取引に内在する特殊な事情を排除し、時点修正率を把握し、及び価格形成要因の対象不動産の価格への影響の程度を知る上で欠くことのできないものである。特に、選択された取引事例は、取引事例比較法を適用して比準価格を求める場合の基礎資料となるものであり、収集された取引事例の信頼度は比準価格の精度を左右するものである。

取引事例は、不動産の利用目的、不動産に関する価値観の多様性、取引の動機による売主及び買主の取引事情等により各々の取引について考慮されるべき視点が異なってくる。したがって、取引事例に係る取引事情を始め取引当事者の属性（本留意事項の「Ⅳ「総論第6章 地域分析及び個別分析」について」に掲げる市場参加者の属性に同じ。）及び取引価格の水準の変動の推移を慎重に分析しなければならない。

② 事情補正について

事情補正の必要性の有無及び程度の判定に当たっては、多数の取引事例等を総合的に比較対照の上、検討されるべきものであり、事情補正を要すると判定したときは、取引が行われた市場における客観的な価格水準等を考慮して適切に補正を行わなければならない。

事情補正を要する特殊な事情を例示すれば、次のとおりである。

ア 補正に当たり減額すべき特殊な事情
(ｱ) 営業上の場所的限定等特殊な使用方法を前提として取引が行われたとき。

　　　　(イ) 極端な供給不足、先行きに対する過度に楽観的な見通し等特異な市場条件の下に取引が行われたとき。
　　　　(ウ) 業者又は系列会社間における中間利益の取得を目的として取引が行われたとき。
　　　　(エ) 買手が不動産に関し明らかに知識や情報が不足している状態において過大な額で取引が行われたとき。
　　　　(オ) 取引価格に売買代金の割賦払いによる金利相当額、立退料、離作料等の土地の対価以外のものが含まれて取引が行われたとき。
　　　イ　補正に当たり増額すべき特殊な事情
　　　　(ア) 売主が不動産に関し明らかに知識や情報が不足している状態において、過少な額で取引が行われたとき。
　　　　(イ) 相続、転勤等により売り急いで取引が行われたとき。
　　　ウ　補正に当たり減額又は増額すべき特殊な事情
　　　　(ア) 金融逼迫、倒産時における法人間の恩恵的な取引又は知人、親族間等人間関係による恩恵的な取引が行われたとき。
　　　　(イ) 不相応な造成費、修繕費等を考慮して取引が行われたとき。
　　　　(ウ) 調停、清算、競売、公売等において価格が成立したとき。
　　③　時点修正について
　　　ア　時点修正率は、価格時点以前に発生した多数の取引事例について時系列的な分析を行い、さらに国民所得の動向、財政事情及び金融情勢、公共投資の動向、建築着工の動向、不動産取引の推移等の社会的及び経済的要因の変化、土地利用の規制、税制等の行政的要因の変化等の一般的要因の動向を総合的に勘案して求めるべきである。
　　　イ　時点修正率は原則として前記アにより求めるが、地価公示、都道府県地価調査等の資料を活用するとともに、適切な取引事例が乏しい場合には、売り希望価格、買い希望価格等の動向及び市場の需給の動向等に関する諸資料を参考として用いることができるものとする。
(4)　収益還元法について
　①　直接還元法の適用について
　　　ア　一期間の純収益の算定について
　　　　直接還元法の適用において還元対象となる一期間の純収益と、それに対応して採用される還元利回りは、その把握の仕方において整合がとれたものでなければならない。
　　　　すなわち、還元対象となる一期間の純収益として、ある一定期間の標準化されたものを採用する場合には、還元利回りもそれに対応したものを採用することが必要

である。また、建物その他の償却資産（以下「建物等」という。）を含む不動産の純収益の算定においては、基本的に減価償却費を控除しない償却前の純収益を用いるべきであり、それに対応した還元利回りで還元する必要がある。

$$P = \frac{a}{R}$$

P：建物等の収益価格
a：建物等の償却前の純収益
R：償却前の純収益に対応する還元利回り

一方、減価償却費を控除した償却後の純収益を用いる場合には、還元利回りも償却後の純収益に対応するものを用いなければならない。

減価償却費の算定方法には定額法、償還基金率を用いる方法等があり、適切に用いることが必要である。

$$P = \frac{a'}{R'}$$

P：建物等の収益価格
a'：建物等の償却後の純収益
R'：償却後の純収益に対応する還元利回り

なお、減価償却費と償却前の純収益に対応する還元利回りを用いて償却後の純収益に対応する還元利回りを求める式は以下のとおりである。

$$R' = \frac{a'}{(a' + d)} \times R$$

R'：償却後の純収益に対応する還元利回り
R：償却前の純収益に対応する還元利回り
a'：償却後の純収益
d：減価償却費

イ　土地残余法

対象不動産が更地である場合において、当該土地に最有効使用の賃貸用建物等の建築を想定し、収益還元法以外の手法によって想定建物等の価格を求めることができるときは、当該想定建物及びその敷地に基づく純収益から想定建物等に帰属する純収益を控除した残余の純収益を還元利回りで還元する手法（土地残余法という。）を適用することができる。

また、不動産が敷地と建物等との結合によって構成されている場合において、収

益還元法以外の手法によって建物等の価格を求めることができるときは、土地残余法を適用することができるが、建物等が古い場合には複合不動産の生み出す純収益から土地に帰属する純収益が的確に求められないことが多いので、建物等は新築か築後間もないものでなければならない。

土地残余法は、土地と建物等から構成される複合不動産が生み出す純収益を土地及び建物等に適正に配分することができる場合に有効である。

土地残余法を適用して土地の収益価格を求める場合は、基本的に次の式により表される。

$$P_L = \frac{a - B \times R_B}{R_L}$$

P_L：土地の収益価格

a：建物等及びその敷地の償却前の純収益

B：建物等の価格

R_B：償却前の純収益に対応する建物等の還元利回り

R_L：土地の還元利回り

なお、土地残余法の適用に当たっては、賃貸事業におけるライフサイクルの観点を踏まえて、複合不動産が生み出す純収益及び土地に帰属する純収益を適切に求める必要がある。

ウ　建物残余法

不動産が敷地と建物等との結合によって構成されている場合において、収益還元法以外の手法によって敷地の価格を求めることができるときは、当該不動産に基づく純収益から敷地に帰属する純収益を控除した残余の純収益を還元利回りで還元する手法（建物残余法という。）を適用することができる。

建物残余法は、土地と建物等から構成される複合不動産が生み出す純収益を土地及び建物等に適正に配分することができる場合に有効である。

建物残余法を適用して建物等の収益価格を求める場合は、基本的に次の式により表される。

$$P_B = \frac{a - L \times R_L}{R_B}$$

P_B：建物等の収益価格

a：建物等及びその敷地の償却前の純収益

L：土地の価格

R_L：土地の還元利回り

R_B：償却前の純収益に対応する建物等の還元利回り

エ　有期還元法

不動産が敷地と建物等との結合により構成されている場合において、その収益価格を、不動産賃貸又は賃貸以外の事業の用に供する不動産経営に基づく償却前の純収益に割引率と有限の収益期間とを基礎とした複利年金現価率を乗じて求める方法があり、基本的に次の式により表される。

$$P = a \times \frac{(1+Y)^N - 1}{Y(1+Y)^N}$$

P：建物等及びその敷地の収益価格
a：建物等及びその敷地の償却前の純収益
Y：割引率
N：収益期間（収益が得られると予測する期間であり、ここでは建物等の経済的残存耐用年数と一致する場合を指す。）

$$\frac{(1+Y)^N - 1}{Y(1+Y)^N} \quad :複利年金現価率$$

なお、複利年金現価率を用い、収益期間満了時における土地の価格、及び建物等の残存価格又は建物等の撤去費をそれぞれ現在価値に換算した額を加減する方法（インウッド式）がある。この方法の考え方に基づき、割引率を用いた式を示すと次のようになる。

$$P = a \times \frac{(1+Y)^n - 1}{Y(1+Y)^n} + \frac{P_{Ln} + P_{Bn}}{(1+Y)^n} \quad 又は$$

$$P = a \times \frac{(1+Y)^N - 1}{Y(1+Y)^N} + \frac{P_{LN} - E}{(1+Y)^N}$$

P：建物等及びその敷地の収益価格
a：建物等及びその敷地の償却前の純収益
Y：割引率
N,n：収益期間（収益が得られると予測する期間であり、ここでは建物等の経済的残存耐用年数と一致する場合にはN、建物等の経済的残存耐用年数より短い期間である場合はnとする。）
P_{Ln}：n年後の土地価格
P_{Bn}：n年後の建物等の価格
P_{LN}：N年後の土地価格
E：建物等の撤去費

また、上記複利年金現価率の代わりに蓄積利回り等を基礎とした償還基金率と割引率とを用いる方法（ホスコルド式）がある。

この方法の考え方に基づき、割引率を用いた式を示すと次のようになる。

$$P = a \times \cfrac{1}{Y + \cfrac{i}{(1+i)^n - 1}} + \cfrac{P_{Ln} + P_{Bn}}{(1+Y)^n} \quad 又は$$

$$P = a \times \cfrac{1}{Y + \cfrac{i}{(1+i)^N - 1}} + \cfrac{P_{LN} - E}{(1+Y)^N}$$

P：建物等及びその敷地の収益価格
a：建物等及びその敷地の償却前の純収益
Y：割引率
i：蓄積利回り
N, n：収益期間（収益が得られると予測する期間であり、ここでは建物等の経済的残存耐用年数と一致する場合にはN、建物等の経済的残存耐用年数より短い期間である場合はnとする。）

$\cfrac{i}{(1+i)^n - 1}$ ：償還基金率

P_{Ln}：n年後の土地価格
P_{Bn}：n年後の建物等の価格
P_{LN}：N年後の土地価格
E：建物等の撤去費

オ　還元利回りの求め方

還元利回りは、市場の実勢を反映した利回りとして求める必要があり、還元対象となる純収益の変動予測を含むものであることから、それらの予測を的確に行い、還元利回りに反映させる必要がある。還元利回りを求める方法を例示すれば次のとおりであるが、適用に当たっては、次の方法から一つの方法を採用する場合又は複数の方法を組み合わせて採用する場合がある。また、必要に応じ、投資家等の意見や整備された不動産インデックス等を参考として活用する。

(ｱ)　類似の不動産の取引事例との比較から求める方法

取引事例の収集及び選択については、総論第7章に定める取引事例比較法の適用方法に準ずる。

取引事例から得られる利回り（以下「取引利回り」という。）については、償

却前後のいずれの純収益に対応するものであるかに留意する必要がある。あわせて純収益について特殊な要因（新築、建替え直後で稼働率が不安定である等）があり、適切に補正ができない取引事例は採用すべきでないことに留意する必要がある。

　この方法は、対象不動産と類似性の高い取引事例に係る取引利回りが豊富に収集可能な場合には特に有効である。

(イ)　借入金と自己資金に係る還元利回りから求める方法

　この方法は、不動産の取得に際し標準的な資金調達能力を有する需要者の資金調達の要素に着目した方法であり、不動産投資に係る利回り及び資金調達に際する金融市場の動向を反映させることに優れている。

　上記による求め方は基本的に次の式により表される。

$$R = R_M \times W_M + R_E \times W_E$$

　R：還元利回り
　R_M：借入金還元利回り
　W_M：借入金割合
　R_E：自己資金還元利回り
　W_E：自己資金割合

(ウ)　土地と建物等に係る還元利回りから求める方法

　この方法は、対象不動産が土地及び建物等により構成されている場合に、土地及び建物等に係る利回りが異なるものとして把握される市場においてそれらの動向を反映させることに優れている。

　上記による求め方は基本的に次の式により表される。

$$R = R_L \times W_L + R_B \times W_B$$

　R：還元利回り
　R_L：土地の還元利回り
　W_L：土地の価格割合
　R_B：建物等の還元利回り
　W_B：建物等の価格割合

(エ)　割引率との関係から求める方法

　この方法は、純収益が永続的に得られる場合で、かつ純収益が一定の趨勢を有すると想定される場合に有効である。

還元利回りと割引率との関係を表す式の例は、次のように表される。

$R = Y - g$
R: 還元利回り
Y: 割引率
g: 純収益の変動率

(オ) 借入金償還余裕率の活用による方法
　　この方法は、借入金還元利回りと借入金割合をもとに、借入金償還余裕率（ある期間の純収益を同期間の借入金元利返済額で除した値をいう。）を用いて対象不動産に係る純収益からみた借入金償還の安全性を加味して還元利回りを求めるものである。
　　この場合において用いられる借入金償還余裕率は、借入期間の平均純収益をもとに算定すべきことに留意する必要がある。この方法は、不動産の購入者の資金調達に着目し、対象不動産から得られる収益のみを借入金の返済原資とする場合に有効である。
　　上記による求め方は基本的に次の式により表される。

$R = R_M \times W_M \times DSCR$
R: 還元利回り
R_M: 借入金還元利回り
W_M: 借入金割合
DSCR: 借入金償還余裕率（通常は1.0以上であることが必要。）

② DCF法の適用について
　DCF法は、連続する複数の期間に発生する純収益及び復帰価格を予測しそれらを明示することから、収益価格を求める過程について説明性に優れたものである。
　なお、対象不動産が更地である場合においても、当該土地に最有効使用の賃貸用建物等の建築を想定することによりこの方法を適用することができる。
　ア　毎期の純収益の算定について
　　　建物等の純収益の算定においては、基本的には減価償却費を控除しない償却前の純収益を用いるものとし、建物等の償却については復帰価格において考慮される。
　　(ア) 総収益の算定
　　　　一時金のうち預り金的性格を有する保証金等については、全額を返還準備金として預託することを想定しその運用益を発生時に計上する方法と全額を受渡時の

収入又は支出として計上する方法とがある。
(ロ) 総費用の算定
　　大規模修繕費等の費用については、当該費用を毎期の積み立てとして計上する方法と、実際に支出される時期に計上する方法がある。実際に支出される時期の予測は、対象不動産の実態に応じて適切に行う必要がある。

イ　割引率の求め方について
　割引率は、市場の実勢を反映した利回りとして求める必要があり、一般に１年を単位として求める。また、割引率は収益見通しにおいて考慮されなかった収益予測の不確実性の程度に応じて異なることに留意する。

　割引率を求める方法を例示すれば次のとおりであるが、適用に当たっては、下記の方法から一つの方法を採用する場合又は複数の方法を組み合わせて採用する場合がある。また、必要に応じ、投資家等の意見や整備された不動産インデックス等を参考として活用する。

(ア) 類似の不動産の取引事例との比較から求める方法
　　取引事例の収集及び選択については、総論第７章に定める取引事例比較法に係る適用方法に準ずる。
　　取引事例に係る割引率は、基本的に取引利回りをもとに算定される内部収益率（Internal Rate of Return（IRR）。将来収益の現在価値と当初投資元本とを等しくする割引率をいう。）として求める。適用に当たっては、取引事例について毎期の純収益が予測可能であることが必要である。
　　この方法は、対象不動産と類似性を有する取引事例に係る利回りが豊富に収集可能な場合には特に有効である。

(イ) 借入金と自己資金に係る割引率から求める方法
　　この方法は、不動産の取得に際し標準的な資金調達能力を有する需要者の資金調達の要素に着目した方法であり、不動産投資に係る利回り及び資金調達に際する金融市場の動向を反映させることに優れている。適用に当たっては、不動産投資において典型的な投資家が想定する借入金割合及び自己資金割合を基本とすることが必要である。
　　上記による求め方は基本的に次の式により表される。

　　　　$Y = Y_M \times W_M + Y_E \times W_E$
　　　　Y：割引率
　　　　Y_M：借入金割引率
　　　　W_M：借入金割合
　　　　Y_E：自己資金割引率

W_E：自己資金割合

(ウ) 金融資産の利回りに不動産の個別性を加味して求める方法

比較の対象となる金融資産の利回りとしては、一般に10年物国債の利回りが用いられる。また、株式や社債の利回り等が比較対象として用いられることもある。

不動産の個別性として加味されるものには、投資対象としての危険性、非流動性、管理の困難性、資産としての安全性があり、それらは自然災害等の発生や土地利用に関する計画及び規制の変更によってその価値が変動する可能性が高いこと、希望する時期に必ずしも適切な買い手が見つかるとは限らないこと、賃貸経営管理について専門的な知識と経験を必要とするものであり管理の良否によっては得られる収益が異なること、特に土地については一般に滅失することがないことなどをいう。

この方法は、対象不動産から生ずる収益予測の不確実性が金融資産との比較において把握可能な場合に有効である。

ウ　保有期間（売却を想定しない場合には分析期間）について

保有期間は、毎期の純収益及び復帰価格について精度の高い予測が可能な期間として決定する必要があり、不動産投資における典型的な投資家が保有する期間を標準とし、典型的な投資家が一般に想定しないような長期にわたる期間を設定してはならない。

エ　復帰価格の求め方について

保有期間満了時点において売却を想定する場合には、売却に要する費用を控除することが必要である。

復帰価格を求める際に、n＋1期の純収益を最終還元利回りで還元して求める場合においては、n＋1期以降の純収益の変動予測及び予測に伴う不確実性をn＋1期の純収益及び最終還元利回りに的確に反映させることが必要である。

なお、保有期間満了時点以降において、建物の取壊しや用途変更が既に計画されている場合又は建物が老朽化していること等により取壊し等が見込まれる場合においては、それらに要する費用を考慮して復帰価格を求めることが必要である。

オ　最終還元利回りの求め方について

最終還元利回りは、価格時点の還元利回りをもとに、保有期間満了時点における市場動向並びにそれ以降の収益の変動予測及び予測に伴う不確実性を反映させて求めることが必要である。

③　事業用不動産について

ア　賃貸用不動産又は賃貸以外の事業の用に供する不動産のうち、その収益性が当該

事業（賃貸用不動産にあっては賃借人による事業）の経営の動向に強く影響を受けるもの（以下「事業用不動産」という。）を例示すれば、次のとおりである。
　(ｱ)　ホテル等の宿泊施設
　(ｲ)　ゴルフ場等のレジャー施設
　(ｳ)　病院、有料老人ホーム等の医療・福祉施設
　(ｴ)　百貨店や多数の店舗により構成されるショッピングセンター等の商業施設
イ　事業用不動産の特性
　(ｱ)　運営形態の多様性
　　　事業用不動産に係る事業の運営形態については、その所有者の直営による場合、外部に運営が委託される場合、当該事業用不動産が賃貸される場合等多様であり、こうした運営形態の違いにより、純収益の把握の仕方や、当該純収益の実現性の程度が異なる場合があることに留意すべきである。
　(ｲ)　事業用不動産に係る収益性の分析
　　　事業用不動産に係る収益性の分析に当たっては、事業経営に影響を及ぼす社会経済情勢、当該不動産の存する地域において代替、競争等の関係にある不動産と比べた優劣及び競争力の程度等について中長期的な観点から行うことが重要である。
　　　また、依頼者等から提出された事業実績や事業計画等は、上記の分析における資料として有用であるが、当該資料のみに依拠するのではなく、当該事業の運営主体として通常想定される事業者（以下「運営事業者」という。）の視点から、当該実績・計画等の持続性・実現性について十分に検討しなければならない。
ウ　事業用不動産に係る総収益の把握における留意点
　　事業用不動産については、その利用方法において個別性が高く、賃貸借の市場が相対的に成熟していないため、賃貸借の事例をもとに適正な賃料を把握することが困難な場合が多い。したがって、当該事業による売上高をもとに支払賃料等相当額を算定する場合には、その事業採算性の観点から、適正な賃料水準を把握する必要がある。
　　また、事業用不動産が現に賃貸借に供されている場合においても、現行の賃貸借契約における賃料と、事業採算性の観点から把握した適正な賃料水準との関係について分析を行うことが有用である。
　　これらの場合においては、将来における事業経営の動向を中長期的な観点から分析し、当該賃料等が、相当の期間、安定的に収受可能な水準であるかについて検討する必要がある。
　　なお、運営事業者が通常よりも優れた能力を有することによって生じる超過収益は、本来、運営事業者の経営等に帰属するものであるが、賃貸借契約において当該

超過収益の一部が不動産の所有者に安定的に帰属することについて合意があるときには、当該超過収益の一部が当該事業用不動産に帰属する場合があることに留意すべきである。

2．賃料を求める鑑定評価の手法について
(1) 積算法について
　　基礎価格を求めるに当たっては、次に掲げる事項に留意する必要がある。
　① 宅地の賃料（いわゆる地代）を求める場合
　　ア　最有効使用が可能な場合は、更地の経済価値に即応した価格である。
　　イ　建物の所有を目的とする賃貸借等の場合で契約により敷地の最有効使用が見込めないときは、当該契約条件を前提とする建付地としての経済価値に即応した価格である。
　② 建物及びその敷地の賃料（いわゆる家賃）を求める場合
　　建物及びその敷地の現状に基づく利用を前提として成り立つ当該建物及びその敷地の経済価値に即応した価格である。
(2) 賃貸事例比較法について
　① 事例の選択について
　　ア　賃貸借等の事例の選択に当たっては、新規賃料、継続賃料の別又は建物の用途の別により賃料水準が異なるのが一般的であることに留意して、できる限り対象不動産に類似した事例を選択すべきである。
　　イ　契約内容の類似性を判断する際の留意事項を例示すれば、次のとおりである。
　　　㈠　賃貸形式
　　　㈡　賃貸面積
　　　㈢　契約期間並びに経過期間及び残存期間
　　　㈣　一時金の授受に基づく賃料内容
　　　㈤　賃料の算定の期間及びその支払方法
　　　㈥　修理及び現状変更に関する事項
　　　㈦　賃貸借等に供される範囲及びその使用方法
　② 地域要因の比較及び個別的要因の比較について
　　賃料を求める場合の地域要因の比較に当たっては、賃料固有の価格形成要因が存すること等により、価格を求める場合の地域と賃料を求める場合の地域とでは、それぞれの地域の範囲及び地域の格差を異にすることに留意することが必要である。
　　賃料を求める場合の個別的要因の比較に当たっては、契約内容、土地及び建物に関する個別的要因等に留意することが必要である。

資料編

Ⅵ 「総論第8章　鑑定評価の手順」について

1. 依頼者、提出先等及び利害関係等の確認について
 (1) 鑑定評価書が依頼者以外の者へ提出される場合における当該提出先及び鑑定評価額が依頼者以外の者へ開示される場合における当該開示の相手方について

　　鑑定評価書が依頼者以外の者へ提出される場合における当該提出先及び鑑定評価額が依頼者以外の者へ開示される場合における当該開示の相手方の確認については、依頼目的に応じ、必ずしも個別具体的な名称等による必要はなく、提出等の目的、提出先等の属性等利用目的の把握に資するものでも足りる。このため、個別具体の名称等が明らかでない場合であっても、これら利用目的の把握に資する情報を把握することが必要であることに留意しなければならない。

 (2) 関与不動産鑑定士及び関与不動産鑑定業者に係る利害関係等について
　① 関与不動産鑑定士について

　　関与不動産鑑定士とは、当該不動産の鑑定評価に関与した不動産鑑定士の全員をいい、当該不動産の鑑定評価に関する業務の全部又は一部を再委託した場合の当該再委託先である不動産鑑定業者において当該不動産の鑑定評価に関与した不動産鑑定士を含むものとする。

　② 関与不動産鑑定業者について

　　関与不動産鑑定業者とは、当該不動産の鑑定評価に関与不動産鑑定士を従事させている不動産鑑定業者のすべてをいう。

　③ 依頼者と関与不動産鑑定士及び関与不動産鑑定業者との関係について

　　依頼者と関与不動産鑑定士及び関与不動産鑑定業者との関係に関し明らかにすべき特別の関係及びその内容は、最低限、次に掲げるものとする。ただし、依頼目的や、依頼者、提出先等のほか関係者の判断に与える大きさ等にかんがみ必要な特別の関係についても明らかにするものとする。

　　ア　明らかにすべき依頼者と関与不動産鑑定士との間の特別の資本的関係とは、当該依頼者の議決権につきその2割以上を当該不動産鑑定士が保有している場合その他これと同等以上の資本的関係がある場合の当該関係であり、これらの場合において明らかにすべき内容は、議決権の割合その他当該関係に該当することとなった事項とする。

　　イ　明らかにすべき依頼者と関与不動産鑑定士との間の特別の人的関係とは、当該依頼者又は当該依頼者を代表する者が当該不動産鑑定士である場合その他これらと同等以上の人的関係がある場合の当該関係であり、これらの場合において明らかにすべき内容は、当該関係に該当することとなった事項とする。

　　ウ　明らかにすべき依頼者と関与不動産鑑定業者（②に規定する不動産鑑定業者をい

う。以下同じ。）との間の特別の資本的関係とは、前事業年度（財務諸表等が未調製のときは、前々事業年度。オにおいて同じ。）において、当該依頼者又は当該不動産鑑定業者のいずれか一方が他方の子会社（連結財務諸表原則にいう子会社をいう。）又は関連会社（連結財務諸表原則にいう関連会社をいう。）である場合その他これらと同等以上の資本的関係がある場合の当該関係であり、これらの場合において明らかにすべき内容は、出資割合その他当該関係に該当することとなった事項とする。

エ　明らかにすべき依頼者と関与不動産鑑定業者との間の特別の人的関係とは、当該依頼者又は当該依頼者を代表する者が当該不動産鑑定業者又は当該不動産鑑定業者を代表する者である場合その他これらと同等以上の人的関係がある場合の当該関係であり、これらの場合において明らかにすべき内容は、当該関係に該当することとなった事項とする。

オ　明らかにすべき依頼者と関与不動産鑑定業者との間の特別の取引関係とは、当該不動産鑑定業者の前事業年度において、当該依頼者からの借入れが当該不動産鑑定業者の負債の過半を占める場合、当該不動産鑑定業者の売上げ（鑑定評価等業務に係る売上げ以外のものを含む。）において当該依頼者からの売上げが過半を占める場合、当該依頼者と当該不動産鑑定業者の取引額が当該不動産鑑定業者の鑑定評価等業務における受注額の半分に相当する額を超える場合その他これらと同等以上の取引関係がある場合の当該関係であり、これらの場合において明らかにすべき内容は、当該負債、売上げ又は取引額の割合その他当該関係に該当することとなった事項とする。

④　提出先等と関与不動産鑑定士及び関与不動産鑑定業者との関係について
③の規定は、明らかにすべき提出先等と関与不動産鑑定士及び関与不動産鑑定業者との関係について準用する。この場合において、「依頼者」とあるのは「提出先等」と、「当該依頼者」とあるのは「当該提出先等」と読み替えるものとする。

2．処理計画の策定について

処理計画の策定に当たっては、総論第8章第1節及び第2節に定める事項のほか、依頼者に対し、次の事項を明瞭に確認しなければならない。この際に確認された事項については、処理計画に反映するとともに、当該事項に変更があった場合にあっては、処理計画を変更するものとする。

(1)　対象不動産の実地調査の範囲（内覧の実施の有無を含む。）
(2)　他の専門家による調査結果等の活用の要否
(3)　その他処理計画の策定のために必要な事項

> 資料編

3．対象不動産の確認について
(1) 対象不動産の物的確認について

　　対象不動産の確認に当たっては、原則として内覧の実施を含めた実地調査を行うものとする。

　　なお、同一の不動産の再評価を行う場合において、過去に自ら内覧の実施を含めた実地調査を行ったことがあり、かつ、当該不動産の個別的要因について、直近に行った鑑定評価の価格時点と比較して重要な変化がないと客観的に認められる場合は、内覧の全部又は一部の実施について省略することができる。

(2) 権利の態様の確認について

　　賃貸借契約等に係る権利の態様の確認に当たっては、原則として次に掲げる事項を確認しなければならない。

① 契約の目的
② 契約当事者
③ 契約期間
④ 契約数量
⑤ 月額支払賃料
⑥ 一時金の有無とその内容
⑦ 賃貸条件等に係る特約

4．資料の検討及び価格形成要因の分析について
(1) 不動産鑑定士の調査分析能力の範囲内で合理的な推定を行うことができる場合について

　　不動産鑑定士の調査分析能力の範囲内で合理的な推定を行うことができる場合とは、ある要因について対象不動産と比較可能な類似の事例が存在し、かつ当該要因が存することによる減価の程度等を客観的に予測することにより鑑定評価額への反映が可能であると認められる場合をいう。

(2) 価格形成要因から除外して鑑定評価を行うことが可能な場合について

　　価格形成に影響があるであろうといわれている事項について、一般的な社会通念や科学的知見に照らし原因や因果関係が明確でない場合又は不動産鑑定士の通常の調査において当該事項の存否の端緒すら確認できない場合において、当該事項が対象不動産の価格形成に大きな影響を与えることがないと判断されるときには、価格形成要因から除外して鑑定評価を行うことができるものとする。

　　また、調査範囲等条件を設定して鑑定評価を行う場合は、当該条件を設定した価格形成要因を除外して鑑定評価を行うことができる。

5．鑑定評価の手法の適用について

　　対象不動産の種別及び類型並びに賃料の種類並びに市場の特性等に対応した鑑定評価の手法の適用に関し必要な事項は、各論各章に定めるもののほか、不動産鑑定士等の団体が定める指針（鑑定評価の手法の適用について具体的に記述された指針であって、国土交通省との協議を経て当該団体において合意形成がなされたものをいう。）で定める。

　　なお、地域分析及び個別分析により把握した対象不動産に係る市場の特性等を適切に反映した複数の鑑定評価方式の考え方が適切に反映された一つの鑑定評価の手法を適用した場合には、当該鑑定評価でそれらの鑑定評価方式に即した複数の鑑定評価の手法を適用したものとみなすことができる。

Ⅶ 「総論第9章　鑑定評価報告書」について

1．依頼者、提出先等及び利害関係等の確認について

　　総論第9章第2節ⅨからⅪまでに定める事項を鑑定評価報告書に記載する場合においては、本留意事項Ⅵ1(1)及び(2)に定めるところによるものとする。

2．対象不動産の確認について

(1) 確認方法について

　　総論第8章により確認した事項については、後日疑義が生じることのないように、当該事項とともに確認方法（書面によるものか、口頭によるものかの別等をいう。）及び確認資料について記載する。

(2) 実地調査について

　　同一の不動産の再評価を行う場合において内覧の全部又は一部の実施を省略した場合には、当該不動産の個別的要因に重要な変化がないと判断した根拠について記載する。

3．鑑定評価の手法の適用について

　　対象不動産の種別及び類型並びに賃料の種類に応じた各論第1章から第3章に規定する鑑定評価の手法の適用ができない場合には、対象不動産の市場の特性に係る分析結果等に照らし、その合理的な理由を記載する。

Ⅷ 「各論第1章　価格に関する鑑定評価」について

1．宅地について

(1) 更地について

　　開発法によって求める価格は、建築を想定したマンション等又は細区分を想定した宅地の販売総額を価格時点に割り戻した額から建物の建築費及び発注者が直接負担すべき通常の付帯費用又は土地の造成費及び発注者が直接負担すべき通常の付帯費用を価格時

点に割り戻した額をそれぞれ控除して求めるものとする。この場合において、マンション等の敷地又は細区分を想定した宅地は一般に法令上許容される用途、容積率等の如何によって土地価格が異なるので、敷地の形状、道路との位置関係等の条件のほか、マンション等の敷地については建築基準法等に適合した建物の概略設計、配棟等に関する開発計画を、細区分を想定した宅地については細区分した宅地の規模及び配置等に関する開発計画をそれぞれ想定し、これに応じた事業実施計画を策定することが必要である。

開発法の基本式を示すと次のようになる。

$$P = \frac{S}{(1+r)^{n_1}} - \frac{B}{(1+r)^{n_2}} - \frac{M}{(1+r)^{n_3}}$$

P：開発法による試算価格

S：販売総額

B：建物の建築費又は土地の造成費

M：付帯費用

r：投下資本収益率

n_1：価格時点から販売時点までの期間

n_2：価格時点から建築代金の支払い時点までの期間

n_3：価格時点から付帯費用の支払い時点までの期間

(2) 建付地について

複合不動産価格をもとに敷地に帰属する額を配分する方法には主として次の二つの方法があり、対象不動産の特性に応じて適切に適用しなければならない。

① 割合法

割合法とは、複合不動産価格に占める敷地の構成割合を求めることができる場合において、複合不動産価格に当該構成割合を乗じて求める方法である。

② 控除法

控除法とは、複合不動産価格を前提とした建物等の価格を直接的に求めることができる場合において、複合不動産価格から建物等の価格を控除して求める方法である。

(3) 借地権及び底地について

借地権及び底地の鑑定評価に当たって留意すべき事項は次のとおりである。

① 借地権単独では取引の対象とされないものの、建物の取引に随伴して取引の対象となり、借地上の建物と一体となった場合に借地権の価格が顕在化する場合がある。

② 宅地の賃貸借契約等に関連して、借地権者から借地権設定者へ支払われる一時金には、一般に、(ア) 預り金的性格を有し、通常、保証金と呼ばれているもの、(イ) 借地権の設定の対価とみなされ、通常、権利金と呼ばれているもの、(ウ) 借地権の譲渡等の承諾を得るための一時金に分類することができる。これらのほか、定期借地権

に係る賃貸借契約等においては、賃料の前払的性格を有し、通常、前払地代と呼ばれているものがある。

これらの一時金が借地権価格又は底地価格を構成するか否かはその名称の如何を問わず、一時金の性格、社会的慣行等を考察して個別に判定することが必要である。

③ 定期借地権及び定期借地権が付着した底地の鑑定評価に当たって留意すべき事項は次のとおりである。

(ｱ) 定期借地権は、契約期間の満了に伴う更新がなされないこと

(ｲ) 契約期間満了時において、借地権設定者に対し、更地として返還される場合又は借地上の建物の譲渡が行われる場合があること

④ 借地権及び底地の鑑定評価においては、預り金的性格を有する一時金についてはその運用益を、前払地代に相当する一時金については各期の前払地代及び運用益を、それぞれ考慮するものとする。

(4) 区分地上権について

区分地上権の鑑定評価に当たって留意すべき事項は次のとおりである。

① 区分地上権の特性に基づく経済価値

区分地上権の鑑定評価においては、特に次に掲げる区分地上権の特性に基づく経済価値に留意することが必要である。

ア 区分地上権設定地の経済価値は、当該設定地の最有効使用に係る階層等に基づいて生ずる上下空間の効用の集積である。したがって、区分地上権の経済価値は、その設定地全体の効用との関数関係に着目して、その設定地全体の経済価値に占める割合として把握される。

イ 区分地上権は、他人の土地の地下又は空間の一部に工作物を設置することを目的として設定する権利であり、その工作物の構造、用途、使用目的、権利の設定期間等により、その経済価値が特定される。

② 区分地上権の設定事例等に基づく比準価格

区分地上権の設定事例等に基づく比準価格は、近隣地域及び同一需給圏内の類似地域等において設定形態が類似している区分地上権の設定事例等を収集して、適切な事例を選択し、必要に応じ事情補正及び時点修正を行い、かつ、地域要因及び個別的要因の比較を行って求めた価格を比較考量して決定するものとする。

この手法の適用に当たっては、特に次に掲げる事項に留意しなければならない。

ア 区分地上権設定地に係る区分地上権の経済価値には、当該区分地上権に係る工作物の保全のため必要な他の空間の使用制限に係る経済価値を含むことが多いので、区分地上権の態様、設定期間等設定事例等の内容を的確に把握すべきである。

イ 時点修正において採用する変動率は、事例に係る不動産の存する用途の地域又は当該地域と相似の価格変動過程を経たと認められる類似の地域における土地の変動

率を援用することができるものとする。
- ウ　地域要因及び個別的要因の比較においては、次に掲げる区分地上権に特有な諸要因について留意する必要がある。
  - (ア)　地域要因については、近隣地域の地域要因にとどまらず、一般に当該区分地上権の効用に寄与する他の不動産（例えば、地下鉄の区分地上権の設定事例の場合における連たんする一団の土地のように、一般に広域にわたって存在することが多い。）の存する類似地域等との均衡を考慮する必要がある。
  - (イ)　個別的要因については、区分地上権に係る地下又は空間の部分についての立体的及び平面的位置、規模、形状等が特に重要であり、区分地上権設定地全体との関連において平面的及び立体的分割の状態を判断しその影響の程度を考慮する必要がある。
- ③　区分地上権の設定事例等に基づく区分地上権割合により求める価格

  近隣地域及び同一需給圏内の類似地域等において設定形態が類似している区分地上権の設定事例等を収集して、適切な事例を選択し、これらに係る設定時又は譲渡時における区分地上権の価格が区分地上権設定地の更地としての価格に占める割合をそれぞれ求め、これらを総合的に比較考量の上適正な割合を判定し、価格時点における当該区分地上権設定地の更地としての価格にその割合を乗じて求めるものとする。

  なお、この手法の適用に当たっては、特に、前記②のウに掲げる事項に留意する必要がある。
- ④　土地残余法に準じて求める収益価格

  土地残余法に準じて求める収益価格は、区分地上権設定地について、当該区分地上権の設定がないものとして、最有効使用を想定して求めた当該設定地全体に帰属する純収益から、当該区分地上権設定後の状態を所与として最有効使用を想定して求めた当該設定地に帰属する純収益を控除して得た差額純収益を還元利回りで還元して得た額について、さらに当該区分地上権の契約内容等による修正を行って求めるものとする。
- ⑤　区分地上権の立体利用率により求める価格

  区分地上権の立体利用率により求める価格は、区分地上権設定地の更地としての価格に、最有効使用を想定して求めた当該区分地上権設定地全体の立体利用率を基準として求めた当該区分地上権に係る立体利用率（当該区分地上権設定地の最有効使用を前提とした経済価値に対する区分地上権の設定部分の経済価値及び当該設定部分の効用を保持するため他の空間部分の利用を制限することに相応する経済価値の合計の割合をいう。）を乗じて得た額について、さらに当該区分地上権の契約内容等による修正を行って求めるものとする。

  なお、この手法の適用に当たっては、特に、前記②のウに掲げる事項に留意する必

要がある。
(5) 対象不動産について土壌汚染が存することが判明している場合等の鑑定評価について
　　土壌汚染が存することが判明している不動産については、原則として汚染の分布状況、汚染の除去等の措置に要する費用等を他の専門家が行った調査結果等を活用して把握し鑑定評価を行うものとする。ただし、この場合でも総論第5章第1節及び本留意事項Ⅲに定める条件設定に係る一定の要件を満たすときは、依頼者の同意を得て、汚染の除去等の措置がなされるものとする想定上の条件を設定し、又は調査範囲等条件を設定して鑑定評価を行うことができる。また、総論第8章第6節及び本留意事項Ⅵに定める客観的な推定ができると認められるときは、土壌汚染が存することによる価格形成上の影響の程度を推定して鑑定評価を行うことができる。
　　なお、汚染の除去等の措置が行われた後でも、心理的嫌悪感等による価格形成への影響を考慮しなければならない場合があることに留意する。

2．建物及びその敷地について
(1) 削除
(2) 区分所有建物及びその敷地について
　　区分所有建物及びその敷地の確認に当たっては、登記事項証明書、建物図面（さらに詳細な図面が必要な場合は、設計図書等）、管理規約、課税台帳、実測図等に基づき物的確認と権利の態様の確認を行う。
　　また、確認に当たって留意すべき主な事項は、次のとおりである。
　① 専有部分
　　ア 建物全体の位置、形状、規模、構造及び用途
　　イ 専有部分の一棟の建物における位置、形状、規模及び用途
　　ウ 専有部分に係る建物の附属物の範囲
　② 共用部分
　　ア 共用部分の範囲及び共有持分
　　イ 一部の区分所有者のみに属する共用部分
　③ 建物の敷地
　　ア 敷地の位置、形状及び規模
　　イ 敷地に関する権利の態様
　　ウ 対象不動産が存する一棟の建物に係る規約敷地の範囲
　　エ 敷地の共有持分
　④ 管理費等
　　　管理費及び修繕積立金の額

3．建物について

複合不動産価格をもとに建物に帰属する額を配分する方法は、「1．(2)建付地について」で述べる方法に準ずるものとする。

IX 「各論第2章 賃料に関する鑑定評価」について

1．宅地について

宅地の新規賃料を求める場合において留意すべき事項は、次のとおりである。

(1) 積算賃料を求めるに当たっての基礎価格は、賃貸借等の契約において、賃貸人等の事情によって使用方法が制約されている場合等で最有効使用の状態を確保できない場合には、最有効使用が制約されている程度に応じた経済価値の減分を考慮して求めるものとする。

また、期待利回りの判定に当たっては、地価水準の変動に対する賃料の遅行性及び地価との相関関係の程度を考慮する必要がある。

(2) 比準賃料は、価格時点に近い時点に新規に締結された賃貸借等の事例から比準する必要があり、立地条件その他の賃料の価格形成要因が類似するものでなければならない。

(3) 配分法に準ずる方法に基づく比準賃料は、宅地を含む複合不動産の賃貸借等の契約内容が類似している賃貸借等の事例に係る実際実質賃料から宅地以外の部分に対応する実際実質賃料相当額を控除する等により求めた比準賃料をいうものであるが、宅地の正常賃料を求める場合における事例資料の選択に当たっては、賃貸借等の契約内容の類似性及び敷地の最有効使用の程度に留意すべきである。

(4) 賃貸事業分析法の適用に当たっては、新たに締結される土地の賃貸借等の契約内容に基づく予定建物を前提として土地に帰属する純収益を求めるものとする。

2．建物及びその敷地について

店舗用ビルの場合には、賃貸人は躯体及び一部の建物設備を施工するのみで賃貸し（スケルトン貸し）、内装、外装及び建物設備の一部は賃借人が施工することがあるので、積算賃料を求めるときの基礎価格の判定及び比準賃料を求めるときの事例の選択に当たっては、これに留意すべきである。

X 「各論第3章 証券化対象不動産の価格に関する鑑定評価」について

1．証券化対象不動産の鑑定評価の基本的姿勢について

各論第3章第1節に規定する証券化対象不動産については、従前に鑑定評価が行われたものを再評価する場合にあっても、各論第3章に従って鑑定評価を行わなければならないものであることに留意する必要がある。

2．処理計画の策定について

(1) 処理計画の策定に当たっての確認については、対象不動産の鑑定評価を担当する不動産鑑定士以外の者が行う場合もあり得るが、当該不動産鑑定士が鑑定評価の一環として責任を有するものであることに留意しなければならない。

(2) 処理計画の策定に当たっての確認において、依頼者から鑑定評価を適切に行うための資料の提出等について依頼者と交渉を行った場合には、その経緯を確認事項として記録しなければならない。また、確認事項の記録を鑑定評価報告書の附属資料として添付することとしているが、鑑定評価書への添付までを求めるものではないが、同記録は不動産の鑑定評価に関する法律施行規則第38条第2項に定める資料として保管されなければならないことに留意する必要がある。

(3) エンジニアリング・レポート及びDCF法等を適用するために必要となる資料等の入手が複数回行われる場合並びに対象不動産の実地調査が複数回行われる場合にあっては、各段階ごとの確認及び記録が必要であることに留意しなければならない。

(4) 各論第3章第3節Ⅲに、依頼者の証券化関係者との関係について記載する旨定めているが、不動産鑑定士の対象不動産に関する利害関係又は対象不動産に関し利害関係を有する者との縁故若しくは特別の利害関係の有無及び内容については、総論第9章第2節により記載する必要があることに留意しなければならない。

3．証券化対象不動産の個別的要因の調査について

証券化対象不動産の個別的要因の調査に当たっては、次に掲げる事項に留意する必要がある。

(1) 同一の証券化対象不動産の再評価を行う場合における物的確認については、本留意事項Ⅵ3.(1)に定めるところにより、内覧の全部又は一部の実施について省略することができる。この場合においては、各論第3章第4節Ⅲ(3)の表に掲げる専門性の高い個別的要因についても、直近に行った鑑定評価の価格時点と比較して重要な変化がないと認められることが必要であるほか、各論第3章第4節Ⅱに定める、実地調査に関する鑑定評価報告書への記載事項に加え、直近に行った鑑定評価の価格時点と比較して当該不動産の個別的要因に重要な変化がないと判断した理由について記載する。

(2) エンジニアリング・レポートの活用に当たっては、不動産鑑定士が主体的に責任を持ってその活用の有無について判断を行うものであることに留意する必要がある。また、エンジニアリング・レポートの内容の適切さや正確さ等の判断に当たっては、必要に応じて、建築士等他の専門家の意見も踏まえつつ検証するよう努めなければならないことに留意する必要がある。

既存のエンジニアリング・レポートの活用で対応できる場合がある一方、エンジニアリング・レポートが形式的に項目を満たしていても、鑑定評価にとって不十分で不動産

鑑定士の調査が必要となる場合もある。
(3) 鑑定評価に必要な対象不動産の物的確認、法的確認等に当たっては、各論第3章第4節Ⅲ(3)の表に掲げる内容や別表1の項目に掲げる内容が必要最小限度のものを定めたものであり、必要に応じて項目・内容を追加し、確認しなければならないことに留意する必要がある。
(4) できる限り依頼者からエンジニアリング・レポートの全部の提供を受けるとともに、エンジニアリング・レポートの作成者からの説明を直接受ける機会を求めることが必要である。
(5) なお、エンジニアリング・レポートの作成は委託される場合が多いが、この場合には、エンジニアリング・レポートの作成者は調査の受託者を指すことに留意しなければならない。また、この場合においては、エンジニアリング・レポートの作成者を鑑定評価報告書に記載する際、調査の委託者の名称も記載する必要がある。

4．DCF法の適用等について
　DCF法の適用等に当たっては、次に掲げる事項に留意する必要がある。
(1) 収益費用項目及びその定義を依頼者に説明するに当たって、各項目ごとの具体的な積算内訳など不動産の出納管理に関するデータ等と収益費用項目の対応関係を示すなどの工夫により、依頼者が不動産鑑定士に提供する資料の正確性の向上に十分配慮しなければならない。
(2) 収益費用項目においては、信託報酬、特別目的会社・投資法人・ファンド等に係る事務費用、アセットマネジメントフィー（個別の不動産に関する費用は除く）等の証券化関連費用は含まないこと。「純収益」は償却前のものとして求めることとしていることから減価償却費は計上しないことに留意する必要がある。また、各論第3章第5節Ⅱ(1)の表に定める「運営純収益」と証券化対象不動産に係る一般の開示書類等で見られるいわゆる「NOI（ネット・オペレーティング・インカム）」はその内訳が異なる場合があることに留意する必要がある。
(3) 各論第3章第5節Ⅱ(1)の表の収益費用項目のうち「運営純収益」と「純収益」の差額を構成する「一時金の運用益」と「資本的支出」の算出について、「一時金の運用益」の利回りの考え方を付記するとともに、「資本的支出」と「修繕費」の区分については、税務上の整理等との整合性に十分配慮する必要があることに留意しなければならない。
(4) 収益費用項目については、DCF法を適用した場合の検証として適用する直接還元法においても、同様に用いる必要がある。

附　則（平成14年7月3日全部改正）

　この不動産鑑定評価基準運用上の留意事項は、平成15年1月1日から施行する。

附　則（平成19年4月2日一部改正）

　1．この留意事項は、平成19年7月1日から施行する。
　2．不動産鑑定士補は、改正後の留意事項の適用については、不動産鑑定士とみなす。

附　則（平成21年8月28日一部改正）

　この改正は、平成22年1月1日から施行し、改正後の不動産鑑定評価基準運用上の留意事項は、同日以後に契約を締結する鑑定評価から適用する。

附　則（平成22年3月31日一部改正）

　この改正は、土壌汚染対策法の一部を改正する法律（平成21年法律第23号）の施行の日（平成22年4月1日）から施行する。

附　則（平成26年5月1日一部改正）

　この改正は、平成26年11月1日から施行し、改正後の不動産鑑定評価基準運用上の留意事項は、同日以後に契約を締結する鑑定評価から適用する。

(写)

平成21年8月28日
国土地第21号の3

社団法人　日本不動産鑑定協会会長　殿

国土交通事務次官

不動産鑑定士が不動産に関する価格等調査を行う場合の業務の目的と範囲等
の確定及び成果報告書の記載事項に関するガイドラインについて（通知）

　依頼者のニーズの多様化等を背景に、不動産の鑑定評価においては、従来からの不動産鑑定評価基準に則った定型的な業務に加え、基準によらない価格等の調査が行われるようになっているが、このような調査のニーズは、今後も、企業会計における不動産の時価評価の一部義務化や CRE 戦略等の進展等を背景に、増大することが想定される。
　このような状況にかんがみ、平成21年3月31日に国土審議会土地政策分科会不動産鑑定評価部会により取りまとめられた報告を踏まえ、別添のとおり「不動産鑑定士が不動産に関する価格等調査を行う場合の業務の目的と範囲等の確定及び成果報告書の記載事項に関するガイドライン」を策定したので、通知する。
　本ガイドラインの策定は、不動産の鑑定評価に関する法律（昭和38年法律第152号）第3条第1項に規定する不動産の鑑定評価であるか、同条第2項に規定するいわゆる隣接・周辺業務であるかを問わず、不動産鑑定士及び不動産鑑定士補が行う不動産に関する価格等調査全般について、確認、確定すべき事項、成果報告書への記載事項等を定め、価格等調査業務の適正かつ的確な遂行を図ることを目的とするものである。
　なお、策定された本ガイドラインは、平成22年1月1日から施行し、同日以後に契約を締結する価格等調査から適用するものとする。貴会においては、所属会員が内容を正確に理解し、必要な能力の研鑽に努め、適正な業務の推進に一層努めるよう、所属会員に対する研修等に万全を期されたい。

(写)

平成21年8月28日
国土地第22号の3

社団法人　日本不動産鑑定協会会長　殿

国土交通省土地・水資源局長

不動産鑑定士が不動産に関する価格等調査を行う場合の業務の
目的と範囲等の確定及び成果報告書の記載事項に関するガイド
ライン運用上の留意事項について（通知）

　不動産鑑定士が不動産に関する価格等調査を行う場合の業務の目的と範囲等の確定及び成果報告書の記載事項に関するガイドラインについては、平成21年8月28日付け国土地第21号の3をもって通知されたところであるが、さらに同ガイドライン運用上の留意事項を別添のとおり策定したので、通知する。
　なお、本運用上の留意事項は、平成22年1月1日から施行し、同日以後に契約を締結する価格等調査から適用するものとする。貴会においては、所属会員が内容を正確に理解し、必要な能力の研鑽に努め、適正な業務の推進に一層努めるよう、所属会員に対する研修等に万全を期されたい。

資料編

平成26年5月1日
国土鑑第9号の5

公益社団法人　日本不動産鑑定士協会連合会会長　殿

国土交通事務次官

不動産鑑定士が不動産に関する価格等調査を行う場合の業務の目的と範囲等の
確定及び成果報告書の記載事項に関するガイドライン等の一部改正について
（通知）

　今般、不動産鑑定評価基準及び不動産鑑定評価基準運用上の留意事項が一部改正され、平成26年5月1日付け国土鑑第8号の5をもって通知したところであるが、これに伴い、「不動産鑑定士が不動産に関する価格等調査を行う場合の業務の目的と範囲等の確定及び成果報告書の記載事項に関するガイドライン」及び「不動産鑑定士が不動産に関する価格等調査を行う場合の業務の目的と範囲等の確定及び成果報告書の記載事項に関するガイドライン運用上の留意事項」（以下「ガイドライン等」という。）について、所要の規定の整理を行う必要があるため、別添1及び別添2のとおり改正を行ったので、通知する。
　今般の改正内容を十分に了知の上、貴所属会員に対する周知徹底を図られたい。
　なお、この改正は、平成26年11月1日から施行し、改正後のガイドライン等は、同日以後に契約を締結する価格等調査業務から適用するものであることを申し添える。

(別添3)

不動産鑑定士が不動産に関する価格等調査を行う場合の業務の目的と範囲等の確定及び成果報告書の記載事項に関するガイドライン

平成21年8月28日

平成26年5月1日一部改正

国土交通省

資料編

目　次

I．総論 ··· 635
　1．本ガイドラインの趣旨 ··· 635
　2．定義 ·· 635
　3．本ガイドラインの適用範囲及び不動産鑑定評価基準との関係 ························· 636
　4．不動産鑑定評価基準に則った鑑定評価と則らない価格等調査との峻別等 ··········· 636
　5．特定の価格等調査の条件を設定した価格等調査について ······························ 636
II．業務の目的と範囲等の確定 ··· 637
　1．依頼目的、利用者の範囲等 ·· 637
　2．利害関係等 ··· 638
　3．価格等調査の基本的事項 ·· 639
　4．価格等調査の手順 ··· 640
　5．不動産鑑定評価基準に則った鑑定評価と結果が異なる可能性がある旨（不動産
　　　鑑定評価基準に則らない価格等調査の場合に限る） ······································ 641
III．業務の目的と範囲等に関する成果報告書への記載事項 ····································· 641
　1．調査価格等 ··· 642
　2．依頼目的、利用者の範囲等 ·· 642
　3．価格等調査の基本的事項 ·· 642
　4．価格等調査の手順 ··· 643
　5．価格等調査を行った年月日 ·· 643
　6．利害関係等 ··· 643
　7．価格等調査に関与した不動産鑑定士の氏名 ·· 644
IV．不動産鑑定士が直接不動産の鑑定評価に関する法律第3条第2項の業務を行う
　　場合についての準用 ··· 644
附則 ··· 645

Ⅰ. 総　論

1. 本ガイドラインの趣旨

本ガイドラインは、不動産鑑定士及び不動産鑑定士補（以下「不動産鑑定士」という。）が、その所属する不動産鑑定業者が業として価格等調査を行う場合に、当該価格等調査の目的と範囲等に関して依頼者との間で確定すべき事項及び成果報告書の記載事項等について定めるものである。

2. 定義

本ガイドラインにおける用語の定義は以下のとおりとする。

(1) 「鑑定評価等業務」とは、不動産の鑑定評価に関する法律（昭和38年法律第152号）第3条第1項の業務（鑑定評価業務）又は同条第2項の業務（いわゆる隣接・周辺業務）をいう。

(2) 「価格等」とは、不動産の価格又は賃料をいう。

(3) 「文書等」とは、文書又は電磁的記録をいう。

(4) 「価格等調査」とは、不動産の価格等を文書等に表示する調査をいう。なお、価格等調査は、不動産の鑑定評価に関する法律第3条第1項の業務（鑑定評価業務）の場合のほか、同条第2項の業務（いわゆる隣接・周辺業務）の場合がある。

(5) 「依頼者」とは、不動産鑑定業者（いわゆる隣接・周辺業務の場合は不動産鑑定業者又は不動産鑑定士）に価格等調査を求める他人をいい、証券化対象不動産の価格等調査の場合の実質的な依頼者となるアセットマネジャー等を含むものとする。

(6) 「不動産鑑定評価基準に則った鑑定評価」とは、不動産鑑定評価基準のすべての内容に従って行われる価格等調査をいい、例えば、不動産鑑定評価基準に定める要件を満たさない価格等調査の条件を設定した場合等、不動産鑑定評価基準の一部分のみを適用・準用した価格等調査は含まれないものとする。

(7) 「不動産鑑定評価基準に則らない価格等調査」とは、不動産鑑定評価基準に則った鑑定評価以外の価格等調査をいう。

(8) 「調査価格等」とは、価格等調査の途中で、又は成果として求められる価格等をいう。

(9) 「成果報告書」とは、価格等調査の成果をⅢ. に従い書面に示したものをいう。

(10) 「公表・開示・提出」とは、調査価格等が不特定多数の者に広く公表されること、若しくは依頼者以外の者に開示されること、又は成果報告書が依頼者以外の者に提出されることをいう。

(11) 「開示・提出先」とは、調査価格等が開示される依頼者以外の者又は成果報告書が提出される依頼者以外の者をいう。

(12) 「利用者」とは、依頼者並びに開示・提出先及び公表される調査価格等を利用する者

(法令等に基づく不動産鑑定士による鑑定評価を踏まえ販売される金融商品の購入者を含む。）をいう。

3．本ガイドラインの適用範囲及び不動産鑑定評価基準との関係

　本ガイドラインは、不動産の鑑定評価に関する法律第3条第1項に規定する不動産の鑑定評価であるか、同条第2項に規定するいわゆる隣接・周辺業務であるかを問わず、価格等調査を行う場合に、不動産鑑定士が従うべき業務の方法等を示すものであり、不動産鑑定評価基準に則った鑑定評価を行う場合は、不動産鑑定評価基準のほか、本ガイドラインに従うものとする。

　なお、他の不動産鑑定業者が依頼者から受託した価格等調査業務の全部又は一部について価格等調査を当該他の不動産鑑定業者から再受託する場合の当該再受託する価格等調査については、本ガイドラインは適用しない。ただし、必要に応じ、本ガイドラインに準じた措置を取るよう努めるものとする。

　また、国又は地方公共団体が依頼する地価公示、都道府県地価調査、路線価、固定資産税評価等、別に法令等に定めるものは、当該法令等に従うものとし、本ガイドラインは適用しない。

4．不動産鑑定評価基準に則った鑑定評価と則らない価格等調査との峻別等

　不動産鑑定評価基準は、不動産鑑定士が不動産の鑑定評価を行うに当たっての統一的基準であり、不動産鑑定評価制度の適切な運用に寄与し、もって不動産の適正な価格の形成に資することを目的とするものであることから、不動産鑑定士が不動産の価格等を調査するに当たっては、不動産鑑定評価基準に則った鑑定評価を行うことを原則とする。ただし、①調査価格等が依頼者の内部における使用にとどまる場合、②公表・開示・提出される場合でも利用者の判断に大きな影響を与えないと判断される場合、③調査価格等が公表されない場合ですべての開示・提出先の承諾が得られた場合、④不動産鑑定評価基準に則ることができない場合、又は⑤その他「Ⅱ．1．依頼目的、利用者の範囲等」等を勘案して不動産鑑定評価基準に則らないことに合理的な理由がある場合には、不動産鑑定評価基準に則らない価格等調査を行うことができる。

5．特定の価格等調査の条件を設定した価格等調査について

　以下の(1)から(4)に掲げる価格等調査を行う場合において、それが不動産鑑定評価基準に則らない価格等調査であり、かつ、調査価格等又は成果報告書が公表・開示・提出されるときには、不動産鑑定評価基準「第5章　鑑定評価の基本的事項　第1節　対象不動産の確定」、「第8章　鑑定評価の手順　第4節　対象不動産の確認」のうち、当該価格等調査の条件に係る部分以外については、不動産鑑定評価基準に則るものとする。

価格等調査ガイドライン

(1) 造成に関する工事が完了していない土地又は建築に係る工事（建物を新築するもののほか、増改築等を含む。）が完了していない建物について、当該工事の完了を前提として行う価格等調査
(2) 土壌汚染の可能性を考慮外とする価格等調査
(3) 建物環境についてアスベスト等の有害物質の存在の可能性を考慮外とする価格等調査
(4) 埋蔵文化財又は地下埋設物の埋蔵又は埋設の可能性を考慮外とする価格等調査
　　ただし、次の①から③に該当する場合については、この限りではない。
　① 調査価格等が公表されない場合で、すべての開示・提出先の承諾が得られた場合
　② 調査価格等又は成果報告書が利用者の判断に大きな影響を与えないと判断される場合
　③ その他、「Ⅱ．１．依頼目的、利用者の範囲等」等を勘案して合理的な理由がある場合

Ⅱ．業務の目的と範囲等の確定

　価格等調査の業務の目的と範囲等の確定を担当する不動産鑑定士（「確定担当不動産鑑定士」という。）は、契約の締結までに、以下の事項を依頼者に確認した上で確定するものとする。不動産鑑定業者は以下の事項を明記した文書等を契約の締結までに依頼者に交付するものとする。また、契約の締結後に当該文書等に記載された事項を変更する場合には、確定担当不動産鑑定士は変更について依頼者に確認した上で確定し、不動産鑑定業者は、成果報告書の交付までに、変更を明記した文書等を依頼者に交付するものとする。
　不動産鑑定士は、文書等に記載された内容に従って価格等調査を行うものとする。

１．依頼目的、利用者の範囲等
(1) 価格等調査の依頼目的及び依頼が必要となった背景
　　依頼目的の具体例は以下のとおり。
　　　売買の参考のための調査、担保評価のための調査、不動産投信等の保有資産の調査、棚卸資産の低価法適用のための調査、賃貸等不動産の時価評価のための調査、訴訟に使用するための調査など。
(2) 利用者の範囲
　　①依頼者、②成果報告書が依頼者以外の者に提出される場合には当該提出先、③調査価格等が依頼者以外の者に開示される場合には当該開示先、④調査価格等が公表される場合はその旨。
　　なお、公表・開示・提出されるにもかかわらず、利用者の判断に大きな影響を与えないと判断される場合は、当該判断が合理的である理由を検証するものとする。

(3) 事後の利用者の範囲の拡大の際の承諾の必要性

　　価格等調査終了後に、①当初公表が予定されていなかった調査価格等について公表されることとなる場合や、②当初定めた開示・提出先が広がる場合には、当該公表、開示又は提出の前に依頼者が不動産鑑定業者に文書等を交付することにより、不動産鑑定業者及び不動産鑑定士の承諾を得る必要があること。ただし、不動産鑑定評価基準に則った鑑定評価を行う場合には、必ずしも確定、明記することを求めない。

(4) 開示・提出先の承諾

　　調査価格等が公表されない場合であって、すべての開示・提出先から不動産鑑定評価基準に則った鑑定評価としないことについて承諾が得られている場合は、その旨。

2．利害関係等

(1) 不動産鑑定士及び不動産鑑定業者の対象不動産に関する利害関係等

　　価格等調査に関与する不動産鑑定士及び当該不動産鑑定士が所属する不動産鑑定業者の①対象不動産に関する利害関係又は対象不動産に関し利害関係を有する者との縁故若しくは特別の利害関係の有無及び②その内容。

(2) 依頼者と不動産鑑定士及び不動産鑑定業者との間の関係

　　公表・開示・提出される場合及び不動産鑑定評価基準に則った鑑定評価を行う場合においては、依頼者と価格等調査に関与する不動産鑑定士及び当該不動産鑑定士が所属する不動産鑑定業者との間の①特別の資本的関係、人的関係及び取引関係の有無並びに②その内容。

(3) 開示・提出先と不動産鑑定士及び不動産鑑定業者との間の関係

　　調査価格等が依頼者以外の者へ開示される場合及び成果報告書が依頼者以外の者に提出される場合においては、開示・提出先と価格等調査に関与する不動産鑑定士及び当該不動産鑑定士が所属する不動産鑑定業者との間の①特別の資本的関係、人的関係及び取引関係の有無並びに②その内容。ただし、開示・提出先が未定の場合や開示・提出先の具体的名称が明らかでない場合は、その旨。

(4) 依頼者の証券化関係者との関係

　　証券化対象不動産に係る価格等調査の場合には、依頼者と証券化対象不動産との利害関係に関する次の事項。

　① 依頼者が証券化対象不動産の証券化に係る利害関係者（オリジネーター、アレンジャー、アセットマネジャー、レンダー、エクイティ投資家又は特定目的会社・投資法人・ファンド等をいい、以下「証券化関係者」という。）のいずれであるかの別

　② 依頼者と証券化関係者との資本関係、取引関係その他特別な利害関係の有無及びこれらの関係を有する場合にあっては、その内容

　なお、以下の場合には、(2)及び(3)の関係を明記することを省略することができる。

ただし、不動産鑑定評価基準に則った鑑定評価を行う場合には省略することはできない。
① 調査価格等が公表されない場合で、すべての依頼者及び開示・提出先が、成果報告書への(2)及び(3)の記載を省略することについて承諾しており、その旨を確認・明記した場合。
② 公表・開示・提出される場合で利用者の判断に大きな影響を与えないと判断される場合。

3．価格等調査の基本的事項
　確定担当不動産鑑定士は、1．及び2．に照らして適切な価格等調査の基本的事項を確定し、以下の項目ごとに明記する。
(1)　対象不動産
　　①価格等調査の対象となる土地又は建物等並びに②価格等調査の対象となる所有権及び所有権以外の権利。
(2)　価格等調査の条件
　　不動産鑑定評価基準に定める条件設定の要件を満たさない価格等調査の条件を設定した場合には、不動産鑑定評価基準に則らないこととなる。この場合には、「1．依頼目的、利用者の範囲等」等に照らして当該価格等調査の条件を設定することが合理的である理由を検証するものとする。
　① 対象確定条件
　　　価格等調査の対象とする不動産（依頼内容に応じて次の1）から5）までのような条件により定められた不動産をいう。）の①所在、範囲等の物的事項及び②所有権、賃借権等の対象不動産の権利の態様に関する事項を確定するために必要な条件。
　　1）不動産が土地のみの場合又は土地及び建物等の結合により構成されている場合において、その状態を所与として価格等調査の対象とすること。
　　2）不動産が土地及び建物等の結合により構成されている場合において、その土地のみを建物等が存しない独立のもの（更地）として価格等調査の対象とすること。
　　3）不動産が土地及び建物等の結合により構成されている場合において、その状態を所与として、その不動産の構成部分を価格等調査の対象とすること。
　　4）不動産の併合又は分割を前提として、併合後又は分割後の不動産を単独のものとして価格等調査の対象とすること。
　　5）造成に関する工事が完了していない土地又は建築に係る工事（建物を新築するもののほか、増改築等を含む。）が完了していない建物について、当該工事の完了を前提として価格等調査の対象とすること。
　② 想定上の条件

想定上の条件を設定する場合は、その内容。
③ 調査範囲等条件
不動産鑑定評価基準に定める調査範囲等条件のほか、調査の範囲等に係る条件を設定する場合は、その内容。
(3) 価格等調査の時点
価格等調査の基準日。
なお、価格等調査の時点は、価格等調査を行う年月日を基準として①現在の場合（現在時点）、②過去の場合（過去時点）及び③将来の場合（将来時点）に分けられる。
(4) 価格等を求める方法又は価格等の種類
①不動産鑑定評価基準に則らない価格等調査を行う場合は、どのような方法で価格等を求めるのか。②不動産鑑定評価基準に則った鑑定評価を行う場合は、不動産鑑定評価基準総論第5章第3節に規定する価格又は賃料の種類（正常価格、限定価格、特定価格、特殊価格等）。
(5) 不動産鑑定評価基準に則った鑑定評価との主な相違点及びその妥当性
(1)から(4)までの全部又は一部が不動産鑑定評価基準に則らない場合は、不動産鑑定評価基準における基本的事項との主な相違点。
なお、併せて「1．依頼目的、利用者の範囲等」等に照らした当該相違点の合理的な理由を検証するものとする。

4．価格等調査の手順

確定担当不動産鑑定士は、1．及び2．に照らして適切な価格等調査の手順を確定し、以下の項目ごとに明記する。

(1) 調査スケジュール
調査スケジュール。ただし、処理計画を策定し、依頼者に交付する場合は、これを調査スケジュールに代えることができる。
(2) 実地調査の有無及びその方法
対象不動産の実地調査の有無及び実地調査を行う場合の実地調査の範囲（内覧の実施の有無を含む。）、立会いの有無（立会人又は管理者の属性を含む。）等
対象不動産の実地調査の方法。
(3) 資料の収集及び整理の方法
①依頼者から提供された資料をそのまま使用するのか、②依頼者から提供された資料を不動産鑑定士が判断して使用するのか、③不動産鑑定士が独自調査を行うのか及び独自調査を行う場合の範囲、④エンジニアリング・レポート等他の専門家の行う調査の使用の有無及び使用する場合に提供されたものをそのまま使用するのか、提供されたものを不動産鑑定士が判断して使うのか、不動産鑑定士が自ら発注して取得するのかなど、

依頼目的等にかんがみ価格等調査に当たって必要となる主な資料の収集及び整理方法。
(4) 適用する価格等調査の手法
　　①鑑定評価の各手法の適用の有無及び②他の方法を採用する場合の当該方法。
(5) 不動産鑑定評価基準に則った鑑定評価との主な相違点及びその妥当性
　　(1)から(4)までの全部又は一部が不動産鑑定評価基準に則らない場合は、不動産鑑定評価基準における手順との主な相違点。
　　なお、併せて「1．依頼目的、利用者の範囲等」等に照らした当該相違点の合理的な理由を検証するものとする。

5．不動産鑑定評価基準に則った鑑定評価と結果が異なる可能性がある旨（不動産鑑定評価基準に則らない価格等調査の場合に限る）
　　3．及び4．に基づき、1．及び2．に照らして適切な価格等調査の基本的事項及び手順を確定した結果、3．(5)に記載したとおり価格等調査の基本的事項の全部若しくは一部を不動産鑑定評価基準に則った鑑定評価と異なることとした場合又は4．(5)に記載したとおり価格等調査の手順を不動産鑑定評価基準に定める手順と異なることとした場合には、これらの相違点があることにより不動産鑑定評価基準に則った鑑定評価とは結果が異なる可能性がある旨。

Ⅲ．業務の目的と範囲等に関する成果報告書への記載事項

　成果報告書の作成を担当する不動産鑑定士（「作成担当不動産鑑定士」という。）は、価格等調査を行った場合、最低限以下の1．から7．までの事項を記載した成果報告書を作成し、不動産鑑定業者はこれを依頼者に交付するものとする。
　また、①価格等調査の基本的事項として不動産鑑定評価基準総論第5章に定める事項以外を定めた場合又は②不動産鑑定評価基準総論第8章及び各論第3章に定める手順を省略した場合等価格等調査の基本的事項又は手順がこれらの章に定める価格等調査の基本的事項又は手順と異なる場合の成果報告書には、以下の1）及び2）のような業務の成果物の性格や取扱いについて、調査価格等の近傍など分かりやすい場所に記載するものとする。
1）本価格等調査では、3．(5)に記載したとおり価格等調査の基本的事項の全部又は一部が不動産鑑定評価基準に則った鑑定評価と異なる、又は、4．(2)に記載したとおり価格等調査の手順が不動産鑑定評価基準に定める手順と異なることから、不動産鑑定評価基準に則った鑑定評価とは結果が異なる可能性がある旨。
2）本価格等調査は、2．に記載された依頼目的で使用されること、及び利用者の範囲は2．に記載されたとおりであることを前提としたものであり、2．に記載された以外の目的での使用及び2．に記載されていない者への調査価格等又は成果報告書の公表・開

資料編

示・提出は想定していない旨。

1. 調査価格等

2. 依頼目的、利用者の範囲等
  (1) 価格等調査の依頼目的
    売買の参考のための調査、担保評価のための調査、不動産投信等の保有資産の調査、棚卸資産の低価法適用のための調査、賃貸等不動産の時価評価のための調査、訴訟に使用するための調査など。
  (2) 利用者の範囲
    ①依頼者、②成果報告書が依頼者以外の者に提出される場合には当該提出先、③調査価格等が依頼者以外の者に開示される場合には当該開示先、④調査価格等が公表される場合はその旨。
  (3) 利用者の判断に大きな影響を与えないと判断される理由
    公表・開示・提出されるにもかかわらず、利用者の判断に大きな影響を与えないと判断される場合は、①その旨及び②当該判断が合理的である理由。ただし、不動産鑑定評価基準に則った鑑定評価を行った場合には、必ずしも記載することを求めない。
  (4) 事後の利用者の範囲の拡大の際の承諾の必要性
    価格等調査終了後に、①当初公表が予定されていなかった調査価格等について公表されることとなる場合や、②当初定めた開示・提出先が広がる場合には、当該公表、開示又は提出の前に依頼者が不動産鑑定業者に文書等を交付することにより、不動産鑑定業者及び不動産鑑定士の承諾を得る必要がある旨。ただし、不動産鑑定評価基準に則った鑑定評価を行った場合には、必ずしも記載することを求めない。
  (5) 開示・提出先の承諾
    すべての開示・提出先から不動産鑑定評価基準に則った鑑定評価としないことについて承諾が得られている場合は、その旨。

3. 価格等調査の基本的事項
  (1) 対象不動産
  (2) Ⅱ.3.(2)により設定した価格等調査の条件
    ① 設定した対象確定条件。
    ② 設定した想定上の条件。
    ③ 設定した調査範囲等条件。
    ④ 不動産鑑定評価基準に定める条件設定の要件を満たさない価格等調査の条件を設定した場合には、不動産鑑定評価基準に則らないこととなる。この場合には、「2．依

頼目的、利用者の範囲等」等に照らして当該価格等調査の条件を設定したことが合理的である理由。
(3) Ⅱ．3．(3)により確定した価格等調査の時点
(4) Ⅱ．3．(4)により確定した価格等を求める方法又は価格等の種類
(5) 不動産鑑定評価基準に則った鑑定評価との主な相違点及びその妥当性の根拠
「Ⅱ．3．価格等調査の基本的事項」の全部又は一部が不動産鑑定評価基準に則らない場合は、(1)から(4)までの事項を含め不動産鑑定評価基準における基本的事項との主な相違点及び「2．依頼目的、利用者の範囲等」等に照らした当該相違点の合理的な理由。

4．価格等調査の手順
(1) 調査上の不明事項に係る取扱い及び調査の範囲
資料収集の限界、資料の不備等によって明らかにすることができなかった事項が存する場合の調査上の取扱い（例えば、価格等調査の条件を設定して当該事項にかかる価格形成要因を除外して価格等調査を行ったのか、不動産鑑定士が価格等への影響の程度について合理的に推定して価格等調査を行ったのか、他の専門家等が行った調査結果等を活用したのかなど）。
(2) 不動産鑑定評価基準に則った鑑定評価との主な相違点及びその妥当性の根拠
「Ⅱ．4．価格等調査の手順」の全部又は一部が不動産鑑定評価基準に則っていない場合は、不動産鑑定評価基準における手順との主な相違点及び「2．依頼目的、利用者の範囲等」に照らした当該相違点の合理的な理由。

5．価格等調査を行った年月日
価格等調査を行った年月日のほか、実際に現地に赴き対象不動産の現況を確認した場合はその年月日。実際に現地に赴いていない場合はその旨。

6．利害関係等
(1) 不動産鑑定士及び不動産鑑定業者の対象不動産に関する利害関係等
価格等調査に関与した不動産鑑定士及び当該不動産鑑定士が所属する不動産鑑定業者の①対象不動産に関する利害関係又は対象不動産に関し利害関係を有する者との縁故若しくは特別の利害関係の有無及び②その内容。
(2) 依頼者と不動産鑑定士及び不動産鑑定業者との間の関係
調査価格等が公表・開示・提出される場合及び不動産鑑定評価基準に則った鑑定評価を行った場合においては、依頼者と価格等調査に関与した不動産鑑定士及び当該不動産鑑定士が所属する不動産鑑定業者との間の①特別の資本的関係、人的関係及び取引関係

の有無並びに②その内容。
(3) 開示・提出先と不動産鑑定士及び不動産鑑定業者との間の関係
調査価格等が依頼者以外の者へ開示される場合及び成果報告書が依頼者以外の者へ提出される場合においては、開示・提出先と価格等調査に関与した不動産鑑定士及び当該不動産鑑定士が所属する不動産鑑定業者との間の①特別の資本関係、人的関係及び取引関係の有無並びに②その内容。ただし、開示・提出先が未定の場合や開示先の具体的名称が明らかでない場合は、その旨。
(4) 依頼者の証券化関係者との関係
証券化対象不動産に係る価格等調査の場合には、依頼者と証券化対象不動産との利害関係に関する次の事項。
① 依頼者が証券化関係者のいずれであるかの別
② 依頼者と証券化関係者との資本関係、取引関係その他特別な利害関係の有無及びこれらの関係を有する場合にあっては、その内容

なお、以下の場合には、(2)及び(3)の関係を記載することを省略することができる。ただし、不動産鑑定評価基準に則った鑑定評価を行った場合には省略することはできない。
① 調査価格等が公表されない場合で、すべての依頼者及び開示・提出先が、成果報告書への(2)及び(3)の記載を省略することについて承諾しており、その旨を確認・記載した場合。
② 公表・開示・提出される場合で利用者の判断に大きな影響を与えないと判断され、２．(3)の事項を記載した場合。

7．価格等調査に関与した不動産鑑定士の氏名
他の不動産鑑定業者に業務の全部又は一部を再委託した場合の当該不動産鑑定業者の不動産鑑定士を含め、価格等調査に関与した不動産鑑定士全員の氏名。

Ⅳ．不動産鑑定士が直接不動産の鑑定評価に関する法律第３条第２項の業務を行う場合についての準用

本ガイドラインは、不動産鑑定士が直接依頼者から不動産の鑑定評価に関する法律第３条第２項の業務として価格等調査を依頼されて当該価格等調査を行う場合に準用するものとする。

附　則
1．このガイドラインは、平成22年1月1日から施行し、同日以後に契約を締結する価格等調査から適用する。
2．国土交通省は、このガイドラインの施行の状況について、必要に応じ、随時検討を加え、その結果に基づいて必要な措置を講ずるものとする。

附　則（平成26年5月1日一部改正）
　この改正は、平成26年11月1日から施行し、改正後の不動産鑑定士が不動産に関する価格等調査を行う場合の業務の目的と範囲等の確定及び成果報告書の記載事項に関するガイドラインは、同日以後に契約を締結する価格等調査から適用する。

（別添４）

不動産鑑定士が不動産に関する価格等調査を行う場合の業務の目的と範囲等の確定及び成果報告書の記載事項に関するガイドライン運用上の留意事項

平成21年8月28日

平成26年5月1日一部改正
令和3年9月1日一部改正

国土交通省

目　次

I．総論関係 ……………………………………………………………………………650
　1．「2．定義」関係 ………………………………………………………………650
　　価格等調査ガイドラインの対象とする価格等調査について ……………………650
　2．「3．本ガイドラインの適用範囲及び不動産鑑定評価基準との関係」関係 ………650
　　他の不動産鑑定業者から再受託する価格等調査への適用について ……………650
　3．「4．不動産鑑定評価基準に則った鑑定評価と則らない価格等調査との峻別等」関係 ‥650
　　1）不動産鑑定評価基準に則らない価格等調査を行うことができる場合について …650
　　2）依頼者の内部における使用の考え方について ………………………………650
　　3）利用者の判断に大きな影響を与えると判断される場合について ……………651
　　4）「Ⅱ．1．依頼目的、利用者の範囲等」等を勘案して不動産鑑定評価基準に則らないことに合理的な理由がある場合について ………………………652
Ⅱ．業務の目的と範囲等の確定関係 …………………………………………………652
　1．前文関係 …………………………………………………………………………652
　　1）確定担当不動産鑑定士について ………………………………………………652
　　2）確定した事項の変更を明記した文書等の交付の時期について ……………653
　　3）業務の目的と範囲等の確定を行う対象となる不動産について ……………653
　2．「1．依頼目的、利用者の範囲等」関係 ……………………………………653
　　1）利用者の範囲について …………………………………………………………653
　　2）利用者の判断に大きな影響を与えないと判断される合理的理由の検証について …653
　　3）事後の利用者の範囲の拡大の際の承諾の必要性について …………………653
　3．「2．利害関係等」関係 ………………………………………………………654
　　1）価格等調査に関与する不動産鑑定士について ………………………………654
　　2）価格等調査に関与する不動産鑑定士が所属する不動産鑑定業者について ………654
　　3）明記すべき特別の資本的関係、人的関係及び取引関係について ……………654
　4．「3．価格等調査の基本的事項」関係 ………………………………………655
　　1）価格等調査の条件を設定することが合理的である理由の検証について ………655
　　2）不動産鑑定評価基準における基本的事項との相違点の合理的な理由の検証について ……………………………………………………………………655
　　3）価格等調査の条件の設定及び不動産鑑定評価基準に則った鑑定評価との主な相違点についての合理的理由の検証について ……………………………655
　5．「4．価格等調査の手順」関係 ………………………………………………656
　　不動産鑑定評価基準における手順との相違点の合理的な理由の検証について ………656

Ⅲ．業務の目的と範囲等に関する成果報告書への記載事項関係……………………………656
　1．前文関係………………………………………………………………………………………656
　　作成担当不動産鑑定士について……………………………………………………………656
　2．「2．依頼目的、利用者の範囲等」関係……………………………………………………656
　　1）利用者の範囲について……………………………………………………………………656
　　2）事後の利用者の範囲の拡大の際の承諾の必要性について……………………………656
　3．「3．価格等調査の基本的事項」関係………………………………………………………656
　　1）価格等調査の条件を設定したことが合理的である理由について……………………656
　　2）不動産鑑定評価基準における基本的事項との相違点の合理的な理由について……656
　　3）価格等調査の条件の設定及び不動産鑑定評価基準に則った鑑定評価との主な
　　　　相違点についての合理的理由について…………………………………………………657
　4．「4．価格等調査の手順」関係………………………………………………………………657
　　不動産鑑定評価基準における手順との相違点の合理的な理由について………………657
　5．「6．利害関係等」関係………………………………………………………………………657
　6．「7．価格等調査に関与した不動産鑑定士の氏名」関係…………………………………657
附　　則……………………………………………………………………………………………657

【資料編】

　不動産鑑定士が不動産に関する価格等調査を行う場合の業務の目的と範囲等の確定及び成果報告書の記載事項に関するガイドライン（以下「価格等調査ガイドライン」という。）運用上の留意事項は以下のとおり。

Ⅰ．総論関係

1．「2．定義」関係
　価格等調査ガイドラインの対象とする価格等調査について
　　利用者に対して価格等を示すことを最終的な目的としていなくても、価格等を求め、それを利用して不動産の利用、取引又は投資に関して相談に応じるなど、その業務の過程で価格等を示すものは価格等調査ガイドラインの対象とする価格等調査に含まれる。

2．「3．本ガイドラインの適用範囲及び不動産鑑定評価基準との関係」関係
　他の不動産鑑定業者から再受託する価格等調査への適用について
　　なお書きの趣旨は、依頼者から価格等調査を受託した不動産鑑定業者（「元受託業者」という。）が当該価格等調査の全部又は一部を他の不動産鑑定業者（「再受託業者」という。）に委託する場合に、元受託業者に所属する不動産鑑定士が価格等調査ガイドラインに従い依頼者との間で当該価格等調査の目的と範囲等を確定することを前提としており、その前提の範囲内においては、再受託業者が行う価格等調査については、元受託業者との間で改めて価格等調査ガイドラインを適用することとはしないものである。

3．「4．不動産鑑定評価基準に則った鑑定評価と則らない価格等調査との峻別等」関係
　1）不動産鑑定評価基準に則らない価格等調査を行うことができる場合について
　　　『①調査価格等が依頼者の内部における使用にとどまる場合、②公表・開示・提出される場合でも利用者の判断に大きな影響を与えないと判断される場合、③調査価格等が公表されない場合ですべての開示・提出先の承諾が得られた場合、④不動産鑑定評価基準に則ることができない場合、又は⑤その他「Ⅱ．1．依頼目的、利用者の範囲等」等を勘案して不動産鑑定評価基準に則らないことに合理的な理由がある場合』のいずれかに該当すれば、不動産鑑定評価基準に則らない価格等調査を行うことができる。
　2）依頼者の内部における使用の考え方について
　　　「依頼者の内部における使用」とは、依頼者が企業である場合にその役職員などが売買のために内部での意思決定に使用する、又は、依頼者が金融機関である場合にその役職員などが融資を行うために内部での意思決定に使用する場合などが考えられる。
　　　一方、社外の弁護士、会計士等へ開示・提出する場合は厳密な意味での依頼者の内部における使用とはいえないが、例えば、価格等調査の依頼者であるＡ企業が、Ａ企業

の監査人であるB監査法人に対して成果報告書や調査価格等を示す場合は、当該成果報告書や調査価格等がB監査法人の内部でのみ利用される場合は、内部における使用に準じたものとして合理的理由があると考えられ、不動産鑑定評価基準に則らない価格等調査が可能となる場合もあると考えられる。その場合でも、このような事態が事前に想定される場合には価格等調査ガイドラインⅡ．１．(2)に基づきその旨を確定・明記する必要がある。

　また、成果報告書の交付後に利用者の範囲が拡大されることが成果報告書の交付前から十分予想される場合には、価格等調査ガイドラインⅡ．１．(2)に基づきあらかじめこれを確定・明記するとともに、これを勘案して価格等調査の基本的事項や手順を適切に判断することが必要である。

３）利用者の判断に大きな影響を与えると判断される場合について
　　以下の(1)から(6)は、利用者の判断に大きな影響を与えると判断される場合である。
(1)　資産の流動化に関する法律第40条における募集優先出資の引受申込者への通知、同法第122条における募集特定社債の引受申込者への通知及び同法第226条における資産信託流動化計画に記載又は記録するための特定資産である不動産の評価
(2)　投資信託及び投資法人に関する法律第11条（第54条において準用する場合を含む。）における投資信託委託会社等による特定資産の鑑定評価及び同法第201条における資産運用会社による特定資産の鑑定評価
(3)　会社法第33条における会社設立時、同法207条における募集株式の発行時及び同法284条における新株予約権が行使された時の検査役の検査に代わる現物出資財産等の価額の証明
(4)　一般社団法人及び一般財団法人に関する法律第137条における基金引受けの募集時の検査役の検査に代わる現物拠出財産の価額の証明
(5)　法定外証券化スキーム（合同会社と匿名組合契約を用いて組成した私募ファンドなど、不動産を裏付け資産として当該不動産の運用による収益を投資家に配分することを目的に有価証券（みなし有価証券を含む。）を発行する仕組み（資産の流動化に関する法律及び投資信託及び投資法人に関する法律に基づく特定目的会社、投資法人等に係るものを除く。）を利用して出資を募るものをいう。）における不動産の取得時又は譲渡時の評価
(6)　抵当証券の交付の申請に必要な担保不動産の評価
　　　cf）抵当証券法施行細則第21条ノ2

以下の(7)から(12)は、一般的には、公表される第三者又は開示・提出先に大きな影響を与えると判断される場合である。
(7)　倒産法制における否認要件（不動産等売却時の適正価格の判断）

資料編

cf)「破産法第161条」、「民事再生法第127条の2」、「会社更生法第86条の2」
(8) 標準地における公共用地の取得、国有・公有財産の使用や処分に伴うもの。
cf)「公共用地の取得に伴う損失補償基準」(用地対策連絡協議会)、「国有財産評価基準」(財務省)、「公有財産規則」(地方公共団体)
(9) 担保評価(一定額以上の場合)
cf)「預金等受入金融機関に係る検査マニュアル」(金融庁)
(10) 関連会社間取引に係る土地・設備等の売買の適正価格の証明としての評価
cf)「関係会社間の取引に係る土地・設備等の売却益の計上についての監査上の取扱い(昭和52年8月8日公認会計士協会監査委員会報告第27号)」
(11) 訴訟に使用するための評価(原告又は被告が証拠として提出する価格等調査、裁判所の要請により行われる価格等調査)
(12) 会社更生法における更生会社の財産評価、民事再生法における再生債務者の財産評価
cf)「不動産鑑定評価基準総論第5章第3節」、「会社更生法第83条」、「民事再生法第124条」

なお、公表・開示・提出される場合であって、その調査価格等の大きさ等から利用者の判断に大きな影響を与えると判断される場合は以上の場合に限られないことから、依頼目的、利用者の範囲、調査価格等の大きさ等を勘案して大きな影響を与えないかどうかについて適切に判断することが必要である。

4)「Ⅱ.1.依頼目的、利用者の範囲等」等を勘案して不動産鑑定評価基準に則らないことに合理的な理由がある場合について

『「Ⅱ.1.依頼目的、利用者の範囲等」等を勘案して不動産鑑定評価基準に則らないことに合理的な理由がある場合』を例示すれば、調査結果が公表・開示・提出され、利用者の判断に影響を与える場合でも、過去に不動産鑑定評価基準に則った鑑定評価を行ったことがある不動産の再評価を行う場合において、自ら実地調査を行い又は過去に行ったことがあり、当該不動産の物的状況や権利関係及び当該不動産の用途や所在地にかんがみて公示地価その他地価に関する指標や取引価格、賃料、利回り等の価格形成要因について、直近に行った不動産鑑定評価基準に則った鑑定評価の価格時点と比較して、重要な変化がないと客観的に認められる場合が挙げられる。

Ⅱ. 業務の目的と範囲等の確定関係

1. 前文関係
1) 確定担当不動産鑑定士について

価格等調査ガイドライン運用上の留意事項

確定担当不動産鑑定士は、価格等調査ガイドラインⅡ．１．及び２．に照らして適切な価格等調査の基本的事項及び手順を確定する不動産鑑定士であり、鑑定評価等業務に関与するものとする。
２）確定した事項の変更を明記した文書等の交付の時期について
　　不動産鑑定業者は、変更の都度、依頼者に変更を明記した文書等を交付することは求められていないが、確定担当不動産鑑定士は、成果報告書の交付までに、変更について依頼者に確認した上で確定し、不動産鑑定業者は成果報告書とは別に変更を明記した文書等を交付する必要がある。
３）業務の目的と範囲等の確定を行う対象となる不動産について
　　価格等調査ガイドラインⅡ．の事項を明記した文書等は必ずしも価格等調査の対象となる不動産ごとに作成・交付する必要はなく、契約ごと等依頼目的や利用者の範囲等を勘案し適当と思われる単位で作成・交付すれば足りる。

２．「１．依頼目的、利用者の範囲等」関係
１）利用者の範囲について
　　開示・提出先の確定及び明記は、依頼目的等に応じ、必ずしも個別具体的な開示・提出先の名称等は必要ではなく、開示・提出の目的や開示・提出先の属性等利用目的の把握に資するものでも足りる。このため、開示・提出の有無や開示・提出先が未定である場合にも、開示・提出の可能性の有無及び開示・提出の可能性がある場合の開示・提出先の属性や開示・提出目的について確認及び確定の上明記するとともに、これを勘案して価格等調査の基本的事項及び価格等調査の手順を確定することが必要である。
　　なお、調査価格等の開示又は成果報告書の提出までに判明した開示・提出先が確認及び確定した属性等に含まれている場合には、価格等調査ガイドラインⅡ．１．(2)に定められた内容を確定して明記した文書等を改めて交付する必要はない。
　　また、公表の有無が未定である場合にも、公表の可能性の有無について確認及び確定の上明記するとともに、これを勘案して価格等調査の基本的事項及び価格等調査の手順を確定することが必要である。
２）利用者の判断に大きな影響を与えないと判断される合理的理由の検証について
　　公表・開示・提出されるにもかかわらず、利用者の判断に大きな影響を与えないと判断される場合は、当該判断が合理的である理由を検証するものとされているが、検証の結果については、業務開始までに文書等に明記することは要せず、価格等調査ガイドラインⅢ．２．(3)に基づき成果報告書に記載すれば足りる。
３）事後の利用者の範囲の拡大の際の承諾の必要性について
　　事後に利用者の範囲が拡大する際の不動産鑑定士の承諾は、原則として、作成担当不動産鑑定士の承諾とする。

資料編

3．「2．利害関係等」関係
　1）価格等調査に関与する不動産鑑定士について
　　　価格等調査に関与する不動産鑑定士とは、他の不動産鑑定業者に業務の全部又は一部を再委託した場合の当該不動産鑑定業者の不動産鑑定士を含め、価格等調査に関与する不動産鑑定士全員をいう。
　2）価格等調査に関与する不動産鑑定士が所属する不動産鑑定業者について
　　　価格等調査に関与する不動産鑑定士が所属する不動産鑑定業者とは、当該価格等調査に1）にいう不動産鑑定士を従事させている不動産鑑定業者のすべてをいう。
　3）明記すべき特別の資本的関係、人的関係及び取引関係について
　　　依頼者に交付する文書等に明記すべき関係の有無及び内容は、最低限、以下に掲げる特別の関係の有無及び内容である。ただし、以下に掲げるもののほか、依頼目的、利用者の範囲及び利用者の判断に与える影響の大きさ等にかんがみ必要な特別の関係がある場合は、その旨を明記するものとする。
　　① 依頼者と不動産鑑定士との間の関係
　　　【資本的関係】
　　　・関与する不動産鑑定士が依頼者の議決権の20％以上を保有している→その旨及び割合
　　　＜判断時点＞
　　　　確認・確定時及び報告書提出時から前事業年度末までの間で調査可能な時点、前事業年度の財務諸表等が未調製の場合は前々事業年度末
　　　【人的関係】
　　　・関与する不動産鑑定士が依頼者又は依頼者を代表する者である→その旨
　　　＜判断時点＞
　　　　確認・確定時、報告書提出時
　　② 依頼者と不動産鑑定業者との間の関係
　　　【資本的関係】
　　　・不動産鑑定業者が依頼者の関連会社（連結財務諸表原則にいう関連会社をいう。以下同じ。）である、又は依頼者が不動産鑑定業者の関連会社である→その旨及び出資割合
　　　＜判断時点＞
　　　　確認・確定時及び報告書提出時から前事業年度末までの間で調査可能な時点、前事業年度の財務諸表等が未調製の場合は前々事業年度末
　　　【人的関係】
　　　・不動産鑑定業者又は不動産鑑定業者を代表する者が依頼者又は依頼者を代表する者である→その旨

＜判断時点＞
確認・確定時、報告書提出時
【取引関係】
・不動産鑑定業者の負債の過半が依頼者からの借入れである→その旨及び割合
・依頼者との取引が不動産鑑定業者の全売上（兼業している場合はその業務に係るものも含む。）の過半を占める→その旨及び割合
・依頼者との取引が不動産鑑定業者の鑑定評価等業務受託額の過半を占める→その旨及び割合
＜判断時点＞
確認・確定時及び報告書提出時から前事業年度末までの間で調査可能な時点、前事業年度の財務諸表等が未調製の場合は前々事業年度
③ 開示・提出先と不動産鑑定士・不動産鑑定業者との間の関係
①及び②の「依頼者」を「開示・提出先」と読み替えて適用する。
なお、①から③の他、実質的にこれらと同等程度以上の特別の関係があると認められる場合についても、価格等調査ガイドラインⅡ．２．(2)又は(3)に基づき明記するものとする。

4．「3．価格等調査の基本的事項」関係
1）価格等調査の条件を設定することが合理的である理由の検証について
　価格等調査ガイドラインⅡ．３．(2)に規定する「価格等調査の条件を設定することが合理的である理由を検証する」とは、当該価格等調査の条件を設定して不動産鑑定評価基準に則らない価格等調査を行ったとしても、依頼目的、利用者の範囲等に照らして当該価格等調査の条件を設定することとした判断が社会通念上合理的であるかを検証するものである。なお、検証の結果については、業務開始までに文書等に明記することは要せず、価格等調査ガイドラインⅢ．３．(2)に基づき成果報告書に記載すれば足りる。
2）不動産鑑定評価基準における基本的事項との相違点の合理的な理由の検証について
　価格等調査ガイドラインⅡ．３．(5)のなお書きに規定する「相違点の合理的な理由を検証する」とは、価格等調査の基本的事項と不動産鑑定評価基準における基本的事項とに相違が存在しても、依頼目的、利用者の範囲等に照らして当該相違点が妥当であるとした判断が社会通念上合理的であるかを検証するものである。なお、検証の結果については、業務開始までに文書等に明記することは要せず、価格等調査ガイドラインⅢ．３．(5)に基づき成果報告書に記載すれば足りる。
3）価格等調査の条件の設定及び不動産鑑定評価基準に則った鑑定評価との主な相違点についての合理的理由の検証について
　価格等調査ガイドラインⅡ．３．(2)に規定する「検証」は、価格等調査ガイドライン

Ⅱ．3．(5)のなお書きに規定する「検証」に含まれるが、(2)では確認的に規定しているものである。

5．「4．価格等調査の手順」関係
　不動産鑑定評価基準における手順との相違点の合理的な理由の検証について
　　価格等調査ガイドラインⅡ．4．(5)のなお書きに規定する「相違点の合理的な理由を検証する」とは、価格等調査の手順と不動産鑑定評価基準における手順とに相違が存在しても、依頼目的、利用者の範囲等に照らして当該相違点が妥当であるとした判断が社会通念上合理的であるかを検証するものである。なお、検証の結果については、業務開始までに文書等に明記することは要せず、価格等調査ガイドラインⅢ．4．(2)に基づき成果報告書に記載すれば足りる。

Ⅲ．業務の目的と範囲等に関する成果報告書への記載事項関係

1．前文関係
　作成担当不動産鑑定士について
　　作成担当不動産鑑定士とは、成果報告書の実質的な記載内容を決定する不動産鑑定士であり、鑑定評価等業務に関与するものとする。

2．「2．依頼目的、利用者の範囲等」関係
　1）利用者の範囲について
　　　開示・提出先の記載は、依頼目的等に応じ、必ずしも個別具体的な開示・提出先の名称等は必要ではなく、開示・提出の目的や開示・提出先の属性等利用目的の把握に資するものでも足りる。
　2）事後の利用者の範囲の拡大の際の承諾の必要性について
　　　事後に利用者の範囲が拡大する際の不動産鑑定士の承諾は、原則として、作成担当不動産鑑定士の承諾とする。

3．「3．価格等調査の基本的事項」関係
　1）価格等調査の条件を設定したことが合理的である理由について
　　　価格等調査ガイドラインⅢ．3．(2)④に規定する「価格等調査の条件を設定したことが合理的である理由」とは、価格等調査の条件を設定して不動産鑑定評価基準に則らない価格等調査を行ったとしても、依頼目的、利用者の範囲等に照らして当該価格等調査の条件を設定することとした判断が社会通念上合理的である理由である。

　2）不動産鑑定評価基準における基本的事項との相違点の合理的な理由について

価格等調査ガイドラインⅢ．3．(5)に規定する「相違点の合理的な理由」とは、価格等調査の基本的事項と不動産鑑定評価基準における基本的事項とに相違が存在しても、依頼目的、利用者の範囲等に照らして当該相違点が妥当であるとした判断が社会通念上合理的である理由である。

3）価格等調査の条件の設定及び不動産鑑定評価基準に則った鑑定評価との主な相違点についての合理的理由について

価格等調査ガイドラインⅢ．3．(2)④に規定する「合理的である理由」は、価格等調査ガイドラインⅢ．3．(5)に規定する「合理的な理由」に含まれるが、確認的に規定しているものである。このため不動産鑑定評価基準に定める条件設定の要件を満たさない価格等調査の条件を設定する価格等調査においては、価格等調査ガイドラインⅢ．3．(2)又は(5)のどちらかに記載すれば足りる。

4．「4．価格等調査の手順」関係

不動産鑑定評価基準における手順との相違点の合理的な理由について

価格等調査ガイドラインⅢ．4．(2)に規定する「合理的な理由」とは、価格等調査の手順と不動産鑑定評価基準における手順とに相違が存在しても、依頼目的、利用者の範囲等に照らして当該相違点が妥当であるとした判断が社会通念上合理的である理由である。

5．「6．利害関係等」関係

成果報告書に記載すべき利害関係等については、本留意事項Ⅱ．3．「2．利害関係等」関係を参照することとする。

6．「7．価格等調査に関与した不動産鑑定士の氏名」関係

価格等調査は、不動産鑑定評価基準に則っているか否かにかかわらず、不動産の経済価値を判定し、その結果を価額に表示しているかぎり、不動産の鑑定評価に関する法律第3条第1項の業務（鑑定評価業務）に該当するものであり、この場合、成果報告書は、同法第39条第1項の鑑定評価書として、同条第2項の署名が必要となることに留意する。

附　則

この留意事項は、平成22年1月1日から施行し、同日以後に契約を締結する価格等調査から適用する。

附　則（平成26年5月1日一部改正）

この改正は、平成26年11月1日から施行し、改正後の不動産鑑定士が不動産に関する価格等調査を行う場合の業務の目的と範囲等の確定及び成果報告書の記載事項に関するガイドライン運用上の留意事項は、同日以後に契約を締結する価格等調査から適用する。

【資料編】

収益還元法（新手法）について

国土庁土地鑑定委員会

　本稿は、平成6年9月2日に土地鑑定委員会収益還元法検討小委員会において決定され、平成6年9月9日に土地鑑定委員会において承認されたものである。

目　　次

第1　序論
　1　収益還元法について検討する目的
　2　収益還元法を適用するに当たっての基本的考え方
　3　賃料の変動に応じた収益還元法についての検討点
　　(1)　還元方法
　　(2)　賃貸事業におけるライフサイクルの明確化
第2　収益還元法に関する具体的な検討
　1　総収益、総費用及び純収益の把握
　　(1)　総収益
　　　ア　総収益の項目
　　　イ　総収益の把握
　　　ウ　総収益の変動率
　　(2)　総費用
　　　ア　総費用の項目
　　　イ　総費用の把握
　　　ウ　総費用の変動率
　　(3)　純収益
　2　建物等に帰属する純収益の把握
　　(1)　建物等の初期投資額
　　(2)　建物等に帰属する純収益
　　(3)　経済的耐用年数及び建物等の軀体価格と設備価格の構成割合
　　　ア　経済的耐用年数
　　　イ　軀体価格と設備価格の構成割合
　　(4)　初年度の建物等に帰属する純収益の把握

(5)　基本利率
3　土地に帰属する純収益の把握
　(1)　初年度の土地に帰属する純収益
　(2)　未収入期間の取扱い
4　土地の収益価格の求め方と還元利回り
　(1)　土地の収益価格の求め方
　(2)　投資利回り（基本利率）の求め方
　　ア　投資利回り（基本利率）の基本的なとらえ方
　　イ　投資利回り（基本利率）の構成とその求め方
　　　(ｱ)　資金調達コスト率（基礎的利率）
　　　(ｲ)　利潤率
　　　　a　利潤率の考え方
　　　　b　利潤率の具体的な求め方
5　土地の収益価格を求める算定式
第3　地価公示に適用するに当たって今後整備すべき事項
第4　収益還元法について今後検討すべき事項

資料編

第1 序論

1 収益還元法について検討する目的

　収益還元法は、賃貸用不動産又は一般企業用不動産の価格を求める場合に特に有効であり、試算価格の一つとして重要な役割を果たすものであるため、社会経済情勢の変化に的確に対応した実効的な評価方法の確立が求められているところである。

　また、平成2年10月に設定した不動産鑑定評価基準においても土地の鑑定評価に収益還元法の積極的活用が求められているところである。

　これを受けて、地価公示における収益還元法の適用については、これまで収益還元式に用いる具体的な数値及びその根拠付けを行う等の改善を図ってきたものの、理論、実務の両面にわたってまだ十分ではない点も残されている。

　このため、今回の検討においては、土地鑑定委員会の所掌事務である「地価公示に関すること」（地価公示法第13条第1項第1号）の範囲内において、収益還元法に関するこれらの点について検討を行い、地価公示に適用する評価方法を確立し、もって地価公示の一層的確な実施に資することとした。

2 収益還元法を適用するに当たっての基本的考え方

　今回の検討に当たっては、現行の不動産鑑定評価基準を基本とし、これを変更しないことを前提とした。また、地価公示に用いるための収益還元法を検討することが今回の目的であることから、更地の価格を求める鑑定評価であるため土地残余法を前提に検討することとなる。

　ここで、土地残余法とは、不動産が敷地と建物等との結合により構成されている場合において、収益還元法以外の手法によって建物等の価格を求めることができるときに、当該不動産に基づく純収益から建物等に帰属する純収益を控除した残余の純収益を還元利回りで還元して土地価格を求める手法である。この場合においては、良識と通常の使用能力を持つ人が、将来予測される経済的変動を考慮した上で当該土地を単体として利用して最有効使用の賃貸建物等を建設し、これを賃貸することを具体的な前提とすることとする。

3 賃料の変動に応じた収益還元法についての検討点

(1) 還元方法

　従来は、純収益は毎年一定であるとしていたが、現実には総収益の大部分を占める支払賃料は、経済社会の変動、地域の発展等に応じて変動しており、純収益も賃料の変動に応じて変動している。また、不動産賃貸事業を行う投資家の投資行動も賃料の変動を前提としており、収益還元法においても賃料の変動を前提とした還元方法を採用すべきと考える。

　そこで、今回新たに賃料の変動を前提とした還元方法を導入することとし、総収益、総費用等の各項目についても検討することとした。

(2) 賃貸事業におけるライフサイクルの明確化

　土地残余法は、土地及び地上に想定する建物等を一体として賃貸事業を営むことを前提に、総収益、総費用及び純収益を把握し分析することにより土地価格を求めるものであり、賃貸事業におけるライフサイクルを明確にした上で検討する必要がある。

　賃貸事業におけるライフサイクルとしては、更地に①賃貸用建物を建築し、②同建物を賃貸し、③建物の経済的耐用年数満了時に取り壊して更地化するという①から③までの一連の流れを一ライフサイクルとしてとらえ、このライフサイクルを繰り返すことにより賃貸事業が永久に続くものと想定する。

第2　収益還元法に関する具体的な検討

1　総収益、総費用及び純収益の把握

(1) 総収益

　ア　総収益の項目

　　総収益は、支払賃料、敷金・保証金等の一時金の運用益、権利金・礼金等の一時金の運用益及び償却額（各年度への配分額）並びにその他収入（駐車場使用料等）で構成される。

　イ　総収益の把握

　　総収益が一定の規則性をもって変動すること及び後で述べる純収益も一定の規則性をもって変動することを前提として収益価格を求めることから、賃貸事業が初年度から安定し標準的な収益が得られるとした上で、初年度の総収益を計上する。

　ウ　総収益の変動率

　　総収益は、支払賃料と一時金の運用益及び償却額で構成されるが、支払賃料がその大部分を占めている。総収益の変動率を考える場合に、敷金・保証金等の預かり金的性格を有する一時金の運用益は、その性質上一定の期間変動しないが、その総収益に占める割合は小さく、総収益の変動率に賃料の変動率を用いても適用上支障がないと考えられることから、賃料の変動率をもって総収益の変動率とする。

　　この場合、賃料の変動について予測を行うに当たっては、統計的数値の変動の推移からみて賃料の変動を等比数列でとらえることが適当であることから、総収益の変動は等比数列的に逓増（減）すると考える。

　　賃料の変動率は、用途又は地域によって異なることから、住宅地域、商業地域等の用途別、地域別に把握する必要がある。

　　なお、将来の賃料の変動率を求める場合には、過去の賃料の変動率から予測せざるを得ないが、将来の賃料の変動率の動向が過去の賃料の変動率の推移と明らかに異なると判断される場合には、これを適宜修正する必要がある。

(2) 総費用

ア　総費用の項目

　　総費用は、維持管理費、公租公課、損害保険料、貸倒れ準備費、空室等による損失相当額、建物等の取壊費用の積立金等で構成される。

イ　総費用の把握

　　総費用は、総収益と同様に初年度の総費用としてとらえる。この場合に総費用の中には一定のサイクルをもって支出されるものも含まれているので、これらの費用については各年度に適正に配分することとする。これは、総収益の把握において権利金・礼金等の一時金の運用益及び償却額を賃貸事業におけるライフサイクル期間の各年度に配分することと同様である。

　　なお、建物等の減価償却費については、従来は費用項目として計上されていたが、後に述べるように建物等に帰属する純収益としてとらえるので費用項目として計上しない。

　　また、建物等の取壊費用の積立金については、建物等の初期投資額の一定割合を費用項目として各年度に配分して計上する。

ウ　総費用の変動率

　　総費用は、賃料の変動と同様に変動するもの（維持管理費、土地の公租公課、貸倒れ準備費、空室等による損失相当額、建物等の取壊費用の積立金）と、変動せずに一定であるもの（建物の公租公課、損害保険料）とがある。

　　総費用の項目の全てが賃料の変動率と同率で変動するとした場合と、総費用の項目のうち賃料の変動率と同率で変動するものと変動しないものとを組合せた場合との変動率を比較すると、一ライフサイクルの期間内においては両者はそれほど大きく異なることはなく、おおむね同等とみてさしつかえないので、賃料の変動率をもって総費用の変動率とする。

(3)　純収益

　　土地及び建物等に基づく純収益は、総収益から総費用を控除して求められる。

　　総収益及び総費用とも賃料の変動率と同様の率で変動するとしたことから、純収益は、賃料の変動と同様に等比数列的に逓増（減）すると考えることになる。

2　建物等に帰属する純収益の把握

(1)　建物等の初期投資額

　　建物等の初期投資額は、発注者が請負者に対して支払う標準的な建築費に、建設期間中の金利を含めた発注者が直接負担すべき通常の付帯費用を加算して求めることとする。

(2)　建物等に帰属する純収益

　　土地及び建物等に基づく純収益の一定割合が建物に帰属する純収益であるとすれば、この建物等に帰属する純収益は、賃料の変動率と同様の率で逓増（減）することとな

収益還元法について

る。ところで、建物等が経済的耐用年数内に生み出すであろうと期待される純収益（建物等に帰属する純収益）の額の現価の総和は、建物の初期投資額に等しいと考えてよいだろう。このことから、一定の変動率をもって逓増（減）する建物等に帰属する純収益と建物等の初期投資額との関係は次の式で示すことができる。

$$B = \sum_{k=1}^{n} P_B \frac{(1+g)^{K-1}}{(1+r)^K} = P_B \frac{1 - \left[\frac{1+g}{1+r}\right]^n}{r-g}$$

B ：建物等の初期投資額
P_B ：初年度の建物等に帰属する純収益
n ：建物等の経済的耐用年数
r ：基本利率
g ：賃料の変動率

したがって、初年度の建物等に帰属する純収益は

$$P_B = B \times \frac{r-g}{1 - \left[\frac{1+g}{1+r}\right]^n} \quad \cdots\cdots(1)$$

として得られることとなる。

以上のことは、別の観点からみれば、建物等の初期投資額がその利息を含めて経済的耐用年数内で一定の変動率をもつ建物等に帰属する純収益により償還される。すなわち、元利逓増（減）償還されると考えることもできる。

なお、建物等に帰属する純収益については、従来は、建物等の減価償却費を費用項目としていたところから償却後純収益としてとらえていたが、今回の検討においては、建物等に帰属する純収益に建物の減価償却費が含まれていることから、換言すれば、元利逓増（減）で建物等の初期投資額及びその利息を回収することから、償却前純収益としてとらえられることとなる。

(3) 経済的耐用年数及び建物等の軀体価格と設備価格の構成割合

　ア　経済的耐用年数

　　　収益還元法における建物等の耐用年数は、物理的耐用年数でなく経済的耐用年数であり、ここでは、建物等を建築してから取り壊すまでの平均的期間とする。また、建物等の経済的耐用年数を求めるに当たっては、建物の耐用年数に関する実証的調査研究の基礎資料により賃貸建物等の用途別、構造別に応じて求める必要がある。

　イ　軀体価格と設備価格の構成割合

　　　標準的な事務所、店舗ビル及び賃貸住宅の軀体価格と設備価格の構成割合は用途別、構造別等に求める必要がある。

(4) 初年度の建物等に帰属する純収益の把握

　　初年度の建物等に帰属する純収益は、具体的には建物等の軀体と設備の経済的耐用年

数が異なることから前記(1)式及び建物等の躯体価格と設備価格の構成割合より、次の式で把握される。

$$P_B = B \times \left\{ \frac{a}{1 - \left[\frac{1+g}{1+r}\right]^{na}} + \frac{b}{1 - \left[\frac{1+g}{1+r}\right]^{nb}} \right\} \times (r - g)$$

a ：躯体割合（躯体価格÷建物等価格）
b ：設備割合（設備価格÷建物等価格）
na：躯体の経済的耐用年数
nb：設備の経済的耐用年数

(5) 基本利率

建物等に帰属する純収益の把握における基本利率は、総収益が複合不動産から生み出されるものとして一体的に把握されていることから、後に説明する土地の還元利回りの基本利率と同一とする。

3 土地に帰属する純収益の把握

(1) 初年度の土地に帰属する純収益

土地に帰属する純収益は、土地及び建物等に基づく純収益から建物等に帰属する純収益を控除することにより求められる。したがって、土地に帰属する純収益についても賃料の変動と同様に逓増（減）することとなる。

初年度の土地に帰属する純収益は、初年度の土地及び建物等に基づく純収益から初年度の建物等に帰属する純収益を控除したものである。

(2) 未収入期間の取扱い

賃貸事業経営においては、賃貸事業の一ライフサイクルごとに建物等の建築及び取壊し等が繰り返されることとなるので、建物等の建築期間及び取壊期間という未収入期間が生ずることとなる。このため、これらの未収入期間について適切に配慮する必要がある。

したがって、初年度の土地に帰属する純収益を収入期間と未収入期間の期間の長さに応じて修正することとする。

4 土地の収益価格の求め方と還元利回り

(1) 土地の収益価格の求め方

土地に帰属する純収益は、賃料の変動と同様に逓増（減）しながら永続的に得られると把握される。

したがって、土地の収益価格は不動産の投資利回り（基本利率）を r とし、賃料の変動率を g とすると、初年度の土地に帰属する純収益を還元利回り r − g で還元することにより求められる。

収益還元法について

$$L = \lim_{n \to \infty} \left\{ \sum_{k=1}^{n} P_L \frac{(1+g)^{K-1}}{(1+r)^K} + \frac{L_n}{(1+r)^n} \right\}$$

地価と同時決定される固定資産税も含めて、総費用が賃料の変動率 g で変動するとしたことから、$L_n = L(1+g)^n$ となる。

したがって、

$$L = \lim_{n \to \infty} \frac{P_L}{r-g} \times \left\{ 1 - \left[\frac{1+g}{1+r}\right]^n \right\} + \lim_{n \to \infty} L \times \left[\frac{1+g}{1+r}\right]^n$$

$$= \frac{P_L}{r-g} \left[\left| \frac{1+g}{1+r} \right| < 1 を前提とする。\right]$$

L ：土地の収益価格
L_n ：n 年後の地価
P_L ：初年度の土地に帰属する純収益

(2) 投資利回り（基本利率）の求め方

　ア　投資利回り（基本利率）の基本的なとらえ方

　　一般的に、投資家が投資する場合においては投資額に対する一定割合の収益を期待するものであるが、投資利回り（基本利率）r は、その収益の投資に対する割合をいう。この場合において、投資家としては、建物に対する投資も、土地に対する投資も、期待する収益の割合は同様であるので、建物等に帰属する純収益の把握における基本利率と土地の還元利回りの基本利率とは同一のものとする。

　イ　投資利回り（基本利率）の構成とその求め方

　　投資利回り（基本利率）は、資金調達コスト率（基礎的利率）に利潤率を加算したものとして構成される。

　　(ｱ)　資金調達コスト率（基礎的利率）

　　　賃貸事業経営者の資金調達方法をみると、多くは借入金に依存している。この借入金の金利の水準は、不動産融資が通常長期にわたること等から、最も標準的な長期金利である長期プライムレートを基準とし、その他の要素を勘案して求めるべきである。

　　(ｲ)　利潤率

　　　a　利潤率の考え方

　　　　還元利回りにおいて考慮されるべき利潤は、経営に対する報酬等を含めたものとしての「企業の利潤」を考えることとした。

　　　b　利潤率の具体的な求め方

　　　　賃貸事業経営者にとって、どの程度の利益を確保する必要があるかについては、議論のあるところである。今回の検討においては、一般的な企業における自己資本利益率等を勘案して求めることとした。

5 土地の収益価格を求める算定式

これまでの検討により、土地の収益価格は次の式で求められる。

$$L = \left\{P_I - P_C - B \times \left[\frac{a}{1-\left[\frac{1+g}{1+r}\right]^{na}} + \frac{b}{1-\left[\frac{1+g}{1+r}\right]^{nb}}\right] \times (r-g)\right\} \times \alpha \times \frac{1}{r-g}$$

L ：土地の収益価格
P_I：初年度の総収益
P_C：初年度の総費用
B ：建物等の初期投資額
r ：基本利率
g ：賃料の変動率
a ：躯体割合（躯体価格÷建物等価格）
b ：設備割合（設備価格÷建物等価格）
na：躯体の経済的耐用年数
nb：設備の経済的耐用年数
α ：未収入期間修正率

第3 地価公示に適用するに当たって今後整備すべき事項

1 収益還元法において具体的に標準地を評価するに当たっては、地域に適応した最有効使用を想定した容積率、建築費、家賃等のチェックシステムを現在の実施体制の中で整備する必要がある。
2 長期プライムレート等の動向予測に用いるデータ、賃料データ、維持管理費に係るデータ等種々のデータの的確な把握がますます重要となるので、官民一致の協力の下にこれらのデータの収集、整備の体制の充実を図る必要がある。

第4 収益還元法について今後検討すべき事項

1 今回の検討は、地価公示における収益還元法の適用について行ったものであるが、この検討結果も踏まえ、純収益が毎年一定であるとした場合の算式の例示のみを示している現行の不動産鑑定評価基準運用上の留意事項に、純収益が変動する場合の算式の例示を追加することを検討する必要がある。
2 今回の検討において空室損失については従来どおり入居者の入替えの際の空室を基礎としたが、一定率の空室の発生が予測される場合もあることから長期的な見通しのもとに一定の空室率を検討することを考える必要がある。
3 今回の検討において賃貸事業の経営者から、賃貸事業経営の実態についてのヒアリングを行ったが、時間的な制約もあり、この実態を分析し十分に反映させるまでに至っていな

いので、今回は参考とするにとどめた。これらの分析の結果も踏まえつつ、標準的な投資家の行動について今後より的確な実証分析をする必要がある。

注釈編

1　第1の2
収益還元法を検討するに当たっての基本的な考え方
　収益還元法により求めた収益価格は、一定の前提条件の下において求められる理論的な価格であり、今回の検討においては、次のような考え方を前提とする。
(1)　土地を単体として利用すること。
　　不動産賃貸事業の投資家は、一般的には単独の事業ではなく他の事業と合算して収支計算をしているが、収益還元法においては単体の土地における賃貸事業で収支計算をするものとする。
(2)　最有効使用の賃貸建物等であること。
　　当該土地の最有効使用を前提として想定する建物は、特別なものではなく法的な規制に合致する標準的な建物で、商業地にあっては賃貸ビル経営、住宅地にあっては賃貸住宅経営を使用目的とする。
　　賃料収入等の総収益、維持管理費等の総費用、建築費も標準的なものとする。

2　第2の1の(1)のア
総収益の項目
(1)　敷金・保証金等の一時金の運用益
　　預り金的性格を有する一時金（敷金、保証金等）は、契約の終了又は解除の際に旧テナントに返還され、入居者の交替により新テナントから再度預かることとなるものであり、運用利回りで運用することとして、その運用益を計上する。なお、一時金の運用利回りは、通常これらの資金が事業資金の一部として運用されることを反映して、第2の4の(2)のイの基本利率を用いることとした。
(2)　権利金・礼金等の一時金の運用益及び償却額
　　賃料の前払的性格を有する一時金（礼金、権利金及び更新料）は、契約期間の満了又は契約解除があってもテナントに返還されないものであり、平均的な契約期間で年賦償還することとして、その運用益及び償却額を計上する。

3　第2の1の(1)のウ
総収益の変動率
(1)　変動率の把握

賃料の変動率については、用途別、地域別に実態を調査の上把握する必要があるが、当面は次の資料等を参考に地域の実情に即して判定することとする。
ⓐ 住宅地
総務庁が実施する家計調査のうちの「消費者物価指数」の「県庁所在都市別の家賃指数（新規賃料と継続賃料を総合した家賃指数）」
ⓑ 商業地
日本銀行が実施する物価指数調査のうちの「事務所賃貸料（地域別）」

(2) 一時金の運用益及び償却額の変動

賃料の前払的性格を有する一時金の運用益及び償却額は、契約期間が満了してテナントが替わらず契約を更新する場合においても、その時点の賃料ベースの更新料が授受されることから賃料の変動率と同様に変動する。

預り金的性格を有する一時金の運用益は、テナントに変更がない場合には、当該一時金が据え置かれるため、テナントの変更がある場合にはじめてその時点の賃料ベースに改められることとなり、階段状に変動する。

しかしながら、預り金的性格を有する一時金の運用益の総収益に占める割合は、最も高い東京圏の事務所ビルにあっても９％程度に過ぎない。全ての項目が変動するとした場合の総収益と変動する項目と変動しない項目を組合わせた場合の総収益は下図のように大きな差は生じない。したがって、総収益の変動率を考えるに当たっては、全ての項目が賃料の変動率で変動するとしても実行上支障ない。

総収益の変動率（例示）

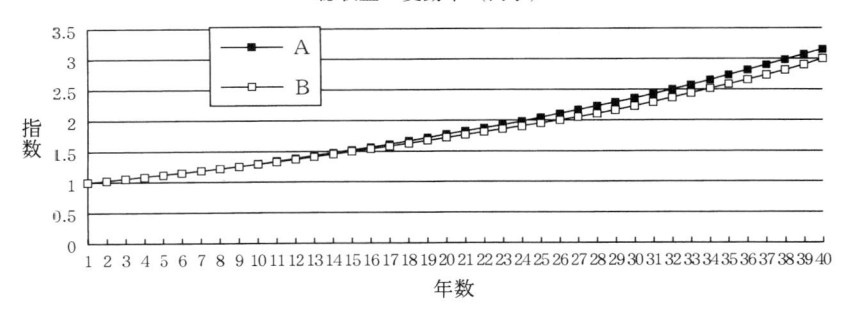

$A = (1+g)^{K-1}$　　　　　A：全ての項目が変動するとした場合
$B = \alpha + \beta (1+g)^{K-1}$　　B：変動する項目と変動しない項目を組合わせた場合

現価の総和（$n \to \infty$）

$$\sum_{k=1}^{\infty} A_K = \lim_{n \to \infty} \sum_{k=1}^{n} \frac{(1+g)^{K-1}}{(1+r)^K} = \frac{1}{r-g}$$

収益還元法について

$$\sum_{k=1}^{\infty} B_K = \lim_{n \to \infty} \sum_{k=1}^{n} \alpha \frac{1}{(1+r)^K} + \lim_{n \to \infty} \sum_{k=1}^{n} \beta \frac{(1+g)^{K-1}}{(1+r)^K} = \frac{\alpha}{r} + \frac{\beta}{r-g}$$

以上の式に次の例示の条件を代入すれば、

$$\sum_{k=1}^{\infty} A_K = 22.2、 \sum_{k=1}^{\infty} B_K = 21.4$$

$$\therefore \sum_{k=1}^{\infty} A_K \fallingdotseq \sum_{k=1}^{\infty} B_K$$

例示の条件
 g：賃料の変動率　　　　　3％
 r：基本利率　　　　　　　7.5％
 α：変動しない項目の割合　9％
 β：変動する項目の割合　　91％

4　第2の1の(2)のア
　総費用の項目
(1)　修繕費
　　　賃貸事業経営において建物等の現状機能を維持するために必要とされる修繕に要する費用であり、不動産の使用に伴う摩滅、破損、機能的低下等を修繕により機能回復させる費用である。耐用年数の伸長、効用の増加等をもたらす大規模修繕費及び設備の取替えに係る修繕費は除外する。
　　　修繕費には、経常的にかかる費用の他に外壁又はベランダの鉄部の塗装に係る費用のように一定のサイクルをもって支出されるものがある。これらは、平均化して毎年度の修繕費に加える必要がある。
　　　修繕費の計上に当たって、従来は、建物等の用途、構造、品等、規模等を考慮して建物の建築費の1％としていたが、この比率は高いのではないかという意見があり、また、修繕費は、家賃の水準に応じて修繕を行う実態があることに鑑み、これを地域別、用途別、構造別に賃料の一定率として計上することとし、修繕費の賃料に対する割合を求めると次のとおりである。

	住宅施設		商業施設	
	堅固	非堅固	堅固	非堅固
三大圏	6％	5％	5％	5％
その他	7％	6％	6％	6％

参考資料
① 建築費の1％相当額の賃料の対する比率

	住宅施設		商業施設	
	堅　固	非堅固	堅　固	非堅固
三大圏	8.0%	6.8%	6.3%	6.8%
その他	8.9%	7.5%	7.8%	7.3%

② 年間賃料に対する平均的な修繕費率
　㈳日本不動産鑑定協会所属日税不動産鑑定士会の調査結果

	堅　固	非堅固
都内区部	3.6%	6 %

日本住宅総合センターの調査結果
3.8%～6.4%

(2) 維持管理費（修繕費を除く。）

賃貸事業経営をするための管理運営に要する費用と建物等の保守点検のための費用とがある。前者は、賃料の徴収、契約更改の交渉、本社の共通管理費、その他事務的業務に要する費用であり、後者は、エレベーター、受水槽、火災報知器等の保守点検の費用である。

これらの費用は、建物の規模及びテナントの業種等により異なるが、一般的には専門会社や不動産会社に委託する場合の費用との均衡を考慮して年額支払賃料の3～5％程度と見込まれる。

(3) 公租公課

公租公課として計上するものは、固定資産税、都市計画税及び地価税とし、特別土地保有税及び賃料収入に係る消費税並びに所得税、法人税等の収益税は、総費用の項目としない。

なお、地価税は、相続税の路線価方式による評価額が15億円を超える土地（居住用は除く。）について計上するものとする。

(4) 損害保険料

損害保険料には、火災保険、機械保険、ボイラー保険等がある。土地残余法においては、一定の建物の建築を想定しているため実費費用を計上することができないので、建物等の再調達原価に「損害保険料率算定会の定める基本料率」を乗ずることにより求めることとなる。

(5) 貸倒れ準備費

テナントの賃料不払いにより貸主が被る損失を填補するための引当金であり、賃料に

対する一定割合を計上する。ただし、敷金、保証金等の預かり金により十分に担保されている場合は、貸倒れ準備費は計上しない。

(6) 空室等による損失相当額

　入居者の入替えの際に生ずる損失を塡補するための費用であり、実質賃料に対する一定割合で計上する。

(7) 建物等の取壊費用の積立金

　建物等の取壊費用の積立金を建物等の初期投資額の一定割合とすれば、賃貸事業の一ライフサイクルの期末における建物等の取壊費用の現価は、次の式として表すことができる。

$$T = \alpha B \left[\frac{1+t}{1+r}\right]^n$$

$\begin{cases} T：建物等の取壊費用の現価 \\ B：建物等の初期投資額 \\ \alpha：取壊費用の建物等の初期投資額に対する割合 \\ t：建築費の変動率 \\ r：基本利率 \\ n：建物等の経済的耐用年数 \end{cases}$

　事業者がn年間にわたって、初年度における建物等の取壊費用の積立金を毎年一定割合で増加させたものを積み立てた額の現価の総和が前記Tと等しくなればよいことから、次式が成り立つ。

$$\alpha B \left[\frac{1+t}{1+r}\right]^n = \frac{a}{1+r} + \frac{a(1+g)}{(1+r)^2} + \cdots\cdots + \frac{a(1+g)^{n-1}}{(1+r)^n}$$

$$= a \frac{1}{r-g} \left\{1 - \left[\frac{1+g}{1+r}\right]^n\right\}$$

$$\therefore a = \alpha B \left[\frac{1+t}{1+r}\right]^n \frac{r-g}{1 - \left[\frac{1+g}{1+r}\right]^n}$$

〔a：初年度における建物等の取壊費用の積立金

　ところで、建築費の変動率と賃料の変動率とは長期的におおむね等しいことから（下図参照）初年度の積立金aは、次式となる。

$$a = \alpha B \left[\frac{1+g}{1+r}\right]^n \frac{r-g}{1-\left[\frac{1+g}{1+r}\right]^n} = \alpha B \frac{(r-g)(1+g)^n}{(1+r)^n - (1+g)^n}$$

　したがって、初年度の建物等の取壊費用の積立金は、建物等の初期投資額に次の割合を乗

じたものとなる。

$$\frac{a}{B} = \alpha \frac{(r-g)(1+g)^n}{(1+r)^n - (1+g)^n}$$

以上の式に次の例示の条件を代入すれば、

$$\frac{a}{B} \fallingdotseq 0.1\%$$

例示の条件（ＲＣ造の場合）

$\begin{cases} \alpha \cdots\cdots 10\% \\ r \cdots\cdots 0.075 \\ g \cdots\cdots 0.03 \\ n \cdots\cdots 40年 \end{cases}$

建築費及び家賃の変動率（全国）

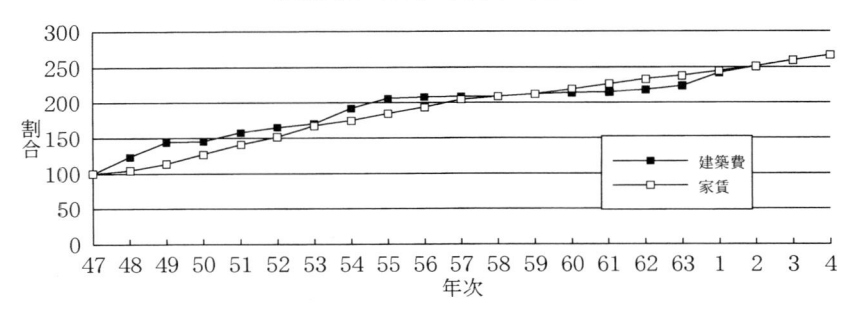

建築費……「建設工事費デフレーター（建築部門）」（建設省建設経済局）
家賃……「消費者物価指数（家賃）」（総務庁）

5　第２の１の(2)のウ

総費用の変動率

　総費用の項目の多くは、賃料の基礎となる土地、建物の価格によって定まるものである。仮に総費用の項目の全てが賃料の変動率と同様に変動するとした場合と総費用の項目のうち賃料の変動率で変動するものと変動しないものとを組合わせた場合とを、建物等の経済的耐用年数が最も長期となるＳＲＣ造、ＲＣ造の一ライフサイクルを例として比較すると、両者の変動に大きな差はない（次図参照）。また、ライフサイクルを無限に繰り返した場合においても両者の現価の総和を比較すれば、両者に大きな差はない。

　なお、土地に係る固定資産税等は、評価額が変更されて経過措置的な負担調整が行われていることから、上昇率が著しく大きくなるのではないかとの意見があった。今回の検討

収益還元法について

は、永続的な手法の考え方を定めることを目的としたものであることから、一時的な経過措置については考慮しないこととした。したがって、実務においては、この点も留意して評価を行うことが必要となる。また、固定資産税等は、地価により決まってくることから、地価と同時決定されるべきであるが、賃料の変動と同様に変動するとしても大きな差とならないことから、固定資産税等を含めて賃料の変動率をもって総費用の変動率とした。

総費用の変動率（例示）

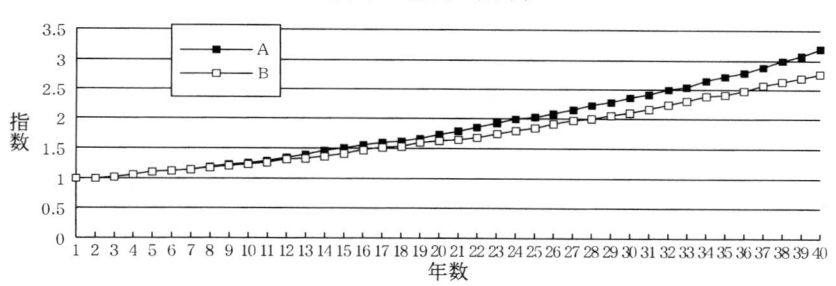

$A = (1+g)^{K-1}$　　　　A：全項目が変動するとした場合
$B = \alpha + \beta(1+g)^{K-1}$　　　B：変動する項目と変動しない項目を組合わせた場合

現価の総和（$n \to \infty$）

$$\sum_{K=1}^{\infty} A_K = \lim_{n \to \infty} \sum_{K=1}^{n} \frac{(1+g)^{k-1}}{(1+r)^k} = \frac{1}{r-g}$$

$$\sum_{K=1}^{\infty} B_K = \lim_{n \to \infty} \sum_{K=1}^{n} \alpha \frac{1}{(1+r)^k} + \lim_{n \to \infty} \sum_{K=1}^{n} \beta \frac{(1+g)^{k-1}}{(1+r)^k} = \frac{\alpha}{r} + \frac{\beta}{r-g}$$

以上の式に次の例示の条件を代入すれば、

$$\sum_{k=1}^{\infty} A_K = 22.2、\quad \sum_{k=1}^{\infty} B_K = 20.6$$

$$\therefore \sum_{k=1}^{\infty} A_K \fallingdotseq \sum_{k=1}^{\infty} B_K$$

例示の条件
- g：賃料の変動率　　　　　　　　3%
- r：基本利率　　　　　　　　　　7.5%
- α：変動しない総費用の項目の割合　18%
- β：変動する総費用の項目の割合　　82%

資料編

6　第2の2の(3)のア

経済的耐用年数

　建物の耐用年数に関する実証的調査研究の基礎資料によれば、賃貸建物等の用途別、構造別の標準的な経済的耐用年数は、次のとおりである。

用途別、構造別の経済的耐用年数　　（単位：年）

構造区分	軀体		設備
	住宅施設	商業施設	
SRC造・RC造	35～40	35～40	15
S造	20～30	20～30	
W造	20～25	20～25	

（参考）

非木造建物の耐用年数に関する調査（日本建築学会経済委員会耐用年数研究会）
建築物の需要の決定要因に関する研究（1990年度報告書　　　　〃　　　　）
建物寿命の推計（1992年度建築学会資料　建築経済委員会耐用年数小委員会）

7　第2の2の(3)のイ

軀体価格と設備価格の構成割合

　賃貸建物等の用途別、構造別の標準的な軀体価格、設備価格の構成割合については、㈶建設物価調査会発行「建築コストプランニング」及び建設工業経営研究会編「建築工事原価分析情報」を参考として求めると、次のとおりである。

軀体価格と設備価格の構成割合　　　　　　　　　（単位：％）

構造区分	住宅施設		商業施設	
	軀体	設備	軀体	設備
SRC造・RC造	80～90	10～20	70～80	20～30
S造	80～90	10～20	70～80	20～30
W造	80～90	10～20	80～90	10～20

8　第2の3の(2)

未収入期間の取扱い

　未収入期間とは、建物等の建築期間及び取壊期間である。従来は入居者の入替えに伴う空室期間は別にしてライフサイクルの全期間において収入が生ずるとしていたが、未収入期間の大部分を占める建築期間が①0.5～1年間を要すること、②ライフサイクルの初期であることから、未収入期間が収益に与える影響は比較的大きいので、今回の検討におい

収益還元法について

ては未収入期間を考慮することにした。ただし、取壊期間はその期間が短く収益に与える影響が小さいので未収入期間から除くこととした。

未収入期間を適切に考慮するため、価格時点の土地に帰属する純収益 a を土地の純収益の継続期間と未収入期間のそれぞれの長さを考慮して、未収入期間を考慮した初年度の純収益 a' に修正する。

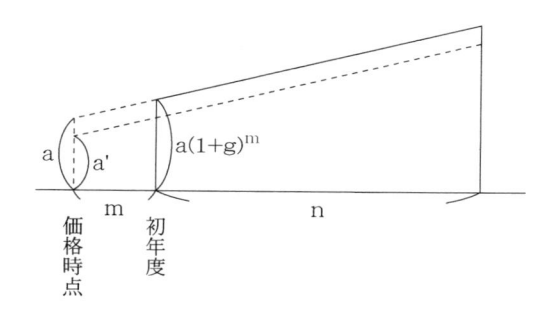

$$a' = a\left[\frac{1+g}{1+r}\right]^m \left\{1 - \left[\frac{1+g}{1+r}\right]^n\right\} \bigg/ \left\{1 - \left[\frac{1+g}{1+r}\right]^{m+n}\right\}$$

　g：土地に帰属する純収益の変動率
　n：土地の純収益の継続期間
　m：未収入期間

住宅施設及び商業施設別に、また構造区分ごとに計算すると a'／a の例は次のとおりである。

	住宅施設 （g＝0.01、r＝0.07）	商業施設 （g＝0.025、r＝0.075）
ＳＲＣ造・ＲＣ造 （n＝40、m＝1）	0.938	0.946
Ｓ造・Ｗ造 （n＝25、m＝0.5）	0.963	0.967

9　第2の4の(1)

土地の収益価格の求め方

$$L = \lim_{n \to \infty} \left\{ \underbrace{\sum_{k=1}^{n} P_L \frac{(1+g)^{K-1}}{(1+r)^K}}_{\text{フローの部分}} + \underbrace{\frac{L_n}{(1+r)^n}}_{\text{ストックの部分}} \right\} \qquad (再掲)$$

この式は、各年ごとに発生するフローの部分と、ストックの部分があることを示している。

このうち、各年ごとに土地所有者に顕現するものとして認識されるのはフローの部分であって、これがすなわち本論でいうところの土地に帰属する純収益に当たるものであり、この他に顕現はしないが、ストックの部分に蓄積されているものとして、土地の評価額の増減がある。

　ここで土地に帰属する純収益が賃料の変動率 g で変動することから、$L_n = L(1+g)^n$ となる。

　以上のことを換言すれば、土地の所有者が事業開始後 k 年目に受け取るべき収益は、前年度期末における土地の評価額を A_{k-1} とすると、$A_{k-1} \times r$ であり、土地所有者は、この $A_{k-1} \times r$ のうち $A_{k-1} \times (r-g)$ をフローの形で、$A_{k-1} \times g$ をストックの形で受け取ることとなる。

∴ $A_k = A_{k-1} + (A_{k-1} \times g) = A_{k-1}(1+g)$

　これは、事業開始後 k 年目の期末における土地の評価額 A_k が前年度期末における土地の評価額 A_{k-1} と比べて、$(1+g)$ の割合で増加（減少）していることを示している。

　すなわち、今回の手法の考え方としては、土地の評価額が毎年 $(1+g)$ の割合で増（減）額する（値上がり又は値下がりする）ことを当然に内包しているものである。

10　第2の4の(2)のイ

　投資利回り（基本利率）の構成とその求め方

　　賃貸不動産に投資する企業又は個人の資金の内訳は自己資金及び借入金であるが、大部分は外部からの借入金によっている。事業は利益追求を目的として行われており、投資家はまずは借入金に係る償還金（金利及び元本）相当額の収益を期待し、さらに投資家にとってのリスクを含めた利潤を期待するものと考えられる。

11　第2の4の(2)のイの(ア)

　資金調達コスト率（基礎的利率）

　　不動産の融資は、また、借入期間が長期にわたるため、鑑定評価時点の利率だけでなく将来的な金利変動についても考慮する必要がある。

　　将来の金利の動向を正確に予測することは非常に困難であるが、将来の金利の動向を予測する場合には過去の金利の推移に基づいて判断するのが一般的であることから、過去の一定期間の平均値に最近の動向を加味して求めることとする。

　　最近20年間の長期プライムレートの平均値（平成5年12月31日基準）

20年間	10年間	5年間	3年間	1年間
7.58%	6.50%	6.42%	6.10%	4.83%

長期プライムレート（例示）

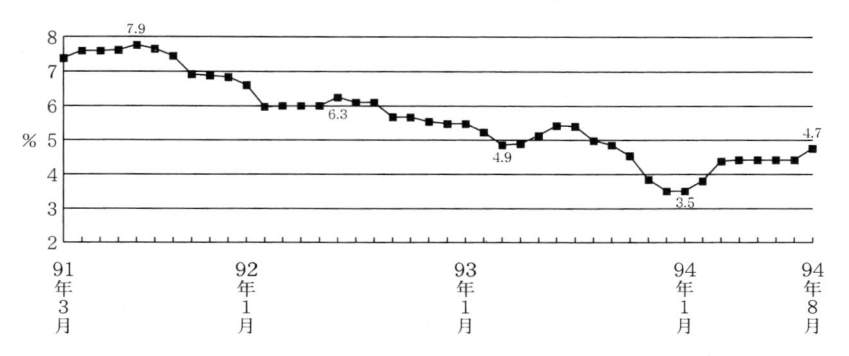

1991						1992						1993							1994				
3/1	4/1	7/1	8/1	9/2	10/1	1/6	2/3	6/1	7/1	9/1	11/2	2/1	3/1	5/6	6/1	8/2	9/1	10/1	11/10	12/10	2/10	3/10	8/10
7.5	7.7	7.9	7.7	7.5	6.9	6.6	6.0	6.3	6.1	5.7	5.5	5.2	4.9	5.1	5.4	5.0	4.8	4.5	3.8	3.5	3.8	4.4	4.7

12　第2の4の(2)のイの(イ)の a

利潤率の考え方

　一般に利潤とは、株式会社であれば株主への配当及び将来の投資等に備えての内部留保金である。賃貸不動産を有する投資家としては、その経営に対する報酬等が当然に配慮されるべきである。しかし、従来の収益還元法においては、このような「企業の利潤」については十分に検討されていなかった。このため、今回の検討においては、還元利回りの前提となる利潤の中にこれらを含めることとする。

13　第2の4の(2)のイの(イ)の b

利潤率の具体的な求め方

　「企業の利潤」については絶対的な基準は存在しないといわれているが、株主からみた企業の望ましい利益の水準、すなわち、自己資本利益率（ＲＯＥ）が企業の確保すべき利潤の参考となり得ると考える。

　自己資本利益率（税引前）と基本利率の関係は、次の式により示される。

$$r = \frac{E \times ROE + L \times i}{E + L}$$

r：基本利率
i：基礎的利率
E：自己資本
L：他人資本

資料編

自己資本利益率（税引前）は、長期金利（基礎的利率）を上回るものとしてとらえられるから、

$$r = \frac{E \times \{i + (ROE - i)\} + L \times i}{E + L} = i + \alpha$$

$\{\alpha：利潤率$

$\therefore (E+L) \times i + E \times (ROE - i) = (E+L) \times (i + \alpha)$

$\therefore \alpha = (ROE - i) \times \dfrac{E}{E+L}$

したがって、利潤率は、自己資本利益率（税引前）から長期金利（基礎的利率）を控除したものに自己資本比率を乗じることにより求められる。

東証1、2部上場の全産業に係る過去20年間（昭和49年度から平成5年度まで）の自己資本利益率等に基づいて利潤率を算出したところ、おおむね1～2％（平均値は、1.6％）と見込まれる。

また、住宅施設については、商業施設に比べて賃料の水準が低く収益性が劣っていること等から、住宅施設に対する投資の利潤率は、商業施設の場合に比べてやや下回るものと見込まれる。

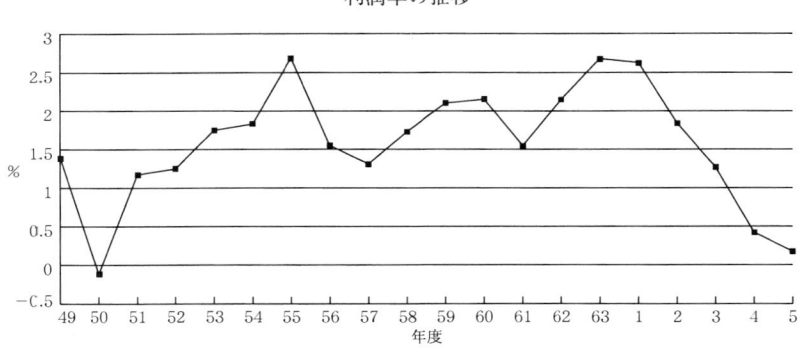

利潤率の推移

収益還元法について

※注意

本資料については、平成22年地価公示鑑定評価書フォームにおける変更や時間の経過を受け、記載内容に変更が生じている。

変更箇所及び変更後の内容は、以下のとおりである。

変更箇所	変更内容
第2　収益還元法に関する具体的な検討	
1（1）ア　総収益の項目	共益費、貸倒れ準備費（貸倒れ損失）、空室等による損失相当額を総収益の項目とする扱いに変更
1（2）ア　ウ　総費用の項目	貸倒れ準備費（貸倒れ損失）、空室等による損失相当額を総収益の項目とする扱いに変更
2（3）経済的耐用年数及び建物等の躯体価格と設備価格の構成割合	建物等の躯体価格、設備価格及び仕上価格の構成割合に変更
2（4）初年度の建物等に帰属する純収益の把握	2（3）の変更に伴い、仕上割合を考慮した式に変更
5　土地の収益価格を求める算定式	2（3）の変更に伴い、仕上割合を考慮した式に変更
注釈編	
掲載されている数値、数表、グラフ等	価格時点において適切と判断される数値を査定する
総収益及び総費用の項目並びに躯体価格と設備価格の構成割合	本文の変更にあわせて変更する

※上記は、公益社団法人日本不動産鑑定士協会連合会鑑定評価基準委員会による補足資料です。

〔本書へのお問い合わせ〕

　本書の記述に関するご質問等は、文書にて下記あて先にお寄せください。

　お寄せいただきましたご質問等は、著者に確認のうえ回答いたしますので、若干お時間をいただくことをあらかじめご了承ください。また、電話でのお問い合わせはご遠慮くださいますようお願いいたします。

　なお、当編集部におきましては、記述内容を超えるご質問等への回答および受験指導等は行っておりません。何卒ご了承のほどお願いいたします。

あて先　〒171-0014
　　　　東京都豊島区池袋2-10-7
　　　　㈱住宅新報出版

要説不動産鑑定評価基準と価格等調査ガイドライン

1991年 5月15日	初版発行（旧書名：要説不動産鑑定評価基準）
2007年11月17日	新版発行（旧書名：新・要説不動産鑑定評価基準）
2010年 5月27日	改訂版発行
2015年 4月 3日	改題版第1刷発行
2015年 5月 8日	改題版第2刷発行
2015年10月30日	改題版第3刷発行
2016年 5月 2日	改題版第4刷発行
2018年 5月21日	改題版第5刷発行
2020年 1月 8日	改題版第6刷発行
2021年10月 1日	改題版第7刷発行

　　　監修者　公益社団法人日本不動産鑑定士協会連合会
　　　編著者　公益社団法人日本不動産鑑定士協会連合会
　　　　　　　鑑定評価基準委員会
　　　発行者　馬　場　栄　一
　　　発行所　㈱住宅新報出版

　　　〒171-0014　東京都豊島区池袋2-10-7
　　　　　　　　　電話（03）6388-0052
　　　　　　　　　https://www.jssbook.com/

＊印刷・製本／亜細亜印刷㈱　　　　　　　　　　　Printed in Japan
　落丁本・乱丁本はお取り替えいたします。　　　ISBN978-4-7892-3711-6　C2032